Sunyo Translation Series in Accounting Classics

COMPARATIVE INTERNATIONAL ACCOUNTING

Eleventh Edition

Christopher Nobes and Robert Parker

三友会计名著译丛
"十二五"国家重点图书出版规划项目

比较国际会计 （第十一版）

（英）克里斯托弗·诺比斯　罗伯特·帕克　◉著

薛清梅　曹玉珊　吴迅捷　◉译

东北财经大学出版社
Dongbei University of Finance & Economics Press

大连

ⓒ 东北财经大学出版社 2011

图书在版编目（CIP）数据

比较国际会计：第 11 版／（英）诺比斯（Nobes，C.），（英）帕克（Parker，R.）著；
薛清梅，曹玉珊，吴迅捷译 . — 大连：东北财经大学出版社，2011. 11
（三友会计名著译丛）
书名原文：Comparative International Accounting
ISBN 978 - 7 - 5654 - 0569 - 3

Ⅰ. 比⋯ Ⅱ. ①诺⋯ ②帕⋯ ③薛⋯ ④曹⋯ ⑤吴⋯ Ⅲ. 国际会计-对比研究
Ⅳ. F234. 5

中国版本图书馆 CIP 数据核字（2011）第 191919 号

辽宁省版权局著作权合同登记号：图字 06-2008-379 号

东北财经大学出版社出版
（大连市黑石礁尖山街 217 号 邮政编码 116025）
教学支持：（0411）84710309
营 销 部：（0411）84710711
总 编 室：（0411）84710523
网 址：http：//www. dufep. cn
读者信箱：dufep @ dufe. edu. cn
大连图腾彩色印刷有限公司印刷 东北财经大学出版社发行

幅面尺寸：185mm×260mm 字数：795 千字 印张：35 1/2 插页：1
2011 年 11 月第 1 版 2011 年 11 月第 1 次印刷

责任编辑：刘东威 王 玲 责任校对：贺 鑫
封面设计：冀贵收 版式设计：钟福建

ISBN 978-7-5654-0569-3
定价：78. 00 元

作者简介

本书主编之一，第2、3、4、5、6、7、8、13、14、22章作者及第17章合著者：

克里斯托弗·诺比斯（Christopher Nobes），伦敦大学皇家霍洛威学院（Royal Holloway College）会计学教授。他曾经在澳大利亚、意大利、荷兰、新西兰、苏格兰、西班牙和美国教过书。他现在是挪威管理学院的访问学者。他被美国会计学会（AAA）评选为2002年度"杰出国际会计教育学家"。他在1986年至1990年间担任英国和爱尔兰会计准则委员会（ASC）委员，1993年至2001年间是国际会计准则委员会的英国代表。他担任欧洲会计师联合会（the Fédération des Experts Comptables Européens）会计委员会副主席。

本书主编之一，第1、10、12、15、16章作者及第17章的合著者：

罗伯特·帕克（Robert Parker），埃克赛特大学（University of Exeter）退休会计学教授，苏格兰特许会计师协会前专家成员。他在尼日利亚、澳大利亚、法国和苏格兰有过教学经历，并且是《会计与商业研究》（Accounting and Business Research）杂志1975年至1993年间的主编或联合主编。1997年，他被英国会计协会（British Accounting Association）评为"年度杰出学者"，2003年被美国会计学会（AAA）评选为"杰出国际会计教育学家"。

其他各章的作者：

约翰·弗劳尔（John Flower），欧洲会计研究中心前主任（布鲁塞尔），曾当选欧共体委员会委员，布里斯托尔大学（University of Bristol）会计学教授。现居德国。（第18章作者）

格里汉·基莫尔（Graham Gilmour），普华永道会计师事务所全球公司报告分部（the Global Corporate Reporting Group of PricewaterhouseCoopers）资深经理。（第21章作者）

斯图尔特·麦克利（Stuart McLeay），苏塞克斯大学（University of Sussex）会计与财务学教授。此前，作为特许会计师，他在德国、法国和意大利工作，并且是欧洲投资银行的财务分析师。他还是ICAEW《欧洲财务报告》（European Financial Reporting）系列丛书的联合主编。（第20章作者）

克莱尔·B. 罗伯茨（Clare B. Roberts），阿伯丁大学商学院（University of Aberdeen Business School）会计学教授。（第19章作者）

史蒂芬·萨尔特（Stephen Salter），得克萨斯大学厄尔巴索校区（University of Texas at El Paso）会计学教授，西半球贸易研究会的名义研究员（Endowed Chair of Western Hemisphere Trade）。此前，他是安永管理顾问公司（Ernst & Young Management Consultants）的合伙人。（第23章作者）

斯蒂芬·A. 泽夫（Stephen A. Zeff），莱斯大学（Rice University）赫伯特·S. 奥德里（Herbert S. Autrey）会计学教授。（第11章作者）

译者简介

薛清梅，南京大学商学院副教授，管理学博士，瑞士洛桑大学访问学者。中国会计学会财务成本分会常务理事、副秘书长。财政部会计领军（后备）人才。意大利罗马第二大学公共管理与治理（Public Management and Governance）博士生指导委员会（Scientific Committee of the PhD）成员，研究方向为国际会计和公司治理。本书第8版译者。主要译著还有《公司财务理论》、《组织理论与设计》等。

曹玉珊，江西财经大学会计学院副教授，管理学博士。主讲"会计学原理"、"中级财务会计"、"高级财务会计"、"会计理论"、"成本管理会计"、"财务管理"、"Cost Accounting"、"Financial Accounting"、"Corporate Finance"、"Financial Management"、"Advanced Financial Management"等课程，主要研究方向是财务成本管理理论与实践，在专业期刊上发表多篇文章，著有《可持续增长速度导向的企业财务战略选择问题研究》（经济科学出版社，2008）等。

前　言

目的

《比较国际会计》的写作目标在于成为一本关于国际财务报告的内容综合、结构紧凑的教材。它主要是为本科生和研究生关于比较会计和国际会计方面的课程而设计。我们认为，对本教材的适当理解需要广阔的视野（比如第一部分），而该广阔的视野又必须得到关于现实国家与公司的详细信息（比如第二至第四部分）以及主要议题的跨国比较的支持（比如第五部分和第六部分）。

本书最初于1981年出版。现有版本（第11版）是对第10版的完整更新。在本次更新中，我们和本书的贡献者做了以下工作：

● 完全修订了第5章（上市公司财务报告的环境），包括加入关于美国预期采用国际财务报告准则的内容，移除部分内容至第1章，以及介绍国际财务分析方面的内容（详细考查的内容仍在第20章）。

● 在第7章，增加了关于国际财务报告准则在澳大利亚和欧盟的实践应用方面的内容。

● 前移了讨论关键财务报告问题的章次（以前是第16章，现在是第9章），以使其紧靠在国际财务报告准则和美国公认会计原则的内容阐述之后。

● 增加了许多关于2008年和2009年金融危机的影响，尤其是对金融工具会计的影响的参考资料（比如第9章和第11章）。

● 扩展了关于中国会计的内容（第10章和第13章）。

● 扩充了关于私有企业报告的内容（第14章），尤其是2009年公布的、包含国际会计准则理事会所制定的相关准则的报告。

● 根据2009年生效的国际财务报告准则和美国公认会计原则的主要变化更新了第18章（集团报告）。

● 完全重写了第19章（分部报告）。

修订后的教师手册可通过下列网址获取：http：//www. pearsoned. co. uk/nobes。其中包含几个数字计算题和选取的一些单项选择题。这些问题和书上的问题都有参考答案。此外，还有一个简要的PPT课件。

作者

在写作与编辑本书的过程中，我们试图从那些对当地情况非常了解的专家那里获得有益的帮助。比如，最初关于北美问题的章节的合作者是一个英国人，他是美国财务会计准则委员会的助理研究员，他的关于美国会计的知识可以为非美国的读者提供理解的桥梁。补充说明由一个编者提供，他在几所美国高校任教。这一点，似乎是强调差异同时回避因为过度熟悉而忽略重要问题的最佳途径。关于政治游说的章节由斯蒂芬·A. 泽夫完成，他是一个美国人，众所周知，他对国际会计的历史发展有着最好的见解。其他一些作者现在德国、瑞典和美国生活或者工作。

两个主要的作者，分别在九个国家工作过。作者之一，罗伯特·帕克十多年前从一个全职的大学工作岗位退休，现在担当顾问一职。

结构

第一部分解释了比较国际财务报告研究的背景。导论以及在考查导致主要国际会计差异的成因时（第2章）同时考虑了许多国家。然后，本书才试图对会计系统进行归类（第3章），接下来再自然而然地讨论国际会计协同的目的与进程（第4章）。

第一部分的所有材料都可以看做本书其余部分的铺垫。然而，只有那些完全熟知本书剩余部分内容的人，才能够充分理解第一部分（的思想），并且读者应该稍后回到第一部分并将其作为全书的总结。

第二部分考查了上市公司的财务报告。在世界上大多数地方，至少就合并报表而言，都使用国际会计准则理事会的规则或者美国的规则。虽然有一个概述和多个章节专门阐述这两个会计"系统"，第二部分仍然单设一章讨论国际财务报告准则的国别"翻译版本"是否应该存在，其中一份（"翻译版本"）强调会计规范的效力，另一份（"翻译版本"）则强调政治游说（的作用）。

第三部分包含两章内容，考查（国际财务报告准则）在欧洲和东亚应用时的国际协同与变迁。

第四部分讨论单个公司财务报告的问题，尤其是在仍然保有较大国际差异的欧洲。（第四部分）分为三章：相关环境、规范模式和会计差异。

第五部分广泛地、比较性地考查了特别的、重要的集团公司财务报告问题：合并报表、外币折算以及分部报告。

第六部分关注国际财务分析与管理的四个问题：国际财务分析、国际审计、跨国公司所得税和跨国管理会计的相关问题。

本书的最后为各章课后问题的参考答案。

克里斯托弗·诺比斯

罗伯特·帕克

伦敦大学和埃克塞特大学

目　录

第二部分　上市公司财务报告

4

第三部分　欧洲和东亚的会计协调与转轨

第四部分　单个公司的财务报告

第五部分　集团公司财务报告专题

8

第一部分 确定背景

第1章 导 论

罗伯特·帕克

内容

目标

读完本章后您应当能够

● 解释为什么尽管欧盟成员国和其他很多主要国家都采纳了国际财务报告准则（IFRS），但是财务报告的国际差异仍然持续存在。

● 解释会计如何受到世界政治、国际贸易和对外直接投资的增长、股票市场全球化、各种股权模式以及国际货币体系的影响。

● 概括跨国公司的性质及其发展。

● 从历史的、比较的和协调的角度来解释学习比较国际会计的理由。

1.1　财务报告的差异

财务报告的差异起源于标准的不同。来自不同国家的数位会计师，甚至来自同一国家的数位会计师，如果被要求根据相同的交易事项编制财务报告，他们得到的报告也不会完全相同。导致这种结果的原因很多。尽管所有会计师都会按照某些规则来编制财务报告，但无论清晰的还是模糊的规则，都不可能广泛到覆盖所有事项，并详细到对每个细节进行描述和说明，因而总是存在职业判断的空间。会计师的职业判断受其所处环境（例如他们是否将税务机关看作是财务报告的主要使用者）的影响。更重要的是，会计规则本身也可能存在差异，这种差异不仅存在于国家之间，在一个国家的内部也会存在。公司集团所面对的规则和单个公司所面对的规则尤其不同，特别是那些跨国经营的公司集团，由于在不止一个国家经营，各国会计规则的差异给它们带来了无尽的烦恼。

由于认识到了这些差异，最近几十年以国际会计准则理事会（International Accounting Standards Board，IASB）和欧盟（EU）为代表的国际机构，在缩小差异方面进行了不懈的努力。其中国际会计准则理事会发布了国际财务报告准则，欧盟针对会计与财务报告发布了指令和相关规则。美国股票市场的重要性使得最详细和最著名的准则——美国公认会计原则（Generally Accepted Accounting Principle，GAAP）极大地影响了世界各地准则的制定。这些监管机构的努力在一定程度上减少了国际差异，但是正如本书将要讲述的，还有许多差异仍然存在，其中一些将永远不会消失。

我们可以通过葛兰素史克公司（GlaxoSmithKline，GSK）及其前身葛兰素威康（GlaxoWellcome，GW）公司自1995年以来的会计数据来说明，为什么国际差异能够并且会继续产生。葛兰素威康公司兼并了史密斯克兰比彻姆制药公司（SmithKlineBeecham）。该公司同时在纽约和伦敦证券交易所上市。根据美国证券交易委员会（Securities and Exchange Commission，SEC）的要求，公司需要将按照英国会计规则（2005年以后是按照国际财务报告准则）计算的利润和所有者权益数据调整成为根据美国公认会计原则编制的数据。表1—1和表1—2中所披露的调整前、后的差异是惊人的。本书后面还会提供类似的调整案例。虽然并非所有公司都像葛兰素史克公司这样极端，但非常明确的一点是国际差异是巨大的，而且并不存在简单易行的调整方法。其中一个原因是，国际差异并不能简单地归因于几个规则之间的差异，还应归因于按照这些规则编制报表的公司对会计政策的选择。从2005年开始，欧盟国家的上市公司采纳了国际财务报告准则，而且这些准则和美国公认会计原则日益协调，这些努力都减少了国家间的差异，但不会完全消除这些差异。

表1—1　　　　葛兰素史克公司按照美国公认会计原则调整的净利润　金额单位：百万英镑

	英国准则	国际财务报告准则	美国GAAP	差异（%）
1995年	717		296	−59
1996年	1 997		979	−51
1997年	1 850		952	−49
1998年	1 836		1 010	−45
1999年	1 811		913	−50

	英国准则	国际财务报告准则	美国 GAAP	差异（%）
2000 年	4 106		（5 228）	-227
2001 年	3 053		（143）	-105
2002 年	3 915		503	-87
2003 年	4 484		2 420	-46
2004 年	4 302		2 732	-36
2005 年		4 816	3 336	-31
2006 年		5 498	4 465	-19

表 1—2　　　　　　葛兰素史克公司按照美国公认会计原则调整的所有者权益

金额单位：百万英镑

	英国准则	国际财务报告准则	美国 GAAP	差异（%）
1995 年	91		8 168	+8 876
1996 年	1 225		8 153	+566
1997 年	1 843		7 882	+328
1998 年	2 702		8 007	+196
1999 年	3 142		7 230	+130
2000 年	7 517		44 995	+499
2001 年	7 390		40 107	+443
2002 年	6 581		34 992	+432
2003 年	5 059		34 116	+574
2004 年	5 925		34 042	+475
2005 年		7 570	34 282	+353
2006 年		9 648	34 653	+259

　　比较国际会计的一个主题是理解为什么财务报告过去存在差异，现在这些差异为什么仍然存在，以及为什么差异在未来也不会消失。在后面两个章节，我们将考查会计和财务报告的环境，特别是跨国公司的性质和发展。然后我们将详细地论述学习比较国际会计的理由，在最后一部分我们将介绍本书的结构。

1.2　会计的全球化环境

1.2.1　概述

　　会计是一种技术手段，它适用于各种各样的国际或国内政治经济和社会环境。但至少是从 20 世纪的最后 25 年开始，会计规则和会计实务的国际化已经变得不可阻挡，仍然把会计或财务报告看成是一国范围内事务的观点已经无法维系。

其中最重要的全球化环境因素包括以下几个方面：

- 主要的政治事件，例如美国在国际社会中的主导地位以及欧盟的扩展。
- 经济全球化，包括国际贸易和对外直接投资的迅猛发展。
- 全球金融市场的出现。
- 股权模式的盛行，以及私有化的影响。
- 国际货币体系的变化。
- 跨国公司的成长。

这些相互联系的发展环境都对财务报告产生了影响，并且促使会计技术在国家之间传播。下面我们将对上述几个方面逐个进行分析。

1.2.2　会计和世界政治

1945 年第二次世界大战结束以后，最重要的政治事件包括：美国和苏联成为世界两大超级大国，以及随后 20 世纪 80 年代末苏联的解体；英国和欧洲大陆国家海外殖民王国的解体；欧盟的成立和扩展（从最初的 6 个国家扩张到包括英国在内的其他欧洲国家，并最终包括了前社会主义国家）。这些政治事件对会计的影响会在后面的章节详细阐述，这里我们只作简单的分析。

- 美国有关会计和财务报告的思想曾经在几十年中风靡全球，到今天为止仍然占据主导地位。2001 年，美国著名的能源企业安然公司倒闭，并累及其审计事务所安达信公司，这一事件对世界主要经济体的会计都产生了影响。
- 国际会计准则的发展主要归功于前英联邦国家的会计师（最初的时候与美国会计师的关联度很少），国际会计准则委员会及其改组后的继任者国际会计准则理事会的总部都设在伦敦，倡导成立该组织的本森爵士（Lord Benson）是出生于南非的一名英国会计师。
- 发展中国家的会计仍然受前殖民国家的强烈影响。前英联邦国家通常都有注册会计师协会（在独立以后成立的）、《公司法》和民间准则制定机构。前法国殖民地一般都有详细的政府训令，从复式记账到财务报告编制等所有事务都在国家会计总方案和《商法》中进行了规定。
- 欧洲的会计受欧盟协调计划的深远影响，特别是其中与会计有关的欧盟指令，以及最近对上市公司合并报表必须采用国际财务报告准则编制的规定。
- 中欧和东欧国家社会主义的解体导致许多前社会主义国家的会计和审计开始转轨。德国的统一减缓了德国经济的发展，结果许多大型德国公司需要到德国以外的资本市场去融资，并且因此而不得不改变它们的财务报告。

1.2.3　经济全球化、国际贸易和对外直接投资

第二次世界大战以后全球经济的一个显著特征就是经济活动的日益全球化。这意味着在世界范围内传播的不仅包括商品和劳务，还包括劳动力、技术和理念。职业会计师的人数剧增，国际会计师联合会（International Federation of Accountant，IFAC）的会员团体现在已经超过 200 万个。世界上主要国家的会计师都遇到了以前对他们来说陌生的会计规则、实务或理念。

　　有关全球化的论著汗牛充栋，而论点各不相同，甚至相反。其中《外国政策》（*Foreign Policy*）周刊每年披露"全球化指数"是引人注目的一种方法，它试图对各国的全球化程度进行量化并排序。该指数的内容包括：科技连通性（通过互联网的使用来计量）、个人联系度（通过交通、旅游和电话线路繁忙程度等来计量）以及经济融合性（通过国际贸易和外国直接投资等来计量）。该指数的编制者承认全球化并不是所有方面都可以量化的，例如其中并没有包括文化交流。每年各国的排名都有所变化，但是根据该指数显示，全球化程度最高的国家是那些规模比较小的开放经济体，例如新加坡、瑞士和爱尔兰。然而，规模并不是唯一的决定因素，一般而言，全球化程度最高的前二十个国家总是包括英国、美国和德国。该排名可能会引申出一个推论，即全球化的计量受国家边界的影响。假如把欧盟看作一个国家或者把美国的各个州看作不同国家，那么排名会变成什么样呢？

　　从查看财务报告的角度来看，全球化最重要的两个方面是国际贸易和外国直接投资（foreign direct investment，FDI，即旨在获得控制权或显著影响权的外国企业中的权益）。表1—3列示了国际贸易的自由化及其增长的一种度量方法，即部分国家商品出口额占国内生产总值的比例。自第二次世界大战结束后，该比例在全球范围内已经增加了两倍。全球贸易对欧盟成员国而言尤为重要，其中大多是欧盟内部的贸易。在区域层面上，欧盟和诸如北美自由贸易区（North American Free Trade Area，NAFTA，包括美国、加拿大和墨西哥）之类的机构都鼓励经济一体化和更自由的贸易。通过关贸总协定及其后继者世界贸易组织的多轮会谈，贸易壁垒被解除，这使得贸易自由化得以发展。但是，由于两个相关联的原因，在2008年至2009年期间自由贸易受到了威胁，这两个原因分别是信贷紧缩及需求下降导致贸易下降，以及失业率的增长要求保护国内产业并抵制国外进口。

表1—3　　按1990年价格计算的部分国家商品出口额占国内生产总值的比例（％）
（部分国家，1950—1998年）

	1950 年	1973 年	1998 年
法国	7.7	15.2	28.7
德国	6.2	23.8	38.9
荷兰	12.2	40.7	61.2
英国	11.3	14.0	25.0
西班牙	3.0	5.0	23.5
美国	3.0	4.9	10.1
墨西哥	3.0	1.9	10.7
巴西	3.9	2.5	5.4
中国	2.6	1.5	4.9
印度	2.9	2.0	2.4
日本	2.2	7.7	13.4
全球	5.5	10.5	17.2

资料来源：Maddison, A. (2001) *The World Economy：A Millennial Perspective*. Organisation for Economic Cooperation and Development（OECD），Paris.

表1—4 说明了对外直接投资的重要性，在该表中列示了根据公司国外资产规模排名的前十大跨国公司。该表还展示了这些跨国公司在国外的资产、销售额和员工所占比重，以及一个简单的跨国指数（TNI），即上述比重的平均数。这些跨国公司的母国分别属于美国（4 个）、法国（2 个）、英国（2 个）、日本（1 个）以及荷兰/英国（1 个）。所属行业分别是电子器材、通讯、汽车和石油。其中两个英国公司（沃达丰公司和英国石油公司）的跨国化指数分列第一和第二位。

表1—4　　　以外国资产排名的世界十大非金融性跨国公司（2006 年）

公司	国家	行业	外国资产（10 亿美元）	国外比例（%）			
				资产	销售额	雇员	TNI
通用电气	美国	电力	442	63	45	51	53
英国石油	英国	石油	170	78	80	83	80
丰田汽车	日本	汽车	164	60	38	38	45
皇家荷兰壳牌	荷兰/英国	石油	161	68	57	83	70
埃克森美孚	美国	石油	154	71	69	63	68
福特汽车	美国	汽车	131	47	49	85	50
沃达丰	英国	电信	126	87	84	84	85
道达尔石油	法国	石油	121	87	76	60	74
法国电力	法国	电力	112	47	46	11	35
沃尔玛	美国	零售	110	73	22	28	41

注：TNI 为跨国化指数，通过计算资产、销售额和雇员百分比的平均数求得。

资料来源：整编于联合国贸易与发展会议（United Nation Conference on Trade and Development，UNCTAD）（2008）*World Investment Report 2008*：*Transnational Companies*，*Extractive Industries and Development*. Geneva，UNCTAD。

1.2.4　股票市场全球化

随着国际贸易和对外直接投资的增长，资本市场也在日益全球化。最主要国家金融市场管制的放松（例如 1986 年英国伦敦证券交易所的"大爆炸"式改革）、金融创新的加速（包括新交易方式和新金融工具的产生）、电子通讯技术的迅猛发展，以及国内和世界金融市场的逐步衔接均使国际筹资成为可能。表 1—5 列出了具有 380个以上本国上市公司的证券交易所，在这些交易所上市的公司的市场价值均超过5 800亿美元。

表格中显示的数据与 1 年前的数据之间存在巨大的差异，因为到 2009 年 1 月诸多股票市场的业务均大额缩减。以美元为例，孟买、巴西、泛欧证券交易所（Euronext）和多伦多的市场交易量降低了 50% ~60%。

表1—5 主要证券交易所（2009年1月）

国家/地区	交易所	上市的本国公司数	本国股权的市值（单位：10亿美元）	本国股权市值相当于NYSC股票市值的百分比（%）
欧洲				
—	泛欧证券交易所	1 013	1 863	20
德国	德国证券交易所	742	937	10
西班牙	瑞士证券交易所	3 517	871	9
英国	伦敦证券交易所	2 399	1 758	19
美洲				
巴西	圣保罗证券交易所	384	612	7
加拿大	多伦多证券交易所	3 747	998	11
美国	纳斯达克证券交易所	2 602	2 204	24
	纽约证券交易所	2 910	9 363	100
亚太地区				
中国	香港证券交易所	1 252	1 238	13
	上海证券交易所	864	1 557	17
印度	孟买证券交易所	4 925	613	7
日本	东京证券交易所	2 373	2 923	31
澳大利亚	澳大利亚证券交易所	1 918	587	6

资料来源：世界证券交易所联合会，欧洲交易所。

Davis等人（2003）研究了19世纪以来股票市场的国际特性，并制作表格记录了在伦敦、柏林、巴黎和纽约交易所上市的要求的提高情况。Michie（2008）也研究了股票市场的国际化历程。很难制定世界股票市场国际化的精确标准。两个初步的衡量标准是跨国上市和公司为了国外投资者的利益将其年度报告翻译成其他语言的程度。例如，法国公司就已经在澳大利亚、比利时、加拿大、德国、卢森堡公国、德国、西班牙、瑞典、瑞士、英国和美国的证券交易所上市（Gélard，2001，第1038页~1039页）。

直到21世纪最初10年的中期，美国证券交易所上市公司的数量是最大的，因此它也成为了最大的资本市场。但是，由于较为严格的规则，如《萨班斯—奥克斯利法案》和美国一般公认会计原则，纽约市场已经不再那么受欢迎了（见本书第二部分）。表1—6列示了在证券交易所新上市或取消上市的国外公司。在2008年的经济困境和不具代表性的条件出现之前，2007年新上市的外国公司的数量达到最大。2008年，在国外上市公司的数量方面，伦敦证券交易所仍处于领先地位，但是也从2007年的141家上市公司降至2008年的42家上市公司。

表 1—6   2007 年新上市公司数量前十位的证券交易所

	上市	取消上市
伦敦证券交易所	141	37
墨西哥证券交易所	59	20
新加坡证券交易所	56	8
纽约证券交易所	42	73
东京证券交易所	27	10
纳斯达克证券交易所	25	数据不可得
美国证券交易所	21	数据不可得
卢森堡公国证券交易所	19	16
澳大利亚证券交易所	16	11
泛欧证券交易所	16	数据不可得

资料来源：汇编自 2007 年年度世界证券交易所联合会（World Federation of Exchanges）的统计数据。

表 1—7 列示了 2009 年外国公司在国际主要证券交易所（即表 1—5 中的证券交易所）上的上市程度。就绝对量和百分比来说，最大的外国上市证券交易所已经不是纽约证券交易所，而是伦敦证券交易所。纽约股票市场欢迎度下降部分是出于政治背景原因，即自 2007 年开始，证券交易委员会接受了国际财务会计准则公告外国对注册公司的规定。东京证券交易所（全球第二大证券交易所）和多伦多证券交易所缺乏外国上市公司是一个非常明显的事实。泛欧证券交易所之所以缺乏外国上市公司，部分是因为它现在包括了多个国家，所以这些国家已经不是"外国"了。为了寻找具有最大国外上市公司百分比的股票交易市场，我们必须研究除表 1—5 中所列的国家，并对较小的但是开放的经济体进行研究：卢森堡公国证券交易所 260 个上市公司中的 87% 是外国公司，墨西哥证券交易所 372 个上市公司中的 66% 是外国公司，新加坡证券交易所 768 个上市公司中的 41% 是外国公司，瑞士证券交易所 323 个上市公司中的 22% 是外国公司。

表 1—7   2009 年 1 月主要证券交易所中的外国上市公司

	数量	占总上市公司的百分比（%）
伦敦证券交易所	673	22
纽约证券交易所	420	13
纳斯达克证券交易所	333	11
德国证券交易所	90	11
澳大利亚证券交易所	85	4
多伦多证券交易所	83	2
西班牙 BME 证券交易所	40	1
东京证券交易所	16	1

	数量	占总上市公司的百分比（%）
中国香港证券交易所	10	0
巴西证券交易所	9	0
孟买证券交易所	0	0
上海证券交易所	0	0
泛欧证券交易所	0	0

资料来源：世界证券交易所联合会。

表1—8对纽约证券交易所（NYSE）530个（一些公司以多于一种类型的股份上市，所以数字大于表1—7中列示的数字）外国上市公司所属的国家进行了详细的分析。同时，该数据也与2007年的数据相关联，因为现在纽约证券交易所将其数据与泛欧证券交易所的数据相结合。

表1—8 　　　　　　　　　2007年纽约证券交易所外国上市公司所属国家

	数量
加拿大	89
百慕大群岛	42
欧洲：	
英国	54
荷兰	31
法国	18
德国	17
瑞士	15
意大利	11
希腊	10
其他	44
拉丁美洲：	
巴西	36
墨西哥	16
智利	17
阿根廷	11
其他	7
亚太地区：	
日本	19
中国	21
印度	10
其他	38
其他	24
合计	530

资料来源：2007年4月9日 nyse. com。

我们可以看出，加拿大的上市公司数量最大，其次是英国。百慕大群岛在美国的大量上市公司大部分是在安全的英语国家享受低税收政策的金融机构。任何特定的公司都可以在多个股票交易所上市。例如，根据2000年沃尔沃公司的年报，瑞典商务汽车公司披露其在5个国外股票交易市场上市，但是在2007年，该公司仅在一家国外证券交易所，即美国纳斯达克证券交易所上市。根据2008年年报，纳斯达克与瑞典证券交易所合并了，因此该公司就仅在一个证券交易所上市了。挪威能源公司挪威水力（Norsk Hydro）披露在2000年其在7个国外证券交易所上市，而到2008年该数字缩小为4个，即仅在美国、英国、泛欧证券交易所和德国的证券交易所上市。

上述两家公司均是总部位于较小国家的大型公司，这也暗示了外国上市的主要原因之一，即吸引额外的投资者，并增加股东人数。例如，挪威水力公司报告称，其18%的股份由美国股东持有，9%的股份由英国股东持有。Gray等人（1994）调查了几家大型的欧洲公司于国外上市的情况。Saudagaran（1988）发现，不同于其国内证券交易的情况，其公司的规模有助于解释其于国外上市的情况。

另一个国外上市的原因是，公司希望在国外的潜在消费者、雇员或准则制定者面前提高自身形象。第一家在美国证券交易所上市的德国公司（戴姆勒—奔驰公司（Daimler-Benz））上市的原因与其在美国开设工厂并扩大销售额有关。紧接着，该德国公司被美国一家汽车公司（克莱斯勒公司（Chryler））接管，该行为被表述成出于公众和会计原因而进行的"强强合并"（见第8.7.2部分）。Radebaugh等人（1995）对这一案例进行了更为详细的研究。

当然，国外上市除了能带来潜在的利益外，也会带来成本。这包括最初满足国外证券交易所及准则制定者会计和其他方面要求所需的费用，以及之后为满足不同于国内要求的额外或其他会计需求而发生的持续费用。Biddle和Saudagaran（1989）发现，证据表明8个国家（包括英国）对MNEs所要求的额外披露的抵制（尽管Gray和Roberts（1997）并没有发现英国公司的相关证据）。全球最大的股权市场位于纽约，包括纽约证券交易所和纳斯达克证券交易所。这些证券交易所均有其自己的要求，但是想要在这些交易所上市的公司所面临的主要问题是满足美国证券交易委员会的相关要求，包括《萨班斯—奥克斯利法案》所规定的有关审计和公司治理方面的要求。国外注册的公司可以呈报未经删节的符合美国公认会计原则要求的年报，但是这些公司通常都会选择编制20-F表格，该表格包括许多证券交易委员会要求的正常的披露项目，但是同时也允许非美国公司对权益和收入项目在会计处理上根据美国公认会计原则进行数字调整。从2007年开始，如果采用了国际财务报告准则，（由国际会计准则理事会发布）就不需要再进行调整。

如果非美国公司希望避免如此大额的成本且能够顺利进入美国市场，它们可以通过美国存托凭证（American Depository Receipts，ADRs）安排其股份进行场外（over-the-counter）交易（非完全上市）。在这种情况下，交易的并非是股份本身，而是ADRs（包括股份包）。这样，美国证券交易委员会就会接受不根据美国公认会计原则调整的公司国内年报。也存在公司虽安排了在证券交易所进行ADRs交易但仍需对年报进行调整的可能性。

一些公司使用多种语言公布其年报，其中最重要的原因是MNEs需要筹集资金，并需要在美国和英国进行股票交易。这也解释了为什么英语是最常用的第二报表语言的原因。使用多种语言的另一个原因是 MNEs 所在国使用多种官方语言，即 MNEs 的总部位于多个国家，或者其在多个国家进行重要的商业运作。例如，芬兰电讯公司诺基亚（Nokia）不仅以芬兰语和瑞典语（芬兰的两种官方语言）发布其年报和财务报表，而且也以英语发布这些信息。报告的商业评论部分还使用了法语、德语、意大利语、葡萄牙语、西班牙语、中文和日语（2001b）。Evans（2004）探讨了将会计术语从一种语言翻译成另一种语言的问题。

一个更复杂的衡量国际化的方法是证券市场"一体化"的程度，即证券定价在多大程度上受国际因素而非国内因素的影响（Wheatley，1988）。弗鲁特和达波拉（Froot and Dabora，1999）认为即使是皇家荷兰壳牌公司和英荷消费品集团联合利华（Unilever NV/PLC）这种英国—荷兰"孪生"股票，国内因素对其定价而言也是很重要的。

各国股票交易的监管机构不仅在本国市场上发挥作用，而且通过其参与的一些国际组织（例如证券委员会国际组织（International Organization of Securities Commissions，IOSCO）以及欧洲证券监管委员会（Committee of European Securities Regulators，CESR））在会计规则国际化的过程中发挥着日益重要的作用（参见第 4 章）。

1.2.5 股权模式

股票市场的全球化并不意味着全球的投资者行为都将一致。每个国家的股权模式及其发展趋势都具有显著差异。上市公司中投资者的性质对财务报告风格具有重要意义。这些公司的所有者和管理者分离程度越大，越需要公开可获得的且经独立会计师审计过的财务报告。拉·波特等人（La Porta et al.，1999）对分散持股公司、家族控股公司、国家控股公司、由分散金融公司或分散非金融公司控股的公司进行了区分。他们的数据涵盖 20 世纪 90 年代中期的 27 个国家（不包括中国、印度和东欧），其中 36% 的公司是分散持股的，30% 是家族控股的，18% 是国家控股的。最大的 20 家公司中，以分散持股为主的公司其母公司所在国包括（按照降序排列）英国、日本、美国、澳大利亚、爱尔兰、加拿大、法国和瑞士；以家族控股为主的公司其母公司所在国家和地区包括墨西哥、中国香港和阿根廷；以政府控股为主的公司其母公司所在国包括奥地利、新加坡、伊朗、意大利、芬兰和挪威。15% 以上的公司由金融公司分散持股，其母公司所在国家包括：比利时、德国、葡萄牙和瑞典。

全球范围内的股权调查为我们提供了更新的数据，并显示了各国的不同发展趋势。在美国，家庭投资者直接或间接对股票和票据的投资自 1989 年以来增长迅速，于 2001 年达到 50% 这一峰值，但是到 2008 年下降到 47%（美国投资公司学会，2008）。2006 年底，在英国，外国投资者、保险公司、养老金、个人、其他金融机构和银行各持有 40%、15%、13%、13%、10% 和 3% 的股份（英国国家统计局，2007）。造成这一现象的原因包括：国际合并使一些新公司在英国上市，外国母公司绝对控股（retain a significant stake）的英国子公司个数有所增加，公司移至英国境内。

许多国家通过私有化（例如出售国有企业）极大地扩张了私人企业规模。例如在英国，公用事业和其他国有企业从 20 世纪 80 年代开始进行私有化，在法律和会计准则许可的范围内诞生了一些特大型公司。从短期来看这增加了个人拥有的股份，但是其中很多股份都被出售了，而且有些公司还故意减少了小股东人数。私有化对外国投资者敞开了大门，因此刺激了对外直接投资的增长，也为英国公司向外国市场扩张提供了便利。在中欧和东欧的前社会主义国家，私有化进程更加猛烈。例如在俄罗斯，私有化的结果是把国有大公司的股权转给了一小部分名为"寡头"（Oligarchs）的组织。

2008 年，全球许多政府为了挽救金融机构均勉为其难地从这些机构购买了股份。因此，私有化起码暂时受到了挑战。

上文已经探讨了公司寻求国外投资者的原因，现在我们来看一下投资者寻求国外投资机会的原因。要追溯过去 1 年、5 年或 10 年哪些公司其国外上市股份的股价增长大于国内上市的股份，是件比较容易的事情。如果过去的数据能很好地预示未来，则这就是支持进行海外投资的一个很好的论点。即使过去不能很好地预示未来，很多投资者也希望其上市的国家能够多样化，因为在全球不同的区域股票价格的变动并非强烈相关。2000 年，外国人对美国证券的总年度购买额达到 70 000 亿美元，而美国人对外国证券的购买额为该数据的一半，即 35 000 亿美元。这些数据在之前 10 年间增长了 10 倍（Griever 等人，2001）。

然而，Lewis（1990）报道称，欧洲、日本和美国的投资者仅将其投资额的 10% 用于购买国外股份。这个数字对于那些认为国外股票是国内股票的完美替代品的人来说，是远远低于其预期的。Choi 和 Levich（1990）研究了来自美国、日本和欧洲的投资者，他们发现其中许多投资者会出于对不同的会计实践的考虑而不进行国外投资。其他投资者则为了调整国外报表而需承担额外的费用。之后，Choi 和 Levich（1996）发现，大约 1/4 的欧洲投资者会受限于国际会计实践的差异。Miles 和 Nobes（1998）发现，总部位于伦敦的投资者通常不会对会计实践差异进行调整。

偏好于在国内上市的其他原因还包括货币风险、政治风险、语言障碍、交易风险和税收。Coval 和 Moskovitz（1999）发现，即使在美国境内，投资经理也存在地区偏好。对于与之相关问题的研究，Helliwell（1998）报道称，加拿大人与本国人交易的意愿是同美国人交易意愿的 10 倍。

1.2.6　国际货币体系

从 1945 年到 1972 年，布雷顿森林协议（Bretton Woods Agreement）下确定的国际货币体系基于一种定期调整的固定汇率制度。从 1973 年开始，主要的货币开始相互浮动，汇率波动非常大（详见表 18—1）。然而在欧盟国家中，除了英国的英镑以外，大多数国家的货币都已经在 1999 年被统一的货币——欧元所代替。会计准则制定者都非常关注套期活动和其他外币交易。有关问题将在第 9 章和第 18 章中讨论。

2008 年和 2009 年，全球金融系统面对的压力异常之大。金融机构和整个经济的崩溃引发了对新的布雷顿森林体系的迫切需求。这同时也将人们的注意力集中到了对股票市场规则的研究上。会计上对使用的市场价值的要求非常严格，部分是因为市场价值会下降（源于损失的出现），部分是因为市场很难运作，导致市场价格很难确定。

1.3 跨国公司的性质及发展

跨国公司可以泛指那些在两个或两个以上国家生产商品或提供服务的公司，这是一个经济概念而非法律概念。大多数跨国公司的规模决定了它们需要获得外部融资，因此它们大多采取在股票市场上市的股份公司形式。上市公司（也就是股票被公开交易的公司）的财务报告必须遵守特别的规定，本书第二部分将详细探讨这个问题。跨国公司的存在给许多领域增添了新的内容，例如在审计方面，原先只有国内审计而没有国际审计（见第 21 章）。此外，为编制合并财务报表，需要对外国子公司的财务报表进行外币折算，这是跨国公司特有的问题（见第 21 章）。世界上大多数跨国公司按照美国公认会计原则、国际财务报告准则或类似的准则来编制合并财务报表。

上述跨国公司的定义非常宽泛，按照这个定义，14 世纪初的企业也可以算作是跨国公司，例如加勒拉尼（Gallerani）公司是一个在伦敦及其他各地设有分部的锡耶纳（Sienese）商人开办的公司，该公司流传下来的会计记录为我们提供了现存较早的复式记账的范例（Nobes，1982）。16 世纪后期起，特许的地产公司和贸易公司——尤其是英国、荷兰和法国的东印度公司（East India Companies）成为早期"资源探求"型跨国公司的范例，因为这些公司的主要目标是获取在本国无法获取的自然资源。现代跨国公司萌芽于 1870 年到 1914 年间，当时欧洲人和欧洲的投资被大规模地输出到世界其他地方，同时美国也作为新兴工业力量崭露头角。第一次世界大战前夕，累积的对外直接投资（FDI）中的股份（即拥有外国公司的股权的目的是为了控制或施加重大影响）按规模大小绝大部分集中于英国、美国、德国、法国和荷兰。两次世界大战削弱了欧洲国家在经济方面的相对重要性，却增强了美国的经济影响。表 1—9 反映了 1914 年至 2005 年间这些国家在直接投资方面的排名变化。第二次世界大战后，美国成为世界上最大的对外直接投资的输出国，这一地位至今未变。然而，最近欧洲跨国公司的地位相对有所回升，而且美国和英国的跨国公司都受到日本跨国公司的挑战。以上所有的国家既是对外直接投资的主要被投资国又是对外直接投资的主要投资国。

表 1—9 1914 年至 2007 年跨国公司原籍国估计累积对外直接投资股权所占股份的百分比（%）

	1914 年	1938 年	1980 年	1990 年	2000 年	2007 年
英国	45	40	15	13	14	11
美国	14	28	42	24	20	18
德国	14	1	8	8	8	8
法国	11	9	5	6	7	9
荷兰	5	10	8	6	5	5
日本	—	—	4	11	4	3

资料来源：基于 Dunning（1992）和 UNCTC（2006）。

我们可以根据跨国公司的主要活动对其进行分类。绝大多数 19 世纪及之前的跨国公司都属于"资源探求"型。在 20 世纪，其他类型的跨国公司诞生了。一些跨国公司是"市场开拓"型的，即它们建立子公司主要是为了生产商品，以供应子公司所在国的市场。其他跨国公司是"追求效率"型的，它们生产多种产品，其下属的每一个子公司专门负责生产其中的一小部分产品或负责特定产品的某几个流程。制造业跨国公司也已创建了专门从事贸易和销售，或专门提供保险、金融或财务服务的子公司。一些大银行和大会计师事务所也成为了跨国公司，其服务范围遍及全球。专门从事信息传输的海外子公司也在技术进步的推动下诞生了。

不同国家和不同行业生产商品和提供服务的国际化程度是不同的。美国对外直接投资的绝对数是全世界最高的，但由于美国经济规模较大，因此对外直接投资占经济总量的比重不像欧洲国家那样大。但值得注意的是，美国对外直接投资比重大于日本（见表 1—10）。表 1—11 说明了总部位于欧盟、美国和日本的大型跨国公司的数量。

表 1—10 2005 年部分国家累积对外直接投资占国内生产总值（GDP）的百分比

	百分比（%）
挪威	123
瑞士	107
比利时	104
荷兰	103
瑞典	57
英国	56
法国	41
加拿大	35
德国	35
意大利	17
美国	16
日本	9
全世界	24

资料来源：United Nations Conference on Trade and Development（UNCTAD）(2007) *World Investment Report* 2007：*Transnational Companies*，*Extractive Industries and Development*。Geneva，UNCTAD。

经济学家和其他人士一直试图解释跨国公司存在的原因。目前最流行的理论是邓宁（Dunning）的折中范式（eclectic paradigm）。该理论认为，某一特定国家的公司乐于参与或扩大海外生产，是由三个相互联系的条件决定的。这些条件包括公司拥有或有特权使用的资产的规模，这些资产将使该公司比当地公司更具竞争优势；相关交易费用的合理程度，这样的交易费用使得公司自己使用这些优势比将其作为许可证或特许权让渡给其他公司更为有利；相关成本因素和政府政策推动公司在海外就地生产而不是从本国输出商品以满足当地需要的程度。

表 1—11　2007 年至 2008 年 * 按收入排名的世界 500 强公司在各国的分布情况

法国	39
德国	37
英国	34
荷兰	13
西班牙	11
意大利	10
瑞典	6
比利时	5
奥地利	2
丹麦	2
芬兰	2
爱尔兰	2
比利时/荷兰	1
英国/荷兰	1
其他欧盟国家	3
欧盟合计	168
美国	153
日本	64
中国（包括台湾）	35
韩国	15
加拿大	14
瑞士	14
澳大利亚	8
印度	7
巴西	5
墨西哥	5
俄罗斯	5
挪威	2
其他国家（均为单个国家）	5
	500

* 年度结束于 2008 年 3 月 31 日或更早。

资料来源：《世界财富 500 强》（*Fortune Global* 500）（2008）。

随着跨国公司的发展，大量的国际贸易不仅发生在公司内部，同时还发生在国与国之间。公司内部交易的价格是内部转移价格而非公开的市场价格。这对税收、管理控制、跨国公司与所在国家之间的关系来说具有重要的意义。在第 22 章和 23 章中将进一步研究这些问题。

跨国公司的出现是会计职业界国际化的主要诱因之一。随着会计师事务所客户的不断国际化，事务所本身也在走向世界，它们在海外建立新的办公室或者兼并海外公司。我们将在第 21 章中进一步阐述跨国公司的审计问题。

1.4　会计的比较特性和国际特性

上述的国际化环境为学习国际会计提供了很充分的理由。此外，至少还有三个原因可以说明采用比较方法学习国际会计是恰当的。首先，通过比较我们可以提醒大家，并不是只有美国和其他英美（Anglo-Saxon）① 国家对当今世界会计实务作出过贡献；其次，它证明了世界各国的报表编制者、使用者和监管机构可以相互学习对方的思想和经验；最后，它解释了为什么会计需要进行国际协调以及为什么协调如此困难（Parker，1983）。下面我们将详细阐述这三个原因。

从历史上看，许多国家对会计发展作出了重大的贡献。罗马人尽管没有采用复式记账法，但他们已经采用了簿记形式并进行利润核算。在欧洲还处于黑暗年代时，伊斯兰国家就已经在算术和簿记方面有所发展，这为会计业日后的发展奠定了基础。在 14 世纪和 15 世纪，意大利城邦作为商业贸易方面的领先者，其会计也居于领先地位。"意大利式"的复式簿记首先传到其他欧洲国家，并最终传播到世界各地。意大利会计的主导地位影响至今，其中一个表现是英语中有许多会计和财务术语均源自意大利语，例如，银行（bank）、资本（capital）、现金（cash）、借（debit）、贷（credit）、账页（folio）、预付款（imprest）和日记账（journal）。

19 世纪英国在会计方面处于领先地位，20 世纪之后则由美国取而代之。结果英语成为会计的世界语言（Parker，2000 and 2001a）。表 1—12 列示了国际会计师联合会的成员，显示了现代会计职业最早在苏格兰和英格兰得到发展。一些国家（例如澳大利亚、加拿大和英国）有多个会计职业团体。会计团体多样化的情况主要存在于英美国家，最大的会计职业团体是美国注册会计师协会。

表 1—12 没有显示增长速度，中国注册会计师协会最近一些年发展迅速，目前已经成为世界第三大会计师协会。该表也没有显示哪些团体不仅仅拥有国内成员，而且还在向国际范围发展。两个英国的会计执业团体，英国特许公认会计师公会（ACCA）和英国特许管理会计师公会（CIMA）在这方面是最活跃和最成功的。仔细阅读该表还会发现一些国家的会计师占总人口比重较大，例如法国（总人口为 6 000 万，拥有17 000 名会计师）和新西兰（总人口 400 万，拥有 27 000 名会计师）。当然，这种比重在一定程度上受到各国对"会计师"的定义的影响。我们将在第 2 章详细讨论各国会计职业团体。

表 1—13 说明绝大多数较大的国际性会计师事务所均诞生于英国和美国。会计技术、会计惯例和会计概念已经在全世界范围内被借鉴和传播。例如，英国不仅从意大利引进复式记账法并将职业会计学理论传播到世界的其他国家，同时还传播了真实公允的理念。这一理念最初仅传播到其他英联邦国家，最近又传播到欧盟其他成员国（Parker，1989；Nobes，1993）。在工业化国家中，管理会计理论和实务的兴起在很

---

① 本书中使用的此表达方式取其普通的欧洲之意，即英国、美国和其他英语国家，如加拿大、澳大利亚和新西兰。

大程度上应当归功于美国人的创新精神。20 世纪的后 50 年间，日本对管理会计和控制也作出了贡献。卡耐基和内皮尔（Carnegie and Napier，2000）使用了一个很有说服力的案例对国际会计历史进行了比较研究。

表 1—12　　　　　　　国际会计师联合会部分成员的创建时期和规模

国家	团体	创建日期[①]	大致成员数（单位：千人）2008 年
澳大利亚	澳大利亚注册会计师协会（CPA Australia）	1952（1886）	122
	澳大利亚特许会计师协会（Institute of Chartered Accountants in Australia）	1928（1885）	48
巴西	巴西会计师协会（Conselho Federal de Contabilidade）	1946	213
加拿大	加拿大特许会计师协会（Canadian Institute of Chartered Accountants）	1902（1880）	74
中国	中国注册会计师协会（Chinese Institute of Certified Public Accountants）	1988	140+[②]
法国	法国注册会计师协会（Ordre des Experts Comptables）	1942	19
德国	德国法定审计师协会（Institut der Wirtschaftsprüfer）	1932	13
印度	印度特许会计师协会（Institute of Chartered Accountants of India）	1949	150
日本	日本公认注册会计师协会（Japanese Institute of Certified Public Accountants）	1948（1927）	18[③]
荷兰	荷兰皇家注册会计师协会（Koninklijk Nederlands Instituut van Registeraccountants）	1967（1895）	14
新西兰	新西兰特许会计师公会（Institute of Chartered Accountants of New Zealand）	1909（1894）	30
英国和爱尔兰	英格兰及威尔士特许会计师协会（Institute of Chartered Accountants in England and Wales）	1880（1870）	132
	苏格兰特许会计师协会（Institute of Chartered Accountants of Scotland）	1951（1854）	18
	特许注册会计师协会（Association of Chartered Certified Accountants）	1939（1891）	131
	注册管理会计师协会（Chartered Institute of Management Accountants）	1919	71
	爱尔兰特许会计师协会（Institute of Chartered Accountants in Ireland）	1888	18
美国	美国注册会计师协会（American Institute of Certified Public Accountants）	1887	339

注：①括号中反映的是该组织前身的创办日期，某些团体的名称有时会变化。

②2009 年中国注册会计师协会网站上表述的 2006 年 5 月其成员为 140 000 人。

③不包括初级注册会计师。

表 1—13	居领先地位的国际会计师事务所（2008 年）
	主要诞生国
德勤会计师事务所（Deloitte）	英国、美国、加拿大、日本
安永会计师事务所（Ernst & Young）	美国、英国
毕马威会计师事务所（KPMG）	荷兰、英国、美国、德国
普华永道会计师事务所（PricewaterhouseCoopers）	英国、美国

注：上面所提供的是国际会计师事务所的名称，国内会计师事务所可能有不同的所名。

采用比较方法的第二个原因是可以学习其他国家成功和失败的经验，从而避免滋生会计民族优越感所带来的危险。一个国家可以通过观察其他国家对某些会计问题所采取的处理方法来提高其自身的会计水平。这些被观察国家，尤其是工业化国家，对会计问题的处理方法一般不会有很大的差异。当会计方法存在差异时，最终也会证实导致这些差异的原因是不同的经济、法律和社会环境，而非纯粹出于偶然。这些偶然事件不会阻碍会计的协调化（见 2.6 部分），那些更加根本的差异才是更难协调的。

最近几十年国际会计的特征表现在世界各国接受和采纳其他国家会计方法和制度的程度方面。本书将列举许多这方面的例子。例如，英国接受了欧洲大陆国家的观点，促使财务报告更加统一。法国和德国接受了英美国家编制合并财务报表的方法。荷兰强化了对公司会计和审计的管制，这在以前是不存在的。法国和澳大利亚建立起了类似于美国证券交易委员会（SEC）的机构。过去德国会计准则的执行机制一直不够强硬，因此目前也正在寻找一种介于美国证券交易委员会和英国财务报告复核小组（Financial Reporting Review Panel，FRRP）之间的折中模式。甚至是美国，由于受到 2001 年会计丑闻的影响，也表示愿意参考英国和国际会计准则理事会准则制定方法所带来的优势。

采用比较方法的第三个原因是为了更好地理解国际协调。从 20 世纪 70 年代末期开始到现在国际协调的重要性与日俱增。我们将在第 4 章中讨论赞成和反对协调化的争论。请注意，不同国家都采用极其不同的方式处理诸如租赁会计、合并会计、外币折算等主要的会计问题，当然有时也会发现各国处理这些问题的共同模式，这将在本书的第五部分中介绍。美国会计师作为人数最多和最强势的群体，他们提出的解决方案历来都很有影响力，但也并非都会被采纳。事实上，许多国家和公司使用国际准则的一个原因就是它不是美国的公认会计原则。

国际会计准则理事会的力量日益增长，欧盟采纳了其颁布的会计准则（部分原因是阻止欧洲的跨国公司采用美国公认会计原则）。国际会计准则理事会和美国财务会计准则委员会对管制展开竞争（Esty and Geradin，2001），"看谁能爬得更高"。在欧盟内部，每个主要国家所提出的解决方法也受到了挑战，因而它们不得不接受技术上和政治上的妥协。显然，任何协调财务报告的尝试都会涉及比会计本身更广泛的问题。在第 2 章中，我们将考查导致差异的一些基本原因。然而，在此之前我们需要解释一下本书的结构。

1.5 本书的结构

1.5.1 大纲

本书分为六个部分。第一部分介绍了背景，包括产生财务报告差异的原因和差异的性质、会计制度的分类以及对国际协调的简介。第二部分与上市公司财务报告有关，国际财务报告准则和美国公认会计原则以及二者之间的竞争主宰着上市公司财务报告。第三部分考查了欧洲（包括西欧和东欧）和东亚（特别指日本和中国）的协调与转轨问题。第四部分涵盖了继续由各国规则所监管和规范的财务报告（特别是单个法律主体的报告），这些财务报告中有部分内容和国际财务报告准则及美国公认会计原则差别很大。第五部分考查了跨国公司面对的一些主要会计技术问题。第六部分考查了一些分析和管理问题。

下面将详细阐述本书六个部分中每章的内容。

1.5.2 确定背景（第一部分）

尽管欧盟采纳国际财务报告准则，并与国际财务报告准则和美国公认会计原则趋同（均于 2002 年正式达成协议），但这些依然没有消除各国财务报告的差异。其中一个原因是许多国家仅仅要求在编制合并报表时采用国际财务报告准则，另外一个原因是世界各国具体应用的国际财务报告准则不同。第 2 章讨论了产生这些差异的原因及差异的性质。研究国际会计的一些作者曾试图对全球财务报告进行分类。第 3 章将讨论并评价这些分类。大多数分类都是针对国家的，这些分类都或明确或含蓄地假设存在着同质性的财务报告。后来研究人员认识到，一个国家（甚至是某个公司）可能使用不止一种会计制度，因此研究重点从针对国家的分类转向了针对"会计制度"的分类。对国家差异和各国模式的考查引导我们进入第 4 章，这一章讨论了国际协调问题，并解释了最近几十年对国际协调的需求发生变化的原因以及其是如何变化的。我们尤其关注国际会计准则委员会以及其继任者国际会计准则理事会在满足这些需求方面所取得的成绩。

1.5.3 上市公司财务报告（第二部分）

第 5 章继续第 4 章提出的问题，考查国际准则和各国准则之间的关系，其中包括国际财务报告准则与最有影响力的国家准则——美国公认会计原则之间的"竞争"与"趋同"问题。第 6 章总结了国际财务报告准则的要求，首先按照主题（概念框架、资产、负债、集团会计、披露）介绍，随后按照准则的编号顺序进行介绍。第 7 章考查了各国运用国际财务报告准则时会计实务存在差异的原因。第 8 章描述并分析了美国的公司财务报告及其环境，并对美国规则和国际规则进行了比较。通过对比国际财务报告准则和美国公认会计原则，第 9 章研究了财务报告的一些主要问题。我们将把与合并相关的问题留到之后讨论（第 17 章）。第 10 章将讨论上市公司对使用国际财务报告准则和美国公认会计原则编制财务报表的管理，以及美国、欧盟主要的成员国（英国、法国和德国）以及诸如澳大利亚等其他重要国家对这两种准则的实施情况。会计准则的实施和制定也与政治有关，因此第 11 章将探讨会计实践的政治化，尤其将探讨财务报告编制者对会计准则制定机构所进行的政治游说。

1.5.4　欧洲和东亚国家的协调与转轨（第三部分）

第 12 章探讨了协调存在于欧盟各成员国财务报告中的不同之处的各种尝试（作为消除经济障碍这一更大的目标的一部分）。该章还解释了最初在协调欧洲大陆和英美会计实践中存在的困难，以及最近出现的欧盟的一些经济体其需要从社会主义会计向基于市场的会计转变的问题。第 13 章介绍并比较了东亚两个主要国家（日本和中国）的财务报告制度。两个国家过去和现在都受到很大的外部影响，但是却都仍然保持着自己的民族特征。

1.5.5　单个公司的财务报告（第四部分）

与上市集团公司的财务报告相比，单个公司的财务报告的国际差异更大。第 14 章解释了存在这种现象的原因，还特别关注了税务部门的信息需求和对未分配利润的确认。第 15 章分析了各国设计的不同规则的制定方式（会计方案、法律条文、法令、准则），并对其有用性进行了评价。第 16 章解释了适用于单个公司的会计规则与国际财务报告准则或美国公认会计原则的不同之处，特别参考了法国、德国和英国的情况。

1.5.6　跨国公司财务报告专题（第五部分）

会计准则始终处于变化之中，而国际财务报告准则和美国公认会计原则中所包含的准则也不例外。仅仅在某日学习准则的详细内容是远远不够的。所有的准则都有妥协的方面，特别是当准则需要在国际层面上趋同时更是如此。第 17 章至第 19 章探讨了与跨国公司相关的 3 个问题：合并财务报表、外币折算和分部报告，并比较了国际财务报告准则和美国公认会计原则所使用的解决方法。

1.5.7　分析和管理专题（第六部分）

第 20 章考查了财务报告的国外读者和分析师面临的问题，随着国际财务报告准则和美国公认会计原则使用的日益广泛，上市公司面临的问题虽然已经减少，但并没有完全消除。第 21 章解释了审计实践是如何走向国际化的，特别提及了跨国公司的作用、国际资本市场、国际会计师事务所和国际财务报告准则。该章研究了国际审计准则（International Standards on Auditing，ISAs）、实践中国际审计的流程以及国际环境中审计的期望差距。第 22 章讨论了公司所得税的国际层面，包括应纳税所得额和会计利润之间的关系、国际税收筹划、税收制度以及税收协调。第 23 章以对跨国公司内部的管理会计问题的考查结束了本书的讨论，该章特别关注了使用不同货币进行经营时所面临的问题以及如何处理各国文化的差异。

小结

- 尽管欧盟以及其他许多国家的上市公司已经采用了国际财务报告准则，公司财务报告之间的国际差异仍然很大。

- 第二次世界大战以后，财务报告所处的全球环境出现了以下特征：世界政治的巨大变化；国际贸易和外国直接投资的巨额增长；股票市场的全球化；股东所有权模式多种多样；不稳定的国际货币制度；跨国公司的兴起，这些跨国公司是外国直接投资的主要输入方和输出方，并且是会计职业国际化的主要推动者。
- 历史上一些国家对于会计和财务报告的发展作出了重要的贡献。
- 比较各国的会计规则和实务可以非常好地抵制会计的民族优越感的滋生，一个国家成功的创新实践可以被其他国家所模仿。
- 本书由六部分组成：背景、上市公司的财务报告、协调和转轨、单个公司的财务报告、跨国公司财务报告专题以及分析和管理专题。

参考文献

Biddle, G. C. and Saudagaran, S. M. (1989) 'The effect of financial disclosure levels on firms' choices among alternative foreign stock exchange listings', *Journal of International Financial Management and Accounting*, Vol. 1, No. 1.

Carnegie, G. D. and Napier, C. J. (2002) 'Exploring comparative international accounting history', *Accounting, Auditing & Accountability Journal*, Vol. 15, No. 5.

Coval, J. D. and Moskovitz, T. J. (1999) 'Home bias at home: local equity preferences in domes-tic portfolios', *Review of Financial Studies*, Vol. 7, No. 1, pp. 2045–73.

Choi, F. D. S. and Levich, R. M. (1990) *The Capital Market Effects of International Accounting Diversity*, Dow Jones-Irwin, Homewood.

Choi, F. D. S. and Levich, R. M. (1996) 'Accounting diversity', in B. Steil (ed.) *The European Equity Markets*, Royal Institute of International Affairs, London.

Davis, L., Neal, L. and White, E. N. (2003) 'How it all began: the rise of listing requirements on the London, Berlin, Paris, and New York Stock Exchanges', *International Journal of Accounting*, Vol. 38, No. 2.

Dunning, J. H. (1992) *Multinational Enterprises and the Global Economy*, Addison-Wesley, Wokingham.

Esty, D. C. and Geradin, D. (eds) (2001) *Regulatory Competition and Economic Integration*, Oxford University Press, Oxford.

Evans, L. (2004) 'Language, translation and the problem of international accounting com-munication', *Accounting, Auditing & Accountability Journal*, Vol. 17, No. 2.

Finn, D. (1996) *Just Trading. On the Ethics and Economics of International Trade*, Abingdon Press, Nashville.

Froot, K. A. and Dabora, E. M. (1999) 'How are stock prices affected by the location of trade?', *Journal of Financial Economics*, August.

Gélard, G. (2001) 'France-individual accounts', in D. Ordelheide and KPMG, *Transnational Accounting*, Vol. 2, Palgrave Publishers, Basingstoke.

Gray, S. J., Meek, G. K. and Roberts, C. B. (1994) 'Financial deregulation, stock exchange listing choice, and the development of a European capital market', in Zimmerman,

V. K. (ed.) *The New Europe*: *Recent Political and Economic Implications for Accountants and Accounting*, Center for International Education and Research in Accounting, University of Illinois.

Gray, S. J. and Roberts, C. B. (1997) 'Foreign company listings on the London Stock Exchange: Listing patterns and influential factors', in T. E. Cooke and C. W. Nobes (eds) *The Development of Accounting in an International Context*, Routledge, London.

Griever, W. L. , Lee, G. A. and Warnock, F. E. (2001) 'The U. S. system for measuring cross-border investment in securities: a primer with a discussion of recent developments', *Federal Reserve Bulletin*, Vol. 87, No. 10, pp. 634–50.

Helliwell, J. (1998) *How Much Do National Borders Matter?*, Brookings Institution, Washington, DC.

Investment Company Institute and the Securities Industry and Financial Markets Association (2008) *Equity and Bond Ownership in America*. 2008. Available at www. ici. org/statements.

La Porta, R. , Lopez-de-Silanes, F. and Shleifer, A. (1999) 'Corporate ownership around the world', *Journal of Finance*, April.

Lewis, K. K. (1999) 'Trying to explain home bias in equities and consumption', *Journal of Economic Literature*, Vol. 37, pp. 571–608.

Maddison, A. (2001) *The World Economy. A Millennial Perspective*, OECD, Paris.

Michie, R. (2008) *The Global Securities Market. A History*, Oxford University Press, Oxford.

Miles, S. and Nobes, C. W. (1998) 'The use of foreign accounting data in UK financial institutions', *Journal of Business Finance and Accounting*, Vol. 25, Nos. 3 & 4.

National Statistics (2007) *Share Ownership* 2006. Available at www. statistics. gov. uk.

Nobes, C. W. (1982) 'The Gallerani account book of 1305–8', *Accounting Review*, April.

Nobes, C. W. (1993) 'The true and fair view requirement: impact on and of the Fourth Directive', *Accounting and Business Research*, Winter.

Parker, R. H. (1983) 'Some international aspects of accounting', in S. J. Gray (ed.), *International Accounting and Transnational Decision*, Butterworths, London.

Parker, R. H. (1989) 'Importing and exporting accounting: the British experience', in A. G. Hopwood (ed.), *International Pressures for Accounting Change*, Prentice Hall, London.

Parker, R. H. (2000) 'Why English?' *Accountancy*, August.

Parker, R. H. (2001a) 'European languages of account', *European Accounting Review*, Vol. 10, No. 1.

Parker, R. H. (2001b) 'Read with care', *Accountancy*, June.

Radebaugh, L. H. , Gebhart, G. and Gray, S. J. (1995) 'Foreign stock exchange listings: a case study of Daimler-Benz', *Journal of International Financial Management and*

Accounting, Vol. 6, No. 2, pp. 158–92.

Saudagaran, S. M. (1988) 'An empirical study of selected factors in. uencing the decision to list in foreign stock exchanges', *Journal of International Business Studies*, Spring, pp. 101–27.

United Nations Center on Transnational Corporations (UNCTC) (2008) *World Investment Report.*

Wheatley, S. (1988) 'Some tests of international equity integration', *Journal of Financial Economics*, Vol. 21, No. 2.

实用网址

Accounting Education	www. accountingeducation. com
British Accounting Association	www. baa. group. shef. ac. uk
European Accounting Association	www. eaa-online. org
International Accounting Standards Board	www. iasb. org
International Federation of Accountants	www. ifac. org
United Nations Conference on Trade and Development	www. unctad. org
World Bank	www. worldbank. org
World Federation of Exchanges	www. world-exchanges. org
World Trade Organization	www. wto. org

课后问题

书末提供带星号问题的参考答案。

1.1* 第二次世界大战以后，世界主要的政治事件对会计和财务报告产生了哪些影响？

1.2* 为什么主要的会计师事务所已经成为国际性的会计师事务所？它们主要发源于哪些国家？它们为什么发源于这些国家？

1.3 下列哪些国家对会计和会计术语的发展作出了历史性的重大贡献：意大利、英国、美国、日本？

1.4 就下列几个方面来说，哪三个是最发达的国家？

（1）世界 500 强公司的份额；

（2）合格会计师的数量；

（3）证券交易所的市值？

为什么这三个问题的答案是不同的？

1.5 什么因素使得世界股票市场国际化成为可能？

1.6 什么因素导致了跨国公司的产生？

1.7 从历史的角度看，哪些国家是跨国公司的发源国？这些国家同样也是国际性会计师事务所的诞生地吗？

1.8 为什么新西兰人均会计师人数超过法国？

1.9 为什么欧盟国家的一些公司要在非欧洲国家（特别是北美）的证券交易所

上市？

    1.10   为什么英语是国际公司财务报告的主要语言？

    1.11   登录葛兰素史克公司的网站（www. gsk. com），解释 2004 年之后根据美国公认会计原则、国际财务报告准则和英国会计准则该公司披露的年报差异。如果公司采用国际财务报告准则和英国会计准则所允许的其他方法，这些差异（按照表 1—1 和表 1—2 所列示）是否会减小？该公司存在如此巨大的会计国际差异是否因为其为制药公司？

第 2 章　国际差异及其原因

克里斯托弗·诺比斯

内容

目标

读完本章后您应当能够

- 指出在多大程度上国际会计的差异可以由文化差异来解释。
- 指出西方世界的两种主要法律体系，以及它们与会计差异的关系。
- 解释为什么各国公司的主要融资方式存在差异，这对会计的目标和特征有怎样的影响。
- 说明税收和财务报告之间的关系，并指出为什么这些关系在某些国家更紧密。
- 指出国际会计多样性和各国会计职业界差异之间的关系。
- 综合上述所有的因素来解释财务报告产生国际差异的原因。
- 列举出德国会计比英国会计更加保守的方面。
- 解释准备金和公积金的区别，并能指出在某些国家准备的定义如何更为宽泛。
- 指出在主要国家中资产的主要计价基础。
- 总结在财务报告格式中的国际差异。

2.1　引言

并不是每个会计人员都能意识到会计实务中存在着很大的国际差异，更不用说非会计人员了，他们可能觉得会计就是复式记账的同义词，而全球的复式记账都是差不多的。本书的许多内容都是在探索会计实务中的重大差异。在本章的2.9部分，我们将列举国际差异的几个例子。但在此之前，我们试图寻找导致这些差异的可能原因。尽管很难确定就是以下讨论的原因引起了会计差异，但可以通过证明这些原因和会计差异之间是否具有相关性来做出合理的推论。

在其他研究者以前出版的著作中提到过许多可能引起会计国际差异的原因（如Choi和Meek，2005，第2章；Radebaugh、Gray和Black，2006，第3章）。有一些研究者根据他们对这些原因的判断对世界各国的会计体系进行了分类（见第3章）。另外还有一些研究者对观察到的会计实务差异与所观察到的原因是否具有相关性进行了研究（如Frank，1979；Doupnik和Salter，1995）。

在进一步讨论之前，有必要定义一下什么是"会计"。在这里，我们特指为公司公开发布的年度财务报告。从某种意义上来说，使用"会计制度"（accounting system）这样的术语更为恰当，因为它指的是某一特定公司对其年报所使用的一系列财务报告惯例。同一个国家的不同公司可能使用不同的"会计制度"，而相同的公司可能因为不同的目的而使用不同的"会计制度"。例如在许多欧盟国家，合并报表采用国际财务报告准则编制，但非合并报表却采用本国的规则编制。本章的目的是考查为什么各国的会计制度会有所不同，以及如何不同。然而，本章提出的观点也可以用于解释第7章将要进一步解释的问题，即为什么世界各国对国际财务报告准则的采纳风格存在不同。

现在，我们将分析几个看起来与会计制度差异相关的因素。从下面的讨论中可以看出，这些因素并不一定就是引起差异的原因，相反可能是差异所导致的结果。

2.2 文化

显然，会计是受环境影响的，包括所处国家的文化。霍夫斯蒂德（Hofstede，1980）提出了一个文化模型，该模型类似一个思想集合程序，可以将一类人群和另一类人群区分开来。霍夫斯蒂德认为，就像计算机操作系统将一系列规则作为参照系，以及对更高程序有系列约束条件一样，文化也包含一套促使制度形成并执行的社会价值观和习俗。如格雷（Gray，1988，第5页）指出：

社会价值观受生态的影响，并随外部因素而改变……反过来，社会价值观在法律体系、政治体系、资本市场特性、公司所有权形式等的形式中会引发制度性的后果。

任何国家的文化都包含着个人可能具有的最基本的价值观，这影响着人们选择社会结构的方式，以及他们与社会子系统相互作用的方式。会计可以被看作其中的一个子系统。正如格雷（1988，第5页）所指出：

人们可能认为会计人员的价值观体系与社会价值观有关，并源于社会价值观，且与会计人员工作相关的具体的社会价值观尤为如此。反过来，会计"价值观"又会对会计制度产生影响。

为了对不同国家基本的文化模式有一定的认识，我们再来看一下霍夫斯蒂德的研究。霍夫斯蒂德（1984，第83页、第84页）在对39个国家的10万多名IBM员工进行研究的基础上，对文化的下列四个基本方面给出了定义和评述：

（1）个人主义与集体主义（individualism versus collectivism）。个人主义代表着对

松散的社会结构的偏好。在这种社会里，个人被认为只关心他们自己及其直系亲属……这个方面所阐述的基本问题是社会个体之间相互依存的程度问题。

（2）权力差距（power distance）的大小对比。权力差距是指社会成员能够接受机构和组织中权力分配不平等的程度……存在巨大权力差距的各阶层的人们接受等级制度。在这种制度中，每个人的身份无需进一步证明。这个方面阐述的基本问题是，当出现人与人之间的不平等现象时，社会如何处理这种不平等的现象。

（3）不确定性规避（uncertainty avoidance）的强与弱。不确定性规避的强弱是指社会成员对不确定和意义不明之事感到不安的程度。这种感觉使他们相信定有确定性的承诺，并维护制度，保护一致性。具有强的不确定性规避的社会对信仰和行为有着严格的准则，不能容忍偏离正常社会标准的人和想法。具有弱的不确定性规避的社会保持一种较为宽松的氛围，在这种氛围中习惯比规则更重要，人们较能容忍偏离常规的行为。这个方面所阐述的基本问题是，社会如何对时间的不可逆性以及对不可知的未来作出反应，是试图控制未来，还是任其发展。

（4）阳刚性与阴柔性（masculinity versus femininity）。阳刚性是指社会中特定人群对成就、英雄主义、自信和物质上的成功的偏爱。与之相反，阴柔性则指特定人群（处在某种社会体制中）偏爱人际关系、谦逊，关爱弱者并关注生活质量。

格雷（1988）将这些文化差异用于解释会计人员行为的国际差异，进而说明会计实务的本质差异。例如，格雷认为一个具有高不确定性规避和低个人主义的国家较喜欢采用稳健的收入计量方式，并偏好限制对那些与其经营活动密切相关的信息的披露。在本章下文中将把稳健主义作为国际差异中的一个例子来考查。

格雷提出以下几对相对立的"会计价值观"：

- 职业化与法律控制；
- 统一性与灵活性；
- 稳健主义与乐观主义；
- 保密性与透明度。

前两对观念与权威性和强制性有关，格雷发现"盎格鲁"（Anglo）文化地区和亚洲地区之间在这两个方面存在明显的差别。后两对观念与计量和披露有关，格雷发现"盎格鲁"文化和拉丁文化、日耳曼文化之间存在差异。

这种方法可能对检验审计师行为的国际差异及类似问题非常有帮助（如 Soeters 和 Schreudder，1988）。然而，对财务报告而言，与会计外部环境的某些具体因素（如法律体系或产权市场，见下文）相比较，文化属性的计量显得含混不清而且不那么直截了当。此外，在会计领域中使用的文化方面的论据可能也并不可靠。例如，尽管西非国家的法律和会计制度有很大不同，但是霍夫斯蒂德仍将它们归为一类。为了找到充分的依据，霍夫斯蒂德考查了某大型跨国公司的员工，这导致了另外一个问题的出现。在衡量文化特征时，人们是如何处理位于阿布扎比（Abu Dhabi）和新加坡等国的跨国公司中的许多员工来自其他国家或少数民族这一事实的。巴斯克维尔（Baskerville，2003）认为通过文化来划分国家类别是很危险的，因为人们很难通过数据度量的方法来理解一种文化。对这种批评，霍夫斯蒂德（Hofstede，2003）作出了回应。

索尔特和奈尼斯旺德（Salter and Niswander，1995）试图运用 29 个国家的样本对格雷的假设进行检验。但是，在计量格雷所提出的几个"会计价值观"时他们遇到了相当大的困难，因此他们通常使用间接的计量方法。例如，对于统一性程度，他们部分通过考查一个国家是使用习惯法（common law）还是成文法（code law）来进行。但是，这并不是真正对会计实务差异进行的检验，而仅是对导致差异产生的可能原因进行的检验。如果要使用更直接的方法来计量统一性，格雷的假设就得不到验证了。在稳健性方面，格雷的一些假设关系是成立的，但在其他方面则是不成立的。格雷的假设中有一个因素获得了较为令人信服的证据支持，即当不确定性规避减弱时，透明度会增加。但是其他与保密性相关的预期都没有得到验证。强查尼和威利特（Chanchani and Willett，2004）以印度和新西兰的财务报告信息的制定者和使用者为样本，调查其会计价值观。他们发现了一些支持格雷构建的关于职业化和统一性的证据。

Doupnik（2008）研究了文化对收入管理的影响，例如平稳长期收入，并发现较高的不确定性规避能力和较低的个人主义与平稳收入有关。

研究会计环境的另一种方法是找出诸如法律体系、公司理财、税收系统等更直接的潜在影响因素。这些因素与文化因素以复杂的方式相互作用，而且似乎还影响着一个国家财务报告的模式和会计职业界。我们将在本章其余部分研究这些外部环境因素。

在研究造成会计差异的可能原因时，应注意会计环境还受殖民主义的影响。许多国家深受其他国家，特别是前殖民主义列强的影响，其文化方面的影响是不可忽视的。所以，在预测或解释许多非洲或亚洲国家的会计实务时，考查其殖民地历史可能比研究其他原因更有用。这些问题将在第 3 章研究分类问题时再接着讨论，同时在研究特定国家的一些章节中也会涉及。

强查尼和麦格雷戈（Chanchani and MacGregor，1999）提供了一个有关会计与文化的文献综述。多普尼克和查库弥斯（Doupnik and Tsakumis，2004）更新了这方面的文献。

2.3　法律体系

有些国家的法律体系依赖数量有限的法律条例，法律的解释权属于法庭，法庭通过逐步积累的大量判例对法令进行补充。这种"习惯法"体系最初形成于英格兰，主要是在诺尔曼征服英国之后，由法官以国王的名义制定的（van Caenegem，1988）。习惯法不像成文法那么抽象（见下文），它试图为某一特定案例提供答案而不是为将来制定一个普遍适用的规则。虽然这种习惯法体系源于英格兰，但在许多受英国影响的国家也存在类似的法律体系。因而，美国的《联邦法》以及爱尔兰、印度、澳大利亚等国家的法律都或多或少地仿效了英国的习惯法。这自然影响到《商法》，但是《商法》并没有对公司行为和公司应当怎样编制其财务报表作出规定。从很大程度上说其并未对会计作出特殊的详细规定。因此，会计人员自己为会计实务制定了规则，这些规则后来可能逐渐以建议或准则的形式被记载了下来。

其他一些国家的法律体系以《罗马万民法》（Roman *ius civil*）为基础，该法由查士丁尼（Justinian）于公元 6 世纪编纂，12 世纪以来由欧洲一些大学的学者们逐步完善而形成。该法规与公平和道德的理念相联系，它们是立法的信条。"成文"（codified）一词可能就是与这样一种法律体系有关。与上述习惯法的这一差异的重要影响是《公司法》或《商法》必须对会计和财务报告制定法则。例如在德国，公司会计很大程度上是《公司法》的分支。

表 2—1 说明发达国家对两类法律体系的采用情况。中国和日本的现代商业法律体系源自翻译版本的 19 世纪晚期的德国商法（见第 13 章）。在一些罗马法系国家，统制（集权化和控制经济的欲望）导致了"会计方案"的存在（见第 14 章）。大卫和布莱尔利（David and Brierley, 1985）探讨了法律体系的分类。

表 2—1 西方国家法律体系

习惯法	成文法
英格兰和威尔士	法国
爱尔兰	意大利
美国	德国
加拿大	西班牙
澳大利亚	荷兰
新西兰	葡萄牙
	日本（商法）

注：苏格兰、以色列、南非、魁北克、路易斯安那和菲律宾的法律表现为两种体系的综合。

很明显，一个国家的会计法规（accounting regulation）的性质（相对于会计规则的内容而言）受到了该国法律体系的影响，这是第 9 章和第 14 章的主题。此外，习惯法国家和大型资本市场（见 2.4 部分）可能也有一些关联。进一步说，习惯法国家与特定类型的会计实务似乎也有联系，但是原因却并不清楚（见 2.8 部分）。例如，雅吉和洛（Jaggi and Low, 2000）发现习惯法国家的公司信息披露程度更高。布什曼和皮奥托斯基（Bushman and Piotroski, 2006）研究了习惯法国家更迅速地报告会计损失的动机。

即使一个国家的会计监管制度受到该国法律体系的影响，会计规则和实务也会更可能受到其他方面的影响。更极端的是，无论其法律体系是什么样的，一个国家可能部分地或全部地采用国际财务报告准则。

2.4 资金提供者

各国流行的企业组织形式和所有制形式也存在差异。在德国、法国和意大利，由银行提供的资本数额巨大，同时小型家族企业的资本数额也较大。相反，在美国和英国，很多公司是依靠成千上万民间股东来融资的。我们只要观察一下不同国家上市公司的数量就能发现这一特征。前一章的表 1—5 列出了在各国证券交易所上市的本国公司的数量，其中 2009 年资本市值为 5 800 亿美元或以上的上市公司就有 380 多家。表 2—2 选取其中 4 个国家的数据，并按照人口规模或经济规模进行调整比较。

比较英美和德法可以得到一些启示。很明显这几个国家可分为两类，与表 2—1 中关于法律体系的分类差不多。拉·波塔等人（La Porta et al., 1997）研究发现习惯法国家和发达的权益市场有统计相关性。拉·波塔等人（1998）认为习惯法国家的法律对投资者的保护要优于罗马法系国家。罗（Roe，2003）认为西方发达国家之间公司结构的差异来源于政治上的差异。这些政治上的差异不仅直接影响到公司结构，而且还通过影响技术制度（比如法律安排）来影响公司结构。

表2—2　　　　　　　　　　　　2009 年权益市场的强弱对比

	国内上市公司/人口（百万）	权益市场资本总额/GDP
意大利	5.1	0.19
德国	9.0	0.28
美国	18.0	0.81
英国	39.3	0.55

资料来源：表1—5 和 *CIA World Factbook* 和 rumkin. com。

具有偶然性的是，"上市"公司历史最长的国家是荷兰。虽然荷兰的证券交易所很小，但许多跨国公司（如联合利华、飞利浦和皇家荷兰等）都在那里上市。因此，将荷兰与英语国家一起归入"股东"类而不是"银行/家族"类似乎更合理。此外，表2—3列示了各国的资本负债率。总体上这些数字都与假设相符，因为对股权依赖程度越低，意味着对债权的依赖程度越高。像英国一样，美国也具有较低的资本负债率。

表2—3　　　　　　　　　　　　部分国家的资本负债率

序号	国　家	资本负债率[①]
1	西班牙	240.26
2	德国	236.35
3	爱尔兰	223.20
4	希腊	194.15
5	丹麦	186.32
6	意大利	177.99
7	日本	175.33
8	澳大利亚	146.82
9	比利时	129.95
10	瑞典	129.15
11	奥地利	121.61
12	法国	120.64
13	挪威	112.15
14	波兰	108.72
15	英国	107.07
16	瑞士	100.55
17	美国	98.03
18	加拿大	87.10
19	新西兰	72.68

注：①负债占普通股权益的比重。

资料来源：数据来自 Datastream。

有人建议将国家按融资体系分类，齐斯曼（Zysman，1983）将其归纳如下：

- 资本市场制度（如英国、美国）；
- 政府贷款制度（如法国、日本）；
- 金融机构贷款制度（如德国）。

帕克（Parker，1994）将这一分析应用于 10 个西太平洋国家，并提出了其对财务报告实务的解释力。

齐斯曼提出的三种类型可被进一步简化为"股权国"和"债权国"两种类型。比较这两种类型后可进一步发现，在后一类国家中，即使为数不多的上市公司也可能被银行家、政府或创始家族这样的股东所控制。特别是德国的银行，它们既是德国公司重要的所有者也是公司债务融资的提供者。许多上市公司的大部分股票被银行以代理方式拥有或控制，例如德意志银行。在德国、法国或意大利这样的国家，很多情况下银行或政府可以直接任命董事，这样它们就可以从公司获取信息并影响公司的决策。既然欧洲大陆的上市公司都受银行、政府或家族控制，那么对公开信息的需求就不那么强烈。这种情况同样适用于审计，因为实施审计的目的是在所有者为"外部人"的情况下监督管理人员。弗兰克斯和迈耶（Franks and Mayer，2001）讨论了德国公司的所有权和控制。

在英美这样的国家，虽然股票越来越多地被机构投资者而非个人股东所持有（见第 1 章），但这仍有别于被国家、银行或家族持有。的确，机构投资者重要性的增强可能会为这一假设提供支持，即在公司权益由分散股东持有的国家，股东无法获取内部信息，对信息披露、审计和"公允"信息会有迫切的需求。机构投资者比私人股东持有更大量的股票，并且组织方式更加有效，所以它们应当对上述信息有着更迫切的需求。当然它们也许能够通过施加压力而比一般公众获得更加详细的信息。

我们需要对"公允"下定义。这是一个与大量外部所有者有关的概念。公司外部所有者需要有关公司经营成败及经营状况的无偏信息（Flint，1982；Parker and Nobes，1994）。虽然适当的谨慎是股东们所希望的，但他们更感兴趣的是对不同年度及不同公司的相关数据进行比较，这就需要一定程度的现实主义。这时就需要判断，从而需要专家。审计人员在审计财务报表时同样需要这种专业判断。在英国、美国及荷兰等国家中，经过几十年以后，专业判断促使会计人员倾向于制定自己的技术规则（正如前文所提到的）。这是政府可以接受的，因为会计职业的影响和专业知识总是超前于政府（以其作为股东、公众利益的保护者或税收征集者的身份）。这样"公认会计原则"就会控制会计，而公认会计原则又是由会计人员主导的私人团体制定的。

在大多数欧洲大陆国家和日本，传统的"外部"股东为数很少，这意味着对外财务报告在很大程度上是为了保护债权人和为作为征税者或经济调控者的政府而编报的，这种情况不可能促进灵活性、判断力、公允性或实验方法的发展。然而，这种方式却增强了谨慎性、统一性和稳定性。在这些国家，似乎债权人的地位越重要，会计实践方法就越谨慎。这是因为债权人更关心在最糟糕的情况下其是否能够收回借出去的钱，而股东则对前景的准确预期更感兴趣。

然而，即使在德国、法国或意大利这些上市公司相对较少的国家，政府也已认识到自身有责任要求公众公司或上市公司公布详细的、经过审计的财务报表。大部分类似国家都制定了此类法律，政府为控制证券市场还设立了专门的机构：法国在 20 世纪 60 年代设立了证券事务监察委员会 (*Commission des Opérations de Bourse*)，后来该机构被金融市场管理局 (*Authorité des Marchés Financier*) 所代替；意大利在 20 世纪 70 年代设立了全国证券交易所监察委员会 (Commissione Nazionale per le Società e la Borsa，CONSOB)；最近德国也建立了联邦金融服务监管局 (Bundesanstalt für Finanzdienstleistungsaufsicht，BaFin)。可以说，这些机构都在某种程度上仿效了美国证券交易委员会 (见第 8 章)。它们在财务报告的发展历程中扮演了重要的角色，这些国家的财务报告一般是遵循英美会计实务发展的大方向往前推进的。毫不奇怪，这些证券交易机构正扮演着本应由个人股东和机构股东所扮演的角色，个人股东和机构股东是在过去相当长的时期里促使英美会计体系得以形成的因素。

在某种程度上，原本清晰的分类图已经发生了变化。例如在法国和德国，机构投资者和个人投资者的地位日益重要，而且正如在第 15 章中将要解释的，20 世纪 90 年代后期，这两个国家都建立起民间准则制定机构。然而，两种模式的差异似乎并未减少。

总而言之，我们认为负债/内部所有者与权益/外部股东的差别是造成财务报告国际差异的关键原因。以此为基础，我们对部分国家的初步分类如表 2—4 所示。

表 2—4　　　　　　　　　以公司融资为基础的初步分类

A	B
特征	
强大的权益市场	较弱的权益市场
许多外部股东	核心、内部股东
规模庞大的审计职业界	小规模的审计职业界
会计与税收法规分离	税收政策影响会计法规
国家的例子	
澳大利亚	法国
英国	德国
美国	意大利

使用这种双分类法可以得出几个重要结论。首先，在负债/内部所有者的国家中，对经审计的、公开的财务报告没有巨大的市场需求。所以，对年度财务报表的需求与政府对应纳税所得额计算的需求紧密联系。结果税收方面的考虑会对会计法规起到决定性的作用。相比之下，在权益/外部股东的国家，会计执行着市场的职能，所以其法规必须从税收法规中分离出来，结果形成两套会计法规：一套用于编制财务报告，另一套用于应纳税所得额的计算。这将在下一节中进行讨论。

如果一个有效的权益市场得到了发展，那么满足其对不同类型信息需求的一个方法就是对上市公司的合并财务报表采用一套不同的准则（如国际财务报告准则）。这并不影响本国的会计准则以及应纳税所得额或可分配利润的计算。

这种基于融资体系所进行的国家分类所得出的第二个结论是与权益/外部股东国家相比，负债/内部所有者国家对审计师的需求要少得多。这会影响会计职业的历史、规模和地位，如 2.7 部分将做的分析。

2.5　税收

虽然可以用多种方法对税收体系进行分类，但其中只有一些方法与财务报告相关。例如，我们可以很容易地将欧盟国家分成使用"古典税收制度"的国家和使用"归属税收制度"的国家（见第 22 章）。然而，这种区分对财务报告没有重大影响。更为相关的是税收法规对会计计量的影响程度，其原因在上节中已经讨论过。在某种程度上，通过学习由税收处理和会计处理的差异而产生的递延税项可以看出这个问题。例如，在英国和美国，递延税项问题已引发许多争议，并由此生成了相当数量的会计准则文件。在法国和德国的传统会计中，这一问题则微不足道，因为这些国家的税收法规与会计法规是一致的。在德国，税务账户（*Steuerbilanz*）应与商业账户（*Handelsbilanz*）相同，这个概念甚至还有一个专门的德语词汇来形容："决定作用原则"（*Massgeblichkeitsprinzip*）（Haller，1992）。

受此差别影响的一个典型例子就是折旧。在英国，公开的财务报表中所计入的折旧金额是按 20 世纪就已形成的惯例确定的，并受到《财务报告准则第 15 号》（FRS 15）的影响，该准则要求（第 77 段）：

有形固定资产应折旧金额应该在其经济寿命内系统地分摊。所使用的折旧方法应当尽可能公允地反映主体消耗该资产经济价值的方式。

该准则提出的是一般本质性要求（有些类似于《国际财务报告准则》和《国际会计准则第 16 号》中的规定），其精神实质经常被忽视。惯例和实用主义（而不是准确的法规或甚至是准则的精神）往往决定了折旧方法的选择（通常是直线法，因为比较简单）、残值的确定（通常为零，因为这样比较容易）以及使用年限的预计。

在英国，以纳税为目的计算的折旧额与以会计为目的计算的折旧额是无关的。前者取决于资本免税额（capital allowance）———一项正式的税收折旧补贴计划，其设计旨在标准化补贴金额并刺激投资（见第 22 章）。因为会计制度和税收制度的分离，在税收补贴上完全可以避免主观性，但在折旧费用的财务处理方面却留有充分的判断空间。

另一个极端是类似德国这样的国家，税收法规规定了特定资产可使用的最大折旧率，该折旧率一般建立在资产预计使用年限的基础上。但是在某些情况下，加速折旧也是允许的。例如，生产节能产品或环保产品的行业，或在德国东部某些地区经营的公司。如果这些折旧是因税收目的计提的（这通常必须是合理的），则必须在财务账户中作为费用扣减。用这样的费用计算出来的利润在英国会计师看来是不"公允"的，尽管它肯定是"正确"的或"合法"的。在德国，甚至在选择具体的折旧方法时都会受上述因素的影响，如巴斯夫公司（BASF）的解释所示："大部分可移动固定资产的折旧是使用余额递减法计提的，当折旧额较高时则改用直线折旧法。"

（2007 年母公司年报，第 30 页）。巴斯夫公司还报告称（第 31 页）："特定准备金在资产负债表中的确认程度是由财务的接受程度决定的，而金额则是根据财务规则设定的。"

更多的例子随处可见：坏账准备（在意大利和西班牙由税法规定）或政府主导的资产重估（例如 1978 年在法国、1986 年在西班牙和 2000 年在意大利的资产重估）。

德国、法国、比利时、日本和其他国家均采用决定作用原则，尽管在实践上各有不同。这可能部分是因为成文法的盛行所带来的影响，部分是因为税务当局在会计使用者中占据主导性地位。20 世纪 90 年代此问题以及与合并财务报表相关的重大例外变得尤为重要。由于税务通常与单个公司而非集团的应纳税所得额相关，因此国家税务机关对合并财务报表也就不那么严格要求了。

在英国、美国、荷兰等国家可以看到另外一种处理方法。在这些国家中，对外公布的报表主要反映了投资决策所需要的业绩指标。这些国家的商法与税法在很多会计领域是相互独立的。表 2—1 左栏的国家即不同程度地属于此类。大多数时候，英国的资本免税额形式并不体现税务和财务报告相互独立的程度。但是，在这些国家中，由于税务当局对财务会计的直接影响很小，因此为了获得它们所需要的信息，只能对财务报表按纳税目的进行调整。这种情况有一个例外，美国使用后进先出法进行存货计价，很大程度上就是出于税收的原因（见第 8 章）。

人们尝试着按税收与会计之间的关联程度对国家进行分类。例如，胡吉恩多恩（Hoogendoorn，1996）对 13 个国家进行分类，但是这种分类存在缺点，因为该分类必须具有 7 个组，并且还要同时考虑两个问题：税收与会计的关系，以及递延税款的处理。兰姆等人（Lamb *et al.*，1998）试图将第一个问题分离出来。他们断定有可能将英美税收和会计的分离与德国税收和会计的紧密联系进行区别分类。诺比斯和施文克（Nobes and Schwencke，2006）研究了随着时间的推移，税收和报告之间关系的发展。他们以挪威作为案例研究对象，以图表的方式展示了该国一个世纪以来税收和报告从密切联系到分离的演化过程。

2.6　其他外部影响

文化对会计发展的影响已经讨论过了。前文也提出殖民主义的影响可能会压倒其他一切影响因素。此外还有其他许多影响因素在会计实务的形成过程中发挥了作用，如由于经济或政治事件而导致的法律框架的变化。例如，美国 20 世纪 20 年代末 30 年代初的经济危机促使《证券交易法》诞生，该法通过引入更广泛的披露要求和政府对会计准则的控制（通常只是通过威慑）改变了美国会计原来的发展方向。再如通过政府的选择将英美会计原则引入国内的意大利以及由于欧盟指令而将合并和详细披露要求引入国内的卢森堡，两者均与这些国家原先的做法背道而驰。西班牙所采用的会计方案是借鉴法国的，而法国的会计方案又受到 20 世纪 40 年代早期占领其国家的德国的影响。大概最明显和最非自然产生的会计方案是那些只有少数股份公开公司和私人股东的发展中国家采用的会计方案，这些国家采用的是英国的《公司法》或国际会计准则，其财务报告实务包含在这些法律或准则中。反过来，由于欧盟的要求，1981 年英国采用了源于 1965 年德国《股份法》（*Aktiengesetz*）的统一报表格式。就罗马法系国家而言，目前它们不得不努力适应"真实和公允的观点"（见第 12 章）。

外部影响的一个主要例子是接受国际会计准则理事会制定的准则或者与之趋同。例如，欧盟强制要求其成员国上市公司执行这些准则，这是政治和经济双重因素的作用（见第 5 章），它比本章所列的其他因素都重要。更微妙的是，欧盟成员国家的其他准则以及欧盟以外其他国家的准则也逐渐与国际会计准则趋同。

另外一个影响会计实务的因素是通货膨胀的水平。虽然英语国家的会计人员在进行决策时已经不再明显地感受到通货膨胀的影响，但在那些通货膨胀率一直居高不下的国家，该因素的影响依然很重要。在一些南美国家，会计实务最为明显的特征就是使用一般物价水平调整方法（Tweedie and Whittington, 1984）。使用这一相对简单的方法可能是因为以下因素：当每年通货膨胀率以数百个百分点的幅度发生变动时，通货膨胀与任何特定的具体价格变动有着合理的联系；政府公布的指数具有客观性；会计与税收之间具有相关性；受过良好训练的会计人员凤毛麟角。如果不考虑通货膨胀因素，我们就无法解释那几个受到该因素严重影响的国家的会计差异。

众所周知，从 20 世纪 70 年代起，在法国、西班牙、意大利和希腊，对通货膨胀提出处理措施的是政府，这一事实表明了这些国家政府对会计的监管。相反，在美国、英国和澳大利亚，主要是会计界对 20 世纪 70 年代的通货膨胀作出反应。人们可能会得出以下结论，即虽然任何一个国家都会对严重的通货膨胀作出反应，但更令人感兴趣的是究竟由谁来作出这样的反应，因为这能够说明该国会计制度的基本特征。

理论有时也会对会计实务产生重大的影响，最明显的例子是荷兰，其微观经济学理论影响了会计实务。荷兰的会计理论家，著名的小西奥多·李姆伯格（Theodore Limperg, Jr）提出过这样的观点，即在特定公司的具体情况下，通过允许会计人员运用判断来选择和陈述会计数据，可以使财务报表的使用者对该公司的业绩及经营状况有最公允的了解。他特别指出重置成本信息是对事实的最好描述。荷兰宽松的法律和税收要求，以及职业界接受微观经济学的观点（无疑某种程度上是因为其受学院派理论学家的影响）导致了目前会计实务的多样化，强调通过判断实现"公允"，并尝试采用重置成本会计。

在其他国家，理论不那么受重视。在大多数欧洲大陆国家和日本，会计一直是国家的工具（例如为了征税）。在英美国家，理论在会计实务中一直是微不足道的，尽管这种情况自 20 世纪 70 年代中期提出概念框架以来已有所改变（见第 6 章和第 8 章）。

2.7 职业界

还有许多与财务报告密切相关的因素，在研究导致国际差异的原因时都被考虑过，会计职业界便是其中之一。然而，会计职业界可能只是一个因变量，而非自变量。

一个国家会计职业界的力量、规模和能力在很大程度上取决于以上所述的各种因素以及这些因素条件所生成的财务报表类型。例如，有些国家的私人股东和上市公司的影响较小，这就意味着它们对审计人员的需求比英美国家要小得多。然而，职业界的特征反过来也会影响已实施和可以实施的会计制度。例如，意大利1975年颁布的一项法令（直到20世纪80年代才生效）要求意大利与英国、美国一样对上市公司进行广泛的审计，但该法令一直等到国际会计师事务所在意大利出现后才真正开始生效。这一因素成为深入协调各国会计实务的重大障碍。在德国实行欧盟第四号指令的过程中，是否需要更多的审计人员就是一个有争议的问题（见第11章）。

各国会计职业界的差异程度在第1章的表1—10中已作了说明，该表列示了一些会计团体，它们的成员都是公司财务报告的审计人员。需要对这些不寻常的数字作一番解释。例如，我们可以更仔细地比较一下德国和英国的数据。首先，德国有与会计分离的（虽有重叠）专业税务顾问（Steuerberater），其规模比会计职业团体还大。而在英国，由于会计职业团体中包括了许多专门从事及偶尔从事税务工作的人员，因此显得人数很多。其次，在德国，只有从事注册会计师工作的人才能成为会计师协会（Institut）的成员，但在英国至少有一半成员来自商界、工业界、政府、教育界等行业。再次，德国会计人员的培训期比英国的长，一般包括专业学位课程的学习时间4年，进行相应实践的时间6年（其中包括4年的从业经历），以及完成一次职业考试所需的时间（包括口试、笔试和一篇论文）。在德国，令人向往的会计师职位一直要到30岁至35岁才能获得。因此，许多德国的"学生"在英国体系中已可算作合格的会计人员了。最后，在20世纪80年代后期，德国成立了一种二级审计机构，这一组织中的审计人员只能对私人公司进行审计。

以上四个因素有助于解释各国会计师人数的差异。但是仍有大量差异是由英国有非常多的公司需要审计，以及"公允"判断的不同形成过程所造成的。但是出于以下原因，这种差异已经有所减少：审计要求已经扩展到欧盟国家的许多私人公司，英国的许多私人公司不再要求进行审计，德国审计师开始审计根据国际财务报告准则编制的合并财务报表。

2.8 总结造成国际差异的原因

财务报告的国际差异是多种多样的，本书将始终详细地探讨这些内容。很明显，文化差异与财务报告差异是相关的，至少它影响了那些决定财务报告的各种因素。多普尼克和索尔特（1995）曾建立了一个模型，该模型包括格雷可以解释的4个文化变量（见2.2部分）和6个其他变量（包括在上文2.3～2.7部分中）。然而，诺比斯（1998）认为这个模型存在问题，原因在于：（1）文化变量可能更应该被看作是影响其他6个变量的因素，而不是直接影响会计的变量；（2）其余的6个变量中，有几个变量（例如会计职业界的特征）不是自变量，而更像是因变量。

诺比斯（1998）提出，造成财务报告差异的最重要、最直接的原因是对国家的双分类法，其至少是为了把发达国家划分为几个大类（见第3章）：一类是拥有重要的权益市场和大量的外部股东的国家；另一类是有着以负债为基础的融资体系和少数外部股东的国家。权益/外部股东体系导致了税收法规与会计法规的分离，并导致了庞大的审计职业队伍的形成。这与习惯法系也有关系，不过荷兰似乎是个例外：它是一个遵循罗马成文法的国家，但许多与会计相关的特征却与美国或英国相似。

鲍尔等人（Ball et al.，2000）认为习惯法和会计的某些方面存在关联，例如对损失的报告速度。如前所述，拉·波塔等人（1997 and 1998）也考查了习惯法和大型权益市场之间的关系。

还有一些以上未涉及但却很可能导致国际会计差异的原因，例如语言、历史、地理、宗教、教育等，其中有些因素由于过于模糊而缺乏实际的研究意义。例如，从历史的角度来看，与一般意义的历史研究相比，针对权益市场或法律体系的历史研究与会计的国际差异可能更具相关性。

然而，当考查受其他国家文化影响严重的那些国家（如许多前殖民地国家）时，可以比较准确地预言，这些国家的会计制度会与前殖民列强的会计体系很相像。前殖民因素往往比其他所有因素都重要，其影响甚至超过了公司财务体系。例如，一些作为前英国殖民地的非洲国家，尽管它们根本没有权益市场，但其会计制度是以英国会计体系为基础的。此外，前殖民地国家（如新西兰）除了继承殖民统治国家的会计体系外，还可能继承其法律体系、权益市场和会计职业。在许多英联邦国家，英国的影响目前已经被国际会计准则理事会的影响所取代了。

肖泽忠等人（Xiao *et al.*，2004）应用诺比斯（1998）和鲍尔（Ball，2000）的模式来研究中国会计发展问题。他们指出，政府的影响可以减缓一个会计体系随着权益市场的发展而变化的速度。塔卡等人（Tarca *et al.*，2005）考查了德国会计制度向国际财务报告准则的转化，并确认了这种转化与外界权益增长之间的联系。泽咖和麦德比（Zeghal and Mhedhbi，2006）也指出，拥有资本市场以及深受英美文化影响的发展中国家更有可能采纳国际准则。然而，蒂勒尔等人（Tyrrall *et al.*，2007）认为，至少在新兴经济体中，采用国际财务报告准则的外部压力非常大，这使得诺比斯（1998）所做的分类不再适用。现在的问题变成，对国际财务报告准则采纳的速度有多快以及是否全面采纳。

2.9 差异举例

2.9.1 稳健性和权责发生制

文献对"稳健性"有两种不同的定义。本书中的稳健性是指低估利润和资产的倾向。政府希望减少股利发放而保护债权人利益，公司希望减少应纳税所得额，这些都是稳健性的表现。稳健性的另外一个概念（Ball *et al.*，2000；Ryan，2006）指的是报告损失的速度，我们将在 20.5 部分作出进一步解释。

或许因为不同国家财务报告使用者的构成不同，所以稳健的程度也各异。例如在德国，银行的重要性可能是导致其财务报告比较稳健的一个原因。人们普遍认为，银行家对"最低的"数字更感兴趣，这是因为其更关心长期贷款的安全。同时，其对"公允"观点不感兴趣，这导致对修正稳健性需求的降低。

在《国际财务报告准则》中，目前更常用的是"谨慎性"（prudence）（如在《概念框架》中，第 37 段），而非"稳健性"（conservatism）。当谨慎性原则和权责发生制发生冲突的时候，多数情况下会计准则采取的是折中的解决办法。例如，在《国际会计准则第 38 号》中，允许资本化某些研发费用被认为是不完全稳健的，但在特定条件下，这可以被认为是适当的谨慎。另外，《国际会计准则第 11 号》中关于长期合同的利润处理也是类似的例子。其他许多英美国家也用这样的方法来处理，例如尽管美国会计实务不允许研发费用资本化（SFAS 2），但它却要求确认某些未销售投资中的利得（SFAS 115）。洪（Hung，2000）发现，某些国家在不同情况下使用权责发生制会降低会计信息的有用性，但在英美国家不存在这样的情况。

通过研究一家上市公司的财务报表我们就可以看出，欧洲大陆的稳健性更加多样化。巴斯夫公司（德国化工产品公司）2008年母公司的报告提供了以下示例（始于第2.5部分所提及的内容）：

可移动固定资产大多都采用余额递减法计提折旧，当使用此方法导致折旧金额较高时，才转而使用直线折旧法。

低值资产在购买当年即注销，并显示为已处置资产。

对借款成本（在建资产）、社会服务成本、志愿社会福利和养老金成本均不进行资本化处理。

原材料、在产品、产成品和商品的成本通过后进先出法来确定。

在建工程与在建的化工厂（只要为巴斯夫集团公司所用）有关。在最后结算或项目部分完工时确认利润。

应收款项通常以其面值入账。应收票据和低息或无息贷款需折现成现值入账。

其他准备金以预计的或有负债和可能由未决交易产生的损失金额来确定。维修准备金将被用于支付年底已省略但是预计将于来年3个月内发生的维修费用。

长期外币应收款项按取得日汇率或取得日与资产负债表日孰低的汇率折算，长期外币负债按取得日汇率或取得日与资产负债表日孰高的汇率折算……

欧洲大陆这种更加稳健的做法似乎是一种长期的现象。戴维森和科尔迈耶（Davidson and Kohlmeier，1966）和埃布尔（Abel，1969）指出，如果根据美国或英国所采用的方法，仅对类似公司报表的存货和折旧差异进行调整，则法国、瑞典、德国和荷兰（假定它们使用重置成本法）的利润数字将一直偏低。

对这个问题更精确的研究方法是建立一个"稳健性指数"。格雷（1980）提出了下面的比率：

$$1 - \left(\frac{R_A - R_D}{\mid R_A \mid} \right)$$

式中：R_A——调整后利润

R_D——披露的利润

如果一个公司的上述比率超过1，则其会计实务相对开放；如果小于1，则其会计实务相对保守。

为了构建稳健性指数，格雷（1980）研究了一些法国、德国和英国的公司在20世纪70年代早期的情况。他的结论是："法国和德国公司比英国公司保守或者说是悲观得多。（第69页）"然而，戴姆勒—奔驰公司1992年到1995年根据美国公认会计原则进行调整后披露的数字显示，在经济萧条时期，德国的数字就不再那么稳健（见2.9.2部分）。前面我们提到过，鲍尔等人（Ball et al.，2000）发现欧洲大陆国家需要更长的时间来确认损失。

格雷通过对数据进行分析得出调整后的估计数据。另外一种数据来源是那些按照美国公认会计原则进行调整的公司的公开报表（见表1—1）。许多研究人员运用这些数据为一些国家建立稳健性指数，还有一些研究人员会使用"比较指数"。表2—5列示了其中一些研究的具体情况。总的来说，从这些研究的结果可以发现美国会计实务比英国和澳大利亚的会计实务要稳健一些，但是欧洲大陆国家的公司一般比上述国家的公司都要稳健。Hellman（2008）回顾了有关稳健主义的文献。他认为，由于国际财务报告准则对估算有较多的要求，因此废除在欧洲大陆较为普遍的一贯的稳健主义会为之后被保留的暂时的稳健主义提供更多的机会。

表2—5　　　　　　　　　根据美国公认会计原则进行调整的相关研究

作者	样本规模	国家	研究的期间
1. Weetman 和 Gray（1991）	57	英国、瑞典、荷兰	1986—1988
2. Cooke（1993）	5	日本	1989—1991
3. Hellman（1993）	13	瑞典	1981—1990
4. Norton（1995）	13	澳大利亚	1985—1993
5. Zambon 和 Dick（1998）	40	法国、德国、意大利	1983—1996
6. Zambon（1998）	68	英国	1994—1996
7. Weetman、Jones、Adams 和 Gray（1998）	25	英国	1988 和 1994
8. Rueschhoff 和 Strupeck（1998）	58	13 个发展中国家	1994
9. Adams、Weetman、Jones 和 Gray（1999）	41	英国	1994
10. Street、Nichols 和 Gray（2000）	33	运用国际会计准则的国家	1997
11. Whittington（2000）	2	英国和法国	1988—1996

资料来源：摘自里丁大学（University of Reading）未发表的博士论文，2001 年。

通过考察公司按照国际财务报告准则对本国报表的调整，可以获得更多关于谨慎性的最新数据。仍以德国为例，大众汽车公司（Volkswagen）的调整报表显示，在从使用德国规则调整为使用国际财务报告准则以后，其所有者权益翻了不止一番（见表2—6）。

但是许多研究人员会忽略一个重要问题，即这些公开数据的公司可能并不是其所在国的典型案例。例如，某个德国公司为了减少调整数量，会尽量选择德国法律允许范围内与美国规则最相近的会计处理方法。这意味着该公司会遵循德国法律，但其会计处理方法却并非德国会计实务的典型。1993 年到 1995 年的戴姆勒—奔驰公司就是这样（例如其 1995 年年报第 65 页）。

此外，某些欧洲大陆国家和日本还通过使用法定公积金来保护债权人，即在宣告利润之前提取不可用来分配的法定公积金，这是在正常法规的资本保全之外对债权人的额外保护。在法国、德国和比利时，一个公司被要求拨出其年度利润的 5% 作为法定公积金，直到法定公积金达到已发行股本的 10%（意大利和西班牙要求达到 20%，日本要求达到 25%）。

表2—6	2001 年大众汽车公司（期初余额调整）	
		百万欧元
权益（以德国准则为标准），2000 年 1 月 1 日		9 811
开发成本的资本化		3 982
有形资产与无形资产可使用年限与折旧方法的修正		3 483
存货间接费用的资本化		653
出租方对租赁合同的不同处理方法		1 962
金融工具的评估差异		897
递延税款的影响		−1 345
特殊项目的取消		262
养老金和类似债务评估的修正		−633
准备金会计处理方法的修正		2 022
不构成权益部分的少数股东权益的分类		−197
其他变化		21
权益（以国际财务报告准则为标准），2000 年 1 月 1 日		20 918

资料来源：摘自大众股份公司 2001 年年报。Volkswagen AG，Wolfsburg，Germany。

　　对国内法规的国际协调一直都未能改变稳健性方面的国际差异（见第 12 章）。例如，在欧盟和国际组织的协调工作中都未提到法定公积金问题。此外，在欧盟第四号指令中，稳健性在德语版本（和绝大部分其他版本）中是至高无上的原则，但在英语版本中却并非如此（Evans and Nobes，1996）。

2.9.2　准备金和公积金

　　准备和公积这两个词在英语中很难区分。例如，在美式英语中的"公积"（reserve）通常指的是英式英语中的"准备"（provision）（见表 2—7）。在这里，我们将使用英式英语，但这仍然存在另外一个难点，即"准备"这个词可以有两种解释：（1）时间和数额不确定的负债（如"养老金准备"）；（2）对一项资产价值的备抵（allowance）或减值（impairment）（如"坏账准备"或"折旧准备"）。为了避免混淆，我们在本书中将一贯地使用"准备"的第一层意思，而使用"减值"代表其第二层意思。

表2—7	"准备"和"公积"的词汇	
英式英语	Provision	Reserve
美式英语	Reserve	[Element of equity]
法语	Provision	Réserve
德语	Rückstellung	Rücklage
意大利语	Fondo	Riserva

　　建立一项准备或计提减值都会导致收入的减少，但它们之间存在一个重要的区别。计提减值只是在有关资产价值已被确认的情况下对资产的计量问题，而设立一项

准备则要分三个步骤考虑：是否存在某一项负债？它应当被确认吗？应当怎样对它进行计量？我们将在第 9 章对这个问题给予更多的关注。

准备和公积之间的区别对财务报告说来是很重要的，因为前者是通过利润的借项被确认的负债，而后者通过利润分配而成为权益的组成部分。稳健性原则和宽松的税收法规似乎是导致确认过多准备的因素。我们已经讨论了这两种影响因素及其对准备金的影响。这种过多确认准备金的做法的结果将是践踏权责发生制原则和报告的"公允性"，并最终可能导致收益平滑。例如，建立与利润存在反方向波动关系的风险和或有事项准备可以导致收益平滑。

在"稳健性"一节中，对各项准备进行评论时已经提到过德国。在英国或美国，不能针对一般性风险设立准备金，所以不能通过准备的变化而减少收入的变动。1998年，英国准则制定者和国际会计准则理事会（见第 4 章）进一步明确了准备金的范围，规定当且仅当资产负债表日存在一项对第三方的负债时才能够确认准备金（《国际会计准则第 37 号》）。这一规定很明显地取缔了巴斯夫公司关于下一年度修理费准备的计提（见 2.9.1 部分的引文）。

另外一个语言问题是，一项准备（或一项公积）不应当同一笔货币或一项投资相混淆，后者应当被称为一项"基金"（fund）。例如，当一个公司确认它有一笔对现在的和从前的雇员支付未来养老金的负债，那么公司应当设立一项准备。然而，这仅仅是确认该项负债。假如公司希望采取进一步的行动为偿还这些负债而存钱，那么就需要设立一项基金。例如，在英国和美国，公司习惯于将钱存入一个合法独立的养老基金或人寿保险公司。该项基金的最终价值会减少资产负债表中的养老金负债准备。请注意，在表 2—7 中，准备的意大利语是"fondo"，而在意大利语中，这个词也表示基金，所以很容易引起混淆。

2.9.3 资产计价

对于在多大程度上允许偏离历史成本计量，世界各国存在巨大差异。如果一个国家的法律规定具体而详细，而且税务规定和企业会计实践相一致，则其主要的计量属性理应尽可能减少判断的成分。因为灵活性和主观判断会使审计人员难以确认公司是否已遵循法律条文，并可能导致不合理的税收要求。因而，像德国这样的国家要求采用严格的历史成本计价方法是可以理解的。同理，这也可以解释德国人对通货膨胀的抵触（及对调整通货膨胀的抵触），这种抵触情绪是由于战后恶性通货膨胀的恐慌经历所致。

采用另一种极端做法的国家是荷兰。一些荷兰公司（如飞利浦）采用重置成本编制财务报告，至今这一做法已经持续了 40 年了。虽然这种做法在实务中实属少数，但在通货膨胀期间，许多荷兰公司还是部分地使用或者辅助性使用了重置成本。荷兰的做法反映了微观经济学理论的影响和对公允性的追求。在国际财务报告准则的规范下，荷兰银行 ING 选择以公允价值衡量其土地和建筑物（例如，见 2008 年年报第 98页至第 99 页），而遵循国际财务报告准则的任何德国银行均不会作此选择。

处于这两个极端之间，英国的"规则"直到最近才允许混合情况的存在，一些公司可以在某些时候使用多种方法进行重估。除美国和加拿大因受美国证券交易委员会的影响而对主要财务报表保持历史成本计量外，绝大部分英语国家都使用混合的方法。所有英语国家在 20 世纪 70 年代和 80 年代通货膨胀期间都试行了现行成本会计，它们通常是以补充报表的形式呈报。目前国际财务报告准则和英国准则中允许资产重估，前提是资产应是可持续使用的并且同类资产采用相同的计价基础。如前所述，法国、西班牙和意大利受到更多税收及其他政府影响，这些国家会时不时地进行重估。

一些国家，尤其是南美国家，采用了一般购买力（general purchasing power, GPP）来调整会计数据。这种情况发生在通货膨胀率极高，政府/税收法规控制了会计实践，并且缺乏会计师的国家。一般购买力方法不仅简单而且统一，因为单一的通货膨胀指数可以被用于所有公司。当然，一般购买力会计其实就是具有"最后时点"年度指数化的基本历史成本会计。

2.9.4 财务报表格式

各国资产负债表（或账务状况表）存在两个主要的差异（见表 2—8）。在一些国家，资产是按流动性递减的顺序列示（首先列的是现金），但在另外一些其他国家，资产是按流动性递增的顺序列示（首先列的是无形资产）。区分这些国家的关键似乎是，使用递减顺序报表格式的国家受到美国的影响，而欧盟国家通常使用递增顺序的报表格式。

表 2—8   **通用资产负债表格式**

国家	流动性顺序	形式
澳大利亚	递减	财务状况
法国	递增	账户式
德国	递增	报告式
意大利	递增	账户式
日本	递减	账户式
西班牙	递增	账户式
英国	递增	财务状况
美国	递减	账户式或报告式

资产负债表的另一个主要不同之处在于它们的形式。一些国家的财务报表先列示所有的借方，再列示所有的贷方。这样的资产负债表在一页纸上列示，或采取账户式（资产在左边），或采取报告式（资产在上方）——见表 2—9。另外一些国家以计算净流动资产总额和净资产总额目的而安排各项目，这种方式可以称作财务状况格式。这三种格式（包括资产按流动性递增顺序）在欧盟国家都是允许的。美国则对资产负债表的形式没有要求。

表 2—9 显示了目前欧盟的报表模式来自于早期德国的报表格式。从中可以看出，指令的第一个（1971 年）草稿基本上遵照了之前德国的报表格式。指令最终的确定

表 2—9　　　　　　　　　　　资产负债表的演变（简化版）

《1965 德国股份公司法》 （第 151 节）	1971 年指令草案 （第 8 款）	英国《1985 年公司法》 （格式 2）
资产（列在左方）		
I 未缴股本	A 未缴股本	A 未缴股本
	B 开办费	
II 固定资产和金融资产	C 固定资产	B 固定资产
A 固定资产和无形资产	I 无形资产	I 无形资产
B 金融资产	II 有形资产	II 有形资产
	III 子公司	III 投资
III 流动资产	D 流动资产	C 流动资产
A 股票	I 股票	I 股票
B 其他流动资产	II 债务人	II 债务人
	III 证券	III 投资
		IV 现金
IV 递延费用	E 预付款项	D 预付款项
V 累计损失	F 损失	
	I 本年度	
	II 前期	
负债和资本（列在右方）		
I 普通股	A 已认购股本	A 资本和公积金
II 披露的公积金	B 公积金	I 催缴资本
		II 股本溢价
		III 重估准备
		IV 其他公积
		V 利润和损失
III 减值准备	C 价值调整	
IV 偿债准备	D 费用准备	B 偿债和费用准备
V 负债（4 年以上）	E 债权人	C 债权人
VI 其他负债		D 应计项目
VII 递延收入	F 应计项目	
VIII 利润	G 利润	
	I 本年度	
	II 前期	

版本（1978 年）被融入了各成员国的国家法律（例如英国《公司法》）。表中所列示的英国格式其实是英国法律所允许的许多种格式之一。英国公司通常采用"财务状况"格式，同时按照表 2—9 所示的顺序列示资产。部分出于对此很难达成国际性意见的原因，国际财务报告准则在财务报表问题上（《国际会计准则第 1 号》）没有对资产负债表格式提出要求，而且对流动性顺序或报表形式都没有进行规范。传统的国家实践在国际财务报告准则下得以幸存。例如，澳大利亚公司的资产负债表仍以现金开始，而德国依据国际财务报告准则编制的资产负债表则把现金列为资产的最后一项。第 7 章中将探讨国际财务报告准则中仍存在的各国惯例。

资产负债表的国际差异应当不会造成很大的问题，只不过不同的报表格式使读者关注不同的总金额，例如有的格式使读者关注资产总额，而有的则使读者关注净资产总额。表 2—9 的格式没有单独列示流动负债，而从所给信息中很难计算出这一数据。

利润表的差异对财务报表的使用者来说是个更大的问题。表 2—10 列示了一些国家之间的差异。尽管非会计人员可能觉得分为左右两边列示的资产负债表难以理解，但总的来说，采用报告式或账户式的资产负债表应该不会给读者造成很大的障碍。真正的问题在于归集成本的两种方式，即是按性质还是按功能归集成本。在按性质归集成本的报表格式中，成本按照总采购费用、总折旧费用、总工资等方式列示。按功能归集成本的报表格式按照生产阶段列示成本，其中包括销售成本、管理成本、运输成本等。按功能归集成本的报表可以为制造企业计算出毛利，但按性质归集成本的报表则不能，因为它不提供为计算销售成本所需的制造工资和折旧等方面的成本信息。《国际会计准则第 1 号》中仍没有包含这一方面的要求。

表 2—10　　　　　　　　　　　　**常用利润表**

国家	表格形式	成本归集
澳大利亚	竖式	功能
法国	账户式	性质
德国	竖式	主要根据性质
意大利	竖式	性质
日本	竖式	功能
西班牙	账户式	性质
英国	竖式	功能
美国	竖式	功能

《国际会计准则第 1 号》对格式没有任何要求。就资产负债表来说，之前的国内做法的一些方面在国际财务报告准则中得到了保留。自然格式在西班牙的通用程度，超过在英国的通用程度。

本章讨论了外部股东的地位与会计之间的联系。股东定位比会计原则更具影响力，它影响着财务报表的格式。例如，非常明显的是，英国普遍使用报告式报表而法国或西班牙则使用账户式报表，这表明英国具有更大的股东倾向性。正如上文所指出的，这是因为报告式资产负债表允许列报营运资本和资本净值，并将资本净值与股东基金进行对比。竖式利润表对非会计人员说来更容易阅读。

然而，即使是复式簿记形式的资产负债表（见表2—9），现行的欧洲格式比以前的格式有了更强的股东倾向性，它将股东基金放在一起列示，而不是将年度净利润作为一个单独的项目放在资产负债表的下端（或者将损失放在资产方的下端）列示，而《1965年股份法》（1987年以前的德国法规）和1989年以前的西班牙会计实务以及1993年以前的意大利会计实务都是这样做的。将"坏账准备"作为一项负债列示以及将"未缴催缴股本"作为第一项资产列示，这证明欧洲大陆对资产负债表复式簿记方面的特征有更感兴趣。为实施第四号指令而引用的新格式消除了许多这样的差异。

小结

- 在文献中可以找到大量有关国际会计准则差异的成因。
- 很难说清楚文化差异对会计的影响。尽管很多人都试图对文化进行量化研究，但却很难将这种研究应用到对会计差异的计量上。我们可以在会计、法律和金融制度之间建立更直接的联系。
- 本书所考察的大多数国家都可以看作是习惯法国家或成文法国家，这与会计的类型似乎存在某种关联。
- 拥有大型权益市场的国家需要适合为投资者披露有用信息的财务报告，其他国家的会计制度则更可能与应纳税所得额和可分配利润的计算相关联。
- 在某些国家，税收与财务报告紧密联系，例如德国。
- 外部力量会对一个国家的会计制度产生影响，在前殖民地国家尤其如此。目前一个重要的外部力量是国际会计准则理事会。
- 高水平的通货膨胀率通常对会计会产生影响，但影响程度在各国有所不同。在大多数国家，会计理论似乎都对会计制度有很微弱的影响，但是在概念框架的形成中，其重要性日益增加。
- 各国会计职业的规模和力量的差异可能不是会计差异的原因，而是其结果。
- 总而言之，除非殖民主义的影响很大，会计体系主要是受是否有强大的权益市场的影响。
- 人们发现不同国家存在着不同程度的稳健性。可以预期，在税务与会计紧密联系的国家和拥有如银行家那样保守的会计信息使用者的国家其会计实践更具稳健性。一个较为保守的方法是制造"非必要"的准备金。然而，在情况不好的年度这些准备金将被冲回，这反而使收益数字更不稳健。
- 资产的计价显示出重要的国际差异。一些国家严格要求使用历史成本，另一些国家允许在特定时期对特定资产进行重估。在某些国家，政府已要求间或对固定资产进行有控制的重估（controlled revaluations）。
- 各国财务报表的格式明显不同，这给国际比较造成一些困难。在一个国家中，以股东为导向的程度影响着财务报表的格式、现金流量表的编制、特定项目的披露和许多其他的会计实务。

参考文献

Abel, R. (1969) 'A comparative simulation of German and US accounting principles', *Journal of Accounting Research*, Vol. 7, No. 1.

Adams, C. A., Weetman, P., Jones, E. A. E. and Gray, S. J. (1999) 'Reducing the burden of US GAAP reconciliations by foreign companies listed in the United States: the key question of materiality', *European Accounting Review*, Vol. 8, No. 1.

Ali, A. and Hwang, L. -S. (2000) 'Country-specific factors related to financial reporting and the value relevance of accounting data', *Journal of Accounting Research*, Vol. 38, No. 1.

Ball, R., Kothari, S. P. and Robin, A. (2000) 'The effect of international institutional factors on properties of accounting earnings', *Journal of Accounting and Economics*, Vol. 29, No. 1.

Baskerville, R. F. (2003) 'Hofstede never studied culture', *Accounting, Organizations and Society*, Vol. 28, No. 1.

Bushman, R. and Piotroski, J. (2006) 'Financial reporting incentives for conservative accounting: the influence of legal and political institutions', *Journal of Accounting and Economics*, Vol. 42, Nos 1, 2.

Chanchani, S. and MacGregor, A. (1999) 'A synthesis of cultural studies in accounting', *Journal of Accounting Literature*, Vol. 18.

Chanchani, S. and Willett, R. (2004) 'An empirical assessment of Gray's accounting value constructs', *International Journal of Accounting*, Vol. 39, No. 2.

Choi, F. D. S. and Meek, G. K. (2005) *International Accounting*, Prentice-Hall, Upper Saddle River, NJ.

Cooke, T. E. (1933) 'The impact of accounting principles on profits: the US versus Japan', *Accounting and Business Research*, Autumn, Vol. 23, No. 32.

David, R. and Brierley, J. E. C. (1985) *Major Legal Systems in the World Today*, Stevens.

Davidson, S. and Kohlmeier, J. (1966) 'A measure of the impact of some foreign accounting principles', *Journal of Accounting Research*, Vol. 4, No. 2.

Doupnik, T. and Salter, S. (1995) 'External environment, culture, and accounting practice: a preliminary test of a general model of international accounting development', *International Journal of Accounting*, Vol. 30, No. 3.

Doupnik, T. S. and Tsakumis, G. T. (2004) 'A critical review of tests of Gray's theory of cultural relevance and suggestions for future research', *Journal of Accounting Literature*, Vol. 23.

Evans, L. and Nobes, C. W. (1996) 'Some mysteries relating to the prudence principle in the Fourth Directive and in German and British law', *European Accounting Review*, Vol. 5, No. 2.

Flint, D. (1982) *A True and Fair View*, Gee, London.

Frank, W. G. (1979) ' An empirical analysis of international accounting principles ', *Journal of Accounting Research*, Vol. 17, No. 2.

Franks, J. and Mayer, C. (2001) ' Ownership and control of German corporations ', *Review of Financial Studies*, Vol. 14, No. 4.

Gray, S. J. (1980) ' The impact of international accounting differences from a security-analysis perspective: some European evidence ', *Journal of Accounting Research*, Vol. 18, No. 1.

Gray, S. J. (1988) ' Towards a theory of cultural influence on the development of accounting systems internationally ', *Abacus*, Vol. 24, No. 1.

Guenther, D. A. and Young, D. (2000) ' The association between financial accounting measures and real economic activity: a multinational study ', *Journal of Accounting and Economics*, Vol. 29, No. 1.

Haller, A. (1992) ' The relationship of financial and tax accounting in Germany: a major reason for accounting disharmony in Europe ', *International Journal of Accounting*, Vol. 27, No. 4.

Hellman, N. (1993) ' A comparative analysis of the impact of accounting differences of profits and return on equity: differences between Swedish practice and US GAAP ', *European Accounting Review*, Vol. 2, No. 3.

Hofstede, G. (1980) *Culture's Consequences: International Differences in Work-Related Values*, Sage Publications, Beverley Hills.

Hofstede, G. (1984) ' Cultural dimensions in management and planning ', *Asia Pacific Journal of Management*, January.

Hofstede, G. (2003) ' What is culture? A reply to Baskerville ', *Accounting, Organizations and Society*, Vol. 28, Nos 7–8.

Hoogendoorn, M. (1996) ' Accounting and taxation in Europe-a comparative overview ', *European Accounting Review*, Vol. 5, Supplement.

Hung, M. (2000) ' Accounting standards and value relevance of financial statements: an international analysis ', *Journal of Accounting and Economics*, Vol. 30, No. 3.

Jaggi, B. and Low, P. Y. (2000) ' Impact of culture, market forces, and legal system on financial disclosures ', *International Journal of Accounting*, Vol. 35, No. 4.

La Porta, R. , Lopez-de-Silanes, F. , Shleifer, A. and Vishny, R. W. (1997) ' Legal determinants of external finance ', *Journal of Finance*, Vol. 52, No. 3.

La Porta, R. , Lopez-de-Silanes, F. , Shleifer, A. and Vishny, R. W. (1998) ' Law and finance ', *Journal of Political Economy*, Vol. 106, No. 6.

Lamb, M. , Nobes, C. W. and Roberts, A. D. (1998) ' International variations in the connections between tax and financial reporting ', *Accounting and Business Research*, Vol. 28, No. 3.

Nobes, C. W. (1993) ' The true and fair view requirement: impact on and of the Fourth Directive ', *Accounting and Business Research*, Vol. 24, Winter.

Nobes, C. W. (1998) ' Towards a general model of the reasons for international differences in financial reporting' , *Abacus* , Vol. 34 , No. 2.

Nobes, C. W. and Schwencke, H. R. (2006) ' Tax and financial reporting links: a longitudinal examination over 30 years up to IFRS adoption, using Norway as a case study' , *European Accounting Review* , Vol. 15 , No. 1.

Norton, J. (1995) ' The impact of financial accounting practices on the measurement of profit and equity: Australia versus the United States' , *Abacus* , Vol. 31 , No. 2.

Parker, R. H. (1994) ' Context, diversity and harmonization' , Ch. 1 in T. E. Cooke and R. H. Parker(eds) , *Financial Reporting in the West Pacific Rim* , Routledge, London.

Parker, R. H. and Nobes, C. W. (1994) *An International View of True and Fair Accounting* , Routledge, London.

Radebaugh, L. , Gray, S. and Black E. L. (2006) *International Accounting and Multinational Enterprises* , Wiley, New York.

Roe, M. J. (2003) *Political Determinants of Corporate Governance* , Oxford University Press, Oxford.

Rueschhoff, N. G. and Strupeck, C. D. (1998) ' Equity returns: local GAAP versus US GAAP for foreign issuers from developing countries' , *International Journal of Accounting* , Vol. 33 , No. 3.

Ryan, S. G. (2006) ' Identifying conditional conservatism' , *European Accounting Review* , Vol. 15 , No. 4.

Salter, S. B. and Niswander, F. (1995) ' Cultural influence on the development of accounting systems internationally: a test of Gray's [1988] theory' , *Journal of International Business Studies* , Vol. 26 , No. 2.

Soeters, J. and Schreuder, H. (1988) ' The interaction between national and organizational cultures in accounting firms' , *Accounting, Organizations and Society* , Vol. 13 , No. 1.

Street, D. L. , Nichols, N. B. and Gray, S. J. (2000) ' Assessing the acceptability of international accounting standards in the US: an empirical study of the materiality of US GAAP reconciliations by non-US companies complying with IASC standards' , *International Journal of Accounting* , Vol. 35 , No. 1.

Tarca, A. , Moy, M. and Morris, R. D. (2005) ' An investigation of the relationship between use of international accounting standards and sources of company finance in Germany' , paper presented at the University of Sydney, 31. 3. 2005 , under journal review.

Tucker, J. (1994) ' Capital structure: an econometric perspective on Europe' , in J. Pointon(ed.) , *Issues in Business Taxation* , Avebury, Aldershot.

Tweedie, D. P. and Whittington, G. (1984) *The Debate on Inflation Accounting* , Cambridge University Press, Cambridge.

Tyrrall, D. , Woodward, D. and Rakhimbekova, A. (2007) ' The relevance of International Financial Reporting Standards to a developing country: evidence from Kazakhstan' ,

International Journal of Accounting, Vol. 42, No. 1.

van Caenegem, R. C. (1988) *The Birth of the English Common Law*, Cambridge University Press, Cambridge.

Weetman, P. and Gray, S. J. (1991) 'A comparative international analysis of the impact of accounting principles on profits: the USA versus the UK, Sweden and the Netherlands', *Accounting and Business Research*, Autumn, Vol. 21, No. 84.

Weetman, P., Jones, E. A. E., Adams, C. A. and Gray, S. J. (1998) 'Profit measurement and UK accounting standards: a case of increasing disharmony in relation to US GAAP and IASs', *Accounting and Business Research*, Summer, Vol. 28, No. 3.

Whittington, M. (2000) 'Problems in comparing financial performance across international boundaries: a case study approach', *International Journal of Accounting*, Vol. 35, No. 3.

Xiao, J. Z., Weetman, P. and Sun, M. (2004) 'Political influence and coexistence of a uniform accounting system and accounting standards: recent developments in China', *Abacus*, Vol. 40, No. 2.

Zambon, S. (1998) 'Twin accounting? A closer look at the compatibility of accounting practices of UK companies with US GAAP', University of Reading, Department of Economics, Discussion Papers, Series D, X(57).

Zambon, S. and Dick, W. (1998) 'Alternative standards (IAS/US GAAP) and continental European accounts: evidences of a competitive process', University of Reading, Department of Economics, Discussion Papers, Series D, X(58).

Zeghal, D. and Mhedhbi, K. (2006) 'An analysis affecting the adoption of international accounting standards by developing countries', *International Journal of Accounting*, Vol. 41, No. 4.

Zysman, J. (1983) *Governments, Markets and Growth: Financial Systems and the Politics of Industrial Change*, Cornell University Press, Ithaca.

课后问题

书末提供带星号问题的参考答案。

2.1* "在财务报告实务中，造成国际差异的基本原因是政府对会计不同程度的干预。"请讨论这种说法。

2.2* 评价下述观点：历史的偶然性应对公司财务报告的国际差异负主要责任。

2.3 假如你要尝试对各个非洲国家的财务报告实务作出预测，你将衡量哪些非会计的可变因素？

2.4 解释公司所有权和公司融资方面的国际差异是如何引起财务报告差异的。

2.5 是应纳税所得额计算规则的国际差异引起了会计差异，还是会计差异引起了应纳税所得额计算规则的国际差异？

2.6 为什么很难在特定的外部因素和会计国际差异之间建立一种因果关系？讨论在辨认这些可能的原因时所遇到的方法性问题。

2.7 本章所讨论的这些原因在不同国家是如何影响公司治理结构的?

2.8 财务报表格式的国际差异是进行这些报表比较的主要障碍吗?

2.9 请用几个不同的会计专题解释德国会计规则在哪些方面比英国会计规则更稳健。

第3章 财务报告的国际分类

克里斯托弗·诺比斯

内容

目标

读完本章后您应当能够

- 解释为什么分类在自然科学、政治社会科学以及会计研究中是一种有用的方法。

- 概括已有的会计制度分类方法，区分哪些是根据外部影响进行的分类，哪些是根据实务差异进行的分类。

- 解释为什么明确被分类的对象非常重要：是实务还是规则，是规则还是法规体系，是所有公司还是仅上市公司实务，是计量还是披露，是各个国家还是系列报表。
- 基于被分类国家指出哪些国家应被分在一组。
- 评论文献中的分类。

3.1 引言

在第 2 章中，我们已就财务报告实务中的国际差异的成因及性质进行了讨论。我们看到了国家之间所具有的相似性，并按照一定目的将这些国家分成了两大类，这对我们的讨论很有用。本章将更具体地考察是否可能根据这些国家在会计方面的相似之处和不同之处对它们进行分类。首先，我们将讨论自然科学及社会科学中的分类（3.2 和 3.3 部分），随后将考察在会计学科中进行分类的目的。我们可以根据外部因素进行分类（3.5 部分），也可以根据会计实务进行分类（3.6 到 3.8 部分）。第 3.9 部分探讨了是否存在盎格鲁—撒克逊会计国家。第 3.10 部分提出了在国际财务报告准则时代是否仍然有必要进行分类。作为总结，第 3.11 部分就各种分类方法进行了分类。

作为开场白，首先要说明的是，现在许多国家除了税收要求以及其他私人目的以外，还存在至少两套财务报告体系。例如在法国，上市公司的合并报表根据国际财务报告准则编制，而单个公司（无论是否是集团的组成部分）却根据法国的国内准则编制报表。关于分类的研究工作大多是在这一状况出现之前进行的，特别是在 2005 年之前。因此对于那些只关心上市公司合并报表的读者而言，本章关于分类的研究更多的是一种历史回顾。

不过在很多国家，大多数财务报表（例如所有的单个报表和部分合并报表）仍遵循国内准则，所以国际差异仍然很重要。即使如此，因为一些国家的国内准则本身正在与国际财务报告准则或美国准则相协调，所以极端的差异日益减少。但是，一个国家为了特定目的而采用国际财务报告准则的实践与这种整体上的"趋同"是不同的，这种区别非常重要。更进一步来说，各国对国际财务报告准则的不同解释或对处理方法的选择偏好，都可能带来国际差异。这将在第 4 章和第 7 章作进一步的阐述。

在研究国际协调（第 4 章）和本国准则（第 16 章）之前先研究分类是非常有必要的。

3.2 分类的性质

分类是科学家的基本工具之一。门捷列夫（Mendeleev）的元素表及林奈（Linnaean）的分类法分别是化学及生物学的基础。分类可以使描述和分析更为深入。根据一种元素在分类中的位置，可以揭示其结构并预计其特征。通过分类还可以了解什么元素曾经存在，将来可能存在，或者现在的确存在且正有待于人们去发现。

一般认为，分类必须具有四个性质（AAA，1977，第 77~78 页）：首先，必须一贯地保持其分类的特征，即在任何分类中用于区分不同要素的特征必须是相同的。

分类的目的不同，则所采用的分类特征也不同。其次，一种好的分类，应该包含充分的子集，这样才能表示给定的整体。再次，所有子集必须是互不相容的，这样任何一种元素都不可能同时包含在一个以上的子集中。最后，必须注意分类层次的完整性。例如，在林奈的生物分类中，任何特定"种"的植物或动物最后总处于该分类中的最底层，它一定属于某个"属"（genus），即该"属"又总是属于某个"科"（family），依此类推。罗伯茨（Roberts，1995，第 653～655 页）对这些性质进行了检验和评论。

人们可以进行不同类型的分类，从最简单的二项分组（例如，黑色物体与白色物体）或者等级排列（例如，在一个班级中按学生高度排列），到较为复杂的标准（例如周期表）或系统化（例如林奈的生物体系）。在社会科学中两种常用的元素分组法是"多维排列法"和"形态构造法"。第一种方法是在不同的数轴上运用两种以上的性质，以找出显示相似性质的元素簇；第二种方法试图找到一种根据元素的重大差别因素对元素惊醒排列的"形态"，通过这种方法就可以更加清楚地看出哪些元素是相类似的（例如图 3—1 就是这种方法）。

变量	按性质划分的各种形态				
	1	2	3	4	5
P_1 政治体制	传统的寡头政治	极权主义寡头政治	现代寡头政治	监护下的民主政治	民主政治
P_2 经济体制	传统经济	市场经济	有计划的市场经济	计划经济	
P_3 经济发展阶段	传统社会阶段	起飞前阶段	起飞阶段	趋于成熟阶段	总体成熟阶段
P_4 财务报告的目标	←——— 微观 ———→			←——— 宏观 ———→	
	投资决策	管理业绩	社会计量	部门计划与控制	国家政策的目标
P_5 准则的来源及权威性	行政命令	法律行为	政府管理机构	政府与民间合作	民间制定
P_6 教育、培训与执业许可	←—— 政府 ——→		←—— 民间 ——→		
	非正式	正式	非正式	正式	
P_7 职业道德与准则的实施	行政性	政府管理性	司法性	民间性	
P_8 委托人	政府	公众	←—— 公司 ——→		
			公开	非公开	

图 3—1 美国会计学会的比较会计制度形态结构

资料来源：节选自 American Accounting Association（1977）*Accounting Review*，Supplement to Vol. 52，p. 99。

3.3 社会科学家的分类

在对分类的性质及方法作简单考查之后，我们再来研究一下与会计学相邻领域中的一些传统的分类方法。人们曾经对政治体制、经济体制及法律体制进行过分类。例如，将政治体制分为民主政治、监护的民主政治、现代寡头政治、极权主义寡头政治，以及传统寡头政治（Shils，1966）。经济体制则被划分为资本主义、社会主义、共产主义及法西斯主义。另一种经济体制的分类是传统经济、市场经济和计划经济（Neuberger and Duffy，1976）。在法律体制中也有一些分类（Kagan，1955；Derrett，1968；David and Brierley，1985）。一些作者在对法律体制进行分类时，为确定两种体制是否同属一类提供了判断的标准：如果"受一种法律教育的人能毫不困难地处理另一种法律制度下的案件"（David 和 Brierley，1985，第 21 页），那么就认为这两种体制属于同一类。此外，这两种法律体制不能"建立在相对立的哲学、政治或经济原则之上"。第二个标准确保了同一类体制不仅具有相似的外在特征，而且也具有相似的基本结构，并能对新的环境条件作出相似的反应。大卫和布莱尔利运用这些标准将法律体系分为如下四类：罗马—日耳曼体系、习惯法体系、社会主义法体系和哲学—宗教法体系。

在上述各例中，所采用的分类方法都是比较初级的，仅仅是将不同的体系分为几类，所划分的各类别有时定义得不够精确或是不够详尽。同时，用以确定类别并进行归类的方法大多是基于个人知识和描述性文献之上的主观分类。由于社会科学存在复杂性和"晦涩性"，这些不足是难以克服的。

3.4 会计分类

在第 2 章中，我们用"会计制度"这个词表示公司年报中的财务会计实务，根据各种会计制度的特征（相似或不同），我们可以将其划分为几组。如果一个国家中的全部或多数公司的会计实务都类似，那么可以按照会计实务对不同国家进行分类。但即使真的可以这样分类，各个国家所遵循的制度也可能每年都发生变化。在以下的讨论中我们将看到，不同的研究者试图对不同的对象进行归类，而不仅仅是对上述会计制度进行归类。

如前所述，对某一学科进行分类的原因，也是试图对财务报告各种"制度"进行分类的原因之一。在财务报告领域，分类是区别和比较不同制度的一种有效方法，它将有助于展示一个国家从某一制度转向另一制度的进程，并通过指明某一类的国家中其他国家的制度来说明该类别中主要国家的制度观念的发展进程。与分类有关的活动（例如上述多维排列法和形态构造法）应该力求准确。此外，在社会科学中，分类还有助于确定发展过程，而不仅仅是描述事物是如何存在的和为什么存在。例如，分类应该有利于研究协调的必然性及其所面临的困难，这对于学术界和从事国际协调的组织或计量协调程度而言都具有价值（Doupnik，1987）。分类同时也应该有助于培训从事国际业务的会计师和审计师。另外，通过研究结构形态并观察其他国家所采用的特定制度，发展中国家也许能更好地理解现存的各种财务报告类型，并了解哪一种类型最适用于本国。同时，通过考查同类的其他国家的情况，一个国家应该可以预测将会面临的问题以及有效的解决办法。

还有人认为，要促使一个国家从一种会计制度向另一种会计制度转变，可以先调节经济和政治环境等因素，这些因素变化以后会将影响传导到会计制度方面，从而获得想要的会计制度（AAA，1977，第100页）。然而，这种方法无异于通过摇动狗来使其摆尾。

下一节我们将概括一些分类方法，它们不是根据会计实务而是根据外部特征进行的分类，因此可以被称之为"外部的"分类，例如，某种分类的基础是影响会计发展的因素。当然，由于人们对于哪些因素是重要的具有不同看法（见第2章），这些看法就会带来不同的分类。

一个分类被称为"外部分类"是否恰当取决于被分类的对象。例如，下一节有一个与监管制度有关的分类即被称为"外部"分类。这是因为，此分类关注的中心问题是公司的会计实务以及这些会计实务被何种规则所控制，这些规则的内容是什么。这些问题受到经济因素和其他因素的影响，而会计实务在监管制度的框架范围之内。相对而言，如果某章关注的核心问题是监管制度，则直接根据这些制度性质进行的分类将是"内部的"分类。

3.6部分到3.8部分的所谓"内部"研究大部分也是从财务报告实务中升级来的，因为这些研究大多数建立在报告规则的基础上，而不是建立在实务的基础上。重申一遍，关注分类的内容是很有用的。在很多情况下，分类的对象是国家，而且是根据一系列公司的财务报告规则/实务的性质对目标国家进行的分类。正如后面将要解释的，对财务报告制度本身进行分类会更好，而且最好根据关键特征对其进行分类。

3.5 外部分类

3.5.1 缪勒的分类

20世纪60年代末期，格哈德·缪勒（Gerhard Mueller）教授独辟新径，提出对会计的国际分类（1967）以及对经营环境的国际分类（1968）。他将会计制度分为4种发展模式，这是一种简单的分组，并没有解释其所采用的方法。但是，"这4种模式已涵盖了目前世界各地所有我们知道的会计实务"（1967，第2页）。缪勒教授通过一两个例子对每一种制度都加以说明。需要指出的是，对于一项开创性的工作，期望进行更复杂的分类可能是不合理的，而且缪勒具有见地的判断可能已经是当时最好的分类方法之一。

缪勒强调，一个国家的会计规则是该国经济、政治和其他环境因素的产物，这些因素决定了会计制度的性质。这也表明，对于一个国家而言，其他国家的规则一般不适用，所以应该选择最适合该国需要的规则。但穆勒也因此对协调化的可能性和有用性产生了疑问。缪勒所阐述的这4种类型在之后的一部著作中（Choi和Meek，2005，第2章）作了精确的概括：

（1）宏观经济型会计。在这一类别中，会计已发展成一种国家经济政策的附属物。我们可以推测，这样的财务会计将强调增值表，鼓励收益平滑，使财务会计相当于税务会计，并包括社会责任会计。瑞典被认为是这种类别的一个范例。

（2）微观经济型会计。这种会计最适用于市场主导的经济，在这种经济体制中，各私有公司是经济活动的核心。由于受微观经济学的影响，会计试图通过计量和计价来反映经济现实。这意味着会计法规必须细致且灵活。在这种类别中，重置成本会计的发展最易被接受。荷兰被认为是此类会计的典型。

（3）独立学科型会计。这一类别的发展不依赖于政府或经济学理论。会计在公司中发展，面对所出现的问题，并采用有效的解决方法。它几乎不重视理论，只是在紧急事件中或是试图在事后为已出现的结果寻找理由时才用到理论。"公认会计原则"这样的表述便是一个典型的例子。缪勒认为英国和美国的会计体系是这一类别的范例。

（4）统一型会计。这类制度在政府将会计作为对公司进行行政控制的一部分的国家中得以发展。会计可以衡量业绩、分配资金、估计产业及资源的规模、控制物价、征收税款、操纵公司各个部门等。它涉及概念、计量方法及表达方式的标准化。法国被认为是此类会计的典型。

缪勒没有直接根据实务上的差异来划分财务报告体系，而是间接地根据特定体系发展过程中经济、政府以及公司等因素的重要性差异来进行划分。然而，人们可以认为以相似方式发展的体系在会计实务中也应该是相似的。这在某种程度上是正确的，本书的第 2 章曾提过英国和美国有着相似的会计实践，缪勒的发展分类法同样也将其归为一类。

尽管如此，缪勒的分类法还是存在一些问题。它只有 4 组不相容的类别而没有划分等级，这降低了分类的有用性。荷兰是其中一个类别中的唯一国家，而且该分类也不能说明荷兰会计更接近于英美会计还是更接近于瑞典会计。同样的，这样的分类也无法解释德国会计所展示的特征既使人联想到宏观经济型会计又使人联想到统一型会计的原因。这种分类完全没有考虑社会主义国家的会计。

随着时间的推移，这种分类方法逐渐显得有些过时。例如，瑞典已经朝英美会计迈进了一大步（特别是在 20 世纪 90 年代），同时荷兰也已经在很大程度上放弃了重置成本会计法。即便如此，缪勒的分类法现在仍有历史价值。

缪勒的第二种分类法（1968）基于经营环境。他指出不同的经营环境需要不同的会计体系，在试图变革或规范会计实务时要考虑到这一点。根据经济发展状况、公司的复杂性、政治和社会环境以及法律体系，缪勒将目标国家分为 10 个类别。这不是对财务报告的分类，而且这种分类法可能过于笼统，因而对我们并没有什么帮助。例如，有人认为在"近东和远东的发展中国家"这一类别中的国家应当有相似的会计体系，但事实上却并非如此。

3.5.2　各种形态结构

我们认为，分类的一种方法是通过绘制形态结构图，并运用实证数据进行分组。巴克利（Buckley，1974）和美国会计学会（1977，第 99 页）曾绘制过关于会计实务的形态结构图，美国会计学会的形态结构图如图 3—1 所示。尽管前两个特征（政治体制和经济体制）的相关性看起来似乎不如会计实务的真实特征，但是为了避免受暂时表面上相似性的影响从而导致错误的分类，考虑这两个因素也许是十分重要的。

正如美国会计学会的国际会计委员会所述，"变量……P_1 和 P_2 被认为是某一类会计体系确实（或可能）出现的关键因素"（第 97 页）。遗憾的是，这些形态结构图迄今还未能进一步地与实证数据结合起来。

3.5.3　影响范围

另外还存在一些基于"影响区域"的"主观"分类法。塞德勒（Seidler，1967）将会计实务分为 3 组：英国、美国和欧洲大陆。此外，美国会计学会的国际会计委员会根据会计体系的 5 个"影响区域"进行的主观分类（AAA，1977 年，第 105 页和第 129 ~ 130 页）。这些类别分别为：

（1）英国；

（2）法国—西班牙—葡萄牙；

（3）德国—荷兰；

（4）美国；

（5）社会主义国家。

正如第 2 章所述，这种分类对发展中国家可能是最有用的，因为在发展中国家来自其他国家文化因素的影响占了主导地位。但除上述直接（按实务）和间接（按环境）两种分类方法以外如果在出现第三种财务报告分类法，似乎不太合适。这是因为这种分类法没有任何层次，因而没有考虑诸如美国和英国会计之间的联系。此外，在对第 2 章和第 12 章的资料进行考察时，作为对发达财务报告体系进行分类的一种方式，将"德国—荷兰"作为一个类别似乎是不合适的。

3.5.4　文化分类

正如第 2 章所述，格雷（1988）运用霍夫斯蒂德（1980）的文化分类来解释会计实务中的国际差异。显然，可以采用这一文化分类对会计实务进行分类，而且格雷（1988，第 12 页和第 13 页）也顺着这一想法提出了一些初步的看法。其他人（如多谱尼克和索尔特，1995）也用霍夫斯蒂德的文化因素对会计实务进行过分类。

我们曾在第 2 章中指出，应当将文化看作是国际会计差异成因的背景因素，本章我们将继续讨论这个观点。

3.5.5　会计制度的分类

普克斯蒂等人（Puxty *et al.*，1987）结合斯特里克和施米特（Streeck and Schmitter，1985）的研究提出，存在三种有局限性但却是理想的制度，分别通过"市场"、"政府"及"社团"形成。如果这一过程完全受市场力量的影响，则每个公司都可以自己选择规则，它们仅受来自市场，尤其是资本市场的压力的影响。19 世纪英国的"自由经济"以及在证券交易委员会成立之前的美国经济，在一定程度上都是这种类型，其中有一些公司自愿披露会计信息并接受审计（Watts and Zimmerman，1983）。另一个极端则是整个过程都由"国家"控制，国家负责设立一个机构颁布必须遵循的会计实务，并提供实施机制。正如我们之后将会看到的，这一过程可以采用一些不同的方法来实现。第三种理想的范式是通过社团"自发地团结一致"以形成制度。

  在这三种情况中，普克斯蒂等人通常将它们与"自由主义"（liberalism）、"协作主义"（associationism）、"社团主义"（corporatism）和"条文主义"（legalism）这些术语加以区分。如图 3—2 所示，在会计法规中，市场和政府比社团更具决定作用。普克斯蒂等人提出的 4 个模式形成了一个闭联体：一端是自由主义，这时所提供的法规完全遵守市场原则，公司仅在有商业上的需要时才披露信息；另一端则是条文主义，无保留地执行政府提出的规则，要求会计实务遵循法律条款，并通过国家独有的强制方法执行这些法律条款。

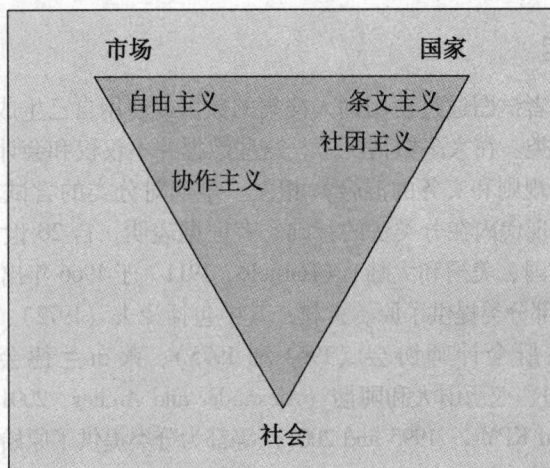

图 3—2　财务报告制度

资料来源：Adapted from Puxty *et al.* （1987），'Modes of regulation in advanced capitalism：locating accountancy in four countries'，*Accounting Organizations and Society*，Vol. 12，p. 283. Copyright © 1987 Elsevier Science. Reproduced with permission.

  在这两种极端情况之间是协作主义和社团主义，两者都将自由主义和条文主义与少量的社团影响结合起来。在协作主义下，规则通过某些组织的发展来完成，而这些组织的形成则是为了代表并提升其成员的利益。当然，这些成员只是社团的一部分，并不代表整体。社团主义则更依赖于等级控制的国家规范，国家不仅仅允许有组织的利益集团的存在，而且将它们都纳入其统一管理的制度等级体系中。协作主义和社团主义的基本差异在于国家为达到公众（即国家）目的而非私人目的（即市场）对利益集团"倾向"的程度。

  普克斯蒂等将这一框架应用于美国、英国、德国和瑞典，如下所示：

- 美国：条文主义和协作主义并存，与前者相比，后者居次要地位；
- 英国：主要是协作主义；
- 德国：条文主义占主导地位；
- 瑞典：社团主义。

  本书第 10 章和第 15 章将讨论其中 3 个（及其他）国家的制度体系。制度体系的国际差异在很大程度上是会计协调化存在的原因。诺比斯提出另一种制度体系的分类（1992a，第 99~103 页）。

3.5.6　审计师的能力

休恩瑟（Shoenthal，1989）想要表明英国和美国新近取得资格的审计师的能力可以作为一种分类变量。然而，这个变量究竟是否相关是值得怀疑的。仅对两个国家的比较研究除了能告诉我们这两个国家是不同的以外，并没有提供其他任何关于分类的信息（Nobes，1992b；Shoenthal，1992）。

3.6　内在分类：20世纪70年代和80年代

3.6.1　介绍

一些研究者试图通过使用别人搜集的数据或使用自己生成的数据直接比较会计实务并对其进行分类。在大多数情况下，这些数据并不仅仅和会计实务相关，它们还和会计规则（或者是规则和实务的混合）相关。早期对分类的尝试及最近对不同国家体系的描述，构成了现代内在分类法的基础。有证据表明，自20世纪初，人们一直在使用三组分类法（英国、美国和大陆）（Hatfield，1911，于1966年出版）。除此之外，其他描述及分析也为内部分类提供了原始素材，其中包括泽夫（1972）、普华永道（1973、1975和1979）、美国注册会计师协会（1964和1975）、莱布兰德会计师事务所（Coopers & Lybrand，1993）、亚历山大和阿彻（Alexander and Archer，2001）以及奥德海德和毕马威（Ordelheide and KPMG，1995 and 2001）等都为分类提供了原始资料。

3.6.2　运用聚类方法进行的分类

达·科斯塔、布儒瓦和劳森（Da Costa，Bourgeois and Lawson，1978）利用普华永道（1973）《对38个国家的调查》（*Survey in 38 Countries*），提出了一种直接以会计实务为基础的分类法。这种分类法会产生两个群组：一组包括英国及大英帝国的9个前成员国，另一组包括美国、法国、德国、南美各国，以及除荷兰、加拿大外的其他国家（荷兰和加拿大被认为是无法分类的）。

另一位研究者（Frank，1979）利用相同的数据进行类似（但更为详细）的分析，提出一种似乎合理得多的分类。奈尔和弗兰克（Nair and Frank，1980）拓展了这一研究。他们利用普华永道1973年及1975年的调查，将财务报告的特征划分为与计量有关的和与披露有关的两个类别。这一区分非常有用，尤其因为其对德国等要求提前披露的国家所产生的影响。弗兰克（1979）曾把德国归入"美国"组，但仅仅使用了"计量"特征分类，而奈尔和弗兰克（1980）将德国归入"欧洲大陆"组。表3—1列示了1973年根据计量特征进行的分类结果。尽管仍然没有层次之分，但其全面结果看起来似乎很有道理，而且与本书前几章的分析完全吻合。然而，这些分类中尚有两个问题必须现在加以解决，即数据问题和方法论问题。

1. 数据

有人对采用普华永道的数据进行分类提出质疑（Nobes，1981）。1973年的数据中有4个值得注意的问题：（1）显而易见的错误；（2）令人误解的答案；（3）用次要问题掩盖主要问题；（4）由于接受调查者熟知英美两国的相似之处（以及其差别所在），而夸大两者的差异。对 1973 年的调查我们不再重复，但将会提及 1979 年调查中的一些错误。

表 3—1　　　　　　　　　　　根据 1973 年计量实务的分类

英联邦模式	拉丁美洲模式	欧洲大陆模式	美国模式
澳大利亚	阿根廷	比利时	加拿大
巴哈马	玻利维亚	法国	日本
爱尔兰	巴西	德国	墨西哥
斐济	智利	意大利	巴拿马
牙买加	哥伦比亚	西班牙	菲律宾
肯尼亚	埃塞俄比亚	瑞典	美国
荷兰	印度	瑞士	
新西兰	巴拉圭	委内瑞拉	
巴基斯坦	秘鲁		
罗得西亚	乌拉圭		
新加坡			
南非			
特立尼达和多巴哥			
英国			

资料来源：Nair，R. D. and Frank，W. G.（1980）'The impact of disclosure and measurement practices on international accounting classifications'，*Accounting Review*，Vol. 55，No. 3，p. 429。

以合并会计实务为例，该项调查称，法国对第 209 号会计问题（"合并报表……要为股东编制"）仅作"要求"，原因是法国的证券交易委员会"要求"合并报表，而正如法国证券交易委员会的年报所示，1979 年只有 305 家上市公司公布合并资产负债表和合并利润表（1978 年为 289 家），还不到上市公司数量的一半。如果针对"向公众公布报表的公司"进行调查，则所占的比重更小得多了（PW，1979，第 5 页）。

类似例子还有很多。在某种程度上，这表明所报告的调查并不体现实际的会计实务，而是遵循非强制规则时可能使用的会计实务，或者是普华永道的合伙人可能偏好使用的会计实务。存在的一般问题是，这种报告可能是会计规则和会计实务的混合。这一错误和其他类型的错误说明，对分类目的而言数据并不令人满意。至少，在解释结论时需要特别慎重。

2. 方法

上述所有研究者都基于普华永道的数据运用聚类方法进行分析，他们认为这种做法会优于前面所说的主观分类法。奈尔和弗兰克（1980）强调他们的研究"……旨在对会计文献中反复提到的国际分类的有效性作经验性的评价"（第 449 页）。

对这一"经验主义"（empiricism）必须提出批评，因为其并未直接对某个特定的假定分类进行检验，而只是将一堆并非为这一目的而收集的数据加以分类。对这种方法的运用使上述的研究者（达·科斯塔等人，1978，第79页）之一得到这样一个结论，即与英国这一组最不相像的国家是美国；换言之，乌拉圭或埃塞俄比亚会计要比美国会计更类似于英国会计。根据普华永道的数据得到的这样一个结论从统计的角度看是合理的，但显然这是对现实世界的一种极不正确的描述（见第3.9部分）。这样一个结论其本身是很有趣的，但研究者从令人质疑的数据中提出假说而不是去验证假说，这就陷入了过于看重研究结果的泥沼中。这使得他们得出这样的结论：包括法国、德国、比利时、意大利在内的一组国家"步了美国后尘，背离了英国模式中通用的会计方法"。然而，在这些国家中，这意味着那些用于指导会计实践的公司法和税法的制定者们在制定法律时要牢记他们应该与美国一致，或者应切断与英国的联系，这似乎是极不可能的。众所周知，美国会计实务与欧洲大陆的会计实务存在极大的差异，这种差异表明不存在偶然的或潜意识的后者"追随"前者的现象（见第15章）。

这些例子所暴露的问题是由使用错误且不为特定目的而设计的数据所引起的。以林奈的生物分类体系为类比，就分类体系的主观性与经验主义的对立而言，生命科学家们还是会多采用前者。究竟采用哪个标准对生物进行分类，以及应赋予其多大的权重，这是一个判断问题。人们需要进行判断，以避免出现柏拉图将人归为不长羽毛的两足动物这样的分类。事实上，现在人们意识到，相对于鸟类而言，人类与多数的四足动物及根本没有脚的海豚更为接近。亚里士多德认识到这一点，他提出了"同族体"和"类似体"，前者指结构相同但功能不同的物体（如人类的脚和海豚的鳍状肢），而后者指相同的功能由不同的物体完成（如鸟类的翅膀和蜜蜂的翅膀，两者结构完全不同，前者的实际上是"臂膀"）。只有同族体才能说明关系上的接近程度。

如果更为详细地研究林奈的生物分类法，人们会发现，生物学家在对动物进行分类时，往往忽略那些最为明显的特征，也就是说，他们并不根据重量、颜色、腿的数量、身体表层的特征，以及寿命的长短等对动物进行因素分析。因为注重这些特征只能对数据进行分类，会将人和鸵鸟分为一类，将海豚和鲨鱼归为一类，将蝙蝠和猫头鹰归为一类等等。事实上，生物学家注重的是涉及基本（但较不明显）的特征的主观模式，认为比起其他任何三类动物，人、海豚、蝙蝠相互间更为接近，这样就会发现同类之间的行为、智力、繁殖能力及世系关系开始吻合。因此，生物科学家采用进化论进行分类，并注重那些基本的主要变量。

值得一提的是，植物学家遇到的困难比动物学家来得大。这也许部分地要归因于植物没有骨骼，而且没有留存至今的化石可供研究。现代的生物分类法包括对不同有机体的 DNA 相似程度进行的分析。

会计分类法的类比似乎很清楚了。"经验主义"分类的危险在于只对那些关注短暂或表面差异（而且可能未被正确记录）的数据进行分类。显然需要一种基于会计实务演化和导致会计实务差异的变量的模式，这就需要通过经认真计量的"结构性"惯例来验证，同时需要清楚分类的目的何在。

3.6.3 利用模型和新数据进行分类

这样，我们可以对前述的几种分类提出批评，因为它们（1）对分类对象的定义缺乏精确性；（2）缺乏可以比较统计结果的模型；（3）缺乏可以更加敏锐表现各国差异大小的层次划分；（4）在选择"重要的"鉴别特征上缺乏判断。能否纠正这些问题呢？笔者在自己的研究中试图解决这些问题（Nobes，1983）。

1. 定义

研究的目的被定义为根据各国股份公开公司的财务报告实务对各国进行分类。所选择的国家是西方发达国家，报告实务涉及计量和计价。分类时间是 1980 年，即在欧盟国家执行关于公司法第四号指令之前（见第 12 章）。

股份公开公司的财务报表通常是可以获取的，其会计实务也是最易为人们所了解的。对股东、债权人、会计师事务所、税务机关、管理者及协调机构（如国际会计准则委员会或欧洲经济共同体委员会）而言，他们感兴趣的是这些公司在报告中的国际差异（Mason，1978，第 5 章）。实际上，也只有在发达国家股份公开公司的数量才很多。然而，通过拓展会计实务的定义而试图囊括更多的国家是有可能的。在某种意义上，已经作出了这种尝试（Nobes，1992a，附录 V 和 VI）。

研究之所以选择计量和计价实务，是因为它们决定了利润、资本、资产总额、流动性等数额的大小。奈尔和弗兰克（1980，第 426 页和第 428 页）指出，区分计量与披露实务是有益的。

2. 分层次的模型

类似于图 3—3 所示的假设性分类是以一些计量实务差异中的解释变量为基础的，例如法律影响或经济学影响的重要性。在图 3—3 的分支点上包括了一些描述。

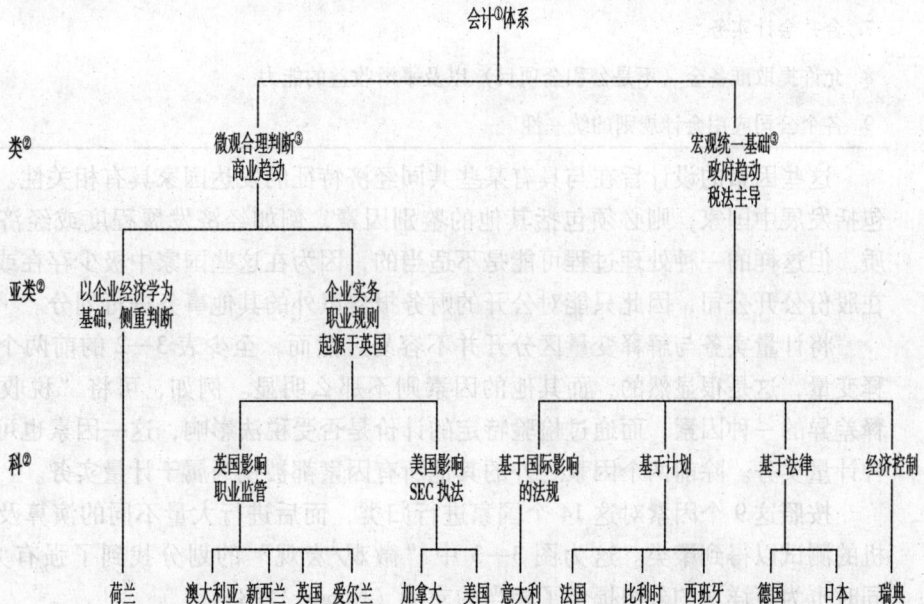

图 3—3　对 1980 年一些西方发达国家会计"体系"的一种分类

注：① 这是对公司财务报告的简称。

② 这些术语是从生物学中借用而来，仅仅是用于标明各个分散的层次。

③ 这些分支点上所用的术语，仅仅是根据其以下成员的会计体系的一些特征而归纳出的称谓。这一分类是由一英国的研究者提出的，所使用的一些术语可能会使其他文化环境下的人们产生误解。

所取的样本国家的数量为 14 个，但这些国家均是发达国家。普华永道的调查及上述研究者的结论也都涉及这些国家，同时还包括所有被梅森（Mason. 1978）定义为在国际协调化目的中"至关重要的"国家（即法国、日本、荷兰、英国、美国和德国）。

以往的分类包括不同的组（如表 3—1），但没有划分可以表明各组间相对差距的层次。将英国和美国归入不同的组也许是合理的，但如果能够指出相对于欧洲大陆而言，这两组关系更加紧密，也许是有益的。

3. 鉴别特征

笔者曾尝试将一国财务报告实务中那些可能形成各国间长期根本性差异的特征分离出来，结果选择了 9 个因素，它们与上述多数研究者所考虑的因素不同，这些因素十分明显，因而可以进行检验、批评和修正（见表 3—2）。

表 3—2 分类的因子

1. 上市公司公开报表的使用者类型

2. 法律或准则在规定上的详细程度以及排除判断的程度

3. 税收法规在计量中的重要性

4. 稳健性/谨慎性（例如对建筑物、存货、应收账款的估价）

5. 应用历史成本（在历史成本报表中）的严格程度

6. 重置成本调整对主要报表或补充报表的影响程度

7. 合并会计实务

8. 允许提取准备金（不是公积金项目）以及平滑收益的能力

9. 各个公司应用会计规则的统一性

这些因素的设计旨在与具有某些共同经济特征的发达国家具有相关性。如果想要包括发展中国家，则必须包括其他的鉴别因素，例如经济发展程度或经济体制的性质。但这样的一种处理过程可能是不适当的，因为在这些国家中极少存在或根本不存在股份公开公司，因此只能对公开的财务报告以外的其他事务进行划分。

将计量实务与解释变量区分开并不容易。然而，至少表 3—2 的前两个因素是解释变量，这是很显然的，而其他的因素则不那么明显。例如，可将"税收"视为解释差异的一种因素，而通过检验特定的计价是否受税法影响，这一因素也可被视为一种计量实务。除前两个因素之外的其他所有因素都被视为属于计量实务。

按照这 9 个因素对这 14 个国家进行归类，而后进行大量不同的演算及基于计算机的测试以得到聚类。这为图 3—3 中"微观/宏观"的划分找到了强有力的支持，同时也为更详尽的分组提供了相当的支持（Nobes，1983）。

3.7 有关诺比斯分类的发展

3.7.1 标准化程度的分类

阿尔·奈亚（Al Najjar，1986）进行了进一步的分类工作，所采用的方法类似诺比斯的方法（1983），但他根据会计的标准化程度对各国进行了归类。

3.7.2　检验

多谱尼克和索尔特（Doupnik and Salter，1993）运用他们的会计实务标准对诺比斯的分类进行了检验。其中存在的一个问题是，用于"检验"1980年分类法的数据和10年之后的数据是相关的。后来，多谱尼克和索尔特（1995）提出一种关于会计差异成因的通用模式，设立了10个变量。然而，其中的一些变量似乎过于详尽，而有些变量又似乎与其他变量相重叠。例如，多谱尼克和索尔特使用一个基于边际税率计量的税收变量作为会计差异的一个成因。本书第2章中指出，税收和会计之间关系的国际差异更多的是会计差异的结果而非其成因（详见Nobes，1998a）。此外，出于如下原因，边际税率似乎是一种不适当的计量：

- 不同时间税率的变动极大，但对会计的影响却不明显。例如，1987年美国税率从最高的46%下降至34%，而1973年英国的主要税率从40%上升至52%，现在又降至30%。
- 许多体制中有不止一个税率（如在德国，留存收益的税率为45%，已分配利润的税率为30%；在英国，大公司税率为30%，小公司税率为20%）。
- 税负多少取决于对"应税收益"的界定，而不仅仅取决于税率。
- 更重要的是，在税收和会计联系较少的国家中，税收对会计的影响很小；在两者关系密切的国家中，税收对会计的影响是同方向的，而且无论税率为30%或50%，其影响可能都是同等大的。

尽管存在以上这些问题，多谱尼克和索尔特的文章仍然为图3—3的分类提供了大量的证明，特别是对区分最初两个类的证明。

3.7.3　改进

图3—3的分类包含了层次划分，这是从生物学借鉴而来的。这可能会遭到批评（见下文），正如缪勒的"宏观"及"统一"被批评为互相冲突（Feige，1997a；Nobes and Mueller，1997；Feige，1997b）。这里的问题部分是因为同缪勒的分类一样，诺比斯的分类现在已经过时，虽然其中的某些因素可能还可以更新从而适应现代环境。

罗伯茨（1995）批评并阐明了一些有关会计分类的问题。他指出，虽然图3—3中的分类类似于生物学上的分类，并采用诸如"种"这样的术语来进行归类，但它并未真正地改进。另外，分类的对象是国家似乎会使人误解。

为了对图3—3进行改进，我们可以更明确的是分类针对的是会计制度这一点，即针对某一特定公司年报中的财务报告实务。在一个国家中有可能做到所有公司在某一特定日期采用相同的制度，或者是采用几种不同的制度。我们将放弃使用最惹人争议的标志（如"种"），而承认分类并非是进化的——正如林奈的生物体系的确不是原创的一样。

图3—4列示了诺比斯（1998b）提出的一些财务报告体系的分类。我们对其中的一些特征进行解释也许是有益的。例如，"美国公认会计原则"这一体系是指根据

美国制度要求，符合一定条件的美国公司必须采用的一系列被精确规定的会计实务（见第 8 章）。当然，这一体系可能会在以后发生一些变化，这一体系的使用者包括在美国证券交易委员会登记的美国公司，以及一些大型的需要编制集团报表的日本公司（见第 13 章）。图 3—4 还表明"美国公认会计原则"类似于英国准则及国际会计准则，三者同属一科（见第 2 和第 6 章），适合应用在强势权益市场体系之中。

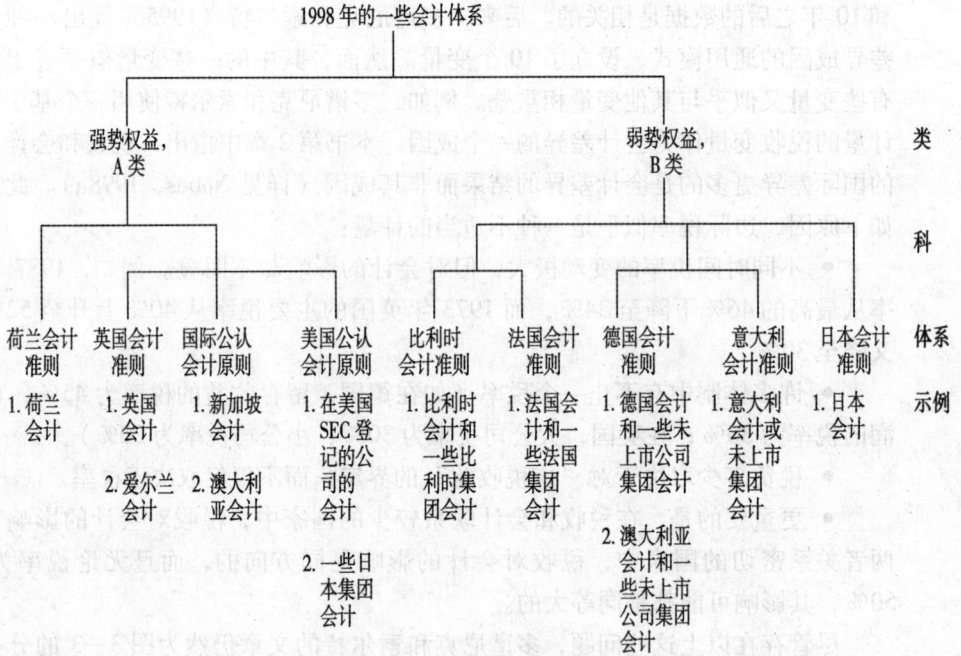

1998 年的一些会计体系

	强势权益，A 类				弱势权益，B 类				类
									科
荷兰会计准则	英国会计准则	国际公认会计原则	美国公认会计原则	比利时会计准则	法国会计准则	德国会计准则	意大利会计准则	日本会计准则	体系
1.荷兰会计	1.英国会计	1.新加坡会计	1.在美国 SEC 登记的公司的会计	1.比利时会计和一些比利时集团会计	1.法国会计和一些法国集团会计	1.德国会计和一些未上市公司集团会计	1.意大利会计或未上市集团会计	1.日本会计	示例
2.爱尔兰会计	2.澳大利亚会计		2.一些日本集团会计			2.澳大利亚会计和一些未上市公司集团会计			

图 3—4   一种分类体系

3.8　进一步的内部分类法

3.8.1　新数据，新分类

达西（D'Arcy，2001）运用来自奥德海德和毕马威（1995，简称 OKPMG）的数据进行分类，该分类包括运用群分析建立的系统数图，在图中"英美国家"群里连英国和美国都找不到（第 341 页）。达西还根据多维缩放比例建立了一个两维图，并说明"瑞士和英国非常近似"（第 343 页），但澳大利亚和英国则非常不同："特定的要求和禁令使澳大利亚的会计制度增强了其局外的地位。"（第 345 页）

尽管得到了这些与直觉完全相反的有关澳大利亚的结论，达西没有对数据提出疑问，而是接受了这种结果，并试图解释它。虽然达西运用了较好的方法，我们还是想起了前面所提到的建立在并非以分类为目的的数据上的分类方法。例如，前面提到的把德国和美国归为一类，而加拿大却被排除在外，以及和世界上其他国家相比英国会计和美国会计最不相像，对于这样的结论达·科斯塔等人（Da Costa et al.，1978）没有提出质疑，反倒试图进行证明。

3.8.2 新数据，旧问题

奥德海德和毕马威的数据比普华永道的数据要新的多，前者涉及的国家较少，而且也更可靠。此外，这些数据没有混淆规则和会计实务，而是清晰地只建立在规则的基础上。尽管这样，这些数据仍然存在问题。

首先，和普华永道的数据一样，奥德海德和毕马威的数据并非是以分类为目的而收集的。因此，存在重要的问题可能被忽略或被不太重要的问题所掩盖的情况。其次，和普华永道不同，奥德海德和毕马威的数据并非是编码的形式。达西（2001）运用很小心的方法对其进行编码，但是诺比斯（Nobes，2004）还是发现了这一过程中的系列错误。诺比斯发现调整后的数据不能证明澳大利亚在分类中是极端数据，却可能产生一个英美国家类别。

3.9 存在英美国家类别吗

如上所述，达西（2001）没有发现存在英美国家群组，这可能是由于数据的缺陷所致。凯恩斯（Cairns，1997）以及亚历山大和阿彻（2000）也对图3—3和图3—4的两组分类提出了质疑，例如：

……英美国家会计和欧洲大陆国家会计的区别越来越不相关，而且越来越难以理解。

……现在美国会计和德国会计的相似之处有可能比美国会计和英国会计的相似之处还多得多。

诺比斯（1998c）同意这两组之间的差别可能已经变得不再那么分明，这部分地归因于欧盟和国际会计准则委员会的努力，尤其是在合并报表的国际协调方面取得的成功。然而他也相信对这两组制度的分类仍然是有力的，也有最近的经验证据证明（见3.7.2部分及下文）。事实上一些大型的德国公司集团运用国际会计准则或美国规则来编制合并报表，这并没有直接影响到德国会计规则本身。

亚历山大和阿彻（2001）认为有一些国家运用英美国家会计的现象是一个谜。然而他们讨论更多的是规范体系而非会计实务，规范体系在英国和美国是非常不同的（见3.5.5部分）。本书的引言那一章已经说明，从目的和实务的角度来说，存在定义清晰的英美国家群组。诺比斯（2003）认为"英美国家"假说有助于解释最近几年国际会计的发展。

有另外一种经验支持这两组分类。冈瑟和杨（Guenther and Young，2000）发现与法德相比，会计收益在英美与潜在的经济行为联系更为密切。有人（Hung，2000）发现在分别使用权责发生制会计和收付实现制会计的两组中，会计信息的有用性存在差异。阿里和黄（Ali and Hwang，2000）也发现，与市场导向财务体制的国家相比，银行导向财务体制国家的股价与财务报告信息之间的联系较少。

3.10 国际财务报告准则中的分类

尽管与国际财务报告准则的逐步趋同会减少国际差异，但是仍然有必要对其进行分类，因为：

- 分类能有助于描述会计体系中以前的国际差异。

- 出于各种目的，许多国家保留了与国际财务报告准则明显不同的国家会计体系，对于这些会计体系，旧的分类方法仍然有用。

- 之前的分类方法能够预测或解释在与国际财务报告准则趋同过程中存在的国际差异的程度。

- 出于各种目的考虑，是否要求或允许实行国际财务报告准则的国家的反应差别很大，分类方法能够帮助预测或解释这样的反应。

- 各个国家存在不同版本的国际财务报告准则实践方法（见第 7 章），可以对这些不同的实践方法进行分类，有助于对其的理解。

Nobes（2008）对上述问题进行了研究。例如，他使用之前的分类方法将 2006 年 27 个欧盟成员国分成了两个类别。这是判断一个国家对其非合并会计是否仍然要求依据国家规则的指标。就图 3—4 而言，仍然需要国家标准的是那些"弱股权"国家。

3.11　会计分类的分类法

为了检验我们所支持的观点，我们将本章所述的一些会计分类进行了归类。这样做的目的是使我们的描述和分析更加深入，并对大量事实进行排序。图 3—5 首先根据分类的直接主观因素是财务报告实务还是控制实务的规则内容，将分类划分为外部的和内部的。

然后根据其主题将外部研究划分为如下几类：文化、经济和相关环境、殖民影响范围或管制风格。内部研究根据数据来源进行分类。这种分类也和数据究竟与规则还是实务联系（在许多情况下都是混合的）相关。

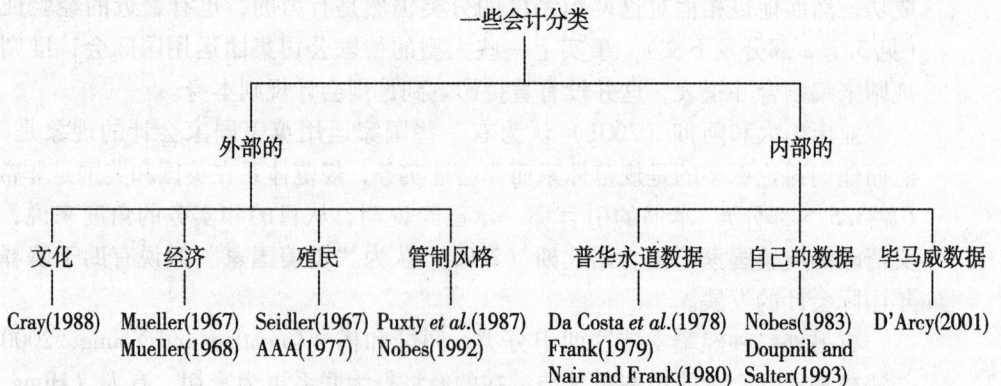

一些会计分类

外部的

内部的

文化	经济	殖民	管制风格	普华永道数据	自己的数据	毕马威数据
Cray(1988)	Mueller(1967)	Seidler(1967)	Puxty *et al*.(1987)	Da Costa *et al*.(1978)	Nobes(1983)	D'Arcy(2001)
	Mueller(1968)	AAA(1977)	Nobes(1992)	Frank(1979)	Doupnik and	
				Nair and Frank(1980)	Salter(1993)	

图 3—5　一些会计分类法

小结

- 对自然科学家而言，分类是至关重要的，在许多社会科学领域中，分类也同样得以运用。看来有理由认为，在比较国际会计方面尝试采用分类的方法是有益的，而且采用科学家们所使用的分类规则也可能是适当的。在会计领域，这样的分类有助于理解和培训，并有助于说明协调化的需要及进程。

- 在国际会计实践中，人们对分类已进行过许多尝试，在此方面有大量的相关描述，并进行过数据的收集工作。缪勒的会计实务四组分类以及此后的按环境进行的分类都是一些有益的初步尝试。然而，用分层次的方法对会计实务进行分类会更有益。

- 其他的一些尝试旨在构造形态结构，并辨别"影响范围"或是文化的影响作用。

- 其他的分类研究使用了普华永道1973年至1979年的调查数据，结果似乎各有其道理，但是关于这些数据的恰当性仍还存在疑问。

- 笔者也提出了一种分类，这一分类具有详细的层次划分，并采用多种方式进行了检验。在20世纪80年代和90年代，分类研究仍在继续进行着，并从许多相关评论中获得改善。

- 一项运用毕马威1995年的数据进行的分类与以前运用普华永道数据进行的分类犯了同样的错误。

- 一些分类研究现在只具历史性意义，但国际差异仍在很多国家中存在，在这些国家中，并非所有的会计目的都采纳了国际财务报告准则或与国际财务报告准则趋同。

参考文献

AAA（1977）*Accounting Review*, *Supplement to Vol. 52*, American Accounting Association.

AICPA（1964）*Professional Accounting in 25 Countries*, AICPA, New York.

AICPA（1975）*Professional Accounting in 30 Countries*, AICPA, New York.

Al Najjar, F. （1986）'Standardization in accounting practices: A comparative international study', *International Journal of Accounting*, Vol. 21, No. 2.

Alexander, D. and Archer, S. （2000）'On the myth of "Anglo-Saxon" financial accounting', *International Journal of Accounting*, Vol. 35, No. 4.

Alexander, D. and Archer, S. （2001）*European Accounting Guide*, Aspen, New York.

Ali, A. and Hwang, L. -S. （2000）'Country-specific factors related to financial reporting and the value relevance of accounting data', *Journal of Accounting Research*, Vol. 38, No. 1.

Buckley, J. W. and Buckley, M. H. （1974）*The Accounting Profession*, Melville, Los Angeles, pp. 139-40.

Cairns, D. （1997）'The future shape of harmonization: a reply', *European Accounting Review*, Vol. 6, No. 2.

Choi, F. D. S. and Meek, G. K. （2005）*International Accounting*, Prentice Hall, New Jersey.

Coopers & Lybrand（1993）*International Accounting Summaries*, Wiley, New York.

Da Costa, R. C., Bourgeois, J. C. and Lawson, W. M. （1978）'A classification of international financial accounting practices', *International Journal of Accounting*, Vol. 13, No. 2.

D'Arcy, A. (2001) ' Accounting classification and the international harmonisation debate-an empirical investigation' , *Accounting, Organizations and Society*, Vol. 26, Nos 4-5.

David, R. and Brierley, J. E. C. (1985) *Major Legal Systems in the World Today*, Stevens, London.

Derrett, J. D. M. (1968) *An Introduction to Legal Systems*, Sweet and Maxwell, Andover.

Doupnik, T. S. (1987) ' Evidence of international harmonization of financial reporting' , *International Journal of Accounting*, Vol. 22, No. 1.

Doupnik, T. S. and Salter, S. B. (1993) ' An empirical test of a judgmental international classification of financial reporting practices ' , *Journal of International Business Studies*, Vol. 24, No. 1.

Doupnik, T. S. and Salter, S. B. (1995) ' External environment, culture and accounting practice: a preliminary test of a general model of international accounting development' , *International Journal of Accounting*, Vol. 30, No. 3.

Feige, P. (1997a) ' How "uniform" is financial reporting in Germany? The example of foreign currency translation' , *European Accounting Review*, Vol. 6, No. 1.

Feige, P. (1997b) ' Yet more misconceptions concerning the uniformity of German financial reporting' , *European Accounting Review*, Vol. 6, No. 4.

Frank, W. G. (1979) ' An empirical analysis of international accounting principles ' , *Journal of Accounting Research*, Vol. 17, No. 2.

Gray, S. J. (1988) ' Towards a theory of cultural influence on the development of accounting systems internationally' , *Abacus*, Vol. 24, No. 1.

Guenther, D. A. and Young, D. (2000) ' The association between financial accounting measures and real economic activity: a multinational study ' , *Journal of Accounting and Economics*, Vol. 29, No. 1.

Hatfield, H. R. (1966) ' Some variations in accounting practices in England, France, Germany and the US' , *Journal of Accounting Research*, Vol. 4, No. 2.

Hofstede, G. (1980) *Culture's Consequences*, Sage Publications, Beverley Hills.

Hung, M. (2000) ' Accounting standards and value relevance of financial statements: an international analysis' , *Journal of Accounting and Economics*, Vol. 30, No. 3.

Kagan, K. K. (1955) *Three Great Systems of Jurisprudence*, Stevens, London.

Mason, A. K. (1978) *The Development of International Reporting Standards*, ICRA, Lancaster University, Chapter 6.

Mueller, G. G. (1967) *International Accounting*, Part I, Macmillan, New York.

Mueller, G. G. (1968) ' Accounting principles generally accepted in the US versus those generally accepted elsewhere' , *International Journal of Accounting*, Vol. 3, No. 2.

Nair, R. D. and Frank, W. G. (1980) ' The impact of disclosure and measurement practices on international accounting classifications' , *Accounting Review*, Vol. 55, No. 3.

Neuberger, E. and Duffy, W. (1976) *Comparative Economic Systems*, Allyn and Bacon, Boston, pp. 96-7.

Nobes, C. W. (1981) 'An empirical analysis of international accounting principles: A comment', *Journal of Accounting Research*, Vol. 19, No. 1.

Nobes, C. W. (1983) 'A judgmental international classification of financial reporting practices', *Journal of Business Finance and Accounting*, Vol. 10, No. 1.

Nobes, C. W. (1992a) *International Classification of Financial Reporting*, Routledge, London.

Nobes, C. W. (1992b) 'Classification by competencies: a comment', *Journal of Business Finance and Accounting*, Vol. 19, No. 1.

Nobes, C. W. (1998a), 'Towards a general model of the reasons for international differences in financial reporting', *Abacus*, Vol. 34, No. 2.

Nobes, C. W. (1998b) 'The future shape of harmonization: some responses', *European Accounting Review*, Vol. 7, No. 2.

Nobes, C. W. (2003) 'On the myth of "Anglo-Saxon" financial accounting: A comment', *International Journal of Accounting*, Vol. 38, No. 1.

Nobes, C. W. (2004) 'On accounting classification and the international harmonisation debate', *Accounting, Organizations and Society*, Vol. 29, No. 2.

Nobes, C. W. and Mueller, G. G. (1997) 'How uniform is financial reporting in Germany?' *European Accounting Review*, Vol. 6, No. 1.

Ordelheide, D. and KPMG (1995) *Transnational Accounting*, Macmillan, London.

Ordelheide, D. and KPMG (2001) *Transnational Accounting*, Palgrave, New York.

Price Waterhouse (1973) *Accounting Principles and Reporting Practices: A Survey in 38 Countries*, ICAEW, London.

Price Waterhouse (1975) *Accounting Principles and Reporting Practices: A Survey in 46 Countries*, ICAEW, London.

Price Waterhouse (1979) *International Survey of Accounting Principles and Reporting Practices*, Butterworth, London.

Puxty, A. G., Willmott, H. C., Cooper, D. J. and Lowe, A. E. (1987) 'Modes of regulation in advanced capitalism: locating accountancy in four countries', *Accounting, Organizations and Society*, Vol. 12, No. 3.

Roberts, A. D. (1995) 'The very idea of classification in international accounting', *Accounting, Organizations and Society*, Vol. 20, Nos 7–8.

Seidler, L. J. (1967) 'International accounting–the ultimate theory course', *Accounting Review*, Vol. 42, No. 4.

Shils, E. (1966) *Political Development in the New States*, Mouton, The Hague.

Shoenthal, E. (1989) 'Classification of accounting systems using competencies as a discriminatory variable: A Great Britain – United States study', *Journal of Business Finance and Accounting*, Vol. 16, No. 4.

Shoenthal, E. (1992) 'Classification by competencies: a reply', *Journal of Business Finance and Accounting*, Vol. 19, No. 1.

Streeck, W. and Schmitter, P. C. (1985) 'Community, market, state—and associations', in their *Private Interest Government and Public Policy*, Sage, Beverley Hills.

Watts, R. and Zimmerman, J. (1983) 'Agency problems, and the theory of the firm: some evidence', *Journal of Law and Economics*, October.

Zeff, S. A. (1972) *Forging Accounting Principles in Five Countries*, Stipes Publishing, Champaign, IL.

课后问题

书末提供带星号问题的参考答案。

3.1* 分类可能以哪些方式作用于任一学科？试通过财务报告的国际差异来阐述你的答案。

3.2* "试图对世界范围内各种财务报告实务进行归类的本质问题在于基于某一种分类的数据是否适当。"请对这种说法进行评论。

3.3 不同国家的文化对于理解会计差异的成因，以及对国家进行归类有多大的相关性？

3.4 你怎样理解比较国际会计中相对成功的分类尝试？

3.5 你更倾向于哪一种会计的国际分类模式？请说出你的理由。

3.6 当提及比较国际会计领域的分类时，应该被分类的是什么？

3.7 本书中并未详细介绍下列国家。6 个"主要"国家中（见 3.6.3 部分）哪一个与这里的每个国家在会计和公司财务报告方面最为相似？为什么？

比利时　　　新西兰

巴西　　　　尼日利亚

芬兰　　　　沙特阿拉伯

3.8 会计分类是否说明存在英美国家会计？

3.9 在什么程度上由于国际协调化而减弱了会计分类的相关性？

第4章 国际协调

克里斯托弗·诺比斯

内容

目标

读完本章后您应当能够

- 评价支持和反对财务报告国际协调的各种观点。
- 说明如何度量国际协调程度。
- 描述国际会计准则委员会的历史、目标及活动。
- 解释国际会计准则委员会在不同类型的国家有怎样不同的影响。
- 总结其他协调组织之间的关联性。
- 解释国际会计准则理事会的结构和工作。

4.1 引言

前述章节（及后续的章节）表明，不同国家的公司财务报告实务有很大的差异，这导致公开财务报表的编制、合并、审计和理解都极为复杂。由于内部财务信息的制作与公开信息的提供常有重合之处，这进一步加大了复杂性。为了避免这种现象，一些世界性组织正努力开展会计协调化或标准化的工作。市场力量也有助于会计协调化，这一点在后面将逐渐明确。

"协调化"（harmonization）是通过限定会计实务的变动程度增加其可比性的过程。"协调"一词指的是获得相互兼容之后的状态。"标准化"（standardization）似乎意味着建立一套更富刚性、更严密的规则。然而，在会计中，这两个词几乎已经成为专业术语，对二者的差异不能根据它们的一般意义来理解。"协调化"一词往往与欧盟的跨国立法有关，而"标准化"则经常与国际会计准则理事会相联系。从现在起，我们将更普遍地使用"协调化"和"协调"这两个词，因为其意义更广泛。区分协调准则（形式）和协调实务（实质）也非常重要。泰和帕克（Tay and Parker，1990）指出实质性的协调化/标准化比形式上的更为有用。"统一"（uniformity）指的是相同的两套或两套以上的会计规则或会计实务。

原则上，协调可以不通过统一就能实现，反过来也是如此。我们以存货计价为例，它的成本取决于是采用先进先出法（FIFO）入账还是采用后进先出法（LIFO）入账。如果两套准则都规定只能采用先进先出法，那就是形式上的统一。如果在实际操作中完全遵照这些准则，将产生实质上的统一。如果这两套准则是相同的，都允许使用先进先出法和后进先出法，则可以说这两套准则统一了，但这并不会带来实务上的统一。然而，如果这些准则规定，任何使用后进先出法的主体必须在附注中披露在先进先出法下的相关信息，则不通过完全的形式上的统一就能实现完全的实质性的协调。这是因为不同财务报表信息的使用者可以通过这些先进先出法的信息获得有关存货计量的相同结论。

正如前面提到的，如果公司不遵守这些准则，那么形式上的协调可能不会带来实质性的协调。但有时不必实现形式上协调也可实现实质性的协调。如在瑞士和日本，市场的力量促使某些公司遵照美国或国际会计准则理事会的准则编制英文的财务报告。

本章从关注会计标准化的目标和障碍开始，接着在 4.3 部分中阐述国际会计准则委员会的性质和工作，该委员会创立于 1973 年，并于 2001 年解散。4.4 部分将简要介绍其他一些与协调化有关的国际组织，随后详细介绍国际会计准则委员会的继任团体——国际会计准则理事会，该理事会制定的会计准则将在第 6 章进行分析。欧盟所做的协调化努力将在第 12 章详细介绍。Baker 和 Barbu（2007）研究了从 1965 年至 2004 年有关协调化的学术文献，发现在这一期间这方面的书籍数量大增且内容更为丰富、深入。

4.2 协调化的原因、障碍及衡量

4.2.1 协调化的原因

一个国家的会计产品日益被用于其他许多国家，因此，对国际会计准则的需求同制定本国会计准则的需求是一样的。财务报表的监管者、编制者和使用者都能感受到会计国际协调的紧迫性。

投资者和财务分析师们必须能够理解他们打算购买其股份的外国公司的财务报表。他们希望能够确定不同国家的报表是可靠的，并且具有可比性，或者至少清楚差异的特征和大小。他们还需要对审计的有效性充满信心。

基于这一理由，不同政府间的跨国团体在诸多事务中都注意在其影响范围内保护投资者。而且，当外国股份公司在某一投资者本国的证券交易所上市时，证券交易所或其监管者也需要该公司提供与本国会计惯例一致的财务报表。此外，那些想要在比本国资本市场更广泛的范围内发行新股的公司将发现协调的会计实务有利于促进股票的发行。国际信贷提供者，如世界银行，也面临着可比性的难题。乔伊和利维奇（Choi and Levich，1990）调查了国际会计差异对资本市场的影响。

那些不从事跨国经营的公司同样也会感受到这些压力。然而，对跨国公司而言，协调化的好处更为重要。假如全世界的报表都基于同一基础编制，那么财务会计人员在编制合并财务报表时就会简单得多。相应的，为评价不同国家子公司的业绩而准备可比的内部信息也会容易得多。投资评价、业绩计量以及其他利用管理会计信息进行决策等诸多方面都将从协调化中受益。对潜在的收购者而言，评价外国公司也会更为便利。跨国公司还会发现将会计人员从一个国家调到另一个国家将变得更容易。最重要的是，如果会计可以变得更加可比和可靠，则投资者的风险就会降低，从而会降低资本成本。

协调化涉及的第三个群体是国际会计师事务所。它们支持会计协调化，部分是因为这对它们的大客户很有利。

世界各国的税务机关在处理不同国家以不同的利润计量方法计算的外国收入时，其工作会变得非常复杂。然而，不得不承认的是，税务机关本身也导致了许多会计差异，比如税收对大陆会计的影响（见第 15 章），以及美国对后进先出法的使用（见第 8 章）。发展中国家的政府可能会发现，如果财务报告得以协调，特别当这意味着在某些情况下进行更加充分的披露时，理解和控制跨国公司的经营将会容易得多。其他将从更具国际可比性的公司信息中受益的组织是面向多国雇员的工会。协调化可能使所有这些团体都受益。

4.2.2　协调化需求的例子

本书的大多数章节都致力于分析会计的国际差异。差异的数量和大小决定了需要协调的范围。例如最基本的存货计价问题，主要国家的实务如下：

- 成本（先进先出法、后进先出法或加权平均法）（如某些日本公司）；
- 先进先出与可变现净值孰低法（如英国采用国际财务报告准则的做法）；
- 后进先出与现行重置成本孰低法（如常见的美国会计实务）。

正如第 1 章开始时所阐明的那样，所有的差异都集中在一起时，对净利润和股东权益的影响是非常大的。

4.2.3　协调化的障碍

协调化最基本的障碍就是不同国家之间会计实务现存差异的大小，按照第 3 章对会计制度的分类，即使在权益类国家之间也有重大差异，更不用说与其他类别国家之间的差异了。各类会计制度之间的差异从根本上来说是由各国编制会计信息的起因不同而造成的。因此除非观念和法律发生重大改变，否则股东/公允观点与债权人/税收/稳健观点之间的分歧所造成的障碍是难以克服的。

事实上，人们还不是非常清楚是否"应当"克服这种障碍。若财务报告的主要目的因国家的不同而不同，则报告似乎也理应不同。协调化与那些从不同国家的公司获取会计信息的使用者最相关。这可能意味着相关的公司应该编制两套财务报表：一套提供给国内使用者，另一套提供给国际使用者；或者一套是母公司报表，另一套是合并财务报表。4.3 部分的最后内容将进一步讨论这个问题。

协调化的另一个障碍就是缺乏一个强有力的国际监管机构。欧盟是类似的一个区域性机构，证券交易委员会国际组织只对上市公司产生影响。这些组织将在第 4.4 部分中讨论。

一个更深层次的问题是民族主义。这可能表现在一个国家本身不愿承诺将会计惯例向其他国家的会计惯例靠拢。会计人员、公司或者那些不希望丧失其主权的国家可能都存在这种不情愿的情绪。民族主义的其他表现是对别国的会计不了解或不感兴趣。更微妙也是更容易接受的一种障碍是，当思想进步或环境变化时，准则需要进行相应修改，如果准则的制定者非该主权国家，则修改工作会非常困难。

另一个难点就是"经济后果"对会计准则的影响（例如，见第 5 章、第 11 章和第 18 章）。各个国家会计准则所造成经济后果的差异程度及准则制定者对经济后果的重视程度都会成为阻碍协调化的力量。

4.2.4　协调化的度量

实质性协调和协调化的度量统计方法最早是由范德塔斯（van der Tas, 1988, 1992）提出的。他建议国家协调指数用 H（Herfindahl）表示，国际协调指数用 I（包括修正因素）表示，并提出 C 指数或可比性指数的表示方法。阿彻等人（1995）把范德塔斯的 C 指数分解为国家之间的 C 指数和国家内的 C 指数，并认为后者比修正后的 I 指数更优。对统计特征的进一步讨论以及对这些指数的应用可以在赫尔曼和托马斯（Herrmann and Thomas，1995）、阿彻（1996）、克里斯门特（Krisement，1997）及莫里斯和帕克（Morris and Parker，1998）的研究中看到。利用这些指数的其他研究者包括埃蒙约钮和格雷（Emenyonu and Gray，1992，1996）。拉曼等人（Rahman *et al.*，1996）提出一些方法，用这些方法能够对形式协调进行衡量。

卡尼巴诺和莫拉（Cañibano and Mora，2000）研究了从 1991 年 2 月到 1996 年 7 月欧洲的实质协调。他们对 C 指数进行了显著性检验，发现该期间欧洲的会计确实得到了协调。他们认为这种现象的产生不是因为规则发生了改变，而是因为大型公司（全球公司）有在国际资本市场竞争的愿望。埃斯比特（Aisbitt，2001）检验了 C 指数的有用性，并运用 1981 年到 1998 年北欧地区的国际协调进行案例研究。她指出了存在的系列问题，并认为定性研究可能比日益复杂的统计研究更有益。

皮尔斯和惠特曼（Pierce and Weetman，2002）在阿彻等人（1995）以及莫里斯和帕克（1998）研究的基础上建立了一个国家间 C 指数的一般公式，该公式中没有区分适合披露和不适合披露两种情况。他们将该方法运用到 1986 年到 1993 年间丹麦和爱尔兰递延会计的协调化研究中。塔普林（Taplin，2003）指出，以前的研究者没有对指数的标准误差进行计算，从而无法对抽样总体指数的大致价值提供指导。他提出了标准误差的计算公式。塔普林（2004）考查了之前使用过的指数，并在 4 种标准的基础上对研究的任意部分提出了一种选择最合适指数的方法。

Baker 和 Barbu（2007，第 289 页到第 291 页）回顾了衡量协调化方面的专著。

4.3　国际会计准则委员会

4.3.1　国际会计准则委员会的历史与目标

毋庸置疑，在协调化中做得最成功的组织是国际会计准则委员会，及其继任者国际会计准则理事会。本部分和下面各部分将详细介绍这两个组织和一些其他的组织。

国际会计准则委员会成立于 1973 年，最初其成员由以下国家的会计团体组成：澳大利亚、加拿大、法国、日本、墨西哥、荷兰、英国及爱尔兰、美国和前联邦德国（Benson，1979）。国际会计准则委员会的前身是成立于 1966 年的会计师国际研究小组（Accountants' International Study Group，AISG），该小组由加拿大、英国和美国的专业团体构成，研究这三个国家会计实务的差异。与其相关的还有国际会计师大会（International Congresses of Accountants）（见 4.4 部分）。1972 年，在悉尼大会临时议程上安排了有关成立国际会计准则委员会的第一次讨论，当时另一个背景是英国在 1973 年加入了欧洲共同体（后来的欧盟）。第四号指令草案中包含着对英国公司或对美国跨国公司在欧洲的子公司不利的会计规则，英国和美国的会计职业界对此非常关心（Olson，1982，第 226 页）。它们认为国际会计准则委员会可以作为抵制力量。

马森（Mason，1978）早先提出有 6 个迫切需要协调的国家：法国、德国、日本、荷兰、英国和美国。他是根据国家会计职业实力的范围和制定准则的经验进行选择的。有人可能会对把荷兰包括在内感到奇怪，但荷兰确实有很长一段会计革新的历史，并拥有世界上最古老的股票市场，而且还曾举办过第二届国际会计师大会（见4.4部分）。

该委员会一直运行到 2001 年，之后被国际会计准则委员会基金会（International Accounting Standards Committee Foundation，IASCF）所代替，国际会计准则委员会基金会的执行机构就是国际会计准则理事会（IASB）。为了方便起见，我们仍将在第4.5 部分中以 2001 年为界划将其分为两部分：国际会计准则委员会和国际会计准则理事会。

国际会计准则委员会独立于其他所有的团体，但从 1983 年起与国际会计师联合会建立了紧密的联系，我们将在后面对这个组织进行讨论。国际会计师联合会的会籍和国际会计准则委员会的会籍是完全相同的，到 2001 年，会员已经包括来自 110 个国家的 150 多个会计职业团体。国际会计师联合会关注诸如审计、管理会计和国际会计师大会等问题，而国际会计准则委员会只关注国际会计准则，其目标是"构建并公布符合公众利益的财务报表呈报应遵循的会计准则，并促使其在世界范围内被接受和遵循"（IASC，1992）。

从 1983 年到 2001 年，按照国际会计准则委员会的章程，由 17 个理事会成员国组成的理事会来管理该委员会：其中 9 个或 10 个为发达国家，3 个或 4 个为发展中国家，最多有 4 个来自其他组织（一般从国际会计准则委员会的顾问团体（包括世界银行、贸易协会国际联盟和证券交易所国际联合会）中选择）。表 4—1 是 2001 年3 月 31 日的成员名单，这之后国际会计准则委员会就被改组了。改组前其成员国从未超过 16 个。

表 4—1　　　　　国际会计准则委员会理事会成员国（2001 年 3 月 31 日）

澳大利亚	荷兰
加拿大	北欧会计师联合会（Nordic Federation of Accountants）
法国	南非（及津巴布韦）
德国	英国
印度（及斯里兰卡）	美国
日本	瑞士工业控股公司联合会（Federation of Swiss Industrial Holding Companies）
马来西亚	投资协会国际委员会（International Council of Investment Associations）
墨西哥	财务经理人协会国际联盟（International Association of Financial Executives Institutes）

国际会计准则委员会的预算资金大部分来自理事会成员的捐助。国际会计师联合会/国际会计准则委员会的其他成员向国际会计师联合会支付会费，之后，这些会费成为国际会计准则委员会预算资金的另一组成部分。出版物收入和捐款也是重要的资金来源。

4.3.2 准则

表 4—2 列示了直到国际会计准则委员会改组所发布的准则的列表。国际会计准则理事会在 2001 年全部接受了这些准则，而且直到 2003 年底才作出大的修改或补充，第 6 章列示了所进行的修改，并介绍了这些准则。所有的准则都事先发布征求意见稿。征求意见稿在发布前必须由理事会 2/3 多数表决通过。随后的准则必须由 3/4 以上的成员表决通过。国际会计准则委员会发布了概念框架，它与美国财务会计准则委员会的概念框架有些相似（见第 8 章），与澳大利亚和英国的概念框架也极其相似。国际会计准则理事会接受了该框架，并在后来制定准则时对此加以运用。受英美传统影响的国家最熟悉以这种方式制定的会计规则，且最有可能采用非政府规则。所以，毫不奇怪的是，国际会计准则委员会的工作语言是英语，它的秘书处设在伦敦。直到现在，大部分准则还是紧跟美国和英国的准则，或采取美国准则和英国准则之间的折中办法（如表 4—3 所示）。然而，就国际会计准则委员会的主导权问题，美国和英国之间存在激烈的争夺（例如，参见 Flower，1997；Cairns，1977；Flower，1998；Nobes，1998；Alexander 和 Archer，2000；Nobes，2003）。

到 20 世纪 80 年代后期，人们更加清楚国际会计准则中存在的大量备选方法是国际会计准则委员会地位进一步加强的障碍。尤其是 1983 年成立的政府监管机构委员会——证券交易委员会国际组织提出，在其成员（美国证券交易委员会）所在国家的证券交易所上市的公司需要以国际会计准则为标准编制财务报告。然而，证券交易委员会国际组织明确指出必须减少备选方法。这是发起 E32 项目的动因之一，该项目于 1989 年开始实施改进与可比性计划（Purvis 等人，1991）。

经过几年关于取消备选方法的详细讨论和研究之后，国际会计准则委员会于 1993 年 11 月通过了 10 个修订的准则。从表 4—3 所列示的例子可以看出修订的结果。在《国际会计准则第 2 号》的例子中，虽然 E32 建议取消后进先出法的选择，它却不可能获得必需的 75% 的多数赞成票（即当时 14 个理事会成员要有 11 个投赞成票）。在《国际会计准则第 9 号》和《国际会计准则第 22 号》中，不仅取消了备选方法，而且这些国际会计准则所要求的做法与英国和美国的惯例不同：

• 《国际会计准则第 9 号》（1993 年制定，1998 年被纳入《国际会计准则第 38 号》）要求将符合条件的开发费用资本化。这与美国的规定冲突（《美国财务会计准则第 2 号》不允许资本化该项费用）并与多数英国惯例不一致（《标准会计实务公告第 13 号》仅是允许进行资本化）。顺便提一下，它也与诸如法国、西班牙和日本等国家的惯例相冲突，在这些国家中，研发费用也允许资本化，但实务中都不这么做。

• 《国际会计准则第 22 号》（1993 年制定）要求将商誉资本化，并在其使用期间内摊销，这一期间不应超过 5 年，除非能够证明它在一个更长的期间（不超过 20 年）内存在。这与美国法规（在 40 年内摊销）和英国惯例（一般是在公积金中冲销商誉）不一致。因此，如表 4—3 所示，为了彼此协调，英国会计准则与国际会计准则都作了修订，直到美国会计准则发生变化以后，国际会计准则也随之发生变化。

关于《国际会计准则第 12 号》（这不是 E32 项目的组成部分），1998 年的修订导致英国及其他许多国家的准则与国际会计准则在递延税款方面不一致。

表4—2 　　　　　　　　　　　　　国际会计准则（2007 年下半年）

编制和呈报财务报表的框架（1989 年）	
国际会计准则	标题
1	财务报表的列报
2	存货
[3]	合并财务报表（被 IAS 27 和 IAS 28 取代）
[4]	折旧会计（1999 年撤销）
[5]	财务报表中需披露的信息（被修订后的 IAS 1 取代）
[6]	价格变动的会计反映（被 IAS 15 取代）
7	现金流量表
8	会计政策、会计估计变更和差错
[9]	研究与开发费用（被 IAS 38 取代）
10	资产负债表日后事项
11	建造合同
12	所得税
[13]	流动资产和流动负债的列报（被修订后的 IAS 1 取代）
[14]	分部报告（被 IFRS 8 取代）
[15]	反映价格变动影响的信息（2003 年撤销）
16	不动产、厂场和设备
17	租赁
18	收入
19	雇员福利
20	政府补助的会计和政府援助的披露
21	汇率变动的影响
[22]	企业合并（被 IFRS 3 取代）
23	借款费用
24	关联方披露
[25]	投资会计（被 IAS 39 和 IAS 40 取代）
26	退休福利计划的会计和报告
27	合并财务报表和单独财务报表
28	联营中的投资
29	恶性通货膨胀经济中的财务报告
[30]	银行和类似金融机构财务报表中的披露（被 IFRS 7 取代）
31	合营中的权益
32	金融工具：列报
33	每股收益
34	中期财务报告
[35]	终止经营（被 IFRS 5 取代）
36	资产减值
37	准备、或有负债和或有资产
38	无形资产
39	金融工具：确认和计量
40	投资性房地产
41	农业

注：方括号内表示被取代或被撤销的准则。

证券交易委员会国际组织对 1993 年修订的国际会计准则持欢迎态度，但要求进一步修订原有的国际会计准则并制定新的国际会计准则，以便使为跨国上市的公司编制财务报告而制定的一整套核心准则能够被接受。1995 年，证券交易委员会国际组织和国际会计准则委员会商定了一个具体的计划以达到这个目标，并预定在 1998 年或 1999 年完成这个计划。在此期间，证券交易委员会国际组织接受了关于现金流量报告的《国际会计准则第 7 号》，而美国证券交易委员会不仅接受了该准则，还接受其他国际会计准则作为其外国注册公司编制报表的依据。随着 1999 年初《国际会计准则第 39 号》和 2000 年《国际会计准则第 40 号》的发布，国际会计准则委员会完成了这个核心计划。

表 4—3　若干国际会计准则与美国和英国规则的比较（1993 年之前到 2008 年）

项　目	美　国	英　国	国际会计准则 （于 1993 年修正，并于 1995 年生效之前的做法）	国际会计准则 （修订版）
存货 （IAS 2）	允许使用后进先出法，同时披露先进先出法结果	不允许使用后进先出法	允许使用后进先出法	从 1995 年至 2004 年允许使用后进先出法，同时披露先进先出法结果；从 2005 年起不允许使用后进先出法
研究和开发费用 （IAS 9；IAS 38）	全部费用化	研究费用费用化，特定的开发费用可以资本化	研究费用费用化，特定的开发费用可以资本化	从 1995 年起研究费用费用化，特定的开发必须资本化
商誉 （IAS 22）	到 2001 年在最长为 40 年的期间内摊销；从 2001 年起不再摊销但进行减值测试	到 1998 年在有用期内摊销，或（通常）在公积金内立即注销；从 1998 年起在最长为 20 年的期间内摊销（可推翻的假定）	在有用期内摊销，或在公积金内立即注销	从 1995 年到 1998 年在最长为 20 年的时间内摊销；从 1999 年到 2004 年在最长为 20 年的时间内摊销（可推翻的假定）；从 2005 年起和美国的做法一致
递延税款 （IAS 12）	从 1992 年起：完全分配；负债法；资产负债表基础	负债法；损益表基础。到 2001 年止：部分摊销。从 2001 年开始：完全摊销	部分或完全分配；递延法或负债法；损益表基础	从 1998 年起与美国的做法一样

从 1993 年开始发布或修改的国际会计准则（见表 4—3）包含了比以前准则更少的选择，但是对公允价值的抵制（以及对未实现利得的确认）导致仍然存在很大的选择空间，在《国际会计准则第 39 号》、《国际会计准则第 40 号》和《国际会计准则第 41 号》中仍然允许使用成本计价（见第 6 章）。

1996 年，国际会计准则委员会决定成立常设解释委员会（Standing Interpretations Committee，SIC），这个委员会负责解释国际会计准则委员会对某些问题的看法，这些问题在国际会计准则中没有足够详细的或清晰的论述。常设解释委员会的工作进一步使国际会计准则能够更严格地被遵循。常设解释委员会已经被国际财务报告解释委员会所取代（International Financial Reporting Interpretations Committee，IFRIC）。

2000 年，证券交易委员会国际组织向其成员国推荐国际财务准则。结果，大多数证券交易所的财务报告均采用国际准则，尽管这一现象并非始于美国（见第 4.5.3 部分）。也是在 2000 年，欧盟委员会宣布一项旨在加强其资本市场的新计划。这一计划包括了对上市公司采用国际准则的提议（见第 5.2 部分）。结果当国际会计准则委员会解散时，国际准则已经获得了寻求数十年的官方支持。

4.3.3　国际会计准则委员会是成功的吗

为了回答国际会计准则委员会是否成功这个问题，必须建立一个衡量成功的标准。我们可以从考查国际会计准则委员会所阐述的目标开始，不过我们在采用这些目标作为衡量标准之前，需要确认它们是合理且有用的目标。国际会计准则委员会的基本目标是发布准则并推动其在世界范围内被接受。这个目标一方面可能曾经被认为过于野心勃勃，而在另一方面又显得雄心不足。

在最近几年的变化发生之前，企图实现世界范围的会计标准化似乎是一个没有希望达到、也没有必要达到的目标。能从标准化中获得最大好处的，是那些拥有需要公布财务报告的公司并拥有外国投资者、审计师、母公司或子公司的国家。这意味着从实际上来看，国际会计准则委员会已在发达国家和那些已经与发达国家建立了重要经济联系的发展中国家实现了成功。例如，20 世纪 90 年代以前，试图使苏联会计或中国会计与国际会计准则相一致，不仅没有多少好处而且也是不可能的。然而现在，国际会计准则委员会在中国和俄罗斯的协调化方面有着重要的影响力，所以正如后面将阐述的那样，用"世界范围"来表述似乎更加恰当。

公布准则并促进准则实施也不是一个充分的目标。幸运的是，国际会计准则委员会在其 1983 年公布的《序言和章程》中认识到了标准化会计实务这一更为基本的目标。现在需要做的是推进不同国家发布的财务报表向更简易、更可比的方向发展，或者至少对其差异的性质及重要性予以揭示。

人们可以通过两个目标来评价国际会计准则委员会。在发布会计准则方面，国际会计准则委员会显然是成功的。它已经发布了 41 个准则（其中多数后来进行了修订），同时还发布了概念框架及许多其他的公告文献。尽管人们批评这些准则允许采用太多的备选方法，但这个特征对早期的发展而言可能是必不可少的，并且在 20 世纪 90 年代初期就已经对其进行了认真的改进（见 4.3.2 部分）。

至于提高准则质量，观察准则执行情况以及准则的总体协调这些目标就更加复杂了，尤其是国际会计准则委员会本身并没有权力要求公司必须遵循它们的准则。2001 年以前这一领域内目标的实现程度现在可以在 4 种类型的国家中进行检验：发展中国家、转轨国家、西欧大陆国家和日本以及资本市场国家。2001 年之后的情况将在 4.5 部分中阐述。

1. 发展中国家

20 世纪 90 年代国际会计准则委员会在发展中国家和新兴工业化国家中堪称取得了最显著和最激动人心的成功。许多国家（如尼日利亚、马来西亚和新加坡）将国际会计准则稍作修订或不作修订便作为其本国的会计标准了。

国际会计准则对于其他许多发展中国家，特别是有着英国传统（即依靠民间机构制定准则）的国家来说也有着重要的影响。这些国家是国际会计准则委员会的成员，其中一些是国际会计准则理事会的成员，另一些是特定准则工作组的成员。对这些国家而言，应用国际会计准则比自己制定准则更省力。对国内或国外公司或有国际业务往来的会计师们来说，国际会计准则在促进工作简便性方面具有极大的优势。采用国家会计准则的另一个好处是可以避免一些国家作为政治上的交换不得不接受美国或英国的会计准则的情况发生。国际会计准则的运用对这些国家有着重要的价值，并能够通过避免产生不同的规则而对会计的国际协调有所帮助。然而这些准则是否适合发展中国家是令人怀疑的（Briston，1978）。例如，对于那些很少有上市公司的国家来说，这些复杂的准则及其披露要求带来的收益可能会超过成本。

不过，桑达伽伦和迪伽（Saudagaran and Diga，2003）用东盟国家的数据说明，协调化进程会继续下去，而且将建立在国际会计准则理事会发布准则的基础上。泽伽和麦得彼（Zeghal and Mhedhbi，2006）提出，最有可能接受国际准则的是拥有资本市场的国家和英美国家。

2. 转轨国家

转轨国家是那些正从社会主义转向资本主义的国家，如东欧国家，转轨国家这一名称与发展中国家有些相似。这些国家需要"快速"修整其会计实务，因为它们正在迅速地改变那种没有利润、没有股东、没有独立审计、没有证券市场的经济。从某种程度上说，一些西方机构（如英国会计团体、法国政府、德国银行和欧盟）正竞相对这些国家施加影响。然而，国际会计准则委员会作为一个世界范围的准则制定者具有成为关键影响势力的优势。第5章、第12章和第13章将对这个方面进行更为详尽的讨论。

3. 西欧大陆国家和日本

在所涉及的4种类型的国家中，要数欧洲大陆和日本对国际会计准则委员会有着最为矛盾的心理了。从某种程度上说，国际会计准则委员会被视为隐藏着盎格鲁·撒克逊人的特洛伊木马，它是藏在体面的国际化外表下的会计敌人。这匹"木马"驶入欧洲中心后，其肚中之物正在不易察觉地逐渐削弱传统大陆会计的影响力。或许直到20世纪90年代后期，这还是德国和意大利的会计组织以及欧洲委员会成员国的观点。

当然，1973年制定会计准则的宗旨和用公允信息服务于资本市场这一主导观点与欧洲大陆国家和日本所执的观点是极不相容的。然而，国际会计准则委员会还是一直在这些国家的大力支持下前进着，极少遭到反对。促成这一情况的因素如下：

• 国际会计准则理事会和工作组中有众多非英、美国家的代表，并且有一位法国人和一位日本人先后担任了国际会计准则委员会主席这一最高职务。

• 来自这些国家的代表均有在大型会计师事务所或跨国公司工作的实践背景，并且他们不是政府官员。

• 几个理事会成员国期望发展它们的资本市场，并对会计进行了现代化改革（尤其是法国和意大利在20世纪70年代之后表现得更为强烈）。

• 不断强化的金融市场国际化，导致一些德国和日本公司也试图寻求海外融资。

• 期望避免美国在会计界的支配地位，因此国际会计准则委员会似乎成了一个危害性相对小一些的选择。

多数情况下，已获通过的国际会计准则与一些欧洲大陆国家或日本的规则在形式上或本质上存在不一致的方面。然而，这些国家的代表通常并不为其本国的会计惯例投赞成票，而有时其本国的会计惯例还会随着国际会计准则而变化。这后一个特征在集团会计处理中尤为明显，欧盟第7号指令（见第12章）在欧洲引起了巨大的变化，这些变化与国际会计准则的内容普遍一致。另外，租赁的资本化处理和递延所得税会计已逐渐渗入欧洲大陆国家的会计实务。

国际会计准则委员会的间接影响是它的许多观念逐步被欧洲大陆国家及日本所接受。例如，在就欧盟第7号指令进行政府间谈判的过程中，就是以当时关于集团会计的《国际会计准则第3号》作为参考，主要原因是通过该准则的国际会计准则委员会的成员国中包括众多欧盟成员国。而且近年来，大国代表们已参加到国际会计准则委员会与其他国际性团体间从未间断的辩论之中，这对于理解和最终接受国际会计准则委员会的观点大有裨益。

国际会计准则委员会在所有这些方面的直接影响可以从两个方面来看：

（1）在某些情况下，制定准则的权力机构已允许本国会计使用国际会计准则，如法国、意大利在编制合并财务报表的某些情况下就是如此。日本的监管机构已经启动一项程序以检验其会计规则与国际会计准则的一致性。

（2）一些公司已在其财务报表的主表或附表中部分或全部运用了国际会计准则，这种现象在瑞士尤为突出，德国自1994年以后亦是如此。同时，欧洲大陆国家的几家大公司也已完全采用了国际会计准则。

对于大型欧洲公司集团所提出的使用国际会计准则或遵循美国会计实务的要求，其政府作出了反应。1998年德国通过法案，允许上市公司使用"国际认可的"规则来代替一般规则，但提出了一些附加条件，例如这些规则必须符合欧盟指令等。直到2001年《国际会计准则第39号》生效（见表4—2和第6章）时，这些附加条件才似乎不再成为运用国际会计准则的障碍。2001年，欧盟指令得到了修订，以保证相互协调一致（见第12章）。然而美国准则是否符合这些条件还是值得怀疑的。

1998年德国通过的法案所导致的一个结果是，到1999年为止，德国排名前100的公司中有一半都在使用国际会计准则编制合并财务报表。其他一些国家也颁布了类似的法律。例如，奥地利颁布了类似法律，其约束范围不仅仅包括上市公司，还延伸到了所有公司。法国和意大利也通过了类似的法律，但并没有执行。

欧盟对所有这些所做出的反应是令人瞩目的，我们将在第5章和第12章进行阐述。

4. 资本市场国家

这最后一组国家包括前理事会成员国，如美国、加拿大、英国、澳大利亚、南非及荷兰。然而，越来越多的其他理事会成员国也已加盟这个资本市场的俱乐部，特别是当涉及大型公司或编制合并财务报表的时候（尤其值得注意的是法国和北欧联盟）。

上述国家的基本观点是，在资本市场上要经常公允地发布合并后经审计的会计信息，这些信息应当由在概念框架指导下制定出的会计准则进行规范，而且该会计准则不是由政府制定的。国际会计准则的内容（当然指改进后的项目）与这些国家的会计惯例是非常一致的。那么，这样来看似乎是这些国家影响了国际会计准则委员会，而不是国际会计准则委员会影响了它们。确实，在 20 世纪 90 年代末期以前，当本国准则和国际会计准则规定不统一的时候，美国或英国的准则制定机构并没有尽很大的努力去修订本国的准则。

不过，国际会计准则委员会对准则制定机构的影响是有目共睹的。例如，英国会计准则理事会的概念框架产生于国际会计准则委员会制定的概念框架之后，并且与国际会计准则委员会的概念框架非常接近。以前的英国会计准则委员会也已经开始运用国际会计准则委员会的概念框架了。英国、加拿大和澳大利亚的准则制定者在制定或修订它们本国的准则之前当然会密切关注相关的国际会计准则，如果它们的准则和国际会计准则委员会的规则一致，它们就会更轻松。20 世纪 90 年代后期，这些国家与国际会计准则委员会合作开展了几个项目（如修订《国际会计准则第 14 号》、《国际会计准则第 33 号》并制定了《国际会计准则第 37 号》）。20 世纪 90 年代后期，澳大利亚的准则制定者已经决定使其会计准则和国际会计准则委员会的准则保持一致了（见第 5 章）。

从这些国家的公司层面来看，2005 年之前这些公司几乎感觉不到国际会计准则委员会的直接影响，主要因为它们仍然被要求使用国内规则。

5. 2000 年的支持者

国际会计准则委员会初步取得成功是在 2000 年。首先，证券交易委员会国际组织建议其成员采纳国际会计准则。这为美国证券交易委员会最终接受在美国证券交易所上市的外国公司采用国际会计准则增添了几分机会。同时，欧盟委员会建议应该强制所有欧盟上市公司到 2005 年都采用国际会计准则来编制合并财务报表（见第 5 章）。这些进展可被视为国际会计准则委员会改革（见第 4.5 部分）大环境中的一部分，而到 2005 年，这项改革已经完成。

4.3.4 关于国际会计准则委员会的实证研究结果

就国际会计准则委员会的影响已有一些实证分析，麦金农和简尼尔（Mckinnon and Jannell，1984）在法律协调方面的实证结论是："国际会计准则委员会并未在改变现有准则或制定新准则方面获得成功。"埃文斯和泰勒（Evans and Taylor，1982）就遵循国际会计准则的情况检查了 6 个"重要"国家中的 5 个，认为国际会计准则委员会的影响力微乎其微。奈尔和弗兰克（1981）更广泛地关注了 1973 年至 1979 年间会计协调化的程度，他们得出极为有力的结论："国际会计准则委员会存在的期间恰好是会计准则不断协调的期间。"

多普尼克和泰勒（1985）发现各国遵循国际会计准则的情形有所改善，但他们的结论随后受到诺比斯（1987）的质疑。其他的实证研究工作包括埃蒙约钮和格雷（Emenyonu and Gray，1996）所做的研究。对国际会计准则委员会的工作提出批评意见的人包括里维拉（Rivera，1989）、华莱士（Wallace，1990）和戈尔兹（Goeltz，1991）。然而，所有这些研究的都是 1995 年改进措施实施以前的状况。

惠特曼等人（1998）认为，英国会计制度与国际会计准则委员会或美国会计制度之间存在着越来越多的不协调。尽管他们考查的是 1995 年以后法律方面的进展，但是也研究了在此之前的实务。一项对 62 个国家的会计准则与国际会计准则协调程度的调查（结束于 2001 年 12 月 31 日）表明，几乎所有国家的会计制度都存在大量的差异（Nobes, 2001）。例如，英国和美国的会计准则在许多细节上有差异；一些欧洲大陆国家的会计准则也存在许多不一致的地方；一些发展中国家和转轨国家的会计准则在许多领域还存在着空白。

阿里（2005）对协调化的实证研究作了综述。巴克和巴布（Baker and Barbu, 2007）对国际协调更为广泛的研究成果进行了综述。我们将在10.4部分讨论那些声称采纳了国际会计准则的公司在多大程度上确实遵守了这些准则。

4.3.5　国家会计准则委员会史

已经出版了两本主要的国际会计准则委员会史：分别是卡夫曼和泽夫（Camfferman and Zeff）2007年的著作以及基尔希（Kirsch）2006年的著作。这两本书都受到国际会计准则理事会不同程度的支持，而且都是在对参与过国际会计准则委员会工作的人进行了大量访谈后写成的。

4.4　其他国际组织

这个部分考察20世纪70年代后与会计国际化问题有关的一些其他团体的特征及其重要性。

4.4.1　国际会计师联合会

1977年召开了第11次国际会计师大会之后成立了国际会计师联合会，该组织的目的是发展协调的国际会计职业。在1972年的第10次国际会计师大会召开后就已经形成了国际会计师联合会的先驱组织，起名称为会计职业国际协调委员会（International Coordination Committee for the Accountancy Profession, ICCAP），国际会计师联合会成立后，该委员会就取消了。

国际会计师联合会在全世界有150多个会计团体会员，并在纽约设有一个专职的秘书处。它的工作包括制定国际审计准则（通过国际审计与鉴证准则理事会（International Auditing and Assurance Standards Board））、职业道德准则、教育和管理会计准则，参与教育和技术研究，以及每5年组织举行国际性会议。表4—4列示了从1904年开始的历届会议。

表4—4　　　　　　　　　　　　　　　国际会计会议

1904	圣路易斯	1972	悉尼
1926	阿姆斯特丹	1977	慕尼黑
1929	纽约	1982	墨西哥城
1933	伦敦	1987	东京
1937	柏林	1992	华盛顿
1952	伦敦	1997	巴黎
1957	阿姆斯特丹	2002	中国香港
1962	纽约	2006	伊斯坦布尔
1967	巴黎		

洛夫特等人（Loft *et al.*，2006）考察了国际会计师联合会过去在结构上的变化以及其日益增长的重要性。他们指出，目前会计专家和国际会计师事务所对国际会计师联合会的影响超过了各国会计职业团体。

4.4.2　国际会计小组和 G4+1

在 1977 年国际会计师联合会成立时，和会计职业国际协调委员会同样终止运行的还有一个组织——会计师国际研究团体。该组织成立于 1966 年，由来自加拿大、英国和美国的职业团体成员组成。它的目标是研究并报告 3 个国家的会计实务，并发布了 20 个研究成果，这些研究的对象主要是财务报告。

20 世纪 90 年代初人们发现又有了类似的需要。当时许多英美国家（如美国和英国，不包括加拿大和新西兰）的准则制定机构已经不再是职业团体，制定准则的职责已转移到独立的民间机构。G4+1 小组包括澳大利亚、加拿大、英国和美国的准则制定机构，以及作为观察员的国际会计准则委员会秘书处（因此是+1）。后来新西兰的准则制定机构也加入其中。

在 1995 年之后，G4+1 小组发布了大量的讨论文稿，其内容涉及租赁会计和业绩衡量等方面的内容。其成员国的概念框架相似，而且成员国都认为，在开展工作方面，该小组可以比国际会计准则委员会的理事会更加迅速和深入。这一过程有助于协调这些准则制定机构的工作。

2001 年 2 月，新的国际会计准则理事会任命成立后，G4+1 正式终止运行。第 4.5 部分的讨论将展示在许多前英美国家的准则制定机构成为国际会计准则理事会成员的情况下，为什么 G4+1 不再有存在的必要。该部分还描述了 G4+1 的工作并指出它对国际会计准则委员会和国际会计准则理事会的重大影响。斯特里特（Street，2005）介绍了 G4+1 的工作，并指出该团体对国际会计准则委员会及国际会计准则理事会有重大的影响。诺比斯（2006）认为斯特里特的观点有些夸张。

4.4.3　证券交易委员会国际组织

1983 年成立的证券交易委员会国际组织是政府证券监管机构的联合组织，其中包括例如美国的证券交易委员会（SEC）。这些监管机构决定对于国内或国外上市公司的财务报告来说，国外或"国际"的会计准则是否可接受。

在 20 世纪 80 年代后期，证券交易委员会国际组织和国际会计准则委员会在国际会计准则委员会将提高其标准以及证券交易委员会国际组织将考虑交付所有的交易方面达成了一致意见。国际会计准则委员会在 20 世纪 90 年代的任务基本上都是为了满足证券交易委员会国际组织的需要而设定的，证券交易委员会国际组织也以正式观察员的身份参加了国际会计准则委员会的理事会议。

2000 年，证券交易委员会国际组织认可了国际会计准则委员会制定的准则，特别是准许外国注册公司使用该准则。许多监管机制确实接受了外国公司采用国际准则，即使国内的公司仍被要求采用国内准则。2007 年，美国证券交易委员会也接受了国际准则。

证券交易委员会国际组织和美国证券交易委员会对 2001 年创立国际会计准则理

事会作出了重要贡献（参见第4.5部分）。

2001年成立了等同于证券交易委员会国际组织的欧洲成员组织，该组织被称为欧洲证券监管委员会（Committee of European Securities Regulators，CESR）。它是监管欧洲上市公司使用国际财务报告准则的执行代理机构，并起到了积极的促进作用（见第9章）。

4.4.4 欧盟

下文将使用更多的篇幅论述欧盟的情况：在5.2部分我们将关注自2005年起欧盟对上市公司编制合并报表要求使用国际财务报告准则，在第12章我们将关注自20世纪70年代以来欧盟为欧洲国家会计准则的协调化所作出的贡献。这两方面的努力都使欧盟在会计的协调化中扮演了重要的角色。

4.4.5 欧洲会计师联合会

1987年初欧洲会计师联合会（Fédération des Experts Comptables Européens，FEE）开始运作，它接管了两个早期的欧洲团体：会计研究组（*Groupe d' Etudes*，成立于1966年）和欧洲会计师联盟（*Union Européenne des Experts Comptables*，UEC，成立于1951年）（见McDougall，1979）。Camfferman和Zeff（2009）调查了该形式和早年的欧洲会计师联盟。

欧洲会计师联合会的总部在布鲁塞尔，其成员会计实体遍布欧洲。它的职责范围包括审计、会计和税收。它研究这些领域的国际差异并努力消除这些差异。欧洲会计师联合会的大部分工作与欧盟有关，并就公司法和会计协调化问题向欧洲委员会提出建议。如果欧洲会计师联合会能使欧洲的会计师达成一致意见，则它在布鲁塞尔就有很大的发言权（尤其是在各国政府有不同看法的情况下）。

2001年，欧洲财务报告咨询小组（European Financial Reporting Advisory Group，EFRAG）成立，欧洲会计师联合会是其背后的驱动因素。该咨询小组建议欧盟委员会接受国际会计准则理事会新颁布的和经修订的准则（见第5章）。

4.4.6 其他区域性组织

泛美会计协会（Inter-American Accounting Association，IAA）包括两个美洲大陆的会计团体成员。亚洲及太平洋会计师联合会（Confederation of Asian and Pacific Accountants，CAPA）的历史可追溯至1957年，尽管该组织直到1976年才正式成立。该组织包括许多成员国，可能由于它的成员国在环境方面的差异太大，以致不能形成一个"能独立发展的会计群体"（Choi，1981，第31页）。所以在以会计协调化为目标定义该组织的区域范围时可能会存在某些问题。

就亚洲及太平洋会计师联合会的成员国而言，在它们当中可能有一个更成功的区域组织，即东盟会计师联合会（ASEAN Federation of Accountants，AFA），该组织于1977年在曼谷成立（Choi，1979）。乔伊（Choi，1981）认为东盟会计师联合会的一个功能就是"保护个别东盟国家，使之不必完全采用不适合当地情况的国际会计公告"。然而，亚洲及太平洋会计师联合会和东盟会计师联合会似乎都在协调化方面没有起到任何作用，也没有能够削弱国际会计准则委员会或美国的影响。克雷格和迪格（Craig and Diga，1996）调查了东盟国家制度结构方面的巨大差异，这些差异将阻碍会计的区域协调化。

东中南非洲会计师联合会（Eastern，Central and Southern Africa Federation of Accountants，ECSAFA）成立于1990年。它鼓励会计团体的建立和发展，负责举办会计会议，同时负责与国际会计师联合会沟通以及开展其他合作活动。

4.4.7 其他非会计组织

促进会计师和会计师职业团体朝着更好的国家会计准则和国际会计准则发展的因素之一是其他政府组织可能插手该项事务或赢得主动权。目前，除了欧盟外，其他国际组织只拥有影响力而没有权力。经济合作与发展组织（Organisation for Economic Co-operation and Development，OECD）已经研究并采纳了会计实务建议，即"跨国公司指南"（OECD，1986，第100页）。该指南主要关注披露要求。披露是自愿的，但是它可能影响大型的和具有政策敏感性的公司的行为。会计实务调查一直在进行（例如OECD，1980），但是没有就怎样实现协调化达成一致意见。看来经济合作与发展组织在该领域的部分目的很明显是要保护发达国家免受可能来自联合国的任何极端的建议，联合国很关注对跨国公司的管制问题。

1977年，联合国就此方面发布了一个报告，报告建议跨国公司应极大地增强财务与非财务信息的披露。1979年，联合国进一步推进了这一方面的工作，成立了会计与报告国际准则政府间专家组（Intergovernmental Group of Experts on International Standards of Accounting and Reporting，ISAR）。这个组织已经发布了一些跨国公司披露准则。

4.4.8 协调机构的分类

本章已经讨论了许多协调机构，用简单的表格对它们进行归类是很有用的（表4—5），该表格按照部门和地理位置对协调机构进行划分。表4—5并不完整，如前所述，还有许多其他区域性组织。此外，这些组织的职能也相当不同。

表4—5　　　　　　　　　　　　　与协调有关的一些机构

部门	范围	
	世界性	区域性
政府间	联合国、经济合作与发展组织、证券交易委员会国际组织	欧盟
职业界	国际会计准则委员会、国际会计师联合会	欧洲会计师联合会
独立	国际会计准则理事会	—
混合	—	G4+1、欧洲财务报告咨询小组

4.5 国际会计准则理事会

4.5.1 2001 年国际会计准则委员会的改革

1997 年，旧的国际会计准则委员会的理事会成立了一个"战略工作组"，讨论在完成了为证券交易委员会国际组织制订的核心计划后是否需要改变委员会的结构。该工作组的论文《为未来改组国际会计准则》（Shaping IASC for the Future）发表于1998 年底。该项建议需要得到理事会（四分之三多数）以及国际会计准则委员会成员（简单多数）的批准才能通过。

建议进行改变的原因包括：

- 减轻兼职理事会代表的工作负担，他们工作非常辛苦，尤其是在完成核心计划的前两年。
- 能够使更广泛的国家和组织加入到理事会中。
- 增加与各国准则制定机构的伙伴关系，从而加速会计准则在世界范围的趋同。

关于是否改革的争论围绕着两个相互矛盾的问题展开：独立性和代表性。这也可以看作是英美国家和欧洲大陆哲学之间的斗争。"独立性"的观点认为，好的准则应当是为公众利益设计的，并由一个全职技术专家组成的小规模理事会设计。因此，那些在会计师事务所和大公司工作的兼职准则制定人员不够独立。"代表性"的观点认为，合理性来自于所有利益相关者集团的参与，因此一个大规模的兼职理事会是恰当的。

1998 年的战略文件提出了折中的办法，即采用一个小型的专家执行理事会和一个大规模的代表监督理事会。然而又出现了关于两个理事会哪个权力更大的另一场论战。最后独立性观点一方获胜，部分是因为其受到了美国证券交易委员会的支持，而美国证券交易委员会是证券交易委员会国际组织中最重要的成员。同时也存在着以下威胁，即美国财务会计准则委员会（FASB）或英语国家准则制定机构的联合会试图代替国际会计准则委员会掌管世界会计准则的制定权。

1999 年 12 月，理事会全票通过自行解散，2000 年 5 月各成员对此进行了确认。新组织从 2001 年 4 月 1 日起运行，它由国际会计准则委员会基金会（在美国合法注册）领导，受到 22 个（之前为 19 个）受托人的监管，这些受托人宣誓将为公众利益服务。结果，替换受托人由受托人亲自任命。但是，自 2010 年后，受托人将由代表诸如证券交易委员会国际组织和欧盟的监督小组任命。此方面的政治问题将在第11.6 部分讨论。

受托人具有地域代表性（见表 4—6）。他们的主要任务是筹集必要的基金，并任命 12 位全职和 2 位兼职的理事成员。最开始的时候，前英美国家准则制定者和前国际会计准则委员会理事会代表是新理事会（IASB）的主导力量。此外，理事会的成员不时地会有些许的变化，但是在 2009 年，绝大部分最初的成员（见表 4—7）仍是理事会的成员。2009 年，机构成员数量增加至 16 个，其中 3 个可以是兼职的。欧洲、北美洲和亚太地区各有 4 个机构成员，非洲和南美洲各有 1 个机构成员，其他地区有 2 个机构成员。根据最初的协议，仅需简单多数同意即可通过一项准则，但是在2005 年增加到需要 9 票才能通过准则。可以预期，从 2010 年开始，理事会成员将增加至 16 个。

表4—6 首届国际会计准则委员会基金会受托人的地理背景

	数量
美国	5
日本	2
澳大利亚	1
加拿大	1
南非	1
法国	1
德国	1
瑞士	1
巴西	1
中国（香港）	1
丹麦	1
意大利	1
荷兰	1
英国	1
	19

表4—7 从2001年4月到2004年初国际会计准则理事会成员名单

国家	数量	评论
美国	5（或3）*	2个前财务会计准则委员会成员（Financial Accounting Standards Board of the USA，FASB）+1个前财务会计准则委员会受托人（以及前国际会计准则委员会主席）+2个兼职人员
英国	2（或4）*	两个都来自前英国会计准则理事会（Accounting Standards Board of the UK，ASB）
澳大利亚	1	前澳大利亚会计研究基金会（Australian Accounting Research Foundation，AARF）执行主任
加拿大	1	前加拿大会计准则理事会主席（Accounting Standards Board of Canda，AcSB）
南非	1	—
法国	1	前国际会计准则委员会理事
德国	1	来自戴姆勒—克里斯勒公司，一家运用美国公认会计原则的公司
日本	1	前国际会计准则委员会理事
瑞士	1	前国际会计准则委员会理事
	14	

注：* 两个理事会成员有在美国工作的背景，但是英国国籍。

国际会计准则理事会以及其秘书处仍然设在伦敦。国际会计准则理事会的 7 个成员负责联系 8 个国家的准则制定机构（见表 4—7）。常设解释委员会被国际财务报告解释委员会所代替。

在国际会计准则委员会基金会的结构中还有另外两个实体。

4.5.2　国际会计准则理事会初期的工作

国际会计准则理事会 2001 年开始在以下三个领域开展其工作：

（1）一个新的改进项目；

（2）继续的项目；

（3）主要的改革。

新的修订项目最后在 2002 年 5 月和 6 月发布了有关修改 14 个准则和撤销《国际会计准则第 15 号》的草稿（见表 4—2）。在 2003 年颁布的最终修改稿和 2004 年颁布的新准则中，大量的备选方法被删除，例如后进先出法（《国际会计准则第 2 号》）以及《国际会计准则第 8 号——通过修改收入进行会计更正》。第 6 章对国际财务报告准则的考察将包括这些修订的版本。

国际会计准则委员会阶段就已开始了保险公司会计和矿产开发会计项目，这些项目由国际会计准则理事会继续承担。其中主要的改革包括收入确认和租赁会计等问题。

4.5.3　与美国的趋同

20 世纪 90 年代国际会计准则委员会的许多活动都和说服证券交易委员会国际组织接受国际会计准则相关，尤其是说服美国证券交易委员会接受在美国交易所上市的外国公司遵循国际会计准则。国际会计准则委员会基金会和国际会计准则理事会的成立目的就是为了和美国证券交易委员会有更密切的磋商。尽管如此，美国证券交易委员会一直到 2007 年才接受国际财务报告准则。

不过美国财务会计准则委员会（FASB）和国际会计准则理事会（IASB）已经开始密切合作了。这是因为两位前财务会计准则委员会成员和一些其他该组织的工作人员加入了国际会计准则理事会，而且一位前国际会计准则委员会的美国代表（Michael Crooch）成为了财务会计准则委员会的成员。到 2002 年，一位国际会计准则理事会成员（Bob Herz）被任命为新的财务会计准则委员会主席，并且在 2001 年和 2002 年，一些大型公司（如安然和世通等）被大的会计丑闻困扰，安达信（大型会计师事务所中最美国化的一家）倒闭。这些使得美国开始从内部寻找问题（见第 8 章），包括财务会计准则委员会开始调查其是否应该在制定准则的过程中采取更多的"原则基础"方法（如国际会计准则理事会的做法），而不是制定详细的规则。

在 2002 年下半年，国际会计准则理事会和财务会计准则委员会发布了一个趋同项目，该项目致力于在 2005 年以前尽量减少相互间的差异。《国际财务报告准则第 5 号》和《国际财务报告准则第 8 号》（见第 6 章）就是首次为实现趋同而制定的国际准则。现在，很明显两个准则制定机构正在努力消除差异，并竭力避免新差异的产生。

上述努力的最终结果是，2007 年美国证券交易委员会宣布接受外国公司按照国际财务报告准则编制的报表，而不必再根据美国会计规则进行调整。这项规定适用于2007 年的报表（即 2008 年初提交的报告）。但是美国证券交易委员会只接受那些按照完整国际财务报告准则编制的报表（无需调整），而不接受被欧盟采用的版本或任何其他的版本。

4.5.4 欧盟的影响

前面已经提到过，欧盟从 2005 年开始要求强制使用国际财务报告准则编制特定目的的报告。所以，目前欧盟把自己看作是国际会计准则理事会最大的"客户"，因而也寻求相应的影响力。欧盟从 2005 年开始要求增加其受托人的数量，并增加理事会决策中的投票规模。同时，欧盟对于不接受某个准则的威胁也会被理事会认真地考虑。这些我们将在第 5.2 部分和第 9 章中讨论。

欧盟强烈要求的另外一个问题是建立适合中小企业（SMEs）的简易国际财务报告准则。2007 年国际会计准则理事会发布了相关的征求意见稿。我们将在第 13 章讨论这个问题。

4.5.5 世界标准制定者

美国和欧盟进一步发掘了上述讨论的意义，以便国际会计准则理事会成为世界上无可争辩的标准制定者。正如将在第 5 章讨论的，澳大利亚差不多在 2005 年采用国际财务报告准则；加拿大计划到 2011 年采用它；中国已经发布了新的标准，上市公司的报告几乎接近国际财务报告准则；日本正致力于国际会计准则理事会的趋同项目。

无论怎样，许多有趣的国际财务报告准则问题仍在本书的讨论范围之内，比如：

- 国际财务报告准则的细节内容以及与美国公认会计原则尚存的差异（见第 6、7、9、18、19 章）。
- 出现的针对国际财务报告准则各国的反应和各国国际财务报告准则版本的实践（见第 3、5、7 章）。
- 施加于国际会计准则理事会的强大的政治压力，特别是来自欧盟以及关注于经济危机中公允价值的使用（见第 6、11 章）。
- 监督和执行国际财务报告准则不同国家的各种方法（见第 10 章）。
- 因各种目的持续使用国家规则而不是上市公司的合并报表（见第 3、14、16 章）。

小结

- 有许多相关利益集团关注国际协调。这些相关利益集团包括股东、证券交易所、跨国公司、会计师事务所、贸易联盟以及税收部门。
- 协调的范围很广，因为实务方面的国际差异非常之大。同时，协调也存在相当多的障碍。导致差异的根本原因依然存在，并且它们受到民族主义的支持。目前，缺乏国际性的执行机构是关键性的问题。
- 从 20 世纪 70 年代开始，大量的团体正在为会计规则及披露方面的协调化而努力，其中比较引人注目的是国际会计准则委员会，它已颁布了相当数量的准则。

- 国际会计准则包括许多选择，并还有很多空白领域。然而获得了证券交易委员会国际组织的支持，到 20 世纪 90 年代末，国际会计准则已经有了很大的改善。它们被一些国家所接受，并被另外一些国家的很多公司所接受。

- 还存在其他关注世界范围或区域性协调化的团体。例如 2000 年，欧盟委员会建议所有上市公司强制采用国际会计准则来编报合并报表，并于 2002 年批准了相关的法规。

- 2001 年国际会计准则委员会被国际会计准则基金会和基本全职的国际会计准则理事会所替代。

- 由于许多国家采用国际财务报告准则及其相应的转换准则，国际会计准则理事会将演变成世界主要的准则制定者。

参考文献

Aisbitt, S. (2001) 'Measurement of harmony of financial reporting within and between countries; the case of the Nordic countries', *European Accounting Review*, Vol. 10, No. 1.

Alexander, D. and Archer, S. (2000) 'On the myth of "Anglo-Saxon" financial accounting', *International Journal of Accounting*, Vol. 35, No. 4.

Ali, M. J. (2005) 'A synthesis of empirical research on international accounting harmonization and compliance with international financial reporting standards,' *Journal of Accounting Literature*, Vol. 24.

Archer, S., Delvaille, P. and McLeay, S. (1995) 'The measurement of harmonisation and the comparability of financial statement items: within-country and between-country effects', *Accounting and Business Research*, Vol. 25, No. 98.

Archer, S., Delvaille, P. and McLeay, S. (1996) 'A statistical model of international accounting harmonization', *Abacus*, Vol. 32, No. 1.

Baker, C. R. and Barbu, E. M. (2007) 'Trends in research on international accounting harmonization', *International Journal of Accounting*, Vol. 42, No. 3.

Benson, H. (1979) *Accounting for Life*, London, Kogan Page.

Briston, R. (1978) 'The evolution of accounting in developing countries', *International Journal of Accounting*, Vol. 13, No. 1.

Cairns, D. (1997) 'The future shape of harmonization: a reply', *European Accounting Review*, Vol. 6, No. 2.

Camfferman, K. and Zeff, S. (2007) *Financial Reporting and Global Capital Markets: A History of the International Accounting Standards Committee, 1973–2000*, Oxford University Press, Oxford.

Cañibano, L. and Mora, A. (2000) 'Evaluating the statistical significance of *de facto* accounting harmonization: a study of European global players', *European Accounting Review*, Vol. 9, No. 3.

Choi, F. D. S. (1979) 'ASEAN Federation of accountants: a new international accounting force', *International Journal of Accounting*, Vol. 14, No. 1.

Choi, F. D. S. (1981) 'A cluster approach to accounting harmonization', *Management Accounting (USA), August.*

Choi, F. D. S. and Levich, R. (1990) *The Capital Market Effects of International Accounting Diversity*, Dow Jones-Irwin, Homewood.

Craig, R. J. and Diga, J. G. (1996) 'Financial reporting regulation in ASEAN: features and prospects', *International Journal of Accounting*, Vol. 31, No. 2.

Doupnik, S. and Taylor, M. E. (1985) 'An empirical investigation of the observance of IASC standards in Western Europe', *Management International Review*, Vol. 25, No. 1.

Emenyonu, E. N. and Gray, S. J. (1992) 'EC accounting harmonization: an empirical study of measurement practices in France, Germany and the UK', *Accounting and Business Research*, Vol. 23, No. 89.

Emenyonu, E. N. and Gray, S. J. (1996) 'International accounting harmonization and the major developed stock market countries: an empirical study', *International Journal of Accounting*, Vol. 31, No. 3.

Evans, T. G. and Taylor, M. E. (1982) 'Bottom line compliance with the IASC: a comparative analysis', *International Journal of Accounting*, Vol. 17, No. 1.

Flower, J. (1997) 'The future shape of harmonization: the EU versus the IASC versus the SEC', *European Accounting Review*, Vol. 6, No. 2.

Flower, J. (1998) 'The future shape of harmonization: a reply', *European Accounting Review*, Vol. 7, No. 2.

Goeltz, R. K. (1991) 'International accounting harmonization: the impossible (and unnecessary?) dream', *Accounting Horizons*, Vol. 5, No. 1.

Herrmann, D. and Thomas, W. (1995) 'Harmonisation of accounting measurement practices in the European Community', *Accounting and Business Research*, Vol. 25, No. 100.

IASC (1983) *Preface to International Accounting Standards*, London.

IASC (1992) *Constitution of the International Accounting Standards Committee*, London.

Kirsch, R. J. (2006) *The International Accounting Standards Committee: A Political History*, Wolters Kluwer, Kingston-upon-Thames.

Krisement, V. (1997) 'An approach for measuring the degree of comparability of financial accounting information', *European Accounting Review*, Vol. 6, No. 3.

Loft, A., Humphrey, C. and Turley, S. (2006) 'In pursuit of global regulation: changing governance and accountability structures at the International Federation of Accountants (IFAC)', *Accounting, Auditing and Accountability Journal*, Vol. 19, No. 3.

McDougall, E. H. V. (1979) 'Regional accountancy bodies', in W. J. Brennan (ed.), *The Internationalization of the Accountancy Profession*, CICA, Toronto.

McKinnon, S. M. and Jannell, P. (1984) 'The International Accounting Standards Committee: A performance evaluation', *International Journal of Accounting*, Vol. 18, No. 2.

Morris, R. D. and Parker, R. H. (1998) 'International harmony measures of accounting policy: comparative statistical properties', *Accounting and Business Research*, Vol. 29, No. 1.

Nair, R. D. and Frank, W. G. (1981) 'The harmonization of international accounting standards, 1973–1979', *International Journal of Accounting*, Vol. 16, No. 1.

Nobes, C. W. (1987) 'An empirical investigation of the observance of IASC standards in Western Europe: A comment', *Management International Review*, Vol. 4.

Nobes, C. W. (1998) 'The future shape of harmonization: some responses', *European Accounting Review*, Vol. 7, No. 2.

Nobes, C. W. ed. (2001) *GAAP 2001: A Survey of National Accounting Rules*, Ernst & Young for IFAD. Also available at www. ifad. net.

Nobes, C. W. (2003) 'On the myth of "Anglo-Saxon" accounting: a comment', *International Journal of Accounting*, Vol. 38, No. 1.

Nobes, C. W. (2006) 'Book review' of Street (2005), *Accounting and Business Research*, Vol. 36, No. 1.

OECD (1980) *International Investment and Multinational Enterprises*, Paris.

OECD (1986) *Harmonisation of Accounting Standards*, Paris.

Olson, W. E. (1982) *The Accounting Profession—Years of Trial: 1969–1980*, AICPA, New York.

Parker, R. H. (1996) 'Harmonizing the notes in the UK and France: a case study in *de jure* harmonization', *European Accounting Review*, Vol. 5, No. 2.

Pierce, A. and Weetman, P. (2002) 'Measurement of *de facto* harmonization: implications of non-disclosure for research planning and interpretation', *Accounting and Business Research*, Vol. 32, No. 4.

Purvis, S. E. C., Gernon, H. and Diamond, M. A. (1991) 'The IASC and its comparability project', *Accounting Horizons*, Vol. 5, No. 2.

Rahman, A., Perera, P. and Ganeshanandam, S. (1996) 'Measurement of formal harmonisation in accounting: an exploratory study', *Accounting and Business Research*, 26, No. 4.

Rivera, J. M. (1989) 'The internationalization of accounting standards', *International Journal of Accounting*, Vol. 24, No. 4.

Saudagaran, S. M. and Diga, J. G. (2003) 'Economic integration and accounting harmonization in emerging markets: adopting the IASC/IASB model in ASEAN', *Research in Accounting in Emerging Economies*, Vol. 5, pp. 239–66.

Street, D. L. (2005) *Inside G4 + 1: The Working Group's Role in the Evolution of the International Accounting Standard Setting Process*, Institute of Chartered Accountants in England and Wales, London.

Taplin, R. (2003) 'Harmony, statistical inference with the Herfindahl index and C index', *Abacus*, Vol. 39, No. 2.

Taplin, R. (2004) 'A unified approach to the measurement of international accounting harmony', *Accounting and Business Research*, Vol. 34, No. 1.

Tay, J. S. W. and Parker, R. H. (1990) 'Measuring harmonization and standardization',

Abacus, Vol. 26, No. 1.

van der Tas, L. G. (1988) 'Measuring harmonisation of financial reporting practice', *Accounting and Business Research*, Vol. 18, No. 70.

van der Tas, L. G. (1992) 'Evidence of EC financial reporting harmonization: the case of deferred tax', *European Accounting Review*, Vol. 1, No. 1.

Wallace, R. S. O. (1990) 'Survival strategies of a global organization: the case of the IASC', *Accounting Horizons*, Vol. 4, No. 2.

Walton, P. (1992) 'Harmonization of accounting in France and Britain: some evidence', *Abacus*, Vol. 28, No. 2.

Weetman, P., Jones, E. A. E., Adams, C. A. and Gray, S. J. (1998) 'Profit measurement and UK accounting standards: a case of increasing disharmony in relation to US GAAP and IASs', *Accounting and Business Research*, Vol. 28, No. 3.

Zeghal, D. and Mhedhbi, K. (2006) 'An analysis of factors affecting the adoption of international accounting standards by developing countries', *International Journal of Accounting*, Vol. 41, No. 4.

实用网址

www. cesr-eu. org

www. capa. com. my

www. eaa-online. org

europa. eu. ec/internal_ market/accounting

www. efrag. org

www. fee. be

www. iasplus. com

www. iasb. org. uk

www. ifac. org

www. ifad. net

www. iosco. org

www. oecd. org

课后问题

书末提供带星号问题的参考答案。

4.1* 国际会计准则委员会是成功的吗？请给出你的理由。

4.2* 哪些当事方坚持增进会计的国际协调？为了完成协调化它们正在做什么？

4.3 反对国际会计协调化进程的理由有哪些？

4.4 讨论国际会计准则委员会的准则是否应该直接面向所有公司，或是仅面向某些规定的公司？

4.5 联合国和经济合作与发展组织为什么有兴趣从事会计协调化工作？它们做得如何？

4.6 区分协调、协调化和标准化。

4.7 区分形式上的标准化和实质性的标准化，举例说明它们中的一个或者两个是如何实现的。

第二部分　上市公司财务报告

第 5 章　上市公司财务报告的环境

克里斯托弗·诺比斯

内容

目标

学完本章后，你应该能够：

- 解释采纳国际财务报告准则与会计系统之间相互趋同的区别。
- 解释出于某种目的欧洲国家采纳国际财务报告准则的原因和方式。
- 列出财务报告准则和美国一般公认会计原则的高等级及详细的区别。
- 列出国际财务报告准则与美国一般公认会计原则趋同以及美国采纳国际财务报告准则过程中涉及的问题。
- 解释国家和国际会计准则之间的区别程度。
- 向财务分析人士提出处理国际区别的意见。

5.1　引言

本书第二部分（第 5 章至第 11 章）将介绍上市公司合并财务报表的财务报告规则和实践操作。在编制合并财务报表时，全球大量上市公司均采用国际财务报告准则或美国公认会计原则。尽管美国和加拿大宣布分别于 2011 年和 2014 年采纳国际财务报告准则，但是截至目前美国上市公司采用的仍是美国公认会计原则，且加拿大上市公司基本上也是如此。欧盟公司（包括德国、法国和英国的公司）均采用国际财务报告准则，瑞士、澳大利亚和中国香港的公司亦是如此。日本在 2009 年至 2010 年间允许其公司采用国际财务报告准则，计划从 2015 年或 2016 年开始要求公司必须使用国际财务报告准则。全球大部分上市公司均在这些国家，见表 1—5（第 1 章）。

对于大的交易所来说，仅剩中国（中国香港除外）未采用国际财务报告准则，但是在第 13 章中我们将看到，中国已经在很大程度上要求上市公司所采用的准则与国际财务报告准则趋同。同时，许多中国公司既提供遵照国际财务报告准则编制的财务数据，也提供根据中国国内准则编制的财务数据。日本数家公司所采用的准则在向美国公认会计原则进行靠拢。在世界其他地区，也有采用国际财务报告准则的公司。Tyrrall 等人（2007）研究了国际财务报告准则在哈萨克斯坦的应用情况。Al - Shammari 等人（2008）报道了国际财务报告准则在阿拉伯国家的应用情况。他们找到了一些实践上的不同之处，该问题将在第 10 章中讨论。

国际财务报告准则和美国公认会计原则的具体要求分别在第 6 章和第 8 章中讨论。在第 7 章中，将探讨不同国家的国际财务报告准则实践的成因和范围。这包括列举国际财务报告准则中的显性和隐性选项，以及自 2005 年以来国际财务报告准则的实践情况。第 9 章在比较的基础上更详细地探讨了一些关键的财务报告主题。第 10 章讨论了这些准则的实施，第 11 章讲述了政府和公司向准则制定者施加的压力。在进入上述章节之前，本章将列举一些背景知识。第 5.2 部分探讨了国家采纳或与国际财务报告准则趋同的过程，第 5.3 部分解释了欧盟要求使用国际财务报告准则的机制。第 5.4 部分从更高层次的区别方面（如专注于规则而非原则）介绍了美国公认会计原则与国际财务报告准则之间的差异。第 5.5 部分首先探讨了美国公认会计原则和国际财务会计准则的趋同，然后讲述了对美国采用国际财务报告准则的建议。第 5.6 部分使用已公开的趋同来显示从国内准则向国际财务报告准则或美国公认会计原则转变而产生的区别的范围和类型。之后的第 5.7 部分说明了财务分析人员应如何处理国际差异。

5.2 采纳国际财务报告准则并与之趋同

5.2.1 采纳

区分对国际财务报告准则的采纳和与之趋同是非常重要的。从司法层次来说，采纳意味着放弃使用国内准则，直接使用国际财务报告准则。南非的上市公司就是这种情况。但是，在其他著名的"采纳"行动中（如欧盟或澳大利亚），情况并非完全如此。

由于国际会计准则理事会经常改变国际财务报告准则的内容，因此在欧盟强制公司采纳国际财务报告准则在法律上和政治上都是无法接受的。结果 2002 年出台了与欧盟认可的国际财务报告准则相关联的《欧盟第 1606 号条例》（EU Regulation 1606）。第 5.3 部分讨论了这一问题以及由此产生的审计意见。Haller 和 Eierle

（2004）考查了德国采纳国际财务会计准则的过程。Delvaille 等人（2005）考查了法国、德国和意大利的情况。

相似的，2005 年之后，所有国际会计准则和国际财务报告准则均转变成澳大利亚会计准则（见 aasb. com. au 上的"澳大利亚会计准则委员会"），如《国际财务报告准则第 1 号》被称作《澳大利亚会计准则委员会第 1 号》、《国际会计准则第 1 号》被称作《澳大利亚会计准则委员会第 101 号》等。然而，澳大利亚会计准则委员会版本开始时包含额外的段落和附件，而国际会计准则理事会版本的一些原始段落已被删除。例如，《澳大利亚会计准则委员会第 107 号》要求使用直接法编制现金流量表，而《国际会计准则第 7 号》则还允许使用间接法编制该表。2007 年，澳大利亚会计准则委员会改变了对此问题的观点，并重新插入了国际财务报告准则中规定的可选方法。这部分是为了避免证券交易委员会和其他机构对于澳大利亚公司是否遵循国际财务报告准则产生困惑。目前也存在一些额外的准则，国际会计准则中不存在与这些额外准则相对应的规定。澳大利亚会计准则委员会准则声称，遵从会赢得对国际财务报告准则的进一步遵从。这可能是真的，但是澳大利亚的会计程序更像是与国际财务报告准则的趋同，而不是完全采纳国际财务报告准则。因此，直到 2007 年，澳大利亚审计师的实践工作仅参照与澳大利亚会计准则相趋同的标准，这是非常普遍的现象。结果，外国人对于是否遵循了国际财务报告准则，并不是非常清楚。然而，并不要求出具基于完整国际财务报告准则的审计意见。

欧盟国家和澳大利亚的这些实践方法与国际财务会计准则的接近，可能能够归属于"采纳"类别，因为实践方法方面的差别很少会导致公司背离国际会计准则理事会发布的国际财务报告准则的规定。尽管已经提及南非这个例子，但是在主要的资本市场完全采纳国际会计准则理事会发布的国际财务报告准则的情况是极少的（见 Nobes 和 Zeff，2008）。证券交易委员会要求在美国采纳国际财务报告准则，看起来像是对这种全面采纳所提出的要求（见第 5.5 部分）。读者可在 www. iasplus. com/country/useias. htm 上看到全球使用国际财务报告准则的情况。

5.2.2 自愿采纳

除了强制采纳国际财务报告准则外，还存在对国际财务报告准则的自愿采纳行为。例如，如果欧盟成员国允许或要求采用国际财务报告准则编制其合并财务报表（大多数成员国均允许这一做法），则 2002 年的规则允许欧盟非上市公司这么做。对于未合并的财务报表，规则也允许成员国使用国际财务报告准则来编制。各成员国对这一做法的反应各异，这些反应在第 3 章和第 14 章中进行了解释。

调查人员调查了在被要求采用国际财务会计准则之前公司即采用了该准则所可能持有的动机。他们得出的结论是，自愿采纳国际财务会计准则可被视作提供高质量财务报告的标志。Cuijpers 和 Buijink（2005）研究了 1999 年欧盟上市公司自愿采纳国际财务报告准则或美国公认会计原则的决定因素。他们发现，在美国证券交易所上市以及存在地域上的多样性，是对这一问题的解释。Hope 等人（2006）以观察方法调查了，与国内采用国际财务报告准则相关的因素。他们的结论是，对该准则的采纳较多发生在那些希望改善对投资者的保护和资本市场可获性的国家当中。Ashbaugh

（2001）和 Leuz（2003）发现，与大多数国家的会计体系相比，国际财务报告准则对透明性和统一性有更高的要求。与此相一致的是，其他人也发现了国际财务报告准则会更加限制盈余管理，且在更大程度上允许分析师预测盈余（Ashbaugh 和 Pincus，2001；Barth 等人，2005）。

Van Tendeloo 和 Vanstraelen（2005）发现，1999 年—2001 年间，德国企业在采纳国际财务报告准则时涉及较少的盈余管理。然而，Daske（2006）没有找到任何证据能表明在 1993 年—2002 年间采纳国际财务报告准则或美国公认会计原则的德国公司有资本成本减少的迹象。Hung 和 Subramanyam（2007）研究了 1998 年—2002 年间采纳国际财务报告准则的各国公司。他们发现，与采用德国会计体系相比，采用国际财务报告准则的德国企业的总资产值更高，而且经调整的数值与公司价值具有更大的相关性，尽管经调整的收入数值并非如此。Ernstberger 和 Vogler（2008）的研究显示，1998 年—2004 年间，采纳国际财务报告准则或美国公认会计原则的德国企业的资本成本有了显著的下降。

5.2.3　趋同

除了出于某些或全部会计目的而采纳国际财务报告准则外，有些国家可能决定逐渐将其国家会计准则转变为国际财务报告原则。这被称为"趋同"：协调化或标准化的特殊形式。在第 4 章中提到了有关趋同的争论和反对意见。在第 5.5 部分中，将探讨与国际财务报告准则和美国公认会计原则的趋同。

第 16 章除了探讨国际财务报告准则对上市公司（这些公司必须采用国际财务报告准则）合并财务报表的直接影响外，还探讨了国家规则与国际财务报告准则趋同对非合并财务报表产生影响的例子（如英国）。

我们可以在新兴经济体中找到更多趋同的例子。在述及国际会计准则委员会的第 4.3.3 部分中简短地提及了这些国家。最近，新兴经济体更是加快了趋同的步伐。例如，中国要求其上市公司严格遵守国际财务报告准则（见第 13 章）。

5.3　欧盟的国际财务报告准则

20 世纪 90 年代末，由国际会计准则委员会倡导的协调化正在快速推进，而由欧盟指令所倡导的协调化却已经落后了。2000 年，欧盟委员会采取了新的方法，提议到 2005 年，强制欧盟上市公司采用国际财务报告准则编制其合并财务报表，并宣布采用欧洲国内准则和美国准则是违法行为。此举的目的之一也包括希望通过建立标准化的会计系统来加强欧盟资本市场。当然，采用美国公认会计原则也可实现此目的，但是该原则被认为太注重细节，太以规则为基础（见第 5.4 部分），且太不受欧洲的影响，因此从政治上说是很难被接受的。

欧洲大公司及政府对国际准则日渐增长的接受度，促进了各国会计准则向国际财务报告准则的转变。例如，从 1994 年开始，为了以更低的成本融资，很多大型德国公司均开始采用国际准则或美国准则编制其合并财务报表。1998 年颁布的法律，允许德国上市公司的上述行为，而无需遵循正常的德国会计要求，这使得这种做法在德国得到了固化。

2001 年，欧盟委员会颁布了一项规则草案，该草案于 2002 年在欧洲议会和部长理事会上获得批准。草案要求从 2005 年起欧盟上市公司采用国际准则编制其合并财务报表。成员国允许其国内已经采用其他可接受的准则（如美国公认会计原则）或其上市证券仅为债券的上市公司，将采用国际准则的最后期限延迟至 2007 年。

在布鲁塞尔，出于法律和政治上的考虑，新的和经修订的准则不得事先在欧盟采用。因此，准则设立了会计监督管理委员会（Accounting Regulatory Committee，ARC），帮助欧盟委员会考虑是否欧盟应向国际财务报告准则转变。会计监督管理委员会包括来自欧盟各个成员国的政府代表。这是欧盟影响力超过国际会计准则理事会的一个方法，但是这也使得欧盟所采纳的国际财务报告准则与国际会计准则理事会所发布的国际财务报告准则存在些许不同。为了帮助欧盟委员会对新的或修订的国际财务报告准则有个认识，2001 年成立了由审计师、报表编制人员和其他人士组成的私人委员会，即欧洲财务报告咨询小组（European Financial Reporting Advisory Group，EFRAG）。欧洲财务报告咨询小组的任务之一是，与国际会计准则理事会相配合以确保准则将那些在欧洲被认为是非常重要的问题考虑在内。然后，欧洲财务报告咨询小组是由 11 位投票成员组成的技术专家小组，需要考虑每一项准则均在欧盟得到认可的可接受性。Van Hulle（2005）解释了欧盟对国际财务报告准则的认可体系。2006 年，另一个特性被加入该进程。会计监督管理委员会还成立了一个由独立专家组成的小实体（被称为准则建议小组（Standards Advice Review Group）），为其提供不受政府（不像会计资源中心）或会计师事务所（欧洲财务报告咨询小组）影响的意见。

2004 年，大部分现有的国际财务报告准则均得到了认可。但是，委员会拒绝认可有关金融工具的《国际会计准则第 39 号》的全部规定。看起来规则并不允许委员会对准则进行任何修改，但事实上委员会确实采取了行动。被认可的《国际会计准则第 39 号》不包含对金融工具"按市值计价"（即以公允价值计价，并将损益计入利润表）。被认可的《国际会计准则第 39 号》在对冲会计的使用方面也具有更大的弹性。但是，在 2005 年，为了限制能使用公允价值计价的金融工具的范围，国际会计准则委员会修订了《国际会计准则第 39 号》。该修订后的准则在欧盟得到了认可，因此《国际会计准则第 39 号》与欧盟认可的该准则的区别在于对冲会计的处理问题。Whittington（2005）研究了对《国际会计准则第 39 号》的采纳。第 8 章和第 9 章进一步探讨了金融工具的问题。有关金融工具准则指定政治方面的问题将在第 11 章探讨。

2005 年，由于欧盟拒绝认可《国际财务报告解释公告第 3 号》，因此产生了另一个有关排放权力会计的问题。这次，欧盟拒绝认可并非出于政治原因，而是认为该问题的技术解决方法是错误的。于是，国际会计准则委员会撤回了《国际财务报告解释公告第 3 号》，从而解决了该问题。2007 年，欧洲议会通过了一项反对认可《国际财务报告准则第 8 号》（经营分部）的提议。但是，国际会计准则委员会颁布《国际财务报告准则第 8 号》1 年多后，欧盟还是认同了该准则。

获得认可通常需要 1 年以上的时间，所以总是会有一些国际财务报告准则的元素未被认可。这一般不会对欧盟公司带来任何问题，因为新准则或经修订的准则的生效日期通常是在准则发布 1 年以后。然而，《国际财务报告解释公告第 12 号》被要求作为国际财务报告准则的一部分应用于 2008 年的年度财务报告，但是直到 2009 年 3 月 29 日该解释公告才得到认可，而此时很多集团公司已经发布了其 2008 年的财务报表。在这个例子中，因为《国际财务报告解释公告第 12 号》与其他被认可的国际财务报告准则并不存在冲突，所以可在早期作为欧盟国际财务报告准则的一部分被采纳。欧洲财务报告咨询小组网站（www. efrag. org）在"认可状态"项下列示了当前的认可情况。

事实上，欧盟认可的国际财务报告准则与导致困惑和审计问题的国际财务报告准则并不相同。对葛兰素史克公司 2008 年合并财务报表的审计意见如下：

> 我们的意见如下：
>
> - 根据欧盟采纳的国际财务报告准则，该集团的财务报告对 2008 年 12 月 31 日集团的状况及该年度的利润和现金流量给出了真实公允的观点。
> - 集团根据英国 2006 年的《公司法》和国际会计准则规则的第 4 款合理编制了财务报表。
> - 董事会报告中的信息与集团财务报告是一致的。
>
> **有关国际财务报告准则的单独意见**
>
> 正如在集团财务报告附注 1 中所解释的，除了履行其法律义务而遵循被欧盟采纳的国际财务报告准则外，还遵循了国际会计准则理事会发布的国际财务报告准则。我们认为，根据欧盟采纳的国际财务报告准则，该集团的财务报告对 2008 年 12 月 31 日集团的状况及该年度的利润和现金流量给出了真实公允的观点。

在此需要说明以下几点：

- 审计师提到的国际财务报告准则是指被欧盟采纳的国际财务报告准则，在单独意见中，指的是由国际会计准则理事会发布的国际财务报告准则。这是因为公司选择不利用欧盟的《国际会计准则第 39 号》，其额外许可使用对冲会计，因此集团公司可以遵循两个版本的国际财务报告准则。

- 审计师提到了《公司法》。该法案免除了采用国际财务报告准则的公司遵循国家会计准则以及大多数有关会计的国家法律的义务。然而，这些法律的某些方面（如对任命审计师和发布财务报表的要求）仍然需要被遵循。

- 审计师提到了国际会计准则规则。这指的是 2002 年的欧盟规则，该规则要求上市公司遵循国际财务报告准则而非（大部分的）国家准则编制其合并财务报表。

- 审计师提到了"真实公允的观点"。这是因为欧盟法律仍然要求董事会确保财务报表提供真实公允的观点（见第 2.4 部分和第 12.2 部分），并要求审计师就财务报表是否提供了真实公允的观点提出审计意见。有趣的是，《国际会计准则第 1 号》中并没有对"公允呈报"（第 6.2 部分）提出要求，而是制定了与其有相同意义的实践假设。在其他的语言版本（如法语和意大利语）中，就不存在这一问题了，因为"真实公允的观点"和"公允呈报"都被翻译成同一个短语（即法语中的"*image fidèle*"）。

- 真实公允的观点受限于"国际财务报告准则"的规定。在 2005 年之前，英国（但不是美国）关于遵循法律和给出真实公允观点的审计意见是两个相互独立的问题。

  Nobes（2009）调查了根据国际财务报告准则编制财务报表的法律环境，特别引用了英国上市公司的合并财务报表。该调查结果同时关注两个在公允呈报方面与准则相偏离的实例（一个发生在法国，另一个发生在英国）。

  欧盟采纳国际财务报告准则的另一个方面是，在21世纪前10年的大部分时间中，欧盟是国际会计准则理事会的"最佳客户"。欧盟采用多种方法对国际报告准则理事会施加影响，正如我们可以从之前有关欧盟对国际财务报告准则的认可的讨论中看到的那样。2008年10月出现了极端的版本。当时，在欧盟更改国际财务报告准则以适合其要求的情况下，国际会计准则理事会对《国际会计准则第39号》进行了修订，允许对金融资产进行重新分类（见第6.3部分和第9.4部分）。该过程没有固定的程序，也没有来自其他部门的咨询。有关此问题的政治考虑将在第11章进行讨论。随着越来越多的国家采纳了国际财务报告准则，这样的影响将会越来越小。

  强制上市公司采用国际财务报告准则编制合并财务报表，会导致一些国家的准则制定机能的失效（第14.3部分中出现的问题）。规则允许欧盟成员国将国际财务报告准则的强制性或选择性使用扩展到非上市公司和非合并财务报表中，就如本书第五部分中所讨论的。

5.4 国际财务报告准则与美国财务报告准则的差异

5.4.1 概述

  此部分对美国公认会计原则与国际财务报告准则之间的区别进行了概述。首先，介绍了三个高层次的区别：原则和规则的区别（见第5.4.2部分）、选择的可获得性（见第5.4.3部分）和对历史成本的偏离（见第5.4.4部分）。之后，通过探讨已发布的从国际财务报告准则向美国公认会计原则的调整，说明了这些区别的重要性（见第5.4.5部分）。第5.5部分讨论了两个系统之间的趋同，以及在美国提出的对国际财务报告准则的采纳。

5.4.2 原则和规则

  2001—2002年间，安然集团及其审计公司的倒闭是导致对如何在美国制定会计准则问题进行重新思考的原因之一。2002年，美国财务会计准则委员会发布了一份咨询文件，询问美国会计准则是否应该更偏向于原则而非规则（财务会计准则委员会，2002）。

  导致安然事件的主要会计问题之一是，许多具有大量负债的受控实体（特别目的实体）都没有包括在合并财务报表中。美国规则对子公司的定义（《会计原则委员会意见第18号》中）是基于持有半数以上投票权股份，而不是基于国际会计准则理事会"具有控制财务和经营政策能力"原则（《国际会计准则第27号》）的基础上。此外，不像《国际会计准则第1号》中的规定，美国没有因结果错误而导致与准则规定有所偏离（甚至许可），即不存在因公允呈报原则而出现凌驾于准则之上的行为这样的情况。这一点在财务会计准则委员会2008年发布等级原则（《财务会计准则公告第 162 号》）时得到了确认。但是，财务会计准则委员会不太可能从本质上采纳国际会计准则委员会所制定的准则，因为这会要求重新撰写美国的所有文献，并对美国所有的会计和审计师重新进行培训。

这一问题导致了一个非常有趣的学术辩论。Schipper（2003）指出，财务会计准则委员会在撰写其规则时试图采用原则基础。Nelson（2002）认为，各种准则均位于原则基础和规则基础连续体中的不同位置。规则包括"具体标准、'明线'门槛、实例、限制范围、例外……指导的实施"（第 91 页）。Nelson 认为，规则在增加精确性方面还是很有用的，但是也能导致准则过分复杂以及公司为了降低门槛而构建交易的情况（例如，在编制合并财务报表时删除某些项目或回避对一些租赁债务的资本化）。Dennis（2008）指出了基于原则（但可能充满规则）的准则和包括原则（而非规则）的准则之间的区别。

Nobes（2005）提出，对于一些准则来说，通过更好地确认原则能减少规则的数量，这通常会同时导致准则更为准确，以及公司更少构建交易行为。例如，他建议取消经营性租赁和融资性租赁的区别（也见 McGregor，1996 以及 Nailor 和 Lennard，1999），以及将政府补助立即确认为一项收入（Westwood 和 Mackenzie，1999）。这些可与第 6 章中国际财务报告准则的当前要求相比较。2004 年，财务会计准则委员会决定向"目标导向"的准则方向努力，这类准则会清晰地表述目标并最大程度地减少例外情况和"明线"（财务会计准则委员会，2004）。

Benstond 等人（2006）认为，在不要求使用公允价值的前提下，采用基于原则的方法是比较困难的（见下文），因为在实践中报表编制人员仍需要详细指导。他们还争论说，应该在美国公认会计原则中将公允呈报的重要性提升至压倒性的地位。

5.4.3 选择

与国际财务报告准则相比，美国公认会计原则的另一个更详细的方面是它包括了较少的明确选择。在 2003 年取消了许多选择以前，国际财务报告准则包括更多的选择。表 5—1 列示了一些未被取消的选择。除了第一项以外的所有项目，美国公认会计原则中没有选择项，而国际财务报告准则中却存在选择项。括号中的章节是指本书中对此问题进行详细探讨的章节。第 7 章对国际财务报告准则的选择项以及不同的国家如何选择不同的选项进行了更为详细的论述。

表 5—1　　　　　国际财务报告准则和美国公认会计原则中的一些选择

	国际财务报告准则	美国公认会计原则
后进先出法（第 8 章）	否	是
以递增的流动性呈报资产（第 2 章）	是	否
不确认一些计提损益（第 9 章）	是	否
对合资企业按比例合并（第 17 章）	是	否
以公允价值衡量建筑物（第 6 章）	是	否

资料来源：作者。

5.4.4　资产衡量

国际财务报告准则和美国公认会计原则之间的另一个更高层次的区别是，国际财务报告准则更多地允许或要求使用公允价值而非历史成本。此处一个主要的例子在表5—1的最后一个项目中得到了列示。更详细的列表见表5—2，这些在美国都是不适用的。此外，对交易性金融资产和负债以及可供出售金融资产，《国际会计准则第39号》均要求使用其公允价值入账（正如在美国公认会计原则中的要求）。

表5—2　　　国际财务报告准则中要求使用公允价值衡量而美国公认会计原则
不要求使用公允价值衡量的项目

《国际会计准则第16号》（可选）	不动产、厂房和设备
《国际会计准则第38号》（可选）	具有活跃市场的无形资产
《国际会计准则第39号》（要求）	非上市投资
《国际会计准则第40号》（可选）	投资资产
《国际会计准则第41号》（要求）	生物资产

资料来源：作者。

5.4.5　从国际财务报告准则向美国公认会计原则调整

我们可以通过使用已发布的调整来诠释国际财务报告准则和美国公认会计原则之间在会计处理上的区别。直到2007年，美国证券交易委员会要求国外注册公司将国际财务报告准则调整为美国一般公认会计原则。因此，此数据的来源是采用国际财务报告准则编制其合并财务报表的公司（同时也在美国证券交易所上市）的年报。

表5—3和表5—4列示了德国公司拜尔和法国公司阿尔卡特朗讯（Alcatel-Lucent）的调整情况。从表中可以看出数个调整行为。有些公司也会做反向的调整，即从美国一般公认会计原则向国际财务报告准则调整。这特别体现在一些欧盟公司（特别是德国公司）当中，为了遵守《2002年欧盟规则》的规定，它们从使用美国公认会计原则调整为使用国际财务报告准则。因为规则的允许，一些成员国的某些公司在2006年或2007年才调整为使用国际财务报告准则。在表5—5中的例子是挪威能源公司挪威海德鲁公司（Norsk Hydro）在其2007年报告中所做的调整。当今后美国公司首次采用国际财务报告准则时，会发布更多从美国公认会计原则向国际财务报告准则所进行的调整。

在本书第6章和第8章探讨了国际财务报告准则和美国公认会计原则后，第8.9部分列示了准则的主要不同点。表5—3和表5—4中最大的调整，是由合并报表准则中的区别所导致的。在第17章中，也对此进行了讲解。

表5—3　拜尔公司从国际财务报告准则向美国公认会计原则的调整（2006年）　　　单位：百万欧元

	收　入	权　益
在国际财务报告准则下报告的值	1 695	12 851
业务合并	79	950
养老金	(168)	11
仅在进行的研发	(1 375)	(1 454)
资产减值	23	(114)
早期退休计划	(27)	74
重估盈余	4	(58)
其他	(17)	2
调整的递延税金影响	67	3
少数股东权益	(12)	(84)
美国公认会计原则下的金额	269	12 181

资料来源：节选自《拜尔公司2006年年报》。Bayer AG，勒沃库森，德国。经允许使用。

表5—4　　阿尔卡特朗讯公司从国际财务报告准则向美国公认会计原则的调整（2006年）

单位：百万欧元

	收　入	权　益
在国际财务报告准则下报告的值	(176)	15 493
业务合并，商誉	(403)	4 433
开发成本	39	(146)
重建	(47)	12
出售后回租	(50)	(245)
复合金融工具	39	(840)
养老金	61	837
其他	(20)	2
税金影响	(33)	(262)
美国公认会计原则下的值	(590)	19 284

资料来源：节选自《阿尔卡特朗讯公司2006年年报》。Alcatel-Lucent，巴黎。

表5—5　挪威海德鲁公司从美国公认会计原则向国际财务报告准则的调整　　　单位：百万克朗

	权益（2006年1月1日）	净收益（2006年）
根据美国公认会计原则	95 495	17 391
养老金	(6 012)	375
金融工具	(79)	(113)
不动产	310	(50)
其他	761	128
少数股东权益	981	202
根据国际财务报告准则	90 743	17 933

资料来源：《挪威海德鲁公司2007年年报》。

5.4.6 哪个更好

第 5.2 部分提到了一些报告，这些报告讲述了与国内的会计体系相比，采纳国际财务报告准则将怎样改善会计实践。但是，这是否说明国际财务报告准则就优于美国公认会计原则呢？一个能够确定答案的方法，是考虑本部分之前提到的一些讨论。例如，美国基于规则的方法存在明显的问题：它会导致复杂的规则以及构建交易的行为。另外，国际财务报告准则存在过大的弹性。

一个学术上采用的方法是，询问哪个系统能够更好地预测收入，或与股价的波动更有相关性。Ashbaugh 和 Olsson（2002）发现，根据国际财务报告准则和美国公认会计原则呈报的信息在统计方面具有不同的特性，而且对投资决策来说并不具有任何的可比性。然而，Leuz（2003）发现，就一些不对称信息的数个指标（如买卖价差）来说，国际财务报告准则和美国公认会计原则之间并不存在统计区别。

5.5 美国与国际财务报告准则的趋同及对其的采纳

第 5.2 部分揭示了对不同准则的采纳情况以及这些准则之间的趋同。该部分也探讨了国内准则与国际财务报告准则的趋同情况。第 5.4 部分探讨了国际财务报告准则和美国公认会计原则在多个方面的区别。本部分将涉及二者之间的趋同，以及美国采纳国际财务报告准则的情况。

Esty 和 Geradin（2001）注意到，近些年来市场自由化已经成为一大特点。他们在几个领域内（但不包括会计领域）研究了允许和反对两套或多套规则的各种讨论。竞争可能会允许测试和改良其他可供选择的防范措施。竞争可能还可以防止单一规则行为和无效的官僚行为。但是，协调可能会减少因公司不同的行政区域需要采用不同准则而导致的无效行为。同时，也可能防止通过使用最宽松的准则来吸引公司进行地域竞争。

在这种背景下，我们可以发现一个有趣的现象，即美国公认会计原则和国际财务报告准则在覆盖主题、取消可选处理方法和所要求的披露方面均为全球最严格的几套准则之一。但是，美国公认会计原则是二者中更为严格的一套准则，这一点是很明显的。尽管如此，正如之前曾提及的，尽管需要遵循美国一般公认会计原则，但还是有许多外国公司选择在美国证券交易所上市。

为了持续的标准化及随之而来的优势（见第 4 章），财务会计准则委员会和国际会计准则理事会均自愿减少规则上的竞争。2002 年 9 月，根据名为诺沃克协议（Norwalk Agreement）的文档记载，财务会计准则委员会和国际会计准则理事会对外宣布将进行趋同。协议规定应尽快消除一些细节上的区别，然后再逐渐消除其他的区别。财务会计准则委员会和国际会计准则理事会于 2006 年 2 月发布了理解备忘录，更新了上述计划，并于 2008 年进行了进一步更新。

表 5—6 显示了几个趋同的例子。财务会计准则委员会和国际会计准则理事会分别于 2007 年和 2008 年发布了有关业务合并的趋同准则。关于呈报财务报表和收入确认改革的联合讨论文件于 2008 年发布。第 6 章至第 8 章讨论了这些问题。2005 年，美国证券交易委员会宣布其预期可以接受，不向美国公认会计原则调整的依据国际财

务报告准则编制的报表。2007 年，该提议被批准（美国证券交易委员会，2007），并于 2008 年归档，应用于美国证券交易委员会 2007 年的报表中。

表 5—6　　　　　　　国际财务报告准则和美国公认会计原则的趋同

国际财务报告准则向美国公认会计原则趋同	美国公认会计原则向国际财务报告准则趋同
非持续经营（《国际财务报告准则第 5 号》，2004）	资产交换（《财务会计准则公告第 153 号》，2004）
分部报告（《国际财务报告准则第 8 号》，2006）	会计政策（《财务会计准则公告第 154 号》，2005）
借款成本（《国际会计准则第 23 号》，2007 年修订）	公允价值选择（《财务会计准则公告第 159 号》，2007）

　　Schipper（2005）考查了美国公认会计原则和国际财务报告准则之间趋同的意义。她认为，将有更多的人要求国际会计准则理事会发布更为详细的解释，还会要求加强执行力（见第 10 章）。De Lange 和 Howieson（2006）考查了财务会计准则委员会和国际会计准则理事会的机构设置。他们预测前者将会主导准则的制定工作，而美国公司采纳国际财务报告准则的动力并不大。但是，当美国证券交易委员会要求从 2014 年起采纳国际财务报告准则并允许一些注册公司从 2009 年起采纳该准则时，这一预测就落空了（美国证券交易委员会，2008）。

　　在要求采纳国际财务报告准则之前，美国证券交易委员会预期会提出几个具有里程碑意义的要求，包括提议国际会计准则理事会改进国际财务报告准则。美国证券交易委员会还将确定国际财务准则理事会基金会的长期融资是否充足，以及检查小组（之前提到过）是否已经成立。美国证券交易委员会会在 2011 年确定是否于 2014 年强制最大的注册公司采纳国际财务报告准则，并于 2015 年和 2016 年强制其他公司采纳该准则。美国证券交易委员会要求公司呈报 3 年的利润表和现金流量表，这意味着 2014 年的报表编制人员需要根据国际财务报告准则编制 2012 年的期初资产负债表。

　　有关自 2009 年后自愿采纳国际财务报告准则的提议与以下行业中的美国公司有关，在这些行业中国际财务报告准则是全球最大的 20 家上市公司（根据总市值排列）最普遍的遵循基础。

5.6　由国家规则向美国公认会计原则或国际财务报告准则的调整

　　在第 1.1 部分中，给出了一些从其他国家准则向美国公认会计原则调整的实例。第 2.9 部分给出了一些其他实例，并列出了对一些公司收益或净资产平均百分比进行调整的学术研究。在这里，我们将进一步给出调整的例子。这些例子均发生于 2004 年，因为这一年是欧盟上市公司根据其国内准则编制合并财务报表的最后一年。表 5—7 列示了沃达丰公司（Vodafone）根据国际财务报告准则编制报表的第一个半年利润的巨大调整。之所以会产生差异，主要是因为取消了商誉摊销费用（见第 6 章）。

表5—7　　　　　　　　　　　　**沃达丰公司利润表**　　　　　　　　　　　单位：百万英镑

	至2004年9月30日的6个月			
	英国公认会计原则	报表调整	会计调整	国际财务报告准则
收入	16 796	(54)	—	16 742
经营（损失）/利润	(1 615)	(598)	6 972	4 759
特殊非经营性项目	22	(22)	—	—
非经营性收入或费用	—	16	—	16
净金融成本	(291)	91	(35)	(235)
税前（损失）/收益	(1 844)	(513)	6 973	4 540
税款	(1 559)	865	(163)	(857)
特殊递延所得税贷项	572	(572)		
少数股东权益	(324)	220	36	(68)
期间（损失）/利润	(3 195)	—	6 810	3 615
每股基本（损失）/收益	每股(4.77)英镑			每股5.4英镑

资料来源：节选自《2004年沃达丰中期报告》中的沃达丰利润表。

表5—8列示了从德国准则向美国准则调整的一个例子。该表格整合了德国大型化工公司巴斯夫公司（BASF）的收益和股东权益调整情况。2004年的收入调整包括对一些正好被抵消的金额所做的巨大调整。但是，2003年采用美国准则编制的报表利润比采用德国准则编制的报表利润要高出45个百分点。第14章和第16章会再次提及这些问题。

表5—8　　　　**2004年巴斯夫公司从德国准则向美国准则的调整**　　　　单位：百万欧元

	收　入	权　益
根据德国公认会计原则报告的收入	1 883.0	
为符合美国公认会计原则的要求而做的调整		15 765.0
利息资本化	(4.5)	472.7
内部使用软件的开发费用资本化	(53.3)	128.3
养老金会计	41.0	924.3
准备金会计	(8.1)	244.4
金融衍生工具和长期外币项目会计	194.5	3.2
证券按市价估值	6.8	191.5
权益法下公司估值的调整	(161.6)	39.0
存货估值	(3.4)	18.9
商誉摊销的冲销	148.7	469.5
其他调整	29.8	58.6
递延税金和股利支付税收影响的确认	(210.4)	(810.8)
少数股东权益	0.5	(345.5)
根据美国公认会计原则所得的金额	1 862.8	17 159.1

资料来源：节选自《巴斯夫公司2004年年报》，p. 92。BASF SA，路德维希港，德国。经允许使用。

一些调查人员调查了这些调整是否提供了有价值的信息。Barth 和 Clinch（1996）发现，对澳大利亚和英国公司来说，调整确实提供了有用的信息。Harris 和 Huller（1999）进一步提供了相关证据。Lang 等人（2006）认为，公司外国会计数据比美国国内的调整数据更能体现对收入的管理。

5.7　国际财务分析介绍

2005 年之前，上市公司很少使用国际财务报告准则。澳大利亚公司使用澳大利亚公认会计原则，法国公司采用法国会计系统。中国、日本和美国采用的会计准则也没有与国际财务报告准则趋同。结果，当试图处理国际差异时，财务报表的使用者均面临诸多重大的问题。第 1 章探讨了与以下方面有关的问题：

- 公司在外国交易所上市的程度。
- 各种语言版本对年报的规定。
- 向美国公认会计原则或国际财务报告准则所做调整的发布（也在第 2.9 部分讨论过）。

本章也讨论了以下几个与财务报表分析相关的问题：

- 与其他会计体系相比，在美国公认会计原则或国际财务报告准则下对改善的收入所做的预测。
- 根据美国公认会计原则或国际财务报告准则提供的会计信息是否为"较好"（第 5.4.6 部分）。
- 调整的价值相关性（第 5.6 部分）。

此部分介绍了以下几个与在国际环境中分析财务报表相关的问题：

- 国际分析中的比率。
- 即使各公司均使用国际财务报告准则，国际分析中仍存在的问题。
- 公司如何提供帮助。
- 分析人员如何处理国际差异。

这些问题将在第 20 章中进行讨论。

我们现在需简单处理四个尚未因使用国际财务报告准则而实现标准化的问题：语言、比率、呈报和货币。一个非常明显的问题（欧盟因此问题而对中国和日本的公司非常感兴趣）是语言。正如在第 1.2 部分中所提及的，一些公司采用多种语言发布年报。对于上市的中国公司和日本公司来说，发布英文版的报表是非常普遍的行为。就像之后解释的那样（第 13 章中），有时这些"便利翻译"并不是与原版本一一对应的翻译。一些公司还会提供术语表以帮助读者理解报表。英国电信公司（British Telecom，BT）就是采用这种做法的一个示例。

与对国内环境的分析一样，国际分析也包括比率的使用。无论本书何时提到国际会计差异，一个需要考虑的重要问题是：为什么这个问题是重要的。其中的一个回答可能是该问题对比率的影响。例如，对存货估价使用后进先出法（last in，first out，LIFO），对资产负债表影响重大（见第 8 章）。此问题的重要性可以从计算盈利性（资产回报率）比率、杠杆比率或流动性比率的影响并加以衡量当中看出来。

许多公司试图通过发布比率和"关键绩效指标"来帮助分析人员。公司也经常披露收益和其他会计数据的"非公认会计原则"衡量标准。但是，对于上述概念，并不存在全球认同（甚至是国内认同）的定义。因此，在进行国际比较时，财务报表的用户需要格外仔细。在第 20 章中将进一步探讨这个问题。

为了帮助国外分析人员，日本的"便利翻译"版本重新安排了利润表的项目。例如，在采用国际财务报告准则编制的利润表中不能出现"非常项目"，但是在日本的报表中该项目却经常出现。因此，在"便利翻译"中，这些项目被冠以其他名称，列在利润表中。

标准化报表呈递程序更有效、更统一的版本是可扩展商业报告语言（extensible business reporting language，XBRL）。这是会计版本的"html"，是在互联网上展现项目时所使用的标记语言。XBRL 将会计数据项目贴上标签（如资产负债表中有关无形资产的数据）。这使得来自不同公司或国家的信息使用者能够出于财务目的重新将这些项目安排为标准的格式。整套标签及其结构被称为分类（或类别）。具体请见 www. xbrl. org。

国际会计准则理事会基金会已经编制了一套国际财务报告准则类别。在美国，证券交易委员会要求上市公司于 2009 年使用 XBRL，而外国注册公司可以延迟到 2011 年再使用该系统。英国税务海关总署（Her Majesty's Revenue and Customs，HMRC）提议，从 2011 年起使用 XBRL。XBRL 的使用使得，进行比较国际基础上的包括比率分析在内的各项分析变得更加容易。这里也存在一个比较危险的问题，那就是分析人员可能会忘记使用不同会计系统会得出不同的会计数据，而 XBRL 并不能解决这个问题。

另一个问题就是外国货币问题，即年报是以不同货币呈报的。这个问题完全不同于外币交易会计和外国子公司会计（见第 18 章）。一些公司会发布"便利货币折算"。例如，一些日本公司会以美元和日元为计价货币编制财务报表。通常，这些公司会使用资产负债表日的即时汇率，但是一些公司也会选择使用 1 年的平均汇率进行折算。当然，大部分公司的会计报表仅采用一种计价货币。因此，为了进行国际比较，分析人员必须选择用于折算金额的比率。

Choi 和 Levich（1990）报告说，为了协助跨国分析人员，公司也会自愿进行诸多披露。他们还认为，一些投资者会因为诠释财务报告中存在的困难而回避对国外进行投资。可替代这种极端做法的其他方法是，将会计数据调整为一个共同基准。就像之前解释的，有些公司会为呈报报表（如日本便利翻译）或计量问题（如调整为美国一般公认会计原则）而调整会计数据。分析人员对现存的国际会计差异的反应将在第 20 章中讨论。

当对国际财务准则的采纳非常普遍时会出现危险的问题，即分析人员会认为会计数据具有国际可比性。但是，正如将在第 7 章中讨论的那样，国际财务报告准则在各国均存在差异。Ball（2006）警告说，尽管采纳了国际财务报告准则，会计体系仍会因以下原因而存在差异：

对在实践应用中的统一性持怀疑态度的主要原因是，报表编制人员（管理者）和实施人员（审计人员、法院、规则制定者、董事会、股东、政治家、分析人员、排名机构、新闻机构）主要是当地人（第 15 页）。

小结

- 世界上大多数的上市公司都采用国际财务报告准则或者美国公认会计原则编制合并财务报表。
- 国际准则在被欧盟公司采纳以前必须被欧盟所认可,准则中的一些条款尚未被认可。
- 一些国家为某些目的采纳了国际财务报告准则,某些国家则对其国内规则进行修改,使之与国际财务报告准则或美国公认会计原则更相似。
- 500多家外国公司在纽约证券交易所上市。在外国上市的一个原因是为了进入更大的权益市场。在外国上市也会产生一些成本。
- 同样的,一些投资者寻找回报更丰厚的海外投资机会,但是这种投资活动受到风险和各种成本的约束。
- 国家规则和国际财务报告准则以及美国公认会计原则之间的差异可能会对财务报表产生很大的影响。
- 国际财务报告准则和美国公认会计原则之间存在差异。例如美国公认会计原则包括更多详细的规则,以及禁止超过成本计价。
- 公开的年报从国际财务报告准则向美国公认会计原则的调整数据说明了现存的一些比较大的差异。
- 这两种"国际"标准也正在趋同。

参考文献

Al-Shammari, B. , Brown, P. and Tarca, A. (2008) 'An investigation of compliance with international accounting standards by listed companies in the Gulf Co-Operation Council member states', *International Journal of Accounting*, Vol. 43, No. 4.

Ashbaugh, H. (2001) 'Non-US . rms' accounting standard choices', *Journal of Accounting and Public Policy*, Vol. 20, No. 2.

Ashbaugh, H. and Olsson, P. (2002) 'An exploratory study of the valuation properties of cross-listed . rms' IAS and US-GAAP earnings and book values', *Accounting Review*, Vol. 77, No. 1.

Ashbaugh, H. and Pincus, M. (2001) 'Domestic accounting standards, international accounting standards, and the predictability of earnings', *Journal of Accounting Research*, Vol. 39, No. 3.

Ball, R. (2006) 'International Financial Reporting Standards (IFRS): pros and cons for investors', *Accounting and Business Research*, Special Issue: International Accounting Policy Forum.

Barth, M. and Clinch, G. (1996) 'International accounting differences and their relation to share prices', *Contemporary Accounting Research*, Vol. 13, No. 1.

Barth, M. , Landsman, W. and Lang, M. (2005) 'International accounting standards and accounting quality', Working Paper, Stanford University, subsequently published in the

Journal of Accounting Research, Vol. 46, No. 3.

Benston, G. J. , Bromwich, M. and Wagenhofer, A. (2006) ' Principles – versus rules – based accounting standards: The FASB's standard setting strategy', *Abacus*, Vol. 42, No. 2.

Choi, F. D. S. and Levich, R. M. (1990) *The Capital Market Effects of International Accounting Diversity*, Dow Jones Irwin, IL.

Cuijpers, R. and Buijink, W. (2005) ' Voluntary adoption of non – local GAAP in the European Union: a study of determinants and consequences', *European Accounting Review*, Vol. 14, No. 3.

Daske, H. (2006) ' Economic bene. ts of adopting IFRS or US – GAAP—have the expected cost of equity capital really decreased?', *Journal of Business Finance and Accounting*, Vol. 33, Nos 3/4.

De Lange, P. and Howieson, B. (2006) ' International accounting standards and U. S. exceptionalism', *Critical Perspectives on Accounting*, Vol. 17, No. 8.

Delvaille, P. , Ebbers, G. and Saccon, C. (2005) ' International . nancial reporting convergence: evidence from three continental European countries ', *Accounting in Europe*, Vol. 2.

Dennis, I. (2008) ' A conceptual enquiry into the concept of a "principles – based" accounting standard', *British Accounting Review*, Vol. 40, No. 3.

Ernstberger, J. and Vogler, O. (2008) ' Analyzing the German accounting triad – "Accounting Premium" for IAS/IFRS and U. S. GAAP vis – à – vis German GAAP?', *International Journal of Accounting*, Vol. 43, No. 4.

Esty, D. C. and Geradin, D. (2001) *Regulatory Competition and Economic Integration*, Oxford University Press, Oxford.

FASB (2002) *Principles–based Approach to US Standard Setting*, Financial Accounting Standards Board, Norwalk.

FASB (2004) ' On the road to an objectives–oriented accounting system', *The FASB Report*, 31 August.

Haller, A. and Eierle, B. (2004) ' The adaptation of German accounting rules to IFRS: a legislative balancing act', *Accounting in Europe*, Vol. 1.

Harris, T. and Muller, K. (1999) ' The market valuation of IAS versus US – GAAP accounting measures using Form 20 – F reconciliations ', *Journal of Accounting and Economics*, Vol. 26, Nos 1-3.

Hope, O. -K. , Jin, J. and Kang, T. (2006) ' Empirical evidence on jurisdictions that adopt IFRS', *Journal of International Accounting Research*, Vol. 5, No. 2.

Hung, M. and Subramanyam, K. R. (2007) ' Financial statement effects of adopting International Accounting Standards: the case of Germany', *Review of Accounting Studies*, Vol. 12, No. 4.

Lang, M. , Raedy, J. S. and Wilson, W. (2006) ' Earnings management and cross listing: are reconciled earnings comparable to US earnings?', *Journal of Accounting and*

Economics, Vol. 42, Nos 1/2.

Leuz, C. (2003) 'IAS versus U. S. GAAP: information asymmetry-based evidence from Germany's new market', *Journal of Accounting Research*, Vol. 41, No. 3.

McGregor, W. (1996) *Accounting for Leases: A New Approach*, FASB for G4 + 1, Norwalk.

Nailor, H. and Lennard, A. (1999) Leases: *Implementation of A New Approach*, FASB for G4+1, Norwalk.

Nelson, M. W. (2003) 'Behavioral evidence on the effects of principles- and rules-based standards', *Accounting Horizons*, Vol. 17, No. 1.

Nobes, C. W. (2005) 'Rules - based standards and the lack of principles in accounting', *Accounting Horizons*, Vol. 19, No. 1.

Nobes, C. W. (2009) 'The importance of being fair: an analysis of IFRS regulation and practice', *Accounting and Business Research*, Vol. 39, No. 4.

Nobes, C. W. and Zeff, S. A. (2008) 'Auditors' af. rmations of compliance with IFRS around the world: an exploratory study', *Accounting Perspectives*, Vol. 7, No. 4.

Schipper, K. (2003) 'Principles-based accounting standards', *Accounting Horizons*, Vol. 17, No. 1.

Schipper, K. (2005) 'The introduction of international accounting standards in Europe: implications for international convergence', *European Accounting Review*, Vol. 14, No. 1.

SEC (2007) *Acceptance from Foreign Private Issuers of Financial Statements Prepared in Accordance with International Financial Reporting Standards without Reconciliation to U. S. GAAP*, 33-8879, SEC, Washington, DC.

SEC (2008) *Roadmap for the Potential Use of Financial Statements Prepared in Accordance with International Financial Reporting Standards by U. S. Issuers*, 33-8982, SEC, Washington, D. C.

Tyrrall, D. , Woodward, D. and Rakhimbekova, A. (2007) 'The relevance of International Financial Reporting Standards to a developing country: evidence from Kazakhstan', *International Journal of Accounting*, Vol. 42, No. 1.

Van Hulle, K. (2005) 'From accounting directives to international accounting standards', Chapter 6. 1 in C. Leuz, D. Pfaff and A. Hopwood, *The Economics and Politics of Accounting*, Oxford University Press, Oxford.

Van Tendeloo, B. and Vanstraelen, A. (2005) 'Earnings management under German GAAP versus IFRS', *European Accounting Review*, Vol. 14, No. 1.

实用网址

Committee of European Securities Regulators　www. cesr-eu. org

European Commission　http://ec. europa. eu/internal_market/accounting/ias_en. htm

European Financial Reporting Advisory Group　www. efrag. org

Financial Accounting Standards Board	**www. fasb. org**
IAS plus	**www. iasplus. com**
International Accounting Standards Board	**www. iasb. org**
International Organization of Securities Commissions	**www. iosco. org**
Securities and Exchange Commission	**www. sec. gov**

课后问题

书末提供带星号问题的参考答案。

5.1* 区分下列词汇：协调化、标准化、趋同、采纳和欧盟认可。

5.2* 运用本章给出的调整数据和第 2 章的信息，对 2004—2005 年从德国会计或者英国会计向国际财务报告准则或美国公认会计原则调整所必需的调整步骤进行评价。

5.3 哪种类型的公司会希望到外国交易所上市？这种情况日益增加还是日益减少？为什么？

5.4 讨论国际财务报告准则和美国公认会计原则的根本性差异。美国证券交易委员会要求在美国交易所上市的外国公司将其按照国际财务报告准则编制的报表调整为按照美国公认会计原则编制的报表，这种做法正确吗？

5.5 解释允许国际会计准则理事会和美国财务会计准则委员会在会计准则条文方面的竞争的支持和反对意见，并说明哪种意见更有力？

第6章 国际财务报告准则的要求

克里斯托弗·诺比斯

内容

目标

读完本章后您应当能够

- 概括国际财务报告准则规范下的财务报告总体目标及基本假设。
- 讨论相关性和可靠性的含义，解释为什么二者可能相互冲突。
- 解释资产和负债的定义并说明这些项目应当何时在资产负债表中确认。
- 概括国际财务报告准则对各种资产所要求的计价方法。
- 举例说明按照国际财务报告准则的要求可以被确认的各类负债。
- 解释对子公司、合营公司和联营公司而言，集团会计的基本特征。

6.1 引言

第 4 章和第 5 章考察了国际协调的目标和迄今为止的进展情况，并介绍了国际会计准则委员会和国际会计准则理事会的历史和组织结构。然而这两章并没有详细介绍准则的要求（即国际财务报告准则），这将是本章的讨论范围。

表 6—1 是目前的国际财务报告准则一览表。表中的数字序号并不连续，缺少的那些已经被后续准则所代替（回顾表 4—2）。事实上，大多数准则从最初发布到现在都经过了各种修订。

表 6—1　　　　国际会计准则理事会准则（2008 年 1 月）

《国际会计准则第 1 号》	财务报表的列报
《国际会计准则第 2 号》	存货
《国际会计准则第 7 号》	现金流量表
《国际会计准则第 8 号》	会计政策、会计估计变更和差错
《国际会计准则第 10 号》	资产负债表日后事项
《国际会计准则第 11 号》	建造合同
《国际会计准则第 12 号》	所得税
《国际会计准则第 16 号》	不动产、厂场和设备
《国际会计准则第 17 号》	租赁
《国际会计准则第 18 号》	收入
《国际会计准则第 19 号》	雇员福利
《国际会计准则第 20 号》	政府补助会计和政府援助的披露
《国际会计准则第 21 号》	汇率变动的影响
《国际会计准则第 23 号》	借款费用
《国际会计准则第 24 号》	关联方披露
《国际会计准则第 26 号》	退休福利计划的会计和报告
《国际会计准则第 27 号》	合并财务报表
《国际会计准则第 28 号》	联营企业投资会计

续表

《国际会计准则第 29 号》	在恶性通货膨胀经济中的财务报告
《国际会计准则第 31 号》	合营中权益的财务报告
《国际会计准则第 32 号》	金融工具：列报
《国际会计准则第 33 号》	每股收益
《国际会计准则第 34 号》	中期财务报告
《国际会计准则第 36 号》	资产减值
《国际会计准则第 37 号》	准备、或有负债和或有资产
《国际会计准则第 38 号》	无形资产
《国际会计准则第 39 号》	金融工具：确认与计量
《国际会计准则第 40 号》	投资性房地产
《国际会计准则第 41 号》	农业
《国际财务报告准则第 1 号》	首次采用国际财务报告准则
《国际财务报告准则第 2 号》	以股份为基础的支付
《国际财务报告准则第 3 号》	企业合并
《国际财务报告准则第 4 号》	保险合同
《国际财务报告准则第 5 号》	持有待售的非流动资产和终止经营
《国际财务报告准则第 6 号》	矿产资源的开采和评估
《国际财务报告准则第 7 号》	金融工具：披露
《国际财务报告准则第 8 号》	经营分部
《国际财务报告准则第 9 号》	金融工具

除准则之外，"（对准则及其指南的）解释（公告）"也必须遵守。原有的解释以"SIC"系列的形式发布，而新的解释（自 2002 年起）则以"IFRIC"系列的形式发布。例如，《国际会计准则委员会常设解释委员会解释公告第 12 号》（SIC 12）（见第 6.5 部分）主要针对特殊目的工具的合并问题。Bradbury（2007）测试了《国际财务报告解释公告》的运作程序及其头 5 年的输出情况。2003 年，许多（对原有准则的）选择性做法都被去掉了。

本章分 5 节介绍国际财务报告准则的大部分内容，其中每节讨论的主题都是相互关联的。鉴于此，本章所讨论的主题不是按照国际财务报告准则序号的顺序进行的。本章省略了一些现行准则，其中包括和某个特定行业相关的准则（例如《国际财务报告准则第 4 号——保险合同》）。然而在本章最后部分的附录 6.1 中按照顺序提供了所有准则的摘要。

本章的主要目的在于描述和概括国际财务报告准则的要求，这是理解国际财务报告准则的一个必要步骤。其他的步骤包括了解：

• 与制定和实施国际财务报告准则的主体相关的法律及政治方面的因素（见第 4 章和第 11 章）。

- 国际财务报告准则在世界各地被强制或自愿使用的推广路径（见第5章）。
- 国际财务报告准则是否写作良好、符合逻辑以及内容一致（见下文和第9章、第17章和第18章）。
- 国际财务报告准则要求的实际应用（见第9章、第17章和第18章）。
- 国际财务报告准则惯例（practice）是否在不同的国家存在不同的翻译版本（见第7章）？
- 国际财务报告准则和各国的会计制度之间的差异，尤其是美国公认会计原则（见第8章、第13章和第16章）。

限于本章的设置目的，我们不能在此解决上述所有问题。在本章第6.3~6.6部分中，有标题为"延伸阅读"（'Taking it further'）的专栏，据此我们解释了本书中哪些章节更详细地讨论了关于国际财务报告准则的特定主题。

在进行阐述之前，值得注意的是，同任何会计规则一样，国际财务报告准则受到了很多专业性的批评。企业管理者强烈地批评了《国际会计准则第39号》（见第5章）。另外，学术界认为，国际财务报告准则存在57处严重缺陷（Haswell and Langfield-Smith，2008），虽然Bradbury（2008）和Nobes（2008）也曾对此提出过质疑。

6.2 概念框架和一些基本准则

6.2.1 总体目标

国际会计准则理事会的《编报财务报表的框架》（*Framework for the Preparation and Presentation of Financial Statements*）发表于1989年。它在很大程度上归功于20世纪70年代后期美国财务会计准则委员会发布的概念框架（详细介绍见第8章）。在2008年，国际会计准则理事会联合美国财务会计准则委员会，发表了一份有关目标和（信息）质量特征的征求意见稿以及一份有关报告主体的讨论文件。

国际会计准则理事会的"框架"的目的是帮助理事会制定会计准则，以及帮助报表编报者、审计师和财务报表使用者理解会计准则。

该"框架"假设财务报表的主要目标是为不同的报表使用者（典型的代表是投资人）提供有用信息，以便改善他们的财务决策能力。"框架"本身不是准则，但是其中许多思想体现在了《国际会计准则第1号——财务报表的列报》中。"框架"和《国际会计准则第1号》中包含有大量的概念、假设等，这些可以用图6—1来归纳，不过在国际会计准则理事会的文件中并没有这么整齐地将其列为两列。

"框架"的总目标是要求对公司的经营状况和财务业绩进行公允的呈报，从而使财务报表的使用者可以制定合理的决策。"框架"指出，在国际会计准则理事会中，公允呈报也可以看作是提供了"真实和公允的观点"，这也是欧盟成员国法律中的一个基本要求（参见英国会计准则理事会，2005）。《国际会计准则第1号》包含着"公允呈报"高于一切的观念，诸如此类的观点也存在于欧盟第四号指令中（见第11章）。

为了能够"公允呈报"，呈报的信息应当是相关和可靠的，这一点很重要。大多数其他的概念都可以在这两个概念下进行解释。

公允呈报

权责发生制（和配比）
持续经营

相关性 *   可靠性

可比性（以及一致性）   正确呈报
及时性   经济实质
可理解性（以及重要性）   中立性
                              审慎（或保守）
                              完整性

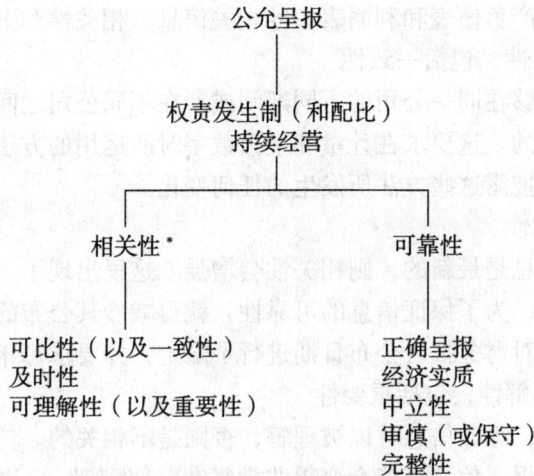

图6—1　国际会计准则理事会的概念

注：＊尽管国际会计准则理事会的文件介绍了本页所列示的所有概念，但是其所介绍的关系要比在本图左边的相关性下的三个概念更为复杂。

6.2.2　基本假设

1. 权责发生制，包括配比

权责发生制的基本含义是：交易应当在发生时进行确认，而无需参照收到或支付现金的日期。同时，计算利润时要将收入和费用相关联（配比），这与将现金收入和现金支出相关联的计算无关。这两种计算结果可能都可以提供与未来预测有关的信息。资产负债表和利润表建立在权责发生制的基础上，但现金流量表并非如此。

《国际会计准则第1号》描述了会计的权责发生制基础，但也注明"应用配比原则不允许在资产负债表内确认不符合定义的资产或负债"。这意味着与对收入/费用的定义相比，国际会计准则委员会概念框架更重视资产/负债的定义（见下文）。

2. 持续经营

这是一个重要的会计惯例，意味着如果没有证据表明情况相反，则假设公司会在可预见的未来持续经营下去。在对资产负债表特定项目进行估价时，该惯例具有重要的影响。因为持续经营假设的存在，我们可以进一步假设存货最终会在正常的经营过程中被售出去，也就是以正常的价格进行销售。同时，持续经营假设产生了折旧的概念。如果某工厂在10年期间内对厂房进行折旧，那就是假设对这个工厂来说，该厂房的使用年限为10年。而这一假设又是建立在该工厂至少要持续经营10年的假设的基础上的。

3. 建议的变更

2006年，国际会计准则理事会的讨论稿建议取消"基本假设"的概念。权责发生制概念成为了要求提供的相关信息的一部分，而持续经营则没有在讨论稿中提及。

6.2.3　相关性

很显然，信息要做到有用，首先必须和其目的相关，一般来说提供信息的目的就是制定经济决策。这就要求预测未来的现金流量。预测的时候，需要部分地依赖过去和现在的资产负债表和利润表中的相关信息。相关性和下列概念有关：

1. 可比性，包括一致性

除非能够在同一公司的不同期间或者在不同公司之间进行比较，否则财务信息不可能是相关的。这要求在计量和呈报数字时所运用的方法要尽可能地保持一致性；它还要求必须披露这些方法所发生的任何变化。

2. 及时性

如果信息是最新的，则相关性会增强。这里出现了一个普遍问题，即概念之间的冲突。例如，为了保证信息的可靠性，就得减慢其公布的速度。许多国家的财务报告监管机构都对财务报告公布日期进行了限定，并要求每年至少报告两次。

3. 可理解性，包括重要性

很显然，除非信息可以被理解，否则是不相关的。然而在复杂的现实世界中，为了公允地呈报，信息可能会变得非常复杂。"框架"允许规则制定者和信息提供者作出假设，认为重要信息使用者是受过教育的，而且是聪明的。

与此相关的概念是重要性，它指的是不应该同等重视不重要的项目和重要的项目。按照定义，不重要的项目不可能影响决策制定者的决策或者为其提供有用的信息，但它们可能会使账户复杂难懂。不重要的项目不需要单独披露，而且可能也不需要严格正确的说明。在特定环境下判断什么是"不重要的"项目可能是非常主观的。

在 2008 年的征求意见稿中，重要性（materiality）成为其他信息质量特征的一个"普遍约束条件"。

6.2.4 可靠性

为了使信息有用，必须使使用者能够依赖这些信息。下面的几个概念是和可靠性相关的，尽管其中几个也很明显地和相关性有关。

1. 如实反映

财务报表的读者不应当被报表的内容所误导。交易、资产和负债的呈报应当尽可能地代表实际发生的情况。例如，不符合资产定义的项目不能列示在资产负债表的"资产"项下。这里假设读者对所运用的概念有很好的理解。

在 2008 年的征求意见稿中，如实反映（faithful representation）代替可靠性（reliability）成为期望的两个主要信息质量特征之一。经济实质（见下文）是如实反映的组成部分。

2. 经济实质

这个概念和如实反映相关。有时这个概念也被称作呈报"经济实质而非法律形式"，然而这么表述太过简单。因为特定的经济实质总是建立在特定的法律安排之下的。这里的关键问题是发现在任何法律形式或其他制度安排背后的真正的经济效果。

举个例子来说明，假设某个企业签订了一份租赁合约，承诺为使用一台机器支付租金，租赁期限为该机器的整个预计使用年限。这和借钱买一台机器是非常类似的，因为该企业（在两种情况下）都对资产拥有使用权，同时还有付款义务。从法律形式来看该企业不拥有这台机器，也没有任何未付债务，但是从经济实质来看该企业拥有一项资产和一项负债（见下一部分的定义）。

同样的，如果一个企业将机器卖给一家金融公司，并立刻租回来，租赁期限是该机器的绝大部分使用年限，则从法律形式来看是发生了一笔销售业务，但在经济实质上该企业仍然拥有该资产。

3. 中立性

要做到可靠，信息应当是无偏见的，否则会使未来的预测有所偏颇。

4. 审慎或保守

会计上最著名的是对审慎或保守的偏好。尽管有上述中立的要求，但在会计中仍然留有审慎的空间。

目前仍然可以发现某些国家的会计实务非常保守（见第 15 章），其目的是保护特定使用者（包括债权人）不受经粉饰的财务报表的影响（特别是在某些商家过分乐观的情况下）。由于在会计中需要进行大量的估计，因此按照这一原则，会计人员应当通过一定程度的有意低估来确保避免高估。这要求以不同的方式处理一些积极的和消极的类似项目。

在国际会计准则理事会的"概念框架"中，审慎性原则并没有强烈地被当作是高于一切的原则。在国际会计准则理事会 2008 年的征求意见稿中，谨慎原则（prudence）根本就不是质量特征。Hellman（2008）审查了国际财务报告准则中的谨慎原则（conservatism）。他认为，目前看来，与欧洲国家的一些惯例相比，《国际会计准则第 11 号》、《国际会计准则第 12 号》、《国际会计准则第 38 号》（分别关于合同、递延所得税和开发成本）的要求当中所包含的谨慎性更少。

5. 完整性

信息应当在重要性的前提下尽可能地完整。对任何重要问题的忽视都有可能对财务报表使用者造成误导。然而，规则制定者（这里指国际会计准则理事会）应当铭记在心的是，某些信息要求可能对公司而言成本过高。信息收益应当能够弥补信息的生产成本。

6.2.5 资产和负债

会计人员可以使用下面的任何一种方法作为工作基础：

方法一

- 20×1 年的费用是任何期间发生的与 20×1 年相关的成本，因此……
- 20×1 年年底的资产是任何借方余额。

方法二

- 20×1 年年底的资产是预期能带来未来收益的由公司控制的资源，因此……
- 20×1 年年底的费用是任何借方余额。

国际会计准则理事会的"框架"倾向于采用第二种方法来定义要素，首先将资产定义为（第 49 段）：

资产是指由企业所控制的资源，该资源源自过去发生的事项，且预期能导致未来经济利益流入企业。

使用这种定义方法所带来的结果是降低了前述配比概念的重要性。如果为了与未来收入相配比而推迟对一项费用的确认，则该项费用会先作为资产列入资产负债表。然而在国际财务报告准则下，除非这项费用符合资产定义，否则是不允许这样做的。对资产项下所列项目的限制并非出于对审慎性的考虑，而是为了符合"框架"中对一致性的要求。

对"负债"的定义国际会计准则理事会给予了同样的重视，根据概念框架（第49段）：

负债是指企业由于过去事项而承担的现时义务，该义务的履行预期会导致预期能带来经济利益的资源流出企业……

要向第三方转移资源，债务是不可避免的要求。许多负债是金额明确的法律义务，例如应付账款或银行贷款。还有一些负债的时间或金额是不确定的，这些叫作"准备金"。根据法律合同的性质，有些准备金是法律强制的，例如支付给雇员的养老金或机器的售后维修费。另外一些债务不是建立在明确的法律或合同基础上，而可能是法庭根据一般企业惯例强制实施的，或者至少是如果企业不偿还一项无法合理避免的债务，会遭受的严重的商业损失。

在修订"概念框架"的联合项目中国际会计准则理事会和美国财务会计准则委员会正在重新考虑负债的定义。

6.2.6　财务报表和会计政策

《国际会计准则第1号》将框架（Framework）中的一些思想转化成了要求。例如，解决了持续经营概念和一致性的问题。总体要求是公允列报（fair presentation），它也包括那些不属于必须达到公允列报的准则要求的说明（instruction）。一个类似的概念"例外法则（override）"出现在欧盟第四号指令以及由此产生的国家法律中（见第12章）。虽然人们普遍认为，"例外法则"不会在实际中运用。但是，一个备受瞩目的（high-profile）运用"例外法则"的例子是法国兴业银行，其试图在其2007年的利润表中报告一项在2008年产生的由"魔鬼交易员"（rogue trader，如毁掉巴林银行的交易员尼克李森，译者注）带来的重大损失。《国际会计准则第1号》要求，那些在不同于任何准则的基础上得到的数值，都必须调整为以该准则为基础而得到的数值。

《国际会计准则第1号》要求公司提供4张财务报表。首先是财务状况报表，在英国和美国会计实务中经常被称为资产负债表。本书中，我们将混用两种说法。如果存在重述的情况（例如由于会计政策变更或差错更正），则资产负债表中最早期间的期初余额也应当列示。例如，如果报表中列示了两年的数据（这是《国际会计准则第1号》的最低要求），那么至少应当提供3年的资产负债表。

不像一些国家性的法规（见第15章），《国际会计准则第1号》并没有列出财务报表的格式标准。但是，它确实给出了财务报表中至少应该列报的项目（headings）。在资产负债表中，要求流动项目与非流动项目分隔列报，除非按流动性的顺序排列且没有这种分隔的列报更为恰当（例如，在金融机构中）。"流动项目"一词被广泛定义为一年内或者在经营主体的一个营业周期内变现的项目。

接下来，是对综合收益表（SCI）的要求。这必须包括所有收入和支出项目，还应包括价值重估项目。但不得包括积存项目的变动（reserve movements），也不包括直接计入权益的利得和损失。不过，部分利得和损失（如一些重估项目和一些外币损益）历来在国际财务报告准则和各国会计制度中有着不同的认定方法。《国际会计准则第 1 号》保留了这个观点，因为这些项目会作为"其他全面收益"列示于 SCI 表的最底端。扣除了这些项目的金额之后的总金额才可列示为"利润或亏损"。专业术语"收益"（earnings）（见第 6.6 部分）也不包括这些数额。

《国际会计准则第 1 号》允许主体在综合收益表之前列示一张单独的"利润表"，其中仅包括损益。如果主体列示了这样的报表，那么综合收益表就以净利润数据开始列报。在这种情况下，主体提供的将是 5 张财务报表，而不是 4 张。

本书中，我们有时也会使用"损益"一词来代表不包括其他综合收益的收入部分。在英国的报表中，这部分被称为"损益账户"（profit and loss account），在美国则被称为"利润表"（income statement）。因此，本书在某些章节会使用该术语。

遗憾的是，《国际会计准则第 1 号》没有用很清楚的原则来解释为什么某些利得和损失可以作为"损益"，而有些却不可以。我们将在第 16 章进一步探讨这个问题。

再次，在综合收益表之后还有一张所有者权益变动表（statement of changes in equity，SCE），该表列示了一定期间内所有者权益发生的所有变化。这些变化包括以下 3 类：

（1）综合收益（根据综合利润表而来）；

（2）重述的结果（例如政策变更）；

（3）与所有者的交易（例如发行股票或支付股利）。

最后，还需要提供一张现金流量表（见下文）。

《国际财务报告准则第 5 号》要求一个主体区分出那些将在一年内出售的资产，并把它们列示在资产负债表的"持有待售"项目下。如果某企业的主要生产线将在一年内出售或在过去的一年中已经出售，那它们的收入和费用也应该在利润表的"非持续经营"项目下单独列示。这些都是为了帮助信息的使用者更好地预测未来。

《国际会计准则第 7 号》要求呈报现金流量表，将现金流量划分为经营性、投资性和融资性三类。然后对现金流量的总额进行调整，从而反映当期现金和现金等价物总额的变化。

《国际会计准则第 8 号——会计政策、会计估计变更和差错》是关于会计政策的选择以及对会计政策变化的说明。它还包括差错更正，在该准则中要求通过调整资产负债表期初余额，而不是通过当期利润表来更正错误。对于某个主体第一次采用国际财务报告准则时所需要进行的会计政策的全面变更，《国际财务报告准则第 1 号》列举了所有重要的例子。该准则要求在采纳日有效运用准则的追溯调整法。

6.2.7 收入

《国际会计准则第 18 号——收入》是另外一个基本准则。简单来说，"收入"就是从客户那里获得的那部分"收益"。除了其他条件以外，直到卖方已经将与所有权有关的重要风险和经济利益转移给了买方且收入可以可靠地计量时才能确认收入。对于劳务而言，确认收入的另外一个条件是其在交易完成的阶段应当可以可靠地计量。相关内容将在第 9 章作进一步的介绍。

延伸阅读（Taking it further）

你可以以多种方式进一步理解本节的问题。例如：

- 查阅有关修订概念框架以及收入确认惯例的讨论文件和征求意见稿（在国际会计准则理事会或美国财务会计准则委员会网站上）。
- 见第 7 章中，关于如何区分国际财务报告准则报告者而列报的例子。
- 见第 8 章中，国际财务报告准则和美国会计在列报方法及术语上的差异。
- 见第 9 章中，有关列报综合收益以及收入（确认）的进一步讨论。
- 见第 16 章中，几个欧盟国家使用的财务报表格式。

6.3 资产

6.3.1 有形资产和无形资产

有形的固定资产包括在《国际会计准则第 16 号——不动产、厂场和设备》和《国际会计准则第 40 号——投资性房地产》中；大多数无形资产在《国际会计准则第 38 号——无形资产》中提及，但购买的商誉在《国际财务报告准则第 3 号》中进行规范（见第 6.5 部分以及第 17 章）。生物资产是《国际会计准则第 41 号》所规范的主题。

《国际会计准则第 16 号》、《国际会计准则第 38 号》、《国际会计准则第 40 号》和《国际会计准则第 41 号》有着相似的确认规则。当一项资产符合资产的定义（见 6.2，即未来很可能会带来经济利益，并且成本可以被可靠地计量）时，才可以被确认为资产。这些条件使得内部创造的商誉、研究成本、品牌、客户名单等都不可以资本化。同样的，不能形成资产的费用（例如开办费）也不可以资本化。

资产（除了生物资产）最初应当按照其成本计量，之后可以继续按照其历史成本计量（这决定了折旧和减值的计提，见下文）。然而，投资性房地产（一般来说是那些非业主自己居住的房地产）却可以按照现行的公允价值计量，但要将整套资产一起进行估价（例如土地，或土地和建筑物）。准则制定机构对于无形资产比较谨慎，只允许在具有活跃市场的情况下才可以进行重估。因为这要求有同类资产和公开价格，所以大多数无形资产（如品牌和开发费用）都被排除在外。资产的估价（或计量）将在第 9 章进一步介绍。

对于采用公允价值计量的投资性房地产，重估盈余和损失计入损益，并且不计提折旧。对于其他资产，重估金额将替代原始成本，成为新的账面价值。所以重估盈余或损失将计入综合收益，折旧和销售损益也参照重估金额进行计算。

如果一个公司收到与资产有关的政府补贴，《国际会计准则第 20 号》允许其按照资产成本减去补贴金额，或者按照递延收入列报该补贴。出于折旧的减少或者递延收入的逐渐减少，无论采用哪种方法，该补贴都在该资产的存续期内被计入收入。坦白地说，这不是很有道理。因为如果现金是存放在银行里的，并且这个公司没有负债（不打算返还该补贴），那么这项补贴收入肯定形成了一笔利得。乍一看，通过把补贴收入在资产的整个存续期内递延似乎符合前述"框架"中描述的配比原则，然而即使用配比原则也不能说明资产的年限和这个问题有什么关联（例如将补贴用于购买没有折旧年限的土地）。遵循《国际会计准则第 20 号》将会导致这种补贴永远无法确认为收入。国际会计准则理事会已经意识到了这个问题，并宣布打算替换《国际会计准则第20号》。另一个影响资产账面成本的因素是《国际会计准则第23号》从2009年开始要求将资产建造中的利息资本化。

大多数资产应当在其经济使用年限内计提折旧。因为无形资产的使用年限可能很难估计，所以《国际会计准则第38号》要求任何没有明确定义使用年限的无形资产都要进行年度减值测试，而不再需要进行摊销。我们将在第16章更详细地论述无形资产。

根据《国际会计准则第36号》，应当在每个资产负债表日检查资产是否有减值迹象（例如物理毁损）。如果没有，则不需要进行计算。然而如果有减值的迹象，对资产价值的计算就是很必要的。如果资产的账面金额（如折旧成本）超过了可收回金额，则超过部分应当被减掉，并作为减值损失。可收回金额通过使用价值和净销售价格孰高法确认。因为管理层不会将大部分固定资产出售，这就意味着使用价值一般要比净销售价格高，因此使用价值一般即为可回收金额。可通过估计一项资产的预期贴现现金流来计量使用价值。

生物资产在初始计量和后续计量中都按照公允价值减去预计的当期销售成本计算，也就是净销售价格。利得或损失计入当期损益。收获生物资产时，其公允价值将被作为该项存货的成本。原国际会计准则委员会可以在《国际会计准则第41号》中制定如此明确的生物资产准则（不同于《国际会计准则第16号》、《国际会计准则第38号》和《国际会计准则第40号》中所存在的多种计量方法），一方面的原因是理事会多数代表不太关注生物资产，因此对公允价值及将"未实现收益"计入损益的政治性抵制比较少。

6.3.2　存货

《国际会计准则第2号》涉及大多数存货问题，《国际会计准则第11号》涉及建造合同问题。和其他各国会计制度的规定一样，该准则规定存货应当按照成本与可变现净值孰低法来计价。存货成本可以运用先进先出法或加权平均法来计量。2003年开始不允许后进先出法的使用，并从2005年开始实施。

可以可靠计量的建造合同必须按照完工百分比法来计算。

6.3.3　租赁

《国际会计准则第17号》将租赁划分为两种，一种是租赁资产的所有主要风险和回报均转移给了承租人（融资租赁），另外一种是这些风险和回报仍然在出租人手中（经营租赁）。后者按照其法律形式应当按照租赁处理，而融资租赁则必须进行资本化，将之作为承租人的资产和负债，同时在出租人的账上记为应收款项。

在上述所有定义中都存在"实质上全部"的问题，而这个概念又很模糊。在美国和英国有一个参考标准是资产公允价值的90%。因此如果一项资产租赁涉及其公允价值的92%，一般会导致该资产的全面资本化并确认相应的负债。然而如果一项资产租赁只涉及到该资产公允价值的88%，则完全不需要资本化。这毫无道理可言，因为在资产和负债的定义中并没有"实质上全部"这一词（见6.2部分）。

国际会计准则理事会和其他准则制定机构（McGregor，1996）的结论是需要对租赁会计进行改革。当承租人签订了一项不可撤销的租约，往往就会产生一项负债，并且可合理推理会产生一项资产（对于一个理性的承租人而言）。这些都需要被确认。因此，所有的租赁都应当按照所涉及的金额进行资本化，不能是要么资本化所有金额，要么完全不需要资本化。2009 年，国际会计准则理事会和美国财务会计准则委员会发表了一份联合讨论文件提到了这个问题（国际会计准则理事会，2009）。

6.3.4 金融工具

《国际会计准则第 32 号》涉及金融资产、金融负债和权益等金融工具的定义和列报。

1995 年首次发布的《国际会计准则第 32 号》打破了常规，因为该准则要求按照金融工具的经济实质而不是法律形式对负债和权益进行分类。例如，可赎回优先股隐含着必须以现金偿付股东的约定，因而必须被当作负债处理，其股息必须按利息费用处理。当时主要国家的会计准则都不这样要求，现在大部分国家仍然没有类似要求。

经济实质在可转换债券中也同样应用，但效果和上述情况相反。这种金融工具应该部分作为权益来处理，其中一定比例的金融支付应重新归类，从利息转为股利。

金融资产定义广泛，包括现金、应收账款以及所有类型的投资。除非金融资产属于以下的任何一类，否则应当按照公允价值计价（根据《国际会计准则第 39 号》）：

- 没有可靠的公允价值（例如一些非上市的股份）；
- 那些决定持有至到期日的金融资产（例如一些债券）；
- 由公司发起的非交易性贷款（例如银行贷款）。

以上这三种类型的金融资产（和相关金融负债）可以按照历史成本法计价，但是《国际会计准则第 39 号》也允许在满足特定的条件时选择采用公允价值计量后两种金融资产。

对于按照公允价值计价的投资，其利得和损失应当确认为损益，但是那些归入"可供出售"类别的投资所产生的利得和损失应该计入综合收益表。对于在资产负债表内没有按照公允价值计量的金融工具，《国际财务报告准则第 7 号》要求在附注中披露其公允价值。

如果一项金融负债是衍生的或交易性的，则应该按市值定价（即按照公允价值计价，并且其利得或损失计入当期损益）。其他的金融负债则可以选择摊余成本计价法或按市值定价计价法（详情请见第 9 章）。允许进行套期保值会计处理（hedge accounting）的条件，在《国际会计准则第 39 号》中进行了设置。这个复杂的问题会在第 9 章进行总体描述。

2000 年，国际会计准则委员会以及其他的准则制定机构公布了"准则草案"，试图运用完全的公允价值体系来代替这种混合计价制度。由于相关公司的反对，这件事进行的时间要比预期得更久些。2008 年，《国际会计准则第 39 号》得以修订，允许公司通过将"公允价值变动损益"之外的项目重新分类来避免列报损失。2009 年，发布了《国际财务报告准则第 9 号》（它取代了《国际会计准则第 39 号》中的部分内容，且从 2013 年起开始强制执行）。这个问题将在第 9 章和第 11

章中讨论。

延伸阅读（Taking it further）

你可以以多种方式进一步理解本节的问题。例如：

- 见第 7 章中，在国际财务报告准则惯例中有关资产计量的规则变化。
- 见第 8 章中，国际财务报告准则和美国会计准则的比较，例如，有关美国对于后进先出法的使用问题。
- 见第 9 和 17 章中，进一步讨论在国际财务报告准则下资产的确认及计量问题，和进一步讨论更多的金融工具。
- 见第 11 章中，国际准则背景下的政策，尤其是有关金融工具的规定。
- 见第 16 章中，几个欧盟国家中与国际财务报告准则要求相区别的规定。

6.4 负债

6.2.6 部分已经陈述了国际会计准则理事会对负债的定义，上文也提到了金融性负债的相关内容。其他的负债还包括准备金、雇员福利和递延所得税。

6.4.1 准备金

准备金是时间和金额不确定的负债（根据《国际会计准则第 37 号》）。这里我们以维修准备金为例。在复式记账的分录中，贷记该项负债的同时借记一项费用。德国的会计传统是在每年年底预提下一年度前三个月的维修费（见第 15 章）。德国税法允许提前抵扣一项费用（可以抵减当年所得税），公司可以因此而获得税收优惠。下面是大型德国药品公司巴斯夫公司的例子（来自其 2008 年的年报）：

为弥补到年底为止遗漏的维修程序而建立了维修准备金，该维修费用预计在下一年度的前三个月中发生。

在 20×1 年底所做计提维修准备金的分录如下：

借：20×1 年维修费

　　贷：维修费准备金（将在 20×2 年继续挂账）

假设按照上述传统配比的方法定义费用（6.2.6 的方法一），那么德国的做法很容易被看作是正确的。20×2 年初需要维修机器的原因是 20×1 年机器受到了磨损，因此该项费用可以说是和 20×1 年相关的。

然而，我们现在更倾向于使用国际会计准则委员会对"负债"的定义。在前述例子中，资产负债表日该公司有一项需要转移资源的对第三方的负债吗？恐怕是没有的。如果没有，则在 20×1 年底就没有负债存在，因此在 20×1 年也没有费用，所以不应该做上述分录。

回到《国际会计准则第 37 号》，确认一项准备金的时候，应该作出最好的估计，且应折现资金的时间价值。

或有负债是一种可能发生的负债或是一种无法量化且可能不会导致资源外流的负债。除非这种或有负债转变成负债的可能性极小，否则应该在附注中加以披露。第 16 章将详细介绍准备金和公积金。

6.4.2　雇员福利

《国际会计准则第 19 号》涉及津贴、退休福利（如养老金）等雇员福利。如果这些负债是可能发生且可以计量的，则应当在资产负债表中进行确认。

如果公司承诺按照设定受益计划支付养老金，例如根据服务时间长短和未来工资水平决定养老金，则最复杂的情况就出现了。原则上来说，这种负债应当在资产负债表日对现存负债的估计金额进行折现，然后减去公司为偿付这项负债所建立的外部基金的公允价值。

在某些公司中存在另外一种重要的雇员福利——以股份为基础的支付，这是《国际财务报告准则第 2 号》所规范的内容。如果向雇员承诺以现金形式进行支付，但是支付金额与公司股票价格有关，则公司应当在雇员为获得该项福利的工作期间同时记录一项负债和一项费用。如果该项支付的形式是股票或股票期权，则直接贷记所有者权益，而非贷记一项负债。

这些问题会在许多公司的财务报表中产生巨额数字，具体内容将在第 9 章详细论述。

6.4.3　递延税款

《国际会计准则第 12 号》要求公司完全按照现行（或未来将要执行的）税率来计算递延税务资产和递延税务负债，这些资产和负债即为公司资产和负债的账面价值与其税务价值的暂时性差异。这又是一个复杂问题，将在后面讨论（例如第 8.6 部分和第 9.7 部分）。

延伸阅读（Taking it further）

你可以以多种方式进一步理解本节的问题。例如：

- 见第 7 章中，在国际财务报告准则惯例中有关养老金会计处理的国际变动。
- 见第 8 章中，与美国关于养老金会计处理的比较。
- 见第 8 章、第 9 章中，更多关于递延所得税的详细内容。
- 见第 9 章中，有关养老金的延伸处理（extended treatment）和其他规定。

6.5　集团会计

6.5.1　企业合并

《国际财务报告准则第 3 号》要求企业合并按照收购（acquisitions）进行会计处理（也叫做购买 purchase）。该准则不再允许采用股权联合法（美国叫权益集合，英国叫兼并会计（merger accounting）），进行核算。在购买法下，新子公司的可辨认资产与负债都应该按照公允价值来计量。超出公允价值的所有支付都可以资本化为商誉。《国际财务报告准则第 3 号》要求对商誉进行年度减值测试，而不再进行摊销。这与《国际会计准则第 38 号》对于不确定使用年限的无形资产的处理要求是一致的。在出现负商誉的特殊情况下，应该立即将之确认为收入，因为它不是一项负债。

6.5.2　合并财务报表

《国际会计准则第27号》将子公司定义为被某个公司控制财务和经营决策的公司。如果是这样，该子公司的资产和负债都属于该集团公司，因此它们就应当被完全合并。即使子公司与集团中的其他公司完全不同，它也照样适用该原则。如果这种控制是暂时性的，则按照《国际财务报告准则第5号》的要求子公司也应该被合并，但应该在报表中的"持有待售"项目下列示。

正常的合并程序（例如公司内部交易余额的抵销）是必需的。虽然少数股东权益不是母公司的权益，但也必须作为集团的所有者权益列报（因为它既不符合资产的定义，也不符合负债的定义）。

6.5.3　合营

合营企业是两个或若干个企业签订协议，一致同意共同控制某主体的财务战略和经营决策。《国际会计准则第31号》所规范的就是这种情况下的会计处理。

对于联合资产或联合经营没什么大问题，可以根据控制方进行会计处理。有趣的问题是如何处理合营企业的会计问题。它是否属于投资公司集团里的一部分？《国际会计准则第31号》允许在以下两种方案中作出选择：比例合并法或权益法。运用比例合并法，就是将合营的资产、负债、费用和收入一项一项按照比例加总到合营企业的合并报表中。然而假设主体对合营企业拥有40%的所有权，主体是控制了合营企业的所有资产还是其40%的资产呢？好像两个都不是。事实上主体根本没有控制任何资产。这就是为什么比例合并（proportional consolidation）被《国际会计准则第31号》删除的原因。这个问题将在第17章做进一步研究。

后文将讨论《国际会计准则第31号》提出的另一种可选择的方法（权益法），因为权益法是对联营投资编制合并报表所要求的处理方法。

6.5.4　联营

《国际会计准则第28号》将联营企业定义为投资者可以对其施加重大影响但不能对其进行控制的企业。投资者拥有某个企业20%或20%以上的普通股，就能够对该企业产生重大影响，这一参考依据使上述模糊概念有了些许精确性。显然，投资者没有控制该联营企业的资产等会计要素，因此也不应该将这些会计要素进行合并处理。然而，似乎仅仅按照历史成本来记录所拥有的股份，同时将股利看作集团收入是不够的。《国际会计准则第28号》折中了上述两种处理方法，要求运用权益法来编制合并报表。

权益法要求将投资者在联营企业中的所有者权益（等于净资产）份额和收益份额计入投资者的财务报表。但并不清楚的是，这是一种单向合并方法还是一种为了表明投资价值而使用的一种方法。权益法将在第17章中进一步介绍。

6.5.5　外币折算

第21号国际会计准则规范了外币交易、外币余额以及国外子公司、合营企业和联营企业财务报表折算问题。

外币交易一般应当按照交易日利率折算为企业报告货币。剩余的货币性余额（例如外币应收款和应付款）应当在后续的资产负债表日按照当日的现行汇率折算并计入报表，折算利得或损失计入当期损益。

国外经营应当根据其功能货币进行折算，折算规则相当复杂，将在第 18 章详细介绍。

延伸阅读（Taking it further）

你可以以多种方式进一步理解本节的问题。例如：

- 见第 7 章中，在国际财务报告准则下，合资企业处理的国际差异。
- 见第 8 章中，美国关于企业合并类型的比较及更多详细的内容。
- 见第 17 章中，企业集团会计问题的延伸处理。
- 见第 18 章中，外币折算的延伸处理。

6.6　披露

上述的所有准则都包括披露要求，一般来说都在各准则的最后统一陈述。然而也有其他专门规范披露的准则，这些准则不影响资产、负债、收入和费用的确认。下面总结了两个重要的披露准则。这两个准则仅仅适用于有公开交易证券的企业。

- 《国际财务报告准则第 8 号》要求按照分部来报告许多项目（例如资产、销售收入和利润），就如同向主体的主要经营总部报告一样。这样设计是为了帮助报表使用者通过将今年和去年的业绩与资产并入性质相似的项目类别，来预测企业的现金流量。
- 《国际会计准则第 33 号》要求披露企业基本的每股收益（EPS）。收益是指扣除所得税、特殊项目和优先股股利之后的净利润。"每股"数是当期流通在外普通股的加权平均数。此外如果任何可能的额外股份（如可转换债券）会恶化每股收益状况，则需要披露经过收益调整和股份数调整以后被稀释的每股收益。

延伸阅读（Taking it further）

你可以以多种方式进一步理解本节的问题。例如：

- 见第 5 章和第 20 章中，在国际环境下对解释财务报表及其信息披露的讨论。
- 见第 19 章中，分部报告的延伸处理。
- 见本章附录中有关其他披露准则的介绍：《国际会计准则第 24 号——关联方披露》及《国际财务报告准则第 7 号——金融工具披露》。

小结

- 国际会计准则理事会的"框架"和在此之前的美国"框架"非常一致。该"框架"的目标是帮助投资者制定决策。"框架"要求公允列报，这意味着要尽可能提高信息的相关性和可靠性。
- "框架"将资产和负债放在首位，把权益、收入和负债看作是衍生的概念。
- 《国际会计准则第 1 号》要求编制综合收益表和权益变动表。
- 国际会计准则理事会的规则允许大多数资产进行重估，但计量基础是混合的，而且利得被确认为收入的时点也是混用的。目前的趋势倾向于更多地采用公允价值，并且将利得立刻确认为收入。

- 租赁资产和负债的资本化似乎符合"框架"要求，但是对经营租赁和融资租赁的划分似乎并非如此。
- 和某些国家的法规相比，国际会计准则理事会对准备金的定义是很严格的。准备金应当按照贴现金额列示，包括雇员福利义务也是如此。
- 企业合并中产生的商誉应予以资本化。传统上对商誉进行摊销的方法已经被年度减值计量所代替。
- 合营企业既可以按照比例合并，也可以采用权益法进行合并。
- 国际财务报告准则有大量披露要求，其中包括对分部报告和每股收益的披露。

参考文献

Alexander, D. and Archer, S. (2001) *IAS Accounting Guide*, Harcourt Brace, Orlando.

Alfredson, K. *et al.* (2007) *Applying International Accounting Standards*, Wiley, Milton.

ASB (2005) *The Implications of New Accounting and Auditing Standards for the 'True and Fair View' and Auditors' Responsibilities*, Accounting Standards Board, London.

McGregor, W. J. (1996) *Accounting for Leases: A New Approach*, FASB for the G4+1, Norwalk.

Nobes, C. W. (2001) *Asset Measurement Bases in UK and IASC Standards*, ACCA.

Nobes, C. W. (2003) *Liabilities and their Measurement in UK and International Accounting Standards*, ACCA, London.

后续读物

如果要了解国际会计准则理事会准则的全部内容，请参考国际会计准则理事会的年度合订本。对于国际财务报告准则应用指南，可参考亚历山大和阿彻（2001）或者奥尔夫勒德森等人（Alfredson *et al.*, 2005）的著作。对于大型公司使用情况的调查，可参考凯恩斯（2001）的著作。对于国际财务报告准则下资产和负债计量的调查，可参考诺比斯的著作（2001 和 2003）。对于国际财务报告准则与不同国家要求的差异，可参考本书第二、第三和第四部分的各章。

实用网址

www. iasb. org

www. iasplus. org

www. kpmgifrg. com

www. pwc. com/ifrs

课后问题

书末提供带星号问题的参考答案。

6.1* 解释"概念框架"的目标和用途。

6.2* "中立性指的是没有偏见。审慎性却是一种偏见。在同一个'概念框架'中很难同时遵守两个原则。"请讨论这一观点。

6.3 "实质重于形式是解决不同企业财务报表不可比问题的方法。"请讨论这一观点。

6.4 解释为什么必须先定义"资产"和"费用"中的一个,而不能同时定义两者?为什么国际会计准则理事会选择先定义前者?

6.5 对不同的资产采用不同的计量基础是否有必要,是否有用?

6.6 概括将合营企业包括在主体财务报表中的所有方法,并说明哪种方法最好?

6.7 "最近一些年,国际会计准则委员会/理事会很明显地从使用历史成本计价转向使用现行价值计价"。请讨论这一观点。

附录6　国际财务报告准则内容提要

这一附录概括了至2008年1月1日之前的国际财务报告准则的内容。

《国际会计准则第1号——财务报表列报》

该准则于1997年被修订,取代了旧的《国际会计准则第1号》、《国际会计准则第5号》和《国际会计准则第13号》,并于2003年、2004和2007年被再次修订。一组完整的财务报表由财务状况表、综合收益表、权益变动表、现金流量表和附注组成(第10段)。如果存在重述的情况,则还必须提供最早可比期间的期初财务状况表。主体可以在综合收益表之前列示一份单独的利润表(第12段)。该准则要求财务报表公允呈报,有时这可能会导致与某个国际财务报告准则相背离,此时需要披露这种背离,包括数量方面的影响(第15段至第24段)。

每一组财务报表都必须评估持续经营假设,以及在适当时候存在的偏离(需要披露)(第25段)。只有在其他准则特别允许的时候财务报表项目才可以相互抵消(第32段)。主体必须提供和上一期间相关的比较信息(第38段)。

一般要求区分流动和非流动项目(第60段)。该准则对财务报表的格式没有要求,但是对最低限度的披露内容有要求(第54段和第82段)。附录中也需要对格式加以举例说明。

《国际会计准则第2号——存货》

存货应以成本与可变现净值熟低法计价(第9段),成本包括使存货达到目前状态和位置所花费的所有费用(第10段)。该准则要求使用先进先出法或加权平均法对存货进行计价(第25段)。

《国际会计准则第3号》

已被《国际会计准则第27号》取代。

《国际会计准则第4号》

取消,因为其内容(关于折旧)已经在资产准则中包含(尤其是《国际会计准则第16号》和《国际会计准则第38号》)。

《国际会计准则第5号》

被《国际会计准则第1号》(修订版)取代。

《国际会计准则第 6 号》

被《国际会计准则第 15 号》取代。

《国际会计准则第 7 号——现金流量表》

主体应编制现金流量表（第 1 段），并应当按经营活动、投资活动和筹资活动对现金流量进行分类（第 10 段）。现金和现金等价物包括价值变动风险较小的短期投资（第 6 段）。

可以采用直接法或间接法编制现金流量表（第 18 段）。与税收相关的现金流量应该分别划归到经营活动、筹资活动或投资活动类别中披露（第 35 段）。

《国际会计准则第 8 号——会计政策、会计估计变更和差错》

会计政策变化应当遵循特定的过渡条款。如果没有这样的条款，就应该通过修改报告中最早的期初余额来追溯调整留存收益（第 19 段）。会计估计变化应当体现在当期收益中（第 36 段）。错误更正也使用同样的方法（第 42 段）。

《国际会计准则第 9 号》

被《国际会计准则第 38 号》取代。

《国际会计准则第 10 号——资产负债表日后事项》

如果发生在资产负债表日之后的事项能为资产负债表日已经存在的情况提供附加信息，就应该调整财务报表（第 8 段）。然而，如果对恰当估价是必要的，则应当对发生的其他事项进行披露（第 21 段）。拟发放的股利不应作为负债确认（第 12 段）。

《国际会计准则第 11 号——建造合同》

建造合同的定义没有涉及合同的期限，但要求合同应当被明确地议定（第 3 段）。

当合同的结果可以被可靠地估计时，收入和成本应当通过合同完成的阶段来估计。预期的损失应当被确认（第 22 段）。可靠估计的条件是（第 23 段）：

（a）合同收入能被可靠地计量；

（b）与合同相关的经济利益很可能流入主体；

（c）合同的未来成本以及合同完工进度可以可靠地计量；

（d）合同成本能够清楚地辨认和可靠地计量。

假如合同的结果不能可靠地计量，则成本应在发生的当期确认为费用，收入应当根据合同成本可能得到补偿的情况进行确认（第 32 段）。

《国际会计准则第 12 号——所得税》

暂时性差异是指一项资产或负债的账面金额与其计税基础之间的差额（第 5 段）。除非与商誉相关（计税时其摊销额可抵税的除外）或特定的交易不会影响所得税和会计利润，否则递延所得税资产和负债应当被确认为暂时性差异（第 15 段和第 24 段）。除非未来可能获得充足的应纳税收入，否则递延所得税资产不能入账（第 24 段和第 34 段）。与集团公司有关的某些递延所得税资产和负债应当在暂时性差异可转回的情况下予以确认（第 39 段和第 44 段）。

当期的和递延的所得税资产和负债应当根据已执行或实质上已执行的税率计量（第 46 段和第 47 段）。递延所得税资产和负债不应折现（第 53 段）。

只有当当期的和递延的所得税与不在利润表中确认的交易相关时，才可以确认为收益或费用（第 58 段）。

《国际会计准则第 13 号》

已被《国际会计准则第 1 号》（修订版）取代。

《国际会计准则第 14 号——分部报告》

和其他国际会计准则不同，该准则只适用于公开交易权益性或债务性证券的公司（第 3 段）。

本准则被《国际财务报告准则第 8 号》取代。

《国际会计准则第 15 号》

取消。

《国际会计准则第 16 号——不动产、厂场和设备》

不动产、厂场和设备应该在同时满足以下两个条件时才能予以确认：（1）未来经济利益能够流入公司；（2）成本能够被可靠地计量（第 7 段）。

初始计量应当以成本为基础（第 15 段）。后续计量的一种方法是采用历史成本法，但同时也允许采用另一种方法，即根据资产类型使用最近的公允价值（第 29 段、第 30 段和第 36 段）计量。对于重估增值，除非以前该资产的重估损失计入了损益从而需要转回，否则将重估利得贷记公积金项目。对于重估减值，除非要转回以前贷记入公积金项目的金额，否则应将重估损失计入当期损益（第 39 段和第 40 段）。

资产的报废和处置所获得的利得或损失应当根据账面价值来计算（第 68 段）。

《国际会计准则第 17 号——租赁》

融资租赁是指把资产的所有主要的风险和报酬转移给承租人的租赁（第 3 段）。承租人应该使用公允价值和最低租赁付款额现值孰低法将融资租赁资产资本化（第 12 段）。

支付的租金应当划分为两部分：（1）负债的减少，（2）与所减少负债相对应的财务费用的增加（第 17 段）。租赁资产的折旧应当按使用年限计算，但是在资产的最终所有权不能合理地确定时，则应当采用使用年限与租赁期孰短法确定（第 19 段）。

经营性租赁应系统地确认为费用（第 25 段）。

对出租方来说，融资租赁应记为应收款项（第 28 段）。融资收益的确认应按照反映出租人在融资租赁中的投资净额能在每个期间获得固定的回报率的模式进行（第 30 段）。

对形成融资租赁的售后回租，超过账面金额的所得部分应在租赁期内递延和摊销（第 57 段）。

《国际会计准则第 18 号——收入》

收入应当按已收到或应收到对价的公允价值计量（第 9 段）。当符合以下条件时收入应被确认（第 4 段）：

- 重大风险和报酬被转移给买方；
- 管理权和控制权已经转移；
- 收入能够可靠地计量；
- 经济利益很可能会流入公司；
- 交易成本能够可靠地计量。

对劳务而言，当结果能够可靠地估计时，可根据完成劳务的程度应用相似的条件（第20段）。

《国际会计准则第19号——雇员福利》

对于养老金的设定提存计划，应将一个期间的缴款额确认为当期费用（第45段）。

对于设定受益计划，负债是该义务的现值总额加未予确认的精算利得，减去未确认的任何过去的服务成本，再减去计划资产的公允价值（第55段）。利润表中的费用是当前服务成本、利息费用、预期资产回报、已确认精算利得和损失、已确认过去服务成本以及缩减和结算的影响等的总和（第62段）。

指定的方法是精算估价法（也叫做预期累积福利单位法）（第65段）。所使用的贴现率应当根据高质量公司债券的市场收益率确定（第79段）。

精算利得与损失超过设定受益义务现值（或基金，假如它更大的话）的10%时，应在利润表中摊销确认。摊销期为计划中雇员的剩余工作期（第94段）。精算利得或损失应在综合收益表中立即全额确认。过去服务成本应在提供这些福利之前的期间内确认（第98段）。

《国际会计准则第20号——政府补助会计和政府援助的披露》

补助不应当直接贷记公积金，而应与相关成本配比确认为收入（第7段和第12段）。有关资产的补助应从资产成本中扣减或作为递延收入（第24段）。

《国际会计准则第21号——汇率变动的影响》

交易应按交易日汇率进行折算（第21段）。后续计量中，货币性余额按期末汇率折算，非货币性余额按有关计价基础（如历史成本）的汇率进行折算（第23段）。货币性项目折算差额应当计入当期损益（项目金额相当于对外国主体的投资净额的除外）（第28段和第32段）。

其他主体的功能货币如果不是报告货币，资产负债表应当使用期末汇率换算，收入和费用按交易时汇率（实务中常采用平均汇率）换算，其差异应当计入综合收益（第39段）。

《国际会计准则第22号——企业合并》

被《国际财务报告第3号》取代。

《国际会计准则第23号——借款费用》

建设项目的借款费用必须资本化，作为资产成本的一部分（第8段）。若资金是专门借来的，则其借款费用应扣除闲置借款的任何暂时性投资收益后再计算（第12段）。如果是一般性的资金借入，那么所使用的资本化率应为该期间所有未偿还借款的借款成本的加权平均数。资本化的借款费用不应超过其发生额（第14段）。

资本化应当始于资产的支出和借款费用发生时以及为使资产达到其预定可使用或可销售状态所必要的准备工作正在进行中时（第17段）。当未来期间开发活动中止时，应当中止资本化，当所有活动实质上已经完成时，则应结束资本化（第20段和第22段）。

《国际会计准则第24号——关联方披露》

关联方是指那些能够对公司进行控制并施加重大影响的各方，不过有一些例外情况（第 9 段和第 11 段）。应当披露关联方关系和关联交易（第 12 段和第 17 段）。

《国际会计准则第 25 号——投资会计》

被《国际会计准则第 39 号》和《国际会计准则第 40 号》所取代。

《国际会计准则第 26 号——退休福利计划的会计和报告》

该准则涉及退休福利计划的会计与报告问题，它与雇员无关。该准则分别针对养老金的特定提存计划和特定受益计划制定了单独的规则。

《国际会计准则第 27 号——合并财务报表》

"子公司"是指被其他公司控制的公司（第 4 段）。某些处于中间层次的母公司被豁免编制合并报表（第 10 段）。

除了为预期出售而临时控制的子公司以外，其他所有子公司都必须包括在合并范围内（第 12 段）。

被合并公司的报告日期与其母公司的报告日期相差应不超过 3 个月（第 23 段）。非控股股东权益（原被称为少数股东权益）应在权益中，但应与母公司权益分开（第 27 段）。

在母公司的财务报表中，子公司可按成本计价或作为可供出售投资（第 38 段）。

《国际会计准则第 28 号——联营企业投资会计》

联营企业是投资者对其具有重大影响的企业，即投资者具有可参与其财务决策和经营政策决策的权力（第 2 段）。这里有一个可推翻的假设，即持有该企业 20% 或 20% 以上的表决权就可以具有重大影响（第 6 段）。

联营企业在合并报表中应当用权益法列示（即使近期要出售该股份）（第 13 段）。在投资企业的账户中，联营企业可以按照成本或作为可供出售的投资进行列示（第 35 段）。

《国际会计准则第 29 号——在恶性通货膨胀经济中的财务报告》

恶性通货膨胀具有几个特征，包括累计 3 年通货膨胀率接近或超过百分之百（第 3 段）。

财务报表（包括对应数字）应按资产负债表日的现行计量单位呈报（第 8 段）。

《国际会计准则第 30 号——银行和类似金融机构财务报表中的披露》

被《国际财务报告第 7 号》取代。

《国际会计准则第 31 号——合营中权益的财务报告》

合营是指某项共同控制的合同约定（第 3 段）。对于共同控制经营中的权益，合营者应当确认其所控制的资产和所发生的负债以及其所发生的费用和在合营收益中所占的份额（第 15 段）。共同控制资产应按比例基础确认（第 21 段）。

在合并财务报表中，共同控制主体应按以下方法确认（第 30 段和第 38 段）：

（a）比例合并法（2009 年）；

（b）权益法（允许使用的另一种方法）。

然而，在《国际财务报告准则第 5 号》中规定，为单独再次出售而持有的利息应作为投资进行会计处理。

《国际会计准则第 32 号——金融工具：列报》

发行者应将金融工具划分为负债和权益两种类型，复合金融工具也要划分为这两种类型（第 16 段和第 28 段）。

库藏股（即公司买入自己的股票）必须按照所有者权益的减少来列示（第 33 段）。

当金融资产和金融负债具有法定可强制执行的权力并且公司打算执行此项权力时，金融资产和金融负债可以相互抵销（第 42 段）。

《国际会计准则第 33 号——每股收益》

本准则适用于普通股公开交易的公司（第 2 段）。

基本的每股收益（earnings per share，EPS）应按归属于普通股股东的净损益及当期发行在外普通股的加权平均数计算（第 10 段）。这个加权平均数应当根据所有列报期间发生的能改变发行在外的普通股股数但不会发生相应资源变化的事项（如红利发放）进行调整（第 19 段）。

稀释的每股收益应针对全部具有稀释性潜力的普通股调整收益和普通股股数（第 30 段）。

公司应在利润表内列报其基本的每股收益和被稀释的每股收益（第 47 段）。

《国际会计准则第 34 号——中期财务报告》

本准则不是强制性的，但证券交易监管机构可以要求上市公司执行（第 1 段）。

中期财务报告的内容至少应包括简明利润表、简明资产负债表、简明权益变动表、简明现金流量表和附注（第 8 段）。准则指定了中期报表及其附注的最低限度的披露内容（第 10 段和第 16 段），以前期间的数据也应列示在中期财务报告中（第 20 段）。

报告的频率不应影响公司的年度结果（第 28 段）。在大多数情况下，期间的终了应被视作年末并进行相同的会计处理（第 28 段、第 37 段和第 39 段）。

《国际会计准则第 35 号——终止经营》

被《国际财务报告第 5 号》取代。

《国际会计准则第 36 号——资产减值》

该准则要求公司在每一个资产负债表日检查其有关资产是否存在减值的迹象，并举例说明（第 12 段）。如果存在资产减值的迹象，公司应当计算资产的可收回金额，即资产的销售净价与其使用价值两者之中的较高者。资产的使用价值是指该资产预期的净现金流量的折现值，为了计算的可操作性，这个折现值应按最小的资产组（即现金产出单元）来计算（第 30 段和第 66 段）。商誉及其他具有无限寿命的无形资产必须每年进行减值测试。

如果资产的可收回金额小于其账面价值，应确认此项资产的减值损失（第 59 段）。资产的减值损失应分摊到有关商誉中去（第 104 段）。在符合某些条件时，资产减值损失应当被转回（除了与商誉相关的资产减值）（第 110 段）。

《国际会计准则第 37 号——准备、或有负债和或有资产》

准备被定义为时间或金额不确定的负债。当然，如果要存在一项负债，则要求在资产负债表日存在一项义务（第 10 段）。除非对准备不能作出可靠的估计或含有经济利益的资源流出的可能性不大，否则公司应当确认准备（第 14 段）。

除非含经济利益的资源流出的可能性极小，不应该将或有负债（没有义务、不能可靠地计量或经济利益不可能流出）确认为负债，但应对其进行披露（第 10 段、第 27 段和第 28 段）。或有资产不应被确认（第 31 段）。

《国际会计准则第 38 号——无形资产》

当未来经济利益很可能流入公司且成本能够被可靠地计量时，应当确认无形资产（第 21 段）。

自创商誉不应资本化（第 48 段）。研究和许多其他自创无形资产不符合以上的确认标准（第 54 段和第 68 段）。开发费用可能有时会符合以上标准，符合标准的就必须资本化。本准则给出了较详细的指南（第 57 段）。费用化后的成本不应再被资本化（第 71 段）。

有活跃市场的无形资产应以公允价值入账（第 75 段）。

无形资产应该在其使用年限内进行摊销（第 97 段）。此外，要求每年对无形资产进行减值测试。

《国际会计准则第 39 号——金融工具：确认与计量》

所有的金融资产和金融负债（包括衍生金融工具）应在资产负债表中确认（第 2 段和第 14 段）。

除在以下情况下金融资产用摊余成本计量外，其他情况下都应以公允价值计量：

（a）源于公司但不是为交易而持有的应收账款；

（b）持有至到期的投资；

（c）其公允价值不能被可靠计量的金融资产（第 46 段）。

然而，对于（a）或（b）中的一些资产，还可以采用公允价值计量。

除了为交易而持有的负债以及属于负债的衍生工具应以公允价值计量外，金融负债应以摊余成本计量，但其他一些金融负债也存在可选择的方法（第 47 段）。

除了非交易项目形成的利得或损失可以被确认为综合收益外，金融工具形成的利得或损失应当被确认为当期损益（第 55 段和第 56 段）。

对于衍生金融工具和（仅针对外币风险的）其他金融工具，在某些情况下允许采用套期保值会计进行核算。这些套期保值行为必须是指定的和有效的（第 88 段）。

《国际会计准则第 40 号——投资性房地产》

投资性房地产是指那些不为所有者自己使用，而是为了赚取租金或为资本增值而持有的房地产（第 5 段）。

该项资产成本最初应该按照成本来计量，那些可以改善最初评价标准的交易费用也应当包括在初始计量中（第 16 段和第 20 段）。然后公司可以选择公允价值模型或成本模型进行后续计量（第 30 段）。选择前者时，利得或损失都计入损益（第 35 段）。如果使用公允价值模型在开始时无法决定特定的房地产公允价值，那就应该运用成本模型（第 53 段）。

如果投资性房地产转为所有者自己使用的房地产或转为存货，则应该按照公允价值来对其进行计量（第 60 段）。其他资产转换成投资性房地产时，可以根据《国际会计准则第 16 号》中规定的重新估价模型来处理最初的向公允价值的转换（第 61 段）。

在采用成本模型时，也应当披露投资性房地产的公允价值（第 79 段）。

《国际会计准则第41号——农业》

该准则涉及所有收获以前的生物资产（第1段）。这些资产按照公允价值减去销售时的成本来计价（第12段）。如果公允价值不能可靠地决定，则应当采用成本计价（第30段）。

农产品在收获时按照公允价值减去销售时的成本来计价，该价值即成为存货会计中的历史成本（第13段）。

因公允价值变化而产生的利得和损失应当计入损益（第26段和第28段）。如满足条件，政府补助也应当计入损益（第34段）。

《国际财务报告准则第1号——首次采用国际财务报告准则》

该准则适用于那些第一次明确且无保留地声明遵循国际财务报告准则的主体（第3段）。一个主体必须按照报表日的现行准则呈报最早期间的期初余额（第6段）。不存在相关的其他版本的准则，也没有过渡性准则。一些追溯估计和其他调整都是不被允许的，如有关套期保值的会计处理（第13段）。但少数例外是允许的，如业务合并（第18段）。

依据旧规定所进行的会计处理，均须调整为依据国际财务报告准则的规定（第24段）。

《国际财务报告准则第2号——以股份为基础的支付》

除非确认一项资产，以股份为基础的支付应该被确认为一项费用。这种支付可以采用现金或股份的形式。以现金支付会增加负债，以股份支付会增加权益。公司应在取得商品或获得服务时对其进行确认（第7段）。对于非雇员来说，以股份为基础的支付应按商品或服务的公允价值确认，而对于雇员来说，以股份为基础的支付应按权益的公允价值确认（第10段）。

如果股份作废了或未在授予日前行权（第23段），则不需要作任何调整。

《国际财务报告准则第3号——企业合并》

所有的企业合并都应当被视作购买（第4段）并依此进行会计处理。商誉是购买企业支付对价的公允价值与被合并企业的资产、负债和或有负债公允价值之间的差额（第32段）。即使《国际会计准则第37号》对此有不同的规定，合并后的或有负债仍然应该被确认（第48段）。

商誉应当每年进行减值测试（第54段）。负商誉应当立刻确认为收入（第56段）。

《国际财务报告准则第4号——保险合同》

该准则适用于保险合同，无论该保险合同是由什么类型的公司所签订的（第2段）。

承保人暂时可以不遵守《国际会计准则第8号》的一般要求，因为这些要求是在没有国际财务报告准则明确适用情况下才作出的（第13段）。除非变更会计政策后所提供的信息更加相关，否则不允许进行变更（第22段）。该准则要求进行负债适当性测试（第15段）。

《国际财务报告准则第5号——持有待售的非流动资产和终止经营》

如果一项非流动资产预期将在一年内出售，则应当将其划归为持有待售资产

（第 6 段至第 8 段）。它们应当在资产负债表内单独列报，公司应按其账面金额和公允价值减去出售费用后的余额孰低法进行计量（第 15 段）。

终止经营是指公司中已被处置或被划归为持有待售的组成部分，并且该组成部分应当是一个独立的主要业务（第 32 段）。综合收益表内应当分别列示与终止经营相关的每个项目。

《国际财务报告准则第 6 号——矿产资源的开采和评估》

主体可以不遵守《国际会计准则第 8 号》对没有明确准则适用时的会计政策要求（第 7 段）。资产的计量应当遵守《国际会计准则第 16 号》的要求（第 12 段）。

在资产减值方面可以使用特别规定，即允许最大为一个经营分部的现金产出单元（第 21 段）。

《国际财务报告准则第 7 号——金融工具：披露》

所有类型的主体都必须对金融工具涉及的大量问题进行披露，其中包括公允价值（第 25 段）、信用风险（第 36 段）、流动性风险（第 39 段）以及市场风险（第 40 段）。

《国际财务报告准则第 8 号——经营分部》

该准则适用于上市公司（第 2 段）。经营分部是经常被主体的首席运营官考察的部分（第 5 段）。如果某个经营分部等于或大于所有分部的 10%，其信息就应当被报告。报告的项目很多，其中包括收入、资产、利息、折旧和所得税（第 23 段）。收入和非流动资产应当按照地区分部报告（第 33 段）。

第 7 章 国际财务报告 实务的不同版本

克里斯托弗·诺比斯

内容

目标

读完本章后您应当能够

- 解释前几章所阐述的导致国际会计差异存在的潜在原因，在国际财务报告准则的环境下如何仍然发挥作用。
- 举例说明为什么不同版本的国际财务报告准则（包括不同的翻译版本）会同时被执行。
- 举例说明国际财务报告准则的缺失、选择和估计如何导致了会计实务的差异。
- 概括各国对国际财务报告准则监督和执行的差异如何导致了会计实务的差异。
- 给出国际财务报告准则惯例中存在实际差异的范例。
- 讨论现存各国财务报告准则的不同版本所带来的启示。

7.1 引言

国际财务会计准则委员会基金会的目标包括制定"一套高质量、可理解且可实施的全球性会计准则"，以及"促使这些准则得到使用和严格的遵守"（国际会计准则委员会基金会章程第 2 段）。随着准则的日益严格和强制应用范围的不断扩大，在实现目标方面国际财务会计准则委员会基金会取得了持续的进步。然而，即使对那些宣称遵守了国际财务报告准则的公司而言，它们的会计实务真的统一了吗？

本章首先考查使用国际财务报告准则以后仍存在不同会计实务的动机（第 7.2 部分）。特别是，考查是否存在导致国际财务报告准则在不同国家的使用中存在系统性差异的原因。第 7.3 部分将考查国际财务报告实务存在差异的范围。在该部分中，我们将考查在国际财务报告准则中存在的明显和隐蔽的备选方案。学习这一点不仅仅是为了完成本章特定的学习目标，更是为了帮助读者进一步理解国际财务报告准则。它不仅可以显示国家之间存在的国际财务报告准则实务的差异，还可以发现不同公司和不同行业所采纳的国际财务报告准则的实务差异。

第 7.4 部分主要关注几个主要国家有关国际财务报告准则惯例的一些不同的例子。第 7.5 部分则主要关注各个国家不同版本的国际财务报告准则惯例所带来的影响。

7.2 不同国际财务报告实务的动机

假设在国际财务报告准则范围内有机会存在各种各样的会计实务（见第 7.3 部分），那么在公司层面、行业层面以及国家层面都有动机利用这些机会。

公司面临不同的环境，因此可能会采取不同的政策选择（见 Watts 和 Zimmerman，1978）。例如，有些公司为了在股票市场中留下良好印象，因此倾向于显示高利润。其他一些公司为了支持价格上涨或者为了减少股利及工资的发放，可能会倾向于显示低利润。这些不同的动机在行业中也存在。例如，在公共事业行业（天然气和电信行业）中，价格管制是很正常的，因此有时候其希望显示低利润，而其他大多数行业就不存在这种动机。

本章集中讨论为什么某些国家的公司按照国际财务报告准则开展的会计实务会和其他国家的公司不同。我们从第 2 章讨论过的那些因素开始研究，看看这些因素是否具有相关性。我们在这里尤其关注三个因素：融资制度、税收制度和法律制度。我们将使用德国和英国作为例子进行解释，因为这两个国家都是很重要的（欧盟最大的两个经济体和股票市场），而且它们的会计实务形成了鲜明的对照（见第 3 章）。

在第 2.4 部分我们讨论过是否可以把国家划分为"内部融资"和"外部融资"两大类，然而这种分类正变得日益不明显。例如，德国传统上被看作是"内部融资"国家，但最大的德国上市公司已经在使用股东融资文化（外部融资文化），并从 20 世纪 90 年代中期就开始自愿采纳国际财务报告准则或美国公认会计原则（Weissenberger *et al.*，2004）。但是直到欧盟 2002 年第 1606 号规则出台，且德国证券交易所强制要求以后，更多德国上市公司才开始使用国际财务报告准则。这些德国公司可能仍然以"内部"融资为主导，没有市场压力要求它们采用创造性会计实务并进行更多的披露，这不同于美国或英国的市场。如果存在依照国际财务报告准则编制不同风格财务报表的机会，则这些德国公司就可能存在动机去编制不同风格的财务报表。

正如在第 2.3 部分所讨论过的，也有文献按照其法律制度把发达国家分成两个主要类型：罗马法系和普通法系（David and Brierley，1985）。不同法律制度影响着对财务报告的监管。例如，按照德国本国的规则编制的财务报表主要受到商法（HGB）

和税法的约束，而英国规则的详细内容可在私有部门会计准则中找到。

德国和英国都采用国际财务报告准则，其内容是一样的。但是，监管制度和执行制度仍然是由各国自己制定的，例如审计的性质和监管制度、证券交易所规则、股票交易监管者的活动和其他一些监督或复核机构的活动。这些领域的国际差异仍然存在，所以罗马法系和普通法系的差异仍然会影响财务报告实务。7.3 部分将对此进行举例说明。

第三个问题是税收对财务报告的影响。我们曾在第 2.5 部分讨论过这个问题，税收在德国的影响力大于在英国的影响力。但是对于采用国际财务报告准则编制的合并财务报表，税收也会有影响吗？乍看上去似乎没有影响，因为国际财务报告准则的合并财务报表与税收计算无关，至少在德国是这样的，税收根据未合并的单个主体税前会计利润计算。但有以下两个原因决定了税收实务可能会影响根据国际财务报告准则编制的合并财务报表：便利性（在德国）和税收统一性（在英国）。

在德国，公司必须按照商法中的传统要求来编制未合并财务报表，并以之为基础计算应纳税所得额和可分配利润。对于各主体合并财务报表是否按照国际财务报告准则编制，要求对其一视同仁（Haller and Eierle，2004）。在某些领域，以税收为目的编制合并财务报表时选择的会计政策可能会影响按照国际财务报告准则编制的合并财务报表。例如在德国，资产减值是可以减税的（在英国则不可以），所以德国公司对减值有很大的偏好。由于在国际财务报告准则资产减值程序中需要作出大量的职业判断（参见第 7.3 部分），上述对资产减值的偏好就可能会在德国的按照国际财务报告准则编制的合并财务报表中继续存在。

在英国，公司可以按照国际财务报告准则来编制单个公司的财务报表，并以此作为计算应纳税所得额的基础。通常税务机关希望各母公司和集团公司的子公司或成员公司采用相同的会计政策，因为这些公司的报表往往被作为一组报表来呈报。举例来说，无形资产的确认和计量会影响纳税，因此由于国际财务报告准则在这方面存在很大的判断空间，每个使用国际财务报告准则的成员公司在解释《国际会计准则第 38 号——无形资产》时会有动机尽可能减少所确认的无形资产，从而减少需缴纳的所得税，这种处理方法会延续到合并财务报表的编制中。

总之，每个国家的会计传统都可能会影响到合并报告，这种影响存在于国际财务报告准则允许的范围内。这种影响并不仅仅出于惯性，而是因为在某些情况下，导致不同会计传统出现的那些原因将继续施加影响。当然，惯性本身也可以作为进一步的解释，因为公司本身可能会希望尽少地改变会计政策，从而为内部和外部使用者提供更容易理解的信息。

7.3 不同国际财务报告实务的机会

7.3.1 引言

无论什么样的动机促使各个公司、行业或国家采用不同的国际财务报告准则实务，如果根本不存在发生的机会，这些动机就都不重要。本节将考查这种机会（特别是在国际差异方面），并且仍然以德国和英国为例。

这里我们总结了使用8类不同国际财务报告实务的机会：国际财务报告准则的不同版本、不同的翻译、国际财务报告准则的不足、明确的备选方案、隐蔽的备选方案、计量估计、过渡问题和不完美的执行。下面我们将一一论述。

7.3.2　国际财务报告实务的不同版本

尽管许多国家确实采用了或者准备采用国际财务报告准则，但在国际财务报告准则规则的生效日期上还是很可能存在国际差异。这里有两个案例值得注意。第一个案例是国际财务报告准则与欧盟认可的国际财务报告准则之间的差异。这一点已在第5.3部分讨论过了。第二个案例是国际财务报告准则中有关执行日期和终止年份的差异。新的准则普遍认为，生效日期是"会计年度期间从200X年1月1日或之后开始"。然而，提早执行通常也是被允许的，所以两个相当不同的版本的国际财务报告准则是可以同时生效的。例如，《国际财务报告准则第8号》和新版本的《国际会计准则第1号》和《国际会计准则第23号》在2007年就是同时使用的，但到2009年就要求不能再同时使用了。这个问题的另一个方面就是获得欧盟的认可需花费很多时间。因此，国际财务报告准则的某些规则也许可用，但不能用于某一特定的企业财年终了之时。欧盟企业未被要求服从国际财务报告准则的上述规则，除非这些规则与欧盟认可的国际财务报告准则一致（KPMG，2005）。这在澳大利亚也同样适用，澳大利亚国际财务报告准则的生效日期与国际财务报告准则一样，但提早执行通常是不被允许的。

此外，很多国家的公司其会计年度并非始于1月1日（例如澳大利亚和英国的公司，但不包括德国公司）。因此研究人员可能会发现一些样本公司，它们在结束于2010年的年报中会使用不同版本的国际财务报告准则。更有甚者，有些公司（例如英国的零售业）选择52周或53周作为一个会计年度，因此有些公司的会计年度从12月28日开始，正好避开了一项新准则，因为新准则往往在4天后开始生效。

7.3.3　不同的翻译

国际会计准则委员会基金会（国际会计准则理事会的上级组织）对国际财务报告准则有一个官方的翻译流程，其还拥有一个专门负责复核翻译质量的委员会。国际会计准则有许多欧洲语言、阿拉伯语、中文和日语的官方翻译本。

在欧洲，欧盟2002年的法规授予国际财务报告准则翻译版本在不同国家的法律地位。欧盟和各国代表加入了国际会计准则委员会基金会的复核委员会，欧盟会计监管委员会（见第5章）也对这些翻译本进行了复核。

就像其他任何领域的翻译一样，准则的翻译过程中也存在着改变或丢失原始版本（英文）含义的风险。埃文斯（2004）考查了使用多种语言时在会计沟通中存在的主要问题。这里举两个例子说明。

《国际会计准则第7号》要求编制现金流量表，并最终调整为"现金和现金等价物"。在第6段到第9段对"现金等价物"这个术语进行了定义，其中包括：

"通常仅当投资的到期日很短（比方说3个月）时才将其视为现金等价物……"

采用这种方法的目的是为了避免将以原则为导向的准则写成以规则为导向的准则。但是《国际会计准则第 7 号》的葡萄牙语翻译版本中省略了"比方说"这个词。这虽然改善了准则的表述，但并没有准确地翻译。其导致的结果是，假如想要将刚好到期 3 个月的投资作为一项现金等价物，在葡萄牙就会比在爱尔兰更困难。

再举个例子，《国际会计准则第 41 号》（第 34 段）要求，当与生物资产相关的无条件政府补助成为"应收款项"时，才能被确认为一项收入。在挪威语①版本中（DnR，2006，第 543 页）将"应收款项"翻译为"mottas"，意思是"已收款项"。有时这就可能造成一项重大差异。

第三个例子是，《国际会计准则第 19 号》的德语译文要求，养老金负债的贴现率的制定要参照行业债券（Industrieanleihen），而原来是参照公司债券（第 78 段），但公司债券的类别更多。

7.3.4　国际财务报告准则未覆盖的领域

从理论上来说，国际财务报告准则不会有不足之处，因为《国际会计准则第 8 号》（第 10 段）已经指出在没有相关适用的国际财务报告准则时应该如何选择会计政策。在这种情况下，可以参考国际会计准则理事会的概念框架中提出的一般标准，或者参考和未覆盖领域情况有关的国际财务报告准则，以及参考拥有相似概念框架的其他机构所制定的更加详细的准则（这里很明显指的是美国公认会计原则）。这种要求就给了主体自由选择的空间，使得实务中的差异可以继续存在。

例如 2007 年的保险合同准则及石油天然气准则。《国际财务报告准则第 4 号》和《国际财务报告准则第 6 号》分别讨论了和这两个方面相关的一般性问题，但还有大量的问题尚未解决。在这种情况下，各国的传统做法可能作为填补国际财务报告准则空白的方法继续存在下去。

7.3.5　明确的备选方案

在前面的章节我们已经讨论过，20 世纪 90 年代初国际会计准则中存在大量的备选方法。这些备选方法正被逐步取消，特别是在 1993 年和 2003 年进行了两次"改进"之后。

尽管如此，还有许多备选方法是明确被允许的，表 7—1 中列示了 2007 年国际财务报告准则中的一些例子。这些例子中没有包括《国际财务报告准则第 1 号——首次采用国际财务报告准则》中的大量备选方法，我们将在第 7.3.8 部分专门讨论这个问题。本章主要关注的问题是，在选择这些备选方法时各国之间是否存在系统性的差异，倘若确实存在，那么"国际会计差异"仍然没有消失。

我们再次以英国和德国为例，并且仅讨论上市公司的合并财务报表。从下列例子中我们可以看出，每个国家的传统可能会对其选择何种会计政策有重要影响。例如（根据表 7—1）：

---

① 挪威虽然不是欧盟国家，但作为欧洲经济区的成员之一还是执行了该规则。

表 7—1　　　　　举例说明国际财务报告准则中明确允许的备选方案[*]

《国际会计准则第 1 号》	对财务状况表或综合收益表的格式没有要求（第 79 段和第 82 段）
《国际会计准则第 2 号》	确定存货成本时可以采用先进先出法或加权平均法（第 25 段）
《国际会计准则第 2 号》	允许商品经纪人以市价为基础计量存货（第 3 段）
《国际会计准则第 7 号》	允许以净额为基础报告现金流量表（第 21 段）
《国际会计准则第 7 号》	可以选择利息流和股利流的类别（第 31 段）
《国际会计准则第 16 号》	对整个类别的不动产、厂场和设备可以选择使用成本或公允价值计量（第 29 段）
《国际会计准则第 19 号》	精算利得和损失可以（1）立刻全部计入综合收益表；（2）立刻全部计入当期损益；（3）计划中雇员剩余服务期内全部计入收益；（4）在一个较短的时期内全部或部分地计入收益（第 92 至 93A 段）
《国际会计准则第 20 号》	与资产有关的政府补助可以从资产总额中扣除或者作为递延收益（第 24 段）
《国际会计准则第 23 号》	建造中的资产发生的利息费用可以资本化，也可以确认为费用（旧准则的第 7 段和第 10 段），2009 年之后取消了备选方案
《国际会计准则第 27 号》	在母公司的报表上，子公司可以以成本或者持有待售投资进行列示（第 37 段）
《国际会计准则第 28 号》	在投资者的报表上，联营企业可以以成本或者持有待售投资进行列示（第 38 段）
《国际会计准则第 31 号》	在集团报表上，对合营主体可以选择比例合并法或者权益法（第 30 段）
《国际会计准则第 31 号》	在合营者的单独财务报表中，合营主体可以以成本或持有待售投资进行列示（第 46 段）
《国际会计准则第 38 号》	对某些种类的无形资产可以选择成本或公允价值计量（第 72 段）
《国际会计准则第 39 号》	对某些金融资产和金融负债可以选择采用成本基础或市价基础（第 9 段）（在第 9 段中还允许了其他可选择的方式）
《国际会计准则第 40 号》	允许承租人将经营租赁下持有的房地产权益划分为投资性房地产（第 6 段）
《国际会计准则第 40 号》	主体可以选择对其所有的投资性房地产采用成本或公允价值计量（第 30 段）

注：[*]除非另作标注，否则所指的段落号以 2007 年 10 月 31 日版本的为准。

资料来源：节选自 Nobes, C. W.（2006）"The survival of international differences under IFRS: towards a research agenda", *Accounting and Business Research*, Vol. 36, No. 3。

- （《国际会计准则第 1 号》）英国的集团公司可能会继续使用财务状况格式的资产负债表（见第 2.9 部分）。例如，普华永道英国公司所推荐的国际财务报告格式模板中使用的就是这种模式（2005）。然而，德国的集团公司更可能继续使用报告式资产负债表。

- （《国际会计准则第 1 号》）在于 2006 年开始实施，并在 2007 年和 2008 年继续生效的旧版本《国际会计准则第 1 号》中，英国的集团公司将呈报已确认收益和费用表，该表类似于英国的全部已确认利得和损失表（见第 16.4.1 部分），而德国的集团将会报告内容更加丰富的所有者权益变动表。

- （《国际会计准则第 2 号》）英国的集团公司大多数会继续使用先进先出法，但是许多德国公司会使用加权平均法，一方面该方法在德国公司中本来就普遍使用，另一方面德国税法禁止使用先进先出法（Kesti，2005）。德国公司的非合并报表中还会出现后进先出法（见第 15 章），但《国际会计准则第 2 号》禁止使用这种方法。

- （《国际会计准则第 19 号》）英国的集团公司将精算利得和损失全额计入综合收益表，而德国的集团公司将继续使用缓冲法（平滑方法）将精算利得和损失计入损益。

- （《国际会计准则第 40 号》）一些英国集团公司会继续使用公允价值来计量投资性房地产，但德国集团会继续使用成本法进行计量。

7.3.6 隐蔽的备选方案

出于对国际财务报告准则存在不同的解释以及报告中的一些隐蔽的备选方案和模棱两可的标准，国际财务报告准则在执行中也会存在国际差异。在执行准则的过程中不可避免地要作出一些估计，但我们所讲的差异无关这些估计（见第 7.3.7 部分）。表 7—2 列示了一些隐蔽的备选方案或模棱两可的标准。其中一些问题将在本书的后面部分继续深入探讨。从中我们可以看到，很多问题都是由对"很可能"这个词的理解引起的。多谱尼克和里克特（Doupnik and Richter，2004）认为，德国会计师对"很可能"这个词（在国际财务报告准则中出现了很多次）的理解比美国会计师要更加保守。

表 7—2 中提到的一个隐蔽备选方案是根据《国际会计准则第 38 号》的要求，将开发费用资本化。在欧盟内部，有的地方禁止资本化（例如德国），有的地方允许但不要求资本化（例如英国）。欧盟国家的要求一般不像《国际会计准则第 38 号》那样，即要求在满足了特定标准时必须资本化。这个差异非常重要，举个例子来说，大众汽车公司在 2001 年自愿从德国会计准则转为国际财务报告准则时（见第 2.9 部分），由于开发费用的资本化而导致股东权益增长了 41％。开发费用资本化也对宝马公司（BMW）产生了同样大的影响。

因为英国没有大的汽车公司，所以没有办法直接与德国进行对比。但是，开发费用是否资本化取决于一系列标准是否得到了满足，而这些标准是很模糊的，例如完成开发的可行性、完成开发的意愿以及是否有足够的资源支持开发的完成（《国际会计准则第 38 号》，第 57 段）。这就为有意或无意的系统性国际差异的出现提供了机会，产生这些国际差异的动机我们已经在第 7.2 部分讨论过了。例如我们曾讨论过，德国按照国际财务报告准则编制的合并报表是否将开发费用资本化不会影响纳税，而英国的情况不同，因为税收考虑会影响到开发费用是否资本化的实务操作，这种处理方法会延续到合并报表中。从另外一方面来看，与英国相比，将开发费用资本化与德国的稳健性传统相去更远。

表7—2　　　　国际财务报告准则中的一些隐蔽的备选方案或模棱两可的标准

《国际会计准则第1号》	确定一项负债是否为流动负债时，取决于预计的清偿日期或持有的目的（第60段）
《国际会计准则第8号》	各种目的的重要性的确定（第5段）
《国际会计准则第11号》	只有在建造合同的结果可以可靠估计的情况下才可以使用完工百分比法（第22段）
《国际会计准则第12号》	只有在未来很可能获得应税利润时才可以确认一项由结转亏损而导致的递延所得税资产（第34段）
《国际会计准则第12号》	只有在可预见的未来很可能发放股利时才可以确认与子公司未汇出利润相联系的递延所得税负债（第39段）
《国际会计准则第17号》	租赁类别的划分建立在"实质上所有风险和回报"的基础上，但对于这种描述并没有明确的数字标准（第8段）
《国际会计准则第21号》	基于混合的标准确定功能货币（第9段至第12段）
《国际会计准则第23号》	当与该资产相关的所有准备活动"实质上"已经完成时，借款费用的资本化应当停止（第22段）
《国际会计准则第27号》	以"控制能力"为标准判断是否为子公司（第4段）
《国际会计准则第28号》	以"重大影响"为标准判断是否为联营企业（第2段）
《国际会计准则第31号》	以共同控制"战略财务和经营决策"为标准判断是否为合营企业（第3段）
《国际会计准则第36号》	基于混合的标准辨认减值的迹象（第12段至第14段）
《国际会计准则第37号》	基于资源流出的概率确认准备（第14段）
《国际会计准则第38号》	在满足全部标准时将开发费用资本化（第57段）
《国际会计准则第38号》	只有在使用年限确定时才摊销无形资产（第88段）
《国际会计准则第39号》	在权益性工具不能可靠计量时采用成本模式（第46段）
《国际会计准则第39号》	将对套期有效性的估计作为使用套期会计的条件（第88段）
《国际会计准则第40号》	即使公司选择公允价值作为计量基础，对于公允价值不能可靠计量的投资性房地产也要采用历史成本法计量（第53段）
《国际会计准则第41号》	当公允价值不能可靠计量时采用历史成本法计量生物资产（第30段）
《国际财务报告准则第3号》	在对等合并中确认企业合并的购买方（第20段）
《国际财务报告准则第5号》	如果预期将在一年内销售资产则将该资产作为持有待售资产（第8段）
《国际财务报告准则第8号》	基于各种混合因素确定可报告分部（第11段）

　　资料来源：节选自 Nobes, C. W.（2006）"The survival of international differences under IFRS: towards a research agenda", *Accounting and Business Research*, Vol. 36, No. 3。

诺比斯（2006）的论文中列举了更多在计量估计方面可能存在的国际差异，本章在一定程度上借鉴了该文。

我们可以从另外一个角度来看隐蔽的备选方法，即国际会计准则理事会的国际财务报告解释委员会的存在，恰好说明对准则可能会有不同的解释。国际会计准则理事会选择了以原则为导向而非以规则为导向的准则（见第 5 章），这意味着它会竭力避免详细的指南。国际财务报告解释委员会公布了与准则相关的一系列主题，但是它打算不对这些主题进行解释（例如，IFRIC，2007）。那些提出这些主题的人认为至少有两种答案是恰当的。

7.3.7 计量估计

表 7—3 列举了国际财务报告准则计量估计的一些例子（第 7.3.6 部分讨论的是与确认相关的估计）。计量估计的一个典型例子就是折旧，要估计折旧必须评估资产的预计使用年限和残值。此外折旧方法（例如直线法或余额递减法）也是一种估计而非政策选择，因为采用哪种方法恰当取决于资产的消耗方式。

表 7—3　　　　国际财务报告准则中的一些计量估计

《国际会计准则第 2 号》	存货的可实现净值（第 30 段和第 31 段）
《国际会计准则第 11 号》	可归属于一个合同的成本（第 16 段）
《国际会计准则第 12 号》	递延所得税计算中所采纳的税率取决于预期收回或清偿的方式（第 51 段）
《国际会计准则第 16 号》（以及《国际会计准则第 17 号》、《国际会计准则第 38 号》和《国际会计准则第 40 号》）	折旧（或摊销）的基础是对使用年限、残值和消耗方式的估计（第 50、51 和 60 段）
《国际会计准则第 16 号》（以及《国际会计准则第 38 号》和《国际会计准则第 40 号》）	公允价值可以作为计量基础（第 31 段至第 34 段）
《国际会计准则第 19 号》	养老金负债以对死亡率、最终薪金等的估计为基础（第 64 段）
《国际会计准则第 36 号》	减值需要计算的折现现金流和可实现净值（第 18 段等）
《国际会计准则第 37 号》	建立在现金流出可能性比率的基础上对准备作最佳估计（第 40 段）
《国际会计准则第 39 号》	特定金融资产和金融负债的公允价值（第 48 段）
《国际会计准则第 41 号》	生物资产的公允价值（第 12 段）
《国际财务报告准则第 2 号》	发放给雇员的权益性工具的公允价值（例如股票期权或非上市公司的股份）（第 11 段）
《国际财务报告准则第 3 号》	按照被收购企业资产和负债的公允价值对企业合并成本进行分配。（第 36 段）

资料来源：节选自 Nobes，C. W. （2006） "The survival of international differences under IFRS: towards a research agenda"，*Accounting and Business Research*，Vol. 36，No. 3。

传统、方便性和税收都会对这个问题产生影响。英国的传统（FEE，1991）是采用最方便的方法（例如对厂房通常用直线法、零残值和10年期限）。这样做的原因是英国采用了折旧免税计划，这个计划与会计折旧毫无关系（参见第2.5部分和第22.2部分）。德国的传统是通过使用税法允许的最短使用年限来加速费用化，并使用余额递减法计提折旧（但是在资产使用年限即将终结时转为直线法），这种做法目前在非合并报表中仍然存在。

很明显，德国集团公司所编制的合并报表应当放弃上述为税收目的而估计的使用年限和其他的类似估计。例如，大众公司在向国际财务报告准则转换时由于放弃了上述估计而导致所有者权益增长了36%（见第2.9部分）。同样，大多数德国公司的国际财务报告不再使用余额递减法，其中一部分原因是修订后的德国法律已经要求在根据德国本国会计规则编制的合并报表中取消以税收为基础的会计政策。然而在其他欧盟国家，根据国际财务报告准则编制的报表中可能仍然会使用余额递减法。

7.3.8 过渡问题

在第7.3.2部分中我们已经讨论了一个过渡问题，即有时候一项新准则允许存在一个过渡时期，在这个时期虽不强制要求但鼓励人们采用新准则。然而某些过渡问题可能会对根据国际财务报告准则编制的财务报表产生长期的影响。《国际财务报告准则第1号》允许公司在第一次从本国准则转换为国际财务报告准则时有多种选择，其中一个方面与商誉有关。在第4.3部分我们已经解释过，最近一些年各国对商誉的处理方法发生了很大的变化。在1998年以前，英国的会计实务把外购商誉以零值列示，并将随后产生的商誉在20年内摊销。其他国家（例如法国）一直都将商誉资本化。转换到国际财务报告准则以后，过去按照本国规则处理的商誉金额可以继续保留。这一特殊观点已经通过表1—1中Glaxo分析2005年和2006年国际财务报告准则数据和美国准则数据的差异时予以说明了。一个主要的解释是，在原有的英国规则下资产负债表中并不列示商誉，并且这一解释已被运用到新的国际财务报告准则报表设计理念之中。因此，各国从起点上就存在的差异将影响未来按照国际财务报告准则编制的财务报表。

7.3.9 不完美的执行机制

即使要求各国公司都采纳国际财务报告准则，国际差异却依然存在，导致这一现象的最后一个可能的原因是世界各国对规则的执行程度（以及对这些准则的遵循程度）不同。如前所述，强制遵循国际财务报告准则（包括监督）是一国范围内的事。我们将在第10章讨论这个问题。从研究结果来看，德国公司对会计规则的遵循程度低于英国公司。如果在某些国家国际财务报告准则的遵循程度比较低，那么即使某公司宣称采纳了国际财务报告准则，其会计实务也可能与国际财务报告准则的要求不一致。

7.4 不同的国际财务报告准则惯例的范例

自2005年起，国际财务报告准则在澳大利亚及欧盟的广泛使用，引发了人们对于国际财务报告准则惯例（国际）差异的研究。KPMG 与 von Keitz（2006）查看了 199 份来源于 10 个国家（其中 7 个来自欧盟）的最大规模的企业于 2005 年末的国际财务报告准则报告。后者排除了许多首次执行国际财务报告准则的英国企业，[1] 这也意味着诸如澳大利亚[2]等国家也被排除在外了。KPMG 对财报的研究侧重于一些选择性做法的具体选择结果，在一些案例中还包括了国家的介入行为（breakdown by country）。然而，这项研究的目的不是试图进行一个有关国与国之间惯例的正式的比较。ICAEW（2007）报告了对 200 家上市公司 2005 年或 2006 年财报的调查情况，这些企业包括 24 个欧盟国家各种规模的公司。虽然有一些例外，但该报告大体上提供了有关各种选择性做法的具体选择结果的汇总资料，而非仅仅按国别进行汇总（分别报告各种方法的选择结果）。ICAEW（英格兰及威尔士特许会计师协会）的报告显示，国家和部门在使用国际财务报告准则选择性做法时存在多样性。不过，仍然可以发现，按公允价值计量资产时几乎没有其他选择性做法，（当然）金融机构对金融资产的计量除外。一项对 2006 年年度报告（Commission，2008）的调查也有类似的发现。

上述调查显示了养老金成本处理方法上的高度多样性。Morais（2008）在 2005 年查阅了 523 家欧洲企业，以期发现在国际财务报告准则下，这些企业对处理精算损益方法的选择情况。她发现，英国及爱尔兰的企业与其他地区的企业相比，做出了明显不同的选择，这一点与当地先前的惯例是一致的。

Kvaal and Nobes（2008）查阅了 2005 年和 2006 年在澳大利亚、法国、德国、西班牙和英国构成主要股票指数的所有企业的国际财务报告准则报告，发现总共有 232 个企业。同 Morais 一样，他们也发现了一个类似的国与国之间对于运用国际财务报告准则惯例的倾向性做法，但其涵盖了 16 个表 7—1 中公布的国际财务报告准则的选择性做法，而不是其中的一个。Kvaal 和 Nobes 发现的有关德国和英国国际财务报告准则惯例的范例，见表 7—4。结论就是，德国版本的国际财务报告准则惯例有别于英国及其他地区。正如第 5 章所提到的，Ball（2006）认为，国际财务报告准则的采用不大可能会导致国际趋同（uniformity）。

表 7—4　　　选择特殊国际财务报告准则惯例的德国和英国企业百分比

	德国	英国
资产负债表列示净资产	0.0	81.9
股利作为经营现金流量列示	66.7	36.7
按公允价值计量的投资项目	0.0	73.1
利息费用资本化	22.2	47.5
存货成本只用先进先出法计量	0.0	57.1
精算损益（actuarial gains and losses）不作为收入	47.6	84.4

[1] 许多英国企业的财报年末不是 12 月 31 日，所以这些企业的第一份国际财务报告准则报告所提及的是 2006 年年末。

[2] 澳大利亚大多数企业使用国际财务报告准则是从 2005 年 7 月 1 日开始的。

7.5 影响

本章讨论了在国际财务报告准则中的不同惯例是否有其动机和范围方面的问题。虽然这个问题与各个公司或行业有关,但在这里我们自然只关注国际方面(的问题)。

我们在第7.2部分得到的结论正如前几章所介绍的,存在国际差异的动机仍适用于修改后的形式。第7.3部分在八个方面(headings)调查了不同的国际财务报告准则惯例的范围。作为上述内容的一部分,我们提供了有关国际财务报告准则的公开式选择性做法(overt options)、隐匿式选择性做法(covert options)和计量估计的大量表格。这些表格也可作为第6章所涵盖的国际财务报告准则内容的扩展研究。

随着时间的推移,国际财务报告准则差异的范围将会有所缩减。例如,国际会计准则理事会将继续删减公开式选择性做法,缩减差距以及可能的解释空间。同样,过渡性差异也会被取消。然而,国际财务报告准则下的财务报表使用者仍然必须保持警惕,因为德国版的国际财务报告准则惯例可能仍然与英国版的国际财务报告准则惯例存在差异。

一个更深远的影响涉及证券交易委员会对国际财务报告准则惯例的监管,这是证券交易委员会决策的一部分,即是否允许或要求在美国申请上市的公司遵循国际财务报告准则。多元化的做法将会弱化国际财务报告准则的普遍采用。

最后,学生和教师们可以放心,尽管存在(统一的)国际财务报告准则,"比较国际会计"作为一个研究领域仍将继续存在。

小结

• 导致财务报告存在国际差异的一些原因将继续成为导致不同国际财务报告准则会计实务存在差异的动机。

• 相关的因素包括金融制度、法律制度和税收制度。

• 在国际财务报告准则中存在不同会计实务的机会可分为8大类别。

• 国际财务报告准则存在不同国家和地区的版本,且有不同的翻译版。

• 国际财务报告准则存在未覆盖的领域、明确的备选方案、隐蔽的备选方案、不同的计量估计和过渡性选择。

• 对国际财务报告准则的执行存在国际差异,这是因为执行仍然是一国自身的法律问题。

• 国际财务报告准则下的会计实务存在不同的国家版本,这是比较国际会计中的一个新特征。这对财务报表使用者以及美国对依照国际财务报告准则编制的财务报表的接受程度都有影响。

参考文献

Ball,R. (2006)'International Financial Reporting Standards(IFRS):pros and cons for investors',*Accounting and Business Research*,Special Issue:International Accounting Policy Forum.

Commission (2008) *Evaluation of the Application of IFRS in the* 2006 *Financial Statements of EU Companies*, at http://ec. europa. eu/internal _ market/accounting/docs/studies/2009-report-en. pdf.

David, R. and Brierley, J. E. C. (1985) *Major Legal Systems in the World Today*, Stevens, London.

DnR (2006) *IFRS på Norsk*, DnR Forlaget.

Dupnik, T. S. and Richter, M. (2004) 'The impact of culture on the interpretation of" in context" probability expressions' , *Journal of International Accounting Research*, Vol. 3, No. 1.

Evans, L. (2004) ' Language, translation and the problem of international accounting communication' , *Accounting, Auditing and Accountability Journal*, Vol. 17, No. 2.

FEE (1991) *European Survey of Published Accounts*, Routledge, London.

Haller, A. (1992) 'The relationship of financial and tax accounting in Germany: a major reason for accounting disharmony in Europe ' , *International Jurnal of Accounting*, Vol. 27, No. 4.

Haller, A. and Eierle, B. (2004) 'The adaptation of German accounting rule to IFRS: a legislative balancing act' , *Accounting in Europe*, Vol. 1.

ICAEW (2007) *EU Implementation of IFRS and the Fair Value Directive*, Institute of Chartered Accountants in England and Wales, London.

IFRC (2007) *IFRIC Update*, International Accounting Standards Committee Foundation, November, pp. 3 –4.

Kesti, J. (2005) ' Germany' , in *European Tax Handbook*, International Bureau of Fiscal Documentation, Amsterdam, part A. 1. 3. 4.

KPMG (2005) ' IFRSs and the EU endorsement process: a status report' , *IFRS Briefing*, lssue 37, November; see also Issue 41, December.

KPMG and von Keitz, I. (2006) ' *The Application of IFRS: Choices in Practice*, KPMG, London.

Kvaal, E. and Nobes, C. W. (2008) ' International differences in IFRS policy choice' , paper presented at European Financial Reporting Conference, Lund September 2008 (forthcoming in *Accounting and Business Research*, 2009).

Morais, A. I. (2008) ' Actuarial gains and losses: the choice of accounting method', *Accounting in. Europe*, Vol. 5, Nos 1 –2.

Nobes, C. W. (2006) ' The survival of international differences under IFRS: towards a research agenda' , *Accounting and Business Research*, Vol. 36, No. 3.

PricewaterhouseCoopers (2005) *IFRS/UK Illustrative Financial Statements for* 2005, PricewaterhouseCoopers, London.

Watts, R. L. and Zimmerman, J. L. (1978) ' Towards a positive theory of the determination of accounting standards' , *Accunting Review*, Vol. 53, No. 1.

Weissenberger, B. E. , Stahl, A. B. and Vorstius, S. (2004) ' Changing from German GAAP to IFRS or US GAAP: A survey of German companies' , *Accounting in Europe*, Vol. 1.

课后问题

书末提供带星号问题的参考答案。

7.1[*] 导致欧洲会计制度存在差异的原因在多大程度上会继续影响欧洲采用国际财务报告准则后的会计实务，并成为这些实务差异的原因？

7.2[*] 举例说明国际财务报告准则中所允许的备选方法，并解释不同国家会如何选择这些方法。

7.3 "在按国际财务报告准则编制的合并财务报表中，税收对财务报告的影响是不相关的。"请对这句话进行讨论。

7.4 过去10年中，导致国际财务报告准则下的会计实务存在差异的机会在多大程度上减少了？

7.5 如果发现世界各国采用国际财务报告准则后仍然存在系统性的实务差异，请论述其影响？

7.6 如果国际财务报告准则的翻译版本中有你所熟悉的语言版本，请评价其翻译质量。

第 8 章　美国的财务报告

克里斯托弗·诺比斯①

内容

---

① 本章的初稿由曾在财务会计准则委员会工作的布赖恩·卡尔斯博格爵士（Sir Bryan Carsberg）和阿尔夫·易斯特咖得（Alf Eastergard）所著，并经过了相当大幅度的修改。

目标

读完本章后您应当能够

- 解释美国的准则制定和执行程序，以及公共机构和民间机构之间的关系。
- 描述美国财务报告的主要特征。
- 解释美国会计规范的主要特征。
- 概括美国公认会计原则和国际准则要求之间的主要差别。

8.1　引言

我们从第 4 章到第 7 章已经比较详细地学习过了国际准则（国际财务报告准则）。世界上大多数上市公司如果没有使用国际财务报告准则（或者以该准则为基础建立的其他类似规范）就在使用美国会计准则（或者以该准则为基础建立的其他类似规范）。第 5 章讨论了美国证券交易委员会提出的一些建议，即要求从 2014 年起（普遍）采用国际财务报告准则，并允许一些企业提早采用。本章主要考察美国公认会计原则和以美国证券交易委员会为首的美国监管体系。此监管体系将会持续保留，即使美国公认会计原则完全由国际财务报告准则取代。关于美国和其他地区监管制度更详细的内容将在第 10 章提及。在美国，（财务报告被）要求用大量的篇幅来列报一个关于财务报告规则和惯例的综合描述及分析。在某一章节讨论那些惯例，我们必须是有选择性的，并且重点关注一些主题，就这些主题进行讨论，选择可接受的惯例也许会对一家企业列报的利润金额和资产净值产生重大影响。

如同其语言和法律体系，美国会计也发源于英国，例如美国会计之父亚瑟·杨（Arthur Yong）和詹姆斯·马威克（Jamas Marwick）都是英国人的后裔（他们的名字现在分别融入安永会计师事务所和毕马威会计师事务所的名称之中）。美国的其他两家大型会计师事务所的名字（如德勤和普华永道）也都取自英国人的名字，这说明了这些公司的起源问题。此外，虽然美国和英国的会计规则不同，但从第 2 章所讨论的国际差异的原因和性质来看，相对世界上的其他国家而言，这两国的会计实务是非常相似的。如果按国家进行分类，这种相似程度说明应当把美国和英国划分在同一个类别中。有些人因此而认为存在一种所谓的英美会计（Anglo-Saxon accounting），但是这种观点也受到了批判（在第 3.9 部分已经解释过）。

英国会计和美国会计的一个主要共同点是财务报告法规独立于税务法规（具体分析请参考兰姆等人1998年的著作）。这意味着税务法规对财务报表的影响较小，尤其对那些上市公司的合并财务报表更是如此，不过在后面第8.6.5部分中要提到的后进先出法是个例外。

比英美会计之间的相似性更重要的是美国和国际财务报告准则之间的相似性，原因有很多，但至少一个原因是英国公司现在也使用国际财务报告准则，而且不仅在合并财务报表中使用，还在单个报表中使用。正如本书前面章节已经说明的，美国对其他国家的会计实务和对国际准则的影响是非常深远的。然而从2001年开始，随着国际会计准则理事会的成立，美国恰好出现了一系列的会计丑闻，从此美国会计开始反过来受外部影响，特别是受到国际财务报告准则趋同计划的影响。

在引言之后我们将详细介绍美国的法规框架（第8.2部分），特别是美国证券交易委员会，它对公众公司披露财务信息要求的详细程度在世界上堪称首屈一指。随后我们将介绍美国会计准则制定程序（第8.3部分）、对美国概念框架的考虑（第8.4部分）以及一些具体的会计和审计问题（第8.5部分到第8.8部分）。在本章的最后（第8.9部分）将会对比美国准则要求与国际会计准则理事会的要求。

在阅读本章的时候，请记住许多非美国公司也在使用美国的会计准则。如果某家外国公司在纽约证券交易所上市，该公司对这种准则的使用还会受到美国证券交易委员会的监控。如果某家公司并没有在美国上市但却采用了美国规则，其目的可能是为了吸引投资者。

8.2　法规框架

8.2.1　法律

美国是一个由50个州组成的联邦国家，各州都有自己的立法机构，这些机构具有在其辖区内控制商务活动及征税的许多权力。设立公司和向股东分配利润这样的事项受联邦法律约束。职业会计师的从业权利也是由各州授予的，其要求在各州之间略有不同；美国注册会计师协会（American Institute of Certified Public Accountants, AICPA）这一全国性会计职业团体的成员资格并不是授予会计师从业资格的前提条件，许多执业者并不参加该组织。所以表1—12中所列示的注册会计师中并没有包括所有具备执业资格的会计师。

管理证券交易的法规最初是由各州制定的，法规的制定在1911年从堪萨斯州率先开始，随后迅速传播到其他各州。它们一般被称为"蓝天法"（blue sky law），为讥讽肆无忌惮的堪萨斯州经营商试图出售蓝天而得名。它们通常要求对出售证券的计划进行登记，并披露必要的信息。在某些情况下，这些法律会赋予州政府官员否决证券出售计划的权力。

目前，管理证券交易的最重要的法规是由联邦政府推行的1933年的《证券法》和1934年的《证券交易法》。这两个法案是在1929年金融危机和"华尔街危机"（Wall Street Crash）之后通过的。但是，不论是这两部法规还是其他相关法律都没有包括与财务会计和财务报告有关的详细条款。在会计的强制要求方面，美国法规与英国《公司法》的会计部分或欧盟其他国家相似规则也不具可比性（见第15章）。对会计规则的需求，美国采取了完全不同的做法。联邦证券立法机构设立了证券交易委员会来管理证券法规，其主要职能在于确保投资者能够获得必要信息以便作出投资决策。证券交易委员会要求公司提供并公布招股说明书和定期财务报告，它还有权规定公司在编制财务报告时必须遵循的方法以及报告的格式和内容。美国证券交易委员会关注对现有的和潜在的投资者提供的信息，它不同于英国和其他欧洲国家法律的保护重心，后者保护的是现有股东或债权人。其所导致的后果之一就是，相比其他地区的监管机构，美国的监管机构较少关注谨慎性和受托责任。

重要的一点是，只有很少一部分美国公司（大约14 000家）在证券交易委员会注册，进而必须遵循该委员会的会计和审计制度。正如前文所述，如果一个公司想要在市场上发行证券，它必须在美国证券交易委员会注册。一旦注册成功，企业就必须公布财务报表、文件报告，由注册会计师负责审计，并遵守美国证券交易委员会和美国公认会计原则的相关规范（见下文）。虽然许多企业都必须公布其经股东或贷款人审计的报表，但另外一些公司（私有公司）不需要进行强制性审计或公布财务报告。2007年，美国财务会计准则委员会和美国注册会计师协会成立了私有公司财务报告委员会（PCFRC），旨在针对美国财务会计准则委员会关于私有公司会计处理问题提出建议。例如，出于成本—效益原则的考虑，私有公司也许应该免于披露一些信息。

公认会计原则的本义和其字面意思一致，即为大多数公司、审计师和教科书认可的会计实务。然而，正如本章后面要讲的，自20世纪30年代起，一些规则逐渐被书面化（或"正式公布"）。所以，现在正式公布的公认会计原则实际上是来源于不同渠道的规则的总和，它其实并不是"原则"，而是非常详细的规则，它也不是"一般公认"的，而是由证券交易委员会所批准的机构用书面方式记录下来的。原则和规则的对比已在第5章讨论过了，其中值得注意的是，即使是规则中一个细节的制定也要以原则为基础。

8.2.2　证券交易委员会

证券交易委员会由美国总统任命的5名成员组成，是享有准司法权的独立监管机构。美国证券交易委员会有大批工作人员支持这5名委员。当一位新的美国总统上任后，就会有一个新的美国证券交易委员会工作人员就职，正如2009年奥巴马总统就职时的情况。这样就会影响正在进行中的项目，如2011年考虑的关于自2014年起要求采用国际财务报告准则的建议。

它颁布了大量与会计相关的公告。然而，这些公告主要是和注册详情而非会计准则相关。《S-X规则》（Regulation S-K）规定注册公司应如何编制财务报告，其中10-K表包括年报和附加信息的格式，大型公司必须在年度结束后的60天内提交该表，10-Q表针对的是季度报告，8-K表用于披露（在4天内）有关重要事项（例如增发股份等）。证券交易委员会有时候会通过《会计系列文告》（Accounting Series Release，ASR）或者《财务报告编制公告》（Financial Reporting Release，FRR）（这种公告是最近才开始发布的）发布与会计事项相关的指南。此外，还有一种相关的文件被称作《专职会计公报》（Staff Accounting Bulletin）。然而证券交易委员会自成立以来，一直倾向于把对其制定的会计准则的执行权力限制在监督职责之内，准许并鼓励民间机构（目前是通过财务会计准则委员会）在会计准则的制定过程中保持主导地位（见第 8.3 部分）。1973 年，证券交易委员会颁布了第 150 号会计系列文告《关于建立和完善会计原则和准则的政策声明》（*Statement of Policy on the Establishment and Improvement of Accounting Principles and Standards*），重申了该委员会保持监督职能的意图：

在有效满足此法定责任并意识到会计职业界的专业性、能力和资源，且不推卸责任的过程中，本委员会历来依靠会计职业界任命的会计准则制定机构来引导会计原则的制定和改善工作。本委员会认为，这些机构的决定（除少数例外情况）能够满足投资者的需求。

美国注册会计师协会理事会目前任命的负责制定会计原则的机构为财务会计准则委员会……该委员会将继续采取依靠民间机构来领导会计原则的制定和改善工作这一政策……

基于这一政策，财务会计准则委员会通过《公告》和《解释》发布的原则、准则和惯例将被本委员会视为具有明确的权威支持，那些与财务会计准则委员会的公告相矛盾的原则、准则和惯例将被视为不具备这种权威支持。

为监督财务会计准则委员会在准则制定过程中的行为，证券交易委员会的工作人员与财务会计准则委员会的工作人员需保持定期的沟通。对于财务会计准则委员会已经发布的公告，有时证券交易委员会可能会有不同的观点。然而，迄今为止，证券交易委员会干预财务会计准则委员会职责范围的事例为数甚少，比较著名的例子有两个：

（1）1976 年 3 月，证券交易委员会颁布第 190 号会计系列公告，要求大型公众公司以重置成本为基础来披露存货、销售成本、生产能力和折旧费用等方面的信息。这一行动（下文会再提及）有效地推迟了财务会计准则委员会引进"不变币值会计"（美元购买力变动会计）的行为，同时加速了财务会计准则委员会引进"现行成本会计"（公司持有的特定资产价格变动会计）的行为。

（2）1978 年，证券交易委员会有效地否决了财务会计准则委员会关于石油和天然气会计的部分准则（Gorton，1991）。这一准则（第 19 号公告）要求采用"成效法"（successful efforts method）计量石油和天然气储量的历史成本，禁止采用"完全成本法"（full cost method）。根据第 19 号公告，所有公司在确定某个矿井不再具备经济效益时应将所发生的勘探成本作为费用处理。但是证券交易委员会认为，这两种以成本为基础的方法均未能提供充分的信息来满足投资者的需要。它决定进行一项可行性研究，找到一种可以有效计量石油和天然气储量价值的方法。在找到一种较为长期的解决方法之前，允许公司选择采用完全成本法或成效法。1978 年，证券交易委员会采纳了一项新规定，要求石油和天然气公司按照"储备确认会计"（Reserve Recognition Accounting）提供补充信息。根据这一方法，已证实的石油和天然气储量必须按其预计的未来现金流量的净现值进行计量。

证券交易委员会对上述两个领域进行干预的战略意义以及对会计实务作出的直接贡献是值得关注的，两项倡议都涉及有争议的问题。通常，作为民间的准则制定机构，想要提出一种新的要求并被接受是相当困难的，因为它必须获得执行这些要求的人们的广泛支持。假如该机构提出要求对财务报告进行创新，而这会增加财务报告编制者的负担，则可能就得不到支持。证券交易委员会却能够利用其立法权加快新会计实务的实施速度。它也明确表示，希望财务会计准则委员会能在相关领域内承担进一步制定新准则的工作。不过无论如何，对于公司和审计师而言，最重要的是证券交易委员会的成员如何解释会计准则。就很多主题而言，此问题的答案可以在证券交易委员会公布的《专职会计公报》中找到，而该公报也会成为公认会计原则的组成部分。

2001年和2002年，安然和世通公司的会计丑闻曝光之后，五大会计师事务所中的安达信宣布破产，导致了《萨班斯—奥克斯利法案》（SOX）的出台，这一点将在第22.6部分讨论。同时，这些事件也导致了由美国证券交易委员会监管的美国公众公司会计监督委员会（PCAOB）的成立（Carmichael，2004）。此外，对董事们的会计职责与审计师独立性的要求也明显增加（见第8.8部分）。2008年的信贷紧缩和与其有关的金融灾难，正在推动美国证券交易委员会和其他监管部门的进一步改革。

8.2.3　美国国会

美国的立法机构——国会偶尔会直接干涉会计问题，不过通常它是依靠证券交易委员会来维护公众利益的，但也需要指出一些例外的情况。首先是投资抵税问题，这是为了鼓励购置生产性资产而制定的税法条款。该条款允许公司在使用资产的第一年将新资产成本的一定百分比从所得税负债中扣除。该投资抵税的使用引起了关于应该何时将减税额计入损益的争议，一些人认为减税额应当计入当年的收益，其他一些人则认为减税应在有关资产的使用年限内分摊。最终，民间准则制定机构建议只采用一种方法，即将减税额按照资产的使用年限进行分摊。但是，在这一建议定稿之前，国会通过立法（1971年的《收入法案》）阻止任何准则制定机构对在政府机构（包括证券交易委员会）归档的报告中的投资抵税可接受的会计方法施加限制。

显然，国会的目的在于不削弱税收减免所带来的激励效果。国会认识到，如果公司采取了最佳决策，而会计准则却为它提供较差的盈利方式，则最终它会选择"不经济的决策"，这将是件很遗憾的事情。会计准则应该尽可能对经济决策产生中立的影响，这一点现在已被广泛接受。财务会计准则委员会已发起研究，评估其准则的经济后果。国会的做法可视为提倡准则中立性方面的先驱。顺便说一下，作为通用税制改革的一部分的投资抵税自1986年起已被废除。

在美国，所罗门斯（Solomons，1978）和泽夫（1978）对会计的"政治化"问题进行了评述。最近，泽夫（1997）和莫兹（Mozes，1998）再次对此问题发表了看法，他们认定股票期权会计问题是准则制定者与政府部门之间的一场重要论战（见第8.6部分）。由于公司对禁止使用权益集合法的反对，国会在企业合并会计改革问题上曾有过进一步的参与（Beresford，2001）。这些案例以及会计准则制定中的政治参与的话题会在第10章详细讨论。泽夫（Zeff，2005）调查了在美国准则制定过程中政治游说的影响。

8.3 会计准则制定机构

8.3.1 职业界的准则制定机构

第一个系统介入美国会计准则制定的民间机构是由美国注册会计师协会设立的会计程序委员会（Committee on Accounting Procedure），该机构在证券交易委员会成立之后不久设立（1936 年）（Davidson and Andersen，1987）。在 1939 年至 1959 年期间，该委员会先后发布了 51 个会计研究公报（Accounting Research Bulletin）。会计程序委员会于 1959 年被会计原则委员会（Accounting Principles Board，APB）取代。截至 1973 年，会计原则委员会共发表了 31 个意见书及 4 个说明书。根据惯例，只要会计程序委员会和会计原则委员会的公报尚未被财务会计准则委员会修订或废止就仍然有效。泽夫（Zeff，1972）考察了美国和其他国家在这个阶段的准则制定过程。

由于人们对会计准则制定程序越来越不满意，1971 年美国注册会计师协会成立了两个委员会对这些程序进行审查。人们对准则制定程序不满的第一个原因在于会计原则委员会完全由会计职业界支配，缺乏足够的规定确保其他利益集团的意见得到考虑。惠特委员会（Wheat Committee）受命研究这一问题，并于 1972 年作了题为《制定财务会计准则》（*Establishing Financial Accounting Standards*）的报告，从而促使三个新机构诞生：负责制定准则的财务会计准则委员会，负责任命委员会成员和筹集经费的财务会计基金会（Financial Accounting Foundation，FAF），负责咨询工作的财务会计准则顾问理事会（Financial Accounting Standards Advisory Council，FASAC）。

不满的第二个原因在于，为了使会计准则的制定奠定在更可靠的基础上，应当建立基本概念，但是会计原则委员会的此项工作进展缓慢。为了作出有关财务报告的目标的报告，成立了特鲁布罗德委员会（Trueblood Committee），这是在建立财务会计准则委员会的概念框架方面迈出的第一步。

英国的读者将会注意到，英国也颁布过与惠特委员会和特鲁布罗德委员会所作报告相似的报告（1988 年迪林（Dearing）的报告和 1989 年所罗门斯的报告），这些报告也产生了类似的结果，包括促成会计准则理事会的诞生。同样的，三个美国机构（财务会计准则委员会、财务会计基金会、财务会计准则顾问理事会）在 2001 年成立国际会计准则理事会的改革中发挥了同样的作用（见第 4 章）。表 8—1 列示了美国的和国际的准则制定机构

表 8—1 准则制定的结构

机构	美国	国际
监督基金会	财务会计基金会	国际会计准则委员会基金会
理事会	财务会计准则委员会	国际会计准则理事会
顾问委员会	财务会计准则顾问委员会	准则顾问委员会
解释理事会	新问题工作小组	国际财务报告解释委员会

尽管美国注册会计师协会已经放弃了其作为主要准则制定者的职能，但它仍然继续发布详细的指南，该指南被称为《立场公告》（Statements of Position），从 2003 年

起该公告的重点在于对特定行业进行指导。

8.3.2　财务会计准则委员会

自 1973 年以来，财务会计准则委员会一直是证券交易委员会任命的负责制定美国财务会计和报告准则的民间机构，它的经费来自会计师事务所、实业界、投资者和信贷组织以及其他各种有关的组织及个人的自愿资助，各个利益集团的年度资助都有所限制，以确保委员会的独立性免受不当影响。

财务会计准则委员会的 7 位成员都是专职的，进入委员会之前，必须中断以前的全部业务或职业联系，这些成员具有不同的背景，并非全部来自会计师事务所。

财务会计准则委员会颁布财务会计准则公告（Statemnets of Financial Accounting Standards）、财务会计概念公告（Statements of Financial Accounting Concepts）和财务会计解释公告（Statements of Financial Accounting Interpretations）。准则公告旨在制定新准则或修订过去发布的准则，概念公告旨在制定用于指导准则制定的一般概念，本身不包含可供直接应用的准则，而解释公告旨在澄清、解释或说明现行的准则。

在颁布公告之前，财务会计准则委员会必须按规定遵循时间扩展的"应循程序"（due process）。在开展每一个重要研究项目时，委员会应当：

- 任命特别工作组对研究项目提供咨询。该工作组由大量的技术专家组成，包括财务报表编制者、审计师以及财务信息使用者。
- 研究与该项目有关的学术文献并在必要时进行进一步研究。
- 公布对问题的全面讨论及可能的解决办法，并以此作为公众参与评议的基础。
- 举行公开听证会。
- 广泛地分发供公众评议的拟议公告的征求意见稿。

委员会的运作比其他任何国家的准则制定机构的运作都更为复杂，且其预算经费更多。大批委员会的专业人员从事研究工作，参加公众听证会，分析来自社会大众的口头和书面评论，编写供委员会考虑的建议书及文件草案。到本书撰稿时，财务会计准则委员会已经发布了 160 多份准则公告。

财务会计准则委员工作的另一个方面是新问题工作小组（Emerging Issues Task Force，EITF）。这个小组的成员来自大型会计师事务所和公司，美国注册会计师协会和证券交易委员会是这个工作小组的观察员。新问题工作小组负责处理那些新出现的问题，并提供被广泛认可的紧急指导。它的结论将被公开，并具很大的影响力。国际会计准则理事会的国际财务报告解释委员会及英国的新问题工作小组与此机构有些类似。

在 2001 年和 2002 年，由于一些大型公司（如安然）的突然倒闭，美国以规则为基础的会计标准和国际会计准则理事会以原则为基础的会计标准之间的差异受到特别关注。2002 年，财务会计准则委员会就此问题专门发布了一个咨询文件。此外，财务会计准则委员会在 2005 年又发布了一个征求意见稿，比以前进一步明确了美国公认一般会计原则不允许因"公允呈报"的需要而偏离规则的要求。

2002 年财务会计准则委员会宣布了与国际会计准则理事会合作的一个联合项目（即诺沃科协议），决定在 2005 年之前尽可能地消除二者之间的差异，之后将寻求中期项目的进一步趋同。在第 8.9 部分将讨论这个问题以及两者之间现存的差异。

米勒等人（Miller *et al.*，1998）考察了美国财务会计准则委员会的运作。泽夫（1995）分析了美国政府法规和民间法规的混合状况。

8.3.3 美国公认会计原则的层次结构

2008 年，《财务会计准则公报第 162 号》明确了美国公认会计原则的来源，并且做出如下层次排列：

（a）美国财务会计准则委员会及其前身发布的准则（见第 8.3.1 部分）。

（b）美国财务会计准则委员会技术公报（technical bulletins）和由美国财务会计准则委员会澄清的（clear）美国注册会计师协会立场公告（statements of position）。

（c）由美国财务会计准则委员会澄清的美国注册会计师协会其他公告和"新问题工作小组"（EITF）的共识意见。

（d）美国财务会计准则委员会没有澄清的其他文件，以及普遍的行业惯例。

（e）其他资料，包括美国财务会计准则委员会的概念公告和国际财务报告准则。

2009 年，美国财务会计准则委员会推出了"会计准则汇编"（Accounting Standards Codification），它将之前已发布的所有生效的美国公认会计原则用一个（非常大）的（按新序号索引）典籍汇编了起来。（但是）在本章中，我们将继续使用原来的（准则）公告序号，而不使用新的索引序号（code references）。

8.3.4 有影响的团体

财务报表使用者的代表对准则的制定有很大的影响，在美国特别如此。财务会计准则委员会寻求并倾听注册金融分析师协会（即投资管理与研究协会（Association for Investment Management and Research，AIMR））的意见，并且财务会计准则委员会的 7 个成员之一是专业的财务分析师。

大型公司的管理层（即财务报表编制者）自然会对准则的制定产生重要影响。有人认为他们会为私人利益去游说财务会计准则委员会（例如为了提高公司的股价）。管理层对国会议员和其他人的游说或许能解释国会的干预行动（见第 8.2 部分、第 8.6 部分和第 11 章）。

同时，学术界在准则的制定方面也发挥着重要的作用，在财务会计准则委员会中通常有一名成员以前是学者。财务会计准则委员会经常委托学术界研究一些正在讨论的问题。美国会计学会（American Accounting Association）代表会计学术界参与对征求意见稿的讨论。

8.3.5 实施

正如上文已提到的，财务会计准则委员会发布的准则被美国证券交易委员会正式确认为在美国具有权威性。美国注册会计师协会的规定进一步确保了财务会计准则委员会的准则得以执行。尽管如上所述，拥有美国注册会计师协会的成员资格并非从事会计师职业的先决条件，但掌握执业审批权的各州当局一般都会参照美国注册会计师协会的规定，该协会的职业道德守则（Code of Professional Ethics）第 203 条这样规定：

如果财务报表背离了财务会计准则委员会发布的会计原则……且这种背离对报表整体具有重大影响，则协会成员就不应发表关于财务报表遵循公认会计原则的意见，除非他可以断定，基于特殊的情况，如果不背离公认会计原则，财务报告将使人产生误解。在这种情况下，他的审计报告必须就会计原则的背离、背离所产生的大致影响（如可行）以及为什么遵循公认会计原则会导致使人误解的报表等方面进行描述。

美国注册会计师协会的行为准则也宣称："在举行听证会之后，监察委员会可吊销、中止或开除违反……行为准则任何条款的（美国注册会计师协会）成员。"因此，任何无视背离财务会计准则委员会公告行为的注册会计师都有可能失去其执业地位，如果执照颁发部门同意美国注册会计师协会监察委员会所作出的结论，那么这位会计师将失去对企业财务报告的公允性进行鉴证的法定职权。

如前所述，《财务会计准则公报第162号》不允许对公允列报的偏离。《财务会计准则公报第162号》是针对公司管理层的，而第203条规定则是针对审计师的。

第8.8部分将进一步考察美国的审计问题。第9章将从国际比较的角度讨论上市公司的准则执行情况。

8.4 概念框架

8.4.1 引言

财务会计准则委员会自成立以来，就将相当一部分的精力放在制定"财务会计与报告的概念框架"工作上。如前所述，在研究财务会计准则委员会成立这一问题时，对概念框架的需求是当时一个主要研究课题。特鲁布罗德委员会所承担的研究工作为出台关于财务报告目标的一个重要公告作出了重大贡献。下面取自财务会计准则委员会发布的关于该项目的一份文件，它说明了概念框架的重要性：

尽管许多组织、委员会和个人已经发表了自己对概念框架或框架的某些方面的构想，但没有一个框架获得普遍的认可或者成为会计实务的依据。这些成果中突出的例子是会计原则委员会第4号公告《企业财务报表的基本概念和会计原则》（Basic Concepts and Accounting Principles Underlying Financial Statements of Business Enterprises）（1970年），但其主要目的是描述会计是什么，而不是"应该是什么"。

概念框架是一部章程（constitution），它是由相互依存的目标和基本概念组成的连贯体系，能够产生内在一致的准则，并规范财务会计和财务报表的性质、职能和局限性。其目标是确定会计的目的及意图，其中基本概念是指会计的基本概念，用于指导会计事项的选择、计量，将其汇总并传递至各利益集团。

财务会计准则委员会在其成立后的10年间一直致力于研究概念框架，其结论包含在下列概念公告中：

- 第1号概念公告描述了公司财务报告的基本目标，此外有一个单独的公告（第4号）描述了非营利组织的目标。
- 第2号概念公告描述了使会计信息具备有用性的信息质量特征。
- 第3号概念公告（后来被第6号概念公告所取代）对财务报表的主要要素进行了定义，例如资产、负债、收入和费用等。

● 第 5 号概念公告阐明财务报表要素的确认和计量标准，以及和财务报告内所呈报的信息有关的一些问题。

为补充概念框架，财务会计准则委员会于 2000 年发布了第 7 号财务会计概念公告《在会计计量中使用现金流量信息和现值》（*Using Cash Flow Information and Present Value in Accounting Measurements*）。这使得概念框架紧跟时代，并且使得资产负债表的某些项目从成本计量向现值计量迈出了一步。

2008 年，美国财务会计准则委员会联合国际会计准则理事会发表了一份征求意见稿，该意见稿建议修改框架中有关目标和信息质量特征的章节。意见稿的其他方面正在筹备之中。关于这些建议的内容将在第 6.2 部分介绍。

然而，尚不清楚现行概念框架是否有助于促使财务会计准则委员会对某个领域不得不做出某个特定结论。例如，对准则的讨论涉及不同的会计收益和成本的计量，出于利益冲突以及缺少强有力的证据证明成本和收益的等级，这些计量仍具有部分的主观性。许多论文都提到了框架及其应用的各种局限性（如 Dopuch 和 Sunder，1980；Ketz 和 Kunitake，1998；DePree，1989；Mozes，1998）。

财务会计准则委员会的框架在全世界都具有影响力，例如，国际会计准则委员会的概念框架（见第 6 章）和英国的原则公告明显地继承了它的内容。对第 1 号公告、第 2 号公告和第 6 号公告的概括性结论将在下文中阐述。

8.4.2　财务报告的目标

财务会计准则委员会于 1978 年 11 月发布了财务会计概念公告系列中的第 1 号公告。此公告名为《企业财务报告的目标》（*Objective of Financial Reporting by Business & Enterprises*），其主要结论如下：

（1）财务报告旨在提供有助于经济决策的信息。

（2）目标可表述为：

（a）财务报告应为当前及潜在的投资者、债权人及其他使用者提供有用的信息以便他们作出合理的投资、信贷及类似决策。提供的信息应该为那些对公司和经济活动有一定了解并愿意比较认真地研究这些信息的人们所理解。

（b）财务报告应该提供信息帮助当前及潜在的投资者、债权人及其他使用者评估来自股利或利息方面的预期现金流入的金额、时间分布和不确定性，以及评估来自证券或贷款的出售、偿还或到期时的实得款额。

（c）财务报告应提供下列信息：公司的经济资源、对这些资源的索取权（公司把这些资源转移到其他主体和所有者权益的义务）以及导致资源变动和资源的索取权发生变动的交易、事项和情况。

（3）一般来说，与局限于收付实现制财务影响的信息相比，建立在权责发生制基础上的公司收益信息能更好地说明公司创造有利现金流量的现有能力和持续能力。

（4）预期财务报告能提供关于公司在某个期间的财务业绩的信息以及关于公司管理当局如何履行对所有者的经管责任的信息。

8.4.3　会计信息质量特征

关于质量特征的公告旨在确定那些使会计信息具有有用性的具体特性，它采用成本效益检验框架：提供会计信息是昂贵的，只有在会计信息的使用效益被判断为大于其成本的条件下，才应该提供这种信息，而最佳的信息量是能够使效益减去成本的盈余达到最大可能值的信息量。但是，这一公告也承认，这种检验在现阶段只能借助主观判断粗略地加以运用。

该公告强调使会计信息具有可理解性的重要性，但在那些使得信息有用的特性中，列居首位的是相关性和可靠性，信息只有满足了最低限度的相关性和可靠性才值得提供。一旦满足了最低限度，再要继续提高信息质量，则可能需要在两者之间作出抉择：为了获得相关性，可能需要牺牲一定的可靠性，反之亦然。

相关性包含着三个方面的质量特征：预测价值、反馈价值和及时性。预测价值质量特征的定义反映了会计目标公告的主体内容，即如果有助于评估未来现金流量，那么它就是有用的。反馈价值与预测价值相辅相成，使用者需要在他们事先进行预测的领域里获得有关实际结果的信息，从而权衡其预测过程的有效性。如果他们发现预测还有不足之处的话便可进行完善。及时性强调只有能够及时获得的信息才具有有用性。

可靠性也包括三个方面的质量特征：可验证性、如实表述及中立性。可验证性指的是人们应能使用认同的方法对数据进行独立的稽核。如实表述指会计信息必须代表本应代表的事实，换言之，它应该是真实的。中立性意味着尽可能避免偏见，虽然在实务中偏见可能难以察觉，但是选用信息至少不应该带着为维护某些集团的利益而牺牲其他集团的利益的想法。

8.4.4　财务报表的要素

第 6 号公告定义了财务报表的 10 个要素，最主要的是资产、负债、权益、收入和费用，其他要素的定义均基于"资产"和"负债"。资产被定义为：

由于过去的交易或事项……而获得或控制的可能的未来经济利益。

负债被定义为：

由现实义务所引起的可能的未来经济利益流出……这项现时义务是由过去的交易或事项引起的，需要在未来向其他公司提供资产或资源。

权益是资产和负债的差额；收入和费用则以资产与负债的增加和减少来定义。

在第 8.4.1 部分我们曾经提到过，在概念框架的使用中存在局限性。财务会计准则委员会并没有始终遵守其概念框架，或者它可能需要很多年才能够使美国的会计准则与概念框架保持一致。例如，直到 2003 年发布的财务会计准则公告第 150 号才提出强制要求，将可赎回优先股划分为负债，而这种规定早在多年前已经包括在《国际会计准则第 32 号》中了。然而，虽然可转换债券有权益类的要素，《国际会计准则第 32 号》要求将其单独列示，但美国却通常将其划分为负债。

8.5 年报的内容

8.5.1 引言

正如第 8.2.2 部分所介绍的，证券交易委员会要求公司以不同频率提交大量报告。公司被要求必须按照 10-K 格式编制财务报表（见下文）和附注，还被要求提供"管理层讨论与分析"表来解释公司的经营成果和财务状况。

美国公司主要有三张财务年报：资产负债表、利润表和现金流量表。这与其他英语语系国家的报表极为相似。表 8—2 和 8—3 列示了 600 家美国大公司的报表名称，该数据来源于美国实务年度调查报告（美国注册会计师协会，年报）。从表中可以看出，术语"利润表"在美国的使用日趋减少。有意思的是，国际财务报告准则却在同时转为偏向使用术语"利润表"（income statement）而废弃英国的术语"损益表"（profit and loss account）。

表 8—2　　　　　　　对应于"资产负债表"的美国术语

	公司数量
资产负债表（blance sheet）	577
财务状况表（statement of financial position）	22
财务情况表（statement of financial condition）	1
合计	600

资料来源：American Institute of Certified Public Accountants（AICPA）（2008）*Accounting Trends and Techniques*（issued annually）。AICPA, Jersey City, New Jersey, p. 137。经允许复制。

表 8—3　　　　对应于财务报告准则"利润表"或英国"损益表"的美国术语

	2000 年公司数量	2005 年公司数量
经营状况表*（operations statement）	198	255
利润表*（income statement）	284	254
盈余表*（earnings statement）	108	86
其他	10	5
合计	600	600

注：*或利润表（statement of income）及类似说法。

资料来源：American Institute of Certified Public Accountants（AICPA）（2001/2006）*Accounting Trends and Techniques*（issued annually）。AICPA, Jersey City, New Jersey, p. 311（2001），p. 311（2008）。经允许复制。

8.5.2 资产负债表

美国的资产负债表中有一些标准要素，例如，资产在两栏式报表的左侧列示（或垂直式报表的上部列示）。与包括英国在内的欧洲国家的资产负债表格式不同的是，美国的流动资产位于固定资产之前，只有少数美国公司使用"财务状况"格式，即英国的标准格式（1985 年英国《公司法》中的附表 4 的格式 1，见第 16 章），所以对非专业的股东来说，美国的报表格式不是特别易于阅读。

通过对英国"股东资金"（shareholder's funds）对应术语的考查我们可以进一步证实美国公司所用术语的多样化。如表 8—4 所示，美国使用了很多不同的方式来表达"股东资金"这个词。此外，还有一个例子，对应于英国标准的用语"股本溢价"（share premium），美国也有多种不同的表述方法（见表 8—5）。

表 8—4 　　　　　　　　 对应于英国"股东资金"的美国术语

	公司数量
股东权益（stockholders' equity）	302
股票持有者权益（shareholders' equity）	228
股票所有者权益（shareowners' equity）	19
股票持有者投资（shareholders' investment）	8
股东共同权益（common stockholders' equity）	7
股票持有者共同权益（common shareholders' equity）	4
赤字或亏空（deficit or deficiency）	25
其他称谓或无称谓	7
合计	600

资料来源：American Institute of Certified Public Accountants（AICPA）（2006）*Accounting Trends and Techniques*（issued annually）。AICPA, Jersey City, New Jersey, p. 273。经允许复制。

表 8—5 　　　　　　　　 对应于英国"股票溢价"的美国术语

	公司数量
资本溢价（additional paid-in capital）	330
超设定值缴入股本（capital in excess of par or stated value）	106
实收资本（paid-in capital）	57
追加资本或其他资本（additional capital or other capital）	23
资本盈余（capital surplus）	18
其他说法	9
小计	543
非资本溢价账户（no additional paid-in capital account）	57
合计	600

资料来源：American Institute of Certified Public Accountants（AICPA）（2006）*Accounting Trends and Techniques*（issued annually）。AICPA, Jersey City, New Jersey, p. 278。经允许复制。

8.5.3 利润表

似乎美国的利润表比其他国家的利润表更详细，但是正如表 8—3 所示，其称谓各式各样。另一个与大多数国家的利润表的不同之处在于，美国的利润表要列示 3 年的数字，即包括前两年的比较数字，这是证券交易委员会的要求。

1997 年，《财务会计准则公告第 130 号》首次要求编制一种第二利润表，即"其他综合收益表"。这与英国早先引入的全部已确认利得和损失表如出一辙（见第 16 章）。"其他综合收益"包括重估投资引起的未纳入利润表的利得（见第 8.6.4 部分），以及由于国外子公司财务报表的外币折算而产生的利得或损失。国际会计准则委员会也随之在 1997 年修订的《国际会计准则第 1 号》中要求提供类似的表格，并在 2007 年修订时与《财务会计准则公告第 130 号》进一步趋同。

《财务会计准则公告第 130 号》允许将其他综合收益上的信息包括在权益变动表中（美国通常使用的方法），作为单独的第二报表或作为综合收益表的一部分列示。《国际会计准则第 1 号》不允许上述三个惯例中的第一个。另一个国际差异在于对已实现利得或损失（如出售外国子公司）的处理。换句话说，即在会计处理上，在出售时是否将之前计入权益的收益重新分类并计为当期收益的增加和其他综合收益的减少？表 8—6 给出了分别依据美国准则、国际财务报告准则和英国准则而得到的 3 种不同的答案。显然，这一问题需要准则制定者予以说明。然而，尽管自 20 世纪 90 年代后期起，有大量工作小组研究这一问题，但即使是在 2008 年美国财务会计准则委员会/国际会计准则理事会联合发布的"关于财务报表列报的初步意见"中仍然没有得出结论。这个问题将在第 9.9 部分作进一步考察。

表 8—6　　以前被列入"其他综合收益"的利得或损失被重新分类为损益吗？

	美国准则	国际财务报告准则	英国准则*
财务资产价值重估	是	是	N/A
有形资产价值重估	N/A	否	否
国外公司报表折算	是	是	否

注：* 适用于未上市公司的准则。

N/A＝由于实践中不允许，因此不适用。

8.5.4　现金流量表

现金流量表是证券交易委员会要求提供的，但它的出现晚于其他两张主要报表。它不是复式记账体系的一部分，而是以另一种方式看待资产负债表和利润中的部分信息（如其名称所示）。《国际会计准则第 7 号》和英国（FRS 1）也同样要求公司提供这种报表，但在多数欧洲大陆国家（使用国际财务报告准则之前），这种做法不常见。和利润表一样，美国准则的不同之处在于它要求公司提供连续 3 年的数字。

在 1987 年以前，美国要求公司提供"财务状况变动表"，这之后，应《财务会计准则公告第 95 号》的要求，财务状况变动表被现金流量表取代。后者更加注重现金的流动，而非广义上的"资金"。此表有 3 个主要项目：经营活动现金流量、投资活动现金流量和筹资活动现金流量。同英国报表不同，《财务会计准则公告第 95 号》所要求的报表使用税后利润，所以税款并不列示为现金的使用。

与《国际会计准则第 7 号》相比，在支出与收到的利息和红利在何处列报的问题上，美国公认会计原则更缺乏灵活性。在美国公认会计原则中，除了支付的红利属于"筹资"活动产生的现金流量之外，以上各项都属于"经营"活动产生的现金流量。

8.5.5 专业术语

表8—7列出了美国准则、国际财务报告准则和英国准则在会计术语上存在的一些差别。多数时候这些差别无关紧要。例如，多数讲英语的非美国人可以非常容易地理解像"应收账款"（accounts receivable）、"应付账款"（accounts payable）或"销售额"（sales）之类的术语。然而，在某些情况下，也有可能会产生误解，例如：

- 英国《公司法》针对"销售额"的术语为"营业额"（turnover），但是在美国"turnover"会被解释成"人员更替"。

- 英国术语"存货"（stock）和"股票"（shares）译成美国术语时通常"存货"（inventory）和"股票"（stock），因此，试图同美国人讨论"股票"（stock）计价的先进先出法（FIFO）是毫无意义的。国际财务报告使用术语"存货"（inventory）。更糟糕的是，美国术语"库藏股"（treasury stock）在英国可能会被认为是金边债券（gilt-eged loan securities，即政府公债），而它真正的意思是公司回购自己的股票，并将其库存在公司中。国际财务报告准则使用了折中的术语"库藏股"（treasury shares）。

- 有些词，如"财产"（property）的含义在大西洋两岸国家有着很微妙的差异。在英国，"财产"通常指土地（即不动产），或者可能指建筑物，而在美国"财产"有着更广的意义，包括任何有形的固定资产。

- 如在第2.9部分中所指出，"准备金"（provision）、"公积金"（reserve）及"备抵"（allowance）这三个词的意思很难区分。

表8—7　　　美国准则、国际财务报告准则和英国准则中的一些会计术语

美国准则	国际财务报告准则	英国准则
应付账款（accounts payable）	应付账款（payables）	应付账款（creditors）
应收账款（accounts receivable）	应收账款（receivables）	应收账款（debtors）
备抵（allowance）（如坏账备抵）	减值准备（impairment）	准备（provision）
资产负债表（balance sheet）	财务状况表（statement of financial position）	资产负债表（balance sheet）
公司章程（bylaws）	—	公司章程（articles of association）
融资租赁（capital lease）	融资租赁（finance lease）	融资租赁（finance lease）
资本公积（capital surplus）	—	股本溢价（share premium）
公司登记执照（certificate of incorporation）	—	公司章程（memorandum of association）
普通股（common stock）	普通股（ordinary shares）	普通股（ordinary shares）
不变币值会计（constant dollar accounting）	—	现行购买力（current purchasing power）

美国准则	国际财务报告准则	英国准则
现行汇率法（current rate method）	—	期末汇率法（closing rate method）
财政年度（fiscal year）	—	财务年度（financial year）
一般物价水平调整（general price level adjusted）	—	现行购买力（current purchasing power）
收益（income）	利润（profit）	利润（profit）
利润表（income statement 或 operations statement）	利润表（income statement）	损益表（profit and loss account）
存货（inventories）	存货（inventories）	存货（stocks）
杠杆效应（leverage）	—	杠杆比率（gearing）
票据（notes）	—	票据（bills）
资本公积（paid-in surplus）	—	股本溢价（share premium）
面值（par value）	面值（par value）	名义价值（nominal value）
权益集合（pooling of interests）	权益集合（uniting of interests）	兼并会计（merger accounting）
优先股（preferred stock）	优先股（preference shares）	优先股（preference shares）
不动产、厂场和设备（property, plant and equipment）	不动产、厂场和设备（property, plant and equipment）	有形固定资产（tangible fixed assets）
购买会计（purchase accounting）	购买会计（purchase accounting）	收购会计（acquisition accounting）
不动产（real estate）	土地（land）	土地（land）
准备金（reserve）（如坏账准备）	减值准备（impairment）	准备金（provision）
准备金（reserve）（如养老金）	准备金（provision）	准备金（provision）
销售额（sales）	收入（revenues）	营业额（turnover）
股票（stock）	股票（shares）	股票（shares）
以股票为基础的薪酬（stock-based compensation）	以股票为基础的支付（share-based payment）	以股票为基础的支付（share-based payment）
股票股利（stock dividend）	发放红利（bonus issue）（小额）	发放红利（bonus issue）（小额）
股东权益（stockholders' equity）	所有者权益（equity）	股东资金（shareholders' funds）
股票分割（stock split）	发放红利（bonus issue）（大额）	发放红利（bonus issue）（大额）
库藏股（treasury stock）	库藏股（treasury stock）	自有股份（own shares）

8.6 会计原则

8.6.1 有形资产

北美的会计惯例是长期以历史成本进行计量。Zeff（2007）追踪了美国证券交易委员会自 1934 年到 20 世纪 70 年代间所有关于历史成本的规定。在美国公认会计原则中也有相关的概念，即只有在与另一方进行公平交易的情况下，才能确认收益与利得。由此，即使估计的价值有所上升或市价发生改变，在财务报表上固定资产或无形资产的账面价值也是不会增加的，因为那些事件都不是"交易"。与国际财务报告准则不同，《国际会计准则第 16 号》、《国际会计准则第 38 号》和《国际会计准则第 40 号》均允许价值的重估，并且在《国际会计准则第 41 号》中做出了要求。不过，美国公认会计原则（和国际财务报告准则）现在将其从金融资产的原则（即以公允价值计量——译者注）中分离出来了（见第 8.6.4 部分）

公司建造自用资产时所发生的资产"成本"必须包括"借款费用"，即为建造而借款所带来的利息和费用。大多数国家（例如在法国、德国或英国）不要求（有些地方甚至禁止）对借款费用资本化。在 2009 年以前不要求将借款费用资本化。

在北美，将有形固定资产成本在其使用年限内摊销是普遍的做法，《会计研究公告第 43 号》第 9C 章的第 5 段阐述了美国的立场：

生产设备的成本是它在有效经济寿命内提供服务的成本之一。公认会计原则要求以下方式将此项成本在设备的预计使用年限内分摊：尽可能在使用设备获取服务的期间内公平地摊销成本。这一程序即所谓的折旧会计，即旨在以系统、合理的方式把有形资本资产的成本或其他基础价值减去残值（如果有的话）后在预计的使用年限内进行摊销的会计体制，这是一种分配程序而不是计价程序。

必须强调的是，这一规定在美国准则中不存在任何例外，而在国际财务报告准则中却存在例外，投资性房地产便是一例。

与多数国家一样，折旧的计算方法有很多种，其中直线法是最为常见的，但是加速折旧的各种方法（包括余额递减法和年数总和法）也是得到认可的。

《财务会计概念公告第 144 号》（前身为 121 号）对资产减值又进行了若干规定。它要求在每个资产负债表日测试资产是否有减值迹象（例如物理毁损）。如果有这样的迹象，则必须计算并比较下列两项金额：①资产的账面价值；②由使用和销售该项资产带来的可预计未来现金流总额（不折现且不计算利息）。如果②比①低，则应当确认减值损失，并以账面价值和公允价值之差来计量该项损失。

"公允价值"指有买卖意愿的双方在熟悉情况的公平交易中交易资产的金额。如果没有市场，则减值损失的计算可以通过参考折现现金流来估计公允价值。

作为对比，国际会计准则理事会（和英国）不使用非折现现金流来测试减值。如果存在减值迹象，则将市场价值和使用价值（即折现现金流）孰高者与资产账面价值进行比较，并以此来计量减值的金额。这意味着在国际财务报告准则下将会记录更多的减值，而在美国准则下这其中许多都因为使用非折现现金流（其金额更高）而被排除在外。

举例来说，假设某旧设备已经损坏，下面是与其相关的信息：

（1）账面价值（折旧成本）= 900 万美元

（2）可实现净值 = 600 万美元

（3）未折现净现金流 = 1 000 万美元

（4）折现现金流 = 800 万美元

根据美国公认会计原则，因为未折现净现金流（1 000 万美元）超过了账面价值（900 万美元），所以没有发生减值。但是根据国际财务报告准则，由于可收回金额（折现现金流和可实现净值孰高）[①] 为 800 万美元，而账面价值为 900 万美元，所以已经发生减值 100 万美元。

8.6.2　租赁

美国在租赁协议方面的会计要求已经有 60 年的历史了。这一要求从 1949 年开始，当时是相对简单的，即承租人必须披露每年租金的金额和付款时间，并评估特定租赁是否可被认为是可被资本化的资产。这些要求已经逐渐演化为全面的，有时是复杂的并与承租人和出租人的租赁活动密切相关的一系列会计和报告标准。

与租赁有关的现行会计和报告实务是由《财务会计准则委员会第 13 号公告——租赁会计》进行规定的。尽管这个公告相当复杂，但第 13 号公告所体现出的财务会计准则委员会的基本结论却十分简单：如果与租赁资产所有权相联系的风险和报酬已转移给承租人，则出租人必须把该项租赁报告为资产出售（销售型或直接融资型租赁），而承租人则应把该项租赁报告为资产购置（融资租赁），即这是一项"融资租赁"。否则，承租人和出租人均应把该项租赁报告为"经营租赁"。融资租赁和经营租赁的划分界限是很武断的，《财务会计概念公告第 75 号》对融资租赁的一个划分界限是租赁期占资产使用年限的 75% 以上或资产的租赁费用占资产总价值的 90% 以上。作为对比，国际会计准则理事会所发布的准则没有明确指出具体的划分标准，而只是要求依赖其基本概念进行判断，即考察资产的大部分风险和收益是否转移给了承租人。这是美国的规则体系和国际会计准则理事会的原则体系的一个典型对比。

租赁业务应该成为等额报告资产和负债的基础，这种思想反映了"实质重于形式"的观念，即强调经济实质（承租人使用了大部分资产）而非法律形式（承租人并不拥有资产）。但是，这一点本身就会造成对此问题的误解，因为经济实质依赖于严格的法律协议。

在美国，利用租赁协议作为一种融资机制在过去 10 年间得到迅速发展。在一些行业里（如复印机或计算机设备生产行业），作为一种营销最终产品的手段，"租赁"已经取代了传统的"销售"。因为出租人知道承租公司不乐意将租赁资本化（尤其因为之后需要确认负债），所以通常会对租赁进行特别安排以使其达不到融资租赁的技术标准，这样会造成实质上属于融资租赁的业务没有按照融资租赁进行会计处理。财务会计准则委员会及其他准则制定者正在考虑是否要求将所有的不可撤消租赁都作为

---

① 《国际会计准则第 36 号》使用的术语是"使用价值"和"公允价值减去出售费用"。

融资租赁进行处理，因为这似乎满足了"资产"和"负债"的定义（见6.2节）。但是这一变动极不受公司的欢迎。

8.6.3　无形资产

对无形资产的一般要求与对不动产、厂场和设备的要求相差无几。其中最明显的是，对这些资产必须以历史成本计价，如果可以辨别使用年限，则需在其使用年限内摊销。会计原则委员会的第17号意见书将有效使用年限定在40年之内，但2001年的《财务会计准则公告第142号》取消了该限定。现行准则要求对没有确定使用年限的无形资产（包括商誉）每年进行减值测试。

《财务会计准则公告第2号》对研究开发有特殊的规定，要求除非是创建了像实验室之类的有形固定资产，否则此类支出应在发生时立即作为费用处理。然而在美国这种禁止资本化的要求有一个特殊例外，即计算机软件产品。《财务会计准则公告第86号》要求在某些情况下，当此类产品的技术可行性已被确定时，应该资本化开发该产品的支出。

《财务会计准则公告第2号》探讨了审慎性（要求一次性全部作为费用）与权责发生制（建议将费用资本化以进行配比）之间的矛盾。然而，《财务会计准则公告第2号》的结论是，总的来看，审慎性和统一性要求都需要直接禁止资本化。美国的规定比国际财务报告准则的规定（国际会计准则第38号）保守得多，国际财务报告准则允许将某些开发费用资本化（详细内容见第16章），即结转为资产并与未来相关收入相匹配。

8.6.4　投资

在美国，并不要求用流动与非流动来区分投资，尽管许多公司提供的资产负债表是按这种方法分类的。为了满足计量的目的，《财务会计准则公告第115号》要求主要按管理意图，将投资分为3类：

（1）持有至到期的投资：按摊余成本计价。

（2）交易性投资：按公允价值计价。

（3）可供出售的投资：按公允价值计价。

后两种处理方法将产生未实现利得和损失。其中第二类应计入当期损益，第三类应计入其他综合收益。对第二类投资的处理（即公允价值直接计入当期损益）又被称为"市值计价"。对于交易性负债也用同样的方法处理。

为了达到披露目的，《财务会计准则公告第107号》要求许多按历史成本计价的投资提供公允价值信息。在《国际财务报告准则第7号》中，也有相似的要求。对比之下，许多国家都没有系统公允价值披露制度，固定资产投资通常按成本计价，而尽管许多金融机构倾向于按市价对有价证券进行计价，然而流动资产投资通常会按成本与可变现净值孰低法计价。

《财务会计准则公告第113号》将公允价值的要求扩展至衍生金融工具。这些规则几乎被老的国际会计准则委员会全部照搬到《国际会计准则第39号》中。然而，2004年《国际会计准则第39号》增加了使用市值计价的弹性。2007年，美国第159

号公告也采用了同样的方法。

8.6.5 存货

存货计价的总则在《会计研究公报第 43 号》中提出。美国最通用的规则是"成本与市价孰低法"，然而"市价"在美国准则中通常意味着重置成本，在国际会计准则中则意味着可变现净值。在美国，一旦存货的价值从历史成本减记至市价，那么即使未来市场行情好转也不得转回该减值损失。但在国际财务报告准则或英国会计实务中是允许转回的。

美国存货计价的主要特征是许多公司采用后进先出法（LIFO）来确定存货的成本（见表 8—8）。

表 8—8 <center>**600 家公司存货价值的决定**</center>

	例子
先进先出法	391
后进先出法	213
平均成本法	155
其他	24
	公司
以上使用后进先出法的 251 家公司：	
对所有存货应用的	14
对 50% 以上的存货应用的	91
对 50% 以下的存货应用的	88
无法确定的	20
使用后进先出法的公司	213

注：此表列示的是 600 家大型公司使用的方法，一家公司可能采用多种方法。

资料来源：American Institute of Certified Public Accountants（AICPA）（2008）*Accounting Trends and Techniques*（issued annually）。AICPA，Jersey City，New Jersey，p. 159。经允许复制。

后进先出法的运用意味着，从会计上认定最近购进的存货最早被用于生产或销售，剩下最早购进的存货作为年末的期末存货。如果某种存货的价格上升，则意味着当期利润和期末存货价值比使用平均成本法或先进先出法都要更低。

最初美国为税收目的允许使用后进先出法，以便在价格上涨时，存货持有利得可以免税。否则，由于存货的额外价值（尽管存货数量是不变的）所产生的收益将需要纳税。美国的这种会计处理存在的问题是，如果公司以纳税为目的采用后进先出法，税法要求它所公布的利润表也必须使用该方法。这让人想起在欧洲大陆的一些国家中，税法给会计处理带来的普遍影响（见第 2 章）。

如上所述，美国很多公司从后进先出法的使用中获取可能的减税减免。然而，正如表 8—8 所示，大多数公司实际上采用了多种方法，这可能是因为一些存货的价格呈下降趋势，也可能是因为要将国外子公司的非后进先出法计算的存货包括在内。那些仍在使用先进先出法的公司的目的可能是为了提高利润，因为管理人员薪酬与公布的净收益是紧密相连的。目前已经有人对此进行了大量的经验性研究（如 Jennings 等人，1992），但是这些研究并未解决市场能否识别后进先出法对盈利的负面影响以及对纳税额的正面影响这一问题。公认会计原则的运用被要求具有一贯性，禁止经常在先进先出法和后进先出法之间变换。

运用后进先出法的影响可能会很大。就期末存货的估价而言，涉及的价格可能是几十年以前的价格，而不是稍微过时的价格。后进先出法使存货成本与最先购进时的成本保持一致，这样，期末存货的计价可能会低得离谱。这一问题恐怕比过时的固定资产的计价更为严重，因为存货更多地用于销售，并且是构成流动比率的一个主要因素。更糟糕的是，可能因为生产中采用了更先进的材料使得存货的数量减少，这时以往的存货成本可能不会反映在利润表中。有人把这种现象称为"存货后进先出法的侵蚀作用"。尽管可以认为，因为后进先出法使得销售成本包括了更多的当前成本，所以它可以更好地表述收益，然而后进先出法仍然会导致令人误解的高收益。

公认会计原则要求公司披露其所使用的存货计价方法，证券交易委员会要求使用后进先出法的注册公司必须在附注中披露，假如采用先进先出法存货的价值是多少。表 8—9 中的两个例子对此进行说明：

表 8—9　　　　　　　　　后进先出法调整为先进先出法的示例　　　　金额单位：百万美元

	后进先出法	调整	先进先出法	增长（%）
通用汽车公司（2008 年）	13 042	1 233	14 275	9
卡特皮勒公司（Caterpillar）（2008 年）	8 781	3 183	11 964	36

在卡特皮勒公司的例子中，如果采用先进先出法作为计价的基础则存货将会增加36%，在该公司净流动资产（57%）和净资产（53%）的条件下这一差别是很重要的。

是否允许使用后进先出法是美国和国际财务报告准则（或英国）会计之间最大的差别之一，这一差别可涉及数百万美元的金额。没有特定的有关国际差异的理论可以解释这种实务中的差别，只不过美国允许公司为税收目的而采用后进先出法对存货计价，在其他很多国家则不允许。例如，在英国为税收目的而应用后进先出法是不允许的，这使得《标准会计实务公告第 9 号》（SSAP 9）明确指出：出于任何会计目的都不得使用后进先出法，因为该方法无法公允地表述期末存货价值。国际会计准则理事会也出于类似原因而于 2003 年禁止使用后进先出法。

8.6.6　雇员福利，包括以股份为基础的支付

很多美国公司的资产负债表中最重要的负债项目之一是与雇员福利相关的。美国公司倾向于不仅承诺退休金福利，而且还承诺退休后的医疗福利。这些负债必须以预期支付额的折现价值记账。当预期值发生变化，进而增加累计收益或损失，情况就复杂了。财务会计准则委员会、国际会计准则理事会和 2006 年发行的新的美国准则（《财务会计准则公告第 158 号》）对这些情况的处理各不相同。主要的一点是，累计损益必须立即在资产负债表中确认，而这在国际财务报告准则中只是一个可选项。这

些情况将会在第 9 章详细讨论。

除薪水之外,酬劳雇员的另外一种方式是赠送(或承诺赠送)股票(或股票期权)。这种酬劳方式起源于美国并且现在那里仍然很盛行。举一个典型的例子:假设 X 公司在 2010 年 1 月 1 日赋予员工 Y 在 2011 年 12 月 31 日(或者从那天开始的特定期间内)以每股 5 美元的价格购买 X 公司 1 000 股股票的权利(如果该员工仍然在公司服务)。在期权授予日股票价格为 5 美元。

一种观点认为该股票期权没有任何价值(即没有"内在价值"),至少在期权授予日是这样的。但是股票期权会有市场(公允)价值,因为持有它们获得的收益最少为零,而且到 2011 年年末如果每股价格超过 5 美元,这些期权就存在价值。

公允价值会计要求在期权授予日评估期权的公允价值,并将之作为未来两年的雇员福利费用(同时贷记所有者权益)。公司的管理层则期望避免确认这种费用。财务会计准则委员会的前身(会计原则委员会)所发布的第 25 号意见书仅仅要求披露期权公允价值。财务会计准则委员会本身也曾试图发布一项公允价值标准公告,但是迫于公司和国会的压力而搁浅(见第 10 章),因此《财务会计准则公告第 123 号》最初也仅仅要求披露公允价值。2004 年,财务会计准则委员会修订了《财务会计准则公告第 123 号》并要求对股票期权公允价值进行会计处理,但是这次仍然受到了政治上的干预而不得不推迟到 2006 年才得以实施。该公告与国际会计准则理事会颁布的《国际财务报告准则第 2 号》(于 2005 年开始实施)非常相似。

想全面了解关于"以股份为基础的支付"的理论问题请参阅莫兹(1998)和基尔申海特(Kirschenheiter,2004)的研究。

8.6.7 公司税务会计

众所周知,在英美国家会计实务(或国际会计准则规范)中,按照公认会计原则计量的公司利润通常与应纳税所得额存在差异。形成这种差异的一般原因是,在计算应纳税所得额时,不论利润表上的折旧费按何种方法计算,加速折旧费用都是可扣减项目。因此,当公司资产相对来说是新购置的,或当公司正处于扩张阶段,或当价格持续上升时,它所报告的税前利润很可能超过在利润表中公布的应纳税所得额。进而应税所得额将低于报告的利润。因此在利润表中列示的基于报告利润计算的"税收费用"会高于应纳税所得额。两者之间的差额与资产负债表中递延税款负债中的贷方余额(即一种延期的税款)相匹配。

看待这个问题的另一种方式是以会计目的持有资产和以纳税目的持有资产,其两者的价值财务会计准则不同。根据税法在加速折旧的情况下,税收减计价值低于会计减计价值,这就产生了递延税款负债。传统上用利润表的观点来表述递延所得税会计(见第 8.4 部分)(例如,美国财务会计准则委员会的第 11 号意见书和英国的《标准会计实务公告第 15 号》),然而 1991 年财务会计准则委员会发布了《财务会计准则公告第 109 号》,改用资产负债表的观点来表述。《国际会计准则第 12 号》也采纳了这种观点,但是英国在 2000 年发布的《财务报告准则第 19 号》中仍然坚持利润表的观点。

英国准则、美国准则和国际会计准则要求对公司所得税税率的任何变化都要进行会计处理,因为这些变动将影响负债的规模(债务法)。其他一些国家准则(和旧的会计原则委员会第11号意见书）不考虑税率的变化，所使用的税率是产生时间性差异或临时性差异时的税率（递延法）。

经过多次变更之后，目前美国公认会计原则与国际财务报告准则对于递延所得税的要求已经趋于一致：采用负债法全面反映临时性差异。第16章更详细地介绍了递延所得税会计。有关美国递延所得税的发展历史，请参见舒尔茨和约翰逊（Schultz and Johnson，1998）的研究。

8.7 企业合并

8.7.1 合并范围

和其他的会计问题一样，美国公认会计原则在定义应当纳入合并范围的公司时，试图提供的不是一种原则，而是一种可审计的规则。国际会计准则理事会（《国际会计准则第27号》）对"有能力控制财务和经营政策"的概念就是一个明确的原则，但是在某些情况下需要根据该原则进行判断。美国会计原则委员会第18号意见书中对子公司的定义为，拥有超过半数的投票权或签订其他保证控制权的法律协议。这使得许多公司通过一系列手段来建立实际拥有控制权但却可以不在合并范围内的企业实体。然后这些"特殊目的实体"（special purpose vehicle，SPV）可以贷款、融资租赁以及进行其他形式的资产负债表表外融资，而这些都不需要合并到母公司报表中。最典型的例子就是能源交易公司安然，到2001年至2002年该公司倒闭时，它拥有数以千计的特殊目的实体。安然的倒闭同时导致了其咨询/审计公司（安达信）的倒闭。

2002年的《萨班斯—奥克斯利法案》（Sarbanes-Oxley Act）对此作出了回应，它要求对资产负债表表外负债进行脚注披露。此外2003年，财务会计准则委员会还发布了《财务会计准则解释公告第46号》，要求把受集团支持或由集团获得其剩余收益的实体也纳入合并范围。证券交易委员会和财务会计准则委员会联合调查"基于原则"的会计准则（见8.3节）的优点也与此事相关。

8.7.2 企业合并会计

关于合并财务报表的编制、企业兼并和收购的备选会计方法将在第17章详细论述。直到2001年，美国关于企业合并的会计实务标准才在《会计原则委员会第16号意见书——企业合并》中确立。这个意见书允许公司采用两种会计方法处理企业合并会计："购买法"（purchase method）和"权益集合法"（pooling of interests method）。

在购买法下（大体上类似于国际会计准则或英国准则的收购法），被收购公司在集团财务报表中的资产计价以合并时的公允价值为基础。《会计原则委员会第16号意见书》的第11段将购买法的实质描述为：

购买法将企业合并解释为一家公司收购另一家公司，收购公司将收购的资产价值减去应承担的负债计为收购成本。有形资产和可确认无形资产的公允价值减去负债后的金额与收购成本之间的差额即为商誉。收购公司的报告收益以收购公司的收购成本为基础，包括被收购公司在被收购后的经营成果。

在权益集合法下，被合并公司的会计计价基础保持不变，其资产的已折旧历史成本合并计入收购公司中。《会计原则委员会第16号意见书》的第12段将权益集合法描述为：

权益集合法把企业合并解释为两个或两个以上的公司通过交换股份来实现所有者权益的联合。它之所以不将其确认为收购是因为这种合并的完成并未支出合并各方的资产，所有者权益继续存在，而且原先的会计基础保持不变，合并各方的资产和负债原封不动地带入合并后的公司。合并公司的收益包括发生合并的整个会计年度内合并各方的收益，合并各方前期的报告收益也会被合并进来，并重新表述为合并公司的收益。

在物价上涨时期，使用购买法和权益集合法产生的差异主要表现在两个方面：首先，固定资产的报告金额势必较高，同时经常会产生无形资产（商誉）；其次，在购买法下，企业合并后报告的净收益势必减少，因为在确认净收益时，必须既要扣减按较高的固定资产价值计算的折旧，又要确认商誉减值损失（或者作为以前费用的摊销，两者都列报为费用）。美国有相当一部分（约1/5）的企业合并满足了官方文件规定的条件，从而能够按照权益集合法进行会计处理。

1999年，财务会计准则委员会宣布要取消权益集合法，理由是该方法在大多数情况下只是一种备选方法。证券交易委员会也支持这种立场，但公司并不愿意这样做，因为如果将权益集合法改变为购买法就会产生商誉，从而导致出现大量的摊销费用。这方面的研究可以参考艾尔斯等人（Ayers *et al.*，2000）的著作。有一种方法可以减少人们对废除权益集合法的抵触情绪，即修改对商誉的要求，具体如下。

2001年，财务会计准则委员会发表了《财务会计准则公告第141号》，最终废除了权益集合法。然而，直到2001年6月30日为止所采取的权益集合法都可以继续在后续的资产负债表中继续使用。因此，要理解按照美国公认会计原则编制的财务报表，在很多年内都还需要继续考虑权益集合法。国际会计准则理事会在20世纪90年代已经比美国准则更严格地限制了权益集合法的使用，但是后来来自各方的压力要求其参照美国的做法，废除权益集合法。2004年，国际会计准则理事会实现了这一目标。

8.7.3　商誉

在商誉的处理上，也存在重大的国际差异。依据国际会计准则理事会制定的准则，估计的公允价值和收购的净资产公允价值之间的差异可以记为商誉。不过，仍然存在一个实务上的重大差异，即美国要求（至2009年，大多数企业的报表）以收购方的角度（即使用购买法——译者注）而《国际财务报告准则第3号》要求以中立的或市场的角度进行列报。收购方的角度涉及就所提议的重组行为确认"某种预计负债（或准备金）"（provisions），即记录净资产并增加商誉。这样会减少随后的资产折旧，增加出售资产的账面利得以及各种摊销费用。

另一个不同之处是（也是到2009年为止），美国公司会将所收购资产按比例注销以避免负商誉的产生，所以一般不会出现负商誉。国际财务报告准则规定负商誉出现时立即将其作为一项收入。

更主要的区别在于对正商誉的会计处理。简单回顾一下美国、英国和国际会计准则理事会规则的变化，可以看到其可能存在的差异。2001年以前，美国会计实务仍然按《会计原则委员会第17号意见书》的规定，将商誉作为一项资产，并将其在有效经济年限内摊销（不超过40年）。许多公司使用40年这个期限，其原因是估计商誉使用年限比较困难而且这一选择能尽可能地减少费用。然而，证券交易委员会经常要求特定领域的公司使用更短的摊销期。相对而言，英国会计实务的做法（根据SSAP 22的规定）则是立即从集团公积金中冲销商誉（直到1998年为止）。这意味着美国集团公司的资产看上去比英国集团公司的更多，而同时其利润看上去比英国集团公司的更少。有人认为这种差别导致了美国公司管理层在国际比较中处于劣势（Choi and Lee，1991）。

在1995年以前，国际会计准则委员会允许公司按照英国的方法进行会计处理，但后来又将摊销的最长期限限定为20年。到20世纪90年代末，英国和国际会计准则委员会都转而要求公司按照20年的期限对商誉进行资本化。超过20年期限的商誉必须每年进行减值测试。

2001年，财务会计准则委员会发表了《财务会计准则公告第142号》。该委员会通过回顾以往的发展，最终得到了一个符合逻辑的结论。该公告废除了摊销方法，要求公司对商誉进行年度减值测试。因为商誉不一定会被消耗，所以无论选用哪种使用年限进行摊销都是武断的，最终所得出的费用结果都是毫无意义的。当然，扣除了这些费用以后，废除权益集合法（见上文）就不是那么难以接受了。国际会计准则理事会自2005年起采用了美国财务会计准则委员会的做法。

8.8 审计

独立审计师的报告可能是财务报告读者的一个重要信息来源，它解释了独立审计师在审计财务报表的公允性方面做了哪些工作，并从美国公认会计原则的角度阐明了报表是否公允。在2003年之前均由美国注册会计师协会控制的标准美国审计报告格式如下所示。

我们已经审计了XYZ公司及其子公司2007年12月31日和2006年12月31日的合并资产负债表以及截至2007年12月31日的三年的相关合并利润表、现金流量表和所有者权益表。我们还审计了合并资产负债表、合并利润表、合并现金流量表和所有财务报表附表的补充信息。这些合并财务报表及其附表由公司管理当局负责，我们的责任是根据我们的审计对上述财务报表及其附表发表意见。

我们的审计遵循了美国公众公司会计监督委员会的准则。这些准则要求我们计划和执行审计程序以便合理保证财务报表不存在重大错报。审计包括在测试的基础上进行检查，以得到证据支持财务报表中的数值和披露。审计还包括评估管理当局所使用的会计原则和所作出的重大估计以及财务报表的整体表述。我们相信，我们的审计工作为发表意见提供了合理的基础。

我们认为，上述的财务报表符合美国公认会计原则，在所有重大方面，公允地反映了XYZ公司及其子公司在2006年和2007年12月31日的财务状况，以及截至2007年12月31日三年的经营成果及现金流量。此外，我们认为，考虑到其与基本财务报表的整体联系，上述的财务报表附表在所有的重大方面都公允地反映了会计信息。

上述意见书的关键性措辞是"公允地……遵循美国公认会计原则"。对美国公认会计原则的参照反映了对权威文献的信赖（见 Zeff，1990 和 1992）。

2002 年，美国国会通过了《萨班斯—奥克斯利法案》。该法案要求公司高层管理人员保证财务报表的可靠性，并对审计人员的独立性提出了更高的要求。《萨班斯—奥克斯利法案》本身并不是直接和会计相关的，它只是提出了一些披露方面的要求。其主要内容与公司治理和审计有关。该法案的要求非常严格，这使得公司到证券交易委员会注册或者到美国证券交易所交易必须花费更多的成本。2003 年，公众公司会计监督委员会决定亲自制定审计准则，而不再委托美国注册会计师协会来制定，从而结束了 60 多年来美国注册会计师协会制定审计准则的历史。泽夫（2003）描述了在过去的一个世纪里美国的审计职业是怎样逐渐走出光环的。

就如前面第 8.2.1 部分所述，大部分美国公司都没有被强制执行审计，它们当中的许多公司都会选择"审计复核"（audit review）来代替审计。审计复核是一套标准的审计程序，但比全面审计要简略些。

8.9　与国际财务报告准则的差异

如第 5 章所述，世界上的大型公司在编制合并财务报表时都越来越倾向于采用美国公认会计原则或国际财务报告准则。因此，这两种体系之间的差异对国际比较来说非常重要。

美国财务会计准则委员会与国际会计准则委员会有着大致相同的概念框架，尤其是两者都认为财务报告的主要目的是为投资者提供预测未来现金流量的有用信息，且两者对"资产"与"负债"的定义也几乎相同，均视其为财务报表的基本要素。此外，在 20 世纪 90 年代后期，美国财务会计准则委员会与国际会计准则委员会/理事会在一些项目上进行了合作（如《国际会计准则第 14 号——分部报告》（已修订）和《国际会计准则第 33 号——每股收益》）。很明显，到 20 世纪 90 年代末，美国公认会计原则和国际财务报告准则为取得财务报告的世界主导地位展开了竞争。作为结果，美国财务会计准则委员会不断指出两种体系之间的差异，暗示国际会计准则存在诸多缺点（如 Bloomer，1999）。然而，从 2001 年开始运行的国际会计准则理事会的最初 14 名成员中包括两名前美国财务会计准则委员会成员和一名前美国财务会计准则委员会受托人，同时于 2002 年任命的美国财务会计准则委员会主席曾经是国际会计准则理事会的成员。此外，证券交易委员会也已正式认可国际会计准则理事会的新安排（参考 Camfferman and Zeff，2007，第 13 章）。正如前面提到的，在 2002 年两个机构宣布了一项正式的协调化项目并于 2006 年进行了更新。因此，现在这两个机构的合作正在加强，所有新的重大项目都会联合执行。2004 年，美国财务会计准则委员会发布了 4 项征求意见稿，目的是采用国际会计准则理事会的某些做法。表 5—6 列示了它们在发布准则方面取得的进展。

美国公认会计原则与国际财务报告准则一个普遍性的差异是前者在许多问题上更为详尽（"基于规则"），我们曾在第 5 章讨论过该问题。阻碍其他国家运用美国公认会计原则的因素是该准则只有英语版，而国际财务报告准则目前已经被官方翻译成很多种语言。在第 5 章我们还讨论了从国际财务报告准则向美国公认会计原则的调整。

表8—10列举了一些美国规则不允许或不要求与国际财务报告准则保持一致的方法。从另一个角度来看这张表，国际财务报告准则在很多领域没有美国公认会计原则详细，或者提供的选择比美国一般公认会计准则更多。表8—11列举了一些例子。诺比斯（2001）把这些差异详细地列成表格，更新的信息请查阅 iasplus. com/country/dicompare. htm。安永事务所（2005）对两者之间的详细差异进行了考察。Bellandi（2007）详细比较了 IFRS 和美国财务报表的格式与内容。

表8—10	美国公认会计原则不允许或不要求与 国际财务报告准则一致的某些情况

- 至2009年，与国际财务报告准则相比，为企业合并行为建立某种预计负债（或准备金）的做法可能更为宽松（见第8.7.3部分）
- 至2009年，负商誉一般不会出现（见第8.7.3部分）
- 在美国很少确认减值，因为其会涉及一个对非贴现现金流量的测试（见第8.6.1部分）
- 减值不可转回（见第8.6.1部分）
- 一些复合金融工具不可分解为债务工具和权益工具（见第8.4.4部分）
- 没有列示的投资通常按照成本而非公允价值计价（见第8.6.4部分）
- 存货（只能）减值到目前的重置成本（而非可变现净值）且这一减值不可转回（见第8.6.5部分）
- 允许使用后进先出法（见第8.6.5部分）
- 一些实质上被控制了的企业可能被排除在合并范围之外（见第8.7.1部分）
- 开发成本（软件除外）不能资本化（见第8.6.3部分）

表8—11	一些美国规则不允许的选择性做法

- 资产负债表的格式更加灵活（见第8.5.2部分）
- 列报筹资活动产生的现金流量的灵活性（见第8.5.4部分）
- 以高于成本的价值计量一些有形和无形资产（见第8.6.1部分）
- 将精算损益逐步记入资产负债表（见第8.6.6部分）
- 合资企业的比例合并（代替权益法）（见第17章）

小结

- 美国和国际会计准则理事会的会计原理和实务存在着许多相同之处。
- 美国没有联邦公司法，但有一个强有力的证券交易委员会。
- 公认会计原则大部分是由民间准则制定机构来提供的，目前制定准则的机构是财务会计准则委员会。
- 国际会计准则理事会的概念框架是建立在美国财务会计准则委员会的概念框架基础上的，该框架采纳的是资产负债表基础。
- 美国的资产负债表和现金流量表与英国的具有显著的差别。
- 在会计技术术语上英国准则、美国准则和国际财务报告准则有大量的差别。
- 美国坚持采用历史成本法来计量无形资产和有形资产，它所采用的减值测试方法也和国际会计准则理事会的不同。

- 美国创造了将租赁费用资本化的观念，并建议未来扩展对该观念的运用。
- 美国对特定投资引进了公允价值会计。
- 允许在存货计价中使用后进先出法，并且应用广泛，这导致资产负债表列示的金额大幅度减少。
- 美国对由暂时性差异产生的递延所得税采用全面会计方法，这是国际会计准则理事会学习的模式。
- 与其他国家公司相比，过去美国更多地在企业合并中采用权益集合法，但是从 2001 年开始美国禁止使用该方法。
- 10 多年来美国处理商誉的方法都是进行资本化并按照使用年限进行摊销，2001 年改变为资本化和减值测试方法。
- 美国的规则比国际会计准则理事会的更为广泛和详细，但是二者之间并没有很多直接的冲突之处。

参考文献

AICPA(annual) *Accounting Trends and Techniques*, issued annually, American Institute of Certified public Accountants, New York.

Ayers, B. C. , Lefanowicz, C. E. and Robinson, J. R. (2000) 'The financial statement effects of eliminating the pooling-of-interests method of acquisition accounting', *Accounting Horizons*, Vol. 14, No. 1.

Beresford, D. R. (2001) 'Congress looks at accounting for business combinations', *Accounting Horizons*, Vol. 15, No. 1.

Bloomer, C. (1999) *The LASC-US Comparison Project*, FASB.

Camfferman, K. and Zeff, S. (2007) *Financial Reporting and Global Capital Markets: A History of the International Accounting Standards Committee, 1973–2000*, Oxford University Press, Oxford.

Carmichael, D. R. (2004) 'The PCAOB and the social responsibility of the independent auditor', *Accounting Horizons*, Vol. 18, No. 2.

Choi, F. D. S. and Lee, C. (1991) 'Merger premia and national differences in accounting for goodwill', *Journal of International Financial Management and Accounting*, Vol. 2, No. 3.

Davidson, S. and Andersen, G. D. (1987) 'The development of accounting and auditing standards', *Journal of Accountancy*, Vol. 163. No. 5.

DePree, C. D. (1989) 'Testing and evaluating a conceptual framework of accounting', *Abacus*, Vol. 25, No. 1.

Dopuch, N. and Sunder, S. (1980) 'FASB's statements on objectives and elements of financial accounting: a review', *Accounting Review*, Vol. 55, No. 1.

Ernst & Young (2005) *IFRS/US GAAP Comparison*, Butterworths, London. (Later versions can be found online.)

FASB(2002) *Principles-based Approach to US Standard Setting*, Financial Accounting Standards Board, Norwalk.

GAAP Guide (annual) , Harcourt Brace Jovanovich , issued annually , Orlando.

Gorton , D. E. (1991) ' The SEC decision not to support SFAS 19 ' , *Accounting Horizons* , Vol. 5 , No. 1.

Jennings, R. , Mest, D. P. and Thompson, R. B. II (1992) ' Investor reaction to disclosures of 1974–5 LIFO adoption decisions ' , *Accounting Review* , Vol. 67 , No. 2.

Ketz , J. E. and Kunitake , W. K. (1988) ' An evaluation of the conceptual framework : can it resolve the issues related to accounting for income taxes? ' *Advances in Accounting* , Vol. 6.

Kirschenheiter, M. , Mather, R. and Thomas, J. K. (2004) ' Accounting for employee stock options ' , *Accounting Horizons* , Vol. 18 , No. 2.

Lamb , M. , Nobes, C. W. and Roberts, A. D. (1998) ' International variations in the connections between tax and financial reporting ' , *Accounting and Business Research* , Vol. 28 , No. 3.

Miller , P. , Redding , R. and Bahnson , P. (1998) *The FASB : The People , the Process and the Politics* , Irwin/McGraw Hill , Homewood.

Mozes, H. A. (1998) ' The FASB's conceptual framework and political support : the lesson from employee stock options ' , *Abacus* , Vol. 34 , No. 2.

Nobes, C. W. (ed.) (2001) *GAAP 2001 ; A Survey of National Accounting Rules* , Pricewaterhouse-Coopers , London ; also available at www. ifad. net.

Schultz, S. M. and Johnson, R. T. (1998) ' Income tax allocation : the continuing controversy in historical perspective ' , *Accounting Historians Journal* , Vol. 25 , No. 2.

Solomons, D. (1978) ' The politicization of accounting ' , *Journal of Accountancy* , November.

Watts , R. L. and Zimmerman , J. L. (1978) ' Towards a positive theory of the determination of accounting standards ' , *Accounting Review* , Vol. 53 , No. 1.

Zeff, S. A. (1972) *Forging Accounting Principles in Five Countries : A History and an Analysis of Trends* (Arthur Andersen & Co. Lecture Series , University of Edinburgh 1971) , Stipes Publishing Co. , Champaign , IL.

Zeff , S. A. (1978) ' The rise of economic consequences ' , *Journal of Accountancy* , December.

Zeff , S. A. (1990) ' The English language equivalent of geeft een getrouw beeld ' , *De Accountant* , October.

Zeff , S. A. (1992) ' Arthur Andersen & Co. and the two-part opinion in the auditor's report : 1946–1962 ' , *Contemporary Accounting Research* , Vol. 8 , No. 2.

Zeff , S. A. (1995) ' A perspective on the U. S. public/private-sector approach to the regulation of financial reporting ' , *Accounting Horizons* , Vol. 9 , No. 1.

Zeff , S. A. (1997) ' Playing the congressional card on employee stock options ' , in T. E. Cooke and C. W. Nobes (eds) , *The Development of Accounting in an International Context* , Routledge , London.

Zeff , S. A. (2003) ' How the US accounting profession got where it is today ' , *Accounting*

Horizons, Vol. 17, Nos. 3 and 4.

Zeff, S. A. (2005) 'The evolution of US GAAP: the political forces behind professional standards', *CPA Journal*, January, pp. 18-27, and February, pp. 18-29.

后续读物

美国注册会计师协会每年都对美国公司的会计实务进行调查。在《公认会计原则指南》(GAAP Guide)（每年出版）中按照主题对美国公认会计原则的要求进行总结。安永公司（2005）对美国公认会计原则与国际财务报告准则的差异进行了总结。

实用网址

www. accounting. rutgers. edu/raw/aaa

www. aicpa. org

www. fasb. org

www. fei. org

www. nyse. com

www. pcobus. org

www. sec. gov

课后问题

书末提供带星号问题的参考答案。

8.1* "美国会计是世界上最好的。"请讨论这种说法。

8.2* 如果美国会计受其他国家会计的影响，那么其受影响的程度如何？

8.3 美国会计实务在哪方面与其他国家的不同？如何解释？

8.4 讨论中国与美国在财务报告和管制规则方面存在差异的原因（请列举重要的例子）。

8.5 "对美国会计影响最大的一直是证券交易委员会。"请讨论这种说法。

8.6 正如本章所指出的，美国和英国在会计的起因和性质方面非常相似，请指出造成现有差异的原因并进行讨论。

8.7 请描述美国公认会计原则和国际财务报告准则之间的主要差异，准则制定者能够轻易消除这些差异吗？

第 9 章　关键的财务报告主题

目标

读完本章后您应当能够

- 解释无形资产的重要性以及哪些无形资产可被确认；
- 列出资产计量基础的变量；
- 严格地总结金融工具（包括套期保值会计）的处理；
- 解释不同准备金之间的区别；
- 区分养老金计划、养老金规划和养老金基金的概念，并举例说明这些概念在国与国之间的差别；

- 列出收入确认中涉及的主要问题；
- 讨论作为其他综合收入的一些收入和损失的处理。

9.1 引言

本书的第 5 章至第 8 章研究了国际财务报告准则和美国公认会计原则中规定的各项规则及会计要求，而且在文中还对比了这两个主要的体系。本章对能影响财务决策制定的关键会计数据的一些主题进行了更为深入的对比。我们所关注的这些主题所产生的影响巨大，而且都具有一定的争议性。我们还特别考虑了上市公司的一些做法。虽然所有的主题都会影响到合并财务报表，但是我们并不特别解释有关合并的问题，如商誉或货币折算。这些比较复杂的问题留到本书的第五部分再作讲解（第 17 章至第 19 章）。

我们的所有主题都在某种程度上与资产和负债相关，绝大多数也与收入和费用相关。资产和负债的会计处理是一个涉及五个步骤的过程：

(1) 此项目是资产（或负债）吗？

(2) 是否要在资产负债表上确认此项目？

(3) 初始值该如何计量？

(4) 之后该如何计量？

(5) 如何注销该项目（折旧、减值或终止确认）？

可以在国际会计准则理事会或财务会计准则委员会的概念框架中找到资产的定义，这在第 6 章中已经提及。然而，并非所有的资产都需要在资产负债表中确认。在本章中，我们首先考虑无形资产的确认问题（9.2 部分），其中涉及国际财务报告准则与美国会计实践之间的巨大差别。之后在第 17 章中将讨论企业合并过程中所产生的商誉的处理。然后我们会探讨资产的计量（9.3 部分），而且会发现国际财务报告准则比美国公认会计原则更具灵活性。9.4 部分涉及金融工具，其中包括资产和负债金融工具。9.5 至 9.7 部分探讨了各种其他类型的负债，如准备金、雇员福利和递延税款。收入确认与负债是紧密相关的，因为一些进款（例如合同款项）在成为收入之前是企业的负债，这些内容会在 9.8 部分讲述。在 9.9 部分我们会讲述综合收益的呈报。

9.2 无形资产的确认

国际财务报告准则中的确认标准是来自资产的预计现金流量可能发生（发生的可能性大于不发生的可能性），且资产的成本或价值能够可靠计量（例如《框架》第 89 段；《国际会计准则第 38 号》，第 21 段）。要应用此确认标准，首先有必要区分获得无形资产的三种方式：内部产生，作为企业合并的一部分购买而得，以及单独购买。对于最后一种方式获得的无形资产在会计处理上基本没有什么争议：如果购买了一项资产（专利或商标），通常是需要进行确认的。通过其他两种方式获得的无形资产，在会计处理上会困难得多。

内部产生的资产可能无法满足可能的现金流入和可靠计量这两项标准。因此，美国规则《财务会计准则公告第 2 号》要求除计算机软件开发这一特殊情况外，调研成本应该被费用化《财务会计准则公告第 86 号》。禁止资本化的规则也同样适用于内部产生的商誉和品牌。

国际财务报告准则（在《国际会计准则第 38 号》中）也要求将大多是内部产生的无形资产的成本费用化，但是要求将满足特定标准（该标准比上文的确认标准更为详尽）的开发成本资本化。这就有必要区分"调查"和"开发"费用，进而使用该特定标准了。

《国际财务准则第 38 号》中的定义如下：

调查是初始的有计划的调查，该调查极有可能获得新的科学或技术知识，或者新的认识。

开发是将研究成果或其他知识应用到新产品或性能得到显著改善的材料设备、产品、程序系统和服务的计划或设计中。

资本化标准包括完成开发所需资源的可获得性，以及显示将来利润如何增加和如何计量支出的能力。

虽然在这些过程中都会涉及判断，大众汽车从德国会计准则向国际财务报告准则的转变（在第 2 章中讲述过，但为了方便查询，在表 9—1 中重复讲述了这些内容）更显示了可能造成的潜在庞大资产：净资产增加了 41%。

表 9—1 　　　　　　　　　　大众汽车 2001 年（公开调整）　　　　　　　　单位：百万欧元

权益（以德国准则为标准），2000 年 1 月 1 日	9 811
开发成本的资本化	3 982
有形资产与无形资产可使用年限与折旧方法的修正	3 483
存货间接费用的资本化	653
出租方对租赁合同的不同处理方法	1 962
金融工具的评估差异	897
递延所得税的影响	1 345
特殊项目的取消	262
养老金和相似类债务评估的修正	633
准备金会计处理方法的修正	2 022
不构成权益部分的少数股东权益的分类	197
其他变化	21
权益（以国际财务报告准则为标准），2000 年 1 月 1 日	20 918

资料来源：节选自《2001 年大众汽车年报》，Volkswagen AG, Wolfsburg, Germany。

让我们以两种开发项目为例进行讲解。第一个是新的基于计算机的会计系统，内置于一个银行。在这样一个项目的早期，所有的标准都会满足，所以成本会被确认为资产而非费用。第二个项目是开发治愈心脏病的新药。在葛兰素史克 2008 年年报中如此解释：

当确认资产的条件满足后，而且通常当主要市场中制定了监管文件且监管文件很可能被通过时，开发费用即可被资本化。

这将接近项目的尾声。顺便需要提及的是，资本化始于满足标准的那一天，而不是项目开始的那一天。任何之前的支出都无法在之后添加为资产。当资产可开始使用时，资本化停止。

当以第二种方式获得无形资产时，即作为企业合并的一部分购买而得，就会产生更加复杂的问题。最近的准则（美国的 *SFAS 141* 和之后的《国际财务报告准则第 3 号》）都试图说服购买者尽可能多地确认无形资产，从而减少商誉。例如，《国际会计准则第 38 号》（第 25 段和第 33 段）认为购买行为是满足确认标准的。

有关无形资产的重要性以及是否有必要将其包含在资产负债表中这些问题，已经发布了大量的调查。Basu 和 Waymire（2008）、Skinner（2008）和 Wyatt（2008）对这些调查作了总结。

9.3 资产的计量

要确认一项资产，该项资产必须可以计量。直到最近，资产计量的常规方法（至少是在最初购得时）是计算其成本。这种方法也可用于其他一些资产，如无形资产，房地产、厂房和设备（PPE，也被称为有形固定资产），这些资产的"成本"基础包括因折旧和减值造成的成本减少。但是如果一项资产之后将以公允价值计量（或者按公允价值减去处置费用计量，见下文），那么也许最开始就应该采用这种方法计量。国际财务报告准则现将此观点用于一些被要求之后以公允价值入账的资产：某些金融资产（《国际会计准则第 39 号》）和所有生物资产（《国际会计准则第 41 号》）。这些信息都记录在表 9—2 的"初始计量"栏内。

表 9—2　　　　在国际财务报告准则下的初始计量和后续计量

	初始计量	后续计量
仅以成本为基础	不动产、厂房和设备，无形资产，投资资产，非交易性投资，存货	存货、无活跃市场的无形资产、持有至到期投资
成本或公允价值	一些非交易性投资	不动产、厂房和设备，活跃市场的无形资产，投资资产，一些非交易性投资
仅以公允价值为基础	交易性投资、金融衍生工具、生物资产	交易性和可供出售投资、金融衍生工具、生物资产

国际财务报告准则也允许对其他几类资产的后续计量使用其公允价值（见表 9—2 中的"后续计量"栏），这主要是因为准则制定者仍无法确定如何在可靠成本和相关公允价值之间进行选择。作为对比，美国准则更偏好于使用成本计量，并规定除了一些类型的投资外，均使用成本计量（见第 9.4 部分）。对于后续计量，"成本计量"意味着需要适时减去折旧和减值。

本书第 5 章的 5.6 部分简短介绍了在国际财务报告准则下对不同资产的后续计量使用的不同计量基础。对不同的资产除了使用成本和公允价值进行计量外，对受损资产还可以使用折现现金流和公允价值减去销售成本的较高者进行计量。这些计量基础在图 9—1 中均得到体现。图 9—1 并没有单独显示经折旧的历史成本（既非成本也非市场价值）。在资产的使用期间，折余成本逐渐从成本（初始公允价值加上购买成本）转移到剩余价值（可变现净值）。

虽然图 9—1 中标为"重新计价"的成本是指以公允价值计量的成本金额，但是不会记录因重新计价产生利润的收益，而且重新计价后的价值会被用作进行折旧和资产处理的基础。这与标为"公允价值"的类别差别甚大，在"公允价值"类别下不存在折旧问题。

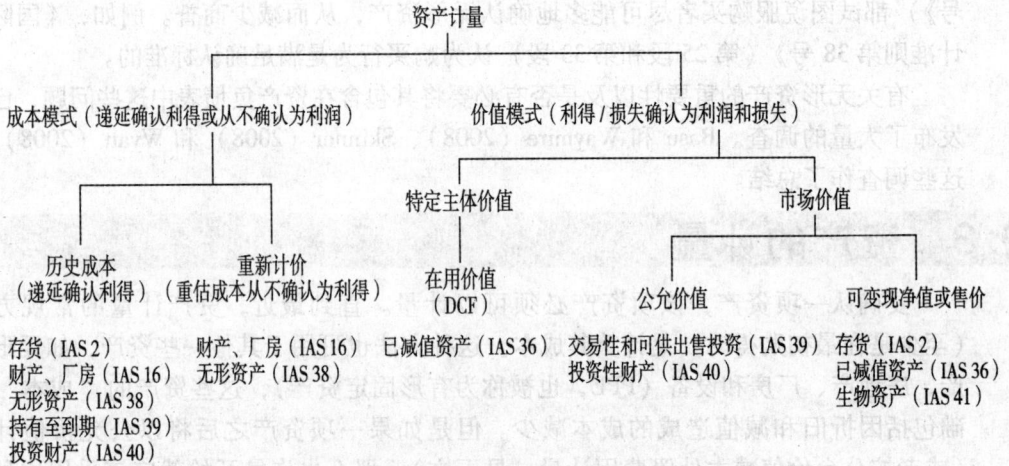

资产计量

成本模式（递延确认利得或从不确认为利润）　价值模式（利得／损失确认为利润和损失）

历史成本（递延确认利得）　重新计价（重估成本从不确认为利得）　特定主体价值　市场价值

在用价值（DCF）　公允价值　可变现净值或售价

存货（IAS 2）
财产、厂房（IAS 16）
无形资产（IAS 38）
持有至到期（IAS 39）
投资财产（IAS 40）

财产、厂房（IAS 16）
无形资产（IAS 38）

已减值资产（IAS 36）

交易性和可供出售投资（IAS 39）
投资性财产（IAS 40）

存货（IAS 2）
已减值资产（IAS 36）
生物资产（IAS 41）

图 9—1　IFRS 按成本／价值分类的可能的资产计量模式

注：* 不包括递延确认的可供出售投资的利得／损失。

Source：Nobes（2001）.

正如在第 6 章中解释的，国际财务报告准则中使用的"公允价值"是指意愿买家和卖家之间的当前市场交换价格。财务会计准则委员会规定（2006 年的《财务会计准则公告第 157 号》中），"公允价值"特指转售价格，即企业资产的出售价值。但是，由于这仍不是出售成本的净值，因此国际会计准则委员会和财务会计准则委员会所作的定义并没有什么重大的实质性区别。国际会计准则委员会和财务会计准则委员会均规定对金融资产使用买入价计量（即出售资产时企业可获得的价格，通常低于卖出／买入价）。

对于收益的确定，让我们设想市场价值处于上升中的一块土地。在损益表中确认收益存在三种可能性：

- 《国际会计准则第 16 号》和《国际会计准则第 40 号》成本基础：递延至出售；
- 《国际会计准则第 16 号》重新估价基础：不确认（见第 6 章第 6.3.1 部分）；
- 《国际会计准则第 40 号》公允价值基础：立即确认。

如果考虑折旧的话情况会变得更加复杂，特别是当折旧后重估价值资产发生减值时更是如此。很显然，需要对这些领域引进一些新制度，对此国际会计准则委员会和财务会计准则委员会已经有一定的计划，这就引发了 2005 年最初确认问题的征求意见稿的发布。

9.4 金融工具

9.4.1 金融资产

就如在第 8 章中提到的，在美国公认会计原则下，对成本基础最大的背离与交易性金融资产和可供出售金融资产的估价相关。对于这两种金融资产，准则制定者被说服认为金融市场的流动性足够大，能够实现市场价值的可靠计量。这在 1993 年的《财务会计准则公告第 115 号》中生效，而且在 1998 年的《财务会计准则公告第 133 号》中扩展到了衍生性资产和负债。衍生工具是一种在签署当天只具很小或不具任何净值的金融合同，但是当某个基础价格（如利率或者汇率）发生变动时，该金融合同便具有价值了。衍生工具的一个实例便是欧洲公司持有的远期美元合同。如果在签订合同之后美元升值了（通常为即期汇率），衍生工具便成为了资产。在出台《财务会计准则公告第 133 号》之前，这样的资产和负债（以及与之相关联的随价格变动的收益和损失）是不被确认的。

对于交易和衍生工具项目，其收益和损失计入损益（按市值计价）。但是，为了保护净收益数值不受波动，该可供出售资产（那些不旨在交易的非衍生工具）的收益和损失计入其他综合收入中。国际会计准则理事会的《国际会计准则第 39 号》完全遵循了这一规定，甚至还将其扩展到了无活跃市场的权益工具中。2004 年，国际会计准则理事会进一步修订了《国际会计准则第 39 号》，允许企业选择以公允价值计量许多其他的金融资产。这被称为"指定通过损益反映公允价值"。这一问题引起了与欧盟的不同意见，该不同意见最终通过国际会计准则理事会对该类别的限制得到了解决（见第 11 章）。2007 年，财务会计准则委员会也将这一选择引入到《财务会计准则公告第 159 号》中。表 9—3 对大致的状况作了总结（除了在美国公认会计原则中规定不能在市场上买卖的证券不以公允价值计价）。

表 9—3　　　　　　**在国际财务报告和美国公认会计原则下的金融资产**

	计量	公允价值去向
持有至到期金融资产；贷款	摊余成本	无
可供出售金融资产	公允价值	其他综合收入
交易性金融资产；衍生金融工具；指定金融资产	公允价值	损益

不以公允价值计量的资产应以摊余成本计量，这与有形固定资产的处理方式完全一致，即资产最初以成本计量，然后在其预计使用年限中摊销至其残值。例如，想象由于政府债券的利率非常高，一家公司购买了 5 年期的政府债券，面值为 1 000 美元，其到期值为 1 100 美元。此项资产最初记录为 1 100 美元，然后在 5 年内摊销掉 1 000 美元。摊销费用部分抵消了利息收入。由于其面值是可靠的，我们也可以向上摊销至其面值而不仅仅是像其他大部分固定资产一样向下摊销。

对于持有至到期的债券来说，一个论点是认为市场价值的变动是不相关的，因为公司不会受其影响。另一个极端情况是相同的债券可以短期持有并出售，这样其市场价值的变动便具有相关性了。问题在于董事的意图是很难了解的，可能连董事自己都不知道，而且还会变动。因此，另一个论点是相同的债券应该以相同的方法进行计量，而不管董事所宣称的意图是什么。

公司管理层通常不喜欢收入具有波动性，因此他们会尽量少地将资产当作"交易性"资产处理。由于一些金融资产没有到期日（如股票），因此他们显然无法持有至到期，这样公司（金融机构除外）将大多数金融资产处理成可供出售金融资产也是很普遍的现象。作为对比，准则制定者则认为所有金融资产均应被当作"交易性"金融资产进行处理（JWG，2000）。这也是国际会计准则理事会在《国际会计准则第39号》中采纳了将金融资产作为交易性资产进行处理这一选项的原因。

一旦在初始确认上将金融资产归于一个类别，准则中包含了禁止将其重新归类或对其重新归类进行限制的一些条款。但是，当市场价格急剧下跌时（如2008年和2009年所发生的情况），将金融资产处理成"交易性"就是非常不可取的做法了，尤其是来自欧盟的压力要求国际会计准则理事会同意在极少数情况下允许将"交易性"金融资产进行重新分类（《国际会计准则第39号》，第50B段）。经济和社会权力中心（CESR，2009）发现在其调查的100家欧盟金融公司中有大约一半的公司都利用了这一修订。第11章包括了有关这一政策的变更探讨。

2009年7月，在来自政府和监管机构对简化《国际会计准则第39号》的压力下，国际会计准则理事会发布了一个讨论意见稿，旨在消除准则中的一些复杂问题。2009年11月发布了由此而来的《国际财务报告准则第9号》，从2013年开始强制实施。

在本国会计规则尚未与国际财务报告准则趋同的那些国家中，其会计规则规定金融资产仍以成本或成本市价孰低法计量。这一规定不适用于银行，银行先于其他公司对投资使用市场价值进行计量。

9.4.2 金融负债

这里的第一个问题是确定一个项目是负债还是权益。《国际会计准则第32号》于20世纪90年代为此问题开辟了新方法，即要求符合负债定义的项目即被确认为负债。这也适用于某些优先股。作为提醒，国际会计准则理事会对负债的定义如下：

负债是由过去事项形成的企业的现时义务，对该义务的清偿会导致包含经济利益的资源流出企业。

《框架》（第49段）

与之类似，《国际会计准则第32号》背离了现行传统，要求基于经济实体将复合金融工具（如可转换债券）分成负债部分和权益部分。大多数国家规则都将会计处理建立在金融工具的法律形式基础上，这也同样适用于美国公认会计原则（除了2003年《财务会计准则公告第150号》引入了一项规定，即出于其负债特性，一些类型的股份应归为负债类）。

一旦确认了负债，正常的程序是以摊余收入对其计量：摊余成本的反映。但是，美国公认会计原则和国际财务报告准则要求以与交易性资产相同的方式处理交易性负债，即"按市值计价"（以公允价值计量，收入和损失计入损益）。该方法亦适用于衍生金融负债。2004年和2005年《国际会计准则第39号》进行了修订，允许其他一些负债也按市值计价。《财务会计准则公告第 159 号》对美国企业也做出了相同的规定。这一规定旨在允许金融机构以公允价值记录资产负债表两边的部分项目。

9.4.3 对冲会计

允许进行对冲会计的程度是一个具有争议的重大问题，导致了国际财务报告准则和欧盟认可的国际财务报告准则之间的差异（见第 5 章）。在《国际会计准则第 39 号》中，有 32 个段落（共 110 个段落）是有关对冲会计的，紧随其后的是有关本主题的 13 页"应用指南"、29 页"结论基础"和 108 页"实施指南"。本书的此部分仅能对此问题做出概述。

为了了解此主题，我们有必要区分以下四个问题：

- 对冲；
- 对冲项目；
- 对冲工具；
- 对冲会计。

对冲可以保护企业不受价格（如商品价格或货币价格）变动的影响。能够被对冲的项目可以是资产、负债、国外业务净投资以及能使企业面临会影响其收益的公允价值或现金流量变动的承诺或预期交易。例如，假设英国航空公司（British Airways，BA）于 2009 年 7 月 1 日承诺在 2010 年 12 月 31 日从波音公司购买价值 5 亿美元的飞机。如果英国航空公司的功能性货币是英镑，该承诺将使公司面临美元升值的风险，导致预期现金流出量的恶化。这样的项目就可以被对冲。

对冲工具是金融资产或金融负债，其公允价值或现金流量的变动预期用于抵消被对冲项目这些方面的变动。在英国航空公司的例子中，公司可以在 2009 年 7 月 1 日购买 5 亿美元的金融工具，该金融工具将在 2010 年 12 月 31 日以 3.3 亿英镑的价格交割。通过购买远期美元合约（一种衍生金融工具），英国航空公司可以保护自身不受美元升值的影响。

正如之前所解释的，衍生金融合约可能大致固定在签订日的汇率上。因此，开始时不需要考虑什么因素，进而在《国际会计准则第 39 号》或美国公认会计原则的正常规定下，衍生工具是按市值计价的。例如，如果美元对英镑贬值了，衍生工具即为一项负债，并即刻记录损失。矛盾的情况发生了，英国航空公司旨在保护自身免受美元变动影响的努力导致其遭受了美元贬值的损失。原因是向波音公司支付美元的承诺并不是在现行会计规则下记录的，所以该项承诺并不考虑英镑的贬值。

为了保护对冲工具使用期间的"损益"不受收益和损失的影响，我们有必要使用对冲会计。对冲会计允许偏离正常的会计规则，将衍生金融工具的收入和损失记入"其他综合收入"项下。

让我们假设美元持续下跌，并且英国航空公司兑现其购买飞机的承诺。英国航空公司可以以 3.3 亿英镑的成本记账，该项成本包括了所有由金融工具带来的累计损失。因此，并没有需要计入损益的现金损失。当然，如果英国航空公司没有签订远期合约，其记录的成本比较低，进而在飞机的使用期间内具有较低的折旧费用和较高的利润。

对于对冲会计存在三种主要的观点：

- 由公司自主决定（如欧盟国家法律大致是这样规定的）；
- 在一定条件下允许使用对冲会计（就如在《国际会计准则第 39 号》或美国公认会计原则中规定的，见下文）；
- 完全禁止（如国际会计准则委员会、美国财务会计准则委员会和其他组织规定的，见 JWG（2000））。

使用上文中的例子，禁止对冲会计的论点是英国航空公司就是对美元下赌注。因此，如果美元贬值了，英国航空公司就赌输了，并应该立即确认损失，而不是将其伪装为之后数年的折旧费用。类似地，如果美元升值，则英国航空公司会获得收益。

公司的管理层以不同的方式看待对冲行为（将其看成是一种保险合约），并且已经成功说服准则制定者允许对冲会计的存在。当有证据显示对冲金融工具不是一项赌博（如在英国航空公司对美元的对冲中），《国际会计准则第 39 号》和美国公认会计原则会允许对冲会计的存在。特别是当对冲工具预期能完全有效地防御风险（如同在英国航空公司的例子中一样），且当公司实体记录下所有购买的对冲工具的性质和目的时，对冲会计是被允许使用的。

《国际会计准则第 39 号》对某些公司（尤其是法国银行）的限制过于严苛，这些公司成功说服欧盟允许其中一些公司不必遵守其于 2004 年认可的《国际会计准则第 39 号》的一些相关规定。

9.5 准备金

9.5.1 总体定义

《国际会计准则第 37 号》（2009 年的最新版本中，当时本书正在撰写过程中）将准备金定义为不确定时间或金额的负债。养老金就是准备金一个很好的例子，尽管它受许多详细规则的限制（见第 9.6 部分）。假设公司承诺当员工退休时对其支付养老金。员工获得养老金的资格在于持续在该公司工作。养老金将从其退休开始每年支付，直到其过世为止，养老金金额可能等于其最后一年工资的一半。这样的权利被称为"固定收益养老金"。

从公司的角度来看，养老金是雇员报酬的一部分，它是一项延期支付的当前薪酬费用。每年公司会对养老金薪酬费用记账，并增加之后需要支付的养老金负债。很显然对员工的负债满足之前对负债的定义：

- 过去事项：员工工作后签订雇佣合同；
- 现时负债：由已经工作的员工引起；
- 将来的现金流出：预期的养老金支付。

但是准确的支付金额取决于许多因素，如员工最终的工资、退休后在世的时间长度。结果公司只能估算出金额，因此该负债被称为"准备金"。在 9.6 部分给出了退休金的详细信息。

其他准备金的例子包括估算的支付税款的负债，如果是采矿企业，则包含开掘完矿产后的环境整理费用。许多公司在出售产品时还会产生由于保修而发生的未来的维修成本，因此这些维修成本需要确认为准备金。

涉及准备金领域的一个特别具有争议的问题是预计需要计提多少费用和损失。作为欧盟国家法律基础的《第四号指令》（2001 年修订，第 20 款）对准备金如是说：

（1）可能发生或必然发生但是不确定发生时间或金额的负债；

（2）取决于国家法律制定者的选择，准备金也可包括源于资产负债表日前事项而导致的未来会发生的费用。

这就允许为营业亏损、外币折算损失或某一确定年度的维修费用创建准备金，这些项目均与当前年度或早些年度的行为相联系。2.9.1 部分给出了德国会计操作下有关准备金的一些例子。根据国际财务报告准则的要求，这些项目通常都不符合负债的定义，也不应该计提准备。所幸上述欧盟规定列表的第二项仅仅是一个可选项，因此并没有与国际财务报告准则相冲突。

我们来举一个例子，假设某公司于 20×1 年 12 月 31 日结束了该财务年度。该年度公司经营状况非常差，董事在 20×1 年 12 月 15 日召开的董事会上决定于 20×2 年 1 月底关闭一半的工厂并裁减掉一半的员工。董事会上，董事们做出了详细的计划并记入了备忘录。但是，为了让员工开心地度过圣诞节，该计划直到 20×2 年 1 月 7 日才公布。当 20×2 年 2 月编制 20×1 年的财务报表时，资产负债表是否应该记录这次重大重组和冗余的准备金呢？

对此问题传统（谨慎）的回答是"是"，而且这一准备金也完全符合欧盟《第四号指令》的可选项定义（见上文）。但是，在资产负债表日是否存在负债呢？预期未来将有资源的流出，但是对于 20×2 年的工资情况也是如此，而这项却不能在 20×1 年体现出来。20×1 年 12 月 31 日存在公司对第三方的负债吗？基于此例中的具体情况，答案看似否定的。因此，根据国际财务报告准则的规定不应该确认准备金，尽管在财务报表的附注中必须对这种具体情况进行解释。

根据国际财务报告准则编制的资产负债表没有为在 20×1 年 12 月 31 日决定的重组费用（可能于 20×2 年初支付）确认准备金，这样的资产负债表呈报的信息是否具有公允性呢？为了回答这个问题，有必要记住我们是使用了一系列传统做法编制该财务报表的，并预期使用者熟悉这些传统做法。在国际财务报告准则中对"负债"的定义已经保持了 20 年不变，并发布在《框架》和各种不同的准则当中。将一项明显不符合负债定义的项目显示在"负债"类别下是否具有公允性呢？也许答案是否定的吧。而且，除非每个人都严格地遵循这一清晰的定义，否则为操纵利润，在经营状况好的年份计提准备金，在经营状况不佳的年份不计提准备金，要防止这种行为是非常困难的。

为了让财务报表使用者有所知晓，国际财务报告准则要求在财务报告注释中对在财务报告获准发布日已经宣布或已经开始实施的重组提议进行披露。

最近，对在美国建立准备金的要求已经更加严格。《财务会计准则公告第 146号》规定一份详细的正式计划声明还是不够的：还必须有消除管理层随意支付的事件。

当要确认一项准备金时，就有必要对其进行估价。由准备金定义可知，我们可以做一些估算。会计必须尽可能做出最准确的估算，并准备好在每个资产负债表日根据更可靠的信息对这些估算进行修正。为诸如核电站退役计提的准备金可能会延续到未来数十年，这就意味着公允地估值，需要在折现时将资金的时间价值考虑在内。现在国际财务报告准则是要求进行折现的，但是在大多数欧洲大陆国家的国内规则中这并不是通行做法，美国对此也不做要求。

2005 年，国际会计准则理事会发布了一份征求意见稿，旨在对《国际会计准则第 37 号》做重大的修订。这些都是存在争议的问题，准则的改进速度也是缓慢的。但是，《国际会计准则第 37 号》预计还是会被修订的，我们将在下文 9.5.3 部分对此进行研究。

9.5.2　准备金和备抵

对本章中的问题困惑的主要原因是国际上对"准备金"和"备抵"两个词的使用的不同。导致困惑的原因之一是使用"准备金"一词来表示资产价值的减少。将其称为应收款项的价值调整可能更合适，如使用"补贴"或"减值"而不是准备金或备抵。同时，记住准备金是要支付货币的债务（负债）而不是货币资金（资产）也是非常重要的。

作为对比，备抵是股东权益的一个部分。这是准备金和备抵之间的一个重要区别。计提 100 万英镑的准备金涉及以下科目：

借：费用　　　　　　　　　　　　　　　　　1 000 000 欧元

　贷：负债　　　　　　　　　　　　　　　　　　　　　　1 000 000 欧元

例如，计提法定公积（见第 13 章和第 16 章）涉及以下科目：

借：权益（损益准备金）　　　　　　　　　　1 000 000 欧元

　贷：权益（法定公积）　　　　　　　　　　　　　　　　1 000 000 欧元

以上述方式计提准备金会减少利润和净资产，而计提备抵却不会对这两项造成影响。

英美之间不同的用法也进一步造成了术语困惑。在英国（以及在国际财务报告准则中），"备抵"和"准备金"之间的区别就如同本章中所述及的区别一样。但是，就如在第 2 章中所提及的，在美国"备抵"一词用于表达"准备金"的意思。例如，美国人有时偏好于使用"养老金备抵"而不是"养老金准备金"。这对美国人不会造成任何困扰，因为他们根本就很少使用"准备金"这个词，而且他们通常也不会使用"备抵"来表示权益的一部分。事实上：

- 在美国不存在法定公积；
- 对与投资相关的备抵的重新估值列示为"累计其他综合收入"；
- 由货币折算产生的备抵（见第 18 章）被称为"累计折算调整"；
- 损益账户备抵被称为"留存收益"。

如果翻译者或者分析家没有注意到英美之间术语的区别就会导致困扰的产生。第 2 章中的表 2—7 总结了在不同语言中所使用的这些单词。

在一些领域中，特别是在那些审慎国家（如德国）的国内准则以及与银行相关的领域中，我们经常会看到的其他表达方式包括"秘密准备金"和"隐秘准备金"。出现这种表达方式的原因是公司：

- 未能在资产负债表中确认一项资产；
- 故意以不合理的低值计量一项资产；
- 计提过高的准备金。

在某些国家，这些行为可能是借谨慎之名行减税之实。在以上三种情况中，净资产最终都会被低估，进而权益也必然会被低估。被低估的金额即被称为秘密准备金。

大部分会计系统都一定程度包括秘密准备金。例如，国际财务报告准则、德国准则和美国准则都不确认内部产生的资产"调查（research）"，而且通常都以折余成本计价，而折余成本又通常低于公允价值。发现秘密准备金的一个很好的时机是当公司从一个会计体系转向另一个会计体系时。例如，德国最大的银行德意志银行（Deutsche Bank），在1996年首次随遵照德国会计准则编制的财务报表发布了遵照国际财务报告准则编制的财务报表。表9—4列示了银行的权益数据，并显示了在国际财务报告准则下公开储备的大量增长。这会对净资产回报率的分析或债务权益比的比较产生重大影响。

表9—4 　　　　　　　　　　　　**德意志银行权益** 　　　　　　　　单位：百万德国马克

年份	德国公认会计原则	国际财务报告准则	增长百分比（%）
1994	21 198	25 875	22.1
1995	22 213	28 043	26.2

9.5.3 或有负债

这里另一个需要考虑的要点是"或有负债"。假设有这样一种情境，X公司向银行贷款100万欧元，但是只有在说服Y公司承诺在X公司万一无法偿还贷款时愿意为X公司偿还贷款时，银行才愿意放出这笔贷款。这里仅仅存在一个法律义务，但是这种情况不太可能会发生。当由义务或可能的义务所导致的现金流出不太可能发生时即导致或有负债的产生，且应在财务报表的附注中进行披露。《国际会计准则第37号》（在编写时）和其他许多国家会计准则均作了这样的规定。

这就导致了一个奇怪的结果。假设一家企业实体由于过去的事项具有两项义务：

问题1，有60%的可能性需要立即支付10 000 000欧元（40%的可能无需任何支出）。

问题2，有40%的可能性需要立即支付10 000 000欧元（60%的可能无需任何支出）。

如何衡量这些义务呢？

按照本书写作过程中仍具效力的《国际会计准则第37号》的规定，问题1的义务估值为600万欧元，而问题2的义务估值为零。问题1的计量标准应该是"在资产负债表日一个企业实体偿还债务或将债务转移至第三方所需要支付的金额"（《国际会计准则第37号》，第37段）。如果问题1中的公司能够找到一家保险公司承保该项负债，则在有效市场中价格应为600万欧元。作为对比，问题2中公司并不没有可能的现金流出，因此根本不需要进行确认，而仅需要注释为一笔或有负债。

国际财务准则理事会2005年的征求意见稿建议在确认标准中剔除可能性因素，而仅在计量时考虑该因素。这样，问题1仍计600万欧元的负债，而问题2则计400万欧元的负债。这样处理的影响之一是消除了"或有负债"这个概念。

9.6 雇员利益

9.6.1 引言

养老金负债已经被称为是一项准备金了（第 9.5.1 部分）。当雇主承诺在雇员退休之后为其支付医疗账单也会形成相似的债务。在第 8 章中已经述及，这样的承诺在美国是很普遍的。

在这部分我们会探讨国际上对以下问题的不同做法：首先是公司和雇员之间的制度性安排，然后是负债的确认问题，最后是对负债的筹资工作。另一项雇员福利是以股份为基础的薪酬，美国的该项福利制度已经在第 8 章中讨论了。

9.6.2 制度性安排

为了确保雇员在退休后能够获得一些收入，进行了各种类型的安排，具体包括：

- 国家计划；
- 行业计划；
- 离职赔偿；
- 养老金固定缴款计划；
- 固定收益计划。

英国使用"计划"（scheme）这个术语代替美国的"plan"这个词。

许多国家都有国家养老金计划，该计划要求公司（有时也要求雇员）向国家缴纳一笔款项，这笔款项将确保雇员退休后或到一定年龄后获得养老金。该项支付就相当于税收的一种形式。这样的支出一般会算入政府预算，而最终支付的养老金金额是逐年确定的。但是，一旦公司缴纳了该项供款，就没有其他负债了。

在养老金固定缴款计划中雇主（也可能包括雇员）需要向该计划支付固定金额的资金，这些资金由养老金基金或人寿保险公司运作。最终的养老金金额取决于基金运作的成功程度。一旦雇主完成周期供款就不再有其他责任。在诸如荷兰和瑞典的一些公司中实行的行业计划很像国家计划，只不过只适用于特定行业中的所有公司。同样，只要公司缴纳了年度供款，也就不再有任何负债了。

作为对比，固定收益计划向雇员承诺支付养老金，而其缴款金额是不固定的。例如，获取养老金的资格可能是 20 年的工作年限可获得最后一年年薪一半的养老金。这样，负债金额就取决于雇员在退休以后还能活多长时间以及雇员最后一年的年薪金额。在德国、英国和美国，这样的计划是比较普遍的。

另一个固定收益计划的例子是离职赔偿（在意大利和日本实行）。例如，意大利法律强制要求雇主在雇员离职、退休或其他原因离开公司时向其支付一笔款项。大致上，雇员每工作一年就能多获得一个月的离职赔偿。

9.6.3 固定收益义务会计

1. 引言

如果雇主的公司具有这样的义务（如离职赔偿或最终薪酬计划养老金），就存在如何计量这些义务的问题。

在意大利和日本，离职赔偿负债的计算是非常精确的。例如，根据意大利国内会计准则，准确金额会在资产负债表中列示为准备金，而变动金额会在当年列示在利润表中。金额不会就时间价值进行折现，这些费用是可以减税的。

在美国以及根据《国际会计准则第 19 号》，公司被要求在资产负债表日使用基于现行市场利率的折算率估算这些费用。在某些国家（如美国或英国）这项计算与税款无关，因为计算中估算的因素过多。也就是说养老金费用的计算结果是不能抵税的。在德国，由于税务和会计之间的紧密联系（见第 2 章的决定性作用），税务系统会指定一个折现率并规定不考虑预计将来支付金额的提高。这些假设（也包括其他一些假设）通常会导致计提的准备金过低，而这又要求德国公司根据美国公认会计原则或国际财务报告准则进行更正（例如见表 2—6 中列示的额外准备金）。

根据欧盟《第四号指令》（第 43 条第（1）、（7）项），仅在注释中提及养老金负债而非在资产负债表中进行列示看上去是可行的做法。一些法国公司在本国准则的允许范围内实行此种做法，这意味着它们并不考虑其中的一些负债。

2. 计提损益

出于多种原因，年度间的固定收益义务会有所变化，这些变化分为两种类型：预计到的和未预计到的。出于两个预计到的原因该项负债会增加：雇员持续工作进而形成了应付养老金权利（被称为"当前服务成本"），以及债务接近支付期限一年就减少一年的折现（这是一笔利息费用或折现率拨回）。这些费用均计入损益。

同样，也存在导致负债变化的"未预计到的"原因，这会导致计提损益的产生。例如，以下行为会导致计提损失的产生：公司工资增长幅度大于预计的幅度，养老金领取人员寿命比预期更长，折现率下降。这些损失可能会比较大。如果立即确认这些损失可能会导致损益中的大量意外减项。公司管理层并不想看到这种情况的发生，因为管理层总是试图使收入在中长期稳定增长。因此，公司会面临压力，寻求使损益不受真实情况影响的方法。财务会计准则委员会在《财务会计准则公告第 87 号》中陈述了两种方法：

（1）如果计提的损益为小额的，直接忽略即可（所谓的小额其界限设为负债或基金中金额较大者的 10%，这种忽略不计的额度被称为"直通道"）。

（2）如果损益金额不是很小，将其在雇员平均剩余服务期间内平滑分摊。

这意味着资产负债表忽略了未确认的损益。这种处理方法是阐述会计准则中"规则"和"原则"之间差别的极佳示例。国际会计准则委员/理事会将这两项规定引入《国际会计准则第 19 号》，以便消除管理层对损益波动过大的抱怨。但是，《国际会计准则第 19 号》同时也允许较早地确认负债。2006 年，《财务会计准则公告第 158 号》对美国公认会计原则进行了修订。修订后仍保留了上述损益的处理方法，但是要求对其在资产负债表中进行确认。差额（尚未确认为损益的金额）计入其他综合收入，然后逐渐转入到收入项下。《国际会计准则第 19 号》中仍保留了以前美国所采用的处理方法。

英国会计准则委员会在 2000 年发布的《财务报告准则第 17 号》中使用了另一种防止损益剧烈变动的方法：在已确认的总收益报表中计提损益。2004 年《国际会计准则第 19 号》中增加了对此种方法的选择（计入国际财务报告准则范畴下的其他综合收入中）。

9.6.4　雇员福利义务筹资

注意到准备金（即便是全额准备金）并不等价于搁置在一边用于支付给雇员的资金和投资是非常重要的。这么做可能是一个不错的主意，但是这要求公司采取完全独立于负债会计的处理方法。如果资金不可撤销地从公司处转移到财务经理处，以便其进行投资并支付给退休人员，这种行为叫做融资。这笔资金不显示为雇主的资产，因为其不再受雇主控制。但是这笔累计资金会抵销累计负债，因为这笔资金仅能用于为退休人员支付养老金，因此这能够减少公司的潜在债务规模。

很关键的一点是不要将养老准备金和基金相混淆。养老准备金是需要货币支出的债务，而基金是一系列的财务资产（货币或投资）。在国际上，混淆这两个概念的情况非常普遍，例如意大利语中的准备金是"基金"（fondo）。

在美国和加拿大，公司普遍会致力于设计基金（从长期的角度考虑）。事实上，有些国家还颁布法律要求设立覆盖长期义务的基金。当然，义务是估计值，基金金额会随着市场价格上下波动。因此，建立全额基金也不是常规的做法。顺便提及的是，在美国和英国，基金拨款是可以扣税的，因为这些款项很容易被税收系统计算（不像养老金费用）。

表 9—5 是美国汽车业巨头通用汽车简化的 2006 年资产负债表，该公司在 2008 年底财务危机浮出水面的多年之前已经在慢慢地迈向这一泥潭。在负债部分有一项 119 亿美元的养老金负债以及一项 501 亿美元的退休后健康福利负债。这两项负债减少了股东权益的金额，该项 2006 年就是负数，2005 年也仅为 147 亿美元。养老金负债是大额负债，这也是它和大额基金之间的不同之处。相反，为健康义务设立基金的行为比较少见，因此大部分的此类义务被显示为负债。很清楚的一点是，通用汽车是无法支付该笔巨额非基金的负债的，最终公司的股票价格跌至接近零值。

表 9—5　　　　　2006 年 12 月 31 日通用汽车简化资产负债表　　　　　单位：10 亿美元

现金和证券	24.7
应收账款	8.2
存货	13.9
递延税款	44.9
借出设备	17.9
在关联公司的权益	9.5
有形资产	41.9
无形资产	1.1
其他	24.1

现金和证券	
资产总额	<u>186.2</u>
应付账款	28.1
预提费用和其他短期负债	40.9
债务	42.5
退休后福利（非养老金部分）	50.1
养老金	11.9
其他	<u>16.9</u>
负债总额	190.4
少数股东权益等	1.2
普通股	1.0
资本盈余	15.3
留存收益	0.4
累计其他综合损失	(22.1)
股东权益总额	<u>5.4</u>
负债及所有者权益总额	<u>186.2</u>

如果养老金计划中有一部分是基金，其资产可能分散于各项投资，如政府债券、股份和实体投资。这些都是以公允价值计价的。这样做的结果是，当市场价值下跌时，养老金基金的价值也会随之下降，这是另一项应计损失。2008 年意想不到的市场不景气给筹集基金计划的国家（如美国和英国）造成了巨额的应计损失。但是，这些损失也被信贷紧缩期间上涨的利率带来的应计收益所抵消。这一事件也将人们的注意力集中在无风险利率是否更为合适这一问题上（如英国会计准则委员会，2007）。

在那些公司责任非常普遍的大陆欧洲国家中，大规模筹措基金并不是通常的做法（尽管德国提高了其基金筹措水平）（Lobe 和 Stadler，2008）。在缺乏基金的情况下，公司会将闲置的资金用作一般用途资金。在上述两个国家中养老金基金费用是可以扣税的，而基金款项的支付却是不可以扣税的。公司必须确保有充分的现金支付到期的员工福利。这种做法的结果是在德国和意大利的资产负债表中可以看到大笔的员工义务项。

9.6.5　一些国家的总结

通过组合一些机构对基金所做的各项安排，我们可以得到一个完全不同的情况。图 9—2 显示了不同国家的情况。图中共显示了 8 种类型的计划以及实行这些计划的国家。

```
                              在职计划
        ┌─────────────────────────┴─────────────────────────┐
     合法离职                                            非合法离职
  ┌──────┴──────┐                                   ┌───────┴───────┐
不可撤销地放弃权利（基金型）  可撤销放弃权利（非基金型）      账面准备金        无准备金
  ┌──────┴──────┐                                ┌────┴────┐
作为发起方的雇主    作为发起方的                      指定资产    非指定资产
  不能管理        雇主管理
┌────┴────┐   ┌────┴────┐   发起方的
养老金基  保险   行业    公司信托/   雇主控制
金/信托  公司  范围内的  养老金计划
或基金会        计划
```

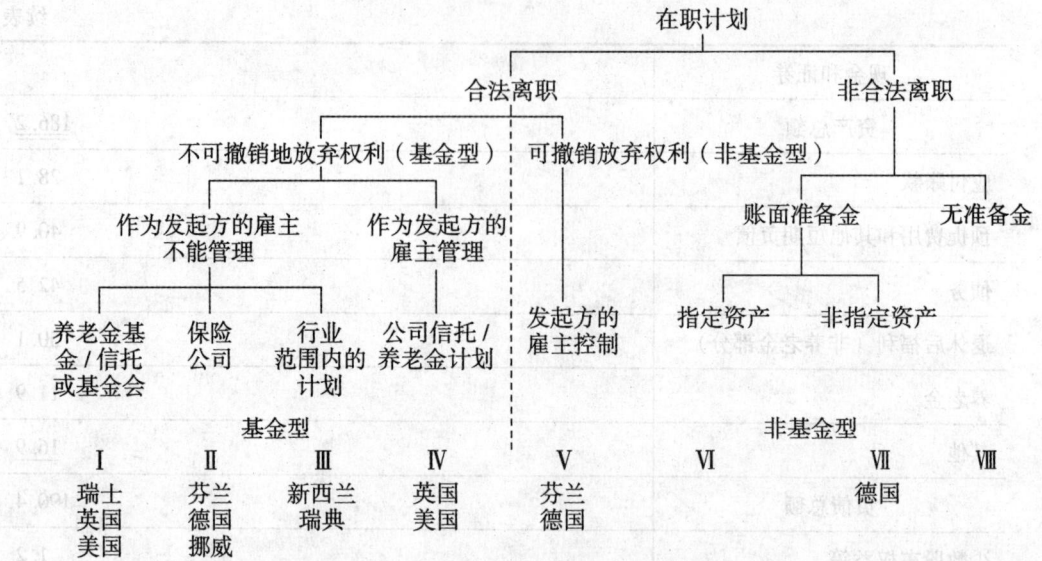

图 9—2　非公立养老金计划的分类

基金型					非基金型		
I	II	III	IV	V	VI	VII	VIII
瑞士	芬兰	新西兰	英国	芬兰		德国	
英国	德国	瑞典	美国	德国			
美国	挪威						

资料来源：Adapted from FEE（1995）'A classification of non-state pension schemes', in *Survey of Pensions and Other Retirement Benefits in EU and non-EU countries*. Routledge, London. Reproduced with permission of the Taylor & Francis Group, Ltd.

9.7　递延税款

9.7.1　一般解释

在递延税款主题上存在重大的国际差异。递延税款并非是税务机关允许纳税人延期支付的税款总额。会计处理上的递延税款是对由包括在财务报表中的数字（但不是包括这些数字）所暗示的税金的确认。

一个递延税款的简单例子是重估固定资产所产生的递延税款。假设一家荷兰公司购买了价值300万欧元的土地所有权，之后该公司重估该资产的价值并在资产负债表中将其价值从300万欧元调整为900万欧元。同时假设该荷兰公司的资产利得税税率为35%，但是丹麦的税法规定直到处置固定资产时才对资产利得征税。在上例中对该公司来说这是一件在不可预知的未来会发生的事。因此，上例中并没有因重估固定资产价值而产生任何应缴税金，但是会计可能会认为资产负债表日存在潜在的210万欧元的税款负债（即重估值600万欧元乘以35%）。如果会计是这样认为的，那么他们会在资产负债表中考虑隐性的递延税款，如表9—6中所示。

表 9—6　　　　　　　　　　　　　重估的递延税款　　　　　　　　　　单位：百万欧元

荷兰公司资产负债表调整			
固定资产：			
成本	+3.0		
重估值	+6.0		
	+9.0	重估价准备：	+3.9
现金	−3.0	递延税款：	+2.1

上例中，与税收目的尚不相关的 600 万美元的重估价在国际会计准则理事会或美国准则中被称作"暂时性差异"。《国际会计准则第 12 号》或《财务会计准则公告第 109 号》规定，公司应以当前税率计算递延所得税暂时性差异。暂时性差异是指出于财务报告目的而记录的资产或负债账面价值与税收记录中记录的价值的区别。对于上例荷兰公司的土地而言，财务报告中的账面价值是 900 万欧元，而课税价格则为 300 万欧元。因此暂时性差异为 600 万欧元。

假设按照《国际会计准则第 16 号》计算土地价格，重估收益将不记录入损益而记录在其他综合收益中。这一方法同样适用于 210 万英镑的税费支出。因此，其他综合收益净值为 390 万英镑，在表 9—6 中显示为重估价准备。

在美国，土地价格上升是不允许的，但是有些有价证券的当前价值也是被要求提供的。在几个大陆国家，根据国内会计准则，重新估值是合法的，但是会导致当期税收的产生。这样，根据大部分大陆国家准则编制的公司单独财务报表中，与土地相关的递延税款不会增加，大部分会计问题也同样适用于这一结果。但是，如果是德国、法国等国家的集团公司根据国际财务报告准则编制其合并报表，出于对重估的会计处理可能偏离税收准则或其他原因，这些国家的集团公司其递延税款会上升。此外，在国际财务报告准则、美国公认会计原则和大部分其他国家准则下，当首次合并子公司资产和负债时记录的是资产和负债的公允价值，这并不记录在任何税款记录中。这些都会导致暂时性差异的产生。

在盎格鲁—撒克逊国家最常被引用于描述大量递延税款负债产生原因的是折旧。基于不同行业，折旧可能是一笔非常大的费用，而不同的会计处理准则税务准则也存在巨大的不同，就如同在第 2 章中简单介绍的一样，表 9—7 给出了一个简单的例子。例子中在购买厂房和机器的年度中提取了 100% 的税收折旧备抵，公司所得税税率为 35%，花费 10 000 欧元购买的机器预期可使用 5 年，且公司所在国家的税收和会计是分离的。100% 的税收折旧并非幻想，它适用于 1972—1984 年间英国公司购买的所有厂房和机器，直到 20 世纪 80 年代为止适用于西柏林的某些资产，也适用于某些希腊岛屿的资本投资。当然，具有非极端（仍在欧洲大陆国家非常普遍）的税收备抵的例子也是存在的。

表 9—7 折旧和税款 单位：欧元

会计记录			税收计算			
年度	折旧	账面净值	年度	费用	税收账面值	税收减少
1	2 000	8 000	1	10 000		3 500
2	2 000	6 000	2	0	0	0
3	2 000	4 000	3	0	0	0
4	2 000	2 000	4	0	0	0
5	2 000	0	5	0	0	0

假设表 9—7 中会计认为资产没有残值，并且无论使用情况如何都将随着时间的流逝均匀磨损。这样，出于会计目的，它们会每年提取 2 000 欧元的折旧费用。作为对比，税务机构允许在第一年年末计提 10 000 欧元的费用，如果公司如此操作，则第一年之后不存在税收减免费用。这样第一年税款就会减少 3 500 欧元（即以 35% 的

税率计算的 10 000 欧元的额外税收费用）。这一现金流优势就是投资的动机。

假设公司在第一年对新资产的使用效率非常低，或者根本就没有使用该项资产。如果情况如此，仍将发生折旧费用，因为随着时间的流逝资产仍在折旧。无效的资本购买对第一年税后会计利润的影响是利润增加了 1 500 欧元（即折旧费用为 2 000 欧元，税收减免为 3 500 欧元）。当然，如果公司高效地使用该项资产，则增加的利润会更多，因为公司最起码能够通过使用资产赚得足够的资金来弥补其折旧。

上例中对利润的奇特影响是因为有意缓慢地计提折旧同时立即记录税收减少。然而，到目前为止尚没有记录递延税款的账户。为了这么做，在《国际会计准则第 12 号》或美国准则下均有必要计算暂时性差异。就如之前解释的，暂时性差异即资产的财务报表账面价值与其课税价格之间的区别。在第一年末机器折旧的例子中，财务报表账面价值记录为成本减去折旧，即 8 000 欧元，而课税价格则为零，因为出于税收目的而使用了完全折旧。因此，存在 8 000 欧元（以 35% 的税率计算）的暂时性差异以及 2 800 欧元的递延税款负债。

在此例中复式记账法下应该借记"税费" 2 800 英镑，贷记"递延税款负债" 2 800 英镑。这样，第一年的利润会因为购买资产而不使用该资产减少 1 300 欧元（即 2 000 欧元的额外折旧费用，3 500 欧元的真实税收减少和 2 800 欧元的递延税款费用）。大部分准则制定者都认为这是一个能较合理地体现利润额的数字。

现在我们已经解释了可能导致递延税款产生的两个例子：不考虑在税收系统中的资产重新估值，以及在税收系统中采用比会计系统中更快速度的折旧。其他的例子还包括：

- 融资性租赁，而税收体系仍然将之当作经营性租赁处理。
- 长期合同按生产的进度来计算利润，而税收体系仅在完工时计算利润。

为了计算在国际财务报告准则和美国准则下的递延税款，有必要了解在资产负债表中记录的所有资产和负债的价值，并将之与适用的税收价值相比较。可能会产生大额的暂时性差异及其导致的递延所得税资产和负债。进行折现以计算实现资产和负债的时间性是不被允许的。

我们可以通过引用任何采用国际财务报告准则或美国准则的公司的会计政策注释来总结上述文字。下面是瑞典一家采用国际财务报告准则的集团公司伊莱克斯的会计注释：

报表中使用了负债法全额记录了递延所得税，其金额是以税收为基础的资产和负债金额与其合并财务报表中的账面价值之间的暂时性差异……递延税款是使用资产负债表日的现行税率或基本现行税率计算而得的。伊莱克斯集团发生的税款与拨款受到和其他单个集团公司进行应税交易或与税款有关交易的影响。此外，其税款还受之前年度发生的或被收购公司结转的税收损失的处理的影响。这对瑞典集团公司和国外集团公司均是适用的。集团公司以在今后期间可使用递延所得税资产和暂时性差异的方式确认税收损失的递延所得税资产和暂时性差异。当递延所得税资产和递延所得税负债基于相同的税务机关，或当公司或集团公司通过税务合并计划具有合法的强制权抵消所得税资产和负债时，递延所得税资产和递延所得税负债均以净值显示。

随着时间的推移，国际财务报告准则和美国准则均改变显著，而且这些准则存在国际差异。Schultz 和 Johnson（1998）的著作回顾了准则的发展。一个主要的问题是递延所得税"负债"是否为负债：是否仅仅因为选择在合并资产负债表中重估资产价值而存在支付税款的义务？（Nobes，2003，第 4 章）。一个可能的结论是根本不用计算递延税款（Weetman，1992）。

9.7.2　递延所得税资产

对递延所得税的确认会导致资产和负债的产生。产生资产的主要原因如下：

- 出于税收目的结转损失用于抵消未来的应税利润；
- 财务报告已经确认而税务尚未确认的员工福利义务。

作为一个显示递延所得税资产潜在重要性的例子，表 9—5 显示了通用汽车公司 2006 年的资产负债表概况。递延所得税（449 亿美元）部分由未建立基金的养老金（119 亿美元）和健康福利（501 亿美元）义务乘以税率而得。需要再次注意的是，公司的净资产（＝股东权益）在 2006 年是负数，在 2005 年仅为 147 亿美元。

如果最终递延所得税资产更有可能会实现，则在美国准则和国际财务报告准则下应确认递延所得税资产。在通用公司的例子中，到 2006 年，该公司已经两年在利润表中显示为亏损了，所以递延所得税资产将会引起未来利益的可能性日益减少。事实上，在亏损 3 年后，2007 年的资产负债表显示公司将递延所得税资产减少了不到 20 亿美元，帮助创造了一个大额净资产负值。

产生递延所得税资产的另一个普遍的原因（包括通用公司）是可被结转的累计损失。但是，对于由此产生的递延所得税资产，由于需要未来的利润，所以其可实现性是被怀疑的。

9.7.3　一些国际差异

一些国家的国内准则并没有计算递延所得税的要求，部分是因为产生的暂时性差异非常少。欧盟《第四号指令》不要求确认递延税金，《第七号指令》（第 29（4）款）仅要求确认作为合并程序的一部分而产生的递延税金。

一些国家（如挪威）的准则与之前解释的国际财务报告准则/美国准则非常相似。有些国家（如法国和荷兰）的准则有不同的做法，主要在于递延税金的余额需要进行折现。德国和英国的国内准则中，不是基于暂时性差异确认递延税金，而是基于时间性差异计算该项目。后者会基于利润表进行计量，而不是参照资产和负债计量。与暂时性差异相比，时间性差异是更小的一类差异。

另一个更加令人困扰的问题是，在一些国家（如意大利和直到 2001 年的英国），对递延税金的确认部分取决于金额的支付是否是可能的或是否是可预测的。在一些国家中还存在对递延所得税资产确认的长期反感。

9.8　收益确认

贷方余额代表以下三件事情之一：负债、收入或所有者权益。三者之间的分界线极具模糊性。第 9.4 部分已经讲到优先股可以被视为负债，可转换债券可被视为部分权益。第 8 章中简单提及了负值商誉有时被处理为备抵（权益），有时被处理为负资产（无论什么账户），而现在在《国际财务报告准则第 3 号》下又被处理为收益。在《国际会计准则第 20 号》中政府补助被作为介于权益和负债之间的项目（"递延收入"）进行处理，而在《国际会计准则第 41 号》中，它又被作为一项收益。这一部分见收入/负债的分界线。

根据《国际会计准则第 18 号》（第 7 段）：

收入是实体在正常经营期间内产生的经济利益流入量，这些流入量会带来权益的增加。

此定义符合国际会计准则理事会《框架》中对"收入"（如销售收入）和"利得"（如固定资产出售所得）的区别，就如在图 9—3 中所显示的。但是，该定义中存在着严重的问题。首先，固定资产出售也是"正常的"。从 1993 年开始，《国际会计准则第 8 号》非常严格地限制了"非常"项目，且从 2005 年开始，《国际会计准则第 1 号》废止了该定义。所以所有的流入量均为常规项目。其次，某些固定资产销售会导致权益的增加（那它们就是"收入"吗?），而且一些存货的销售也会导致权益的增加（那它们就是"收入"吗）。如果国际会计准则理事会回答说必须考虑总效应，那么上述定义逗号后面的几个字就是多余的，因为任何销售（无论是流动资产还是固定资产）都会带来一些资金流入。可能上述定义是想表述收入是将产品销售给消费者后而获得的总收入。这可能仍然是含糊不清的，但是至少不会发生明显的错误。

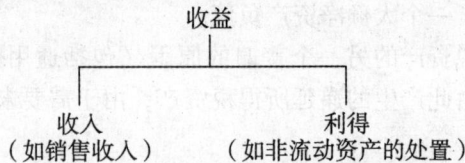

收益

收入 利得
（如销售收入） （如非流动资产的处置）

图 9—3 国际会计准则委员会关于收益的定义

顺便提一句，"收入"有时与"收益"相关，有时不与之相关。事实上，"收入"并非"收益"的一种类型，但是它的发生通常意味着需要确认收益或者损失。

在《国际会计准则第 18 号》下，销售收入（进而收益）应在"企业将所有权的主要风险和收益转移给买方"时被确认。例如，捆绑销售合同不能作为"收入"。

在美国公认会计原则下，确认收入的条件更为严格，美国证券交易委员会严格执行这些条件。《专职会计公报第 104 号》规定，在以下四个条件均满足时才允许确认收入：

（1）令人信服的已签署协议的证据；

（2）产品已发送；

（3）价格是固定的或是可确定的；

（4）合理状况下货款是可收回的。

传统上，大部分国家的国内准则对这一问题都不作任何的规定，因此采纳国际财务报告准则甚至美国公认会计原则可能导致之后对收入的确认。

奇怪的是，在相反的会计处理方法下，以上的逻辑和规则会被摈弃。例如，《国际会计准则第 18 号》和《国际会计准则第 11 号》要求对未完工合同（可被可靠估计并预计可产生利润）采用完工进度法。举例来说，我们有一份明显可盈利的制造电气列车的 5 年期合同，假设因为所有的电气列车均处于未完工状态，所以均未发送给客户。

我们现在应该记录利润吗？是的。是否已将风险和控制权转移给客户了呢？没有。

我们再举一个较为简单的例子。假设一家杂志出版商在 200×年出售了价值 100 英镑的不可退款的订阅，并承诺在一年内提供 12 本杂志。将其他的订户都考虑在内的话，预计 12 本杂志的生产和发送平均成本为 75 英镑。出版商何时确认利润呢？传统的答案是 25 英镑的利润应该在年内逐渐确认。因而，开始时这 100 英镑被记录成为一笔负债。现代的回答是（在 1 月 1 日）：

（1）是否存在一笔资产？是的，在银行里有 100 英镑的款项；

（2）是否存在一笔负债？是的，有责任以每本 75 英镑的成本提供 12 本杂志。

（3）因此，即刻存在 25 英镑的收益。

注意，在上例中不可能存在 100 英镑的负债（尽管按照会计惯例会记录为负债），因为不可能存在 100 英镑的资金流出。同时也要注意，我们应该将 100 英镑的"收入"与 25 英镑的"收益"区分开来。这种区别除了与《框架》相符合外，还有其他的意义：对出版商来说与生产杂志相比，找到愿意支付 100 英镑的客户更加难一些。一旦后者完成了，就有效地实现了"效益"。

2004 年，国际会计准则理事会和财务会计准则委员会开始努力解决这个重大的问题。二者联合发布了一个讨论文件（国际会计准则理事会，2008a），该文件建议取消完工进度法，并直到资产转移到客户才记录收入，即不采用上述资产/负债观。

9.9 综合收益

从 1993 年开始，英国的准则制定者开始要求确保利润和损失记录在主要的报表中，而不是将任何可能的损失记录为"准备金变动"。英国的报表被称为全部已确认利润和损失表（statement of total recognized gains and losses，STRGL），该表包括了损益账户中的所有利润以及其他所有的损益。在国际财务报告准则和美国公认会计原则中，后面几项被称为"其他综合收益"（other comprehensive income，OCI）。《国际会计准则第 1 号》要求将这些项目包括在综合收益表（statement of comprehensive income，SCI）中。该表可分为两个部分：利润表和其他综合收益表。其他综合收益表可包括在综合收益表中，或者包括在权益变动表中。就如在表 9—8 中所示的，将之包括在权益变动表中是最普遍的做法。表 9—9 显示了国际财务报告准则下所要求的报表（2007 年修订）和一些国家准则。

表 9—8　　　　　　　　　　　**其他综合收益报告**

包括在权益变动表中	488
单独的综合收益表	76
利润表和综合收益表的组合	20
不显示综合收益	<u>16</u>
	<u>600</u>

资料来源：American Institute of Certified Public Accountants（AICPA）（2008）*Accounting Trends and Techniques*（issued annually）. AICPA, Jersey City, New Jersey, p. 429. Reproduced with permission.

表 9—9　　　　　　　　　　　　　　　　　所要求的报表

报表	要求编制该报表的准则			
	国际财务报告准则	美国准则	英国准则	法国/德国准则
单独的利润表（或损益账户）	否	否	是	是
单独的 STRGL 或 OCI	否	否	是	否
以一张或两张报表显示的综合收益	是	是	否	否
权益变动表	是	是	否	否

在国际财务报告准则下，其他综合收益包括以下项目：

- 资产重估价值（在《国际会计准则第 16 号》和《国际会计准则第 38 号》下）；
- 可供出售金融资产公允价值调整（在《国际会计准则第 39 号》下）；
- 现金流量对冲产生的损益（在《国际会计准则第 39 号》下）；
- 计提损益（在《国际会计准则第 39 号》下可选）；
- 财务报表外币折算损益（在《国际会计准则第 21 号》下，见第 18 章）。

所有这些（第一项除外）在美国公认会计原则下也是相关的。除最后一项外，其他均在本章中进行了讨论。《国际会计准则第 1 号》要求公司体现出与其他综合收益中每一组成部分相关的税收情况。

不存在解释上述各部分不包括在"损益"中的原则，它们均满足了"收入"和"费用"的定义。它们是"未实现的"并不是解释，因为在《国际会计准则第 40 号》和《国际会计准则第 41 号》下未出售的投资资产或森林都是包括在损益中的。无论如何"已实现的"这个概念并未出现在国际财务报告准则中，其意义在欧盟法律中是含糊不清的。顺便说一下，"收益"（表述为每股收益或市盈率）是在其他综合收益项之前列示的。

国际会计准则理事会已经试图找到划分收益类别的原则，但是尚未取得成功。一个相关的问题是，一旦收益或损失被记录在其他综合收益中，是否可以重新分类为损益。这个问题在第 8 章中已经介绍过，表格的扩展版本如表 9—10 所示。

表 9—10　　是否之前记录为"其他综合收益"的损益之后能重新归类为收益或损失

	国际财务报告准则	美国准则	英国准则[*]
有形资产和无形资产重估价	否	N/A	否
可供出售金融资产公允价值	是	是	N/A
现金流量对冲产生的收益和损失	是	是	N/A
计提的损益	否	否	否
外币报表折算	是	是	否

注：* 表示未上市公司准则；

　　N/A 表示由于未被准则允许或未被准则覆盖而不适用。

国际会计准则理事会和财务会计准则委员会发布了一份联合讨论稿（国际会计准则理事会，2008b）提议要求单独编制综合收益报表，但是将其他综合收益概念作为一个项目保留在该表的底部。这并没有解决为什么其他综合收益存在差异以及什么时候可以重新分类。

小结

- 在许多快速成长的公司中无形资产是非常重要的。国际财务报告准则和美国准则在无形资产的确认方面存在差异。
- 在美国公认会计原则下资产的衡量大部分基于成本，但是国际财务报告准则允许对前述规则的偏离。
- 在大多数国家中，财务工具的分类是基于法律形式的，负债的折现是非常规做法。
- 基于管理层的意图，金融资产分为三个类型。在2008年的金融危机背景下，国际会计准则理事会修订了《国际会计准则第39号》允许在交易类别中进行重新分类。
- 国际财务报告准则和美国公认会计原则在某些情况下是允许对冲会计的。
- 国际上对未来费用的准备金确认程度是有差异的。根据国际会计准则理事会准则，在资产负债表日负债必须是存在的。
- 在翻译准备金、备抵、补贴和基金等术语时应格外小心。
- 各国对退休后福利的制度性安排各不相同，会计需要确认公司的负债程度。
- 国际财务报告准则中包括了数个保护公司损益不因计提损益而剧烈变动的机制。
- 基金安排也是各不相同的，美国和英国采用全面筹措基金的方式，而欧洲大陆国家则不采用这种方式。
- 国际财务报告准则/美国准则对递延税金的计算使用资产负债表基础（暂时性差异），而一些其他的准则则使用利润表基础（时间性差异）。
- 通过加速税款折旧和资产价值重估可引起递延所得税负债。
- 递延所得税余额折现的使用以及计算暂时性/时间性差异的程度上存在国际差异。
- 国际会计准则理事会对"收入"的定义令人困惑。对收入的确认是当前许多争议的主题。
- 在解释什么收入和费用是"其他综合收入"或其中的哪些部分在之后应重新分类为损益方面不存在什么原则。

参考文献

ASB（2007）*The Financial Reporting of Pensions*，Accounting Standards Board，London（alsoissued by EFRAG，Brussels）.

Basu，S. and Waymire，G.（2008）'Has the importance of intangibles really grown? And if so，why?，*Accounting and Business Research*，Vol. 38，No. 3.

CESR（2009）*CESR Statement on the Reclassification of Financial Instruments and Other Related Issues*，CESR，08-937.

FEE（1995）*Survey of Pensions and other Retirement Benefits in EU and non-EU*

Countries, Routledge, London.

IASB (2008a) *Preliminary Views on Revenue Recognition in Contracts with Customers*, IASB, London.

IASB (2008b) *Preliminary Views on Financial Statement Presentation*, IASB, London.

JWG (2000) *Draft Standard: Financial Instruments and Similar Items*, FASB, IASC and others, London.

Lobe, S. and Stadler, C. (2008) 'The effect of internationally accepted accounting principles and other determinants on pension funding in Germany', working paper, University of Regensburg.

Nobes, C. W. (2001) *Asset Measurement Bases in UK and IASC Standards*, ACCA, London.

Nobes, C. W. (2003) *Liabilities and Their Measurement under UK and International Accounting Standards*, ACCA, London.

Schultz, S. M. and Johnson, R. T. (1998) 'Income tax allocation: the continuing controversy in historical perspective', *Accounting Historians Journal*, December.

Skinner, D. J. (2008) 'Accounting for intangibles – a critical review of policy recommendations', *Accounting and Business Research*, Vol. 38, No. 3.

Weetman, P. (1992) *SSAP 15: Accounting for Deferred Taxation*, Institute of Chartered Accountants of Scotland, Edinburgh.

Wyatt, A. (2008) 'What financial and non-financial information on intangibles is valuerelevant? A review of the evidence', *Accounting and Business Research*, Vol. 38, No. 3.

课后问题

书末附有带星号问题的参考答案。

9.1* "秘密准备金使公司更加强大,所以应鼓励秘密准备金的设立。"讨论该论断。

9.2* 在《国际会计准则第32号》下,一些股份被作为负债处理,而一些明显的负债又被作为部分权益处理,这么做好吗?

9.3 在什么情况下下一年的工资费用和维修费用应在今年就作为费用入账?

9.4 在国际财务报告准则和美国准则下,无形资产的确认充分吗?

9.5 解释在国际财务报告准则下资产是如何计量的。如何改进该方法?

9.6 解释"对冲"和"对冲会计"之间的区别。在每种情况下,赞成使用这种会计处理方法的论点是什么?

9.7 解释补贴、负债、或有负债、义务、准备金、应计项、基金和备抵之间的区别。解释你所给出的答案所使用的会计准则。

9.8 比较德国、意大利和美国在雇员福利方面会计处理的谨慎程度。

9.9 使用不同的例子解释在美国会计准则下产生递延所得税资产和递延所得税负债的原因。

9.10 解释由基于资产价值重估的暂时性差异产生的递延所得税负债是否满足国际财务报告准则/美国准则对负债的定义。

第 10 章　财务报告准则的实施

罗伯特·帕克

内容

目标

读完本章后您应当能够

- 解释对上市公司采纳财务报告准则情况进行监督和实施的各种方法。
- 比较和对照美国、欧盟成员国（特别是英国、法国和德国）、澳大利亚、中国和日本的监督和实施程序。

10.1　引言

　　第 5 章从一般意义上讨论了全球上市公司的财务报告。第 6 章到第 8 章考察了上市公司所采用的两种主要会计规则：国际财务报告准则和美国公认会计原则。本章将讨论这些规则和其他各种规则是如何被监督和实施的，以及监督和实施的程度如何。各国的规则实施机制存在巨大差异，这些差异比规则本身的差异更多。

　　实施机制包括：

　　一连串的不同要素，包括（1）清晰的会计标准；（2）及时的解释和应用指南；（3）法定审计；（4）监管者的监督；（5）有效的制裁机制。所有这些要素必须有效运行，即该制度能够为投资者和债权人提供强有力的保护。

（欧盟委员会，2000 年，第 26 段）

本章将讨论上述要素中的倒数三个，这里不考察会计准则的内容或者准则的制定程序，而是考察这些准则在应用中受到的监督方式和实施方式。

"实施"（enforcement）是难以量化和计量的一个概念。霍普（Hope，2003）曾经编制了一种国家实施指数，其中包括五个要素：审计支出、司法效率、法律条文、内部交易法律以及股东保护。他计算了 21 个国家的实施指数，其中最高的是美国，随后是英国、加拿大、挪威、瑞典和日本。分值最低的是意大利，随后是西班牙、南非、葡萄牙和德国。本章我们将比较并对照五个国家的监督和实施机制，其中包括美国，欧盟的三个成员国——英国、法国和德国，以及澳大利亚。选择这几个国家的原因是它们的上市公司数量庞大而且公司的市场价值较高（参见表 1—5）。

本章将重点讨论公开交易的公司（即上市公司），这也是上述国家的重心。因为对其他公司的实施机制往往仅限于年报存档，而不检查年报的内容。在本章讨论的国家中，上市公司的合并报表（有时候还包括其单个公司报表）被要求遵守美国公认会计原则、国际财务报告准则或者等同于国际财务报告准则的其他准则，无论哪套准则都包含有足够清晰的准则及应用指南。

10.2 部分将考察实施的模式。10.3 部分到 10.5 部分将关注在我们选择的这 5 个国家中，实施机制是如何运行的。

10.2　实施的模式

本部分我们要区分制定规则和实施规则（包括监督规则），考察各种类型的实施机构和监管机构，分析实施过程中审计师的作用，讨论实施和监管机构对程序的选择，并考察这些机构可以采取的管理措施和其他行为。

从概念上来看，制定规则不同于实施规则。这两种职能可以由不同机构承担，也可能合并由一个机构执行（参见 Brown 和 Tarca，2005a）。比较极端的一种情况是，一些会计团体的职能只局限在规则的制定方面，而把规则的实施留给其他团体去做。典型的例子就是国际会计准则理事会，这是一个民间团体，背后没有任何国家政府的支持，它没有选择的余地，只能把实施职能留给其他团体。另外一个例子是英国的会计准则理事会，该组织为那些不执行国际财务报告准则的公司制定会计标准，其权力来自于国家法律，而法律并没有同时给予其实施准则的职能。另外一种极端的情况是，一些团体只行使实施的职能。例如法国的金融市场管理局（AMF）以及英国的财务报告复核小组（Financial Reporting Review Panel）。此外，还有一些团体既是规则制定者又是规则实施者。大家都知道的例子是美国证券交易委员会，不过正如第 8 章介绍的，其规则制定职能大多都是由财务会计准则委员会来承担的。

财务报告规则的实施职能可以由不同类型的机构承担，其中包括：

- 证券交易所；
- 股票交易监管机构；
- 政府部门和代理机构；
- 民间团体。

美国和澳大利亚的规则实施职能由股票交易监管机构承担。根据欧洲会计师联合会（2001）的报告，从 2001 年欧洲的会计规则实施情况来看，挪威、瑞典和瑞士的规则实施职能由证券交易所承担；比利时、法国、葡萄牙和西班牙的规则实施职能由股票交易监管机构承担；英国的规则实施职能由民间复核小组承担；丹麦和捷克共和国的规则实施职能由政府部门承担。剩余的欧洲国家在当时还不存在任何实施机构。但是在那之后，由于受到欧洲证券监管委员会的鼓励，加之对《第八号指令》的修订，德国（见下面的第 10.4.4 部分）、荷兰以及其他成员国也建立了实施机构。

没有理由认为存在一个理想的适合于所有国家的实施机构。选择哪种类型的实施机构，赋予它们哪些权力，这部分地取决于该国的整体监管制度，而反过来这种监管制度又被认为反映了一国的文化，或者更具体一些，反映了其政治、法律和金融环境。所有这些环境都随着时间的推移而发生变化。世界上最有效的两个实施机构是美国的证券交易委员会和英国的财务报告复核小组，它们是其他国家在建立实施机构时的模仿对象。例如，法国和澳大利亚模仿了美国证券交易委员会的模式，德国则按英国模式建立了审核小组。然而，你也得谨慎看待这个问题，不能因为这些机构的名称类似就认为其职能也相同。布朗和塔卡（Brown and Tarca, 2007）比较了英国和澳大利亚的实施机构，但是无法得出结论说哪个模式更有效。

直到最近很多国家也只存在年度审计这一唯一的监督机制，但审计师不属于法规控制的一种形式（Baker *et. al.*, 2001）。尽管审计属于监督和实施程序中的一个必要组成部分，然而只有审计这一种形式是不够的。大型公司的董事和投资人职能分离，作为代理人的董事和作为资金投资者的投资人都要求独立第三方能够对财务报表的真实性和公允性提供保证。但是，可以相信审计师确实是独立的吗？最近的会计丑闻令许多国家的立法机构相信审计师并不总是独立的，要保证审计行为的恰当性，就需要对其实施督导。人们发现审计师（实质上经常被他们为之提供税务咨询和管理咨询服务的董事所聘任，即使形式上有可能不是这样）很难保持独立性。如果有一个实施机构对其进行支持，审计师将会受益，因为他们促使公司符合财务报告准则的唯一方式是提出保留的审计意见。在中国，审计专业团体是受控于财政部的。

直到最近，职业审计团体一般还都是采取行业自律形式的，至少在英美国家是如此。然而，现在这种职能已经被刚刚建立起来的监管机构所代替。这里所说的监管机构指的是独立于审计职业界的监管审计师工作的机构。该监管机构可以独立于财务报告实施机构，也可以与之合二为一。独立机构的例子包括美国的公众公司会计监督委员会和英国的会计职业监管委员会（Professional Oversight Board for Accountancy, POBA）。在法国和澳大利亚，准则实施机构的职能被扩展到包括监督审计师工作（在法国是金融市场管理局，在澳大利亚是澳大利亚证券和投资委员会（Australian Securities and Investments Commission, ASIC））。

本章后面部分总结的证据说明了审计师和准则实施机构都可以因对方的工作而受益。因为实施机构无法详细检查会计记录，所以在这方面必然要依赖外部审计师的工作。同时实施机构的存在增强了审计师的力量，使他们可以坚持遵守财务报告准则。例如在美国，审计师由公司董事任命，但是双方都清楚证券交易委员会要求严格按照公认会计原则实施会计业务和审计工作。在英国，董事和审计师都必须到财务报告复核小组那里备案（尽管不是很情愿）。相比之下，在德国，由于一直缺乏实施机构，因此审计师都已经接受了那些声称遵守国际准则然而在一定程度上并未遵守的公司（见 10.4.4 部分）。

实施机构不仅需要监督对财务报告准则的遵守情况，还要对未能遵守的情况采取适当的措施。如何监督以及行为的有效程度取决于法律授予实施机构多大的权力以及其拥有多少资源（包括人力资源和物力资源）。没有哪个机构有足够的资源监督所有公司每年的财务报表是否符合会计法规。即使是资源最丰富的美国证券交易委员会，也只监督公开交易证券的公司（大约有 14 000 家，占美国公司总量的 0.3%），而且还是选择性的监督。其他资源较少的实施机构不得不作出选择，是采用事前主动监督，还是采用事后被动监督，如果采用后者，还需要选择是只对那些提出控诉的公司进行监督，还是采用例如轮换制和抽样等基于风险的战略，或是采用某种综合模式进行监督。它们还需要决定是否发布指南报告或（也许同时）事先禁止某种会计实务做法（有人把这种方法叫做预先清理），以及决定对未能遵守准则的事项采取什么样的行动（例如罚款、起诉公司或停市）。此外，它们还需要决定通过金融媒体还是其他方式向公众曝光。

汇总上述问题，设立和运行一个准则实施机构的责任包括作出以下决定：

- 监督哪些公司。
- 监督公司的哪些文件以及什么时候实施监督。
- 主动监督还是反应性监督。
- 多大程度上依赖公司审计师的意见。
- 是否发布指南报告。
- 是否提供事先禁止措施。
- 对于未遵守准则的情况采取行政措施还是司法措施。
- 如何向公众曝光。

不同实施机构的结论不同，有些实施机构会随着时间的推移而改变它们的选择。表 10—1 总结了 2009 年底以下实施机构的选择情况：美国证券交易委员会、英国财务报告复核小组、法国金融市场管理局、德国联邦金融服务监管局（BaFin）/财务报告执法委员会（全称见 10.3.4 部分）以及澳大利亚的证券与投资委员会。后面在介绍每个国家时会提供更加详细的解释。我们还要解释为什么在欧盟范围内不是只有一个国家实施机构，而是有这样的实施机构。中国和日本都没有包含在以表 10—1 为基础的文件中，但那些源于美国证券交易委员会（SEC）的相关组织团体会在第 10.6 部分中提到。

表 10—1　　　　世界各国实施机构比较（2009 年底）

| | 美国 | 英国 | 法国 | 德国 | 澳大利亚 |
	SEC	FRRP	AMF	BaFin/FREP	ASIC
种类	股票交易的监管机构	民间团体	股票交易的监管机构	政府机构/民间团体	股票交易的监管机构
成立日期	1934	1991	1967	2004	1998
程序					
被动调查	是	是	是	是	是
主动监督	是	是	是	是	是
预先清理	是	否	是	否	否
权力					
曝光	是	是	是	是	是
罚金	是	否	是	是	否
法庭诉讼	是	是	是	是	是
停市	是	否	否	否	否

资料来源：节选自 Brown, P. and Tarca, A.（2005a）"A commentary on issues relating to the enforcement of international financial reporting standards in the EU", *The European Accounting Review*, Vol. 14, No. 1.

要衡量一个实施机构是否运作成功并不容易。例如，毫无疑问，美国证券交易委员会确保了大多数公开交易公司遵守了美国公认会计原则的字面规定，但是它却不能阻止安然公司复杂的创造性会计（Benston and Hartgraves，2002），甚至不能防止世通公司所犯的简单误报（但是同样是灾难性的），或是 2008 年伯纳德·麦道夫的诈骗案。

更普遍的问题是，很难数量化监管和监管机构的成本效益并依此来确定其存在意义（例如可参考 Gwilliam *et al.*，2005）。与类似英国民间财务报告复核小组的监管机构相比，类似美国证券交易委员的监管机构会使纳税人承担高得多的直接成本。但是除了私人的成本效益以外，还存在社会成本效益，因此实施和监管机构的设立关系到所有利益相关者，而不仅仅是股东、董事和审计师。例如，因会计丑闻而倒闭的公司使得很多人失去了工作和养老金，而这些人不一定都是倒闭公司的雇员。类似这样的外部影响是主要国家的政府在考虑遵循财务报告准则时需要关注的一个额外因素。

2008 年的金融危机无疑将导致许多国家监管体系的改革。同时，监管者也非常积极地为 2008 年和 2009 年盛行的、不寻常的市场条件中的财务报告提供指引（例如，法国金融市场管理局，2008；证券交易委员会，2009）。

10.3 美国

美国的财务报告已经在第 8 章详细讨论过了。这里我们将集中讨论与财务报告准则监督和实施有关的问题。

美国的会计师比欧洲（包括英国）的会计师更理所当然地认为，一旦一项准则被颁布，那么它就必须被遵守。这可能归功于证券交易委员会的权威。1934 年，美国国会立法成立了这个独立的联邦监管机构，该机构从设立之初就"在法规实施方面发挥了强有力的作用"。美国准则制定者的记忆中不太可能存在"财务报告没有被严格规范，而且规定没有被严格实施的时代"（Zeff，1995，64 页）。上市公司的有价证券申请上市登记表（招股说明书）在第一次进入市场的时候就已经受到详细的复核。其他公司的有价证券申请上市登记表和定期报告则会选择性地被复核。目前每个公司每三年被轮换到复核一次。证券交易委员会和注册公司之间的讨论是完全保密的。证券交易委员会不需要像英国财务报告复核小组那样频繁地利用金融媒体进行"公开谴责"（naming and shaming）。证券交易委员会拥有对公司处以罚金和取消注册的权力，这意味着许多争端不需要任何正式行动就可以解决。

证券交易委员会对准则遵循的严格实施意味着，与其他实行较宽松的监督和实施制度的国家相比，在美国存在更为严重的对准则制定者（目前是财务会计准则委员会）的游说（参见第 11 章）。证券交易委员会被批评阻碍了会计创新。（这可能是好事也可能是坏事）（Solomons，1986，第 194 页至第 198 页）

在美国证券交易所上市的非美国企业应提交财务报告，该财务报告必须遵守美国公认会计原则或由国际会计准则理事会发布的国际财务报告准则，或是依据美国公认会计原则进行调整。大多数的企业选择提供依据美国公认会计原则编制的调整报告。如果外国或者最终的美国上市申请者向证券交易委员会提交依据国际财务报告准则编制的财务报告，那么它就要像严格遵守美国公认会计原则一样去严格遵守国际财务报告准则。

安然公司以及其他的会计丑闻极大地削弱了美国审计师的声誉。《萨班斯—奥克斯利法案》禁止审计师向其审计客户提供某些非审计服务，要求每 5 年对领导审计和复核业务的合伙人进行轮换，并要求审计师向审计委员会而非向管理层报告。正如在第 8 章和第 21 章所解释的，目前美国的审计师受到公众公司会计监督委员会的监管。该委员会负责审计师的注册，并有权进行检查和调查，执行惩戒措施以及实施处罚。

如表 10—1 所示，证券交易委员会参与预先清理那些上市申请者不甚明了的会计处理问题，而且，它还在认为存在公认会计原则被普遍误解的情形下，发布《专职会计公报》。

10.4　欧盟

10.4.1　引言

财务报告准则在欧盟的实施方式与在美国的非常不同，然而最近一些年，欧盟也受到了《萨班斯—奥克斯利法案》的影响（Haller *et al.*，2006）。很少有专门针对欧盟公司在 2005 年以前对国内会计准则遵守情况的系统研究，不过可能除了英国和法国，这种遵守准则的情况不会太理想。即使在法国，公司对遵守美国公认会计原则还是遵守国际会计准则的选择基本上还是采取哪个有利选哪个的方式（Ding *et al.*，2003）。格布哈特和海尔曼（Gebhardt and Heilmann，2004）发现，不仅德国公司未能完全遵守有关现金流量表的会计准则规定（无论是德国《会计准则第 2 号》、《国际会计准则第 7 号》，还是美国《财务会计准则公告第 95 号》），而且没有一个审计师对这种不遵守的情况提出保留意见。格劳姆和斯特里特（Glaum and Street，2003）的研究显示，与其他公司相比，同时在德国新市场和美国证券交易所上市的德国公司，其 2000 年的国内报告对美国公认会计原则和国际会计准则的遵守程度都更高一些。斯特里特等人（1999）、斯特里特和布莱恩特（Street and Bryant，2000）以及斯特里特和格雷（2001）研究了更多的公司，包括欧盟内部和欧盟外部的公司，并都得出了相同的结论。与公司所在地位于欧盟外部（主要是瑞士和中国）的公司相比，公司所在地位于欧盟内部（例如法国和德国）的公司在养老金、租赁、金融工具和每股收益的披露方面，对国际会计准则的遵循程度尤其差。

如表 10—2 所示，主要欧盟国家的大多数上市公司都是由四大国际事务所审计的。这些事务所"国际办公桌"（国际财务报告准则的专业知识中心）的技术资源在加强（对准则的）遵守方面发挥了重要的作用。上市公司可能也会受到来自于遵守国际资本市场（规则）的压力。Schipper（2005），一位曾是财务会计准则委员会成员的美国学者，预测到一个对于在全欧洲范围内的执法机构（enforcement body）的需求正在日益增加，但他也承认建立一个这样的机构存在相当大的困难，不论是在政治方面还是其他的方面。由全欧洲范围内的执法机构来代替各国的执法机构，这在短期内几乎是不可能的。然而，在欧洲证券监管委员会（CESR）的支持下，各国的执法机构都要定期在"欧盟权力执行者合作会议"（European Enforcers Co-ordination

Sessions，EECS）上会面，以交换意见和探讨经验。这些行为也会在双边关系协调中发生。

CESR 将发表其从"执法决策数据库"中提取的一些摘要观点，但不会透露哪个国家做出了哪项决策。例如，一个各成员国执法机构决策的摘要观点已经在 2008 年 11 月公布了（CESR，2008）。它报道了 15 项有关国际财务报告准则报告的讨论结果。在几乎所有的情况下，这些（IFRS）做法不仅是正确的，而且是明显正确的。也就是说，监管机构是必要的，以迫使上市公司采用明显正确的做法（answers），而这些做法又恰恰是公司千方百计想要回避的。在国际证券委员会组织的支持下，信息也是欧盟和非欧盟的执法机构所共享的。（但是）各国执法的差异也带来了"监管套利"的危险（公司选择在其认为执法制度最弱的国家上市）（Brown and Tarca，2005b）。

对审计师的监管是起草《第八号指令》时主要关心的问题，但是其最终稿（1984 年）却是流于形式，只是肯定了成员国现有做法，并没有作出任何改变。最近作出的变化是受到会计丑闻的驱动，而非受欧盟委员会的推动。预期 2006 年初会颁布修改后的《第八号指令》（见第 21 章），该指令要求所有成员国在本国建立一个监督审计师的机构，但并没有提出要建立一个统一的欧盟监管机构。欧洲审计师监管机构组织（European Group of Auditors' Oversight Bodies，EGAOB）于 2005 年成立，目的是鼓励各国监管者相互交流合作。

欧盟三个最大的经济体英国、法国和德国的情况将在下面三部分中分别阐述。

10.4.2 英国

在过去几十年间，英国的会计准则制定、监督和实施机制发生了好几次变化。在 1990 年之前，准则的制定权在会计职业界手中，准则没有任何的法律支持。准则的地位由于 1988 年德林报告（Dearing Report）的发布以及 1989 年《公司法》的颁布而得到加强（其中《公司法》于 2006 年进行了修订）。《公司法》要求公众公司和其他公司的董事在年报中披露任何与会计准则不一致之处。正如第 14 章将要讨论的，英国会计准则委员会在 1990 年被会计准则理事会所代替。会计准则理事会并没有被授予监督或实施的职能。相反，英国设立了一个单独的财务报告复核小组来监督公众公司和大型私人公司的财务报告。所有其他公司的会计报告监督工作则由英国贸易工业部（Department of Trade and Industry，DTI）负责。会计准则理事会和财务报告复核小组都是财务报告委员会（Financial Reporting Council，FRC）的下属机构，该委员会是一个独立机构，不仅独立于会计职业界，而且还独立于政府。在 2000 年英国金融服务局（Financial Services Authority，FSA）成立的时候，没有被授予实施会计准则的权力。金融服务局是欧洲证券监管委员会的成员，是应《金融服务与市场法》（Financial Services and Market Act）的要求设立的，目的是为了监管金融服务行业。

从 1991 年到 2003 年，财务报告复核小组在检查大型公司财务报表是否严重背离法案和会计准则的要求方面发挥了重要作用。该组织并没有打算监督所有管辖的公司，也没有试图采取主动监督的方式，而只是将其调查范围限制在那些引起它注意的公司中。它通过劝说来达到监督目的，尽管它也有权力因公司的财务报表没有遵守法规的要求（包括提供真实公允观点）而向法院起诉，并且要求公司董事重新编制修改的报表（董事需要自己支付费用）。

海因斯等人（Hines *et al.*，2001）讨论了财务报告复核小组在过去 10 年的工作，并对其有效性进行了评价。他们得出结论认为，这是一个有效的监管机构，尽管其权力有限，但也建立起了其法律地位。皮斯奈尔等人（Peasnell *et al.*，2001）研究了被审核小组关注的所有公司的特征，发现这些公司确实发表了有缺陷的财务报表。他们的证据显示，这些公司在财务报表出现问题的当年更有可能面临业绩困难，而且更不太可能聘请四大会计师事务所的审计师对其财务报表进行审计。还有一些不是很强的证据表明，这些公司建立审计委员会的可能性比较低，而且外部董事的比例也比较低。弗恩利等人（Fearnly *et al.*，2002）的研究显示，财务报告复核小组改变了允许公司采取不遵循准则行为的审计师的成本和效益。虽然审核小组的监管权力只针对董事而不针对审计师，但是它仍然能促使审计师改善公司对会计准则的遵循程度，并且能提高审计师的独立性。Brown 和 Tarca（2007）查看了财务报告审查小组从 1998 年到 2004 年的业务活动。他们得出结论认为，虽然其受制于各种政治势力，但财务报告审查小组还是完成了它的职责，并且他们把它和与之完全不同的澳大利亚的相关办法做了比较（见第 10.5 部分）。

安然事件和其他的会计丑闻发生以后，英国人重新思考了财务报告复核小组的作用。政府要求财务报告复核小组采取更多的主动监督，并且寻找与金融服务局合作的途径。从 2005 年开始，审核组的一个主要任务是确保上市公司的财务报告遵循国际财务报告准则。2004 年，《公司审计、调查及社会责任法》扩大了财务报告复核小组的审核范围，并且给予了其更大的权力。特别是，审核小组的审核范围从年报扩展到了中期报告、经营和财务报告（OFR）以及董事报告。其范围还包括审核公开交易公司是否符合了金融服务局上市规则中的会计要求。

财务报告复核小组同时采用主动监督和反应性监督的方式选择要审核的报表。它与金融服务局以及其下属的常设咨询小组进行讨论，确定整个经济中哪个行业或部门面临的压力较大，因此更有可能出现会计问题。之后即审核选择出的这个部门的大量财务报表。财务报告复核小组建立了一个风险模型来判断较容易出现会计问题的情况，例如公司治理薄弱的实体。它针对热门的会计问题进行审核，同时对公众、媒体或伦敦市政厅的不满作出反应。所有的选择都要考虑不遵循准则的风险以及在不遵守准则时具有显著后果的风险。

财务报告复核小组不采取事先禁止措施。通常如果被审核公司的董事承认他们的报表有缺陷并且针对审核组提出的问题进行了纠正或解释，审核组将对质询结论发布一个公告。在审核组没有发现报告存在缺陷的情况下，一般不会发布任何公告，不过审核组可能不指名某个公司，而是就它们关注的事项发布一个"一般性"提示。复核小组每年公布一份活动报告。

财务报告复核小组与金融服务局密切合作。《公司审计、调查及社会责任法》给予英国财政部门（英国税务及海关总署）权力，披露向审核组提供的公司账目信息。

现在来看一下审计师的问题。英国对审计师的正式监管始于为了实施欧盟《第八号指令》而于 1989 年修订的《公司法》的实施。该法案要求公司的审计师必须是注册审计师，也就是说他们的名字必须被记载在合法的登记簿上，说明其合格并且可以被任命为公司审计师，该登记簿应当由被认可的监管团体所保管。被认可的主要团体（被贸易工业部确认的）是三大注册会计师协会和英国特许注册会计师协会。该法案的实施意味着职业团体必须为公众利益而监督其成员，同时还得继续为其成员的自身利益服务。

这两种作用可能会导致利益的冲突，1998 年会计职业团体咨询委员会（Consultative Committee of the Accountancy Bodies，CCAB）的一个监管复核实施工作组建议成立一个独立的审核理事会。结果成立了以下五个团体：会计基金会、复核委员会、道德准则委员会（Ethics Standards Board，ESB）、重组的审计实务委员会（Auditing Practices Board，APB）和调查与纪律委员会（Investigation and Discipline Board，IDB）。会计基金会居于最高地位并负有领导责任；复核委员会的任务是监督制度的运行，以确保该制度符合公众利益；道德准则委员会的作用是确保所有会计师道德准则都建立在全行业的基础上并能得到发展；调查与纪律委员会处理公众关心的处罚案件。审计实务委员会被重组，从而独立于会计职业界，其执行董事都是全职人员。杜因和拉赛尔（Dewing and Russell，2002）指出，会计基金会负有进行惩戒的直接责任（通过调查与纪律委员会），确保审计师独立性的间接责任（通过道德准则委员会），但是对审计质量监管没有责任。

以此种方式建立的体制并非运行得非常成功，因此于 2002 年再次进行了改革。改革后的体制中，对金融管理局负责的团体包括以下六个：会计准则理事会（ASB）、审计实务理事会（APB）、财务报告复核小组、职业监管委员会（Professional Oversight Board，POB）和会计、精算调查和纪律委员会（Accountancy and Actuarial Investigation and Discipline Board，AAIDB）。

职业监督委员会独立于会计职业界和会计师事务所。目前其主席是英国政府主计审计长（Comptroller and Auditor General），其责任包括监督被认可的团体对审计师的监管，监督重要公司的审计质量以及监督会计职业团体对会计职业界的监管。职业监督委员会下设立了一个审计监督单位，该单位于 2005 年对四大会计师事务所的审计质量作了报告。

除了发布其他文件外，审计实务委员会还负责发布审计准则公告（ISAs（英国和爱尔兰））、道德准则、投资报告准则（standards for investment reporting，SIRs）和报告会计师准则公告（statements of standards for reporting accountants）。会计调查和纪律委员会负责管理一个独立纪律计划，该计划的覆盖范围包括英国的六个会计职业团体。2006 年新通过的《公司法》要求审计报告必须经过高级法定审计师（也就是负责审计业务的合伙人）签字，并代表该审计师事务所。它还第一次允许公司和审计师达成责任约束协议，将审计师的责任约束在公允和合理的范围内。该法案不要求对审计师进行轮换。

由于单个公司对准则的遵循情况在很大程度上依赖于审计师，因此与遵守国际财务报告准则的上市集团公司相比，受到监督的力度小得多。此外，许多私营公司不再被要求进行审计（参见第 15 章）。

10.4.3　法国

　　法国的实施机构是金融市场管理局（*the Autorité des Marchés Financiers*，AMF），它是由证券事务监察委员会（*Commission des Opérations de Bourse*，COB）和其他两个股票交易机构于 2003 年合并而成的。金融市场管理局负责在上市公司中实施国际财务报告准则，但它不是一个准则制定机构。

　　金融市场管理局可以利用由股票交易委员会于 1967 年设立的程序，陶（Dao，2006）的论文对此进行了描述。证券事务监察委员会作为股票交易的监管机构，负责复核上市公司每年存档的招股说明书和各种文件（包括主动提交的和强制提交的文件）。以下两个机构负责验证文件的合规性：会计与税务部（*Service des Affaires Comptables et Fiscales*，SACF）和公司金融部（*Service des Opérations et de l'information Financière*，SOIF）。公司金融部执行对文件的法律、经济和金融方面的一般性审查，其作用在于发现重要问题，随后委托法律和会计的专家进行进一步检查。会计与税务部的作用是验证文件是否符合当前的会计准则，并监督审计的质量。不过它们并不试图重新做一遍审计师已经做过的审计工作。

　　会计与税务部采用主动模式，按照风险基础模式选择被调查的公司，但偶尔也对媒体评论和公众的抱怨作出反应。证券事务监察委员会同时采用事先禁止措施和事后复核存档文件的方法。复核并不完全标准化，职业判断也是非常重要的。有时采用事先禁止措施需要对新出现的会计问题向国家会计准则制定机关（*Conseil National de la Comptabilité*，CNC）下属的紧急问题委员会（*Comité d'Urgence*）进行咨询。证券事务监察委员会通过研究来发现那些可能会受到新出现问题影响的公司，之后以不点名的方式发布建议公告，提醒注册公司要遵守特定的会计处理方法或披露要求。类似的建议虽不是强制性的，但通常都会被执行。

　　证券事务监察委员会授权被认可的全国性审计师团体（例如国家法定审计师协会（*Compagnie Nationale des Commissaires aux Comptes*，CNCC）等）对公司审计师是否恰当地检查了该公司对会计准则的遵守情况进行评价。上市公司审计质量的年度复核是由国家法定审计师协会下属的全国财务活动审查委员会（*Comité de l'Examen National des Activités*，CENA）代表证券事务监察委员会进行的。全国财务活动审查委员会采用轮换的方法进行复核。这种复核不仅仅是为了考察审计质量，它也是加强审计独立性的一种管理手段。请注意，这一职能并没有被授权给法国注册会计师协会（*Ordre des Experts Comptable*，OEC）。国家会计准则制定机关、国家法定审计师协会和法国注册会计师协会在会计规则制定方面的作用将在第 15 章进行讨论。

　　金融市场管理局有权拒绝招股说明书，同时如果认为公司财务报表不符合现行准则，也有权要求公司进行修改。它可以对公司采取行政措施，不过一般情况下都不需要这样做。对于监管机构而言，发现对披露规则的背离要比发现对计量规则的背离容易得多，而后者是审计师的长项。法国的金融市场管理局更类似于美国证券交易委员会，它不同于英国财务报告复核小组，不公开发布调查结果，也不曝光被发现的财务报表有缺陷的公司。

　　一个有关法国金融市场管理局的"提前清仓"（pre-clearance）的、臭名昭著的案例发生在 2008 年前期，并且和法国法兴银行有关。该银行想要将一项由"魔鬼交易员"引起的 64 亿欧元的亏损记入 2007 年的利润表而非 2008 年的利润表。如果基于国际会计准则第 1 号的公允列报原则，这种做法就违反了国际会计准则第 10 号、第 27 号和第 39 号的规定。该银行解释（见其相关的注册文件，2008 年，247 页）道该处理得到了法国金融市场管理局的批准，那么毫不奇怪，它在当时也得到了审计师的批准。

对公司审计的监督是通过很多种途径进行的。所有审计师都必须是国家法定审计师协会的成员。2003 年的《金融证券法》（Loi de Sécurité Financière）既可以看作是对法国商法的补充，也可以看作是对安然事件和其他会计丑闻所作出的反应（Stolowy，2005）。根据该法案，法国建立了审计师高级理事会（Haut Conseil de Commissariat aux Comptes），但其中只有三位成员是审计师。审计师高级理事会的职能是监督审计职业界，特别是监督其道德和独立性。2003 年的这一法案还要求审计师对公司内部控制制度发布一个新的报告，并且禁止向同一客户提供审计和咨询服务。

其他不同于美国和英国的规则还包括：

- 每六年任命一次审计师，而不是每年都任命。
- 如果公司既提供合并报表又提供母公司财务报表，则两张报表要由来自不同审计公司的两个审计师进行审计。
- 审计师应当将其所了解的被审计客户的犯罪案件报告给检察官。

关于哪些行为被认定为不符合法律的要求，法国的法规要比英、美的严格很多，但是在实践中差异没那么大（Mikol and Standish，1998）。

10.4.4 德国

正如 10.4.1 部分所述，德国会计规则的实施机制比较差，无论对公众公司还是私人公司都如此。大型和中型的私人公司第一次按照商法的要求（根据 1985 年会计指令法律的要求进行了修改）公开其财务报表，这是执行欧盟《第四号指令》的结果（Eierle，2005）。但是许多公司都没有遵照执行，直到德国政府迫于欧盟委员会的压力采取了措施为止。

从 1998 年到 2005 年，德国的上市公司可以采用美国公认会计原则或者国际会计准则代替德国的国内规则来编制合并财务报表，而且在 2000 年到 2005 年之间，所有在权益市场融资的主体都可以这样做。如前所述，格劳姆和斯特里特（2003）检验了在德国新市场（Neuer Markt）上市的公司的 2000 年财务报表对国际会计准则的遵循程度。他们的报告得出的遵循比率都相当低，而且他们发现遵循程度最高的公司是被国际四大会计师事务所审计的公司，以及同时在美国交易所上市从而受到美国证券交易委员会监管的公司。这些结论和以前的研究结论相吻合（例如斯特里特和布莱恩特（2000）以及斯特里特和格雷（2001））（见 10.4.1 部分）。

这些缺陷在德国引发了一场争论，即美国的证券交易委员会模式和英国的财务报告复核小组哪个相对更有优势。2001 年，德国法定审计师协会（Institut der Wirtschaftspriifer，IdW）建议不采纳美国证券交易委员会模式，而采纳英国财务报告复核小组的模式建立一个实施机构。该协会认为采用美国证券交易委员会的模式不符合德国放松管制和增加民间机构参与的整体发展趋势（Evans *et al.*，2002）。然而，2004 年最终实施的是美国模式和英国模式的折中方案。根据《财务报告控制法案》（*Bilanzkontrollgesetz*，BilKoG）和《会计法改革法案》（*Bilanzrechtsreformgesetz*，BilReG）成立了一个新的财务报告监管框架（Eierle and Haller，2004），其中包括建立了两个新的实施机构：一个民间机构和一个公共机构。这一立法的逻辑是，可以通过现有的监管框架而非特定行动来阻止不遵守法律的行为。民间机构于 2005 年成立，被称为财务报告执法委员会（*Deutsche Prüfstelle für Rechnungslegung*，DPR），归属于德国联邦金融服务监管局（*Bundesanstalt für Finanzdienstleistungsaufsicht*，BaFin）。联邦金融服务监管局是一个股票交易监管机构，其职能类似于英国的金融服务局。它是一个公共机构，负责监督财务报告执法委员会的活动，并有权复检公司的财务报表。拒绝修改其会计处理方法的公司将被处以 50 000 欧元的罚款，但是这一罚款额度还不足以起到威慑作用。如果审计公司的行为被质疑，则联邦金融服务监管局可以让德国法定审计师公会（*Wirtschaftsprüferkammer*）对之进行检查，后者负责对审计职业界进行监管。从 2005 年开始，所有法定审计师公会的决策都受到审计监督委员会（*Abschlussprueferaufsichtkommission*，APAK）的公共监管，而审计监督委员会是一个公共部门的机构。

10.5 西太平洋边缘地域

10.5.1 引言

上述各部分考察了美国和欧盟的监管情况。如表 1—5 所示，世界上其他较大的股票市场都在太平洋一侧的亚洲地区：东京、上海和悉尼。本部分探讨对这些市场的财务报告的监管。

澳大利亚、中国和日本监管的共同特点是，它们都是基于美国证券交易委员会模式。

10.5.2 澳大利亚

澳大利亚证券和投资委员会的职能之一就是监督上市公司会计准则的实施情况（Brown and Tarca，2007）。该委员会成立于 1998 年，其前身为澳大利亚联邦政府模仿美国证券交易委员会模式于 1990 年成立的澳大利亚证券委员会（Australian Securities Commission，ASC）。澳大利亚证券和投资委员会与澳大利亚证券交易所关系密切。

澳大利亚证券和投资委员会在行使监督和实施职能的时候，总是采取主动的方式，从各种信息渠道获得信息，其中包括其自身的监督计划。目前每 4 年对上市公司进行一次复核。此外，对于可能有风险的问题还会采取监管目标措施，例如 2001 年的监管目标是网络公司。

澳大利亚证券和投资委员会的行动促使更多的信息被公开。要求采纳的最一般措施是修改账户，并在随后的年报中披露。不同于英国的财务报告复核小组，澳大利亚证券和投资委员会有权起诉公司。与英国相对应的机构不同，虽然该组织也尽可能采用其他补救措施，但起诉事件已经发生过很多次。澳大利亚证券和投资委员会也被不同意其管制的公司起诉过。在和控制组样本对比后发现，在 1998 年到 2004 年之间卷入澳大利亚证券和投资委员会案件中的公司通常盈利能力较差，而且也较没有可能是由四大会计师事务所执行审计的（da Silva Rosa *et al.*，2005）。

布朗和塔卡的论文（2005b，2007）进一步比较了澳大利亚证券和投资委员会与英国财务报告复核小组的不同之处。2003 年，澳大利亚证券和投资委员会建议成立一个澳大利亚财务报告小组，作为解决争端的机构（Pound，2003）。该小组从 2006 年开始运行，目的是完成证券和投资委员会无法完成的任务，它不执行监管职能，也不能采取法律行动。

2004 年的《公司法与经济改革计划（Corporate Law Economic Reform Program Act）（审计改革和公司披露）法案》使用财务报告委员会及证券和投资委员会监管审计师制度代替了审计师的职业协会自律体系。财务报告委员会负责监管审计师的独立性，而证券和投资委员会则负责审计师的注册。该法案还引入了一系列措施来加强审计师的独立性，其中包括限制审计客户雇用审计师，禁止为审计客户提供某些非审计服务，审计负责人和复核合伙人必须每 5 年轮换一次。

10.5.3　中国

中国证券监督管理委员会（CSRC）作为国家部级机构成立于 1992 年。1998 年中国颁布的《证券法》赋予其对市场监督和执法的广泛权力，其中包括监督上市公司的财务报告。

10.5.4　日本

日本金融服务监管局（FSA）成立于 1998 年并且现在向内阁（负责）报告。它与美国的证券委员会有相似的任务职责。FSA 包括注册会计师和成立于 2004 年负责监督审计工作的审计监督委员会。

小结

- 会计准则的实施包括法定审计、监督机构的监管以及有效的惩罚措施。
- 从概念上来看，制定规则不同于执行规则，但是在实务中这些职责有时是重合的。
- 准则的实施职能可以由证券交易所、股票交易的监管机构、政府部门、代理机构或者民间团体来承担。
- 各国的实施模式各不相同，这部分取决于当地的环境因素。
- 对审计师的监管可以加强审计师针对董事的独立地位。
- 每个国家实施机构的权力和运行程序各不相同。
- 执行最严格、资源最丰富的准则实施机构是美国的证券交易委员会，美国的审计师由公众公司会计监督委员会监管。
- 欧盟没有一个统一的实施或监督机构，许多成员国的实施和监管机制薄弱；各国监管者之间的合作通过欧盟实施合作会议以及欧盟审计师监管机构小组进行。
- 在英国，从 1991 年开始，一个民间机构——财务报告复核小组——成为会计准则的有效实施机构。最近该组织采取了更加主动的工作方法，并与股票交易监管机构——金融服务局建立了密切的合作关系。

- 在法国，准则实施机构是股票交易监管机构——金融市场管理局，它采取主动监督和事先禁止等工作方式。它委托国家法定审计师协会下属的全国财务活动审查委员会对审计质量进行复核。国家法定审计师协会负责审计师的注册，并接受审计师高级理事会的监管。
- 在德国，会计准则的执行分别由金融监管局和一个民间机构——财务报告执法委员会承担。德国法定审计师公会负责审计师的注册，并受审计监督委员会监管。
- 在澳大利亚，会计准则由澳大利亚证券和投资委员会实施，这是一个股票交易监管机构，它采取主动模式，并且对某些公司采取过法律措施。审计师由澳大利亚证券和投资委员会以及财务报告委员会共同监管。

参考文献

Baker, C. R., Mikol, A. and Quick, R. (2001) 'Regulation of the statutory auditor in the European Union: a comparative survey of the United Kingdom, France and Germany', *European Accounting Review*, Vol. 10, No. 4.

Benston, G. J. and Hartgraves, A. L. (2002) 'Enron: what happened and what we can learn from it', *Journal of Accounting and Public Policy*, Vol. 21, No. 2.

Brown, P. and Tarca, A. (2005a) 'A commentary on issues relating to the enforcement of international financial reporting standards in the EU', *European Accounting Review*, Vol. 14, No. 1.

Brown, P. and Tarca, A. (2005b) '2005. It's here, ready or not: A review of the Australian financial reporting framework', *Australian Accounting Review*, Vol. 15, No. 2.

Brown, P. and Tarca, A. (2007) 'Achieving high quality, comparable financial reporting: A comparison of independent enforcement bodies in Australia and the United Kingdom', *Abacus*, Vol. 43, No. 4.

Commission of the European Communities (2000) 'EU financial reporting strategy: the way forward', COM(2000)359 final.

Dao, T. H. P. (2005) 'Monitoring compliance with IFRS: some insights from the French regulatory system', *Accounting in Europe*, Vol. 2.

da Silva Rosa, R., Filippetto, J. and Tarca, A. (2005) 'ASIC actions: Canaries for poor corporate governance?', working paper, University of Western Australia. Available at www. ssrn. com.

Dearing, Sir R. (1988) (The Dearing Report) *The Making of Accounting Standards*, *Report of the Review Committee*, presented to the Consultative Committee of Accountancy Bodies, London.

Dewing, I. P. and Russell, P. O. (2002) 'The new Accountancy Foundation: A credible form of regulation for UK listed companies?' *International Journal of Auditing*, Vol. 6, No. 3.

Ding, Y., Stolowy, H. and Tenenhaus, M. (2003) '"Shopping around" for accounting practices: the financial statement presentation of French groups', *Abacus*, Vol. 39, No. 1.

Eierle, B. (2005) 'Differential reporting in Germany-a historical analysis', *Accounting, Business and Financial History*, Vol. 15, No. 3.

Eierle, B. and Haller, A. (2004) 'Financial reporting enforcement in Germany', *World Accounting Report*, March.

Evans, L. , Eierle, B. and Haller, A. (2002) 'Financial reporting in Germany-the enforcer', *Accountancy*, January.

Fearnley, S. , Hines, T. , McBride, K. and Brandt, R. (2002) 'The impact of the Financial Reporting Review Panel on aspects of the independence of auditors and their attitudes to compliance in the UK', *British Accounting Review*, Vol. 34, No. 2.

Fédération des Experts Comptables Européens (FEE) (2001) 'Enforcement mechanisms in Europe: a preliminary investigation of oversight systems'. Available at www. fee. be/ publications/Fédération des Experts Comptables Européens (FEE) (2003) 'European enforcement coordination'. Available at www. fee. be/publications/.

Gebhardt, G. and Heilmann, A. (2004) 'Compliance with German and International Accounting Standards in Germany: Evidence from cash flow statements', in C. Leuz, D. Pfaff and A. Hopwood *The Economics and Politics of Accounting: International Perspectives on Research Trends, Policy and Practice*, Oxford University Pres, Oxford.

Glaum, M. and Street, D. L. (2003) 'Compliance with the disclosure requirements of Germany's new market: IAS versus US GAAP', *Journal of International Financial Management and Accounting*, Vol. 14, No. 1.

Gwilliam, D. , Macve, R. and Meeks, G. (2005) 'The costs and benefits of increased accounting regulation: a case study of Lloyd's of London', *Accounting and Business Research*, Vol. 35, No. 2.

Haller, A. , Ernsberger, J. and Kraus, C. (2006) 'Extraterritorial impacts of the Sarbanes-Oxley Act on external corporate governance-current evidence from a German perspective', *Corporate Ownership & Control*, Vol. 3, No. 3.

Hines, T. , McBride, K. , Fearnley, S. and Brandt, R. (2000) 'We're off to see the wizard: an evaluation of directors' and auditors' experiences with the Financial Reporting Review Panel', *Accounting, Auditing & Accountability Journal*, Vol. 14, No. 1.

Holgate, P. (2007) 'Whither US GAAP?', *Accountancy*, Vol. 140, No. 1367.

Hope, O. -K. (2003) 'Disclosure practices, enforcement of accounting standards, and analysts' forecast accuracy: An international study', *Journal of Accounting Research*, Vol. 41, No. 2.

Mikol, A. and Standish, P. (1998) 'Audit independence and nonaudit services: a comparative study in differing British and French perspectives', *European Accounting Review*, Vol. 7, No. 3.

Peasnell, K. V. , Pope, P. F. and Young, S. E. (2001) 'The characteristics of firms subject to adverse rulings by the Financial Reporting Review Panel', *Accounting and Business Research*, Vol. 31, No. 4.

Pound, G. (2003) 'A case for consensus', *CA Charter*, June.

Schipper, K. (2005) 'The introduction of international accounting standards in Europe: Implications for international convergence', *European Accounting Review*, Vol. 14, No. 1.

Solomons, D. (1986) *Making Accounting Policy: The Quest for Credibility in Financial Reporting*, Oxford University Press, New York.

Stolowy, H. (2005) 'Nothing like the Enron affair could happen in France (!)', *European Accounting Review*, Vol. 14, No. 2.

Street, D. L. and Bryant, S. M. (2000) 'Disclosure level and compliance with IASs. A comparison of companies with and without US listings and filings', *International Journal of Accounting*, Vol. 35, No. 3.

Street, D. L., Gray, S. J. and Bryant, S. M. (1999) 'Acceptance and observance of international accounting standards: An empirical study of companies claiming to comply with IASs', *International Journal of Accounting*, Vol. 34, No. 1.

Street, D. L. and Gray, S. J. (2001) *Observance of International Accounting Standards: Factors Explaining Non-compliance*, Association of Chartered Certified Accountants, London.

Swinson, C. (1999) 'Regulating the profession. The DTI's proposals', *Accountancy*, January.

Zeff, S. A. (1995) 'A perspective on the US public/private-sector approach to the regulation of financial reporting', *Accounting Horizons*, Vol. 9, No. 1.

实用网址

www. apak-aaoc. de

www. frc. org. uk/aaidb

www. frc. org. uk/apb

www. asic. gov. au

www. autoriteit-fm. nl

www. amf-france. org

www. Bafin. de

www. cesr. eu

www. cncc. fr

www. berr. gov. uk

www. frep. info

http: //ec. europa. eu/internal_market/auditing/egaob

www. fee. be

www. frc. org. uk/pob

www. pcobus. org

www. sec. gov

课后问题

书末提供带星号问题的参考答案。

10.1* 在美国,规则的制定在多大程度上与规则的执行是分离的?造成现状的历史背景是什么?

10.2* 支持和反对实施机构采取主动监管措施的论点各是什么?

10.3 为什么欧盟没有一个统一的泛欧洲会计准则实施机构?是否应该建立一个这样的机构?

10.4 为什么美国和法国都将股票交易监管机构作为会计准则的实施机构,而英国却不这样?

10.5 有人认为在大多数国家,建立和维持一个会计准则实施机构的成本大于收益。请对这种观点进行讨论。

10.6 "实施机构只不过是重复审计师的工作。"请讨论这种观点。

10.7 为什么许多国家最近开始建立审计师监管机构?这是发展还是倒退?

第11章 对会计准则的政治游说——美国、英国和国际经验

斯蒂芬·A. 泽夫

内容

目标

读完本章后您应当能够

- 定义政治游说。
- 解释公司和政府游说准则制定者的动机。
- 举例说明某个具体准则在一些国家受到的政治游说。
- 举例说明准则制定机构在组织结构方面受到的游说。
- 解释为什么某些准则制定机构更容易受到游说。

11.1 引言

许多准则制定者都宣称是为投资者（而不是为公司或者审计师）利益服务，以概念框架为基础制定准则（参考第 8.4 部分），例如美国的财务会计准则委员会、国际会计准则理事会和英国的会计准则理事会等。最近这些准则制定者还宣布将相互趋同它们的准则。但是目前在趋同的过程中出现了一大挑战，即各国报表编制者和政府受到自身利益的驱动，会对其准则制定者进行政治游说。这个挑战可能会使得准则制定机构改变立场，从而冒险减弱甚至放弃其准则中所遵循的基本原则。

"经济后果"一词指的就是"会计报告对公司、政府、工会、投资者和信贷机构决策制定造成的影响"（Zeff，1978）。与决策制定行为有利益关系的那些人将会对准则制定机构施加压力，阻止其批准包含不利条款的会计准则，这就是所谓的游说。游说的方式包括撰写信件或在听证会进行口头作证。"政治游说"（political lobbying）的范围要广泛得多，我们用这个词来描述游说者采取共同的行动反对一项建议。游说者会采取明示或暗示的威胁，会寻求干预方式以便推翻一项提议的准则，或者会危害准则制定者的声誉、独立性、权力甚至会威胁要解散准则制定机构。

政治游说带来的压力包括威胁取消对准则制定机构的资助或其他重要支持，或者通过公众媒体呼吁公众赞同他们的意见。最近几十年来，报表编制者施加压力的方式已经上升到了一个更加具有威胁性的层次，即获得政府管理当局或立法机构的支持。这种演化在美国最为典型，但是《国际会计准则第 39 号——金融工具》在欧洲也遇到了同样的状况。

在美国，对提议的会计准则进行政治游说已经是一种长期存在的现象（如Sutton，1984 等）。然而，其他准则制定机构也已经面临这种游说。最近，国际会计准则理事会在以股份为基础的支付和金融工具的会计处理方面也遭遇了游说，而且在未来的养老金准则、保险准则以及业绩报告方面，似乎都可能会出现这样的游说。在谈到报表编制者对理事会有关这些问题的游说所作出的反应时，国际会计准则理事会主席警告说"街上会血流成河"（Tricks and Hargreaves，2004）。

在什么情况下准则制定机构会被政治游说？答案是主要在准则制定机构对未曾有过规范的主题提出规则时，或者在对现有规则所允许的可选择性处理方法进行大量删减时，以及在准则制定机构参与加强对准则的执行力度时。在某些国家，如果提议的准则会降低公司的盈余或者增加其盈余的波动性，发生政治游说的可能性就会增加。例如在德国，公司所得税和利润①密切相关，公司为抵制德国采纳《第四号指令》而进行游说，因为执行该指令将增加公司的盈余（Ordelheide，1993，第 87 页；Von Wysocki，1984，第 58 页）。

准则制定者的任务是根据概念框架，辨别哪些政治游说是正确的以及在多大程度上是正确的，从而需要改变准则的方式以适应其需要。下面要讲述的例子并非都是不正确的政治游说。

---

① 特别需要指出的是，这里的利润指的是单个公司按照本国规则编制的财务报表中所列示的利润。

在引言之后，本章（11.2 部分）将考察政治游说的动机。之后的第 11.3 部分将考察在 1990 年前对准则制定者进行的政治游说案例。选择这一年作为分界点的理由是，20 世纪 90 年代准则制定者日益倡导使用公允价值会计，这在美国、英国和国际会计准则委员会都是一个有争议的话题。同时在 1990 年，英国会计准则理事会成立了，它取代了原来的会计准则委员会。我们选取哪些国家的案例取决于证据的可获得性。选择美国和英国是因为这两个国家上市公司数目最多，民间准则制定机构最发达，并且相关案例的文献资料最齐全。别的国家也有一些政治游说的案例，例如前面提到过的德国的例子，泽夫和约翰森（Zeff and Johansson，1984）报告过 1977 年在瑞典议会曾干涉准则制定；克兰德尔（Crandall，1983）和斯科特（Scott，2003，第 270 页）都谈到过 1982 年对加拿大石油行业补助的会计处理进行游说的失败案例。

11.4 部分考察了 20 世纪 90 年代以后的政治游说，我们选择的例子全部来自美国。1990 年以后，除美国以外很少有完整的对准则制定机构进行政治游说的案例资料。其中部分原因可能是英国的会计准则理事会比其前身更加独立（Swinson，2004）。相对而言，国际准则制定机构在 20 世纪 90 年代及随后的日子里变得越来越重要（参见第 4 章），因此更可能成为被游说的对象。11.5 部分考察对国际会计准则委员会/国际会计准则理事会的政治游说。

游说的目标可能还包括改变准则制定机构的结构模式以及运行模式。11.6 部分考察了美国财务会计准则委员会和国际会计准则理事会在这方面所受游说的实例。

新千年也是准则制定的一个新时代，由于国际会计准则理事会的崛起，这时世界上出现了两大超级力量：国际会计准则理事会和美国财务会计准则委员会。11.7 部分将关注美国财务会计准则委员会在和国际会计准则理事会的趋同的过程中所受到的政治游说。11.8 部分提供了本章总结。

11.2　政治游说的动机

为什么报表的编制者和政府要对会计准则制定机构进行政治游说？对在主要资本市场运作的那些上市公司而言，存在着几方面的动机促使其进行政治游说，这些动机大多数都和高级管理人员所面对的压力（包括公司的收入情况及盈利状况）相关。证券分析师需对公司经理"负责"，前者公布的盈余预测能提高公司向股东发布的季度报告、半年年报和年度报告中的业绩门槛。即使公司宣布的每股盈余比预测数据只低几美分，它的股票价格也可能会受到很大的负面影响。例如网上拍卖公司易趣（eBay）宣布 2004 年第四季度的盈余比 2003 年同期高 44%，然而因为其 2004 年第四季度利润比华尔街的预期每股低了 1 美分，该公司的股价在盈余宣布日下跌了 12%。[1] 为了避免本公司股票受到这种影响，公司高层管理人员希望保留尽可能多的灵活性来"管理"盈余。由于公司的报告收入也是一个重要的市场指标，因此管理者也希望能有同样的灵活性来"管理"收入。当准则制定者建议控制这种灵活性的时候，公司管理者（即报表编制者）就会竭力抵制。[2]

---

[1] "EBay Misses Forecast a Bit, and Shares Fall", *The New York Times*, 20 January, 2005, p. C1.
[2] 有大量的实证研究文献支持公司确实在进行盈余管理的观点。例如，参见 Burgstahler 和 Dichev（1997）以及 Nelson 等人（2003），还可以参考美国证券交易委员会主席亚瑟·里维特（Arthur Levitt）的主题演讲《数字游戏》（The "Nubmers Games"）（1998 年 9 月 28 日），来源：http://www.sec.gov/news/speech/speecharchive/1998/spch220.txt。另可参见 Bruns 和 Merchant（1990）、Dechow 和 Skinner（2000）以及 Duncan（2001）。

在公司寻找机会进行恶意收购或者本身成为恶意收购的目标时，也会出现同样的管理盈余的动机，因为收购所涉及各方都希望能令目标公司的股东相信自己的盈余水平较高。20 世纪 60 年代兼并活动非常频繁，而从 20 世纪 80 年代开始直到今天兼并活动也一直都很活跃。

当存在活跃的首席执行官市场时，他们自然希望能够向外界证明他们是成功的经理人。提高一个大公司的收入和盈余，或者保持公司盈余的平稳增长，对于提高他们的声誉是非常有帮助的。此外，高级管理层也具有规划公司的收入和盈余的动力，如果准则制定机构试图减少高级管理层管理这些盈余数字的灵活性就自然会遭到他们的反对。

另外一个动机和公司高管报酬有关。从 20 世纪 80 年代开始，越来越多的高级管理层获得了大量以公司盈余和股票期权为基础的奖金。人们普遍认为，稳定的盈余记录将会提高这些股票期权的价值。如果这些高级管理人员感觉到准则制定机构将会改变会计规则，从而危及他们的这些报酬金额，他们就会强烈地抵抗这种改变。

特大型公司受到管制或者受到来自政治家的压力（例如反垄断运动），为了避免其活动受到干涉，可能也会进行政治游说以便减少其会计盈余，这样就不会引起政府不必要的关注。[①]

当公司管理者对准则制定机构的意图提出反对意见时，特别是在向立法机构或政府执行机构抱怨以获得救助时，他们当然不会以自己的利益为由。而且在立法机构那里，他们也不会就会计问题进行争辩，因为立法机构及其职员既不懂也不关心会计准则问题。这些报表编制者往往把论述的问题提到公共政策的高度，例如，他们会宣称准则制定机构提出的意见可能会抑制创业活动，或者给现有公司获得成长与发展所需的足够资本带来障碍，因为这些资本是建立在有保障的收入和盈余的基础之上的。如果银行界感觉准则制定机构给其带来了威胁，它们会指出提议的会计准则可能会带来银行系统不够稳定的形象，因此可能会限制信用能力。某个准则的执行甚至可能会迫使监管机构关闭一些银行，因为其财务报表中的资本余额低于偿债能力底线。当从公共政策的角度表达意见时，报表编制者就可能更容易获得立法机构和政府其他部门的同情。

政府也会对建议的会计准则进行政治游说。如果某个建议的会计准则会使得公司报告的盈余较低或者使盈余波动变大，这些公司可能会停止资本投资从而放弃扩展计划。这种决策的后果可能会增加失业率，甚至可能会使工厂关闭，这是政府期望不计代价都要避免的事情，尤其是当国内经济刚从萧条中恢复的时候更是如此。

从上面的讨论很容易看出，会计不过是政治象棋游戏中的一个卒子。借用体育术语，"玩游戏的方式决定了游戏怎么玩"。计分制度影响着行为。在足球赛中，如果规定踢成平局时，在比赛时间内角球数较多的那方为胜方（这种方法曾经被提出过），那么各球队将改变自己的战术以使角球机会最大化。在篮球赛中，建立三分线的规则变化促使许多球员从线外投篮。会计决定了公司游戏的计分，当会计规则发生变化时，公司的经营者将有动机去改变他们的管理行为，从而恢复或增加公司的报告

---

① 支持这一主题的证据可以参考 Watts 和 Zimmerman（1978）。

收入或盈余记录。那些准备改变公司行为的人会发现改变会计规则比试图劝说公司所有的经理人改变他们的行为要容易得多。

11.3 1990 年以前的政治游说

11.3.1 美国[①]

早在 20 世纪 40 年代，人们就开始呼吁考虑"经济后果"，甚至试图对会计准则制定机构施加政治压力。这种情况最早发生在美国，原因至少有两点：其一，美国是最早制定准则的国家之一，特别是它们当时试图减少会计实务的多样化；其二，美国有一个严格的证券市场监管机构——证券交易委员会。该组织自从 1934 年成立以来，一直采取强有力的措施确保上市公司不会偏离公认会计原则。[②] 和证券交易委员会争辩是没有用的，因为除了极特别的情况之外，它非常顽固地坚守对公认会计原则的遵循。不喜欢提议的会计准则的那些公司明白它们只能同准则制定机构作斗争。其他没有哪个国家的证券市场监管机构拥有能够确保国内会计规则得到如此严格遵循的权威和工作人员。因此，美国的会计准则制定机构总是受到困扰，因为报表编制者总是不断地提出各种要求。如果一个准则的修订将损害报表编制者的利益，就会遭到他们的反对。有时候因为经济环境发生改变，采纳新准则有利于公司报告出更好的业绩，报表编制者又会要求准则制定机构修订一个现存的准则。

1. 第二次世界大战后通货膨胀的影响（1947—1949 年）

呼吁考虑"经济后果"是从 20 世纪 40 年代开始的，那正是战后的通货膨胀时期。克莱斯勒、美国钢铁和杜邦等大量制造业公司，都希望用重置成本代替历史成本来记录会计目的的折旧费用，但是历史成本法是公认会计原则中允许的唯一方法。因为历史成本反映的是战前非常低的固定资产价格，按照历史成本计算折旧费用被认为高估了公司的盈余，而且往往高估的比例非常高。对于制造业公司而言，折旧费用是其总费用中最大的一部分。这些公司的观点是符合会计原则的，因为过去的美元成本与新的美元收入无法配比，然而美国证券交易委员会和准则制定机构坚持使用历史成本法，毫不动摇。

公司发现，高估盈余会促使积极的工会组织要求增加工资和额外福利（例如养老金），股东也会因此要求获得更多的股利。更糟糕的是，国内的新闻媒体会把大型公司描述成在本来已经很困难的通货膨胀经济中损害公众利益的奸商。准则制定机构是否应该努力减轻这些经济后果可能带来的影响呢？管理者的另外一个动机是希望促使议会批准按照重置成本法计算的折旧来计算联邦所得税，否则公司认为国家是在对资本征税。如果公司可以说服会计准则制定机构在财务报表中按照重置成本确认折旧，那么它们在促使所得税按同样方法改革方面就有希望获得成功。在这一事件中，无论是准则制定机构还是议会都没有接受公司的意见。

虽然并没有证据表明公司对准则制定者施加了政治压力，但是这是最早把会计方

希望全面理解 20 世纪 30 年代到 21 世纪美国公认会计原则的政治起源和其他解释的读者，可以参考泽夫（2005）的论文。可在《会计师期刊》（*The CPA Journal*）杂志的网络版中免费获得该论文。
② 对于证券交易委员会所发挥的作用，可以参考泽夫（2005）论文中的讨论。

法和其可能的经济后果联系在一起的事件（Zeff, 1993）。

2. 投资税收抵免的三个阶段（1962—1971 年）

早期对会计准则制定进行政治游说的最著名的案例，可能发生于 1962 年和 1971 年间。这段期间可以划分为三个阶段。1962 年，由于经济环境不景气，为了刺激资本性投资，联邦政府采纳了"投资税收抵免"（investment tax credit）政策。简单地说，税收抵免就是如果公司购买了 1 000 000 美元的机器设备，就允许公司将购买价格的 10% 抵减本年度的所得税负债。但是如何在公司财务报表中呈报这 100 000 美元呢？随即迅速产生了两个流派——"应付税款法"（flow-through method）和"递延法"（deferral method）。倡导应付税款法的人认为应当将 100 000 美元的税收抵免立刻计入盈余，这种做法受到公司的支持，因为公司想方设法要提高报告的盈余额。然而，递延法的倡议者认为公司应该通过销售而非购买来创造利润。他们认为，100 000 美元实际上应作为政府补贴处理，从购买价格中扣除。编制财务报告时，应当将净购买价格 900 000 美元作为资产的有效成本，在资产的寿命期内计提折旧。当时的会计准则制定机构是由 20 名成员组成的会计原则委员会，该委员会对于采用哪种方法的意见不统一。"八大"会计师事务所在最后投票时为 4 票对 4 票，而会计原则委员会最终以 14 票对 6 票的结果通过了递延法。在该方法下公司必须将税收抵免从资产买价中扣除。会计原则委员会勉强获得 2/3 多数票通过递延法，并拒绝了将允许立刻将税收抵免额计入盈余的方法作为可选用的方法。

公司公开反对会计原则委员会的这一决定，而且获得了约翰·肯尼迪政府的幕后支持。约翰·肯尼迪政府指出，将税收抵免额作为资产买价的减项将会减少公司的报告利润，进而减少公司进行资本性投资及扩大就业的愿望。为了宏观经济政策，政府督促证券交易委员会允许采用两种处理方法。大量的公司经理人员以及反对"八大"的其他会计师事务所也恳求证券交易委员会不要同意会计原则委员会的意见书。最终，很可能是受到来自政府的压力，证券交易委员会在 1963 年 1 月宣布允许公司采用应付税款法或递延法。证券交易委员会对之前决定的更改令会计原则委员会非常吃惊，因为证券交易委员会一直要求减少会计实务中存在差异的领域。在所得税抵免的案例中，会计原则委员会积极采取措施，费了很大周折才最终使得只有一种方法被许可，然而证券交易委员会却否决了这一决定，允许采用两种处理方法。

当时人们并不知道是政治游说促使证券交易委员会推出令人惊讶的监管措施，允许采用两种处理方法。会计原则委员会曾以为，证券交易委员会只是在哪种会计处理方式更优先方面与自己有不同的观点。最终证券交易委员会没有支持会计原则委员会的决定，令其非常尴尬。直到 1967 年（见下文）会计原则委员会才了解证券交易委员会否决其决定的真正原因。到 1964 年，整整 3/4 的大型公司都采用将所得税抵免立即计入盈余的做法。[①]

1967 年，如何对投资税收抵免进行恰当的会计处理问题有一次得到了关注。那一年会计原则委员会再次建议要求将投资税收抵免从资产的买价中扣除，这一次明显

---

① 关于此问题的全面讨论，请参考下列文献：莫尼兹（Moonitz, 1966）、凯勒和泽夫（Keller 和 Zeff, 1969, 第 417 页至第 420 页）、郝维兹和克洛德尼（Horwitz 和 Kolodny, 1982, 第 95 页至第 97 页）以及塞利格曼（Seligman, 2003, 第 424 页至第 425 页）。

得到了证券交易委员会的支持。但是，随后财政部（税收政策）助理部长公开宣布了他的观点，即"强制将投资抵免获得的利益进行递延，很可能会减弱其对更新和扩张公司的激励效力"[1]。一旦了解财政部反对会计原则委员会提议的准则，证券交易委员会立即撤回了其支持意见。从此，会计原则委员会明白了以下事实，即操纵局面的是财政部而不是证券交易委员会，这不是会计技术问题，而是一个政治问题。

这个问题于 1971 年第三次受到关注，理查德·尼克松政府提出了"工作发展信用"政策，其实就是"投资税收抵免"政策的翻版，只不过更强调提高就业率。随后会计原则委员会再次提出一个征求意见稿，建议将税收抵免从资产买价中扣除，但是财政部坚决抵制这种做法。财政部在实施工作发展信用的建议案草稿中规定，支付所得税的公司在编制提交给证券交易委员会的财务报表时，可以使用它们愿意使用的任何一种会计处理方法来处理税收抵免。议会通过了该提案，随后很快由总统批准发展为法律。该法律至今仍然有效，但是 1986 年议会将工作发展信用减少为百分之零，因此目前没有了实际效果。[2]

和所得税抵免有关的这三次事件（特别是第一次和第三次），在财经媒体上得到了大量报道，这些新闻报告和社论可能提醒了公司管理者，从政治角度对会计准则制定机构进行游说可能获得的好处。[3]

3. 企业合并（1968—1970 年）

20 世纪 60 年代末，会计原则委员会受到了来自美国企业界和政府的各方压力，这迫使其不得不发布了一个高度折中的企业合并准则。企业界强烈反对取消"权益集合法"，而这是会计原则委员会的初衷。政府认为取消该方法可能有利于减缓合并运动的势头，因为似乎当时企业合并已经失去了控制。财务经理协会（Financial Executives Institute）使得全国的媒体都充斥着对会计原则委员会的批评，其下属的公司财务报告委员会（Corporate Financial Reporting Committee）要求财务经理协会的成员：

和您的外部审计师联系，要求召开有高级合伙人参加的会议，讨论您对提议的（会计原则委员会）建议的看法，而且（公司财务报告委员会）强烈建议您想办法确定您的审计公司在这个问题上的意见。[4]

这种做法是明目张胆地对八大会计师事务所施加压力，因为八大会计师事务所都有一位合伙人在会计原则委员会任职。对八大会计师事务所而言，投票反对其主要的审计客户就意味着将来有失去该客户的风险。因为会计原则委员会无法获得 2/3 的多数票，最终的结果是原则被扔到了一边，且发布了一个有缺陷的第 16 号原则公告，在该公告中没有取消权益集合法的使用（Chatov，1975，第 13 章和第 14 章；Seligman，2003，第 419 页至第 430 页；Zeff，1972，第 212 页至第 216 页）

4. 石油勘探成本、有价证券和租赁（1971 年）

在会计原则委员会存续期间还发生了其他一些类似的政治游说事件。1971

---

① Stanley S. Surrey, letter to AICPA re exposure draft of APB Opinion on Accounting for Income Taxes, dated 7 November 1976，凯乐和泽夫的论文曾引用（1969，第 449 页）。
② 参见泽夫（1972，第 178 页至第 180 页、第 201 页至第 202 页、第 219 页至第 221 页），以及泽夫（1993）。
③ 例如参见"A matter of Principles Splits CPAs"，*Business Week*（26 Jaunary 1963），pp. 50ff。
④ 财务经理协会公司报告委员会主席，J. J. 汉根（Hangen）写给财务经理协会成员的信件，封面写着"开始行动"（ACTION），日期为 1969 年 10 月 15 日。

年该委员会就石油勘探成本、有价证券以及承租人的长期不可撤销租赁等会计处理问题召开了公众听证会。石油行业通过其影响力暂时阻止了会计原则委员会继续讨论石油勘探成本的处理方法（见下文）（Savoie，1974，第 326 页）。财产伤害保险行业反对将来自所持有价证券投资组合的不稳定的未实现持有利得和损失包括在当期利润表中，结果会计原则委员会甚至连征求意见稿都没能发布。① 将自愿签订长期不可撤销租赁资产合同（例如飞机、加油站等，承租方可以不必在资产负债表上披露租赁资产和负债）的几方联合起来，租赁行业获得了丰厚的利润。所以租赁行业极力反对会计原则委员会对这个问题进行正式的研究。资本化租赁资产和负债会对承租人的投资回报率以及负债权益比率产生负面影响，从而降低租赁合约的吸引力。为了与会计原则委员会作斗争，租赁行业发起一场邮件运动，全国各地 50 多个投票人在同一天用同样的格式写信给议会的主要成员，目的是让这些议员憎恶会计原则委员会。这些信件指出会计原则委员会有如下企图：

（1）提高直到 20 世纪 70 年代末提供给公众的电力成本，大约每年提高 5.5 亿美元。

（2）提高工业和公众的货运成本。

（3）减少有轨电车和机车的存货。

（4）提高民用飞机飞行成本。

（5）损害航空业。

（6）提高为公众提供的所有货物和服务的成本。

（7）阻止许多小型公司和成长型公司获得现代化低成本机器设备。

（8）对本国当前的国际贸易逆差有负面影响。②

信中陈述的某些问题使得所有议会成员都开始憎恶会计原则委员会。当时会计原则委员会才刚召开听证会，还没有起草任何的征求意见稿，更不要提发布这些意见稿了。但是，这些信件以及议会成员的憎恶，再加上来自运输部长的反对，最终迫使会计原则委员会放弃考虑在承租人的资产负债表上资本化租赁资产和负债这一做法。政治又一次胜利了。

5. 分部报告（1966—1967 年）

当 20 世纪 60 年代末期分部报告开始受到关注时，政治力量也同样介入过。20 世纪 60 年代，大量合并产生了公司集团、分散化经营的公司和跨国公司。合并使得这些公司的经营范围横跨多个产品类别和地理区域。这些公司反对强制披露其在全世界的主要分部的信息，其中包括收入和盈利信息。其中一个主要目的是避免向竞争对手透露其盈利能力最强的产品线或经营区域。会计原则委员会试图发布编制分部报告的强制性准则，但由于公司集团的强烈反对而未能实现。结果会计原则委员会只是发布了一个非约束性的声明。③

---

① 详细内容可参考霍恩格伦（Horngren，1973）。由于将未实现持有利得和损失计入当期损益会引起盈利波动，因此这种做法受到财产伤害保险行业的反对。此外，还可以参考萨瓦（Savoie，1974，第 326 页）。
② 参考泽夫（1985），第 24 页脚注 3，以及萨瓦（1974，第 326 页）。
③ 参见泽夫（1972，第 202 页至第 204 页）。关于这次事件中证券交易委员会的讨论，可参见塞利格曼（2003，第 430 页至第 438 页）。

6. 不良负债重组（1973—1977 年）

财务会计准则委员会自从 1973 年成立以来，也受到了政治游说的困扰。1973 年至 1974 年，纽约市由于无法向全国范围的银行偿还其长期负债而濒临破产。银行协会的领导者通过延长债务到期日和减少利息重组了纽约市的债务。财务会计准则委员会开始考虑银行如何在其财务报表上反映这些经济损失。为此财务会计准则委员会召开了听证会，试图要求银行按照市场价值反映应收贷款，这将意味着银行要在其财务报表上记录重大损失。在听证会刚开始，花旗银行（Citicorp）总裁，全国银行家领军人物沃尔特·B. 里斯顿（Walter B. Wriston）发表了一个声明，该声明令财务会计准则委员会的成员十分震惊。他的声明如下：

如果出于不良负债重组结果的考虑，持有纽约市负债的银行被要求确认债务注销，比方说本金的 25%，那么这种负债重组就不会进行。某些与其合作的银行无法承担这种损失。这不是从经济角度得出的结论，而是从银行财务报表的读者理解盈利降低的方式而得出的结论。当时一些纽约银行已经面临着巨大的盈利压力，伴随着相应资本减少的巨大额外费用支付与预期是完全无法接受的。

（泽夫，1985，第 25 页脚注 4）

财务会计准则委员会是否应该冒着使城市或公司的未来债务重组受到损害的风险，坚持要求银行在资产负债表上立即注销应收款项呢？最后，财务会计准则委员会"收回了拳头"，没有要求立刻注销应收款项。对于该委员会来说，"经济后果"显然是压倒一切的。1977 年，委员会终于发表了第 15 号公告（两票反对），该公告被认为是所发布的公告中最糟糕的一个，原因就是存在政治干预（Zeff，1993）。

7. 石油开采成本（1975—1981 年）

20 世纪 70 年代后期的一个主要政治事件可以说明石油开采成本的会计处理，如前所述，该行业已经于 1971 年成功组织了对该问题的讨论。这个问题产生的背景是 1973 年阿拉伯石油禁运（Arab Oil Embargo），美国政府需要建立一个数据库来制定全国能源政策。1975 年的《能源政策和能源保护法》（Energy Policy and Conservation Act）要求证券交易委员会为石油和天然气开采制定一个统一的会计标准。在此之前，大多数大型的石油天然气公司将未发现储量的勘探成本费用化（即成功法（successful effort）），而大多数中小型公司则将所有勘探成本资本化（即完全成本法（full costing））。证券交易委员会的任务是制定一种所有公司必须使用的方法。因为证券交易委员会只能依赖财务会计准则委员会制定准则，根据 1975 年法案的授权，证券交易委员会便委托财务会计准则委员会制定该准则。财务会计准则委员会立刻开始认真工作。财务会计准则委员会的征求意见稿于 1977 年公布，建议将成功法作为唯一的处理方法。这一立场激怒了中小型公司，它们开始游说议会通过法案，阻止财务会计准则委员会或证券交易委员会取消对完全成本法的许可。之后议会起草了一份议案，但在议会和证券交易委员会谈判之后，该议案没有获得通过（Gorton，1991，第 32 页）。这一插曲令财务会计准则委员会和证券交易委员会意识到，石油天然气行业影响财务报告准则制定的能力有多大。尽管如此，财务会计准则委员会还是发布了《财务会计准则公告第 19 号》（4 票支持，3 票反对），取消了对完全成本法的许可。

随后，证券交易委员会在华盛顿和休斯敦举行了听证会，收到了数千页的反面证词。反对《财务会计准则公告第 19 号》的公司展开了一场疯狂的运动，阻止证券交易委员会执行该准则，它们号召那些来自产油州的议员给证券交易委员会写信反对执行准则。中小型公司害怕采用成功法以后，它们的盈余每年会大幅度波动，进而导致银行和其他的资本提供者停止为其提供所需资金。司法部（Department of Justice）和联邦贸易委员会（Federal Trade Commission）也支持这些公司，它们宣称要求采用成功法将会阻碍这些公司获得资金，并且担心最终会导致中小型公司将不得不被大型公司所兼并，这会减少行业的竞争者数量。这将进一步增加行业的集中程度，与政府的反垄断政策相悖。因此它们认为应该保留对完全成本法的许可。新成立的能源部（Department of Energy）也提出了对《财务会计准则公告第 19 号》的反对，其原因和会计毫无关系：

能源部认为，如果强制要求小公司采用成功法，这些公司将会故意从事风险较小的开采活动，以消除年度盈余的波动，而能源部的政策是鼓励在未被发现石油和天然气的地方进行勘探，因此前述结果与能源部的政策相悖。

（Zeff，1993，第 138 页）

在这种高压环境下，证券交易委员会决定既不采用成功法也不采用完全成本法（这两种方法都建立在历史成本基础上），而采用建立在现值基础上的储备确认会计，要求公司在资产负债表上报告已探明的石油和天然气储量。但是随后，主要的石油天然气公司对储备确认会计的使用提出了强烈的控诉，因为在这种方法下，未实现持有利得和损失必须被纳入当期盈余。当时恰逢石油输出国组织（OPEC）正在不断提高原油价格，这种处理方法会使得这些石油天然气公司因其膨胀的盈余而受到媒体和公众的强烈批评。向消费者提供的汽油供应量受到严格限制，其价格当然也会飙升到空前的高度。消费者愤怒了。这些主要的石油天然气公司认为，现时它们会不需要报告每个季度的盈余。最终，在强烈的批评和游说的压力下，证券交易委员会授意财务会计准则委员会制定了准则，要求在附注中披露石油天然气储量的现值，该行业的所有公司再次被授权可以选择采用成功法或完全成本法（Van Riper，1994，第 4 章；Horwitz 和 Kolodny，1982，第 102 页至第 107 页；Miller 等人，1998，第 125 页至第 127 页；Zeff，1993，第 137 页至 140 页）。政治再次成为胜利者。

8. 其他离职后福利（1987—1990 年）

报表编制者们认为，如果财务会计准则委员会要求公司在资产负债表上列示所有现任和退休员工迄今未确认的健康福利成本，将会带来灾难性的后果。尽管如此，财务会计准则委员会仍然成功地在 1990 年 12 月发布了《财务会计准则公告第 106 号》，并在其中提出了这样的要求。[①] 有趣的是，这一次报表编制者没能废除所提议的准则。以前公司的健康保险成本在支付时记录为费用，而不是在雇员有效服务期间内计提。雇员和工会担心某些公司的资产负债表上将出现越来越多规模庞大的负债，这会导致公司撤消某些雇员的健康福利，或者重新谈判并签订集体协议。在《财务会计

---

① 《财务会计准则公告第 106 号》是财务会计准则委员会的主要养老金项目的组成部分，它也催生了《财务会计准则公告第 87 号——雇员养老金会计》。

准则公告第 106 号》公布的两年前，曾有报道认为这样的准则会带来这一后果，即"数据表明，公司的福利成本（在利润表中）可能会提高 3 到 6 倍，这一爆炸性增长可能会导致某些公司出现亏损"（Loomis，1988，第 108 页）。[1]《财务会计准则公告第 106 号》允许公司或者将所有非供款责任归类为"会计变更的累积影响"在采纳该准则的当期一次性注销，或者作为一项普通费用在 20 年内进行摊销。大多数采纳准则的公司选择了第一种方法，也许它们认为市场不会注意所披露的一次性非现金费用的"累积影响"。较成熟行业中的公司的资产负债表因此而受到了严重的打击。通用汽车 1991 年末的所有者权益为 270 亿美元，1992 年报告的福利费用为 208 亿美元。克莱斯勒的税后费用超过了其资产负债表上的留存收益。但财务会计准则委员会还是受到了表扬，因为它迫使公司记录了它们必须支付给员工的累积健康福利成本，从而第一次要求这些公司计算和分析用于奖励员工的福利成本。《财务会计准则公告第 106 号》提出了那句名言，即"管理你能度量的东西"（Miller *et al.*，1998，第 136 页至第 137 页；Wyatt，1990，第 108 页至第 110 页；Loomis，1988，第 106 页和第 108 页）。[2]

11.3.2　英国

从 1970 年开始，随着英国和爱尔兰第一个准则制定委员会——会计准则筹划指导委员会（Accounting Standards Steering Committee，ASSC）的成立，英国公司开始认真关注会计标准的问题。其实除了审计师之外，没有人会连续地监督公司的财务报表，并确定其是否按照公司法的要求提供了"真实公允的观点"。（第 15 章）

1. 通货膨胀会计（1971—1975 年）

在会计准则筹划指导委员会试图建立通货膨胀会计准则的时候，出现了一次典型的政治游说。当时通货膨胀问题日益引发各方关注，1971 年 8 月会计准则筹划指导委员会发布了讨论稿《通货膨胀和会计》，提出使用"现行购买力"会计观点。这意味着公司必须提供一份作为年报补充报表的按照消费物价指数变化进行调整的财务报表。随后，在 1973 年 1 月，会计准则筹划指导委员会发布了第 8 号征求意见稿，提议将这种现行购买力补充报表作为强制要求，该征求意见稿的征求意见期间为 6 个月。尽管总体上会计师事务所都赞成使用现行购买力方法，但绝大多数报表编制者所提供的意见都反对这种方法（Tweedie 和 Whittington，1984，第 64 页至第 73 页）。

1973 年 7 月，在征求意见期截止前 6 天，英国议会宣布将成立一个独立的委员会调查公司对通货膨胀所进行的会计调整，理由是"这个问题影响到了国家利益"（Tweedie 和 Whittington，1984，第 74 页）。政府的这一举动"使会计职业界颇为吃惊"（Tweedie 和 Whittington，1984，第 74 页）。它使得会计准则筹划指导委员会无法将征求意见稿转变为强制性的准则。然而 1974 年 5 月，会计准则筹划指导委员会 6 个会计团体的理事会批准了《暂定标准会计实务公告（Provisional Statement of Standard Accounting Practice，PSSAP）第 7 号》，其中包含了第 8 号征求意见稿中推荐

---

[1] 也可参考 Dankner 等人（1989）。
[2] 要了解关于"管理你能度量的东西"的案例，请参见洛温斯坦（Lowenstein，1996）。

使用的方法。该准则是临时性的，这意味着对公司或审计师都没有强制约束力，但却鼓励他们在考虑通货膨胀影响时采用现行购买力方法。政府的调查委员会于1974年1月任命。会计准则筹划指导委员会和各会计团体认为发布一个暂行的、非强制性的准则是恰当的。

有证据显示，"很多反对使用现行购买力会计的公司对政府进行了游说"（Tweedie和Whittington，1984，第76页；Rutherford，2007，第4章）。此外，政府担心现行购买力会计会使通货膨胀延续下去，同时担心现行购买力会计可能会被提倡作为公司税收的基础（Tweedie和Whittington，1984，第76页至第77页）。因此，政府认为会计准则筹划指导委员会的做法给其他一些重要的领域带来了问题。

最后，政府的调查委员会（也称为桑迪兰斯委员会（Sandilands Committee））在1975年9月发布了一个报告[1]，支持现行成本会计（主要基于重置成本），反对现行购买力会计。因此《暂定标准会计实务公告第7号》在实务中不再使用。

2. 递延所得税（1975—1978年）

1976年当英国会计准则筹划指导委员会（由会计职业团体的管理委员会（governing Councils）资助）批准发布《标准会计实务公告第11号——递延所得税会计》后，政治再次强行闯入了会计领域。该准则要求公司记录所有由应纳税所得额和会计盈余的时间性差异带来的负债。但是20世纪70年代通货膨胀相当严重，为此议会通过了两个纳税法案，对公司应纳所得税额作出了让步：对公司的许多固定资产在第一年给予100%的资本（如折旧）折让，以及对商业存货采取存货升值税额减免（一种变通的后进先出法）。通货膨胀时期的这种慷慨税收让步政策，会导致公司应纳税所得额和会计盈余产生巨大差异，为此公司必须确认金额巨大的递延所得税负债（见第9章）。由于大量负债将使公司资产负债表所显示的公司财务状况恶化，因此新准则受到实务界的强烈反对。

同时工党政府的一个部长正在倡导国有化改革。实务界认为这些所得税负债将会不断增长，永远不会减少，因此某些公司担忧政府最终将兼并公司，到时政府可能会将这些表面上的所得税负债当作公司的不利财务状况，从而压低兼并价格。从政府角度来看，政府官员也不喜欢这个准则，因为该准则会迫使公司记录金额远大于实际将发生的所得税负债额，因此使得政府给予公司的税收让步的效果大打折扣。上述所有这些都和会计问题无关，而只是反映了各方的利益需求。最后准则制定者迫于政治压力撤销了该准则，允许公司记录低水平的递延所得税负债，并在可预见的未来进行转回（Zeff，2002，第46页至第48页；Hope和Briggs，1982；Arnold和Webb，1989，第29页至第30页；Zeff，1988，第21页至第22页）。

3. 研究和开发（1977年）

在1977年发布《标准会计实务公告第13号》时，准则制定机构也曾因为一个特别的请求而面临压力。航天行业通过下述方法劝阻了准则制定者在《标准会计实务公告第13号》中使用当期处理开发费用的方法。

---

[1] 《通货膨胀会计》（*Inflation Accounting*），膨胀会计委员会（Inflation Accounting Committee）的报告，Cmnd 6225，Her Majesty's Stationery Office，London，1975。

应当允许递延确认开发费用，因为在和政府签订的合同中，允许的利润率是以耗用资本为基础进行计算的，而耗用资本包括资产负债表上列示的开发费用。因此，当期确认开发费用将减少计算出的利润。换句话说，航天行业对会计准则可能产生的经济后果感到担忧。[①]

结果，最终发布的准则并没有要求将开发费用作为当期费用处理。

4. 商誉（1987—1990 年）

在会计准则委员会（ASC）[②] 存续的最后三年，该组织曾努力试图对商誉处理的会计问题做出一些规范。1984 年发布的第 22 号标准会计实务公告对商誉处理几乎没有什么约束，大多数公司都选择直接将商誉冲减所有者权益。

会计准则委员会于 1990 年 2 月（在移交权力给会计准则理事会之前的几个月）发布了第 47 号征求意见稿，建议采用单一方法处理商誉，即在不超过 20 年的期间内摊销为费用。这一建议遭到了强烈的政治游说。实务界强烈反对摊销要求。反对性质的评论意见来自包括英国工业联合会（Confederation of British Industry）以及财务总监 100 集团（100 Group of Finance Directors）。会计准则委员会与第 47 号征求意见稿的工作小组的一位成员指出，当时会计准则委员会成员和工作小组受到了来自同行和客户的政治压力。[③] 六大会计师事务所无一例外地表示了反对意见，其中一个原因是为了避免与当前以及潜在客户形成敌对。在众多的反对声中，会计准则委员会别无选择，只能将这个没有完成的商誉项目移交给了后继者。

11.4　1990 年以后美国的政治游说

11.4.1　有价证券（1990—1993 年）

美国证券交易委员会向来反对以市场价值计量公司资产的账面价值——1990 年以前唯一的例外是 1978 年针对石油行业提出的储备确认会计。然而在 20 世纪 90 年代初，证券交易委员会主席提出有价证券应当采用市值计价（marked to market）。财务会计准则委员会灵活应对该建议，并开始着手起草按照市价来计量权益性证券的会计准则，将未实现持有利得和损失计入当期损益。通常银行会持有大量由有价证券组成的投资组合，在其监管机构的挑唆下，银行业立刻掀起了反对建立类似准则的活动。实务界担心这样的准则会使得银行利润的波动性变得无法控制，在许多人看来，银行利润的剧烈波动意味着银行系统的不稳定。财政大臣写给财务会计准则委员会的信即为政治介入：

这个建议可能会对信用制度的有效性和金融制度的稳定性产生严重的、无法预料的影响，我强烈建议财务会计准则委员会不要在这个时候采纳这样的准则……（市值会计）甚至会导致更加频繁和严重的信贷危机，因为资产价格的暂时性下跌会导

---

① 泰勒和特利（Taylor 和 Turley，1986，第 84 页）。霍普和格雷（Hope and Gray，1982）对此进行了更加详细的介绍。
② 1976 年，"会计准则筹划委员会"的名称去掉了"筹划"二字，改为"会计准则委员会"。
③ 诺比斯（1992，第 154 页脚注 9）。也可参考在拉瑟福德（Rutherford）对诺比斯的采访（2007，第 269 页）。

致银行资本立即减少，并且会不可避免导致银行借贷能力出现降低。[1]

在银行业这样的攻击之下，财务会计准则委员会感到有必要寻找一种折中方案。权益证券可以被分为"交易性"的和"可供出售"的。两者都采用市价法，但只有交易性证券的未实现持有利得和损失才计入当期损益，因为这些证券将在不久的将来出售。可供出售证券占据的份额通常大于交易性证券，前者所累积的利得和损失会计入所有者权益部分，在证券实际出售之前不会影响到利润。1993 年发布的第 115 号财务会计公告暗含了上述的这种折中方案，因此权益证券中大量的未实现利得和损失都没有计入当期损益。持有至到期的债务性证券则和以前一样，按照摊余历史成本记录（Kirk，1991；Wyatt，1991；Scott，2003，第 460 页至第 464 页）。第 16 章进一步讨论了这个问题。

11.4.2 雇员股票期权（1992—1995 年）

近来最著名的政治争议与雇员股票期权相关。因为这个问题可能会使得高级管理层的报酬计划面临危机，所以引发了空前的不满情绪。1993 年，财务会计准则委员会发布了一个征求意见稿，倡议采用基于期权定价模型对公允价值进行的估计，将雇员股票期权在当期利润表中强制费用化。以前公司在授予股票期权时根本不记录任何费用，为了避税，行权价格被设置为等于授予日的市场价格，所以这些期权没有"内在价值"。高级管理层，特别是高科技公司的高管层对财务会计准则委员会的这一建议极为愤怒。高科技公司（特别是小公司）会向其所有员工，而不仅仅是高级管理层授予股票期权。公司感到这种处理方法会使得它们的盈余受到重创。如果授予股票期权会使得公司盈余发生大幅下跌，公司股东可能就不愿意再慷慨地向雇员授予股票期权了。

当高科技公司发现财务会计准则委员会对它们的批评和反对置之不理时，它们立即求助于在议会的代表。结果议会通过的法案命令证券交易委员会不要执行财务会计准则委员会要求将股票期权费用化的准则。但同时，议会中的其他一些成员支持财务会计准则委员会的立场，提出了要求证券交易委员会执行该准则的议案。1994 年 3 月，财务会计准则委员会在硅谷举行公众听证会，结果导致了要求"阻止财务会计准则委员会"的抗议集会，充满激情的演讲者和游行乐队上演了一场狂怒的反对示威。当地媒体立刻广泛报道了这次集会。六周之后，财务会计准则委员会所制定准则的反对者召集了美国参议员，通过了一项决定性解决方案，88 票对 9 票通过督促财务会计准则委员会不要采纳该准则，因为它将"带来严重的经济后果，尤其是对那些特别依赖雇员创造能力的新兴行业……（而且）将会缩小而不是扩大雇员股票期权计划的范围"[2]。

美国著名的投资家和公司董事会成员沃伦·巴菲特（Warren Buffett）曾经为财务会计准则委员会这样辩护：

如果期权不是报酬的一种形式，那么它们是什么？如果报酬不是一种费用，那么

---

① 尼古拉斯·F. 布拉迪（Nicholas F. Brady）写给财务会计准则委员会主席丹尼斯·R. 贝里斯福德（Dennis R. Beresford）的信，时间为 1992 年 3 月 24 日。
② *Congressional Record-Senate*, 3 May 1994, p. S 5032.

它是什么？进一步说，如果费用不纳入利润的计算，那么应该在哪里计算？[1]

立场是明确了，但风险极高。1994 年 10 月，支持解决方案的一位议员游说议会提出了另外一个法案，如果该法案得到通过，将要求任何一项财务会计准则委员会的准则在实施之前都得到证券交易委员会成员的多数票表决通过。这样的法案将威胁到财务会计准则委员会的未来生存。很快，证券交易委员会主席私下劝告财务会计准则委员会要考虑国会的激烈反应，不要继续坚持其立场。之前公开声称支持财务会计准则委员会征求意见稿的这位主席在信中写道：

我警告（财务会计准则委员会），如果采纳新准则，证券交易委员会不会执行……追溯来看，是我错了。我知道如果不是我促使财务会计准则委员会投降，它是不会缴枪放弃的。我从财务会计准则委员会的利益出发，这是错误的观念，对于它被围攻时勇敢的战斗我没有能够给予支持，这可能会使得未来会计准则制定受到更多的强势公司和议会的干预。

（Levitt 和 Dwyer，2002，第 110 页）

结果财务会计准则委员会以 5 比 2 的票数通过了《财务会计准则公告第 123 号》，该准则鼓励在利润表中使用公允价值将股票期权费用化，但很少有公司采用这种方法。另外一种可选择的方法是在附注中披露股票期权费用可能对利润产生的影响。[2]

这是一个痛苦的事件，财务会计准则委员会并不打算重蹈覆辙。然而正如我们将在 11.7 部分看到的那样，2002 年到 2004 年这个过程又重新上演了一遍，当时财务会计准则委员会试图实现与《国际财务报告准则第 2 号——以股份为基础的支付》趋同的承诺。

11.4.3 企业合并和商誉（1996—2001 年）

多年来证券交易委员会的会计职员一直期望财务会计准则委员会能够解决企业合并中的"权益集合法"和"购买法"会计（见第 8 章和第 17 章）问题。他们抱怨说，他们 40% 的工作时间都花在了处理与企业合并有关的问题上。1996 年，这个问题终于纳入财务会计准则委员会的议程。经过漫长的寻证后，委员会终于在 1999 年提出了征求意见稿，建议取消作为一种可选择方法的权益集合法，并且要求将商誉和其他无形资产的摊销年限从 40 年减少为 20 年，这种做法与《国际会计准则第 22 号》（1993 年修订）趋同。这种做法导致参议院和众议院分别于 2000 年 3 月份和 5 月份在国会举行了两次听证。财务会计准则委员会的一位前任主席在一次针对财务会计准则委员会提议准则的议会听证会上指出：[3]

财务会计准则委员会往往坐在被告席上，因为听证会通常是由反对财务会计准则委员会立场的公司、行业组织或其他人所召集的，它们宣称如果财务会计准则委员会最终采纳了提议的准则，将会带来严重的经济危害。尽管有时也会邀请同情财务会计准则委员会的代表发言，但听证会往往充斥着反对者的声音。

---

[1] *Congressional Record-Senate*, 3 May 1994, p. S 5040.
[2] 对该事件的全面描述可参考泽夫（1997）、莫斯（Mozes, 1998）、米勒等人（1998，第 137 页至第 142 页），以及雷夫森等人（Revsine *et al.*, 2005，第 876 页至第 881 页）。
[3] 贝雷福德（Bereford, 2001，第 74 页）。这是从 1996 年到 2000 年来关于企业合并和商誉争论的最佳作品。也可参考泽夫（2002，第 50 页至第 51 页）。

关于企业合并和商誉的两次听证也不例外，但是财务会计准则委员会坚持其立场不动摇。2000 年 6 月，在财务会计准则委员会将征求意见稿转换成最终准则之前，来自银行、住房和城市事务委员会（Committee on Banking, Housing, and Urban Affairs）的主席，也是一位高级参议员，举行了一次"商誉会计的圆桌讨论会"。在会议上，他对财务会计准则委员会主席讲出了下面的话：

如果只观察购买时点的财务状况，我同意购买法比权益集合法更好。然而随后问题就出现了，购买法要求在未来期间通过摊销来减少商誉，但只要是成功的并购，我们都期待未来商誉价值会上升而不是下降。

这个问题就演变成，采用购买法可以得到更接近现实的数据，这是该方法的好处，但是这种好处是否会被武断地减记商誉所大量抵消呢？是否存在一个大致的方法，可以让我们定期评价商誉的价值，确定商誉价值是没有改变，还是降低了或升高了呢？[1]

2000 年 3 月，这位主席在由其所在委员会主办的听证会上表达了类似的观点。[2]

财务会计准则委员会主席离开圆桌会议回到办公室后，该委员会决定重新考虑对商誉的建议处理方法。到了 12 月，委员会得出结论认为，从原则上来看，委员会支持对商誉进行定期减值测试。[3] 因此该委员会决定发布一个修订的征求意见稿，不再要求对商誉在不超过 20 年的期间内摊销，而是要求定期对商誉进行减值测试。最终发布的《财务会计准则公告第 142 号》包括了对商誉进行定期减值测试的要求。

11.4.4　公允价值会计下银行损失的会计处理（2009 年）

2009 年 3 月 12 日，在金融服务内务委员会（House Committee on Financial Services）的一个小组委员会听证会上，主席 Paul Kanjorski（一位来自宾夕法尼亚州的民主党人）口头抨击了财务会计准则委员会主席 Robert Herz，因为在经济危机中，其委员会关于公允价值会计的准则给银行带来了所谓的负面影响。Kanjorski 威胁财务会计准则委员会主席说，如果财务会计准则委员会自己没有在未来三个星期采取确切行动以减轻这些影响的话，那么他将采取法律措施以达到同样的目的。[4] 这种压力可以媲美去年 10 月欧洲委员会施加给国际会计准则理事会的压力（见第 11.5.5 部分）。当然，它涉及了银行对金融工具会计处理的不同方面。有理由相信，美国银行界和银行监管机构将它们的意见强加给了内务委员会。

听证会之后的三个星期，财务会计准则委员会发表了两项专职立场（staff positions）公报，该公报将会对减少由银行承担的、可供出售证券的"其他非暂时性减值"所带来的损失规模产生潜在的影响，并且在决定非流动性资产的公允价值时，

① "Gramm's Statement at Roundtable Discussion of Accounting for Goodwill", News from the Senate Banking Committee (14 June 2000).
② "Prepared Statement of Chairman Phil Gramm", *Pooling Accounting*, Hearing before the Committee on Banking, Housing, and Urban Affairs, United States Senate, 106th Congress, 2nd Session (2 March 2000), p. 47.
③ 参见 "Business Combination-FASB Reaches Tentative Decisions on Accounting for Goodwill", *FASB Status Report*, No. 331 (29 December 2000), p. 1 和 "A Landmark Proposal from FASB", *The Accountant* (December 2000), p. 3. 委员会可能已经注意到英国会计准则理事会在 1997 年 12 月发布的《财务报告准则第 10 号》中要求商誉和其他有摊销年限的无形资产在不超过 20 年的期限内摊销，或者不进行摊销但要进行年度减值测试。
④ For a report on this, see Susan Pulliam and Tom McGinty, 'Congress helped banks defang key rule', *The Wall Street Journal*, (3 June 2009), pp. A1, A14.

给予银行更多的弹性，同时要求扩大（相关信息的）披露量。前一项决定以 3 比 2 的选票通过。财务会计准则委员会做出这些让步，只花费了极少的时间便通过了正当程序，立刻受到了金融媒体的批评。[①]

11.5 对国际会计准则委员会/国际会计准则理事会的政治游说

11.5.1 后进先出法的取消（1992 年）

即使在国际会计准则委员会的会计准则被许多国家采纳之前，由特殊利益所导致的游说就已经开始折磨国际会计准则理事会。这发生在 1992 年，国际会计准则委员会试图执行其发表于 1990 年的《意图声明》（*Statement of Intent*）中的一个条款，取消作为可选择处理方法的后进先出法。[②] 因为德国、意大利、日本和韩国出于所得税目的而使用后进先出法，且在这四个国家中纳税申报和财务报告是紧密联系的，所以来自这四个国家的代表反对取消后进先出法。这些国家的代表显然受到了各自国内观点的影响，即不可以作出任何改变后进先出法带来的税收利益的行为。由于这四个国家的代表的阻挠，取消后进先出法的行动失败。这一行动的失败是未曾预料到的，这使得国际会计准则委员会异常尴尬。有趣的是，虽然美国公司普遍使用后进先出法（见第 8 章），美国代表却投票支持取消该方法，原因是他们认为这不是一种恰当的会计方法。

2003 年国际会计准则理事会修订了《国际会计准则第 2 号》，作为改进项目的一部分，终于取消了后进先出法的使用。

11.5.2 以股份为基础的支付（2001 年）

2001 年国际会计准则理事会开始工作，其议程上的主题之一就是以股份为基础的支付，其中包括雇员股票期权问题。在发布征求意见稿之前，理事会事先发布了 G41[③] 对该主题的研究报告。[④] 该报告建议在雇员服务的每个报告期间，以期权在每个后续报告期末公允价值为基础，将股票期权作为当期费用处理。这一先期发布稿引发了来自 15 个欧盟主要国家的信件控诉运动。在这些信件中，公司抱怨说该建议中所包含的准则将使它们在与美国公司（运用美国公认会计原则）的竞争中处于劣势，因为美国公司不必确认这项费用，如果它们必须确认这项费用的话，它们的利润将会降低。下面是提交这些信的公司：

诺基亚公司（Nokia，芬兰）	瑞士银行（UBS，瑞士）
爱立信公司（Ericsson，瑞典）	雀巢公司（Nestlé，瑞士）

---

① See Floyd Norris, 'Banks get new leeway in valuing their assets', *The New York Times* (2 April 2009), Jack Ciesielski, 'FASB's FSP decisions: bigger than basketball?' *The AAO Weblog* (2 April 2009), and Jennifer Hughes, 'Regulator says non-US banks will miss out after accounts rule shift', *Financial Times* (3 April 2009), p. 13.

② Comparability of Financial Statements, Statement of Internt, International Accounting Standards Committee, July 1990, p. 19.

③ 见第 4 章。

④ 克鲁克（Crook, 2000）。

拜尔公司（Bayer，德国）

豪夫迈·罗氏有限公司
（F. Hoffmann-La Roche，瑞士）

戴姆勒克莱斯勒公司（DaimlerChrysler，德国）　圣戈班集团（Saint-Gobain，法国）

奥西集团（Océ，荷兰）　拉法基集团（Lafarge，法国）

飞利浦公司（Philips，荷兰）　倍耐力集团（Pirelli，意大利）

荷兰国际集团（ING，荷兰）　雷普索尔YPF公司（Repsol YPF，西班牙）

杰斐逊·斯墨菲特集团（Jefferson Smurfit，爱尔兰）

部分信件的关键段落是相同的，这说明至少一些信件是经过沟通而写成的，而且这很可能是由欧洲行业者圆桌会议组织（一个大型跨国公司的游说组织）的。它们利用提议的正在由欧洲议会审议的国际会计准则法案的一段描述作为其观点的依据（见第5章）：

（15）在国际会计准则理事会制定国际会计准则（IFRS和SIC-IFRIC）的过程中，对于其所发布文件中的立场，欧洲委员会应当考虑到使在全球市场中运营的欧洲公司避免陷入**竞争劣势**的重要性，并尽可能多地考虑会计监管委员会代表的意见。欧洲委员会要向国际会计准则理事会派驻代表。（重点强调）

尽管在国际会计准则理事会发布征求意见稿之前就受到了干预，然而理事会仍然在2004年2月成功地发布了《国际财务报告准则第2号》，要求公司将雇员股票期权的公允价值费用化。在征求意见稿阶段，公司的立场不再那么坚定，可能是因为考虑到安然和世通丑闻带来的会计滥用问题。一年之后，即2005年2月，欧盟委员会正式接受《国际财务报告准则第2号》在欧盟范围内使用。在2004年12月，美国会计准则委员会发布了《财务会计准则公告第123号》（修订版），该公告在很大程度上与《国际财务报告准则第2号》趋同，但是来自议会的政治反对阻挠了该公告在美国的生效，并最终导致阻击法案（blocking legislation）的引入（见第11.7部分）。

11.5.3　金融工具（2002—2004年）

解决金融工具确认和计量问题的《国际会计准则第39号》（2003年修订）是年轻的国际会计准则理事会自成立以来主要的政治战场。《国际会计准则第39号》的最初版本由国际会计准则委员会于1998年12月颁布，该准则是其"核心准则"系列中的最后一个准则，而核心准则系列于2001年5月最终被证券委员会国际组织接受。尽管相对而言，当时国际会计准则只对世界上很少国家的会计准则产生影响，然而国际会计准则委员会仍是花费了很多精力才实现了内部对该准则的统一认识。直到2000年6月，欧洲委员会才建议在欧洲上市的公司按照国际会计准则编制其2005年的合并报表，而在2002年6月，欧洲议会才通过相关法规强制要求遵照国际会计准则编制报表。

2001年，欧洲委员会鼓励欧洲民间组织建立一个机构来从技术层面审核国际财务报告准则的正确性。该机构迅速成立，并命名为欧洲财务报告咨询小组。随后它又成立了一个技术专家小组（Technical Expert Group，TEG），该小组成员由欧洲国家的会计专家组成。技术专家小组对国际会计准则理事会的征求意见稿提出评论意见，并且向欧洲委员会提出国际财务报告准则技术属性方面的建议。为了保证委员会能够获得来自"政治"层面的建议，欧盟规则还要求建立一个由欧盟成员国政府代表组成的会计监管委员会。技术专家小组的建议同时也提送给会计监管委员会。是否在欧盟范围内采纳国际财务报告准则，进而是否使这些准则接受欧盟规则的规范的最终决定由会计监管委员会作出。

修订后的《国际会计准则第 39 号》是对国际会计准则理事会、欧洲财务报告咨询小组以及欧洲委员会这种新型关系的第一次严肃考验。该准则也是第一个面临欧洲报表编制者如此激烈反对的准则，它使得重要的欧洲报表编制者对欧洲议会持续施加压力，要求限制采纳该准则。国际会计准则理事会试图调和这种反对，但未能成功。① 反对主要涉及以下两个方面：对某些负债采用的完全公允价值，以及对套期会计使用的限制（这将阻止银行对其核心贷款投资组合进行套期）。最强烈的反对声音（尤其是来自法国银行的反对声音）指出，该准则将会使公司的盈利波动性高到无法接受的程度，从而迫使公司以不利的方式改变其风险管理方法。对银行负债的低估，特别是采用高利率进行折现，将反映出银行信贷能力虚弱。此外，欧洲委员会认为该准则对公允价值的全面使用违反了欧盟对公司会计《第四号指令》中的一个条款。除非是因为委员会可以提出一个程序来修改相应的指令，这一说法是有问题的。

到 2003 年 7 月，来自法国的反对声一浪超过一浪，终于达到了极点。雅克·希拉克（Jacques Chirac）总统写信给欧洲委员会主席罗马诺·普罗迪（Romano Prodi），指出国际会计准则理事会所提议的有关金融工具的准则可能会"对金融稳定性产生灾难性后果"。② 欧洲中央银行（Central Bank）和银行监管机构巴塞尔委员会（Basel Committee）也担心可能会导致表面波动性的准则。

从技术专家小组的角度来看，他们建议接受《国际会计准则第 39 号》，但是投票时却非常奇怪，出现 5 票支持和 6 票反对的结果。技术专家小组的规则是只有在超过 2/3 的成员投票反对时才拒绝接受提议的会计准则。2004 年 10 月，会计监管委员会建议接受《国际会计准则第 39 号》，但是要"去掉全面公允价值和对核心贷款进行投资组合套期的条款"。③ 结果是同年 11 月，欧洲委员会在排除了上述两方面的条款后宣布部分采纳《国际会计准则第 39 号》。④ 2005 年 6 月，面对众多批评，国际会计准则理事会对《国际会计准则第 39 号》的公允价值选择方面进行了修订，这使得欧洲委员会取消了对该主题的"排除"。但是对核心贷款的套期会计的"排除"仍然存在。

国际会计准则理事会面对的困境之一是，如果它完全接受来自欧洲的反对意见，那么以它们的观点看来，它们所发布的准则就不再是以原则为导向的。对国际会计准则理事会来说，与美国会计准则委员会进行趋同是至关重要的，但是美国会计准则委

---

① 2004 年 3 月，国际会计准则理事会发布了修订后的《国际会计准则第 39 号》，"对利率风险套期投资组合的公允价值套期会计"，但是这并没能改善反对者对该准则的态度。

② 引用于 "IAS Unstoppable"，*Global Risk Regulator Newsletter*（July/August 2003），http：//www. globalriskregulator. com/archive/JulyAugest2003-19. html。在该新闻中包含了这段引文，虽然对法语 "Nefaste" 的英文翻译可能偏负面，但 "灾难" 一词是比较好的翻译。

③ "EU Accounting Regulatory Opinion on IAS 39"（19 November 2004），IP/04/1385，http：//www. iasplus. com/europe/0410arcopinion. pdf.

④ "Accounting Standard：Commission Endorses IAS 39"，新闻稿，http：//www. iasplus. com. europe/0411ecia39pr. pdf.

员会主席说得很清楚，美国只与高质量的会计准则进行趋同。① 此外，上述的"排除"也是美国证券交易委员会的会计职员所关注的问题之一，② 他们一直鼓励消除美国财务会计准则委员会和国际会计准则理事会各自高质量准则之间的差异。证券交易委员会和国际会计准则理事会都希望，未来的某一天，可以取消证券交易委员会对外国注册公司的以下要求，即按照美国公认会计原则对公司财务报告进行会计调整。但这种情况只会在证券交易委员会认为美国公认会计原则和国际财务报告准则已经在较高的质量水平上趋同时才会发生。

现在问题上升到了世界上其他国家的准则制定者或监管者是否也会步欧洲委员会之后尘，即在未来国内出现对国际财务报告准则的反对声音时，通过"排除"被反对的内容来满足国内需求。尽管欧洲委员会否认其对《国际会计准则第 39 号》的"排除"行为会构成一个先例，然而它在未来的国际财务报告准则中仍可能会采取类似的行动。③

11.5.4 经营分部（2006—2007 年）

2006 年，国际会计准则理事会发布了一个新准则，即《国际财务报告准则第 8 号》，代替关于分部报告的《国际会计准则第 14 号》。《国际财务报告准则第 8 号》与美国经营分部的披露准则比较相似，这也是国际会计准则理事会的目标之一。

欧洲财务报告咨询小组给出了同意采纳的建议，欧盟委员会也支持采纳。然而反对采纳的运动最终导致欧洲议会采取了行动。为了解决这个问题，对该准则的采纳延期到了 2007 年 11 月。具体细节参见第 19 章。

11.5.5 证券投资的再分类（2008 年）

一个真正的危机出现在 2008 年 10 月，它源于世界金融危机早期阶段的股市大幅下滑。许多法国金融机构将其持有的债务证券列为"交易性（金融资产）"，意图避免在即将发布于 9 月 30 日的季报中列报其发生的巨额亏损。在法国政府的强力支持下，他们敦促欧洲委员会向国际会计准则理事会施压以促使其批准一项规定。该项规定允许将其持有的投资重新分类为"持有至到期"（回溯到证券的价格高于其账面价值时），以避免在即将结束的季度必须列报损失。在 10 月 6 日至 12 日这一个星期中，欧洲委员会胁迫国际会计准则理事会说，除非国际会计准则理事会允许该项规定，否则它将丧失在欧盟制定准则的专权。对国际会计准则理事会来说，这种压力是巨大的，就仿佛一只手枪顶在它的头上。在短时间内，国际会计准则理事会赋予了国际会计准则委员会基金会受托人凌驾于其正当程序之上的特别权力，并且在 10 月 13 日星期一，国际会计准则理事会以两票反对、多数保留意见（即弃权）的投票结果，批

---

① 可参考如 "US Watchdog Warns Europe: European Opposition to Derivatives Rules May Hinder Agreement on Global Accounting", *Financial Times*, 25 August 2003。

② 在 2007 年 3 月 8 日的讲演中，证券交易委员会委员罗埃尔·坎波斯（Roel Campos）抱怨说证券交易委员会在 2005 年只收到了 40 份按照国际财务报告准则编制的外国公司财务报表。证券交易委员会本来预计会收到 300 份。在其他 260 份报告中，欧盟公司的审计师被要求作出公司财务报表公允地按照欧盟所采纳的国际财务报告准则进行编报的陈述。即使"排除"并不适用于除银行之外的其他公司，审计师和公司也很少确认财务报表是按照国际会计准则理事会发布的国际财务报告准则所编制的。参见 http://www.sec.gov/news/speech/2007/spch030807rcc.htm。

③ "IAS 39 Financial Instruments: Recognition and Measurement - Frequently Asked Questions (FAQ)" (19 November 2004), MEMO/04/265, http://www.iasplus.com/europe/0411ecias39faq.pdf。

准了对《国际会计准则第 39 号》的修订，使"重分类"可行，并且此分类可以回溯到 2008 年 7 月 1 日。同时，《国际财务报告准则第 7 号》（有关金融工具的披露）也进行了修订。不到两天，欧洲委员会就认可了该修订案，这是有史以来最快的认可。尽管这样一个重分类在美国公认会计原则下已经可行，但国际会计准则理事会在此之前是不允许这样的。然而，国际会计准则理事会受到的政治压力使其做出了改变。没有正常的公开发布的过程，这是前所未有的，也引发了各种各样的批评。尤其是在美国，各种批评的焦点是，国际会计准则理事会在对付自我利益的游说方面的无能。最后，显然只有少数金融机构实行了可以回溯的重分类。又是法国再次提出了抗议，并且这种抗议又一次解决了金融工具的会计问题。①

11.6 报表编制者试图控制会计准则制定者

11.6.1 美国

仅仅在特定会计问题上与财务会计准则委员会抵抗还不能满足报表编制者的要求。从 1985 年开始，他们采取了一系列步骤试图"驾驭"财务会计准则委员会。1985 年，财务经理人协会（Financial Executives Institute，FEI）促使财务会计准则委员会的 7 个成员吸纳了两个报表编制者，从而结束了原来委员会中只有唯一的一个财务分析师代表的状况。1988 年，由 200 多个大型美国上市公司和银行的首席执行官组成的企业圆桌会议（Business Roundtable）给证券交易委员会施加压力，要求与之合作建立一个董事会来监督财务会计准则委员会的工作。该董事会将对财务会计准则委员会议程进行实际控制，有权拒绝任何财务会计准则委员会已经批准的会计准则。证券交易委员会主席坚决地拒绝了这个建议，指出财务会计准则委员会是由证券交易委员会来监管的。然后，在 1990 年，很可能是受到了报表编制者游说团体的鼓励，承担任命财务会计准则委员会成员和筹集资金任务的财务会计基金会受托人，改变了财务会计准则委员会在批准准则时的最低投票规则，从原来的 4∶3 改变为 5∶2，表面上延缓了理事会的工作进度。②

1996 年爆发了一次重大的对抗。在财务会计准则委员会刚刚批准了和雇员股票期权相关的《财务会计准则公告第 123 号》之后就受到来自议会的政治攻击（见第 11.4 部分）。财务经理人协会主席向其在财务会计基金会的受托人主席表达了采取进一步行动的强烈愿望，希望将财务会计准则委员会纳入到报表编制者的控制之下。这使得证券交易委员会主席采取行动保护财务会计基金会受托人理事会的独立性。他坚持主张由财务会计基金会理事会任命 4 位代表公众利益的受托人，而在此之前，所有的受托人都是由财务会计基金会发起组织任命的，其中一个发起组织就是财务经理人协会。一开始，财务会计基金会拒绝了这一要求，但随后证券交易委员会主席威胁说

---

① For news reports on this episode, see 'Fair value rules mav be eased to head off EU threat'. *Financial Times*, 13 October 2008. p. 20; 'Fair value accounting rules eased', *Financial Times*, 14 October 2008, pd. 18; 'EU regulators back emergency change to bank accounting rules', *Financial Times*, 16 October 2008, p. 15; and 'Meltdown at the IASB?' *World Accounting Report*, Novernber 2008, pp. 2 - 3. For criticism of the lack of due process leading up to the Board's decision, see 'National standard-setters protest'. *World Accounting Report*, December 2008/January 2009, p. 4.
② 2000 年受托人将投票规则再次恢复到 4∶3 的简单多数票原则。

如果不这样做，证券交易委员会将不再支持财务会计准则委员会。最后财务会计基金会任命了 4 位证券交易委员会主席所熟知的新受托人，从而将财务会计基金会理事会的规模从 14 人扩大为 16 人。

上述的几次干预，以及我们没有提及的其他干预说明美国报表编制者团体多么厌恶财务会计准则委员会干预它们的财务事务。[①]

11.6.2　国际会计准则理事会

《国际会计准则第 39 号》事件（见 11.5.3）的结果之一是欧洲报表编制者团体向欧洲财务报告咨询小组施加压力，要求其扩展职能和使命，以便能够在未来国际财务报告准则中考虑欧洲公司的自身利益。因此欧洲财务报告咨询小组冒险超越了其纯粹会计领域的范围，进入到政治和经济领域。2004 年 4 月，欧洲财务报告咨询小组发布的政策声明指出，为了符合扩大的权利范围，"欧洲财务报告咨询小组在对主要问题发表意见时，需要考虑给其他利益相关者带来的经济、法律和实务影响……其中一些问题可能会引发政治争论……"提议的国际财务报告准则将"在早期阶段就以'欧洲公共利益'为背景进行全面讨论"。[②] 因此，政治影响成为了欧洲财务报告咨询小组考虑因素中很重要的一个组成部分。通过这种方式，欧洲实务界可以从"政治"角度与欧洲财务报告咨询小组以及欧洲委员会进行对话。

从 2003 年开始，作为国际会计准则理事会监督人的国际会计准则委员会基金会受托人对其章程和工作程序进行了复核。欧洲实业界和欧洲委员会一直在督促国际会计准则理事会改善其咨询程序，这意味着使报表编制团体更乐于接受批评性观点。欧洲实务界和欧洲委员会希望看到受托人和国际会计准则理事会中有更多来自采纳国际财务报告准则的国家的代表和较少的来自美国的代表，因为美国没有使用国际财务报告准则。他们成功地劝说受托人放宽了作为国际会计准则理事会成员的"技术专家"标准，该标准要求理事会成员必须具备"职业能力和实务经验"，这样理事会的"象牙塔"意味就会变得少一些。受托人还对理事会 14 位成员的投票规则由简单多数原则改为 9 : 5 的投票规则。欧洲委员会和欧洲财务报告咨询小组希望能使用 10 : 4 票，而且希望理事会有两个以上的兼职理事会成员。[③] 这些改革（从 1995 年 7 月 1 日生效）可能会让某些人联想到美国报表编制者试图控制财务会计准则委员会。但是，准则制定机构必须被受其决策影响的人看作是公平、公开的仲裁者。

继欧洲议会的两位委员提出批评的三年之后，国际会计准则委员会基金会受托人建议成立一个由国际公共部门机构组成的监管集团（Monitoring Group），其职责是监督受托人的业绩，包括监督在有空缺时新的受托人的指派过程。欧洲议会的委员们声称一个民间部门机构，例如国际会计准则理事会，是不可以制定欧盟法律的——将其

---

① 对于 1985 年到 1996 年期间财务报表编制者团体采取行动的具体细节，可以参考米勒等人（1998，第 179 页至第 193 页），以及范里普尔（Van Riper，1994，第 8 章）。
② "The Enhancement of the Role and Working Process of EFRAG"（28 January 2004），http：//www.iasplus.com/efrag/0404enhancement.pdf.
③ 受托人对章程修改建议的全文可以在国际会计准则理事会网站上下载。对该修改建议的小结可以在 IASPLUS（2004 年 11 月 23 日）的网站上获取。对于欧洲委员会最近对章程修改的督促，可以参考亚历山大·肖布（Alexander Schaub，内部市场和服务总指挥）于 2005 年 3 月 7 日写给汤姆·塞登斯藤（Tom Seidenstein，国际会计准则基金会主任）的信。基金会 2003 年发布征求意见稿后所收到的评论意见信可以在国际会计准则网站上获取。

准则强加于欧盟的企业——除非它可以对具有国际地位的公共部门常设机构负责。一个"监管理事会"（Monitoring Board），其名字就可反映出其比"集团"的职责更重，成立于2009年2月1日，其最初的成员由欧洲委员会、美国证券交易委员会、日本金融服务代理机构和国际证券委员会组织的成员构成。如果有的话，监管理事会将会如何影响国际会计准则理事会的组成和工作，这还有待观察。

除了回应来自欧盟及欧盟之外的政治上的有力批评之外，国际会计准则委员会基金会还在2009年前期决定设立国际会计准则理事会成员的地区配额制度。本来，国际会计准则理事会的组成和运作程序是参照财务会计准则委员会模式的，但显然出于对国际准则制定者政治和专业上的可信度的要求，包括对准则接受程度的要求，理事会成员还应该能够代表各个地区。到2012年，受托人会将理事会成员的人数由14名增加到16名，最多可有3名兼职成员。理事会成员的地区分配将会如下：欧洲4名，北美4名，亚洲/大洋洲4名，非洲和南美各1名和来自任何地域的2名，以达到地区上的总体均衡。根据这些成员的新的资格标准，理事会可能只会有专职成员，这一点亦将遭受一些批评性争议，即专职成员会有与会计实践之"真实世界"失去联系的风险。在这种批评的观点中，如果受托人恢复对兼职理事会成员的配额就不足为奇了。

11.7 在美国财务会计准则委员会和国际会计准则理事会趋同中的政治游说

雇员股票期权：第二轮（2002—2005年）

2002年，美国关于雇员股票期权的准则有了两个新发展。安然的破产和世通被曝光舞弊之后，实业界面临着巨大压力，它们需要采取措施重塑公众和股东的信任。那些未能将股票期权公允价值费用化的公司成为滥用会计准则的一个案例。结果如上所述，公司对费用的不当处理使得财务会计准则委员会发布了《财务会计原则公告第123号》。该准则发布于1995年，但实际上少有公司真正地选择遵循这一准则，而多数公司都选择在附注中披露该费用可能会对盈余产生的影响。在沃伦·巴菲特（Warren Buffett）的努力下，包括可口可乐、美国邮局和通用电气在内的几大公司于2002年宣布它们将在以后的利润表中记录股票期权费用。这种处理方法符合媒体和股东的心意，之后迫于压力，其他公司也不得不追随几大公司采用相同的方法记录股票期权费用。这一态势蔓延迅速，到2004年底的时候，超过825家公司宣布使用这种处理方法，其中120家公司的股票是被广泛分散持有的，包含在标准普尔500指数中。但相对于在证券交易委员会注册的14 000家公司而言，这仍然只是很少的一部分。

2002年取得的另外一个进展是财务会计准则委员会发布了对《财务会计准则公告第123号》修订的征求意见稿，该修订稿是国际会计准则理事会刚刚发布的以股份为基础的支付准则征求意见稿的翻版（见第11.5部分）。这一举动是财务会计准则委员会在履行其将与国际财务报告准则趋同的承诺。财务会计准则委员会清楚地知道这将再一次掀起对雇员股票期权问题进行攻击的政治风暴。2004年3月，财务会计准则委员会发布了一个征求意见稿，倡议要求在利润表内按照股票期权公允价值确认费用，这和 1993 年发布的征求意见稿非常相似（见第 11.4 部分）。新发布的征求意见稿最终收到了超过 14 000 份的评论意见。①

主要在高科技公司的推动下，议会成员迅速对《股票期权会计改革法案》（Stock Option Accounting Reform Act）（HR 3574）提案达成一致支持意见。该法案的目的是为了严格限制财务会计准则委员会任何与征求意见稿相关的准则的应用。在该法案下，对股票期权公允价值的法定费用化处理只局限于公司首席执行官和其他 4 位薪酬最高的管理者所获得的期权。由于高科技公司往往将股票期权授予其所有员工，因此该法案可以看作是对这些公司的主要让步。该法案还规定，在使用期权定价模型来估计期权公允价值时，波动性应当为零，这违反基本的财务知识。众议院以 312 票对 111 票通过了该法案，这说明了该法案得到了来自众多党派的广泛支持。然而，许多重要的参议员都公开表示反对干预财务会计准则委员会。在 2004 年 12 月第 108 次国会休会的时候，参议院仍然在商议一个同伴法案（S. 1890）。

尽管如此，财务会计准则委员会在 2004 年 12 月一致通过了《财务会计准则公告第 123 号》（修订稿），但是生效日期被推迟到 2005 年 6 月 15 日，因为证券交易委员会认为 2004 年末上市公司为了执行 2002 年《萨班斯—奥克斯利法案》所要求的内部控制法案已经疲惫不堪。2005 年 4 月，证券交易委员会再次推迟了该修订稿的生效时间，允许大多数公司在 6 个月后再执行。

2005 年 2 月，以前议会中支持 HR 3574 法案的那些人再次向众议院提出了一个新的阻击法案，即《广泛基础股票期权计划透明法案》（Broad-Based Stock Option Plan Transparency Act）（HR 913）。② 该法案要求证券交易委员会改善财务报表附注中对股票期权的披露，包括其对每股盈余稀释的影响。三年后，证券交易委员会必须向议会报告改善披露后的效果。在这三年没有结束之前，证券交易委员会不得将《财务会计准则公告第 123 号》作为公认会计原则的组成部分。该法案的目的很明确，即从源头上阻止财务会计准则委员会的准则得到应用。

但是由于两个关键参议员的坚决反对，众议院法案没有被通过，财务会计准则委员会的准则在 2006 年开始生效。尽管如此，但是明显因受到公司游说而在众议院中产生的类似行动还会在其他方面（例如租赁）上演。政治游说是阻碍会计准则国际趋同的潜在威胁。

11.8 一些结论

在 20 世纪 90 年代以前，美国证券交易委员会是唯一保证公认会计原则得到严格执行的证券市场监管者。20 世纪 90 年代以后，特别是进入 21 世纪之后，其他国家也加强了准则执行机构的建设。但无论是欧洲还是其他地方，执行水平和行为的一致性仍然不够稳定，部分原因可能是缺少资金预算以及立法支持。此外，每个国家的法律传统也有差异。但是一旦准则制定者处于高水平且监管者也有高的质量，那么准则不仅能潜在地帮助改善公司报告的质量，而且来自报表编制者的持续政治游说还能弱

---

① 基于股份的支付，《财务会计准则公告第 123 号》（2004 年修订版）（FASB, 2004 年 12 月），第 C23 段。
② 众议院商业交易的完整信息请参见 http://thomas.loc.gov。

化准则的作用或使准则作出妥协。至少这会使准则更加具体，例如增加一些段落说明特殊情况、豁免情况、例外情况以及进行澄清，其目的就是与那些给准则制定者施加压力的方面进行调和。

谁能否认政治游说是每个国家以及国际会计准则制定者所面临的现实问题呢？随着所涉及利益的增加，对不利变化的政治反对自然就会增长。到达一定程度后，报表编制者就会成为准则制定者的反对力量，准则制定者会被看成践踏了报表编制者的权利。要学习准则制定过程，就需要注意在这个过程中存在的政治游说现象。

小结

- 政治游说通常是来自公司或政府的对准则制定者的压力，它通常能带来特定提议准则的技术价值或执行成本之外的争论。

- 游说者的动机包括希望收益看起来更高、更低或具有较小的波动性。政府的游说动机主要是希望保证各种经济活动从会计的角度来看是有积极结果的。

- 在1990年之前，针对美国会计准则制定机构的游说包括重置成本折旧、投资税收抵免、企业合并、石油开发成本、有价证券、租赁、分部报告、债务重组和离职后福利问题。

- 英国政治游说的例子包括通货膨胀（政府被牵涉在内）、递延所得税、研究开发和商誉。

- 从1990年开始，美国游说者的目标涉及有价证券、股票期权和商誉，其中两个是以前曾经被游说过的。

- 随着国际会计准则委员会/国际会计准则理事会地位的日益提高，对该组织的游说也越来越多，例如涉及后进先出法、以股份为基础的支付和金融工具的游说。

- 报表编制者还曾试图控制财务会计准则委员会，后来也曾试图控制国际会计准则理事会。

- 在美国财务会计准则委员会试图与国际会计准则理事会趋同的时候，以股份为基础的支付再次成为美国政治游说的主要话题。

参考文献

Arnold, A. J. and Webb, B. J. (1989) *The Financial Reporting and Policy Effects of Partial Deferred Tax Accounting*, The Institute of Chartered Accountants in England and Wales, London.

Beresford, D. R. (2001) 'Congress looks at accounting for business combinations', *Accounting Horizons*, March, pp. 73-86.

Bruns, W. J. Jr. and Merchant, K. A. (1990) 'The dangerous morality of managing earnings', *Management Accounting* (US), August, pp. 22-5.

Burgstahler, D. and Dichev, I. (1997) 'Earnings management to avoid earnings decreases and losses', *Journal of Accounting and Economics*, pp. 99-126.

Chatov, R. (1975) *Corporate Financial Reporting: Public or Private Control?*, The Free Press, New York, Chapters 13 and 14.

Crandall, R. H. (1983) 'Government intervention-the PIP grant accounting controversy', *Cost and Management*, September-October, pp. 55-9; reproduced in *Accounting Horizons*, September 1988, pp. 110-16.

Crook, K. (2000) *Accounting for Share-Based Payment*, Financial Accounting Series, No. 211-A, FASB, July.

Dankner, H. , Bald, B. S. , Akresh, M. S. , Bertko, J. M. and Wodarczyk, J. M. (1989) *Retiree Health Benefits*: *Field Test of the FASB Proposal*, Financial Executives Research Foundation, Morristown, NJ.

Dechow, P. M. and Skinner, D. J. (2000) 'Earnings management: reconciling the views of accounting academics, practitioners, and regulators', *Accounting Horizons*, June, pp. 235-50.

Duncan, J. R. (2001) 'Twenty pressures to manage earnings', *CPA Journal*, July, pp. 32-7.

Gorton, D. E. (1991) 'The SEC decision not to support SFAS 19: a case study of the effect of lobbying on standard setting', *Accounting Horizons*, March, pp. 29-41.

Hope, T. and Briggs, J. (1982) 'Accounting policy making-some lessons from the deferred taxation debate', *Accounting and Business Research*, Spring, pp. 83-96.

Hope, T. and Gray, R. (1982) 'Power and policy making: the development of an Rand D standard', *Journal of Business Finance and Accounting*, Winter, pp. 531-58.

Horngren, C. T. (1973) 'The marketing of accounting standards', *Journal of Accountancy*, October, pp. 63-4.

Horwitz, B. and Kolodny, R. (1982) *Financial Reporting Rules and Corporate Decisions*: *A Study of Public Policy*, JAI Press Inc. , Greenwich, CT.

Keller, T. F. and Zeff, S. A. (eds) (1969) *Financial Accounting Theory II*: *Issues and Controversies*, McGraw-Hill Book Company, New York, pp. 417-20.

Kirk, D. J. (1991) 'Competitive disadvantage and mark-to-market accounting', *Accounting Horizons*, June, pp. 98-106.

Levitt, A. with Dwyer, P. (2002) *Take on the Street*, Pantheon Books, New York.

Loomis, C. J. (1988) 'Will "FASBEE" pinch your bottom line?' *Fortune*, 19 December.

Lowenstein, L. (1996) 'Financial transparency and corporate governance: you manage what you measure', *Columbia Law Review*, June, pp. 1345-52.

Miller, P. B. W. , Redding, R. J. and Bahnson, P. R. (1998) *The FASB*: *The People*, *the Process*, *and the Politics*, fourth edn, Irwin/McGraw-Hill, Burr Ridge, IL.

Moonitz, M. (1966) 'Some reflections on the investment credit experience', *Journal of Accounting Research*, Spring, pp. 47-61.

Mozes, H. A. (1998) 'The FASB's conceptual framework and political support: the lesson from employee stock options', *Abacus*, September, pp. 141-61.

Nelson, M. W. , Elliott, J. A. and Tarpley, R. L. (2003) 'How are earnings managed? Examples from auditors', *Accounting Horizons*, Supplement, pp. 17-35.

Nobes, C. (1992) 'A political history of goodwill in the U. K. : an illustration of cyclical

258

stand ard setting', *Abacus*, September, pp. 142–67.

Ordelheide, D. (1993) 'True and fair view: a European and a German perspective', *European Accounting Review*, No. 1, pp. 81–90.

Revsine, L., Collins, D. W. and Johnson, W. B. (2005) *Financial Reporting and Analysis*, third edn, Pearson Prentice Hall, Upper Saddle River, NJ, pp. 876–81.

Rutherford, B. (2007) *Financial Reporting in the UK: A History of the Accounting Standards Committee 1969–1990*, Routledge, London.

Savoie, L. M. (1974) 'Accounting attitudes', in R. R. Sterling(ed.), *Institutional Issues in Public Accounting*, Scholars Book Co. , Lawrence, KS.

Scott, W. R. (2003) *Financial Accounting Theory*, third edn, Prentice Hall, Toronto.

Seligman, J. (2003) *The Transformation of Wall Street: A History of the Securities and Exchange Commission and Modern Corporate Finance*, third edn, Aspen Publishers, New York, pp. 424–5.

Sutton, T. G. (1984) 'Lobbying of accounting standard-setting bodies in the U. K. and the U. S. A. : a Downsian analysis', *Accounting, Organizations and Society*, Vol. 9, No. 1, pp. 81–95.

Swinson, C. (2004) 'When politics and financial reporting don't mix', *Accountancy*, September, p. 28.

Taylor, P. and Turley, S. (1986) *The Regulation of Accounting*, Basil Blackwell, Oxford.

Tricks, H. and Hargreaves, D. (2004) 'Accounting watchdog sees trouble', *Financial Times*, 10 November, p. 19.

Tweedie, D. and Whittington, G. (1984) *The Debate on Inflation Accounting*, Cambridge University Press, Cambridge.

Van Riper, R. (1994) *Setting Standards for Financial Reporting: FASB and the Struggle for Control of a Critical Process*, Quorum Books, Westport, CT.

Von Wysocki, K. (1984) 'The Fourth Directive and Germany', in S. J. Gray and A. G. Coenenberg (eds), *EEC Harmonisation: Implementation and Impact of the Fourth Directive*, North-Holland, Amsterdam.

Watts, R. L. and Zimmerman, J. L. (1978) 'Towards a positive theory of the determination of accounting standards', *Accounting Review*, January, pp. 112–34.

Wyatt, A. (1990) 'OPEB Costs: The FASB establishes accountability', *Accounting Horizons*, March, pp. 108–10.

Wyatt, A. (1991) 'The SEC says: mark to market!' *Accounting Horizons*, March, pp. 80–4.

Zeff, S. A. (1972) *Forging Accounting Principles in Five Countries: A History and an Analysis of Trends*, Stipes Publishing Co. , Champaign, IL.

Zeff, S. A. (1978) 'The rise of "economic consequences"', *Journal of Accountancy*, December, p. 56.

Zeff, S. A. (1985) 'The rise of "economic consequences"', the unabridged version reproduced in T. F. Keller and S. A. Zeff (eds), *Financial Accounting Theory: Issues and*

Controversies McGraw-Hilk, New York.

Zeff, S. A. (1988) ' Setting accounting standards: some lessons from the US experience', *The Accountant's Magazine*, January, pp. 21-2.

Zeff, S. A. (1993) 'The politics of accounting standards', *Economia Aziendale* (monthly review of the Accademia Italiana di Economia Aziendale), August, pp. 130-32.

Zeff, S. A. (1995) ' A perspective on the U. S. public/private sector approach to the regulation of financial reporting', *Accounting Horizons*, March, pp. 52-70.

Zeff, S. A. (1997) 'The US senate votes on accounting for employee stock options', in S. A. Zeff and B. G. Dharan, *Readings & Notes on Financial Accounting*, fifth edn, McGraw-Hill, New York, pp. 507-17.

Zeff, S. A. (2002) ' "Political" lobbying on proposed standards: a challenge to the IASC', *Accounting Horizons*, March, pp. 46-8.

Zeff, S. A. (2005) 'The evolution of US GAAP: the political forces behind professional standards', *CPA Journal*, January, pp. 18-27, and February, pp. 18-29.

Zeff, S. A. and Johansson, Sven-Erik (1984) 'The curious accounting treatment of the Swedish government loan to Uddeholm', *Accounting Review*, April, pp. 342-50.

实用网址

www. asb. org. uk

www. europa. eu. int

www. efrag. org

www. fasb. org

www. fei. org

www. iasb. org

www. sec. gov

课后问题

书末提供带星号问题的参考答案。

11.1* 解释对准则制定者进行政治游说的各种动机。

11.2* 举例说明对美国准则制定者进行的政治游说,解释为什么这些游说与是否采纳了正确的技术解决方案无关。

11.3 为什么可以预期美国政治游说的案例会比其他国家的多?

11.4 举例说明针对国际会计准则委员会/国际会计准则理事会的政治游说,说明这些游说是如何逐年增加的,以及其原因是什么。

11.5 讨论下述观点:给予报表编制者在准则制定过程中更多的话语权就可以减少而且将会减少政治游说。

11.6 准则制定者独立于政府部门和会计职业界的程度是否影响其受到政治游说的数量?

11.7 讨论概念框架在抵制政治游说中发挥的作用。

第三部分　欧洲和东亚的会计协调与转轨

第 12 章　欧洲的会计协调和转轨

罗伯特·帕克

内容

目标

读完本章后您应当能够

- 解释为什么欧盟要对财务报告进行协调。
- 概括欧盟第四号指令的内容及其作用。
- 比较欧盟与国际会计准则理事会的协调化进程和成就。
- 解释中欧和东欧国家的财务报告如何对其经济转轨作出反应。
- 概括中欧和东欧国家在应用国际财务报告准则时遇到的问题。

12.1　引言

本书的第三部分将考察欧洲（本章）和东亚（第 13 章）这两大区域的会计协调和转轨情况。这两个区域的会计实践都受到了国际协调的显著影响，但同时地区或国家特征仍然影响着许多公司（或者所有公司）的财务报告和会计问题。

欧洲财务报告的演进历史非常好地证明了会计规则和会计实务是如何受到政治和经济变化影响的。欧洲的政治版图包括两类：欧盟成员国和前苏联解体后的多个国家。但是自从 2004 年第二类国家中的 8 个被接受加入欧盟以后，这两种分类开始有所重叠。本章我们首先讨论这些政治变化对欧盟会计协调化进程的影响，随后讨论中欧和东欧在转轨经济下的财务报告问题，其中包括已经纳入欧盟范围的（例如波兰和捷克共和国）以及欧盟范围以外的国家（主要是俄罗斯联邦）。

在 12.2 节我们将考察从 20 世纪 60 年代开始欧盟在会计协调方面所作的努力。这些努力到今天仍然有影响，因为某些原因，目前大多数欧盟国家的法律仍然强制执行或选择执行这些指令，尤其是在编制目的是计算应税收益和可分配利润的非合并财务报表方面。第 5 章已经介绍了欧盟上市企业合并报表使用国际财务报告准则的相关问题。第 12.3 节我们将考察 20 世纪 90 年代东欧国家从社会主义会计向资本主义会计转轨的过程。

12.2　欧盟内部的会计协调

12.2.1　欧盟协调的理由和遇到的障碍

根据 1957 年的罗马条约，欧洲经济共同体（于 1993 年 11 月 1 日发展为欧盟）于 1958 年成立。当时的 6 个创始国为法国、德国、意大利和三个经济联盟国（比利时、荷兰和卢森堡）。1973 年英国、爱尔兰和丹麦加入，1981 年希腊加入，1986 年葡萄牙和西班牙加入，1995 年奥地利、芬兰和瑞典加入，2004 年塞浦路斯、捷克共和国、爱沙尼亚、匈牙利、拉脱维亚、立陶宛、马耳他、波兰、斯洛伐克和斯洛文尼亚加入，2007 年保加利亚和罗马尼亚加入。目前欧盟人口数量已经接近 5 个亿。从会计角度以及许多其他角度来看，早些年欧盟受到了法国和联邦德国的主导。1973年英国和爱尔兰的加入为财务报告引入了英美观点。其他国家的加入对协调指令和法规没有产生很大影响，但是某些成员国在执行这些指令和规则方面存在困难。关于加入欧盟的程序，特别是与会计和审计相关的问题，可参考戴和泰勒（Day and Taylor，2005）的著作。

会计和财务报告的协调动力最初来自罗马条约。该条约的目标包括建立人员、货物与服务和资本的自由流动。这涉及消除关税，向第三国征收共同关税并建立允许协调经济政策的程序。1970 年的公共产业政策将该条约进一步具体化，号召创造统一的商业环境，包括统一的公司法、税收的协调，以及创造共同的资本市场。

公司、股东和其他利益相关者的跨越国界活动需要在整个欧盟范围内受到保护。为了实现这些目标并鼓励资本流动，欧盟各国的公司必须创造一种可靠的、同质的财务信息流。此外，如果欧盟内不同国家的公司以相同形式存在，而且互相竞争，则这些公司应该遵守同样的法律和税收政策。

与财务报告和公司法协调的障碍有关的问题已经在 4.2 部分进行了讨论。在此尤其重要的问题是，欧盟各成员国之间在会计制度的目的与环境上存在根本性差异。其中有传统的法兰西—德国的债权人/保密体系与英美—荷兰的投资者/披露体系的差异，还有法律/税收基础的规则和职业界制定的准则之间的差异。这些大量的差异导致各国会计职业的规模和力量有很大的不同。法兰西—德国体系国家会计职业团体的规模较小且力量较弱，这成为其向英美—荷兰体系会计和审计靠拢的障碍（见第 2章）。

12.2.2 到 12.2.5 部分详细阐述了在 20 世纪 60 年代、70 年代和 80 年代，缓慢而卓有成效的财务报告和审计的协调是如何随着欧盟的扩张而逐步实现的。在 20 世纪 90 年代欧洲议会的工作重心转移到金融服务方面，1999 年发布了金融服务行动计划（Financial Services Action Plan，FSAP），2001 年试运行了拉姆法鲁西（Lamfalussy）报告，并在同年成立了欧洲证券监管委员会。

12.2.2 指令和规则

欧盟试图通过颁发指令和制定规则两种主要手段来协调公司法和会计实务。指令必须体现在各成员国的法律之中，而规则无须通过各成员国立法便可以成为欧盟成员国普遍遵守的法则。针对公司规章（company law）和影响公司会计之金融服务（financial services）的指令和规范（Directives and Regulations）列于表 12—1 中，该表也对指令和规范的覆盖范畴进行了简单描述。2002 年出台的规范，规范 IFRS 的应用问题，已在第 5 章进行了阐述。与公司规章最相关的指令是第四号和第七号（《第七号指令》的阐述见第 17 章）。在简要介绍了制定指令和规范的流程之后，我们将详细地讨论《第四号指令》。

表 12—1   有关公司会计的指令和规则

关于公司法的指令	采纳日期	英国法律	主题
第一号	1968	1972	越权规则（Ultra vires rules）
第二号	1976	1980	股份有限公司的拆分、最低资本额、分配
第三号	1978	1987	兼并
第四号*	1978	1981	会计的格式与规则
第五号	—	—	公司的结构、管理和审计公司
第六号	1982	1987	反兼并
第七号	1983	1989	合并会计
第八号	1983、2006	1989、2006	法定审计
第十号			股份有限公司的国际兼并
第十一号	1989	1992	分公司的披露
第十二号	1989	1992	单一成员公司
账户现代化	2003	2006	第 4 和第 7 延伸工具的现代化和更新
透明度	2004	2006	欧盟资本市场的透明度
接管	2005	2006	欧盟境内跨国界接管
规则			
欧洲经济体利益集团	1985	—	跨国合资企业的企业形式
国际准则	2002	—	运用国际财务报告准则及其认可机制
欧洲公司（Societas Europaes）	2004		遵守欧盟法律的欧洲公司

注：* 银行和保险公司指令的特别条款分别于 1986 年和 1991 年被采纳。

首先，欧洲委员会（欧盟常设的法定机构）确定研究项目并任命专家准备一份报告。就《第四号指令》来说就是 1967 年的埃尔蒙多弗报告（Elmendorff Report）。然后要准备一份草案或讨论文件。委员会的工作组对该文件进行研究并发布指令草案，该指令草案将提交至欧洲议会（直接选举产生并拥有规定权力的机构）并由经济与社会委员会（由雇员、雇主及其他成员组成的顾问机构）对其进行评论。之后将修改后的计划提交给部长理事会（Council of Ministers）的工作组。该理事会由每一个欧盟国家的有关部长组成，它将决定指令或计划是否被采纳。就一项指令而言，成员国被要求介绍某一特定期间的本国法律，尽管经常超越这些法律，正如以下所要讨论的《第四号指令》。表 12—1 以英国为例，介绍了英国执行这些指令和法规的时间。对制定会计指令过程的分析可参见迪戈尔和诺比斯（Diggle and Nobes, 1994）的研究。

12.2.3 《第四号指令》

任何指令对某一特定国家的确切影响将取决于该国立法通过的法律。例如，在《第四号指令》中有数十条条款都以这样的表述开始："成员国可以要求或允许公司……"这种弹性要求使得指令对每个国家的影响存在差异（见第 16 章）。然而我们似乎有必要了解指令的总体状况和使它采取这种最终形式的过程。

《第四号指令》（EC 委员会，1978）适用于所有欧盟国家的股份有限公司和股份不公开公司。它的条款涉及计价规则、公开的财务报表的格式和披露要求，但它不包括合并问题（合并问题在《第七号指令》中规定）。《第四号指令》初稿于 1971 年发布，这是在 1973 年英国、爱尔兰和丹麦加入欧盟或向会计学者联合会（*Groupe d'Etudes*）（参见下面的解释）派驻代表之前。这个初稿深受德国公司法的影响，尤其受到 1965 年（联邦德国）的股份有限公司和《股份法》的影响，因此计价规则很保守，报表格式有严格、详细的规定，附注披露非常有限且财务报表必须遵从指令中的条款。

由于英国和爱尔兰对欧洲委员会、欧洲议会和会计学者联合会造成了一定的影响，1974 年发布的草案经过了较多修改。该草案引入了"真实和公允的观点"。1974 年草案的另一个变化是为财务列报提供了一定的灵活性。这种影响将继续发挥作用，直到最终颁布指令时"真实和公允"被确立为财务报表编制中的支配性原则（条款 2，第 2 段至第 5 段）。此外，英国的《标准会计实务公告第 2 号》的四个原则（权责发生制原则、谨慎原则、一致性原则和持续经营原则）比 1974 年草案规定地更为明确（条款 31）。对"真实和公允观点"的解释以及此观点对各个国家的影响一直被广泛地讨论（如 Alexander, 1993；Ordelheide, 1993；Nobes, 1993；Aisbitt 和 Nobes, 2001）。

对财务报表中的项目进行更多的重新编排以及概括填报也成为可能（条款 4）。1974 年的草案也比 1971 年的草案要求更多的附注，最终的指令要求的附注比 1974 年的草案更多（条款 43 至 46）。英美—荷兰会计师要求关注的另外一些事项是税制对法兰西—德国会计的影响。1974 年的草案将税制影响作为额外披露的要求包括在最终的指令中（条款 30 和 35）。

尽管该指令要求建立在历史成本的基础上，但成员国可能允许或要求采用某种通货膨胀会计。最终的指令在这方面的规定比 1974 年的草案更加详细（条款 33）。为了进一步融合英美—荷兰会计的意见，欧盟成立了"联络委员会"（Contact Committee）并安排了国家公务员。这是为了回应对指令的批评，这些批评认为指令使得法律不能灵活地适应变化中的形势和变化中的态度。该委员会关注执行这个指令所产生的实际问题并作出修改的建议（条款 52）。《第四号指令》应当于 1980 年 7 月前在成员国颁布，并于 1982 年 1 月前生效。如我们可以在表 12—2 中看到的那样，没有国家遵守前一个日期（表中包括了 2004 年年初新加入欧盟的国家所适用的执行日期）。

表 12—2 　　　　　　　　　　　**将会计指令作为法律执行**

	第四号	第七号
丹麦	1981	1990
英国	1981	1989
法国	1983	1985
荷兰	1983	1988
卢森堡	1984	1988
比利时	1985	1990
德国	1985	1985
爱尔兰	1986	1992
希腊	1986	1987
西班牙	1989	1989
葡萄牙	1989	1991
奥地利*	1990	1990
意大利	1991	1991
芬兰*	1992	1992
瑞典	1995	1995
挪威**	1998	1998

注：*为能全面付诸实施，对这些法律进行一些修改是必要的。

**欧洲经济区域的成员国之一，而不是欧盟的成员国。

对英国、爱尔兰和荷兰来说，《第四号指令》引起的变化包括强制性的格式和详细的估价要求（Nobes，1983）。在其他国家，"真实和公允观点"是作为一个至高无上的要求被引进的，它在额外披露的要求、报表发布与审计的广度方面对绝大多数公司来说是重要的（见第 15 章）。

显然，《第四号指令》没有使资产估价、报表格式和披露的完全标准化成为必然的法律结果。然而协调的效果还很明显的。其他几个国家（如瑞士和波兰）对受到指令强烈影响的部分作了法律方面的修改，这在一些情况下是为成为欧盟成员作准备。欧盟以外的欧洲经济区域的成员（如挪威）也被要求执行该指令。

在估价方面，那些赞成对价格变化作出调整的国家（如一个极端荷兰）和那些反对这样处理的国家（如另一个极端德国）之间达成了一个并不严格的折中协议，即成员国可以采用不同的重估价模式。但有一个要求，即必须列示被调整数据和历史成本数据之间的差异。

很自然的，欧洲职业会计师团体也对协调产生了兴趣，并建立了监管和影响协调进程的机构（见第4.4部分）。目前最重要的机构是欧洲会计师联合会，该机构的作用是向欧洲委员会提供关于《公司法》和会计协调方面的建议。作为欧洲会计师联合会的前身之一的会计学者联合会于20世纪70年代接受了"真实公允"观点，并且认为需要编制合并报表。这可能在帮助欧洲委员会接受这些观点方面发挥了作用。

1990年，欧盟成立了准则制定机构欧洲论坛（Forum of European），该论坛对指令尚未涉及的问题进行了讨论，如租赁会计和外币折算。然而，论坛也清楚地表明出台更多的指令是不可能的，因为它不过是一个讨论小组。欧洲论坛于2001年解散。如前所述，欧盟于1995年开始公开支持国际会计准则委员会（见第4章以及Gornik-Tomaszewski，2005）。

从1978年起采用的《第四号指令》在2001年进行了第一次较大范围的修改。修改后的指令规定允许公司采用《国际会计准则第39号》的公允计价要求（见第6章），这样欧洲的公司就可以同时遵守指令和国际会计准则了。该指令于2003年接受了进一步的修改，允许更广泛地运用公允价值，并消除所有其他与国际会计准则理事会的标准不一致的规定。这和欧盟要求一些公司直接使用国际财务报告准则是两个不同的问题。

在2009年（《第四号指令》）有两大发展。首先，作为试图减轻公司负担的一部分，委员会（the Commission）出台了《第四号指令》的修改草案。该修改草案允许委员会成员国免除大部分企业受《第四号指令》要求的约束。这些企业是指少于或等于10名雇员的"小型企业（micros）"（详细信息见第14.5部分）。其次，与此相关的，为便于着手制定基础指令从而将更多的大型公司或上市公司纳入《第四号指令》的限制范围内，委员会发布了一份征求意见稿文件，该文件提出要求重新制定《第四号指令》。

12.2.4 欧洲公司和欧洲经济利益集团

表12—1中的规则之一与一种全新的公司形式相关，这种公司将注册为欧盟公司并将遵守欧盟的法律。这种公司将被称为欧洲公司（Societas Europaea，SE）。然而，尽管委员会对此不断地施加压力，此事进展一直非常缓慢，部分原因可能是成员国不愿失去对其公司运作方面的主权，还有一部分原因是成员国发现很难在员工参与董事会这一公司结构问题上达成协议。该规则最终于2004年被采纳。2007年，委员会开始讨论建立欧洲私有公司法（European Private Company Statute）的问题。一些大型欧洲企业已经成为SEs，最为著名的是总公司设在德国的跨国公司，如Allianz和BASF。

比较容易达成一致的建议是以合资企业的组织形式组成欧盟公司。有关"欧洲经济利益集团"（European Economic Interest Grouping，EEIG）的法规是以法国的公司形式——经济利益集团（groupement d'intérêt économique）为基础的。它所提供的是一种比欧洲公司规模更小、存在时间更短的公司组织。集团中的各成员是自主的盈利实体，而集团本身只是用于提供联合的便利或使某一特定目的的合并成为可能（McGee and Wetherill，1989）。

12.2.5 其他指令

《第二号指令》涉及与股权资本相关的许多问题以及股份有限公司与非股份有限

公司之间的差异问题（Nobes，1983）。《第七号指令》涉及合并会计的内容，这将在第 17 章中讨论。

《第八号指令》与原先的草案完全不同，因为原先的草案会极大地影响培训方式和会计师的工作范围，尤其对英国的影响会更大，而目前这一指令的主要目的是要决定在某些会计师数量较少的国家（如丹麦和德国）中由谁来审计财务报表。关于审计师独立性及审计事务所的内容也发生了一些改变（例如，见 Evans 和 Nobes，1998a 和 1998b）。

由于安然事件和其他一些财务丑闻的发生，美国和世界上其他国家对法律作出了一些调整。2006 年，欧盟也批准了一个新修订的指令。该指令特别要求成员国建立审计监管机构，建立职业道德和独立性的规则，要求在法定审计中使用欧盟所采纳的国际审计准则，要求涉及公共利益的团体建立审计委员会，并且披露审计公司的透明度报告。在第 10.4.1 部分和第 21.3.2 部分对该指令进行了进一步的讨论。

欧盟采纳了金融服务指令，其中对欧盟资本市场透明度（2004）和跨国并购（2005）进行了特别要求。

12.2.6　研究结论

第 4 章提到过的一些经验研究，采用各种衡量协调的方法来研究欧洲的会计差异。研究发现欧盟内部并不那么协调或协调化。关于欧盟实施协调化之后，英国和法国情况的进一步实证研究是由沃尔顿（Walton，1992）完成的，在一个有关会计计量问题的案例研究中，他发现协调的证据极少。帕克（Parker，1996）检验了英国与法国之间财务报表附注在形式上的协调。他发现两国的附注仍然有许多不同情况，但法国的附注已经向英国附注方面扩展。

12.3　中欧和东欧的转轨

12.3.1　引言

本部分将综合考察大量原先受前苏联影响的欧洲国家和地区的财务报告，其中包括前苏联的加盟共和国（俄罗斯、乌克兰、白俄罗斯、摩尔多瓦、爱沙尼亚、拉脱维亚、立陶宛）以及波兰、捷克共和国、斯洛伐克、匈牙利、罗马尼亚、保加利亚、阿尔巴尼亚、塞尔维亚、克罗地亚、波斯尼亚、斯洛文尼亚和马其顿王国。如前所述，其中的 10 个国家已经在 2004 年或 2007 年加入欧盟。在加入欧盟时这些国家的人均国内生产总值都远低于欧盟 15 国的平均水平。作为欧盟成员国，它们承诺将要求其上市公司按照国际财务报告准则编制其财务报表。渴望加入欧盟的国家（如克罗地亚）预期将修改其法律，即使是那些没有这种渴望的国家（如俄罗斯）也受到了欧盟的影响。然而财务报告和会计实务并不能仅仅通过采纳欧盟法律和实务来改革，正如我们看到的，它们本身就不是完全协调的。

这些转轨市场经济中的公司原先依赖政府的资金资助，现在则需要通过非政府的渠道进行筹资，包括采用负债和权益的方式。在这些国家中（特别是因高通货膨胀而缺乏个人存款的国家），负债，尤其是银行贷款可能比权益更重要，这意味着它们的会计法规偏向于保护债权人。另一方面，为了吸引海外投资，这些国家可能有必要建立以英美概念为基础的财务报告体系。公司若想通过国际代理商筹资，可能必须按被认可的国际格式披露会计信息，并且经过被认可的国际审计公司的审计。虽然"资本主义"会计（无论是英美式还是欧洲大陆式）并未被强加给这些国家，但它在不同的程度上仍是一个需要适应当地情况的"舶来品"。现在声称二者的适应可能会多么成功尚为时过早，特别是会计法规的变化并不一定就伴随着会计实务的变化。

从前苏联解体并失去对中东欧的影响力以来，所出现的众多事件已从多方面充分证明中东欧地区在政治、经济文化方面的差异之多不亚于西欧地区。正如反映在其他领域中一样，这些差异也清楚地体现在财务报告中。我们既不可能也没必要详细地考察每个国家，因为它们的法律、法规一直都处于迅速变化之中。原先的德意志民主共和国是个特殊的例子。该国的商业企业目前不得不遵守前德意志联邦共和国制定的会计法规（见第16章）。然而，正如本书别处所述，统一后的经济压力促使主要的德国公司对财务报告进行改革（Young，1999）。

与英美国家财务报告的发展相比，中东欧地区财务报告的发展曾被多次打断，但是没有一个国家可以完全脱离过去，这些国家财务报告所受到的影响不仅来自社会主义之前的时期，也来自社会主义时期。

12.3.2 前社会主义国家的会计

东欧和中欧的前社会主义国家（不包括两次世界大战之间作为前苏联一部分的那些国家）会计，以及奥地利会计（Nowotny 和 Gruber，1995）都与德国会计有许多共性。由于缺少成熟的股权资本市场，会计实务重点放在了债权人保护及征税上，而且偏好于使用主要基于20世纪20年代德国人休马伦巴哈（Schmalenbach）的开创性成果——国家会计科目表。休马伦巴哈的科目表是为市场经济设置的，但是也可以用于计划经济（如20世纪30年代的纳粹德国和20世纪40年代的维希法国（见第15章）），以及指令经济（如20世纪20年代的苏联）。许多被占领的中东欧国家都被迫在第二次世界大战期间采用德国的会计科目表，然后在战后采用苏联的会计科目表（Richard，1995a）。当时这些国家的商业交易由基于德国模式的《商法》来规范，而《商法》又是建立在法国《拿破仑法典》的基础上的。

例如，波兰在两次世界大战期间经济发展非常缓慢，而且充斥着政府干预。工业融资由国有及私人银行主宰，相关的会计、审计和公司法规都包含在1934年的《商法》中，而该部商法深受德国法典的影响。波兰会计师协会（Accountants Association in Poland，AAP）成立于1907年，但是该协会对会计规则的影响很微弱，而且会计师职业也不强大，不成系统。当时的波兰不存在全国性的会计科目表。20世纪30年代波兰会计实践发生了一些改进，这些改进源于税务当局的压力。在被德国占领期间（1939—1944年），波兰实行的是统一的德国会计总体规划（German General Plan of Accounts）。

12.3.3 指令经济下的社会主义国家会计

尽管在诸如匈牙利和波兰这样的国家甚至在1989年之前就已经由于经济改革和

民主化而采用了更具适用性和灵活性的会计实践，但是数十年来中东欧社会主义国家的会计实践与西欧国家的会计实践存在非常大的区别，而且也缺少很多内容（Bailey，1988）。在缺少私有企业和市场主导价格的情况下，这样的区别是无法避免的。在传统的社会主义国家的指令经济下，会计系统的主要目的就是提供财务数据（通常以数量而非金额表示）供更高层做预算使用。这种会计制度基本上不强调在市场经济中至关重要的问责制。在问责制下，经理由股东任命，控制企业的所有资源，而股东仅承担有限责任以鼓励其进行投资。在指令经济中并不存在"公允呈报"或"真实和公允"的概念。因此，财务报告就具有"层级性"而非"横向性"，即财务报告沿着行政架构向上传递，而不是横向传递到市场中。

指令经济下的会计实践相对层次较低，不具有灵活性，也不会反映出市场创新。例如，整个东欧所使用的苏联会计系统大部分只是一个簿记工作，并且在所有的国有企业中都强制实行。由于会计实践变得过于标准化、简单化和常规化，其职能已经退化到了仅仅涉及簿记的程度，因此当时编撰了苏联式的国家会计科目表。

指令经济会计的性质严重阻碍了其向后社会主义会计的转变。在这样的社会中，成型的会计和审计职业不会发展。以 Bailey 的话来说，会计从业者倾向于是"守旧和重重规则下的官僚主义的人格化形象"（1988 年，12 页）。例如，在社会主义时期的匈牙利，会计就被认为是技术含量非常低的技工，无法吸引到优秀的年轻人才（Borda，2001 年，1536 页）。

在波兰实行社会主义规则和中央计划经济的时期（1944—1989 年），会计实践的重要性被削弱，它仅由一套非常具体的基于苏联式国家会计科目表的财务规则组成（尽管会计科目表会时不时进行调整）。当时在波兰不存在独立的会计职业，也没有为会计实践提供创新的空间。会计成为了中央经济管理的一种工具，其执行方式就是强制所有企业使用统一的会计体系。

12.3.4　向市场经济转变所面临的问题

在指令性经济下，生产工具为国有制，政府控制经济，经济活动根据政府指令进行。相反，在市场经济体制下，生产工具主要为私有制，政府制定法律框架，经济活动在此框架内依照市场力量的指示进行。自从社会体制转型之后，中东欧国家开始在意识形态和实务两方面从计划经济向市场经济转变。显然这种转变将对会计产生重要影响，会计不再是政府经济管理的手段之一，相反，它成为商业组织支配的工具（Bailey，1995）。

每个国家转轨的进程都大不相同。年度宏观经济评估可参考欧洲重建和发展银行（European Bank for Reconstruction and Development）的《转型报告》（*Transition Reports*）。阿斯伦德（Aslund，2002）从 6 个方面总结了这些国家的成功，其中包括结构调整、通货膨胀控制、私有化、经济增长、腐败控制（可能这是与会计和审计最相关的一个方面）和民主政治。他的调查结果是，能给 6 个满分的国家只有爱沙尼亚和匈牙利。唯有这两个国家的腐败分数比透明度国际指数（Transparency International Index）中西欧国家的最低分要少。

从计划经济向市场经济转变的过程中，这些国家严重缺少熟练的会计和审计人员。会计职业界难以成为改进会计准则和会计实务的主角，于是这一重任便落到了不受信任的政府机构身上。财政部在改革后的会计法规中获得主导地位。这不仅反映了财政部在政府指导的经济计划中扮演的角色，也反映了其所具有的作为征税机关和收税机关的功能，而且在许多国家，为遵守欧盟指令财政部还会成为会计改革的立法机关。财政部在债权人和纳税保护国家（如法国、德国和日本）中也占据主导地位（见第2章）。

每个国家在实行会计转变的过程中不但可以利用它们在社会主义之前和社会主义时期的会计经验，而且还可以借鉴国外的法规和惯例，尤其是欧盟（许多中东欧国家于2004年或2007年加入了该组织，还有许多国家渴望加入该组织）、欧盟成员国以及国际会计准则理事会的准则惯例。国外的丰富经验（它们可能曾令东欧会计人员感到惊讶）并未使这种转变变得更为容易，因为欧盟内部的会计惯例也存在差异（即使在所有上市公司的合并报表都采纳了国际财务报告准则之后也是如此），同时国际会计准则在理念上承袭的是英美模式而非欧洲大陆模式。

吸取国内的在社会主义之前的经验和利用国外的非社会主义的资源有利亦有弊。社会主义之前的惯例和法规也许是针对特定的国家制定的，但它可能早已过时。来自外国的惯例或许先进得多，但它可能具有不必要的复杂性，并且还可能是一项"不适用的技术"。

无须惊讶的是，绝大多数的新法律都保留了旧法律的某些方面，尤其是在缺乏合格的会计人员以及会计对征税非常重要的情况下。在缺乏资本市场且政府能够提供贷款的国家中，后一种情况更为常见。这不仅意味着会计簿记和会计科目表具有重要的地位，它还意味着这些国家和德国一样，其会计法规能够管制所有类型的公司，而不仅仅管制有限责任公司。

在实务中，历时的和外部的资源均会被利用。第二次世界大战之前的《公司法》和《商法》已经被大量恢复。这些法律最初以德国法律为基础并与欧盟指令并不相斥。与发达的欧盟成员国一样，许多前社会主义国家正将欧盟指令写入法律之中。然而，国际会计准则委员会和四大国际会计师事务所（这些公司已进入这些地区，并迅速扩张，参见Kirsch等人，2000）的影响为这些国家带来了更多的英美会计理念。这种情况并非绝对不利，因为这些国家和以前的德国不一样，它们并无足够的经济实力能让其仅有的几个大公司免除向国际资本市场筹资的需要。进一步来说，外国投资者可能更愿意将其决策建立在由国际会计师事务所重新编制的非强制性的财务报表，而非法定财务报表之上（Bailey and Alexander，2001a）。独立的公司审计在东欧国家是新兴的概念，国际四大会计师事务所已经成功地获得了这些国家内最大型公司的审计工作。对本地会计师的需求通过按照英美会计技术培训本国的会计师来满足，这一目标部分地通过允许本地会计师取得英国特许注册会计师协会的职业资格来实现，部分地通过将会计教材翻译为当地语言来实现（Sucher和Zelenka，1998，第730页至731页；Focus，2000）。

计划经济中不需要外部审计和审计师的独立性，而且在转轨经济中，即使相关法律和法规已经建立，这些因素也无法得到迅速的培育，其中原因很多（Sucher and Kosmala-MacLullich，2004a，2004b）。审计师团体已经建立起来，但其内部充斥着在计划经济而非市场经济的文化和程序下成长和培养起来的会计师。此外，审计师独立性可能会受到多方面的威胁（例如审计师就客户进行的竞争、法律惩罚对税法的偏离），却不提供对投资者的保护。同时，审计师的独立性还受到客户公司的极度脆弱性的影响，这些公司一旦收到保留意见审计报告就会破产。在某些国家（例如捷克共和国）审计失败被广泛宣传。捷克人第一次在国际会计词汇中使用"隧道效应"（tunnelling）来描述作为公司控制人的经理为了自身利益，将公司资产和利润进行转移（如同通过地下隧道一样）的行为（Johnson 等人，2000）。

不同的前社会主义国家具有不同的选择，这种选择受到政治因素和技术手段的影响。在波兰，关于银行和保险机构重组、开始私有化进程以及在华沙举行第一次股票交易的法案于 1989 年和 1991 年通过。在两次世界大战间隔期间制定的《破产法》也开始生效。《个人所得税法》和《公司所得税法》分别于 1991 年和 1992 通过。随着私有化的开始，1934 年的《商法》又被重新启用。国有企业的私有化进展缓慢，部分是因为成立于 1991 年的负责监管股票市场的证券委员会（仿效美国证券委员会）制定的标准模糊不清。一部规定"大规模私有化"的法律于 1994 年通过，根据这部法律，500 个中型企业被划入政府设立的 15 个国家投资基金（National Investment Funds，NIFs）之中。国家投资基金是公司的主要所有者。所有成年的波兰公民都获得一份可转换成国家投资基金股份的"全民"股权证明书（OECD，1996，附录 4）。所有权的转变也可通过其他方式完成，但剩余的国有主体总数仍然很庞大（OECD，2000，第 20 页，附录 5）。2008 年初期，华沙证券交易所大约 350 家国内上市公司中大多数都由国际会计师事务所进行审计。

1991 年 1 月，波兰财政部颁发了一部适用于除金融机构之外所有公司的《会计法令》（Accounting Decree）。该法案由于缺乏法律效力以及坚持无益的统一性而被强烈批评（Jaruga，1993）。1994 年《会计法令》被《会计法案》（Accounting Act）所取代，之后《会计法案》于 2000 年再次被大规模修订（Reczek and Lachowski，2002）。

《会计法案》将第四号和第七号欧盟指令都考虑在内，即要求公司进行"真实公允"地呈报，这意味着会计规则正式（但在实务中并非一定如此）优先于税法要求。在实务中，公司按照法律要求遵守真实公允的规定，同时也遵守税收规则（Kosmala-MacLullich，2003）。真实公允这个概念被当成是要遵守的规则，而并没有深入考虑这个词背后所蕴含的深刻含义（Kosmala，2005）。1995 年财政部颁发了一条专门针对合并报表的法令。

波兰会计行业一个重大的创举是纳税报告和财务报告的正式分离，同时还伴随了"递延税款"这一概念的引入（但其实务尚未普及）。递延所得税负债是必须计提的，而递延所得税资产则是可以计提的。另外，对谨慎性原则的强调和现金流量表的引入也很重要。

1994 年《会计法案》并未规定采用强制性的统一会计科目表，但经济主体必须制订自己的会计计划。1995 年，波兰会计师协会设计并发布了一份可自由选用的标准会计科目表（Jaruga and Szychta，1997）。

影响审计和会计准则实施的最主要问题是缺乏可靠并有经验的审计师队伍。尽管如此，却很少有关于审计失败的报道（Sucher and Kosmala-MacLullich，2004b）。有关波兰审计进一步的详细资料可参见克莱兹瓦德等人（Krzywda *et al.*，1998）和施洛德（Schroeder，1999）的著作。

波兰的计量规定自第二共和国以来就深受所得税条款的影响。1994 年《会计法案》削弱了二者的联系，但是所得税条款的重要地位仍不容忽视，因为波兰的会计人员缺乏不依据税法规定编制财务报告的经验（Jaruga *et al.*，1996）。从纳税目的而不是财务报告本身出发，折旧率和折旧方法（包括鼓励投资的加速折旧法）、存货的计价方法以及坏账和存疑债务准备金在很大程度上都由财政部制定的法规决定，对单个公司来说几乎没有选择的余地。

《商法》要求股份有限公司计提法定公积金，但只包括极少的披露要求。《会计法案》已填补了这一空白，它采纳了欧盟《第四号指令》的财务报表格式。在亚鲁加和施洛德（Jaruga and Schroeder，2001）的著作中用波兰语和英语将这些格式重新表述了一遍。他们还对法案中关于对外公布的财务报表的内容和格式、资产计价和收益计量的条款进行了总结。然而，某些计划经济下的报告惯例仍然被保留下来，例如《会计法案》对"非常项目"的定义包括坏账和存疑债务、废弃项目的成本等内容（Krzywda 等人，1996，第 78 页）。

波兰财政部建立了一个会计准则委员会作为其下属组织，其成员包括来自学术界、大型跨国审计公司、国内审计公司、证券委员会、全国专业审计师公会、会计师协会和国内银行的代表。会计准则委员会致力于制定可实施的全国会计准则，以此作为对《会计法案》的修正和补充。

其他一些前社会主义国家的经验也是类似的。例如，博尔贝和埃文斯（Borbély and Evans，2005）对匈牙利执行 1991 年《会计法》的情况进行了介绍。虽然该法案的主要目的是将匈牙利法律与欧盟《第四号指令》进行协调，但实际上这个法案本身并不仅仅是《第四号指令》的内容，它还包括了很详细的规则。该法案承袭了德国会计的传统风格，其内容包括可选择的会计科目表（但在实务中其实是强制使用的）、财务报表的法定格式以及对谨慎性原则的特别强调。随着市场经济的发展，该法案在 20 世纪 90 年代经过多次修订，目的是为了执行其他欧盟指令（特别是《第七号指令》）以及与国际会计准则相融合，但实务中最关注的仍然是如何使税费最小化。2000 年新《会计法》的出台代替了 1991 年的《会计法》。这部法案主要目的仍然是与欧盟指令相协调，但其中已经有很深的国际会计准则的烙印。同样的，这部法律也经过了多次修订。1995 年匈牙利会计师协会成立，1997 年匈牙利审计师协会（类似德国的注册会计师协会）正式重建。1999 年匈牙利采纳了一套完整的审计准则（建立在国际审计准则的基础上），同时也建立了会计准则理事。但是匈牙利的监管者和会计师都仍然更偏好详细的规则。

在俄罗斯和其他从苏联分裂出来的国家中，会计改革的步伐十分缓慢。俄罗斯经历着巨大的非正式（黑色）经济，存在大量的腐败以及执法无力的问题。在这些国家，很少有外部投资者需要财务报表，而且传统上对外部审计和审计的独立性也没有要求。在实务中，审计师的主要作用是保证公司符合税法要求，他们有时候更像是政府的政治工具（Sucher and Bychkova，2001；Sucher *et al.*，2005）。这些国家向西方制度和资本主义靠拢的进程比较缓慢，同时还伴随有多次的经济和政治混乱。在这种环境下，加快会计改革的速度可能会导致"会计的不协调被会计混乱所取代"（Bailey and Alexander，2001b）。在俄罗斯，无条件接受英美会计模式"不被认为是改革国家会计体系的最佳方法"（Sokolov et al.，2001）。俄罗斯会计的某些方面具有固定做法，有些是社会主义时期形成的，有些是社会主义时期之前就已经形成的，无论美国和英国的会计制度的影响有多大，这些固定做法都难以改变。这样的固定做法的示例包括强调会计控制职能，坚持使用全国会计科目表，来自中央政权（例如财政部）的详细法规和指令以及相对弱小的会计职业界（Enthoven et al.，1998）。

然而随着俄罗斯政府努力使会计规则向国际财务报告准则转变，情况已经发生变化。许多俄罗斯的大型上市公司目前都按照国际财务报告准则或美国公认会计原则编制报表，而且俄罗斯还发布了许多新的法规，这使俄罗斯的会计法规更加接近国际财务报告准则（Enthoven et al.；Krylova，2003a）。尽管实务中大多数公司的会计账目仍然按照统一会计科目表（2001 年 1 月 1 日进行了大量修改）来编制，但是俄罗斯和欧盟一样，要求上市公司的合并财务报表遵守国际财务报告准则（Krylova，2003a）。俄罗斯会计准则与国际财务报告准则的趋同工作已经取得了一些进展，并且俄罗斯有计划充分采用国际财务报告准则。

不仅在俄罗斯，而且在其他前苏联周边国家，如罗马尼亚，强制使用的国家会计科目表（compulsory national chart of account）仍然保存着。可是，俄罗斯和罗马尼亚用不同的方法对会计科目表进行了改革。俄罗斯修改了旧的苏联模型以适应市场经济，但是它保留了从休马伦巴哈的会计科目表继承而来的会计科目表。俄罗斯的会计科目表是以生产流程为基础设置的，而不像法国是以财务报表为基础设置的。而罗马尼亚摒弃了旧式风格的苏联会计科目表，更接近于法国模型的科目表。Richard（1995b）认为，之所以产生这些差异，是由于政治原因，而非技术原因。罗马尼亚的会计师，不像俄罗斯的会计师，他们认为苏联的会计科目表是从外国进口的；一些罗马尼亚的会计师在法国的帮助下，对加强会计师的影响力颇感兴趣；法国的会计师意欲增强法国经济在罗马尼亚的利益；在俄罗斯，法国风格的会计科目表被视为偏离了而非趋同于美国的实践（US practice）。俄罗斯的法律，不像罗马尼亚的法律，它没有被法国的财会法（droit comptable）所影响。但是，英国外交部（British Foreign Office）曾于 1996 年开始资助一个项目，该项目意在帮助罗马尼亚实现会计演进，以靠近盎格鲁—撒克逊（Anglo-Saxon）世界的资本市场会计体系。King 等人（2001）提供了该项目推进的内幕并解释了为什么 IASs 被认为是合理的。1999 年一项政府规定（Ministerial Order）被公开了，它要求在罗马尼亚的法律体系中保留国际会计准则理事会的概念框架和具体准则内容。罗伯茨（2001）仔细审查了该项政府规定，并且特别提出，他认为将基于法国的思想和国际会计准则理事会的内容混合会产生一系列的矛盾和问题。

在转轨经济中，对会计改革的最大阻碍因素之一是财务报告和财政报告之间的紧密联系。俄罗斯最大的变革之一是对会计立法的修改和对税法第 25 章的实施。这有效地分离了财务报告和税务报告。在财务报告之外还必须建立一个单独的税务报告。这似乎是向积极方面的发展，因为这可以使俄罗斯的财务报告完全遵循国际财务报告准则的规定，但是人们也关心事实上将会发生什么。可能对大多数俄罗斯公司来说，同时满足两套准则太复杂了，而且成本也过高。许多公司可能只能符合税务报告规则（Krylova，2003b）。相对于股份公开的公司来说，私有公司更是如此，因为它们编制财务报表的主要目的就是将这些财务报表提供给税务局并最小化纳税额。为了吸引外部投资者，股份有限公司更有动机改善其报告盈余的质量。冈察洛夫和齐默曼（Goncharov and Zimmermann，2006）提供的经验证据表明，和世界上其他地方一样，相对于股份有限公司的财务报告而言，对税收规则的遵守对俄罗斯私有公司的财务报告有更大的影响。

12.3.5 应用国际财务报告准则

为了在 2004 年或 2007 年加入欧盟，许多中东欧国家进行了会计立法改革，使其会计制度与欧盟指令和法规相一致。从 1989 年许多国家初次颁布并实施了新的会计法规以来，它们已经对这些法规进行了更新，以便与国际财务报告准则更加一致。例如，捷克共和国于 2001 年和 2003 年对会计法令进行了修改（Sucher and Alexander，2002；Sucher and Jindrikovska，2004），波兰于 2000 年对会计法案进行了修改（Kosmala-MacLullich，2003；Vellam，2004）。2002 年欧盟规则要求上市公司按照国际财务报告准则编制合并财务报表。在其他财务报表方面可以有选择地遵循国际财务报告准则。和其他西欧国家一样，这些转轨国家的反应也各不相同，而且很复杂。正如在后文的表 14—3 中所列示的，捷克共和国要求上市公司在单个报表中也使用国际财务报告准则，但却禁止非上市公司的单个报表使用国际财务报告准则。波兰则恰好相反，允许上市公司的子公司采用国际财务报告准则，但并不强制要求。匈牙利和法国类似，只允许上市企业合并报表采用国际会计准则，禁止在任何其他方面使用国际财务报告准则。三个波罗的海国家（与塞浦路斯和马耳他类似）要求所有公司的报表都采用国际财务报告准则，这可能是因为这些国家比较小，本身就缺少适合本国的规则。国际财务报告准则和各国会计规则存在相当大的差异（例如可以参考克莱兹瓦德和施洛德（Krzywda and Schroeder，2007）对波兰的介绍）。

尽管俄罗斯不是欧盟成员国，许多大型的俄罗斯公司为了满足海外融资需求，也声称按照国际财务报告准则编制财务报表。在实务中这些财务报表主要是由外部公司的审计师完成的，而且主要是由四大会计师事务所的审计师完成的。苏彻和亚历山大（Sucher and Alexander，2004）指出，他们对国际准则的遵守往往是不完整的，而且急需对国际财务报告准则的培训。

在转轨经济中执行国际财务报告准则非常不易。苏赫尔和亚历山大（Sucher and Alexander，2002）以及苏赫尔和金德褚斯加（Sucher and Jindrichovska，2004）讨论了捷克共和国存在的问题。执行过程由财政部主导，而且需要经过税收部门检查。大型捷克上市公司的董事在按照国际财务报告准则编制财务报表方面往往严重依赖国际会计师事务所，而这些董事本身根本不理解这些报表，尤其不理解实质重于形式的原则。小型捷克上市公司所有者是当地投资人，并由当地审计师审计，其向国际财务报告准则转变的过程就更加困难，而且对这些公司而言，这种转变看上去不会带来多少好处。这些发现可能对其他转轨经济国家也同样适用（对波兰的情况可以参考亚鲁加等人（*Jaruga et al.*，2007）的著作）。对于 SMEs（见第 14 章），IASB 的准则在这些国家可能有很大程度的应用。

小结

- 世界上有最大动力进行地区性趋同的是欧盟。会计趋同是欧盟委员会在欧盟内部消除经济障碍整体目标中的一个组成部分。
- 欧盟的趋同通过颁布指令和规则来实现。第四号指令促使多数欧盟国家的账户格式、披露或估价程序发生了变化。第七号指令在集团会计方面取得了显著的协调效果。
- 中东欧国家的财务报告变革是政治变化和经济改革的产物。
- 欧洲的前社会主义国家各行其是，它们的财务报告准则和实务也反映了这一点。许多国家接受了欧洲大陆会计模式，其中包括会计科目表和税法的主导作用，但是英法式会计也颇具影响力。和社会主义时期相比，在这些国家中会计以及会计职业界的地位和影响力均有所提高。
- 10 个中欧和东欧国家在 2004 年或 2007 年加入了欧盟，因此这些国家上市公司的合并报表将不得不按照国际财务报告准则来编制。尽管俄罗斯不是欧盟成员国，但是其上市公司也将被要求遵循国际财务报告准则来编制财务报表。在一些国家中，可能也会要求或允许公司的财务报告遵循国际财务报告准则。目前还不能确定这些国家的公司在短期内的遵守程度将会如何。

参考文献

Aisbitt, S. and Nobes, C. W. (2001) 'The true and fair view requirement in recent national implementations', *Accounting and Business Research*, Spring.

Alexander, D. (1993) 'A European true and fair view?', *European Accounting Review*, Vol. 2, No. 1.

Alexander, D. and Archer, S. (2001) *European Accounting Guide*, Aspen, New York.

Aslund, A. (2002) *Building Capitalism. The Transformation of the Former Soviet Bloc*, Cambridge, Cambridge University Press.

Bailey, D. (ed.) (1988) *Accounting in Socialist Countries*, London, Routledge.

Bailey, D. (1995) 'Accounting in transition in the transitional economy', *European Accounting Review*, Vol. 4, No. 4.

Bailey, D. and Alexander, D. (2001a) 'Eastern Europe: overview', in Alexander and Archer(2001), pp. 1456–63.

Bailey, D. and Alexander, D. (2001b) 'Commonwealth of independent states (CIS): overview', in Alexander and Archer(2001), pp. 1628–9.

Borbély, K. and Evans, L. (2006) 'A matter of principle: recent developments in Hungarian accounting thought and regulation', *Accounting in Europe*, Vol. 3.

Borda, M. (2001) 'Hungary', in Alexander and Archer(2001), pp. 1528–95.

Day, J. and Taylor, P. (2005) 'Accession to the European Union and the process of accounting and audit reform', *Accounting in Europe*, Vol. 2.

Diggle, G. and Nobes, C. W. (1994) 'European rule-making in accounting: the Seventh Directive as a case study', *Accounting and Business Research*, Autumn.

EC Commission (1978) *Fourth Directive on Company Law*, reprinted in *Trade and Industry*, 11 August 1978.

Enthoven, A. J. H., Sokolov, Y. V., Kovalev, V. V., Bychkova, S. M. and Semenova, M. V. (1998) *Accounting, Auditing and Taxation in the Russian Federation*, Center for International Accounting Development, Dallas, TX.

Enthoven, A. J. H., Sokolov, Y. V., Kovalev, V. V., Bychkova, S. M., Smirnova, I. M. and Semenova, M. V. (2001) *Accounting, Auditing and Taxation in the Russian Federation* [An Update] 2001 *Study*, Center for International Accounting Development, The University of Texas at Dallas; St. Petersburg State University, St. Petersburg; and East-West Management Institute, New York/Moscow.

European Bank for Reconstruction and Development (EBRD), *Transition Reports* (annual), London.

Evans, L. and Nobes, C. (1998a) 'Harmonization of the structure of audit firms: incorporation in the UK and Germany', *European Accounting Review*, Vol. 7, No. 1.

Evans, L. and Nobes, C. (1998b) 'Harmonization relating to auditor independence: the Eighth Directive, the UK and Germany', *European Accounting Review*, Vol. 7, No. 3.

Focus(2000) 'Focus on Central and Eastern Europe', ACCA *Students' Newsletter*, April.

Goncharov, I. and Zimmermann, J. (2006) 'Earnings management when incentives compete: the role of tax accounting in Russia', *Journal of International Accounting Research*, Vol. 5, No. 1.

Gornik-Tomaszewski, S. (2005) 'Antecedents and expected outcomes of the new accounting regulation in the European Union', *Research in Accounting Regulation*, Vol. 18.

Jaruga, A. (1993) 'Changing rules of accounting in Poland', *European Accounting Review*, May.

Jaruga, A. and Schroeder, M. (2001) 'Poland', in Alexander and Archer (2001), pp. 1596-625.

Jaruga, A. and Szychta, A. (1997) 'The origin and evolution of charts of accounts in Poland', *European Accounting Review*, Vol. 6, No. 3.

Jaruga, A., Walinska, E. and Baniewicz, A. (1996) 'The relationship between accounting and taxation in Poland', *European Accounting Review*, Vol. 5, supplement.

Jaruga, A., Fijalkowska, J. and Jaruga-Baranowska, M. (2007) 'The impact of IAS/IFRS on Polish accounting regulations and their practical implementation in Poland', *Accounting in Europe*, Vol. 4.

Johnson, S., La Porta, R., Lopez-de-Silanes, F. and Sheifer, A. (2000), 'Tunneling', *American Economic Review*, Vol. 90, No. 2, May.

King, N. , Beattie, A. , Cristescu, A. -M. and Weetman, P. (2001) ' Developing accounting and audit in a transition economy ' , *European Accounting Review* , Vol. 10 , No. 1.

Kirsch, R. J. , Laird, K. R. and Evans, T. G. (2000) ' The entry of international CPA firms into emerging markets: motivational factors and growth strategies ' , *International Journal of Accounting* , Vol. 35 , No. 1.

Kosmala, K. (2005) ' True and fair view of *rzetelny i jasny obraz*? A survey of Polish practitioners ' , *European Accounting Review* , Vol. 14 , No. 3.

Kosmala-MacLullich, K. (2003) ' The true and fair view construct in the context of the Polish transition economy: some local insights ' , *European Accounting Review* , Vol. 12 , No. 3.

Krylova, T. (2003a) ' Accounting in the Russian Federation ' , in P. Walton, A. Haller, and B. Raffournier, *International Accounting* , Thomson Learning, London.

Krylova, T. (2003b) book review of Enthoven *et al.* (2001) , in *International Journal of Accounting* , Vol. 38 , No. 3.

Krzywda, D. , Bailey, D. and Schroeder, M. (1998) ' The development of the role of the statutory audit in the transitional Polish economy ' , *European Accounting Review* , Vol. 7 , No. 3.

Krzywda, D. and Schroeder, M. (2007) ' An analysis of the differences between IFRS and Polish accounting regulations: evidence from the financial statements of listed entities on the Warsaw Stock Exchange for the calendar years ending 2001 , 2003 and 2004 ' , *Accounting in Europe* , Vol. 4.

McGee, A. and Wetherill, S. (1989) *European Economic Interest Groupings* , Certified Bulletin No. 25 , Chartered Association of Certified Accountants.

Nobes, C. W. (1983) ' The origins of the harmonising provisions of the 1980 and 1981 Companies Acts ' , *Accounting and Business Research* , Winter.

Nobes, C. W. (1993) ' The true and fair view requirement: impact on and of the Fourth Directive ' , *Accounting and Business Research* , Winter.

Nowotny, C. and Gruber, E. (1995) ' The history of financial reporting in Austria ' , in P. Walton, *European Financial Reporting. A History* , Academic Press, London.

Ordelheide, D. (1993) ' The true and fair view-a European and German perspective ' , *European Accounting Review* , Vol. 2 , No. 1.

Organisation for Economic Co-operation and Development (OECD) (1996) *Economic Survey: Poland 1996–1997* , Paris.

Organisation for Economic Co-operation and Development (OECD) (2000) *Economic Survey: Poland 1999–2000* , Paris.

Parker, R. H. (1996) ' Harmonizing the notes in the UK and France: a case study in *de jure* harmonization ' , *European Accounting Review* , Vol. 5 , No. 2.

Reczek, A. and Lachowski, W. (2002) ' Ties that don't bind ' , *Accountancy* , January, pp. 102–4.

Richard, J. (1995a) ' The evolution of accounting chart models in Europe from 1900 to

1945: Some historical elements', *European Accounting Review*, Vol. 4, No. 1.

Richard, J. (1995b) 'The evolution of the Romanian and Russian accounting charts after the collapse of the communist system', *European Accounting Review*, Vol. 4, No. 2.

Roberts, A. D. (2001) 'The recent Romanian accounting reforms: another case of cultural intrusion?' in Yelena Kalyuzhnova and Michael Taylor (eds), *Transitional Economies: Banking Finance Institutions*, Palgrave, London, pp. 146–7.

Schroeder, M. (1999) 'A description of the contents of the long-form statutory audit reports of a sample of Polish listed companies for 1996', *European Accounting Review*, Vol. 8, No. 1, pp. 1–23.

Sokolov, Y. V., Kovalev, V. V., Bychkova, S. M. and Smirnova, I. A. (2001) 'Russian Federation', in Alexander and Archer(2001), pp. 1642–84.

Sucher, P. and Alexander, D. (2002) *IAS: Issues of Country, Sector and Audit Firm Compliance in Emerging Countries*, Centre for Business Performance, Institute of Chartered Accountants in England and Wales, London.

Sucher, P. and Alexander, D. (2004) 'The preparation of IAS financial statements: A case study in a transitional economy', *Research in Accounting in Emerging Economies*, Supplement 2.

Sucher, P. and Bychkova, S. (2001) 'Auditor independence in economies in transition', *European Accounting Review*, Vol. 10, No. 4.

Sucher, P. and Jindrichovska, I. (2004) 'Implementing IFRS: A case study of the Czech Republic', *Accounting in Europe*, Vol. 1, September, pp. 109–41.

Sucher, P., Kosmala, K., Bychkova, S. and Jindrichovska, I. (2005) 'Introduction: Transitional economies and changing notions of accounting and accountability', *European Accounting Review*, Vol. 14, No. 3.

Sucher, P. and Kosmala-MacLullich, K. (2004a) *A Comparative Analysis of Auditor Independence in Economies in Transition*, Institute of Chartered Accountants of Scotland, Edinburgh.

Sucher, P. and Kosmala-MacLullich, K. (2004b) 'A construction of auditor independence in the Czech Republic: local insights', *Accounting, Auditing & Accountability Journal*, Vol. 7 (4), pp. 276–305.

Sucher, P. and Zelenka, I. (1998) 'The development of the role of the audit in the Czech Republic', *European Accounting Review*, Vol. 7, No. 4.

Taylor, S. (2000) 'Standard bearer', *Accountancy*, August, pp. 114–16.

Vellam, I. (2004) 'Implementation of international accounting standards in poland: Can true convergence be achieved in Poland?' *Accounting in Europe*, Vol. 1, September, pp. 143–67.

Walton, P. (1992) 'Harmonization of accounting in France and Britain: some evidence', *Abacus*, Vol. 28, No. 2.

Young, S. D. (1999) 'From plan to market: financial statements and economic transition in the East German enterprise', *European Accounting Review*, Vol. 8, No. 1.

实用网址

www. eaa-online. org

ec. europa. eu. int/internal_ market

www. fee. be

www. iasplus. com

www. oecd. org

www. gpw. com. pl

www. worldbank. org/ifa/rosc_ aa. html

课后问题

书末提供带星号问题的参考答案。

12.1* 协调欧盟内部的公司财务报告是既必要又可能的吗？

12.2* 社会主义之前和社会主义时期的会计以哪些方式影响了中东欧国家社会主义之后的会计？

12.3 欧盟的协调对于欧洲非欧盟成员国产生了什么样的影响？

12.4 请讨论社会主义形态结束之后的俄罗斯和罗马尼亚对全国会计科目表的选择。

12.5 请比较20世纪90年代英美式会计和欧洲大陆式会计在东欧和中国的影响的重要性。

12.6 为什么在中东欧审计独立性会成为严重问题？

12.7 为什么罗马尼亚在社会主义体制结束之后采纳了英美模式而非法国模式的公司财务报告？说明该国在多大程度上进行了这样的采纳？

12.8 在2001年之前，哪种形式的协调更加成功，是国际会计准则委员会还是欧盟？

第 13 章　东亚会计协调与转轨

克里斯托弗·诺比斯[①]

内容

目标

读完本章后您应当能够

- 解释中国和日本财务报告的主要相同点和不同点。
- 概括对日本会计产生影响的国外因素以及导致日本会计体系与众不同的原因。
- 解释来自政府的各种层次的要求以及《商法》与《证券法》对财务报告的要求的差异。

---

① 12.2 部分是莱斯利·坎贝尔（Leslie Campbell）为第二版所著部分的修订版。

- 说明日本和其他国家会计实务方面的主要差别。
- 评价国际协调在日本已经取得和预期可以取得的成就。
- 概述 20 世纪 80 年代末以后中国会计的发展。
- 解释中国是如何融合新旧会计思想的。
- 概括中国会计准则与国际会计准则之间现存的主要差异。

13.1 引言

上一章关注的是欧洲会计的情况，其中包括全球最富有国家"G8"中的四个——德国、英国、法国和意大利。本章将关注东方最大的两个经济体——日本与中国——的会计制度。日本是世界第二大经济体。在写本书的时候，中国刚刚成为世界第四大经济体，并且可能将最终成为世界上经济实力最强的国家。

中国和日本的机构体制有一些相似之处。首先，中国和日本都有一段漫长的集权统治的历史传统。其次，确切地说，两国都有来源于 19 世纪欧洲成文法（法典）的商业法律体系，即两国的会计学是以罗马法系为基础的。

尽管日本会计有一些独特之处，但是一个多世纪以来，它受到了外部因素的强烈影响，这些影响首先来自欧洲，随后来自美国。在新千年，国际会计准则理事会已经成为影响日本会计发展的关键因素，这些问题将在第 13.2 部分进行研究。同样，国际会计准则理事会在中国的会计改革方面也起到了十分重要的作用。这部分内容将在第 13.3 部分进行讨论。

在本章中介绍日本的篇幅远多于介绍中国的篇幅，这是由于（以下）三个原因。首先，目前日本上市公司比中国上市公司重要得多。其次，虽然在 20 世纪 40 年代后期发生了重大的转变，但日本的会计体系从 19 世纪后期便开始持续发展，而中国的现行体系却是 20 世纪 90 年代的产物。不过，中国会计学毫无疑问将会在国际上越来越重要。再次，对上市公司而言，中国的会计准则与 IFRS 非常相近，所以要讨论的差异也很少。

13.2 日本

13.2.1 会计环境

本部分将从 19 世纪末《商法》的引入开始研究日本会计的发展。我们尤其要分析过去 10 年的变化，并以此作为会计协调化的例证。在这一部分中，我们将首先考察一下日本的会计环境。下一部分将研究其法规框架，然后讨论会计实务及与国际财务报告准则的差异。

日本的工业化始于 1868 年初的明治维新，政府曾致力于刺激并促进工业的发展。日本的经济至少在第二次世界大战之前仍控制在少数财阀（Zaibatsu）手中，这些财阀是工业和政治联盟的财团，最初起源于显贵家族，而且通常拥有一家银行。尽管另外一种非正式的关联公司集团（Keiretsu）已取代了财阀，但银行的重要性和公司控制方面的某些封建因素仍然继续存在。

第二次世界大战以后，日本发展成为世界超级经济大国之一。到 1989 年底，东京证券交易所的股票市值超过纽约证券交易所（尽管之后前者市值大幅下降）。日经指数从 1989 年的最高峰 38 916 点下跌，到 2005 年其市值远低于 1989 年的 1/3。1994 年底，东京证券交易所的股票市值仍是伦敦证券交易所的 3 倍多（The Economist，1996，第 56 页），不过到 2007 年二者大体上持平（见表 1—5）。1994 年和 1995 年，全球最大的六家银行都是日本银行（The Economist，1996 年，第 54 页）。然而到 1998 年末，六大银行无一是日本银行（Financial Times，1999），其原因部分归结于日元的贬值，部分则归结于日本股票市场的下跌。从 21 世纪以来，日本的经济开始缓慢地复苏，日元上涨，但在 2008 年，日本经历了比美国和英国更为严重的股市下滑。

20 世纪 90 年代，股票价格和资产价格的大规模下挫导致需要通过重组来拯救银行，同时也使得会计界对变化与外界环境的影响更加开放。

在日本，政府对会计的影响最强烈（Arai and Shiratori，1991）。然而这种影响来源于三个相互独立的方面：《商法》（从欧洲大陆影响中衍生而来）、《证券交易法》（源于美国的影响）以及《税法》。这些将在第 13.2.3 部分进行讨论。这三个来源几乎没有进行全面的协调，事实上，这三个来源在财务报告问题上时有相互冲突的解决方案。

日本的上市公司必须遵循《证券交易法》的规定。东京证券交易所还制定了自己的上市要求。尽管日本目前的股票交易规模十分庞大（见表 1—5），然而日本的公司通常主要依靠借贷而非发行股票作为其筹资的主渠道，因此银行是公司主要的资金提供者（Cooke 和 Kikuya，1992，第 46 页）。日本的短期债务融资通常由 90 天期固定利息本票构成。更长期的融资方式可能由将短期票据展期为若干年的非正式协定构成。短期债务融资经常在日本公司的固定资产中占重大的比例。很多时候，银行持有客户很大比例的股权，甚至可能是客户最大的股东。一般而言，日本公司的股权都被长期持有。银行深层次的介入和股权持有的长期性意味着日本不如英美那样重视短期盈利信息。银行能直接获取客户的会计信息，因此相对地并不关注公司的对外财务报告。此外，公司之间可能签订相互持股协议。这些股东和银行可能更倾向于获得内部会计信息，并且能在公司年度会议上投票选举管理层。

由于前述政府权力对会计的重要影响，日本会计职业界对财务报告的影响相对而言比较微弱。日本注册会计师协会（Japanese Institute of Certified Public Accountants，JICPA）是国际会计准则委员会的创始成员之一，但是该组织在 20 世纪 90 年代末期以前对日本财务报告影响甚微。主要原因是最初国际会计准则委员会试图通过国家会计职业机构的努力来推广其准则。对日本财务报告具有更明显的长期影响作用的是美国对日本《证券交易法》的影响和德国对其原来的《商法》的影响。美国的影响缩小了日本会计准则与国际会计准则的差距。尽管如此，在 1993 年至 1995 年间，国际会计准则委员会的主席由日本人担任，也正是这段时间，国际影响力在日本持续扩大。2001 年，日本成立了一个民间准则制定机构（见第 13.2.4 部分），部分原因是为了和新的国际会计准则理事会进行联络。2009 年，据称 IFRS 将会被允许应用于年度终了日期在 2010 年 3 月 31 日之后的上市公司的合并报表。强制采用的后续时间也许会是 2015 年或 2016 年。

13.2.2 公司组织形式

日本最常见的公司组织形式是株式会社（*kabushiki kaisha*，KK）。它在很多方面与英国的公开上市公司相似，但与株式会社更为相似的公司组织形式是德国的股份公司（*Aktiengesellschaft*，AG）（见第 15 章）。日本大约有 100 万家株式会社。它们最低的股本发行量为 1 000 万日元。其中大约有 2 600 家株式会社公开交易股票，而仅有 2 400 家左右的株式会社在东京证券交易所上市。因此，虽然所有的公开交易其股票的公司都是株式会社，但到目前为止，绝大多数的株式会社只有很少的股东而且规模相当小。

日本另一个最常见的公司组织形式是有限会社（*yugen kaisha*）。与此最相似的英国的组织形式可能是私人股份有限公司，不过德国有限责任公司（GmbH）与有限会社的形式更接近。有限会社的股东承担有限责任的方式与株式会社的股东相同。有限会社和株式会社的主要差别在于对股东人数的限制方面。有限会社的股东人数不得超过 50 位，而株式会社的股东人数则没有上限。有限会社的股东仅在征得其他股东的同意时才可以处置所持有的股票。对株式会社的股东没有类似的限制，尽管公司章程可能要求股东只有在征得董事会同意时才可以处置股票。

日本有两种主要的合伙形式，合名会社（*gomei kaisha*）是一般或无限责任合伙；合资会社（*goshi kaisha*）是有限和无限结合的合伙，它由一个或多个有限合伙人与一个或多个无限合伙人组成。

13.2.3 法规框架

第一个法规来源是《商法》。《商法》由法务省（Ministry of Justice）执掌，适用于所有的株式会社。它根植于德国 19 世纪的《商法》之上，并于 1890 年经过改编而成。然而随着对商法的多次修订，德国的影响已经逐渐消失。

通常法务省的职员具有法律背景而非会计背景。因此日本同德国拥有一样的观念，即保护债权人利益至少和保护股东利益同等重要，这一观念对商法管理具有影响。这也许能够解释为什么《商法》中具体的会计规则对谨慎的资产计价的重视更甚于对收入计量的重视。《商法》规定满足以下两条标准之一的公司必须聘请独立的职业审计人员进行审计：公司的股本超过 5 亿日元，或是公司的总债务超过 200 亿日元。

第二个法规来源是《证券交易法》。2000 年以前该法由大藏省（Ministry of Finance）管理，目前由金融服务局（Financial Services Agency，FSA）管理，并且仅适用于公开交易股票的株式会社。《证券交易法》于第二次世界大战结束后不久颁布，当时由麦克阿瑟将军负责管理盟军监控下的日本（Chiba，2001）。麦克阿瑟政权将美国的会计规章体系作为修订日本会计体系的范本。美国对日本证券交易法的主要影响源自美国《1933 年证券法》和《1934 年证券交易法》。因此，大藏省和现在的金融服务局关于财务报告方面的职能和权力在许多方面与美国证券交易委员会相似。1947 年美国驻日管理者在日本设立了一个与证券交易委员会类似的机构，但它在 1952 年美军撤离后被撤销。

　　日本《证券交易法》关于会计计量的要求，尤其是关于披露和归档的要求比《商法》的要求更广泛也更具体（相关比较见 Cooke，1993a）。公司必须向金融服务局和在其中上市的任何一个证券交易所提交财务报表。公众可以在大藏省或相关的交易所查阅财务报表（见第 13.2.5 部分）。《证券交易法》监管范围内的所有公司必须经过审计。

　　金融服务局负责准备一份参考文件，即企业会计原则，这份文件在 1949 年首次发行，大约每 10 年修订一次。所有根据《证券交易法》报告的公司必须遵守这些原则。与上文提到的法务省制定的《商法》相比，金融服务局的财务报告要求的对收入计量和股东权益保护往往甚于对资产计价和债权人利益的保护。

　　金融服务局设有一个顾问机构，名为企业会计审议会（Business Accounting Deliberation Council，BADC），其成员具有不同的背景，他们来自工业界、会计职业界、政府界和大学等领域。直到 2001 年会计准则委员会（Accounting Standards Board）成立（见下文），企业会计审议还会针对特殊问题发表"意见"和"准则"。目前企业会计审议会已经被企业会计委员会所代替，后者仍然关注审计指南问题。

　　公开交易股票的株式会社受上述两方面的政府影响，因此它必须编制两套财务报表：一套按《商法》的要求编制送交股东，另一套按《证券交易法》的要求编制送交有关机构存档。两套财务报表的净收益是相同的。二者的一个显著区别是《证券交易法》要求披露的内容更多，另一个显著的差异是《商法》不要求编制集团报表。《商法》要求株式会社必须在报纸或政府公报上公布简要的财务报表。在上文所述的标准规模以下的公司只需要公布简要的资产负债表。

　　法规的第三个来源是税收法律法规。这些法律法规对财务报告有重大的影响，因为正如许多欧洲国家一样，只有当特定的费用扣除项目和递延收益反映在公司依据《商法》编制的法定财务报表上，它们才可以因纳税目的而扣除或者允许收益进行递延。这些费用扣除项目和递延项目有折旧、坏账准备、应计雇员遣散赔偿金以及分期付款销售利润等。总的来说，《商法》、《证券交易法》和企业会计原则在某些领域规定得相当模糊，因此当遇到具体问题时往往要参考《税法》的规定。例如，《商法》要求流动资产以成本计价，除非其市价"实质上更低"。这导致会计人员更倾向于采用《税法》所作出的跌价 50% 或 50% 以上的标准（Sawa，2003，第 179 页）。

　　公司经常选择能获得最大纳税利益而不是能更准确地反映基本经济事实的会计政策。《税法》的另一个影响是，对于某些不可扣税的项目，例如董事奖金，公司往往不在计算利润时抵减收入，而是从留存收益中扣除。

　　因此，政府根据上述三个方面的法律显著影响着财务报告。与法务省相比，金融服务局在日本的影响日益增强。由于这两个部门的立场存在根本的差别，这种相对影响力的变化已经导致日本对财务报告的监管从采用"法制化"的手段转向采用更"经济化"的手段。

13.2.4　会计职业界和会计准则

与日本政府相比，会计职业界对财务报告的影响相当微弱，它远不及英美国家会计职业界的影响（Sakagami et al.，1999）。日本注册会计师协会是根据1948年《注册会计师法》成立的（尽管其有一个根据1927年法律成立的前身机构）。日本注册会计师协会大约拥有18 000名会员。因此，日本注册会计师协会是最近时期的新生物，它和英美国家的职业机构相比，规模仍然很小。

直到2001年，日本注册会计师协会才对会计事务发表建议公告。根据《证券交易法》向金融服务局提交财务报告的公司必须遵守这些公告，否则将被视为背离可接受的会计惯例。如果公司严重背离日本注册会计师协会的公告，金融服务局将要公司修改其财务报表。然而，尽管日本注册会计师协会的公告通过这项措施得到金融服务局强有力的认可和支持，但是它们处理的通常是相对不太重要的事务。

极少数的日本注册会计师协会成员在工商业界担任高级财务职位。因此，日本会计职业界对财务信息的编制者几乎没有影响。这种情形与英国相反，例如，英国许多大公司的财务总监都是会计职业界的成员。日本和德国一样，也具有单独的（比德国更大的）税务专家职业界。如前文所述，企业会计审议会的成员中包括会计职业界的代表，这些日本注册会计师协会的个别代表可能通过影响企业会计原则的内容和形式来影响财务报告。

2001年，日本成立了一个民间准则制定机构（财务会计准则基金会），部分原因就是为了有一个明确的机构和新的国际会计准则理事会进行联络。该基金会由10个民间组织构成，其中包括日本注册会计师协会。其目标是将制定准则的权力从公共机构（如企业会计审议会）转移到民间机构手中。与美国、英国及国际会计准则理事会的准则制定机构的安排一样，日本的组织也有一个管理监督委员会和一个由13位成员组成的会计准则理事会（其中3位为全职人员）。

该新理事会的主要任务之一，就是协助将日本惯例向国际惯例趋同。作为这一进程中的部分环节，国际会计准则理事会（IASB）和ASBJ（日本会计准则委员会）宣布会设计一个项目，以消除两者在规则上的差异（IASB，2005）。ASBJ在2006年发表了一份"日本趋同进程声明"。它表示，虽然大部分的问题仍在复核中，但一些问题还是很突出的。2007年8月的东京协议中提议的主要差异将在2008年颁布的新准则中消除，而其他的差异在2011年消除。

到2007年底，ASBJ已经发表了15个"准则公告"和一些指引文件（见表13—1），其中一些准则（例如，第8号准则"基于股份比例的股利支付"和第1号准则"关联方披露"）很大程度上都与国际财务报告准则保持一致。而其他的准则（就专门）解决一些日本的特殊问题（例如，第6号准则"净资产变动表"）。2008年，为了满足《东京趋同协议》，又有8个准则得以颁布。日本准则与国际财务报告准则的差异将在第13.2.9部分中讨论。

表 13—1　　　　　　　　　　　　日本会计准则委员会颁布的准则

准则公告	
1	库藏股及法定盈余公积
2	每股收益
3	退休保障金标准的修订
4	董事的特别津贴
5	净资产列报
6	净资产变动表
7	经营资产剥离
8	基于股份比例的股利支付
9	存货计量
10	金融工具
11	关联方披露
12	季度财务报告
13	租赁交易
14	退休保障金标准的修订
15	建造合同
16	股权投资权益法的修正准则
17	企业分部及其相关信息的披露
18	资产弃置义务
19	退休保障金标准的局部修订
20	投资和出租财产的公允价值的披露
21	企业合并
22	合并财务报表
23	研究和开发成本标准的局部修订

资料来源：Prepared by the author with assistance from Tatsumi Yamada of the IASB。

13.2.5　年报内容

1.《商法》的要求

《商法》对财务报表格式和内容的特殊规定包含在《关于股份有限公司资产负债表、利润表、营业报告书和支持性附表的条例》（Regulations Concerning the Balance Sheet, Income Statement, Business Report and Supporting Schedules of Joint Stock Corporations）中。法务省于 1963 年首次发布该条例，此后屡经修订，1982 年进行过一次大型修订。

根据《商法》编制的财务报表必须包括资产负债表、利润表和拟议的盈余分配表。就第 2 章讨论的报表格式来看，日本的资产负债表是账户式的，其列示从流动资产开始，日本的利润表是竖式的，根据功能列示。公司必须向股东大会提交各项补充附表，包括股本和公积金变动的具体情况、固定资产的购置和处理以及与董事或股东的交易。日本注册会计师协会曾公布了一套按《商法》条款中的披露要求编制的财务报表范本（JICPA，1991）。

日本《商法》规定的财务报表的格式和内容与美国财务报表的格式和内容存在差异，日本注册会计师协会发布的财务报表范本指出了其中几个关键之处：

（1）在日本资产负债表中，应收票据（例如商业票据）的金额几乎总是大于应收账款的金额。同样，应付商业票据的金额也几乎总是大于应付商业账款的金额。日本的公司通常签发不带息票据以抵付应收和应付账款。票据期限通常为 90 天期和 120 天期。

（2）日本的应付账款只包括对商品和原材料供应商的欠款，对劳务提供者的欠款列入其他应付款或应计费用中。

（3）董事会可以建议增加或减少留存收益二级科目中的通用拨款账户的金额。这种增加或减少可以通过计入"未分配留存收益"账户或从其中转出来完成。董事会的建议必须在股东年会中得到核准。董事会建议留存在"未分配留存收益"中的金额通常代表董事会打算在近期分派的股利数额。

（4）利润中特殊利得与损失部分包括任何来自预计负债转回的收益贷项，这些是公司原先出于特定目的而计提但现在却认为没有必要继续的项目。

（5）特殊利得与损失部分包括计算得出本年损益之前的以前年度调整。然而在美国，公司是从留存收益的期初余额中进行以前年度调整的。

（6）特殊利得与损失部分包括递延资产预计不再带来未来收益而被核销时产生的非常利得和损失，以及非正常交易与事件产生的非正常损益。因此，非正常损益在日本不受预计不再发生和不经常性这两条标准的限制。

（7）日本的公司必须承担 3 种不同的税负：公司税、工商企业税和居民税，它们均以收益为课税基础。公司不把工商企业税作为所得税的一部分，而是将其列入销售费用和一般管理费用中。

2.《证券交易法》的要求

《证券交易法》对财务报表的格式和内容的特殊规定包含在大藏省 1963 年发布的《关于财务报表的术语、格式和编制方法条例》　（Regulations Concerning the

Terminology, Forms and Preparation Methods of Financial Statements）中。根据《证券交易法》编制的财务报表必须包括资产负债表、利润表、拟议的盈余分配表、各项补充附表和某些不需审计的补充信息。补充附表包括股本和公积金、长期负债、固定资产和集团内部交易的具体情况。不需审计的补充信息包括公司组织结构、雇员、产品和现金流量的详细说明。

公司分别根据《证券交易法》与《商法》编制的两套财务报表中的某些项目（如当年损益和股东权益）是一致的，然而前者的条款对财务报表的术语、格式和内容的规定更详细，并且通常要求公司披露某些项目的补充信息或对根据《商法》编制的财务报表的某些项目重新分类。

1991 年日本注册会计师协会的出版物中提到了一些关于《证券交易法》的额外要求，其中包括：

- 资产和负债按流动性递减的顺序排列。
- 关联方交易和余额应与其他交易和余额分开披露。
- 以占资产负债表的 1% 作为重要性标准。例如，特定类别的存货（如原材料）若其总额超过总资产的 1%，则应单独披露。利润表的重要性标准为 10% 和 20%，视情况而定。例如，如果对关联方的销售收入超过总销售收入的 20%，则公司应单独披露该项目。又如，如果出售有价证券的损失超过非经营费用总额的 10%，则公司应单独披露这项损失。
- 披露财务报表的补充附注。例如，任何会计政策重大变动的详细说明，包括变动原因。
- 披露销售费用、一般管理费用的各个单独组成部分。

3. 便携式翻译版本

使用日本财务报表的外国用户普遍面临的急迫和重大的困难是语言障碍。很明显，日语的财务报表不但在单词方面与英语的财务报表不同，而且措辞亦不同。因此几乎没有西方用户能够猜测日本报表的关键词汇。语言障碍可以通过多种不同的途径克服。西方的股票经纪公司可以雇用日本人翻译并评价日本的财务报表，个人股东亦可从中受益。对特定日本公司的财务报表感兴趣的用户也可以雇用精通日文翻译的公司和个人为其提供服务。

某些大型的日本跨国公司会编制英文版的年报。例如一家在纽约证券交易所上市的日本公司必须遵守美国证券交易委员会的有关规定。这些规定要求提供根据美国公认会计原则编制的或从日本会计准则调整为美国公认会计原则的英文版财务报表。尽管根据美国公认会计原则编制或调整的财务报表可能对用户有所帮助，但这种转换意味着这些财务报表不是日文版财务报表信息的可靠来源。不过，在美国证券交易委员会注册的外国公司中，尤其是在那些根据美国公认会计原则编制财务报表的外国公司集团中，日本公司是最大的团队之一（Godwin *et al.*，1998）。

未在外国证券交易所上市的日本公司可能也会编制英文版的财务报表。此类报表有时被称为"便携式翻译版本"。公司可能对财务报表进行便携式翻译并以此作为公共关系和市场营销的一部分。便携式翻译通常包括以日元表示的相关金额以及采用合适的年终汇率将日元换算为美元后的金额。报告通常强调公司将日元换算为美元仅仅是为了方便用户，并不意味着公司实际上已经或可能会将日元换算为美元。便携式翻译版本一般采用与日本公认会计原则一致的收益计量原则和资产计价原则。不过便携式翻译版本可能包括日本公认会计原则中不要求额外披露的事项，而且它可能将某些财务报表项目重新分类成外国用户更熟悉的形式（Nobes and Maeda，1990）。上述的重新分类一般不影响总资产、股东资金或本年利润。便携式翻译版本提供日本财务报告某些方面的有用信息。然而，上述的额外披露和重新分类意味着便携式翻译版本同样无法完全准确地反映日文版财务报告的原貌。

13.2.6　会计原则

1. 有形资产及折旧

日本公司的资产负债表必须以历史成本（减累计折旧额）列示固定资产。除了土地以外（见下文），法规不允许对资产进行重估。这种保守的做法与德国和美国的实务相同，但国际会计准则理事会的一些准则中允许重估的规定相反。1998 年，日本的一项新法令（于 1999 年修订）允许大公司（见第 13.2.3 部分）在 2001 年 3 月前对土地价值进行重估。由此产生的任何重估准备都不作为利得进行纳税，从而导致了递延所得税负债的产生。

日本最常见的折旧方法是余额递减法。一项对日本财务报告的调查（Gray *et al.*，1984）发现，在被调查的 50 家日本公司中，有 47 家公司采用余额递减法计提折旧（也可参见 Cooke 和 Kikuky，1992，第 223 页）。公司通常采用税法中规定的折旧率。减值测试将资产的账面价值与其未贴现现金流量作比较，如同美国 GAAP 的做法（见第 8.6.1 部分的范例）。这就意味着与国际财务报告准则相比，减值会更少发生。在国际财务报告准则中，这种测试并不存在，而且减值通常比较的是资产的账面价值和贴现现金流量。

国际财务报告准则和美国的规则均要求将融资租赁资本化，但在日本，融资租赁资本化现象极少见，这正是一个注重税法和法律形式而忽略经济实质的国家会出现的情况。然而，1993 年企业会计审议会发布一项指南，规定"所有权转移"租赁必须资本化，其他融资租赁可以资本化或是通过提供实质上相同的信息对其进行披露。因此在安排价值活动时，只能凭猜测或惯例，使企业价值链活动的安排违反理想状态下的安排，从而使企业价值降低。

2. 无形资产

直到最近，《商法》和企业会计原则才允许公司递延确认研究和开发费用。然而企业会计审议会要求公司自 2000 年 4 月开始将研究和开发费用作为当期费用处理。国际会计准则理事会的准则规定，在满足某些标准的时候公司必须将研究开发费用资本化，而在美国，大多数开发费用不允许递延。巴伦等人（Ballon *et al.*，1976）认为某些日本公司采用灵活的递延政策并且通过在经营状况差的年份里递延开发费用，在经营状况好的年份里将其转销来平滑各年的利润。然而，后来对日本财务报告的调查（Gray 等人，1984；Cooke 和 Kikuya，1992，第 224 页）发现，80% 的日本公司在开发费用发生时即将其注销。

在日本，其他无形资产（如开办费和证券发行费用）也可以资本化，但国际会计准则和美国准则却不允许这种做法。非合并取得的商誉可以资本化，并在 5 年以上的时间内以直线法摊销。摊销费用是可扣税项目（Nobes and Norton，1996）。

3. 投资

在 2000/2001 年以前，金融资产一般按照成本计价或在大幅减值时以更低的价值计价。所以利得的确认会推迟很多年，直到售出时才确认，而且大多数情况下金融资产的价值下跌也会被忽视。但是在 2001 年 3 月 31 日之后的资产负债表中，可供出售的金融资产大致按照美国或国际会计准则理事会的规则来处理，总的来说处理方法如下：

- 投资者的非合并报表，对子公司、合资企业和联营企业的投资都按照成本计价。
- 持有至到期日的债券按照摊余成本计价。
- 可供出售的有价证券按照公允价值计价，利得和损失计入净利润（无论是否实现）。
- 其他投资按照公允价值计量，利得和损失计入所有者权益。

4. 存货

过去公司一般以成本计量存货（Cooke 和 Kikuya，1992，表 13—3）。然而，《商法》和企业会计原则不允许在存货市价大幅度跌落且无望回升的情况下采用成本进行计量。正如前文所述，一般而言，流动资产损失仅当其市价跌至历史成本的 50% 或更低时才准予作为扣税项目，因此公司对较小的损失往往不作会计处理。日本会计准则理事会第 9 号公告（2006 年）要求采用成本与市价孰低法对存货进行计价，这里的市价通常指的是可实现净值。

在美国，当存货的重置成本低于其成本和可变现净值时，公司会采用重置成本计价。在《国际会计准则第 2 号》的要求下，必须使用成本和可实现净值孰低的价格。根据日本会计准则公告，即使存货市场价值后来上升，公司也可以继续用之前更低的价格来计量存货（和美国一样），或者使用成本和现行可实现净值孰低法计量存货（和国际财务报告准则一样）。

若公司无法逐个辨明存货项目的实际成本，它可以选择以下的存货流动假设：加权平均成本法、先进先出法（FIFO）或后进先出法（LIFO）。在实务中，加权平均成本法比先进先出法和后进先出法更常见。自然，正如美国在此方面的做法一样，会计处理上选用的方法一定与纳税上选用的方法一致。国际会计准则委员会从 2005 年起禁止使用后进先出法。

5. 应收账款

公司有时会按照税法允许抵扣的上限对存疑债务计提坏账准备，因此该数额可能大于其他国家的相似公司所计提的数额（JICPA，1994，第 13 页）。日本公司可以计提超过税法规定金额的预计负债，但超过部分不得作为扣税项目，所以极少公司采取这种做法，这也是税法影响日本财务报告的一个方面。

2000 年之前，日本对外币借款和贷款的会计处理与绝大多数国家不同。短期项目（一年以内到期）以期末汇率进行折算，但长期项目以交易日的历史汇率进行折算（除非发生重大损失）。但是目前，日本已经采纳了美国和国际会计准则理事会对短期项目和长期项目都采用期末汇率进行折算的处理方法。

6. 法定公积金

《商法》要求公司计提至少等于已发放股利 10% 的法定公积金，直到公积金达到股本的 25% 为止。此规定与法德的法定公积金规定相似，但日本公司计提的比重更大。法定公积金不可用于分配，但可按照适当的法律程序（如发放红股）转作资本。对法定公积金的要求体现了《商法》对债权人利益保护的导向。公积金是专门确保公司不能采取以牺牲债权人利益为代价的方式恣意制定股利政策。

7. 递延税款

如前所述，税法对日本的财务报告具有重大影响。重大的时间性差异极少出现，因为财务报表的金额通常与纳税报表的金额十分接近。例如，公司通常在财务报表中计提的折旧费金额与以纳税为目的计提的折旧金额是一致的，也即税法允许的最高限额。因为重大的时间性差异极少产生，所以递延税款的会计处理实务在日本未能得到发展。

《商法》没有特别关注递延税款，但其会计条款将可递延费用的项目限制在特定范围内，其中不包括所得税。因此，《商法》实际上禁止公司记录递延所得税资产，虽然它未禁止记录递延所得税负债。然而允许某些公司记录递延所得税负债而禁止另一些公司记录递延所得税资产似乎是相互矛盾的。所以根据《商法》编制的财务报表极少报告递延税款项目（JICPA，1994，第 35 页）。

传统上，递延税款也极少在合并财务报表中报告。然而，企业会计审议会的声明要求，从 2000 年 3 月末开始所有财务报表必须全额计提递延税款。日本注册会计师协会就递延所得税资产的确认方法公布了审计指南。

8. 非常项目

在利润表账户格式中，非常项目必须与其他项目分开，并作为一个独立部分在公司所得税之前单独列示。它们包括固定资产销售的利得和损失以及由于差错更正而产生的重要重述。这个概念比美国的概念更为宽泛（在美国会计实务中这样的项目很少出现）。国际会计准则委员会从 2005 年起禁止公司列报这些项目。

9. 养老金

传统上，几乎所有的日本公司都有雇员退休和辞职计划（不建立基金），以便在雇员离开公司时按其服务年限、薪水和其他因素计算需要支付的金额。公司计提的养老金费用通常仅限于税法允许抵扣收入的金额范围，也就是如果所有的雇员在年终自愿辞职，该金额为所要求支付的金额的 40%。企业会计审议会公告要求从 2001 年 3 月后的会计年度在合并报表中计提全额的雇员福利准备金。越来越多的大公司开始制订西方式提存的外部养老金计划。

10. 已付/应付股利

日本利润表的股利仅是公司当年支付的中期股利。年终股利在年末尚未经过批准，因此只能记录在分配表中并影响结转的留存收益。相反，在美国，当年支付的股利不在利润表中反映，并且不编制分配表。

13.2.7　合并报表及外币折算

与美国的集团财务报告相比，日本的集团财务报告是近期的新生物。在日本的财务报告中，传统上重视的是母公司的财务报表而不是合并财务报表。如前文所述，《商法》不要求编制合并财务报表，而《证券交易法》在 1992 年以前也只是要求将合并财务报表作为补充信息披露。1998 年日本对其法规进行了修改，对于上市的株式会社，合并报表成为其证券报告的基本组成部分。

规范合并财务报表的法规的第一个来源是《关于合并财务报表的规定》（Regulations Concerning Consolidated Financial Statements），它是大藏省 1976 年发布的，大藏省还发布了相关的解释性规定和条例。如果公司在 1977 年之前已对外公布了按外国认可的准则编制的合并财务报表，大藏省将豁免其遵守上述规定的义务，并允许其继续采取这种做法（直到 2001 年）。例如，某些日本公司曾根据美国会计准则编制合并财务报表（Cooke，1993b）。

过去，日本与欧洲或国际会计准则理事的规定会存在的一个差异是，子公司在日本被定义为被持有一半以上有表决权股票的公司，而不是采用基于"控制"这一模糊概念之上的定义。从于 2000 年 3 月结束的会计年度起，情况已发生改变（Seki，2000）。但是那些正式的关联公司集团由于没有母公司而不受合并法规的管制。

日本的法规中包含某些非常具体的合并财务报表的编制程序，例如公司必须消除集团内部余额和交易，必须确认非全资子公司中的少数股东权益。有时候日本的合并报表可以包含不执行相同政策的国外子公司的数据。2006 年日本会计准则理事会指南仍然允许那些按照国际财务报告准则或者美国公认会计原则编制报表的外国子公司在某些方面采取这样的做法。

在日本，合并商誉的计算曾经以取得的净资产账面价值为基础，或者像美国或国际会计准则委员会规则那样以公允价值为基础（JICPA，1994，第 26 页）。然而从 2000 年开始，商誉的计算必须参考子公司净资产的公允价值，这和《国际财务报告准则第 3 号》类似。关于集团在此之后如何从资产负债表上注销商誉的问题，目前仍存在相当大的国际差异。在日本，集团必须将商誉在其有效的使用年限内摊销。摊销年限通常遵循非合并商誉的摊销年限，即不超过 5 年，有时商誉仅在一年内摊销完毕。然而，日本的一项举措再次体现了国际协调的效果，即自 2000 年 3 月的会计年度开始，摊销年限最长可达 20 年。正如前面章节所指出的，美国和国际会计准则委员会已经对商誉采取了一项只允许减值的措施，但是日本还没有赶上这项变化。在日本，负商誉被视作负债，逐渐摊入利润。在国际财务报告准则中，负商誉被视作当期损益，而按照美国公认会计原则的规定，公司很少出现负商誉。

日本的集团公司必须使用权益法将联营企业纳入合并报表中，这一点与美国和国际财务报告准则相同。合营企业通常也采用权益法。

日本对合并外国子公司的会计处理与美国和国际财务报告准则有很大差异。有关的要求包含在企业会计审议会一份名为《外币交易会计准则》（Accounting Standard for Foreign Currency Transactions）的文件中，这份准则于 1979 年发布，之后在 1984 年和 1995 年进行了修订。在最近的这次修订（自 1996 年起生效）之前，日本的准则一直要求集团采用修正的时态法折算外国子公司的财务报表以编制合并报表。在修正的时态法下，以历史成本取得的资产、资本和非流动负债用历史汇率折算，绝大多数以现行价值计价的资产和负债（例如应收款项、应付款项和以市价计量的存货）用期末汇率折算。修订后的准则要求资产负债表项目以期末汇率折算，利润表项目以平均汇率折算。这些规定与美国公认会计原则和国际会计准则的要求相似。

13.2.8 审计

日本《商法》要求株式会社进行法定审计，但是进行法定审计的审计师却不一定必须具有职业资格。只有符合下列两条中的一条的公司才要求必须由独立的职业审计师审计：

- 公司的股本总额超过 50 亿日元；
- 公司负债总额超过 20 亿日元。

控制着审计准则的是企业会计审议会而非日本注册会计师协会，这再一次证明了日本会计职业力量的相对薄弱（见第 13.2.5 部分）。不过从 1991 年开始，企业会计审议会认可日本注册会计师协会作为编制和发布审计准则的机构。金融服务局规定按照《证券交易法》要求进行财务报表审计，必须符合一般认可的审计惯例，也就是企业会计审议会所发布的审计准则和工作规则。因此，金融服务局已经将制定审计准则的权力委托给了企业会计审议会，其制定的准则就有了法定权威。

13.2.9 与国际财务报告准则的差异

在过去的几年中，日本会计实务发生了重大的变化。如前所述，2001 年建立了一个民间准则制定机构。在此之前，企业会计审议会就已经开始调整日本的会计规则，向国际会计准则委员会或美国的规则靠近。到于 2001 年 3 月 31 日结束的会计年度为止，许多传统的日本会计惯例被废弃，正如之前详细解释的一样。然而，不像一些欧洲国家的做法，日本公司直接采用国际财务报表准则来编报财务报表的例子没有出现过（Sawa，2003，183 页）。

如前所述，有一个重大的趋同项目正在进程中，虽然很大程度上这意味着对日本准则的改变，而不是对国际财务报表准则的改变。在 2008 年宣称的变革中，一些（规则的）改变并没有立即生效。因此，在 2009 年或 2010 年 3 月的会计期末仍然存在着一些差异。一些其他的差异（例如，财务报表的列报、商誉的摊销和已终止业务的处理）留待（新准则的）"书写时"再予以解决。表 13—2 列出了一些日本不允许或不要求的方法，这与 2009 年 3 月的国际财务报表准则一致。该表中的星号表示 2010 年 3 月取消了的差异。表 13—3 以对比的格式显示了 2010 年仍然存在的一些重大差异。

如前所述，金融服务管理局（FSA）在 2009 年宣布，允许特定的上市公司对 2010 年 3 月末的合并报表使用国际财务报表准则。它计划在 2012 年决定是否从 2015 年或 2016 年开始强制采用国际财务报告准则。

表 13—2　　　日本规则不允许或不要求与国际财务报告准则一致的一些方面
(2008 年 3 月底)

- 减值在未贴现现金流量的基础上进行评估，并且不允许转回
- 除了所有权转移给承租人的租赁，其他租赁均按照经营租赁处理
- 存货减值到市价之后可以一直按照该市价来计量
- 在确定存货价值时允许采用后进先出法
- 开发费用不可以资本化
- 经营开始之前的开办费用可以资本化
- 建造合同中可以采用完成合同法来确认收入
- 在支付义务产生之前可以根据董事决策来计提准备
- 准备金不需要被折现
- 在合并资产负债表中可以记录拟派股利
- 可转换债券本质是权益的部分并没有按照权益入账
- 非常项目的披露和定义都很广泛
- 差错和政策变更通过利润来更正和变更
- 允许在某些企业合并中使用权益结合法
- 商誉在 20 年的期限内摊销
- 当联营企业采用权益法入账会严重误导利益相关者时，不可以这样做，但并没有何时适用的指南
- 没有对下列披露的具体要求
  — 综合收益的基本报表
  — 以后进先出法计价的存货在先进先出法或现值法下的价值
  — 非持续经营
  — 分部的负债报告

表 13—3　　　日本/国际财务报告准则的主要差异

标题	日本	国际财务报告准则
1. 融资租赁，除了那些转移所有权的	不予以资本化	资本化
2. 存货	允许采用后进先出法	禁止使用后进先出法
3. 结果可以可靠计量的建造合同	可以使用完成合同法（2009 年以前）	完工百分比法
4. 预计负债	如果没有支付义务也可以确认，一般不贴现	有支付义务时才确认，必需贴现
5. 商誉	20 年期间内摊销	每年进行减值
6. 拟派股利	可以计提	不可以计提
7. 可转换债券	通常作为负债	不可以计提
8. 非常项目	定义广泛	不允许

13.2.10　差异研究的一个案例

在本部分中，我们会看到日本烟草公司 2009 年以"简便转换"（convenience translation）形式编报的年度报告（76~79 页）。下面的所有引文显示了与国际财务报告准则的差异。我们还在方括号中加上了与国际财务报告准则的比较：

存货的成本大体上是按平均成本法计量的。ASBJ 第 9 号准则公告……要求存货……按成本与净销售价值孰低计量……如何合适的话，重置成本也许会用来代替净销售价值。（日本的规定，就像美国 GAAP，有时会用重置成本，当它低于历史成本或净销售价值时。）此外，烟叶……在 2008 年 4 月 1 日之前，每年都会贬值。（根据新的准则——ASBJ 第 9 号准则公告，该公司不再使用分类折旧法。）

2007 年 3 月，ASBJ 颁布了 ASBJ 第 13 号准则公告……在之前的会计准则下，只有租赁财产的所有权由出租人转移给了承租人的融资租赁是要资本化的。然而，其他的融资租赁允许作为经营租赁交易进行会计处理……修正了的会计准则要求所有的融资租赁交易都应该资本化。（在 IAS 17 下，融资租赁要资本化。公司直到发表 2009 年的报表才这样做了。）

减值损失将会被确认，如果一项资产或资产组合的账面价值超过了预期从……一项资产或资产组合中获得的未贴现未来现金流量的总数。（这个减值测试在 IAS 36 中不存在。）

日本烟草国际公司和其他外国合并子公司大体上保持其会计记录与美国公认会计原则一致。（这意味着政策的调整不能实现第 27 号 IAS 要求的集团统一。）

商誉……用直线法在 5~20 年之间摊销。（在国际财务报告准则第 3 号下，商誉无须摊销，但要每年进行减值测试。）

13.3　中国

13.3.1　会计环境

如同日本，中国封建集权统治的历史很长。还与日本一样，中国借鉴了西欧编纂的商业法律（Chen, 1998; Huang, 2001）。但与日本不同的是，中国还引进了苏联模式的会计体系（见第 12 章）。这些特征成为 20 世纪 70 年代后期起发生的重大转变的背景。

重大的经济改革带动了中国 20 世纪 70 年代以来有关会计学的发展。中国已经从社会主义计划经济模式转变为"社会主义市场经济体制"。这一进程开始于 1978 年，在 1976 年"文化大革命"之后。这些经济改革的范例有：

- 虽然企业的所有权仍然牢牢掌握在政府手中，但管理权和所有权已经分离，因此"企业主体"的概念开始有意义。
- 银行系统中非政府性贷款筹资日益重要，权益性融资也开始出现。
- 巨额的外国投资资本已流入中国（Davidson *et al.*, 1996）。

尤其相关的发展包括：

- 中国人民银行于 1984 年确认并开始监管证券发行（Winkle *et al.*, 1994）。

- 20 世纪 90 年代早期，上海和深圳两地成立证券交易所。
- 1992 年，中国公司（华晨汽车公司）在纽约证券交易所首次公开发行。
- 中国公司目前可发行 A 股（必须由中国人持有）、B 股（可由外国人持股，从 2001 年起也可由中国人持股）和 H 股（在香港上市）。一些中国公司也已经在美国、英国、新加坡和其他地方上市。发行 A 股的公司必须采用中国公认会计原则（下文会讨论），发行 B 股的公司必须采用国际财务报告准则；而那些发行 H 股的公司则可以选择采用国际财务报告准则或是中国香港公认会计原则。

13.3.2　1992 年的会计法规

　　中国的会计体系曾经适应当时的经济体制，并以前苏联的统一会计制度为基础。它包括会计科目表、以资金来源和资金运用为基础的资产负债表和编制多种分析附表的要求。企业资金由政府提供，并根据其用途分为固定资金、流动资金和专用资金等三项。每一项资金来源都有必须遵循的规定用途。恩托文（Enthoven，1987）、斯考森和杨（Skousen and Yang，1988）以及周（Zhou，1988）都曾描述过中国的会计体系及其改革的开端。

　　伴随着经济改革，中国政府开始实行会计改革，其重要目的之一就是鼓励外国投资。1992 年财政部发布了四项会计法规，其中包括对利润分配和审计的说明。与会计改革最相关的法规是《中华人民共和国外商投资企业会计制度》和《股份制企业会计制度》。1993 年《企业会计准则》开始生效。它制定了若干基本规则（例如，必须采用复式记账法，财务报表必须包括现金流量表或财务状况变动表，以及在一定条件下必须提供合并财务报表），建立了概念框架（尽管名称不同），制定了详细的会计科目表和若干详细的财务报告规定。《企业会计准则》的译文可参见汤云为等人（1994）的著作。

　　中国会计规范的概念框架与美国和国际会计准则委员会的概念框架相当接近（Davidson *et al.*，1996）。然而，会计规范并未具体而明确地说明财务报表的主要使用者或目标。事实上，企业的财务报表包括不同层次的使用者，如政府、银行、公众以及企业自身的管理人员。这与美国或国际会计准则委员会重视外部投资者的财务决策制定完全不同，不过它适用于政府仍然是企业资金最重要的提供者以及借贷资本比权益资本重要得多的国家。另一个相关的事实是纳税申报数据与会计数据仍然保持高度统一，因此计算应纳税所得额成为会计的主要目标之一。《企业会计准则》建立在历史成本基础上，不允许国际会计准则理事会或英国规则中所允许的重估，也不允许使用国际会计准则理事会/美国/英国规则中使用程度日渐增多的公允价值。此外，"实质重于形式"尚未作为一项会计原则确立，而且可靠性优先于相关性。然而，中国的会计体系承认"企业主体"以及相关的"所有者权益"和"利润"概念。

　　值得关注的是，中国的法规框架与英美国家的法规框架相去甚远。中国的"准则"由政府部门制定，中国注册会计师协会也受政府控制。中国注册会计师协会成立于 1988 年，其成员数量增长迅速（见表 1—12）。一个资本市场的监管者，即中国证券监督管理委员会成立于 1992 年，并以美国 SEC 作为模板。

1992 年法规中的具体会计制度是不完整的。这些会计制度包括固定资产采用历史成本计价；存货计价可选用先进先出法或后进先出法等，但不得采用"成本与市价孰低"法；坏账准备和折旧的计提以税法条例为基础。有关的详细内容请参见葛家澍等人（1997）的著作。作为企业会计准则的补充，实施了一系列的行业会计制度（Xiao *et al.*，2004）。

13.3.3 1992 年以后的发展

自 1992 年法规出台后，世界银行提供了 260 万美元的贷款以资助中国财政部进行会计职业方面的改革并发展会计准则（Davidson *et al.*，1996），改革和发展中的主要顾问是德勤会计师事务所。德勤全球公司派出的咨询委员之一是国际会计准则委员会的前成员（Cairns，1996）。国际会计准则委员会和中国注册会计师协会签订了多项合同。

1994 年至 1996 年中国发布了 30 个准则征求意见稿，它们大体上都与国际会计准则委员会制定的准则保持一致。制定的第一个准则，《关联方关系及其交易的披露》于 1997 年发布。

1997 年，中国加入国际会计准则委员会，并成为理事会正式观察员。国际会计准则委员会的理事会曾在北京召开过一次大会，中国政府宣布支持国际会计准则委员会。同样在 1997 年，香港（自 1993 年开始已将其准则建立在国际会计准则基础之上）回归中国。

1998 年 10 月，中国成立了隶属于中国财政部的会计准则委员会（Accounting Standards Committee，CASC）。委员会包括学术界人员、会计师事务所的成员和政府专家。会计准则委员会获得了更多的世界银行资助，并再一次聘任德勤全球公司作为其咨询专家。到 2005 年初，会计准则委员会已经发布了 16 个准则，其中一些准则只适用于上市公司。

同时在 1998 年，财政部发布了《股份有限公司会计制度》，确定了财务报告的格式（Taylor，2000）。所有的上市公司都必须考虑其存货、投资和应收账款是否减值。但其他类型的公司则不允许进行减值。

为了增强对投资者的保护，1999 年修订了《会计法》（1985 年第一次颁布，1993 年第一次修订），该法包括公司治理和内部控制等方面的主题。根据《会计法》，国务院（全国人民代表大会的立法执行机构）发布了《企业财务会计报告条例》（Financial Accounting and Reporting Rules，FARR），从而更新了《企业会计准则》的概念框架，使之与国际会计准则委员会的概念框架更加一致（Pacter and Yuen，2001b）。

2000 年，财政部颁布了一个为所有行业制定的《企业会计制度》（Enterprise Accounting System），从 2002 年起生效。该制度的第一部分把计提减值的要求扩大到大多数资产并且引入了"实质重于形式"的概念。第二部分包括一个适用于所有行业的会计科目表（见第 14 章）以便改善会计的统一性。这种会计制度与会计准则同时并存。

从 2005 年起，实行了非上市公司与其他中小企业适用《小企业会计制度》

（Accounting System for Small Business Enterprises）。它的规则比较简单。2006 年 2 月，财政部发布了一套新的《企业会计准则》：由一个基本准则和 38 个具体准则组成，并且和国际财务报告准则基本一致。上市公司从 2007 年开始执行这些准则，并且允许其他企业也执行这些准则。本章附录 13.1 提供了该套准则的目录。

这套新的《企业会计准则》的发布导致中国会计实务发生了巨大的变化，但是该套准则与国际财务报告准则仍然存在差异（见第 13.3.6 部分）

13.3.4　发展历程概述

有人（Zhou *et al.*，1995）认为，文化差异将延缓中国会计朝英美会计方向发展的进程。大量尚存的与国际财务报告准则（见下面的 13.3.6 部分）的差异证实了这一点。不过肖泽忠和潘爱香（Xiao and Pan，1997）认为采用英语国家的概念框架是改革陈旧的中国会计实务的一种协助手段。概念框架被视作持续改善准则的途径之一。

肖泽忠等人（Xiao *et al.*，2004）认为政治因素使得中国能够在发展会计准则的同时继续使用统一的会计制度（例如 2000 年的《企业会计制度》）。

Tang（2000）表示虽然新的规则已经制定，但由于缺少对管理者和审计师的培训以及审计师独立性的缺乏，许多公司却不大遵循新的规则。

13.3.5　审计

上文已提过中国注册会计师协会的成立。目前大量公司必须经过审计，其中包括外资公司（总数超过 200 000 家）、有限责任公司（大约 5 000 家）以及许多国有公司。大型国际会计师事务所在中国发展迅速，不过对它们还有若干限制，例如审计报告通常只能由中国的注册会计师签字，中国注册会计师协会的某些外国会员在特定条件下也被允许在审计报告上签字（*Accountancy*，1997）。

郝振平（Hao，1999）回顾了 20 世纪尤其是 1978 年以后中国会计职业界组织和规范的变化，从中可以看到国家仍然具有很强的影响力。

Lin 和 Chan（2000），对比分析了中国审计准则和国际指南（的异同）。Sami 和 Zhou（2008）发现在中国强制执行审计准则增加了交易量和股票价格的波动性，这表明市场对此更好地做出了反应。

13.3.6　与国际财务报告准则的差异

凯恩斯（Cairns，1996）曾考察了 18 家在香港证券交易所上市的中国公司的年报。如前所述，这些公司发行"H"股。它们被要求公布根据国际财务报告准则或香港准则（与国际财务报告准则相近）编制的财务报表。在凯恩斯考察的 18 家公司中，5 家选用国际财务报告准则，另 13 家选用香港准则。与最初的中文版财务报表相比，根据国际财务报告准则编制的报表仅作了很小的调整，最常见的调整是由外币折算的会计处理方面的暂时性问题所引起的。从中国准则到美国准则的调整则要多得多。然而，随着新准则的生效，预计所有的这些调整都将变得微不足道。

陈杰平等人（Chen，1999）研究了根据中国会计准则计算的报告收益与根据国际会计准则计算的报告收益之间的调整问题。他们认为根据中国准则计算的报告收益明显更高。陈世敏等人（Chen，2002）考察了1997年到1999年之间中国会计实践从中国规则向国际会计准则的调整，试图发现1998年的规则是否减少了两套规则之间的差异。他们没有发现两套规则之间差异减少的证据，并认为这是因为缺乏基础架构的支持，从而导致出现了盈余管理和较差的审计质量。

国际会计准则委员会/理事会对中国的影响在前面已经介绍过了。Peng 等（2008）将中国会计学分别在1992、1998、2001和2006年的新规则中向国际财务报告准则的逐渐转变制成了图表。上市公司准则的最新版本（见附录13.1）与国际财务报告准则十分接近。不过，中国准则和国际财务报告准则还存在一些差异（见Deloitte，2006）。表13—4显示了那些重要的差异。这张表主要针对上市公司。对非上市公司而言，这些差异会更大。

表13—4　　　　　　　中国会计规则和国际财务报告准则存在差异的领域

不同之处

- 《企业会计准则第8号》禁止所有减值损失的转回（与美国公认会计原则相同，但与《国际会计准则第36号》不同）
- 《企业会计准则第5号》通常要求按照历史成本来计量生物资产（与美国公认会计原则相同，但与《国际会计准则第41号》不同）

差距

- 《企业会计准则第9号》，雇员福利没有与设定受益计划相关的内容，但是这种计划在中国较罕见
- 《企业会计准则第11号》，以股份为基础的支付没有包括当主体收到一项资产或者以现金结算时的情况，然而这种情况在中国很罕见
- 相对《国际财务报告准则第5号》，《企业会计准则第4号》和《企业会计准则第30号》对持有待售资产和非持续经营的规定只有很少的要求

取消选择

- 《企业会计准则第4号》和《企业会计准则第6号》不允许选择使用公允价值来计量资产（与美国公认会计原则相同，但与《国际会计准则第16号》、《国际会计准则第38号》和《国际会计准则第40号》不同）
- 《企业会计准则第2号》只允许对合营企业采用权益法（与美国公认会计原则相同，但与《国际会计准则第31号》不同，该准则允许比例合并法）
- 《企业会计准则第16号》不允许用政府补助来抵减资产价值（与《国际会计准则第20号》不同）
- 《企业会计准则第31号》不允许使用间接法编制现金流量表（与《国际会计准则第7号》和美国公认会计原则都不同）
- 《企业会计准则第30号》要求按照功能来呈报利润表（《国际会计准则第1号》和美国公认会计原则都允许按照性质来呈报）

从表13—4中可以看出，主要的差异在于取消了国际财务报告准则允许的一些选择方法，而且这些方法多数都是美国规则不允许的。因此遵守了中国企业会计准则也就是遵守了国际财务报告准则。

小结

- 中国和日本都有一段封建集权统治的悠久历史，并且都采用了成文法的商业法律体系。然而，两者都受到了盎格鲁—撒克逊观念的影响，包括目前会计规则向国际财务报告准则的趋同，至少是对上市公司（的会计准则）而言。

- 在日本的财务报告环境中，政府具有主要的影响作用。政府的影响作用有三个不同的来源，即《商法》、《证券交易法》和税收法规。这三个来源代表着对财务报表目标的不同看法。

- 与英美历史悠久、力量强大的会计职业界相比，日本的会计职业界规模相对比较小，对财务报告的影响也较小。

- 日本的某些会计要求和做法可能显得比较保守。例如，日本公司通常以历史成本计量固定资产，而从不采用评估价值。日本公司中最常见的折旧方法是余额递减法，余额递减法将导致在资产寿命期的早期计提相对较高的折旧。日本公司通常计提不可分配的法定公积金。许多公司通常在财务报表中报告税法所允许的最高限额的费用，即使它已超过了谨慎性会计原则所要求的限额。

- 日本的法规在20世纪90年代末期被大规模修订，以缩小与美国和国际财务报告惯例的差异。2001年日本成立了一个民间准则制定机构。

- 在经济改革的作用下，中国的财务报告已经发生了转变。英美会计已经在中国建立了影响力。在中国，会计和会计职业界的地位和影响力都在提高。

- 中国会计的一些传统特征仍然存在，这导致了理念的融合。

- 新一套中国会计准则与国际会计准则仍然存在差异。

参考文献

Accountancy (1997) 'China's profession lets the outside in', *Accountancy International*, June, p. 17.

Accountancy (2000) 'More standards planned', *Accountancy*, June, p. 9.

Arai, K. and Shiratori, S. (1991) *Legal and Conceptual Framework of Accounting in Japan*, Japanese Institute of Certified Public Accountants, Tokyo.

Ballon, R. J., Tomita, I. and Usami, H. (1976) *Financial Reporting in Japan*, Kodansha International, Tokyo.

Cairns, D. (1996) 'When East meets West', *Accountancy* (international edn), August, pp. 53–5.

Chen, C. J. P., Gul, F. A. and Xijia, S. (1999) 'A comparison of reported earnings under Chinese GAAP vs. IAS: evidence from the Shanghai Stock Exchange', *Accounting Horizons*, June.

Chen, S., Sun, Z. and Wang, Y. (2002) 'Evidence from China on whether harmonized accounting standards harmonize accounting practices', *Accounting Horizons*, Vol. 16, No. 3.

Chiba, J. (2001) 'The designing of corporate accounting law in Japan after the Second World War', *Accounting, Business and Financial History*, Vol. 11, No. 3.

Chow, L. M. , Chau, G. K. and Gray, S. J. (1995) ' Accounting reforms in China: cultural constraints on implementation and development' , *Accounting and Business Research* , Vol. 26 , No. 1 , pp. 29–49.

Cooke, T. E. (1993a) ' Disclosure in Japanese corporate annual reports' , *Journal of Business Finance and Accounting* , June.

Cooke, T. E. (1993b) ' The impact of accounting principles on profits: the US versus Japan' , *Accounting and Business Research* , Autumn.

Cooke, T. E. and Kikuya, M. (1992) *Financial Reporting in Japan* , Blackwell, Oxford.

Davidson, R. A. , Gelardi, A. M. G. and Li, F. (1996) ' Analysis of the conceptual framework of China's new accounting system ' , *Accounting Horizons* , Vol. 10 , No. 1 , pp. 58–74.

Deloitte(2006) *China's New Accounting Standards* , Deloitte.

Economist (1996) *Pocket World in Figures 1997* , *The Economist* , London.

Enthoven, A. J. H. (1987) ' A review and some observations ' , in *Accounting and Auditing in the People's Republic of China* , Shanghai University of Finance and Economics, and Center for International Accounting Development, University of Texas at Dallas, pp. 205–26.

Financial Times (1999) *FT 500* , Financial Times, 28 January, p. 23.

Gee, M. A. and Mano, T. (2006) ' Accounting for deferred tax in Japanese banks and the consequences for their international operations' , *Abacus* , Vol. 42 , No. 1 , pp. 1–21.

Godwin, J. H. , Goldberg, S. R. and Douthett, E. B. (1998) ' Relevance of US-GAAP for Japanese companies' , *International Journal of Accounting* , Vol. 33 , No. 5.

Gray, S. J. , Campbell, L. G. and Shaw, J. C. (eds) (1984) *International Financial Reporting* , Macmillan, London.

Hao, Z. P. (1999) ' Regulation and organization of accounts in China' , *Accounting, Auditing and Accountability Journal* , Vol. 12 , No. 3 , pp. 286–302.

Huang, A. and Ma, R. , (2001) *Accounting in China in Transition: 1949–2000* , World Scientific Publishing, Singapore.

IASB (2005) *Insight* , International Accounting Standards Board, April/May, p. 2.

Japanese Institute of Certified Public Accountants (1991) *Corporate Disclosure in Japan* , *Reporting* , JICPA, Tokyo.

Japanese Institute of Certified Public Accountants (1994) *Corporate Disclosure in Japan* , *Accounting* , JICPA, Tokyo.

Jiashu, G. , Lin, Z. J. and Feng, L. (1997) ' Accounting standards and practices in China' , in N. Baydoun, A. Nishimura and R. Willett, *Accounting in the Asia-Pacific Region* , Wiley, Singapore.

Lin, K. Z. and Chan, K. H. (2000) ' Auditing standards in China-a comparative analysis with relevant international standards and guidelines' , *International Journal of Accounting* , Vol. 35 , No. 4 , pp. 559–80.

Liu, K. C. and Zhang, W. G. (1996) *Contemporary Accounting Issues in China*, Prentice Hall, Singapore.

Nobes, C. W. and Maeda, S. (1990) ' Japanese accounts: interpreters needed ', *Accountancy*, September.

Nobes, C. W. and Norton, J. E. (1996) ' International variations in the accounting and tax treatments of goodwill, and the implications for research ', *Journal of International Accounting, Auditing and Taxation*, Vol. 5, No. 2.

Pacter, P. and Yuen, J. (2001a) ' Chinese standards in the international arena ', *Accounting and Business*, March, pp. 36–9.

Pacter, P. and Yuen, J. (2001b) ' Accounting standards in China: a progress report ', *Accounting and Business*, February, pp. 22–5.

Sakagami, M. , Yoshimi, H. and Okano, H. (1999) ' Japanese accounting profession in transition ', *Accounting, Auditing and Accountability Journal*, Vol. 12, No. 3.

Sawa, E. (2003) ' Accounting in Japan ', Chapter 7 in P. Walton, A. Haller and B. Raffournier(eds), *International Accounting*, Thomson, London.

Seki, M. (2000) ' Reshaping Standards ', *Accountancy*, June.

Skousen, C. R. and Yang, J. (1988) ' Western management accounting and the economic reforms of China ', *Accounting, Organizations and Society*, Vol. 13, No. 2, pp. 201–26.

Tang, Y. W. , Chow, L. and Cooper, B. J. (1994) *Accounting and Finance in China*, 2nd edn, Longman, Hong Kong.

Taylor, S. (2000) ' Standard bearer ', *Accountancy*, August, pp. 114–16.

Winkle, G. M. , Huss, H. F. and Xi-Zhu, C. (1994) ' Accounting standards in the People's Republic of China: responding to economic reforms ', *Accounting Horizons*, Vol. 8, No. 3, pp. 48–57.

Xiao, J. Z. , Weetman, P. and Sun, M. (2004) ' Political influence and coexistence of a uniform accounting system and accounting standards: recent developments in China ', *Abacus*, Vol. 40, No. 2, pp. 193–218.

Xiao, Z. and Pan, A. (1997) ' Developing accounting standards on the basis of a conceptual framework by the Chinese government ', *International Journal of Accounting*, Vol. 32, No. 3, pp. 279–99.

Zhou, Z. H. (1988) ' Chinese accounting systems and practices ', *Accounting, Organizations and Society*, Vol. 3, No. 2, pp. 207–24.

后续读物

Choi, F. D. S. and Hiramatsu, K. (1987) *Accounting and Financial Reporting in Japan*, Van Nostrand, Reinhold.

Cooke, T. E. (1991) ' The evolution of financial reporting in Japan: a shame culture perspective ', *Accounting, Business and Financial History*, Vol. 1, No. 3.

Cooke, T. E. (1994) ' Japan ', in T. E. Cooke and R. H. Parker (eds), *Financial*

Reporting in the West Pacific Rim, Routledge, London.

Kuroda, M. (2001) ' Japan-Group Accounts ', in Ordelheide, D. and KPMG, *Transnational Accounting*, Palgrave, New York, pp. 1807–907.

McKinnon, J. L. (1984) ' Application of Anglo-American principles of consolidation to corporate financial disclosure in Japan ', *Abacus*, June.

Oguri, T. and Hara, Y. (1990) ' A critical examination of accounting regulation in Japan ', *Accounting, Auditing and Accountability*, Vol. 3, No. 2.

Sakurai, H. (2001) ' Japan-Individual Accounts ', in Ordelheide, D. and KPMG, *Transnational Accounting*, Palgrave, New York.

实用网址

www. asb. or. jp

www. jicpa. org. jp

www. csrc. gov. cn

www. cicpa. org. cn

www. worldbank. org/ifa/rosc_ aa. html

课后问题

书末提供带星号问题的参考答案。

13.1* "与美国会计不同，日本会计不是自身环境的产物而是外部影响的产物。"请讨论这种说法。

13.2* 根据 20 世纪 90 年代初的哪些因素可以预测中国会计在未来 10 年的发展方向？

13.3 请比较日本注册会计师协会和美国注册会计师协会的作用。

13.4 请讨论中国和日本在财务报告及其规定方面存在差异的原因（请举出与其效果相关的例子）。

13.5 "日本是独一无二的，因此日本会计也是独一无二的。"请讨论这种说法。

13.6 假设你是一个习惯于美国或英国公司报表的财务分析师，当你在评估日本公司时会遇到哪些困难？

13.7 讨论诺比斯（1998）模型中日本会计的分类（见图3—4）。是什么特征导致了这种分类，日本会计及其环境与该组的其他国家有哪些相同之处？

13.8 根据你对日本会计的了解，按照格雷模型（1988）你认为日本会计具有哪些特征？

13.9 为什么在 20 世纪 90 年代中国会计的发展道路与东欧国家不同？

13.10 请比较 20 世纪 90 年代英美会计和欧洲大陆会计在东欧与中国的影响的重要性。

附录13 《企业会计准则》

· 《基本准则》

- 《企业会计准则第 1 号——存货》
- 《企业会计准则第 2 号——长期股权投资》
- 《企业会计准则第 3 号——投资性房地产》
- 《企业会计准则第 4 号——固定资产》
- 《企业会计准则第 5 号——生物资产》
- 《企业会计准则第 6 号——无形资产》
- 《企业会计准则第 7 号——非货币性资产交换》
- 《企业会计准则第 8 号——资产减值》
- 《企业会计准则第 9 号——职工薪酬》
- 《企业会计准则第 10 号——企业年金基金》
- 《企业会计准则第 11 号——股份支付》
- 《企业会计准则第 12 号——债务重组》
- 《企业会计准则第 13 号——或有事项》
- 《企业会计准则第 14 号——收入》
- 《企业会计准则第 15 号——建造合同》
- 《企业会计准则第 16 号——政府补助》
- 《企业会计准则第 17 号——借款费用》
- 《企业会计准则第 18 号——所得税》
- 《企业会计准则第 19 号——外币折算》
- 《企业会计准则第 20 号——企业合并》
- 《企业会计准则第 21 号——租赁》
- 《企业会计准则第 22 号——金融工具确认和计量》
- 《企业会计准则第 23 号——金融资产转移》
- 《企业会计准则第 24 号——套期保值》
- 《企业会计准则第 25 号——原保险合同》
- 《企业会计准则第 26 号——再保险合同》
- 《企业会计准则第 27 号——石油天然气开采》
- 《企业会计准则第 28 号——企业会计政策、会计估计变更和差错更正》
- 《企业会计准则第 29 号——资产负债表日后事项》
- 《企业会计准则第 30 号——财务报表列报》
- 《企业会计准则第 31 号——现金流量表》
- 《企业会计准则第 32 号——中期财务报告》
- 《企业会计准则第 33 号——合并财务报表》
- 《企业会计准则第 34 号——每股收益》
- 《企业会计准则第 35 号——分部报告》
- 《企业会计准则第 36 号——关联方披露》
- 《企业会计准则第 37 号——金融工具列报》
- 《企业会计准则第 38 号——首次执行企业会计准则》

第四部分　单个公司的财务报告

第 14 章　单个公司财务报告的环境

克里斯托弗·诺比斯

内容

目标

读完本章后您应当能够

- 举例说明各国规则和两个"世界性准则"的差异。
- 解释各国规则能够继续存在的原因和存在的目的。
- 概括财务报告、税收和利润分配之间的联系。
- 通过案例解释为小企业制定特殊准则的进程。

14.1　引言

世界上大多数公司都没有在证券交易所上市，这些未上市的公司包括了几乎所有上市公司的子公司。这些子公司是独立的法人主体，因此需要编制与公司相关的非合并财务报表。不仅子公司，作为集团一个部分的母公司，无论上市与否，也都需要编制非合并财务报表。除了所有这些非上市公司，还有数以百万计的经营主体不是以公司的形式设立。即使个别主体没有发布财务报表，它仍然需要出于各种目的进行会计工作：例如，计算应纳税所得额，计算法定可分配收益或合并用的"预计负债（或准备金）"数额。

在许多国家（例如大多数欧洲国家），非上市公司的合并报表和非合并报表都要继续按照本国会计规则来编制。即使集团公司的合并报表必须遵循国际财务报告准则或美国公认会计原则（见第 5 章），多数情况下其单个公司报表的编制也可以遵循或者必须遵循本国会计规则。换句话说，许多国家的大部分会计实务都没有遵守国际财务报告准则或者美国公认会计原则。

Francis 等（2008）希望表明，在世界银行调查的 56 个国家的大多数国家中，很多非上市公司都从 1999/2000 年起采用 IFRS。不过，也并非全部都是如此。例如，对于其中的欧盟国家，IFRS 并没有普遍取得这些非上市公司报告的法律意义的认可。这些公司的数据的报告只是"使用"了 IFRS，而非真正意义的"采用"。

本书的这一部分（第14至16章）考察的是非合并报告。第15章着眼于不同国家制定其国家会计规则的不同方法。第16章考察了一些主要国家的国家会计规则，包括与 IFRS 的比较。第15章和16章都着重在一些较大的欧盟国家。在此之前，本章提供了一些更为普遍的情况。第14.2部分概述了各个国家的规则与 IFRS 或美国 GAAP 之间差异的大小。第14.3部分简述了一些主要国家仍然使用其国家会计规则的程度。第14.4部分研究了财务报告、税收和可分配收益计算之间的关系。第14.5部分着眼于小型或非上市主体的特殊规则的讨论。第14.5部分还介绍了 IASB 针对这些公司的准则。

一个有关专业术语的提示在这里也许是有用的。在美国和 IFRS 的规则中，"私有主体"近似等同于非上市主体，虽然也许不包括那些非上市但握有公众存款的企业，例如银行和保险公司。不幸的是，英国对公共有限公司（plcs）和私有有限公司的区分是非常独特的。大多数的公共有限公司是不上市的，它们仅仅只是有法律权利为它们的证券创造一个市场。在本书中，我们将会使用美国或 IFRS 意义上的"私有企业"，除非我们清楚提到是在英国的法律背景中，如第15章。

14.2　各国规则与国际财务报告准则或美国公认会计原则的差异概要

第15章将考察会计准则和实务的一些国际差异，阐释这种差异的另外一个方法是考察从国内规则向国际财务报告准则或美国公认会计原则的调整。本书已经在其他章节也考察了一些这样的转化。表1—1、表1—2和第5.6部分分别展示过一些例子。我们将在第9.2部分和第9.3部分介绍大众汽车公司和德意志银行从德国规则向国际财务报告准则转换的例子。

这些调整都是与合并报表相关的。公司不提供非合并报表的调整，理由是国际投资者对此不感兴趣。例如在世界上最大的资本市场——美国，非合并报表很少是经过审计的，公司甚至根本就不会提供这些报表。然而对合并报表的多数调整都适用于非合并报表，两者最大的不同之处是和商誉有关的部分。

表14—1列示了德国巴斯夫公司提供的从德国会计向美国会计调整的信息。带星号的项目与合并报表无关。我们用另外一家德国化学公司——拜尔公司——在国际财务报告准则被强制要求执行之前一年的报告，来说明国际财务报告准则和德国会计规则之间的差异，其中部分内容列示在表14—2中。同样，这些问题中只有一个是与合并报表有关的。第16章讨论了其中的部分主题。

表 14—1　　　　巴斯夫公司的调整项目（从德国会计调整到美国会计）　　　单位：百万欧元

	股东权益
按照德国会计准则报告的股东权益	15 765.0
少数股东权益	(331.8)
扣除少数股东权益之后的股东权益	15 433.2
按照美国公认会计原则进行的调整	
* 资本化的利息费用	472.7
* 资本化为内部使用而开发的软件	128.3
* 养老金会计处理	924.3
* 准备金会计	244.4
* 衍生工具和长期外币项目的会计处理	3.2
* 按照市价进行的证券估价	191.5
使用权益法进行会计处理的公司所进行的价格调整	39.0
* 存货计价	18.9
* 商誉摊销转回	469.5
* 其他调整	58.6
* 递延所得税和对股利支付的所得税影响的确认	(810.8)
少数股东权益	(13.7)
按照美国公认会计原则报告的股东权益	17 159.1

注：标注星号的不是合并报表问题。

资料来源：节选自 *BASF Annual Report*，2004，p. 93. BASF SA，Ludwigshafen，Germany。

表 14—2　　　　拜尔公司对国际财务报告准则与德国规则之间差异进行的解释

按照国际财务报告准则编制的财务报表，目标是为投资者提供可用于决策的信息。因此国际财务报告准则规定要严格区分商业目的的会计报告和税收目的的会计报告，禁止为费用计提准备金，在特定情况下对已实现利得使用不同的定义，确认和计量方法的选择的定义更严格，并要求提供更详细的附注和解释

两个规则之间最重要的差异主要是和证券、外币应收款和应付款、衍生金融工具等有关。国际财务报告准则要求按照期末价值报告，然而德国会计规则要求应用非平等的处理原则

国际财务报告准则和德国会计规则都要求根据经济上的所有权来确认租赁资产。但是两个规则对于经济所有权的定义存在差异。国际财务报告准则要求承担相关风险和报酬的一方确认租赁资产

《国际财务报告准则第 3 号——企业合并》出台后替代了《国际会计准则第 22 号》，它规定在 2004 年 3 月 31 日及以后签订的企业合并协议中，其所产生的商誉不再进行摊销，而要进行年度减值测试。与之对照，德国会计准则仍然允许公司摊销商誉或者直接冲销留存收益

按照国际财务报告准则，只有对第三方的负债才可以计提准备。养老金准备要使用预期累积福利单位法计算，并且考虑未来报酬和养老金的增长。国际财务报告准则不允许公司采用以税收为基础的方法

如果对于损失结转的可使用性有足够的确定性，那么就必须对这些亏损结转确认递延所得税。德国会计规则不允许对由于税收亏损结转而带来的递延所得税资产进行资本化处理

资料来源：节选自 Bayer AG Annual Report，2004. Bayer AG，Leverkusen，Germany。

14.3　各国规则的继续存在

第 5 章已经讨论过了采纳国际财务报告准则和与之趋同的区别。有很多原因使得公

司不愿意采纳国际财务报告准则来编制合并报表或所有报表。最典型的例子是美国，美国证券交易委员会尚未允许国内的注册公司采用国际财务报告准则编制财务报表，2009年，欧盟委员会发布了一份咨询文件，该文件旨在扭转《第四号指令》和《第七号指令》的逻辑顺序。也就是说，指令应该陈述小企业的会计处理，然后再对更大型企业提出一些要求。

更重要的是，欧盟委员会还在 2009 年发布了一份修订《第四号指令》的草案，该草案旨在允许成员国将"微型"企业从指令中免除。"微型"的定义是指没有满足下列三个标准中两个标准的主体：10 名雇员，100 万欧元的销售额和 50 万欧元的资产。由于大多数欧盟企业没有达到这些标准，这一提议也许会导致重大的转变，这取决于有多少成员国会制定实行这样的免除标准，以及，如果有的话，会用什么规则来代替。

有趣的是，由于美国证券交易委员会的监管范围只限于向其注册的公司，因此大量的美国公司并不受其控制。此外，美国证券交易委员会只关注合并财务报表，所以即使对于那些注册公司的单个报表及其子公司的报表该委员会也没有作出任何要求。除了在证券交易委员会注册的公司的合并报表之外，其他报表既不需要披露也不需要经过审计。尽管如此，多数情况下美国公司还是会为它们的债权人和股东编制符合美国公认会计原则的财务报表，而其利润还是计算应纳税所得额的基础（见第 14.5 部分）。2007 年，FASB 和 AICPA 成立了一个机构（私有企业财务报告委员会，PCFRC）以考虑私有企业的会计问题。

日本不愿意放弃本国的会计规则，原因是它认为日本的情况很特别。例如，日本人反对取消权益集合法（见第 8 章），原因是受到文化传统的影响，日本人倾向于将企业并购看成是双方同意的合并而非充满敌意的兼并。这种情绪可能会延缓日本与国际财务报告准则趋同的步伐（IASB，2005）。民族自豪感也使得欧盟的某些地区不喜欢国际财务报告准则或美国公认会计原则，它们把这些会计准则看作是藏有英美会计的特洛伊木马（见第 4 章）。不过，在非合并报表中有更重要的理由谨慎地采纳国际财务报告准则。最根本的一个原因是上市公司的合并报表和其他公司或其他报表的会计目标存在差异。例如，一个非上市公司可能除了其董事之外就没有别的股东了。完全采用国际财务报告准则对这种公司而言成本高昂。第 14.5 部分考察了这些问题。

此外，非合并报表的主要目的可能是计算应纳税所得额或者可分配利润，而不是给投资者提供有用的信息以帮助他们预测现金流量。既然财务报表的目标不同，或许其本来就应该与国际财务报告准则不同。许多欧盟国家的税收和财务报告联系密切（见第 14.4 部分），这也就不难理解为什么这些国家不愿意采纳国际财务报告准则来编制非合并报表了，因为根据国际财务报告准则计算的利润需要作出很多职业判断，计算出来的应纳税所得额可能就会因判断不同而有所不同。而且，如果这样做的话，国家可能需要派代表参加国际会计准则理事会讨论应纳税所得额的计算问题，但是国际会计准则理事会对这个问题是没有兴趣的。

欧盟《1606/2002 号条例》允许非合并报表采用国际财务报告准则，表 14—3 举例说明了欧盟国家对该条例作出的反应。该表中下半部分的国家中税收与报告的联系更紧密。需要注意的是，这些国家都是在第 4 章分类中被列在右边。以德国为例，公司可以在非合并报表中采用国际财务报告准则，但前提是公司还需按照国家税收和利润分配目的规则编制另外一套报表（Haller and Eierle，2004）。在第 14.4 部分我们将进一步考察这个问题。

表 14—3　　　　　对允许非合并报表使用国际财务报告准则的一些反应

强制使用	塞浦路斯、马耳他
上市公司强制（2009 年以后），非上市公司可选择*	丹麦
可选择*	英国、荷兰、挪威
上市公司强制，非上市公司禁止*	捷克共和国
可选择，但仅针对财务报告	德国
禁止	奥地利、比利时、法国、西班牙、瑞典

注：*说明计算应纳税所得额有两种不同的基础。

资料来源：作者总结。

即使那些允许采用国际财务报告准则的国家，也仍然保留着本国的会计规则。不过许多国家，例如英国，已经开始进行与国际财务报告准则趋同的改革项目。

14.4　财务报告、税收与利润分配

我们在第 2 章曾解释过，一般会计规则下报告的利润是计算应纳税所得额和可分配利润的起点，任何一个国家都是如此。但是利润和上述两者之间的接近程度则有差异。兰姆等人（1998）考察了一些会计主题，并指出在法国和德国，财务报告与税收之间的接近程度远大于美国或英国。诺比斯和施文克（2006）以挪威为例，研究了财务报告与税收之间关系的演化，发现二者的关系在挪威有日渐松散的趋势。

当财务报告和税收规则相同时，原来税收使用财务报告利润为起点的理论地位就可能发生逆转，反而选择会计数据时往往要考虑其税收影响。在德国的国内规则中情况正是如此（Haller，1992）。这种紧密的联系也使得这些国家不大可能在实务中采用国际财务报告准则或与之完全趋同，因为按照国际财务报告准则计算的利润主观性更强，该准则也不是受到某个国家控制的。使用国际财务报告准则意味着这种紧密联系必须被打破，或者必须对同样的事项做两次会计处理。

有些国家允许某些公司，甚至允许所有公司选择使用国际财务报告准则或者国内规则来编制财务报告，这会带来一个更加复杂的问题，即公司运用不同方法可能会出现不同的税前利润，也就是计算应纳税所得额的两个不同起点。表 14—3 中加星号的国家就是这样。其中有些国家对许多会计主题都有特殊的税收规则（见第 2.5 部分和第 22.2 部分的讨论），对这些国家来说问题不大，但是其他国家对特定主题没有专门的税收规则，税收实务完全依赖会计规则，这些国家就可能出现很大的困难。例如，按照《国际会计准则第 32 号》（见第 6.3 部分），某些支付项目被重新分类为股利而非利息，或者反过来支付项目被重新分类成利息而非股利。利息是可以在税前抵扣的，股利则是不可以的。这样就出现了问题，在计算应纳税所得额时可否按照财务报告的分类来抵扣利息。各国对这个问题的处理方法存在差异。

在许多国家（例如法国和德国），单个法律主体的法定可分配利润就是会计利润。按照《第四号指令》，可分配利润是"累积已实现利润减去累积已实现损失"。在英国，则需对会计利润进行调整，例如加上由于过去自愿重估资产增值而多计提的折旧。然而可以假设，单个公司（指那些有权可以分配利润的公司）开始采用国际

财务报告准则的行动会影响"已确认"的内容。

在美国，对可分配利润的限制主要取决于偿付能力而不是利润，这也许是可值得欧洲借鉴的一个好办法。

14.5　小公司或非上市公司的特殊规则

14.5.1　特殊规则案例

"大公司会计原则与小公司会计原则的对比"或者"报告差异"的存在有很长的历史。典型的例子是美国，在第14.3部分已经提到过，证券交易委员会仅仅要求上市公司遵守美国公认会计原则。在欧洲，根据《第四号指令》，小公司可以按照本国法律免于审计并公开财务报告。所谓"小公司"指的是雇员在50人以下、销售额和总资产的货币价值在一定金额（该限额在逐年增长）范围内的公司（见第15.3部分）。

英国、中国香港和新西兰等国家或地区有专门的小公司会计准则。英国的中小企业财务报告准则（Financial Reporting Standard for Smaller Enterprises，FRSSE）最初于1997年颁布，该准则是一般准则的缩写版，而且披露要求也减少了很多。"小公司"按照上一段提到的《第四号指令》来定义。关键问题是主要准则中的计量规则并没有重大变化，而且如果小公司出现了在小企业财务报告准则中未提及的会计问题，它们也必须参考一般准则。由于其他准则不断变化，小企业财务报告准则也需要被经常修订。

14.5.2　国际会计准则理事会的中小企业会计准则草案

在旧的国际会计准则委员会的整个生涯中存在一个核心思想，即为大型上市公司的合并报表制定准则。然而，在国际会计准则理事会成立的初期，为中小企业提供适用的国际财务报告准则的需求就出现在了其面前。尽管理事会的一些成员提出过反对，认为为中小企业提供国际财务报告准则可能会分散其在主要任务上的精力，然而国际会计准则理事会仍从2003年开始研究该项目。因此，为了保护这个项目，负责的工作人员是直接向国际会计准则理事会主席报告的。

在澳大利亚、塞浦路斯、新西兰或南非等国家已经在所有公司报告中全面采用国际财务报告准则，针对中小企业（无论按照规模还是按上市情况来定义）的国际财务报告准则无疑会帮助这些公司减轻负担。然而对于如法国和德国等仅仅在合并报表范围内使用国际财务报告准则的国家，国际中小企业财务报告准则的必要性似乎不是那么清楚。尽管如此，欧盟向来是支持中小企业国际财务报告准则的先锋。这可能是因为欧盟希望最终能够完全统一欧洲会计实务，然后在欧洲实现相同的纳税基础（见第22章）。这些目标与国际会计准则理事会服务于投资者的国际可比性目标并不相同。结果之一是欧洲委员会希望中小企业会计准则比目前的国际财务报告准则更加简化（例如在计量方面与现行国际财务报告准则存在差异）。

不同的计量基础的问题延滞了国际会计准则理事会项目的进程。2004年，一份讨论文件发表了。根据这一文件的反馈，国际会计准则理事会决定，在估计成本和收益时，大体上允许存在一些计量差异。2007年的征求意见稿中包括了很少的差异，但正如下文的解释，有一些差异还是添加到了2009年（发布）的最终准则中。

尽管该项目是以中小企业为标题，但它还是取决于该报告主体是否有公众利益，尤其是是否上市而不是企业规模大小这一关键点。该征求意见稿针对的是那些不具有大众责任的主体，即那些非上市的和不进行信托业务的主体，如银行和保险公司。在2008 年间，该项目的标题是"私有主体"，但是到了 2009 年 1 月，就变为了"非大众责任主体"（NPAEs）。然而，虽然这一范围没有变，但准则中的标题又恢复为中小企业，部分是因为 NPAEs 是不盈利的，还有就是"私有"的概念很混乱（例如，在中国，很多公司都是部分国有的）。

与完整的大约 2 800 页的国际财务报告准则相比，SME–IFRS（小型和中型企业国际财务报告准则）只有 230 页（加上指南和结论基础），并且它写得更为简洁，所以也更易于阅读。中小企业准则的每一章几乎都涵盖了一条完整的国际财务报告准则。与国际财务报告准则相比，SME–IFRS 准则中一些披露要求被删减了，一些完整的准则也被剔除了，一些选择性做法被取消或添加进来了，一些准则被简化了。省略的准则包括分部报告（《国际财务报告准则第 8 号》）、每股收益（IAS 第 33 号）、中期报告（IAS 第 34 号）。

表 14—4 显示了 SME–IFRS 准则的简化工作，主要是与国际财务报告准则差异，而不是添加或取消了一些选择性做法。一些差异是，将国际财务报告准则中的选择性做法，变成强制性做法。这个案例就是表 14—4 中列出的 IAS 第 40 号。对 IAS 第 20 号来说，在国际财务报告准则中的一个选择性做法完全由 SME–IFRS 中的不同要求替代了。如表 14—5和表 14—6 所示，SME–IFRS 还删除了一些复杂的选择性做法，引入了一些额外的简化的选择性做法。一些评论家已经讨论了这种进一步简化的做法。例如，将所有的租赁都作为经营租赁，而不计算递延所得税。只有一个完整的国际财务报告准则能被私有主体参考使用，那就是，它们可以允许使用完整的 IFRS 而不是表 14—4 中概括的简化版本，来计量和确认金融工具（如 IAS 39）。

表 14—4　　　　2007 年中小企业会计准则征求意见稿中的简化建议

完整的国际财务报告准则	中小企业会计准则的建议
《国际会计准则第 12 号》	对于联营或合营企业的不确定性收益只有在可预见的未来很可能会支付时，才确认相关的递延所得税负债
《国际会计准则第 19 号》	精算利得和损失需要立刻在收益中确认
《国际会计准则第 20 号》	政府补助在可收到时确认为收益（和《国际会计准则第 41 号》一致）
《国际会计准则第 23 号》	建造中的借款费用可以费用化（和旧的《国际会计准则第 23 号》一致）
《国际会计准则第 27 号》	母公司不必编制投资报表
《国际会计准则第 28 号》和《国际会计准则第 31 号》	可以按照成本来计量在联营和合营企业中的投资
《国际会计准则第 38 号》	所有开发成本都要费用化
《国际会计准则第 38 号》和《国际财务报告准则第 3 号》	使用寿命不确定的无形资产在出现"减值迹象"时进行减值，而非按照年度进行减值测试
《国际会计准则第 39 号》	金融资产的分类中没有持有待出售这一类（因此只存在历史成本或者市场价格）

　　某些地区（例如欧盟成员国）将考虑是否允许或要求公司使用中小企业会计准则。如果欧盟或其他的国家或地区认为国际会计准则理事会的准则仍然不够简单，它们就可能为"最小"公司发明更低层次的会计规则，但是"最小"公司实际上意味着大多数公司。

小结

- 世界上大多数会计实务都仍然使用国内规则而非国际准则（无论内部使用还是对外公开）。
- 许多会计主题仍然存在着国际差异，例如无形资产会计、养老金和其他准备金会计，以及金融工具会计等。
- 世界各国会计规则仍然存在差异的原因有很多，例如不愿意发生改变、对"外国"影响的抵制等。更重要的原因是国内规则对税收和可分配利润的计算更为适用。
- 某些国家规则的一个典型特征是，对于小公司或非上市公司的要求较少。
- 国际会计准则理事会的中小企业会计准则征求意见稿主要和那些不涉及公众受托责任的公司相关。该准则只有完整国际财务报告准则的十分之一，其中包括对计量的一些简化处理。

参考文献

Haller, A. (1992) 'The relationship of financial and tax accounting in Germany: a major reason for accounting disharmony in Europe', *International Journal of Accounting*, Vol. 27.

Haller, A. and Eierle, B. (2004) 'The adaptation of German accounting rules to IFRS: A legislative balancing act', *Accounting in Europe*, Vol. 1, No. 1.

IASB (2004) *Preliminary Views on Accounting Standards for Small and Medium-sized Entities*, International Accounting Standards Board, London.

IASB (2005) *Insight*, International Accounting Standards Board, London, p. 1.

Lamb, M., Nobes, C. W. and Roberts, A. D. (1998) 'International variations in the connections between tax and financial reporting', *Accounting and Business Research*, Summer.

Nobes, C. W. and Schwencke, H. R. (2006) 'Tax and financial reporting links: a longitudinal examination over 30 years up to IFRS adoption, using Norway as a case study', *European Accounting Review*, Vol. 15, No. 1.

实用网址

　　第6章、第8章、第15章和第22章结尾所列示的网址对于本章的许多方面也适用。

课后问题

　　书末提供带星号问题的参考答案。

14.1* 根据本章和以前各章（第2章、第3章和第5章）所提供的信息，举例说明两个国家会计制度或某个国家会计制度与国际财务报告准则之间在某些主题上存在的主要差异。

14.2* 存在差别报告的理由有说服力吗？这种差别化处理应该根据公司规模还是根据其他特征进行？

14.3 根据本章和以前的章节的内容，解释财务报告利润与应纳税所得额如何不同，并解释这种不同在国际间的差异性。

14.4 解释国际会计准则理事会中小企业会计准则与完整的国际财务报告准则如何不同。你认为这些差异是否足够？

第 15 章　制定欧洲非上市企业会计规则

罗伯特·帕克

内容

目标

读完本章后您应当能够

- 解释谁为法国、德国和英国的非上市公司制定会计规则。
- 解释为什么适用会计规则的公司形式在欧盟不同国家间存在差异。
- 描述法国、德国和英国的公司法律形式。

15.1　引言

第 14 章解释了欧盟强制使用国际财务报告准则的要求仅限于上市公司的合并报表范围内。本章和第 15 章将关注其他的欧洲公司，它们占据了所有公司中的绝大多数。这些公司的会计和财务报告规则并不是由国际会计准则理事会来制定的，与美国公认会计原则也不同。这些章节不考察上市公司或者合并报表问题。第 16 章将考察单个公司的会计规则和实务。本章重点考察两个相关的问题：

- 对于不在证券交易所上市的公司，谁来为它们制定会计规则（第 15.2 部分）。
- 哪些公司需要遵守这些会计规则？

对这两个问题的答案在不同国家有相当大的差异。这些差异与在第 2 章区分过的法律制度（普通法系和罗马法系）以及融资来源是密不可分的，这一点毫不令人感到奇怪。第 8 章和第 12 章所讨论的美国和日本的法规框架已经很好地说明了法律制度和融资来源对财务报告规则和实务的影响。本章我们将深入分析目前法国、德国和英国的情况。选择这些国家的原因很多，具体包括它们是欧盟最大的经济体，而且这些国家有欧洲最大的股票市场。它们对欧盟的其他国家以及世界上其他国家和地区的法律和会计实务都有影响。所有这些国家都仍然存在会计处理方法上的差异。所选的三个国家（不仅仅包括欧洲大陆的两个国家，还包括英国在内）的法规框架都与美国的存在巨大差异。

15.2 谁制定会计规则

15.2.1 引言

最近 10 年，欧盟内部会计准则制定机构的差异性已经有所下降。实际上，表面证据说明目前欧盟内部的会计准则仅存在极少的差异。例如比较法国和英国，二者均为欧盟成员国，都通过国内法律来执行欧盟会计指令（见第 12 章）。两个国家都有公司法案和次级法律，都有适用于公众公司和私人公司的混合监管和准则制定机构。可能两国之间唯一的重要差异是英国没有类似于法国那样的全国会计总方案。然而如果深入分析，我们会发现表面上的相似性并不真正存在。随着下文对法国、德国和英国的准则制定机构的详细考察，这一点会逐渐清晰。

15.2.2 法国

至少从 17 世纪开始，法国政府就已经成为影响会计实务的主要因素，不过这种影响往往是非直接的并且形式复杂。科尔伯特（Colbert）在路易十四统治时期所颁布的 1673 年《商事王令》（*Ordonnance de Commerce*）构成了 1807 年《拿破仑商法》（*Code de Commerce*）的基础（Howard，1932），该商法后来传遍了整个欧洲大陆（对中国和日本的影响见第 13 章）。20 世纪后半叶，尤其是从 1946 年到 1983 年，政府的影响非常强大，但从那以后外部因素的冲击又使政府的影响开始削弱。这些外部因素包括来自欧盟（在欧盟内法国一直是领袖国家之一）的公司法协调计划和日益增强的全球资本市场的影响。全球资本市场是被英美国家，尤其是美国所控制的。

科拉斯和斯坦迪什（Colasse and Standish，1998）将法国会计划分为四个阶段：

（1）1946—1957 年，战后重建与法国国家计划经济时期。法国在这段时期建立了会计总方案（*plan comptable général*，PCG），其中以宏观经济目标为主，很少有来自会计职业界的观点。

（2）1958—1973 年，现代化和经济高速增长时期。在这段时期会计总方案的应用领域扩大，并和税收规则产生了进一步的联系。

（3）1974—1983 年，经济动荡和法国式会计标准化（*normalisation à la francaise*）的鼎盛时期。在这段时期欧盟公司法指令被融入法国会计中，从而正式的法国会计规则数量激增。

（4）1984—1997 年，全球化、放松管制和私有化时期。在这段时期内法国方法面临着严峻的考验，法国重新组建了会计协会，会计职业界的作用得到了加强，国际会计准则开始成为国内准则强有力的竞争对手。

（5）1998 年— ，会计规则的改革期，并有会计监督管理委员会（Comité de la Réglementation Comptable）和之后 2009 年管理局会计准则（Autorité des Normes Comptables）的创设；以及在 1999 年制订的一个新的会计计划和更多的"跨国"合并准则。

所有这些影响的最终结果是导致法国会计出现双轨制，即单个公司的财务报表和集团财务报表采用不同的规则编制。从 1987 年合并报表成为强制要求开始，公司就需执行特定的规则，因此对于国际财务报告准则只适用于合并报表的想法，法国会计师早已作好了准备。

法国会计规则的数量不断增加，最终导致了《会计法》的出台，这些规则来源广泛，下面是雷伯德—特里罗和特勒（Raybaud-Turrillo and Teller，1998）对其来源的分类：

- 公共来源

法国政府：法律（loi）、法令（Décret）、部长令（arrêté）、全国会计总方案。

欧盟：指令（通过国内法规来实施）

- 公共/民间混合来源

国家会计准则制定机关（Conseil National de la Comptabilité，CNC）。

会计法规委员会（Comité de la Réglementation Comptable，CRC）。

我们在后面的讨论中将采用这种分类方法，并将解释税法和法国注册会计师协会（Ordre des Experts Comptables，OEC）的作用。金融市场管理局（见第 9 章）的工作与单个财务报表不直接相关。

全国会计总方案（plan comptable général，PCG）是法国会计最具特色的部分，它不仅仅是一个账户分类表，而且是一个有关财务会计的非常详细的手册。其内容包括会计术语的定义、估价与计量规则以及财务报表模式。许多会计教材都以此为基础。所有的法国会计师都要学习如何使用它来记录会计交易，起草财务报表和填报纳税申报单。斯坦迪什（Standish，1997，第 273 页至第 276 页）认为会计总方案实际上创造了一种全国性会计语言，其中国家会计准则制定机关对会计准则的作用类似法兰西学院（Académie Francaise）在语言规范中的作用。

斯坦迪什（1990）、福廷（Fortin，1991）和理查德（Richard，1992）讨论了会计总方案的历史。会计总方案的第一个版本于 1947 年颁布，该版本中的思想并不完全源自法国，其中许多思想还来自德国。1957 年总方案进行了修订，随后于 1982 年和 1986 年再次进行修订，修订目的是为了贯彻欧盟第四号指令和第七号指令（见第 12 章）。比较重要的一点是，1982 年的会计总方案和以前的不同，所有的工商企业都被强制要求执行该方案。会计总方案最近一次修订版本发表于 1999 年。为了将新的规则（例如长期合同等）加入会计总方案，每次修订都会发生一些改变。这些修订的一个特别目的是促使法国规则和国际财务报告准则的要求更加一致（见第 16.2.2 部分）。与 1982 年的会计总方案不同的是，1999 年的修订版本不包括对成本管理会计和合并财务报表的任何规定。除此以外，其他方面基本上只是对 1982 年的规则进行了汇编和整理。

附录 15.1 列示了 1999 年会计总方案的内容；附录 15.2 列示了该方案中会计科目表。① 该方案的基础是一个十进制的会计科目表。主要的会计科目类别有：

资产负债表账户

1. 资本（所有者权益、长期贷款和应付款项）；

2. 固定资产；

3. 存货和在产品；

4. 应收账款和应付账款；

5. 财务。

营业账户

1. 费用；

2. 收入。

对以上的科目还可以作进一步的分类，例如 211 土地、2114 矿场、21141 采石场。

从附录 15.2 中可以看出对费用和收入的分类是按照性质而非职能来划分的（见第 2 章）。这对某些使用者不利，但这使得所有公司实体都可以按照同样的方式来使用会计总方案。每个行业都有针对各自特点制定的会计总方案，被称作职业方案。

税收法规在法国公司以及其他非公司单位的单个报表中发挥着重要的作用，原因有二：计量会计报告利润的规则和计量应税收益的规则区别不大；在年度报表内列示的费用只有在税收目的报表中才能抵减。对单个公司来说，立法者更关注的是如何协调会计和税法的关系，为此他们在税收法令和会计总方案之间建立了正式的联系。尽管《商法》和《公司法》并未明确指出，但它们与会计总方案是一致的。不过最近一些年税收法规的影响备受攻击，兰姆等人（1998）详细地研究了法国会计与税收之间的关系。

法国的职业会计团体比英国和美国发展得晚，四大会计师事务所虽然都早已在法国经营，但没有一个是源于法国的。法国注册会计师协会成立于 1942 年，并在第二次世界大战后于 1945 年进行了重组。尽管其规模和影响在不断增长，但是相对如英国特许会计师协会等机构来说仍然是一个规模小、力量弱、自治能力差的团体，而且从来没有负责过会计准则的制定工作。然而如前所述，它参与国家会计准则制定机关和会计法规委员会的工作，它还对会计问题发布意见公告。第 10 章讨论了法国的国家法定审计师协会和审计师高级理事会的职能。

15.2.3　德国

在德国，对单个公司的会计规则多数是由德国政府来制定的，这一规律体现在《商法》（*Handelsgesetzbuch*，HGB）和税收法规中。《商法》要求按照记账原则（*Grundsätze ordnungsmässiger Buchführung*）来编制年度财务报表。如果这些原则并没有在法律中说明，那就需要根据《商法》、注册会计师协会（*Institut der*

---

① 本附录的英文版本源自国家会计委员会（CNC）网站。

Wirtschaftsprüfer）声明、税收法规以及企业会计实务进行推断。

税法与联邦财政法院的裁决是实践中会计规则的主要来源。所谓的"权威性原则"或一致性原则（Massgeblichkeitsprinzip）可运用于应纳税所得额的测定。这一原则说明税务报表是基于商业报表的（Haller，1992）。直到2009年Bilanzrechtsmodernisierungsgesetz（BilMoG，《会计法律现代化法案》）的出现，所有可抵扣税额的费用才必须记入利润表中。这些费用包括特殊折旧、减值和预计负债（或准备金）。在实践中，会计数据的选择往往会受到税务的影响。以特殊折旧为例，即使在公司的业务中没有显现出来，税法仍然要求把其记录到商业报表中。实际上，权威性原则也出现过逆转，并且联邦财政法院是决定会计惯例的最高权威机构。Lamb等人（1998）详细研究了德国税务和会计的联系紧密度，并与美国、英国和法国的情况进行了比较。第2.5部分给出了许多税务影响德国会计的例子。德国财政机构仍然在大体上反对允许对其不会产生影响的财务报表采用会计规则，而这些财务报表是计算税额的基础。然而，最近德国税法的变动，尤其是预计负债（或准备金）方面的变动，已经导致了财务账户和税务账户之间更大的差异。BilMoG宣布各种由税务引起的会计处理方法是不合法的。例如，过度减值。不过，像正常的折旧费用，还是可以继续作为税额的抵扣项。

虽然德国会计职业界的影响近年来有所加强，但其力量仍然微弱。德国的会计师团体，德国法定审计师协会（Institut der Wirtschaftsprüfer in Deutschland e.V.，IdW）根据1931年《公司法》的规定于1931年成立。该机构的规模小于英国和法国的职业团体，且成员的加入全凭自愿。不过大部分的德国注册会计师（Wirtschaftsprüfer，WPs）都已经加入该机构。此外，根据1961年为规范会计职业界而颁布的《注册会计师法案》（Wirtschaftsprüferordnung），德国成立了德国注册会计师公会（Wirtschaftsprüferkammer），注册会计师加入该公会是法定要求。德国注册会计师公会主要通过提出建议，发布非强制性文件并在立法过程中提供咨询意见等途径对会计实务施加影响。德国官方机构，例如证券交易所和商业行会等（这些机构在其他国家都能对会计实务施加直接影响）对德国会计的影响很小，但是它们却参与制定准则的讨论。会计学术界也通过这种方式对会计实务施加影响——尽管德国会计理论源远流长，研究方法多种多样。1998年德国会计准则委员会（German Accounting Standards Committee，GASC）（德语为 Deutsches Rechnungslegungs Standards Committee，DRSC）成立，其目标是制定编制合并财务报告所适用的会计准则（不适用于单个公司财务报告的编制）。2007年德国正在讨论制订会计现代化法案（Bilanzrechtsmodernisierungsgesetz）。该法案将促使德国会计规则与国际准则进一步趋同，并且将改变商法对单个财务报表的规则。

2009年的 Bilanzrechtsmodernisierungsgesetz（《会计法律现代化法案》）促使德国的会计规则更加靠近国际财务报告准则，虽然仍有一些差异存在。这些规则被设计为比国际财务报告准则更为简化的备选版本，尤其是对小企业而言。

15.2.4 英国

英国政府通过公司法律的形式来规范财务报告。1844年，英国首次可以通过注册来设立公司，而无需再办理皇家法庭或议会的私有法案等复杂手续。随后，有限责任公司也于 1855 年应运而生，从此英国《公司法》进行了无数次的修订。该《公司法》适用于英格兰、威尔士和苏格兰，同时也通过了一个仅适用于北爱尔兰的单独法令。在 20 世纪，法案的条例不仅数量增加了，而且也更为复杂了。明显的标志是 1947 年的《公司法》（后来统一为 1948 年的《公司法》），这部《公司法》要求公司必须编制集团报表，区分"公积金"（reserve）和"准备金"（provision）（这使得设立秘密准备更为困难），增加许多新的披露要求，并要求董事编制能体现"真实和公允原则"的财务报表（审计人员对此出具报告）。这部《公司法》以 1945 年的关于公司法修订的科恩委员会报告（Report of the Cohen Committee）为基础，而该报告及公司法中的会计和审计内容均受到英格兰及威尔士特许会计师协会于 1942 年发布的"会计原则建议书"（Recommendations on Accounting Principles）的极大影响。

1948 年的《公司法》在近 40 年中一直被作为主要的法令保留下来，但其一系列条款也进行过修订。第一次修订是在 1967 年，要求公司必须披露营业额，这极大地扩充了董事会报告和注释所提供的信息，并取消了家族私人企业不披露营业额的特权。第二次修订是在 1976 年，这次修订从法律上严格要求公司保存并公布信息，增强了审计人员的权利，并增加了对董事股份的披露。第三次修订是在 1980 年，在此次修订中执行了欧盟《第二号指令》。第四次修订是在 1981 年，在修订中执行了欧盟《第四号指令》。1985 年，所有这些法令合并在 1985 年的《公司法》中，这是一部特大型的法规，其中包括 747 节和 25 个附表。法案中的会计和审计条款在 1989 年的《公司法》中得到修订和重申，这部《公司法》主要贯彻欧盟《第七号指令》和《第八号指令》。

尽管经过了这些修订，英国《公司法》仍有很多 19 世纪起源时的烙印。贸易工业部于 1998 年建立了一个公司法检讨督导小组（Company Law Review Steering Group, CLRSG），该组织于 2001 年发布了最终报告，对于公司法整个框架的主要重建工作提出了建议。该报告中的大多数建议都被政府所接受，贸易工业部在 2002 年 7 月发表了《实现公司法的现代化》（Modernising Company Law）白皮书。2004 年，英国颁布了新的公司（审计、调查和社区企业）法案。2006 年，英国最终制定了一个改革后的新公司法，其中包括了执行许多欧盟指令的要求（见表 12—1），也融合了所有以前的法律条款。这部新的公司法甚至超过了 1985 年的《公司法》的规模，2006 年的《公司法》包括了 1 300 个节和 16 个附表，是英国法典中最长的法律。

英国公司法的规定与美国证券交易委员会的规定不同。它适用于除少数几个由皇家特许或依据国会特殊法令成立的公司外的所有英国有限责任公司。然而，该公司法对中小型公司却有一些重要的豁免规定（见第 15.3 部分）。

除了国家之外，对财务报告规则产生最大影响的是会计师。1969 年，英格兰及威尔士特许会计师协会（ICAEW）对一些被广泛认为有极大误导性、损害性的年度报表范例和对职业界的恶意批评（尤其是来自媒体的批评）作出了反应。为了反驳批评，解决所存在的问题并保持其道义上的权威，英格兰及威尔士特许会计师协会成立了会计准则筹划指导委员会，后来该委员会更名为会计准则委员会（Accounting

Standards Committee），英国的其他五个职业会计团体也加入了该委员会。虽然会计准则委员会的成员历经变动，但其规模一直较大（在 1990 年解散时仍有 21 名成员），其中包括不领取薪金的兼职人员。会计准则委员会的成员主要来自职业界，其作用只限于制定标准会计实务公告（Statement of Standard Accounting Practice，SSAPs），而该公告的发布和实施仍由六个职业团体负责。

1988 年，由会计职业团体咨询委员会设立的德林委员会（Dearing Committee）发布的报告受到批评，该委员会接受了批评意见并同意接近美国的做法更为可取（见第 8 章）。1990 年，会计准则委员会被会计准则理事会取代，理事会包括 1 名专职主席、1 名专职技术董事和 7 名（目前是 8 名）兼职的付薪成员。会计准则理事会受独立于职业界的财务报告理事会的监督。与会计准则委员会不同的是，会计准则理事会有权发布会计准则。

会计准则理事会的准则被称为财务报告准则（Financial Reporting Standards，FRSs）。会计准则理事会还接受了会计准则委员会现有的标准会计实务公告，这些公告在被财务报告准则取代之前一直有效。财务报告准则和标准会计实务公告都包含披露规则（例如《财务报告准则第 1 号》是关于现金流量表的披露原则）和计量规则（例如《标准会计实务公告第 4 号》是关于政府补贴的计量）。一些准则同时包含两方面规则，例如《财务报告准则第 14 号》要求披露每股收益（公司法不要求），同时也制定了计算每股收益时应遵循的规定。大部分准则适用于所有大中型公司，除非这些公司必须遵守国际财务报告准则（见第 5 章）。小公司和其他实体只需遵循一套准则，即中小企业财务报告准则，这套准则很好地总结了英国各个领域的会计标准。IASB 准则与中小企业的相关性稍后会在本部分中提到。

从 2002 年开始，会计准则理事会的主要任务是为英国和国际财务报告准则的趋同作准备。表 15—1 列示了 2010 年年初存在的财务报告准则和标准会计实务公告。其中《财务报告准则第 12 号》、《财务报告准则第 20 号》至《财务报告准则第 26 号》以及《财务报告准则第 29 号》基本上是国际财务报告准则的翻版。有些准则只适用于上市公司，这也就是存在两个关于外币的准则（《标准会计实务公告第 20 号》和《财务报告准则第 23 号》）的原因。此外还存在非法定执行但很有影响力的建议实务公告（Statements of Recommended Practice，SORPs），这些公告关注于如慈善机构和大学等机构的财务报表方面的问题。《德林报告（Dearing Report）》所带来的结果就是加强了会计准则的地位。公司法要求公共有限公司（plcs）和其他大公司的董事在他们的年度报告中列报其任何与会计准则不符的方面。

除了 ASB，1990 年还成立了另外两个机构：财务报告审核委员会（FRRP），一个 FRC 的分支机构，以及紧急问题任务组（UITF），以美国 EITF 为蓝本建立（见第 8 章）。

FRRP 的工作在第 10 章中已经讨论了。UITF 的主要作用就是帮助 ASB 处理一些领域的问题：会计准则或公司法规定存在的领域，特别是那些已经出现或者可能出现令人不满意或相互矛盾的解释的领域。UITF 在努力达成一个共识，并期望公司像遵守会计准则一样遵守这一共识。这一进程一定程度上加快了那些已经实际应用的相关规则的制定（例如，遭受恶性通货膨胀国家货币的会计处理）。法律顾问的观点

（Arden，1993）是，作为所有这些变化的结果，法院通常会发现，为了真实和公允地列报，财务报表遵循会计准则和 UITF 的公告是必要的。

表 15—1　　　　截至 2008 年年初的标准会计实务公告和财务报告准则

标准会计实务公告
4. 政府补贴会计
5. 增值税会计
9. 存货和长期合同
13. 研究和开发会计
19. 投资性房地产会计
20. 外币折算
21. 租赁与分期购买合同会计
25. * 分部报告
财务报告准则
1. 现金流量表
2. 对子公司的会计处理
3. 报告财务业绩
5. 报告交易实质
6. 收购与兼并
7. 收购会计中的公允价值
8. 关联方披露
9. 联营企业和合营企业
10. 商誉和无形资产
11. 固定资产和商誉的减值
12. 准备、或有负债和或有资产
13. 衍生工具和其他金融工具：披露
15. 有形固定资产
16. 流通税
17. 退休福利
18. 会计政策
19. 递延所得税
20. （《国际财务报告准则第 2 号》）以股份为基础的支付
21. （《国际会计准则第 10 号》）资产负债表日后事项
22. * （《国际会计准则第 33 号》）每股收益
23. * （《国际会计准则第 21 号》）汇率变动的影响
24. * （《国际会计准则第 29 号》）恶性通货膨胀经济中的财务报告
25. （《国际会计准则第 32 号》）金融工具：披露
26. * （《国际会计准则第 39 号》）金融工具：确认和计量
27. 人寿保险
28. 对价
29. * （《国际财务报告准则第 7 号》）金融工具：披露
30. 遗产财产

注：* 只适用于上市公司。

英国财务报告准则和解释的数量远远少于美国，这其中的一个原因是，英国准则的修改不需要变更其编号，这和美国的做法不同。另外一个主要的风格差异是英国（以及国际会计准则理事会）准则没有美国准则那么详细，这也可以看作是"原则基础"和"规则基础"准则的不同之处（见第 5.4 部分）。

真实和公允观点发挥着重要作用。虽然"真实和公允观点"并没有在任何地方被定义过，但其凌驾于所有其他要求之上。为保证公司提供了真实和公允的观点，《公司法》要求公司在必要时提供额外信息，而且允许公司在特殊情况下可以背离详细的条款。《公司法》要求在必要的地方提供附加信息，在特殊的情况下必须将详细的信息单独列示。特威迪（Tweedie, 1988）曾说明了真实和公允观点这个概念是如何既有助于防范创造性会计又可用于防止创造性会计的。这一概念曾被认为是理所当然的，但在最近几年也引起了广泛的争议（Park and Nobes, 1947；Park, Wolnizer and Nobes, 1996；Alexander, 1999 and 2001；Nobes, 2000）。美国的安然事件强化了那些支持"原则基础"准则并反对"规则基础"准则的人的地位。

在实务中，准则制定者比公司更常使用真实和公允高于一切的概念。与国际会计准则理事会不同，英国以及其他各国的会计准则制定机构必须在法律的约束下制定准则。执行欧盟指令使得英国的详细规则越来越多，因此准则制定就变得更难了。但会计准则委员会和会计准则理事会在这一点上是很灵活的，它们利用真实和公允观点的一般性要求来超越公司法的具体要求。偶尔，它们也会对法律许可的某些备选方法进行限制使用，或是通过认定某项合法的备选方法有名无实而将其有效地摒弃。以下是一些例子：

• 《公司法》明确允许采用后进先出法，但《标准会计实务公告第 9 号》认为采用后进先出法往往无法体现真实和公允观点，因此在实务中实际上禁止了后进先出法的使用。

• 《标准会计实务公告第 9 号》已被修订，长期合同在产品中所确认的利润被归类为"合同可收回金额"而非存货的一部分，以避免把可能未实现的利润计入存货价值。

• 《标准会计实务公告第 12 号》（现已被《财务报告准则第 15 号》取代）已被修订，修订后取消了《公司法》中明确允许的备选方法，即对已重估的建筑物按历史成本计提折旧。

• 《标准会计实务公告第 19 号》要求，为了体现真实和公允的观点，投资性房地产不应计提折旧，而《公司法》规定（在 2004 年之前没有例外）所有具有有限使用寿命的固定资产都应计提折旧。

• 《标准会计实务公告第 20 号》（现已被适用于上市公司的《财务报告准则第 23 号》取代）运用"真实和公允观点"的标准，允许将利得和损失确认为未结算的长期货币性项目，尽管这背离了审慎性原则。

• 《财务报告准则第 2 号》不认可《公司法》所允许的将子公司排除在外的多种选择，例如《公司法》允许将具有不同经营活动的子公司排除在外，但准则认为在实务中不可能发生这种情况。

• 《财务报告准则第 3 号》通过对普通项目定义的扩展，有效地取消了非常项目的概念。

- 《财务报告准则第 4 号》通过增加新科目"非权益股份"（non-equity share）回避了法律对股份定义的限制。
- 《财务报告准则第 5 号》要求将准子公司视同子公司，尽管它们不是法律意义上的子公司。
- 法律禁止资产和负债相抵消，但在一些特定情况下，准则会将这一现象理解为"借贷平衡"。
- 《财务报告准则第 10 号》允许商誉不能被摊销的可能性的存在，但正如其与《标准会计实务公告第 19 号》发生冲突一样，这一做法也与《公司法》有冲突。

上述规定的存在，使得英国准则与国际财务报告准则的趋同成为可能。

国际会计准则理事会有关私有主体的准则内容（2009 年发布）在第 14.5 部分讨论。在英国，英国会计准则委员会计划将这一准则强制应用于那些不要求使用 IFRS 和不允许使用 FRSSE 的中型企业。这就意味着取消 FRSs 和 SSAPs。

税法对公司财务报告只有很小的影响。与欧洲大陆的很多地方不同，英国税法不是非合并财务报表内容和与之相关规则的主要决定因素。会计利润不同于应税收益，为递延税项计提准备是标准的会计实务。兰姆等人（1998）考察了英国和一些其他国家的税务和财务报告之间的复杂关系。然而税务管理当局（英国税务海关总署，HM Revenue and Customs）有一项政策是尽量使应税收益的计算更接近于会计净利润的计算。其中有关英国的税负转嫁制度和税收抵免作用的内容将在第 22 章详细阐述。

15.3 哪些公司适用会计规则

15.3.1 引言

哪些公司适用会计规则？有几种可能性，这些可能性与法律和经济标准相关：

- 所有公司；
- 具有某种特定法律形式的公司；
- 在一定规模以上的公司；
- 股份公开交易的公司；
- 上述标准的各种组合。

如果簿记的主要目标是保护债权人和便于纳税，那么由法律来要求所有公司保留账簿记录是有意义的。这种思想起源于法国，最初的形式是哥尔伯特（Colbert）在 1673 年推行的《商事王令》。显然，保留记录的要求有助于政府监管破产程序并征缴税收。英国的情况则相反，尽管保护债权人的需要也没有被忽视，但重点是规范那些股东有限责任公司以及所有权和控制权相分离的公司，要求这些公司编制并公布财务报表。法律将股东看作是最主要的利益相关者，目的是保护作为委托人的股东不受到作为代理人的董事的侵害。法国的法律不太强调投资人的信息需求。德国采纳的是法国的方法而非英国的方法，但是 20 世纪 60 年代，非有限责任的大型合伙公司大批破产，这极大地打击了所有的利益相关者，法律因此提出了一定的规模标准，要求在该标准以上的公司应当披露其年报。这一举措被写入了 1978 年欧盟《第四号指令》

（1971 年的第一稿受到了德国法律的强烈影响）对公司法的要求中，并在欧盟广泛传播。另外一个极端是美国，从 20 世纪 30 年代开始，美国集中精力管制那些股票在市场上公开交易的公司，同时忽视其他公司的利益相关者的需求。

正如第 14.5 部分中所述，2009 年欧盟提议允许免除对"微型"主体的规则。

我们现在将更详细地介绍挑选的三个欧盟国家，以作为范例说明在这一领域各国规则的差异在哪里。

15.3.2 法国

不像美国和英国的规则，法国的会计法律和国家法令应用于所有的商业企业（不包括一些个体交易商），而不仅仅是公司，并且涵盖了会计记录的保存和税务机关的需要以及向所有者和债权人的报告。2000 年和 2009 年修改了的《商法》（The Commercial Code）提供了关于一般会计规则的一个框架。该法典像注重保存会计记录一样，非常注重年度财务报表的编制。

法国最重要的公司形式是股份有限公司（*société anonyme*，SA）和有限责任公司（*société à responsabilité limitée*，SARL）。法国的股份有限公司和英国的开放式公司[①]大致相同，而法国的有限责任公司大致和英国的股份不公开公司类似，不过有限责任公司源于德国的有限责任公司（GmbH）（见第 14.3.3 部分），而且在有些方面还类似于英国的合伙公司。法国并不定期报告在特定日期股份有限公司和有限责任公司的数量。1999 年，法国大约有 154 000 家股份有限公司和 742 000 家有限责任公司，此外 1999 年还大约有 60% 的公司没有采用公司制。公司还应当遵守公司法中的会计条例，该条例也被融入重新组合后的商法中（第 L232-1 到 L233-27 款）。《公司法》从 1966 年开始生效，但为了实施欧盟第四号和第七号指令，该《公司法》在 20 世纪 80 年代进行了修订。

法国会计总方案以资产负债表总额（balance sheet total）、销售额和员工人数作为计量公司规模的标准，并以此来决定公司应当选择哪种财务报表格式以及在附注中必须披露哪些内容，但每个临界点并不完全相同。在实务中，无论公司规模多大，多数公司都使用标准格式（见第 16.2.1 部分）。因为不同的规模标准用于不同目的的报表，所以没有哪种格式是更加简化的，例如表 15—2 中所列示的德国的情况。

表 15—2　　　　　　　　　　　德国中小规模公司的界定标准

	小型公司	中型公司
销售额	968 万欧元	3 830 万欧元
资产负债表总额	484 万欧元	1 925 万欧元
雇员	50 人	250 人

法国不允许公司采用国际财务报告准则编制非合并报表。

---

① 英美法系依据股份公司是否公开发行股票及票是否允许自由转让为标准，将股份有限公司分为封闭式公司与开放式公司。——编者注

15.3.3 德国

和法国一样，在德国包括个人独资公司和合伙公司（一般的和有限责任的）在内的所有公司都要符合商法中对会计的要求，不过在法律形式和规模方面有所不同。公司形式主要包括股份公司和有限责任公司。股份公司是与英国的开放式公司或法国的股份有限公司最为相似的一种公司形式。德国股份公司的决策权和责任由董事会承担。此外，公司还设有监事会（*Aufsichtsrat*），1/3 的监事会成员（若雇员数超过 2 000 人，则半数以上监事会成员）须由工会任命，其他成员由股东大会任命。监事会包括非执行监事。类似的监事会在英国法律中并不要求，但荷兰有相似的公司机构，法国公司则可以选择是否建立。监事会的主要职责是任命或解雇董事会的成员，监督董事会并核准年度财务报表。监事会不得参与公司管理，而董事会的成员亦不得加入监事会。1998 年的公司控制和透明度准则（见第 9 章）要求将任命审计师的权力从董事会移交至监事会，并通过其他途径强化后者的职能。

有限责任公司的基本法律特征与股份公司很相似，例如都有独立的法人资格和公司的特征（尽管它同时具备合伙公司的特征）。然而有限责任公司仍有许多与众不同之处，尤其表现为对它的法律规定较为宽松。因此，与股份公司相比，有限责任公司的成立手续更简便，成本更低廉。除非有限责任公司的雇员数超过 500 或其章程要求，否则没有设立监事会的要求。与英国和法国不同，德国《公司法》中有专门针对有限责任公司的单独条款。常见的公司组织形式是一人公司。

其他的公司形式包括个人独资公司（*Einzelkaufmann*）、无限公司（OHG）、两合公司（KG）和最普遍的公司参与合伙公司（GmbH&Co.）。[①]

德国官方不公布有关公司数量的数据。然而前不久的资料表明，股份公司的数量从 1926 年的 17 000 家左右降至 1992 年的 3 000 家，但 2006 年又回升至 18 000 家以上。与英国的开放式公司（PLC）或法国的股份公司类似，只有很少一部分股份公司（大约 650 家）在证券交易所上市。相反，有限责任公司从 1909 年的 15 500 家左右增至 2006 年的 814 000 家以上。中小型公司乐于采用有限责任公司形式，而那些需要在资本市场上大量筹资的公司则采用股份公司形式。在德国，2001 年营业额排名前 104 位的德国工业公司中，有 27 家是股份公司，31 家是有限责任公司，1 家是有限合伙公司，5 家为一般合伙公司，39 家为公司参与合伙公司，还有 1 家为其他组织形式的公司。

除了遵守商法外，德国公司还必须分别遵守《股份公司法》（AktG）和《有限责任公司法》（GmbHG）。大型合伙公司必须遵守 1969 年颁布的《公告法》（PublG）中的披露要求。这部法律的出台是因为一些大型合伙公司经营失败，结果虽然没有影响到这些公司的股东，但对包括政府在内的其他利益相关者造成了巨大的影响（Eierle，2005）。

公司对商法补充条款的遵守程度取决于其规模。表 15—2 列示了中小规模公司的

---

① 无限公司、两合公司的德文单词分别为 Offene Handelsgesellschaft 和 Kommanditgesellschaft，为德国合伙公司的两种形式——编者注。

界定标准。公司必须连续两年达到该表中三条规模标准的两条以上。大公司是没有豁免权的。小公司可以提交简化的资产负债表，不必提交利润表和附注。中型公司也可编制简要的利润表，也无须在附注中对销售进行分析。单个公司可以按照国际财务报告准则编制报表，但必须同时按照商法编制（但无需提交）另外一套报表。从2007年开始，所有公司都要用电子版的方式向联邦公报提交财务报表，然后联邦公报将这些报表转交给当地商业注册地。

15.3.4 英国

在英国，所有公司都要为纳税目的而保留会计记录，但是特定的财务报告计量和披露要求仅仅适用于公司制企业，不适用于独资企业和合伙企业（除了有限责任合伙之外，见下文）。从19世纪开始公司就已经成为商业企业最重要的组织形式。英国公司法确认的最具有经济意义的公司类型是开放式公司，而为数最多的却是封闭式公司。当然还有一些担保有限责任公司和无限责任公司，但数量相对较少。表15—3列出了2006年英国开放式公司和封闭式公司的数量。从1980年开始，英国公司的性质就一直以其名称的最后一个单词来表示，"PLC"或"plc"代表上市公司，"Ltd."代表私人公司。

表15—3　　　　　截至2006年3月31日注册成立的股份有限公司

	数量（千）	百分比（%）
开放式公司	9.6	0.4
封闭式公司	2 260.4	99.6
总计	2 270.0	100.0

资料来源：贸易工业部（2009）。

开放式公司和封闭式公司的本质区别在于前者有权向公众发行股票和债券，而后者没有。要在证券交易所上市，开放式公司仅仅是必要条件但不是充分条件。在英国大约有2 600家国内的上市公司。

为了执行1981年欧盟《第四号指令》，大型、中型和小型公司的财务报告差异成为非上市公司最典型的特征。公司规模大小是以营业额、资产总额（即固定资产加流动资产）和雇员数量来衡量的，其划分标准一直在变化。表15—4列示了目前根据欧盟要求的上限确定的标准。

表15—4　　　　　　　中小型公司规模标准　　　　　　金额单位：万英镑

	小型	中型
营业额	650	2 590
资产总额	326	1 290
雇员数（人）	50	250

大型公司必须提交一份完整的经审计的财务报表供公司注册处备案。中型公司被允许只将资产负债表和简略的利润表（被称为根据国际财务报告准则编制的利润表）进行备案并送交股东。对小型公司只要求将简单的资产负债表进行备案，并无需将利

润表备案。根据特定限制，销售额不高于 560 万英镑且资产负债表总额不多于 280 万英镑的封闭式公司无需进行审计，这是欧盟允许的上限。

封闭式公司形式对那些只有少数合伙人的小公司特别有吸引力，但是对提供专业服务的公司例外。有限责任合伙制的形式（LLPs）的出现主要是大型会计师事务所政治游说的结果。有限责任合伙制和一般公司一样具有法人形式和有限责任（对所有合伙人）的优点，但各个合伙人分别纳税，有限责任合伙公司不需要缴纳公司所得税。经审计的财务报表表达了真实和公允的观点，并遵循了会计准则，这些报表由有限责任合伙公司存入公司注册处。2009 年 3 月 31 日，英国共有 36 763 家有限责任合伙公司。

小结

法国

- 会计规则包含在商法和全国会计总方案中，两者都受到了欧盟指令的影响。
- 全国会计总方案受国家会计准则制定机关的管理，国家会计准则制定机关是一个公共和民间的混合机构。
- 税收法规和全国会计总方案相协调，是影响单个公司财务报表的重要因素。
- 法国会计职业界的影响力日益增长，但从未发布过会计准则。
- 会计规则适用于所有公司，但最重要的公司组织形式是股份有限公司和有限责任公司。

德国

- 对德国会计影响最大的是商法和税法。税法要求凡是可扣税的费用都应记入财务报表中。
- 德国和英国一样，没有全国会计总方案。
- 由德国会计准则委员会制定的准则不适用于单个公司。
- 德国有多种公司组织形式，最重要的是股份公司、有限责任公司和公司参与合伙公司。
- 商法和税法适用于所有公司。

英国

- 英国公司法对公司财务报告具有重要影响，但会计准则（财务报告准则和标准会计实务公告）的影响也非常重大。
- 法律和准则都受到职业会计师、欧盟指令、美国公认会计原则的影响，在 2005 年以后还受到国际会计准则的影响。
- 会计准则包括披露和计量的要求，但是披露要求针对公司是否为开放式公司以及其规模大小（大型、中型或小型）而不同。
- 公认的准则制定机构是会计准则理事会，该理事会独立于政府和会计职业团体，发布的准则适用于所有公司，其发布的准则正在与国际准则趋同。
- 英国准则制定机构通过真实和公允要求来限制或增加公司法的具体要求。
- 最重要的公司组织形式是开放式公司和封闭式公司。

参考文献

法国

Colasse, B. (ed.) (1998) *Encyclopédie de Comptabilité, Contrôle de Gestion et Audit*, Economica, Paris.

Colasse, B. and Standish, P. (1998) 'De la réforme 1996–1998 du dispositif français de normalisation comptable', *Comptabilité, contrôle, audit*, September.

Fortin, A. (1991) 'The 1947 Accounting Plan: origins and influence on subsequent practice', *Accounting Historians Journal*, December, reprinted in Lemarchand and Parker (1996).

Howard, S. E. (1932) 'Public rules for private accounting in France, 1673 to 1807', *Accounting Review*, Vol. 7, No. 2, reprinted in Lemarchand and parker (1996).

Lamb, M. , Nobes, C. W. and Roberts, A. D. (1998) 'International variations in the connections between tax and financial reporting', *Accounting and Business Research*, Summer.

Lemarchand, Y. and Parker, R. H. (eds) (1996) *Accounting in France/La Comptabilité en France. Historical Essays/Etudes Historiques*, Garland Publishing, New York.

Raybaud-Turrillo, B. and Teller, R. (1998) 'Droit et comptabilité', in Colasse (1998).

Richard, J. (1992) 'De l'histoire du plan comptable français et de sa réforme eventuelle', in Lemarchand and Parker (1996).

Standish, P. E. M. (1990) 'Origins of the plan comptable général: a study of cultural intrusion and reaction', *Accounting and Business Research*, Autumn, reprinted in Lemarchand and Parker (1996).

Standish, P. E. M. (1997) *The French Plan Comptable*, Ordre des experts comptables and Institute of Chartered Accountants in England and Wales, Paris.

德国

Eierle, B. (2005) 'Differential reporting in Germany. A historical analysis', *Accounting, Business and Financial History*, Vol. 15, No. 3.

Haller, A. (1992) 'The relationship of financial and tax accounting in Germany: a major reason for accounting disharmony in Europe', *International Journal of Accounting*, Vol. 27, No. 4.

Lamb, M. , Nobes, C. W. and Roberts, A. D. (1998) 'International variations in the connections between tax and financial reporting', *Accounting and Business Research*, Summer.

英国

Alexander, D. (1999) 'A benchmark for the adequacy of published financial statements', *Accounting and Business Research*, Summer.

Alexander, D. (2001) 'The over-riding importance of internationalism: a reply to Nobes', *Accounting and Business Research*, Spring.

Arden, M. (1993) 'The true and fair requirement', *Accountancy*, July, reprinted in Parker and Nobes(1994).

Dearing, Sir R. (1988) (The Dearing Report) *The Making of Accounting Standards, Report of the Review Committee*, presented to the Consultative Committee of Accountancy Bodies.

Department of Trade and Industry(2006) *Companies in 2005–2006*, HMSO, London.

Department of Trade and Industry (2002) *Modernising Company Law*, Cm. 5553.

Lamb, M., Nobes, C. W. and Roberts, A. D. (1998) 'International variations in the connections between tax and financial reporting', *Accounting and Business Research*, Summer.

Nobes, C. W. (2000) 'Is true and fair of over-riding importance: a comment on Alexander's benchmark', *Accounting and Business Research*, Autumn.

Parker, R. H. and Nobes, C. W. (1994) *An International View of True and Fair Accounting*, Routledge, London.

Parker, R. H., Wolnizer, P. and Nobes, C. W. (1996) *Readings in True and Fair*, Garland Publishinjg, New York.

Tweedie, D. (1988) 'True and fair v the rule book: which is the answer to creative accounting?', *Pacific Accounting Review*, December, reprinted in Parker *et al.* (1996).

后续读物

法国

Mikol, A. (1995) 'The history of financial reporting in France', in P. Walton (ed.), *European Financial Reporting. A History*, Academic Press, London.

Raffegau, J. *et al.* (latest edition) *Mémento Pratique Francis Lefebvre Comptable*, Editions Francis Lefebvre, Paris.

德国

Ballwieser, W. (2001) 'Germany-Individual Accounts', in Ordelheide and KPMG (2001).

Beckman, J., Brandes, C. and Eierle, B. (2007) 'German reporting practices: an analysis of reconciliations from German commercial code to IFRS or US GAAP', *Advances in International Accounting*, Vol. 20.

Fey, G. and Fladt, G. (2006) *Deutsches Bilanzrecht Deutsch-Englische Textausgabe begruendet von J. Brooks and D. Mertin-German Accounting legislation, Synoptic Translation with Introduction founded by J. Brooks and D. Mertin*, 4th edition, IDW-Verlag, Düsseldorf.

Institut der Wirtschaftsprüfer (2000) *Wirtschaftsprüfer-Handbuch*, Band I, Institut der Wirtschaftsprüfer-Verlag, Düsseldorf.

Leuz, C. and Wuestemann, J. (2004) 'The role of accounting in the German financial system', in Krahnen, J. P. and Schmidt, R. H. (2004), *The German Financial System*, Oxford University Press, London.

Seckler, G. (2001) 'Germany' in D. Alexander and S. Archer (eds), *European Accounting Guide*, 4th edn, Harcourt Brace, San Diego.

英国

Accounting Standards (texts of FRSs, SSAPs, SORPs, exposure drafts, important technical releases; published annually by the Institute of Chartered Accountants in England and Wales).

Cooke, T. E., Choudhury, M. and Wallace, R. S. O. (2001) 'United Kingdom-Individual Accounts', in D. Ordelheide and KPMG, *Transnational Accounting*, Vol. 3, Palgrave, Basingstoke.

Ernst & Young, *UK and International GAAP* (*latest edition*), Butterworths Tolley, London.

Lamb, M. (2001) 'United Kingdom', in D. Alexander and S. Archer (eds), *European Accounting Guide*, Aspen, New York.

Napier, C. (1995) 'The history of financial reporting in the United Kingdom', in P. Walton (ed.), *European Financial Reporting*, *A History*, Academic Press, London.

实用网址

法国:

www. afc-cca. com

www. minefi. gouv. fr/themes/enterprises/compta _ entreprises/directions _ services-CNComptarcrc_ modify. php

www. cncc. fr

www. directions_ services/CNCompta

www. expert-comptables. com

德国:

www. idw. de

www. wpk. de

英国:

www. frc. org. uk/asb

www. accaglobal. com

www. shef. ac. uk/baa

www. cimaglobal. com

www. cipfa. org. uk

www. berr. gov. uk

www. frc. org. uk

www. icaew. co. uk

www. icas. org. uk

www. companieshouse. gov. uk

课后问题

书末提供带星号问题的参考答案。

15.1* 对于什么样的公司适用会计法规，美国、英国、法国和德国的答案各不相同，你认为哪个国家的规定是"正确的"？

15.2* 在英国，各个不同类型的公司会有不同的会计规则。为什么不同类型的公司的差异不是以公司是公有还是私有为依据的呢？

15.3 像法国那样，同时规定保存会计簿记和编制财务报表有用吗？

15.4 支持和反对全国会计总方案的观点各是什么？

15.5 "英国会计职业界对单个公司财务报表的会计规则不再有任何影响力。"请讨论这种说法。

15.6 比较英国会计准则理事会和法国会计法规委员会的职能和组成存在哪些差异？

15.7 为什么英国的会计准则理事会决定将英国单个公司的会计准则与国际财务报告准则趋同（部分趋同，而非全部趋同）？

附录15.1 会计总方案的内容（关于财务会计和报告）

主题一：会计目标与原则

    第一章：运用范围

    第二章：原则

    第三章：年度报表的定义

主题二：资产、负债、收入和费用的定义

    第一章：资产与负债

    第二章：费用与收入

    第三章：利润或损失

主题三：会计确认与计量规则

    第一章：资产、负债、收入与费用的会计处理

    第二章：资产与负债的会计计量与方法

    第三章：特别的计量与会计确认程序

    第四章：受到外国货币波动影响的资产与负债计量

    第五章：重估

    第六章：对特定资产和负债的计量和会计确认

    第七章：对特定金融交易的计量和会计确认

    第八章：考虑跨会计年度的交易

    第九章：对联合交易和为第三方进行的交易进行计量和会计确认

主题四：会计记录、会计结构和会计职能

    第一章：会计的组织

    第二章：记录

    第三章：会计术语

第四章：账目的功能

主题五：财务报表

第一章：年度报表

第二章：年度报表格式——资产负债表——利润表

第三章：年度报表格式——报表附注

附录 15.2　财务会计科目表：会计总方案中的第 1 至 7 类

资产负债表						营业账户
第一类	第二类	第三类	第四类	第五类	第六类	第七类
资本（所有者权益、长期贷款和应付款项）	固定资产	存货与在产品	应收账款和应付账款	财务账户	费用账户	收益账户
10 资本及公积金	20 无形资产	30	40 供应商及相关账户	50 短期投资证券	60 购货（除603外）603 库存变动（物料及转销商品）	70 产成品、服务及转销商品的销售
11 结转的损益	21 有形资产	31 原材料（及消耗品）	41 客户及相关账户	51 银行及信贷机构	61 外部服务	71 产成品和在产品的存货变动
12 财务年度损益	22 特许权资产	32 其他消耗品	42 雇员及相关账户	52 短期金融工具	62 其他外部服务	72 资本化自用产品
13 投资补贴	23 在建资产	33 在产品（商品）	43 社会保险及其他社会机构	53 库存现金	63 税、课征及类似付款	73 长期交易净收益
14 备付税金	24	34 在产品（服务）	44 政府及其他公共机构	54 费用核定及信用证	64 员工成本	74 经营补贴
15 债务及费用准备	25	35 产成品	45 集团及联营公司	55	65 本期其他营业费用	75 本期其他营业收益
16 贷款及类似负债	26 参股权益及相关应收款	36	46 杂项应收债务和应付债务	56	66 财务费用	76 财务收入
17 与参股权益有关的应付债务	27 其他金融资产	37 转销商品	47 临时账户及暂计账户	57	67 非常项目费用	77 非常项目收益
18 互惠分支机构及合资企业账户	28 固定资产累计折旧	38	48 应计项目	58 内部转让	68 折旧及准备金分配	78 转回的折旧及准备金
19	29 固定资产减值准备	39 存货及在产品减值准备	49 呆账准备	59 金融资产减值准备	69 员工利润分享收入及类似税项	79 转让费用

第 16 章　欧洲单个公司的会计规则和实务

罗伯特·帕克

内容

目标

读完本章后您应当能够

- 比较法国、德国和英国所使用的财务报表格式。
- 比较法国、德国和英国适用于单个公司的会计原则。
- 描述各国会计原则与国际财务报告准则的差异，并解释为什么会存在这些差异。

16.1　引言

　　第 14 章讨论了世界上单个公司和集团公司的财务报告有多大的差异。第 15 章考察了三个对比鲜明的欧洲国家——英国、法国和德国——为单个公司而制定的会计规则。本章考察这些国家单个公司的会计规则和实务存在哪些差异，并与国际财务报告准则进行比较。本章与合并报表无关。通过本章的讨论可以发现，即使在欧盟已经进行了几十年的协调努力之后，以及在所有欧盟上市企业合并报表中已经采纳了国际财务报告准则之后，这些国家的会计仍然存在重大差异。这些差异不仅体现在财务报表的格式上（《第四号指令》对此有详细要求，但国际财务报告准则几乎没有提到这个问题），而且体现在会计原则方面（国际财务报告准则阐述详细，但《第四号指令》只是泛泛地提及部分原则）。学习本章要首先了解第15章讨论的准则制定机构的知识。本章的重点是法国和德国，而非英国，原因是这两个国家中单个公司的会计制度和国际财务报告准则的差异更大。不同于英国，法国和德国不仅在国际财务报告准则未涉及的领域内存在差异，而且在国内准则和国际财务报告准则都包含的领域内也有各不相同的规则（丁远等，2007）。国际财务报告准则对这三个国家的国内会计规则和实务都有着影响，但是影响程度存在差异。国际财务报告准则的概念和规则对英国单个公司的影响最大。这些影响在法国也逐渐出现，但在德国还远未感受到。

16.2　法国

16.2.1　财务报表的格式

第15章已经强调过法国会计总方案的重要性，它的全国会计总方案规定了财务报表的格式。这并不是欧盟《第四号指令》带来的新要求，而是长期形成的惯例。当然，欧盟指令的实施还是带来了一些变化。单个公司的资产负债表和利润表格式在会计总方案中都进行了规定，其中包括标准格式、缩略格式和扩展格式，公司可根据其规模（通过资产负债表总额、销售额和雇员人数来确定规模）进行选择，但在实务中几乎所有公司都使用标准格式。附录16.1介绍了这些格式。会计总方案有对单个公司报表格式中每个项目的具体描述。标准资产负债表通常按照表格形式（左右两侧）编制，标准利润表也按照这种格式编制，但是大多数公司（以及税务机关）采取附录16.1中的纵栏格式进行编制。

与英国资产负债表（见附录16.3）相比，法国的资产负债表内容更加详细，英国的信息则更多地体现在附注中。在法国资产负债表的资产一方，固定资产（划分为无形资产、有形资产和金融资产）和流动资产按照流动性从高到低的顺序排列。排除在固定资产和流动资产以外，单独列示在资产负债表底部的是管制账户（comptes de régularisation），它指的是超过一个会计期间的费用，包括预付费用、递延费用、赎回溢价和负汇兑差额。根据国际财务报告准则，只有预付费用是资产。

法国资产负债表的负债和资本一方，列示了股东基金、为负债和费用计提的准备以及负债，底部列示了正的外币汇兑差额。股东基金被划分为：

(1) 股本（share capital）；

(2) 股本溢价（share premium）；

(3) 重估价准备（revaluation reserve）；

(4) 法定公积金（legal reserve）；

(5) 法定储备（statutory reserve）；

(6) 税法规定公积金（tax-regulated reserve）；

(7) 其他公积金（other reserve）；

(8) 以前年度损益（profit or loss brought forward）；

（9）本年损益（profit or loss for the year）；

（10）投资补贴（investment grant）；

（11）备付税金（tax-regulated provision）。

其中一些项目是典型的在债权人/税法导向会计下需设立的。计提法定公积金是法国公司的法定义务，按照每年利润减去以前年度损失以后的 5% 计提，当达到股本的 10% 时停止计提。这些公积金不可以分配，但可以转增股本。重估价准备是税务当局要求时或当允许重估资产时计提的公积金。一些法国公司的资产负债表仍然还留有一些在 1976 年 12 月 31 日对非折旧固定资产进行重估时计提的重估价准备。税法规定公积金包括销售固定资产的未纳税长期利得等项目。备付税金则是那些当公司存在只为纳税目的而产生的费用（如超额折旧等）时需要为税收目的的建立的抵减准备。

利润表通常按照纵列格式呈报，收入和费用被划分为经营类的、财务类的和例外类的。这里的例外类收入和费用经常被翻译为英语中的非常项目（extraordinary），但它的含义要比特别项目或例外项目（*exceptional*）更宽泛。

法国国家会计准则制定机关建议公布以营运资本流为基础的资金表（*tableau de financement*）。法国注册会计师协会（OEC）建议与国际惯例保持一致，要求公司公布现金流量表。但这两种报表对单个公司来说都不是强制要求。虽然现在前者更加普遍，但正逐渐被后者所代替。有关诸如 CNC、OEC 等机构的详细资料，见第 15.2.2 部分。

在 1983 年欧盟《第四号指令》实施以前，法国法律并不要求公司提供财务报表附注（Parker，1996），但是在资产负债表和利润表之外，法律还要求公司编制大量的其他表格。商法规定了附注的作用，其内容如下：

（1）补充资产负债表和利润表中的信息使其变得完整，并对其进行评论。

（2）当通过遵循规则不足以提供真实和公允观点时，提供补充信息。

（3）指出例外情况下，为了提供真实和公允信息而背离会计要求的情况。

（4）描述并说明会计政策的变更和年度报表呈报的变更。

所有的法国公司都要提供附注，不过一定规模以下的独资公司可以豁免。对于一定规模以下（按照资产负债表总额、销售额和雇员人数来衡量，但规模标准和报表格式的标准不同）的开放式公司、封闭式公司和合伙公司可以提供简化的附注。

附注既是真实和公允的要求，也对财务报告和税收法规的密切联系发挥着重要的作用（见下面）。公司必须在附注中披露税收对会计的重要影响。在实务中，折旧是受到影响的最重要项目。单个报表的附注中所需要披露的项目内容参见盖拉德（Gélard，2001，第 1 098 页至第 1 099 页）。

找到这些会计实务实例（以及下一部分第 16.2.2 部分中讨论的实例）最简单的方法就是登录法国大型上市公司的网页，查看其母公司的财务报表，而不是合并财务报表（合并财务报表一般采用国际财务报告准则）。通常来说，母公司财务报表更加接近年报的发布时间，并且提供英文版报表。

16.2.2　会计原则：与国际财务报告准则的差异

自从执行了欧盟的《第四号指令》，在法国无论是单个公司报表还是集团报表，都不仅必须遵循合法性（*régularité*）（即符合法规要求）和真实性（*sincerité*）（即符合法规的精神实质）的要求，而且还需要提供真实和公允的观点（*une image fidèle*）（见第 12 章）。合法性和真实性是传统的法国会计概念。由于真实和公允观点是引进的概念，法国传统上并没有关于这个概念的精确定义，因此在法国出现了许多关于其含义和重要性的讨论（例如 Pasqualini，1992）。单个公司的报告遵循为满足债权人和税务当局的需要而设计的会计原则，集团报表遵循为满足法国和海外的权益投资者需要而设计的会计原则（对国外而言指的是国际财务报告准则），在实务中这两种报表都应当能够提供真实和公允观点。

本节将重点论述单个公司。这些公司对资产和负债的确认与计价主要遵循"祖传"（patrimonial）方法，即根据法律权利而非经济实质来进行。主要的计价方法是受到谨慎性影响的历史成本法，对利润和资产宁可低估而不能高估。这是满足债权人和税务当局需要而非权益投资需要的财务报告模式。会计职能在这种环境下，用一句著名的话来说，即成为"法律的代数集合"（algebra of the law）（Garnier，1947）。

国家会计准则制定机关和会计法规委员会正式决定不将国际财务报告准则的应用扩展到单个公司的层面上。然而在实务中，它们却采用了另外一种方式，即在某些主题上逐渐促使法国规则与国际财务报告准则趋同。特别是会计法规委员会发布了关于准备金、折旧、资产的确认和计量以及金融工具的公允价值等法规，这些都和相关国际财务报告准则的描述非常一致。理查德和克利特（Richard and Collette，2005）介绍了这些新法规的详细情况以及法规在多大程度上与国际财务报告准则趋同。这些新规则与税法不一致，但是税务局还比较灵活，提出了摊销法案（见下面第 3 点）来克服这种不一致的情形。

在某些领域，为了实现与国际财务报告准则的趋同，法国必须修改法律和法令，但这已经超出了国家会计准则制定机关和会计法规委员会的权力范围（见第 15.2.2 部分）。

从单个公司的角度来看，法国会计原则和国际财务报告准则在细节上存在许多差异。要总结出这些差异并不容易，何况它们还处于不断变化之中。下面列举了一些例子。应当注意的是，从总体上看，谨慎性原则还没有被放弃，而且对费用是按照性质而非功能进行分类的（见第 2.9.4 部分）。

（1）一些无形项目可以被确认为无形资产（市场份额、客户名单），尽管这些无形项目并不符合国际财务报告准则对无形资产的定义。同时也不要求对这些无形资产以及许多其他无形资产进行摊销。

（2）不允许对融资租赁进行资本化，合同的法律形式（租赁）比其经济实质（购买固定资产）更重要。会计法规委员会已经接受了国际会计准则理事会对资产的定义，但将该定义的适用范围限定在公司自己的长期资产范围内（patrimony①）。

---

① 这个词源自法语"patrimoine"，指公司的长期资产，法国律师认为只有属于公司并且公司可以出售的资产才能被称为公司的资产，这样租赁资产就不可以作为公司资产——译者注。

（3）最近修订的折旧规则与国际财务报告准则更加接近，而与税务局的规定相背离，但公司仍然需要计提由于税收而产生的额外折旧。财务会计和税务会计分离的原则尚未被接受。

（4）支付的雇员退休福利必须记作一项费用。国家会计准则制定机关声明它们倾向于要求公司在资产负债表内记录一项负债，但也允许仅在附注中披露，而且在实务中这种做法很普遍。

（5）允许在利润表和资产负债表中列示递延税款，但在实务中这种做法很罕见。

（6）根据会计总方案，在长期建造合同中鼓励使用完工百分比法，但也允许使用完成合同法，而且在实务中后者也更常见。

（7）在利润表中确认未实现外币汇兑损失，但却不确认未实现外币汇兑利得。

（8）非常项目定义广泛。

（9）不允许以前年度调整。

（10）不要求对下列事项的披露：

— 基本的权益变动表；

— 除了有限的要求以外没有要求披露与关联方的交易；

— 非持续经营。

以下引文摘自法国化妆品公司——欧莱雅集团母公司2008年的年报，上述第3、4、7条款得以说明：

不管是用直线折旧法还是余额递减法计算出的折旧都代表着在资产实际使用年限期间计算得出的折旧额。但是，制造机械和设备是一例外，因为其采用直线折旧法在10年使用寿命内计提折旧。但所有的补提折旧则采用加速折旧法，这种方法被认为是具有避税性质的。

依照当地的法律法规，欧莱雅集团为员工及退休员工提供养老金、提前退休及其他福利计划……"无备资义务"（net unfunded obligation）[1]，并不被确认为预计负债在资产负债表中披露，而仍作为表外承诺[2]。

经营资产和负债以及相关的对冲（hedging）金融工具在汇率换算上的差异额在资产负债表中反映为"未实现汇兑收益"或"未实现汇兑损失"。但是如果在综合考虑所有涉及的货币汇率市场状况之后，未实现汇兑损益额表明有潜在的汇兑损失，那么确认为一项预计负债（provision）。

表16—1总结了法国会计原则和国际财务报告准则在个别财务报告中的主要不同点。Delvaille等人（2005）讨论了法国（及德国和意大利）会计原则与国际财务报告准则的趋同性。

法国正在讨论是否采用国际会计准则理事会制定的有关中小型企业（SMEs）的会计准则。目前，这些准则并不受欢迎，但可能引起细节法规的变化。

---

[1] 即没有为该项义务准备偿还资金，译者注。
[2] 即或有负债，译者注。

表16—1   法国/国际财务报告准则在单个公司财务报表中的部分重大差异

主题	法国	国际财务报告准则
1. 开办费	可以资本化	费用化
2. 融资租赁	不可以资本化	资本化
3. 退休福利负债	可以在附注中披露	必须在资产负债表内确认
4. 发行者资本工具的呈报	按照法律形式	建立在经济实质基础上，将工具划分为权益和负债计入收入
5. 未实现外汇利得	可以递延	计入当期利润
6. 建造合同	可以用完成合同法	当结果可以可靠计量时使用完工百分比法
7. 非常项目	定义广泛	不允许存在
8. 政策变更及基本错误更正	通过收入	可以调整以前年度损益

16.3 德国

16.3.1 财务报表的格式

德国商法确定了所有公司编制年度财务报表的义务。2009年颁布的《会计法律现代化法案》（BilMoG）免除了小型非公司企业提供年度财务报告的义务。通常所有公司都要遵守为公司制定的格式要求（见附录16.2），不过非公司制企业并不局限于某一种格式。由于在德国法律中不存在重要性概念，因此所有法定的项目必须在德国的财务报表中列示，即使该项目的金额微不足道。

在德国，资产负债表只允许采用复式记账形式，利润表只能采用竖式（见附录16.2）。公司前后几年财务报表的项目分类必须保持一致并禁止随意变更呈报的形式。第15章解释了中小企业的例外情况。

正如附录16.2所示，股东权益包括资本、资本公积、盈余公积和当年的留存收益。已认购而尚未支付的股本应单独列示在资产方或直接从股东权益中扣除。资本公积由发行溢价或股东的其他资本投资构成。盈余公积由管理层或股东从本年或以前年度收益中计提。

股份公司必须计提法定公积金。公司应从每年的净收益中计提5%作为法定公积金，直到法定公积金和资本公积金（不包括股东的其他资本投资）总额已达到名义资本额的10%或公司章程中规定的更高金额为止。法国、日本和其他欧洲国家也要求计提此类用于保护债权人利益的公积金，但英美国家并无此规定。

盈余公积中包括具有股权性质的特殊项目（*Sonderposten mit Rücklageanteil*），它是从收入中计提纳税准备金的结果。该项目很好地说明了德国的税收法规决定了商业性财务报表。设计这些项目的目的之一是为了冲减土地或建筑物出售时获得的资本收益，这样可以递延交纳所得税。这些特殊项目也包括法律允许计提的额外折旧。因此该项目既有股权性质又是未来的所得税负债。

一些公司会在财务报表中将*Sonderposten mit Rücklageanteil*（具有所有者权益性质的特殊项目）作为会计盈余的一部分列示。这一现象源于税法及相关法律制度的建立，也说明税法在一定程度上能决定财务报表披露的内容。设立这些会计科目的目的有，比如，储备销售土地、房屋时的资本利得，以延迟缴纳所得税。还有就是，在税法允许的情况下补提折旧。BilMoG 不允许建立任何新型的特殊项目。这些项目既可以解释为股东权益，也可以解释为未来纳税义务。

在德国，利润表必须按照竖式报告（见附录 16.2）。和法国报表相同，德国报表的基本结构也包括经营性收入和费用、融资性收入和费用以及非常收入和费用。中小规模的公司可以使用简化的报表格式（见第 15 章）。

德国允许使用两种成本分类法。"总成本法"会将费用根据其性质（例如生产成本、工资费用、折旧费用等）进行分类。费用应从生产的角度进行确认。存货的增减变动和资本化自用产品作为计算综合业绩的调整项目列示。这是德国公司常用的格式，而且在 1985 年商法修正之前，总成本法是唯一允许使用的方法。"销售成本法"将费用根据其功能，即制造、销售、一般管理及其他进行分类。

德国不要求单个公司财务报表中包括现金流量表。

16.3.2 会计原则：与国际财务报告准则的差异

商法总结了主要的会计原则：谨慎性原则、权责发生制原则、一致性原则、持续经营原则和个别计价原则。此外，德国还要求公司必须遵循历史成本原则。德国没有重要性原则。因此，所有法定的项目必须在德国的财务报表中列示，即使该项目的金额微不足道。自从欧盟第四号指令开始实施以来，年度财务报表必须遵守正规的簿记（orderly bookkeeping）原则，真实公允①地反映净资产、财务状况和经营成果。如果因出现特殊情况而导致财务报表偏离真实公允观点，则应在附注中加以披露。要求遵守正规的簿记原则意味着真实和公允的概念并非凌驾于一切之上，同时也不要求对会计原则进行修正（Alexander, 1993 and 1996; Ordelheide, 1993 and 1996）。在不确定情况下，对真实公允原则的遵循就通过在附注中进行披露这一方式来实现。德国的会计从总体上说是相当保守的（Evans and Nobes, 1996）。税法的影响在很大程度上决定了单个公司财务报表的编制。正如第 15.2.3 部分所解释的，只有当也包括在商业性账户（Handelsbilanz）中时费用才可作为可扣税项目（在税款清单中）。这一做法可能严重歪曲净资产、财务状况和经营成果。

哈勒和艾尔乐（2004）总结了德国的状况，并分析了个别公司采纳国际财务报告准则的优势和劣势。他们指出，政府行为是被动（在资本市场压力和欧盟法律要求下）、保守和缓慢的，但也是坚定和持续的。德国允许非合并报表采纳国际财务报告准则，但前提条件是要为税收和股利分配目的按照商法编制另外一套报表。

因此，这里对国际财务报告准则的运用不是常规的实务操作。

《会计法律现代化法案》（2009）对会计规则进行了多处修正。这些修正介绍了会计规则和税法的区别。但是，在一些重大方面，会计原则对个别公司（individual companies）的规定仍与国际财务报告准则不同。以下列举了一些德国会计的重要特征。

---

① Unter Beachtung der Grundsätze ordnungsmässiger Buchführung ein den tatsächlichen Verhältnissen entsprechendes Bild... zu vermitteln（《商法》第 264（2）款）。更精确地说，最后八个词可译为报告企业的真实情况。

（1）土地以取得成本计价，建筑物和其他固定资产以取得成本或制造成本减系统性折旧后的金额计价。公司通常计提税法允许的最大限额的折旧。相反的，"决定作用原则"适用于税法允许计提的折旧项目。因此，特殊折旧在商业性资产负债表上要么记为资产的抵减项目，要么作为"特殊项目"（见第16.3.1部分）记录，公司必须在附注中披露其影响。

（2）有形资产和无形资产不可以按照超过历史成本的价格计量。公司取得的无形资产（除商誉外）必须资本化并根据其使用年限进行摊销。筹集权益性资本的成本和无代价获得的无形资产不得列示在资产负债表内。然而公司可以资本化开办费和公司扩张费用。这在国际财务报告准则下是被禁止的。开发费用不可以资本化。单个公司购买的商誉（通过购买其他公司的净资产而产生）可以资本化，并且必须在4年内摊销，或者根据预计使用期限进行摊销。由于税法要求对这类商誉进行资本化，并且允许在15年的期限内用直线法进行摊销，所以这种方法成为公司最常用的方法。斯托罗威等人（Stolowy *et al.*，2001）及其他人比较了德国、法国和国际会计准则理事会对无形资产的处理。

（3）租赁通常按照税法要求来分类，并且很少被确认为融资租赁并被资本化（Garrod and Sieringhaus，1995）。

（4）有价证券和其他金融资产都不按照市价计量。如果出现了暂时性减值，流动性金融资产必须减少账面金额，非流动金融资产可以按照更低的价值计量。如果出现了永久性减值，流动性和非流行性资产都必须减值到更低的金额。

（5）存货计价可用加权平均法、先进先出法或后进先出法。由于后进先出法具有纳税上的优势，因此会计上通常采用此方法避税。存货应当按照成本和可实现净值孰低法计量，如果无法得知可实现净值，就按照重置成本计量。存货成本中可以包括分配的一般管理费用。出于纳税考虑，公司除将直接材料和生产成本计入制造成本之外，还将其他材料和制造费用计算在内，因此存货的成本通常包括所有的制造费用。长期建筑工程应采用完工合同法处理。完工百分比法只有在客户已经认可某阶段完成后才可以使用。

（6）无息或低息的应收账款应折算为现值，这也体现了德国会计处理方法的谨慎性原则。公司通常通过一次性计提坏账准备来防御一般信用风险。无法收回的应收账款则予以冲销。

（7）列示的应付账款金额为应偿还的数额。法律不允许无息或低息的负债以现值计价。德国资产负债表的负债项目一般不分为流动负债和非流动负债，这样的分类在报表附注中说明。

（8）公司应针对不确定的负债和已签订合同的交易可能导致的潜在损失计提准备。此外，公司还应针对次年前三个月发生的维修维护费计提准备。准备金额应当基于合理的公司判断来计提。在此特别体现出"谨慎"一词的含义。德国公司对谨慎性原则的遵循促使其计提了各种各样的准备金。由于准备金对应纳税所得额的计算具有重要影响，公司计提的金额通常都尽可能达到最大，以达到避税的作用。公司还可以为次年第四个月起至次年年末发生的维修维护费设立准备金，同时公司可以为需要在更长时间内支出的费用，如大修理费用建立准备金。税法不允许抵扣以后两种情况为目的而设立的准备金。由于某些准备金并非可扣税项目,因此公司为了避免减少利润或增加亏损,可能会在利好的年份里酌量计提准备,在利差的年份里转回,从而掩盖利润的下降甚至亏损。

(9) 1987 年 1 月 1 日之后做出的养老金承诺必须记入账簿,但是以前年度的应计养老金(accrual for earlier commitments)可以随意。商法典规定采用的贴现率是德意志联邦银行发布的七年期修匀利率(seven-year smoothed rate),而不是国际财务报告准则要求的高质量公司债券的年末利率。德国会计没有明确的精算法(no actuarial is specified),而国际财务报告准则明确了"预期累计福利单位法"(projected unit credit method)。另外,与 IFRS 不同的是,德国会计对精算利得或损失没有特殊处理,而是作为一种准备金(provision)并在利润表中列示。德国的养老金义务通常都是无备资的,即公司不会拿出部分资金专门用于偿付养老金。相反,美国和英国企业会将资金存放于外部机构(如养老金信托)作为公司所有或部分义务的后备资金。因此,在资产负债表中列示的是负债净额。造成这一差异的部分原因是:不像美国和英国这样的国家,在德国,预提费用(provision expenses)是可以税前扣除的,而对养老金的支付则不行。

对于以下几方面的披露没有具体要求:

- 现金流量表(除在资本市场中不提供合并财务报表的企业外)
- 所有者权益变动表(除在资本市场中不提供合并财务报表的企业外)
- 终止经营(discontinued operation)
- 每股收益(EPS)

表 16—2 总结了在单个公司财务报表中德国会计原则和国际财务报告准则的一些主要差异。

表 16—2 　　　　　德国与国际财务报告准则对于个别公司规定的主要差异

项目	德国	IFRS
1 固定资产	历史成本或者更低(cost or lower)	可以公允价值入账
2 商誉	摊销	减值
3 合同	通常在合同完成时确认	取决于合同的完成进度
4 交易性证券和可供出售证券(trading and available for sale marketable securities)	成本与市价孰低(除银行外)	公允价值
5 存货	通常使用后进先出法	不允许使用后进先出法
6 准备金(provisions)	即使没有义务也可计提	只有当义务发生时才可计提
7 政策变化及错误更正	通过利润调整	追溯到以前年度调整
8 预提雇员福利(employee benefit provisions)	采用修匀银行利率;对精算利得或损失没有特殊处理	采用市场贴现率;精算利得或损失平滑化或者计入 OCL

德国广泛讨论了国际会计准则理事会发布的中小企业准则草案,但是国际财务报告准则和商法财务报表尚存在众多差异,而且国际财务报告准则并不适用于计算所得

税和制定股利分配决策等目标，德国的立法者不太可能执行该准则。

16.4 英国

16.4.1 财务报表的格式

《公司法》（2006）对于财务报告格式的基本要求是，同样适用于个别企业（individual companies），企业必须提供资产负债表以及与《公司法》制定的详细规范一致的损益账户，或者提供与国际会计准则规定一致的财务报表。前一种情况被称为"公司法个别科目"（Company Act Individual Accounts），后一种被称为"国际会计准则个别科目"（IAS individual accounts）。

公司法单个账户必须遵守资产负债表和利润表的法定格式，其中有一系列项目需要披露在附注和账户中。该格式（见附录 16.3）是从欧盟第四号指令派生而来的，但是英国政府和其他欧盟成员国（如德国）不同，它们特意为这些格式提供尽可能大的灵活性。这样英国公司就有两种资产负债表格式和四种利润表格式（2003 年对指令修改以后种类更多）可供选择。英国公司公布的财务报表（特别是损益账户，这些损益账户也与德国公司的损益账户不同）初看与法定报表格式并不很像。这主要是因为，除了主要主题之外，许多细节被允许以注释的形式表述，同时还因为对格式的理解有时是注重实质而非形式的。因为在法国和德国，对中小型企业有许多义务的免除及省略。

另外两张必须编制的报表不是由法规而是由会计准则进行规范的。它们是全部已确认利得和损失表（statement of total recognized gains and losses，STRGL）以及现金流量表。全部已确认利得和损失表的功能在《财务报告准则第 3 号》中有所描述，其目的是记录未列入利润表的损益，例如由财务报表外币折算带来的折算差异和对资产的重估增值等。STRGL 起源于《国际会计准则第 1 号》中"其他综合收益也应在主要财务报表列示"这一思想，但在法国和德国的国内法规中，没有与之相匹配的规定。

《财务报告准则第 1 号》要求编制现金流量表，但是特定小型公司可以豁免。英国现金流量表的格式与《国际会计准则第 7 号》的要求非常不同。例如，在《国际会计准则第 7 号》中有三大类现金流量（见第 6 章），但是在英国的《财务报告准则第 1 号》中将现金流量分成了九大类，而且《国际会计准则第 7 号》调整的结果是定义广泛的"现金和现金等价物"（包括三个月到期的投资）。《财务报告准则第 1 号》调整的总额是"现金"（包括 24 小时存款通知）。

对于小型企业来说，可以采用 FRSSE（见第 15.2.4 部分）来代替准则里的这些规定。FRSSE 要求小型企业提供 STRGL，而不是现金流量表。正如第 14 章所阐述的那样，国际会计准则委员会正打算针对超出 FRSSE 范围的企业，用国际财务报告准则中关于 SMEs 的"公司法个别科目"来取代英国的相关准则。这件事将影响本部分以及后面第 16.4.2 部分的相关讨论问题。

16.4.2 会计原则：与国际财务报告准则的差异

正如在第 15 章提到的，英国的会计准则理事会采取了一种系统的趋同政策，要求所有公司报表（包括单个公司报表和集团的合并报表）都与国际准则趋同。表15—1 所列示的英国准则包括许多直接以国际财务报告准则为基础的准则（见《财务报告准则第 20 号》以后的《财务报告准则》）。英国法律和准则的关系，以及在会计原则方面的关系，均已在第 15.2.4 部分讨论过。

表 16—3　英国公认会计原则与国际财务报告准则对于个别企业规定的差异性比较

项目	英国公认会计原则	国际财务报告准则
1. 报告格式	《公司法》具体规定	无具体规定
2. 其他综合收益项目	必须在 STRGL 中列示	可以在综合收益报表中列示
3. 现金流量表	分为 9 个条目；（与资产负债表中的）现金项目（变化额）相符	分为 3 个条目；（与资产负债表中的）现金及现金等价物项目（变化额）相符
4. 使用寿命不确定的无形资产	可摊销（经常性做法）	必须进行年度减值测试
5. 符合一定条件的研发费用	可资本化	必须资本化
6. 投资性房地产	必须对公允价值进行评估，其利得和损失计入 STRGL	可以对公允价值进行评估，其利得和损失计入利润
7. 交易性金融资产和可供出售金融资产	通常以历史成本或历史成本与市价孰低列示（除上市公司外）	公允价值
8. 精算利得或损失	直接计入 STRGL	可逐步转入利润
9. 递延所得税	基于时间性差异，可贴现	基于暂时性差异，必须贴现

正如上文所述，英国法律允许非上市公司在提供非合并财务报表和合并财务报表时，选择采用"公司法个别科目"（英国公认会计原则）或"国际会计准则个别科目"。由于早期英国会计对国际准则的影响以及之后会计准则委员会规定的政策趋同性，英国公认会计原则与国际财务报告准则的差异已经是屈指可数了。现如今存在的有关于企业合并等相关内容的差异不在本章讨论范围内。对于个别企业规定的差异性比较已在表 16—3 中列出。其中的某些差异，如递延所得税的不同规定，对企业会计有着重大影响。有一个没有公开的计划准备要消除这些差异，但是，上文也提到，现有的英国公认会计原则关于 SMEs 的规定有可能被国际财务报告准则取代。

小结

总体情况：

- 与集团之间相比，国家间会计规则和实务的差异在单个公司之间表现得更为突出，在财务报表格式和会计原则方面尤其如此。

法国：

- 会计总方案中确定了单个公司资产负债表和利润表的标准格式，其中的一些项目，例如法定公积金和税收规定的公积金，是债权人和税务导向会计的特定产物。
- 所有的财务报表必须提供真实和公允的观点，但是这不影响资产负债表和利润表，只影响到附注。
- 传统的法国会计理论运用一种"祖传"方法来对资产、负债进行确认和计量。
- 在递延所得税、租赁、重估和存货计价方面，法国规则和国际财务报告准则（以及单个报表和集团报表所运用的规则）存在差异。

德国：

- 商法规定了资产负债表和利润表的格式，所有项目无论是否重要，都必须披露。
- 尽管德国已经引入了真实和公允观点的要求，单个公司的财务报表仍然在很大程度上由税收规则来决定。

英国：

- 英国企业在编制非合并财务报表时，可选择采用英国公认会计原则或者国际财务报告准则。
- 财务报表格式在欧盟指令的约束下尽可能保持灵活。
- 会计准则理事会尽可能地将英国规则与国际准则协调。尽管如此，现存英国公认会计原则仍然与国际财务报告准则存在许多重要差异。

参考文献

Alexander, D. (1993) 'A European true and fair view?', *European Accounting Review*, Vol. 2, No. 1.

Alexander, D. (1996) 'Truer and fairer, Uninvited comments on invited comments', *European Accounting Review*, Vol. 5, No. 3.

Delvaille, P., Ebbers, G. and Saccon, C. (2005) 'International financial reporting convergence: evidence from three continental European Countries', *Accounting in Europe*, Vol. 2.

Ding, Y., Hope, O-K., Jeanjean, T. and Solowy, H. (2007) 'Differences between domestic accounting standards and IAS: measurement, determinants and implications', *Journal of Accounting and Public Policy*, Vol. 26, No. 1.

Evans, L. and Nobes, C. (1996) 'Some mysteries relating to the prudence principle in the Fourth Directive and in German and British Law', *European Accounting Review*, Vol. 5, No. 2.

Garnier, P. (1947) *La comptabilité, algèbre du droit et méthode d'observation des sciences économiques*, Dunod, Paris.

Garrod, N. and Sieringhaus, I. (1995) 'European Union harmonization: the case of leased assets in the United Kingdom and Germany', *European Accounting Review*,

348

Vol. 4, No. 1.

Gélard, G. (2001) 'France-Individual Accounts', in D. Ordelheide and KPMG, *Transnational Accounting*, Vol. 2, Palgrave, Basingstoke.

Haller, A. and Eierle, B. (2004) 'The adaptation of German accounting rule to IFRS: A legislative balancing act', *Accounting in Europe*, Vol. 1.

Ordelheide, D. (1993) 'True and fair view: A European and a German perspective', *European Accounting Review*, Vol. 2, No. 1.

Ordelheide, D. (1996) 'True and fair view. A European and a German perspective II', *European Accounting Review*, Vol. 5, No. 3.

Parker, R. H. (1996) 'Harmonizing the Notes in the UK and France: a case study in de jure harmonization', *European Accounting Review*, Vol. 5, No. 2.

Pasqualini, E. (1992) *Le principe de l'image fidèle en droit comptable*, LITEC, Paris.

Richard, J. and Collette, C. (2005) *Système Comptable Français et Normes IFRS*, Dunod, Paris.

Shearer, B. and Sleigh-Johnson, N. (2007) 'Decision time for private company GAAP?', *Accountancy*, Vol. 139, No. 1364.

Stolowy, H., Haller, A. and Klockhaus, V. (2001) 'Accounting for brands in France and Germany compared with IAS 38 (Intangible Assets): An illustration of the difficulty of harmonization', *International Journal of Accounting*, Vol. 36(1).

后续读物

见第 15 章。

实用网址

参见第 15 章课后所列的网址。

课后问题

书末附有带星号问题的参考答案。

16.1* "美国会计优于德国会计。"请讨论这种说法。

16.2* 讨论类似德国这样的国家要求或允许公司在单个财务报表中使用国际财务报告准则为基础的会计原则，各有哪些优势和劣势。

16.3 比较税法对财务报告的影响，在英国和德国有哪些不同。

16.4 "德国单个公司财务报表仅适用于税收目的"，请讨论这种观点。

16.5 为什么英国和法国的单个公司财务报表中对租赁资产处理方法不同。

16.6 本章附录中三个欧盟国家的报表格式都符合欧盟第四号指令的要求。请评论它们之间的差异。

16.7 "德国的会计法规适用于单个国内公司，但不适用于跨国公司。"请讨论。

附录 16.1　法国财务报表格式

资产负债表标准格式（表格形式）

资产
固定资产 未收到的认购资本 无形资产： 　　开办费 　　研究开发费用 　　特许权、专利权、许可证、商标、工序、软件及类似权力和资产 　　商誉 　　其他 　　其他正在形成的无形资产 　　预付账款 有形资产： 　　土地 　　建筑物 　　厂房及机器、其他装置和设备、工具及设备 　　其他 　　在建资产 　　预付账款 金融资产： 　　参股权益 　　和参股权益相关的应收款项 　　长期证券投资组合 　　其他长期证券投资 　　贷款 　　其他 **合计 I**
流动资产 存货和在产品： 　　原材料和消耗品 　　在产品（商品和服务） 　　半成品和产成品 　　转售商品 　　定单预付款 应收款项： 　　应收账款及相关账户 　　其他 　　催缴但尚未支付的已认购资本 短期证券投资： 　　自有股份 　　其他证券 　　短期金融工具 流动资产 预付款 **合计 II** 待摊销费用（III） 偿还债券溢价（IV） 实现的汇兑损失（V） **总计（I+II+III+IV+V）**

资产负债表的标准格式（表格形式）

		负债与所有者权益
资本和公积金		股本（实缴）
		股票发行、合并、捐赠溢价
		重估准备
		权益账户公积金
		公积金：
		法定公积金
		法定或合同所要求的公积金
		税法规定公积金
		其他
		结转的损益
		小计：持仓净额
		投资补贴
		备付税金
		合计 I
准备		准备金
		合计 II
应付款项		可转换债券贷款
		其他债券贷款
		信贷机构贷款
		零星贷款和财务应付款
		预收订货款
		商业应付款及有关账户
		税务和社会福利应付款
		固定资产及有关账户的应付款
		其他应付款
		短期金融工具
		递延收入
		合计 III
		可实现汇兑收益（IV）
		总计（I+II+III+IV）

利润标准格式（纵栏式列示）

经营收入：
　　　转售商品的销售
　　　产品销售（产成品和劳务）
　　　净销售额
　　　产成品及在产品变更
　　　资本化自用产品
　　　经营补贴
　　　转回备抵、转让费用
　　　其他经营收益
　　　合计 I
经营费用：
　　　转售商品的购买
　　　存货的变更
　　　原材料及其他物资的购买
　　　存货的变更
其他购买及外部变更
　　　税费及类似支出
　　　工资和薪金
　　　社会福利成本
折旧和准备的分配
　　　固定资产折旧
　　　固定资产贬值准备
　　　流动资产贬值准备
　　　负债及费用贬值准备
其他经营费用
　　　合计 II
1. 经营损益（I−II）
　　　合营企业损益份额：
　　　结转的损益 III
　　　结转的损益 IV
财务收入：
　　　参股权益
　　　其他固定资产投资额
　　　其他利息及类似收入
　　　转回的准备金和费用
　　　汇兑收益
　　　短期证券投资净收益
　　　合计 V
财务费用：
　　　折旧与准备
　　　利息及类似费用
　　　汇兑损失
　　　短期证券投资费用净额
　　　合计 VI
2. 财务损益（V−VI）
3. 税前日常经营活动损益（I−II+III−IV+V−VI）
额外收入：
　　　经营交易
　　　资本交易
　　　转回准备及费用
　　　合计 VII
额外费用：
　　　经营交易
　　　资本交易
　　　折旧及准备注销
　　　合计 VIII
4. 额外损益（VII−VIII）
职工分享利润 IX
所得税 X
　　　总收入（I+III+V+VII）
　　　总费用（II+IV+VI+VIII+IX+X）
　　　损益

附录 16.2　德国财务报表格式

资产负债表

固定资产

无形资产

　　特许权

内部产生的权力和相似权力

　　商誉

　　赊账支付

有形资产

　　土地、土地权利和建筑（包括在第三方土地上的建筑）

　　技术设备和机器

　　其他设备、产房和办公设备

　　预付账款和在建资产

金融资产

　　在联营企业中的股份

　　对联营企业的贷款

　　参股

　　对被参股企业的贷款

　　长期投资

　　其他贷款

流动资产

存货

　　原材料与物资

　　在产品

　　完工产品与商品

　　预付账款

应收账款及其他资产

　　贸易应收款

　　应收联营企业款

　　应收被参股企业款

　　其他资产

证券

　　联营企业的股票

　　其他证券

支票、库存现金、中央银行和邮局转账结余、银行账目余额

预付费用

权益

已认购资本

资本公积

盈余公积

自有股份的准备金

留存收益/以前年度累计亏损

本年净收益/净损失

准备

养老准备及类似义务的准备

纳税准备

其他准备

负债

借款

银行欠款

预收订货款

贸易应付款

对已开出和已承兑票据的债务

应付联营企业款

应付被参股企业款

对其他债权人的欠款

递延收益

递延所得税负债

利润表（格式1）

1. 销售收入

2. 完工产品和在产品的增加或减少

3. 资本化的自有产品

4. 其他经营收入

5. 材料成本

原材料、设备和外购商品的成本

外购劳务成本

6. 人事费用

薪水和工资

社会保险和其他基金费用

7. 折旧

无形固定资产和有形资产折旧、资本化的开办费和公司扩张费的摊销

超过公司正常折旧部分的流动资产折旧

8. 其他经营费用

9. 从被参股企业分得的收益

10. 其他长期投资和长期贷款收益

11. 其他利息收入和类似收益

12. 属于流动资产项目的金融资产和投资的摊销

13. 利息支出和类似费用

14. 正常经营活动损益

15. 非常收益

16. 非常支出

17. 非常损益

18. 所得税

19. 其他税款

20. 本年净收益/净损失

利润表（格式2）

1. 销售收入

2. 销售成本

3. 销售毛利

4. 销售费用

5. 总管理费用

6. 其他经营收入

7. 其他经营费用

8. 从被参股企业中分得的收益

9. 其他投资和金融资产收益

10. 其他利息收入和类似收益

11. 属流动资产项目的金融资产和投资的摊销

12. 利息支出和类似费用

13. 正常经营活动损益

14. 非常收益

15. 非常支出

16. 非常损益

17. 所得税

18. 其他税款

19. 本年净收益/净损失

附录16.3　英国财务报表格式

下面的格式是由法律所规定的，然而需要指出的是：

1. 很多公司不在报表内用阿拉伯序号披露项目，但在注释里使用；

2. 尽管财务报表格式中没有包括利润分配，但该项目必须予以披露；

3. 字母和数字是为了参考的需要，实际中通常被省略；

4. 非重要项目可能会被省略掉；

5. 很多公司并非绝对和精确地使用此格式；

6. 某些项目（例如未付已催缴股本）的位置可以变动。

资产负债表格式2是资产负债表格式1的水平版，利润表3和表4是利润表1和表2的水平格式，由于水平格式较少使用，所以此处不列示。

资产负债表（格式1）

A. 未付催缴股本

B. 固定资产

  Ⅰ. 无形资产

    1. 开发成本

    2. 特许权、专利权、许可权、商标权及诸如此类的权利和资产

    3. 商誉

    4. 暂付款

  Ⅱ. 有形资产

    1. 土地及建筑物

    2. 厂房及机器

    3. 装置、配件、工具和设备

    4. 暂付款及在建资产

  Ⅲ. 投资

    1. 集团内公司股份

    2. 对集团内公司的贷款

    3. 参股

    4. 对在其中参股的公司的贷款

    5. 除贷款外的其他投资

    6. 其他贷款

    7. 自有股份

C. 流动资产

  Ⅰ. 存货

    1. 原材料及消耗品

    2. 在产品

    3. 成品及待销商品

    4. 暂付款

  Ⅱ. 债权

    1. 应收商业账款

    2. 集团内公司欠款

    3. 在其中参股的公司的欠款

    4. 其他应收款

    5. 未付催缴股本

    6. 预付款及应计收益

  Ⅲ. 投资

    1. 集团内公司股份

2. 自有股份

3. 其他投资

Ⅳ. 银行存款及库存现金

D. 预付款及应计收益

E. 债务：一年内到期的金额

  1. 债券借款

  2. 银行借款及透支

  3. 预收款

  4. 应付商业账款

  5. 应付汇票

  6. 欠集团内公司账款

  7. 欠在其中参股的公司的账款

  8. 其他债务，包括税金和社会保险

  9. 应计及递延收益

F. 净流动资产（负债）

G. 资产总额减流动负债

H. 债务：一年后到期的金额

  1. 债券借款

  2. 银行借款及透支

  3. 预收款

  4. 应付商业账款

  5. 应付汇票

  6. 欠集团内公司账款

  7. 欠在其中参股的公司的账款

  8. 其他债务，包括税金及社会保险

  9. 应计及递延收益

Ⅰ. 备付负债及费用

  1. 养老金及类似债券

  2. 税金，包括递延所得税

  3. 其他准备

J. 应计及递延收益

K. 资本及公积金

Ⅰ. 已缴股本

Ⅱ. 股本溢价

Ⅲ. 重估价储备

Ⅳ. 其他公积金

  1. 资产赎回公积金

  2. 自有股份公积金

  3. 按公司章程提供的公积金

4. 其他公积金

V. 损益

注：对集团会计来说，少数股权可插入在 K 上或 K 下。

利润表（格式 1）

1. 营业额

2. 销售成本

3. 毛利或亏损

4. 销售费用

5. 管理费用

6. 其他经营费用

7. 集团内公司股份投资收益

8. 有参与股权公司的股份投资收益

9. 其他固定资产投资收益

10. 其他应收利息及类似收益

11. 投资注销额

12. 应付利息及类似费用

13. 正常活动损益的所得税

14. 税后正常活动损益

15. 少数股权

16. 非常收益

17. 非常费用

18. 非常损益

19. 非常损益的所得税

20. 少数股权

21. 未反映在上述项目中的所得税

22. 财政年度损益额

利润表（格式 2）

1. 营业额

2. 成品及在产品库存变动

3. 资本化自用产品

4. 其他经营收益

5. （a）原材料及消耗品

（b）其他外部费用

6. 雇佣职工成本

（a）工资及薪金

（b）社会保险成本

（c）其他养老金成本

7. （a）折旧及有形和无形固定资产其他注销额

（b）流动资产意外注销额

8. 其他经营费用

9. 集团内公司股权投资收益

10. 在其中参股的公司的股份投资收益

11. 其他固定资产投资收益

12. 其他应收利息及类似收益

13. 投资注销额

14. 应付利息及类似费用

15. 正常活动损益的所得税

16. 税后正常活动损益

17. 少数股权

18. 非常收益

19. 非常损失

20. 非常损益

21. 少数股权

22. 非常损益的所得税

23. 未反映上述项目中的所得税

24. 财政年度损益额

第五部分 集团公司
财务报告专题

第 17 章 合并理论

罗伯特·帕克、克里斯托弗·诺比斯

内容

目标

读完本章后您应当能够

- 解释为什么美国和英国比欧洲大陆国家更早地开始编制合并财务报表。
- 讨论集团的不同概念及它们在国际财务报告准则和美国公认会计原则中是如何体现的。
- 概述欧盟和国际会计准则理事会的协调化进程对合并财务报表的影响。
- 描述美国、英国、德国和法国的公布要求有何不同。
- 讨论国际财务报告准则和美国公认会计原则在使用购买法、权益集合法、比例合并法、权益法和商誉方面的不同。

17.1 引言

不同国家在合并会计领域都自成一体，不论在理论上，还是实务中都存在一些实质性的差异。这些差异主要表现在以下四个方面：

（1）合并财务报表的应用程度不同；

（2）编制合并报表时所应用的集团的概念不同；

（3）当前公司所公布的信息不同；

（4）采用的合并方法不同。

国际会计准则理事会以及欧盟已经实质性地缩小了这些差异，但是将其完全消除是不可能的。本章的主要目的就是描述并尽可能地解释这些差异。

本章的内容主要涉及国际会计准则理事会、欧盟和美国。在第 12 章中我们已经讨论过日本的合并实务，澳大利亚实际上已经采纳了国际准则；中国和加拿大的会计实务正在和国际会计准则趋同。

17.2 应用程度

合并财务报表最早出现于美国。早在 20 世纪初，一些美国公司就编制了合并财务报表（Bores，1934；Hein，1987；Mumford，1982）。但是直到 1901 年成立于新泽西州的美国钢铁公司编制合并报表时，美国才正式确立了合并财务报表的模式。

合并报表之所以在美国得到广泛的应用，部分得益于控股公司的发展，同时也和各个州之间行使独立的立法体系不无关系。20 世纪初在美国出现的合并浪潮不是由个别独立的公司所推动的，而是涉及了许多集团公司，这一浪潮影响了整个商业和产业活动。在创新观念被人们高度认同的社会环境下，会计方法的发展没有为法律和法规所限制。

在欧洲大陆，控股公司和合并报表的出现比较迟。在英国，直到第二次合并浪潮（1916—1922 年）时，控股公司才成为公司组织的一种重要形式。英国最早是在 1910 年出现合并财务报表的（Edwards and Webb，1984）；最早涉及合并财务报表的著作是吉尔伯特·格塞（Gilbert Garnsey）于 1923 年出版的《控股公司及报表编制》（*Holding Comoanies and their Published Accounts*）。正如格塞本人所说的，合并理论当时在美国正方兴未艾。在 1929 年英国对公司法进行全面修订时，并未将合并财务报表列为正式的法律条文。20 世纪 30 年代，邓洛普有限公司（Dunlop Ltd.）首先开始编制合并报表，尽管伦敦证券交易所在 1939 年规定发行新股时必须披露合并报表，但合并报表仍未普及（Bircher，1988）。直到 1947 年第二次世界大战结束之后，英国才正式以法律的形式规定了集团报表（通常要求编制合并财务报表）。

在英国，对这一新方法的需求（控股公司的增加）及认可都比在美国来得迟。格塞认为"是这个国家的人们守旧且不愿意改变旧事物的天性使然，因而无可厚非"。然而，他对董事会提出了批评，因为依照英国法律，董事会要对公布的报表负责。要求每个控股公司公布它们的资产负债表（在美国并不要求）有可能阻碍合并资产负债表的公布。

合并财务报表在欧洲大陆的起步则更晚。根据博尔斯（Bores，1934）的论述，在荷兰最早编制合并报表的是 1926 年海牙的 Wm H. Müller & Co.（见 Zeff 等人，1992）。德国的公司在 20 世纪 30 年代开始编制合并报表，而直到 1965 年才制定相应的法律要求编制合并报表。法国发展得更晚，在 1967 年只有 22 家公司公布合并资产负债表，在 1983 年，大约只有 75% 的上市公司公布合并报表，直到 1986 年才有相应的法律要求编制合并报表。在意大利、西班牙、希腊和卢森堡等国家，直到 20 世纪 80 年代，合并报表仍然比较少见。但是在 20 世纪 90 年代颁布欧盟《第七号指令》之后，这种状况得到了改善（见第 17.4 部分）。

在日本，《商法》（Commercial Code）并不要求提供合并财务报表，甚至直到 1992 年，《证券法》（Securities Law）（20 世纪 40 年代末期颁布）也将其视作补充性报告。在中国，合并这一概念在 20 世纪 90 年代才发展起来。

在其他一些国家，要么还不编制合并报表，要么合并报表还处于非常初始的发展阶段。例如摩洛哥和印度直到 2001 年才开始要求编制合并报表，土耳其则到 2003 年才开始提出这样的要求。

17.3 "集团"的概念

合并财务报表是建立在这样一个假设之上的，即认为公司集团是一个会计主体。在定义这样一个主体的界限时，首先应该关注主体信息的使用者，其次应该关注提供信息的目的。美国和国际会计准则理事会的概念框架认为，财务报表主要是为现有及潜在的投资者服务的。同时，它强调的是母公司或控股公司的股东权益，不考虑非全资子公司中少数股东的权益。这就是集团中"母公司"的概念。

这样的理论存在许多缺陷，例如：

- 它认为集团内有一个控制着许多附属公司或子公司的母公司，而不考虑由两个或两个以上规模相当的企业合并组成一个集团，或是由几个公司共同控制集团，或是其他公司对集团有重大影响却没有控制权的情况。

- 它忽视了除权益股东之外的其他利益方，因此将少数股权列示在股东权益之外。

母公司理论是以法律上的控制权为基础的。它通常是基于对多数股权和表决权的拥有，但它也允许通过"控制合同"而取得控制权（正如德国的公司法所允许的），一个公司可以通过签订"控制合同"而使其他公司在法律上拥有该公司的控制权。

集团的另一种概念是"主体理论"，它强调集团中所有公司的经济主体，因而不论是多数股权或是少数股权，都予以同等对待。按照这种理论编制的报表可供或者说更适合内部员工和管理者使用。在主体理论下可以很好地解释由两个同等规模公司所组成的集团。在采纳国际财务报告准则之前，澳大利亚、德国和意大利的会计实务将少数股权作为股东权益的一部分列示。这样做是有道理的，因为很明显少数股权不符合负债的定义（见第 6 章）。《国际会计准则第 27 号》（第 26 段）原本指出少数股权不应该作为母公司股东权益的一部分列示，但是允许它作为集团股东权益列示。该准则在 2003 年修改以后将集团股权列示作为一项要求提出，这是符合主体理论的。

然而，无论是母公司理论还是实体理论，都没有很好地解决一个公司由几个集团共同控制或者一个公司只是部分附属于一个集团的情况。在这些情况下，既不存在单一的母公司，也不存在少数股东权益，既没有法律上的控制权，也没有经济主体，因此需要引入"所有权理论"来解决这些问题。这一理论着眼于母公司在子公司所持有的所有权而非法律上的控制权或是业主权，这种所有权使母公司能够对子公司的经济和财务政策施加"重大影响"。依据这一理论，在编制合并财务报表时，对于子公司当年的利润或损失、资产或负债，只按母公司所持有股权的份额记入合并报表。在这种情况下，既可以采用比例合并法又可以采用权益法。采用比例合并法时，将这些项目逐项加总合并，采用权益法时，则以独立的项目列入合并报表，即所谓的"单行"基础（"one-line" basis）。

原会计准则理事会和财务会计准则委员会的概念框架里均未提及"报告主体"这一概念，只是在一份联合讨论文献（joint discussion paper）（国际会计准则理事会，2008）中提出：一个集团应当被看作是母体以及它所控制的事物。与"报告主体"相关的法律及准则要求将在第 17.5 部分中提到。

17.4 20 世纪 70 年代以后的协调

国际会计准则委员会（理事会）和欧盟对集团会计的协调存在本质上的区别，但是在所有欧盟上市公司被要求使用国际财务报告准则编制合并报表之后，这两大协调力量最终殊途同归。

国际会计准则委员会首先致力于成功制定一项能促进合并报表在仍未发展成熟的国家中发展的准则，再设立一套为美国及英国的会计师所认可的惯例。国际会计准则委员会最初的准则（《国际会计准则第 3 号——合并财务报表》，1976）中，特意不对权益集合法（pooling of interests，在英国称为 merger accounting）和合并商誉的处理方法作相应规定，因为实践中存在多种处理方法。近年来，国际会计准则委员会相继颁布了一系列更为全面的准则：《国际会计准则第 22 号——企业合并》（先后于 1993年和 1998 年进行修订，并于 2004 年被《国际财务报告准则第 3 号》所替代）对兼并和收购进行了规定；《国际会计准则第 27 号》取代了原先的《国际会计准则第 3号》；《国际会计准则第 28 号》规定联营主体的问题；《国际会计准则第 31 号》规定了合营企业的问题。2003 年和 2008 年，国际会计准则理事会对会计准则进行了进一步的修订工作。

《国际会计准则第 22 号》对权益集合法的使用进行了严格的限制（详见第 17.7部分），只有在少数难以确认合并方的情况下才允许使用权益集合法。同时，要求将合并所产生的商誉进行资本化并在其有效使用年限内摊销。在 1998 年第二次修订之前，《国际会计准则第 22 号》规定商誉的摊销年限最长不超过 20 年，修订后则允许更长的摊销年限，这与英国在 1997 年颁布的《财务报告准则第 10 号》相似。《国际财务报告准则第 3 号》取消了权益集合法，商誉不再进行摊销，而是每年进行减值测试。这和 2001 年以后的美国规则达成了一致。

《国际会计准则第 27 号》对子公司的定义是以实质性控制权为基础的，它不允许因为母子公司性质的不同而将子公司排除在外。《国际会计准则第 28 号》要求对联营企业采用权益法进行披露。《国际会计准则第 31 号》允许公司选择比例合并法（基准方法）或是权益法（备选方法）对合营企业进行披露。虽然欧盟的《第七号指令》（见下文）对子公司的定义及报表格式的要求更为详尽，但是在计量方面，国际会计准则的要求更为严格。

国际财务报告准则与美国公认会计原则的趋同性正在逐步地提高。2008 年，《国际财务报告准则第 3 号》和《财务会计准则声明第 141 号》被共同修改以消除彼此之间的差异，结果却创造出了一个新的差异（见第 17.7.4 部分）。有望被取消的《国际会计准则第 31 号》关于比例合并（proportional consolidation）的规定将使两者的趋同性更进一步。

欧盟所从事的是一项艰巨的任务，即制定一套具有法律效力的法规，同时还要使这套法规被英国、德国、法国、荷兰和意大利这样一些做法极为不同的国家所接受。《第七号指令》最初是作为埃尔蒙多弗报告（见第 12 章）的附录提出的。最初的框架（如欧洲共同体于 1976 年颁布的）基本上是以德国的法规为基础的，但是德国的影响随着英美惯例的引入而逐渐减弱（Diggle and Nobes，1994）。1983 年《第七号指令》的采用无疑是合并会计史上的一个重大事件，各成员被要求必须在 1988 年之前行使执行该指令的国内法律，并在 1990 年之前开始实行这些条款。然而这些要求并未被执行（见表 17—1）。

表 17—1　　　　　　　　　　　**欧盟《第七号指令》的执行**

	国内法律颁布时间	执行时间（年末）
法国	1985	1986（上市公司），1990（其他类型公司）
德国	1985	1990
希腊	1987	1990
卢森堡	1988	1990
荷兰	1988	1990
西班牙	1989	1991
英国	1989	1990
比利时	1990	1991
丹麦	1990	1992
奥地利	1990[1]	1994
意大利	1991	1994
葡萄牙	1991	1991
爱尔兰	1992	1993
芬兰	1992[1]	1993
瑞典	1995	1997
挪威[2]	1998	1998

注：①表示不完全执行。

②欧洲经济区成员，非欧盟成员。

表 17—2 列出了指令的主要条例及每一款条例的主要来源国。

条款	条款的来源国家
表17—2　　　　　　　　　　　欧盟第七号指令的主要规定	
1. 主要依据形式上的标准而非实质上的标准定义子公司	英国
3. 包括外国子公司的合并	英国、荷兰、法国
4. 不考虑形式上的子公司的合并	德国
4. 包括所有类型公司的合并	英国、荷兰
7. 全资子公司可免予编制集团会计报表	英国、荷兰、法国
13. 不同情况下合并范围不同	英国
14. 规定包括一些不相似的子公司（2003年删除）	英国
16. 真实公允的观点	英国、荷兰
17. 使用统一格式	德国、法国
19. 在首次合并日确认商誉	英国、荷兰
19. 基于公允价值确认商誉	英国、荷兰
29. "修正"或至少披露课税依据的计价	—
30. 对商誉进行摊销或冲销	英国、荷兰
33. 对联营公司采用权益法	英国、荷兰、法国

该指令是对"母公司理论"和"主体理论"的折中，且更倾向于前者。在考虑合并报表与其他年度财务报表相比的特性所做的必要调整之下，应用《第四号指令》给出的格式（第17款）。

指令对集团会计进行规范的一个目的很明确，即和会计的其他方面一样，协调化能够使财务报表（无论其是否为跨国公司的）的国际比较及跨国公司财务报表的编制更为容易。然而，《第七号指令》对公司法的规定显然还有另外两个目的。首先，如果实施协调化只是唯一目的，则最为简单的方法是不编制合并报表，因为这是在20世纪70年代初期指令开始起草时盛行于欧盟各国的一种最简单的方法。因此，《第七号指令》的一个目的是通过规定集团中一定规模的子公司的合并来"改善"会计实务。另一个目的则很清楚地体现在指令的草案中：要求披露信息以帮助母公司所在国对跨国公司的控制。

在最终所发布的指令中，这一"控制"目标比其在1976年和1978年的草稿中不明显得多。很显然，在这些草稿中，除了将合并财务报表作为股东和投资者评价集团的依据之外，欧共体还有其他的目的。曾有建议非法人公司控制的集团，以及非关联的欧盟公司（只要没有共同被欧盟以外的实体所控制）都编制合并报表。对于前一种情况，有人提出将全球内属于基督教徒的各种不同商业权益都进行合并，因为它们都是由教皇所控制的。对于后一种情况，应该对所涉及的欧盟内福特公司的所有不同的子公司进行"同业合并"，虽然它们都不为其他的任何一家公司所拥有或控制。那么欧盟的股东或者投资者能从这些合并中获得什么呢？如何进行会计的国际协调呢？对这些问题的穷追不舍，无疑会动摇这些条款的法律地位。

回到协调问题上来，很显然，协调的目标并不在于达到完全的一致，它也并不意味着要制定一系列严格而精密的法规。指令无疑是实现以下目标的主要手段，即促使更多的欧洲公司编制合并报表，并使这些报表具有可比性。同时，指令还影响着欧洲大陆国家的会计实务与英美国家的趋向一致。然而，这些指令往往要经过长时间的讨论及一系列的折中处理之后才会被各国所接受，而且指令中有很多允许成员国进行自由选择的条款。

在希腊、意大利、卢森堡、葡萄牙及西班牙等合并报表比较罕见的国家，指令的影响是最大的。1993 年，欧洲会计师联合会提交了一份详尽的关于指令在 12 个成员国中的应用情况的调查报告。该指令还会影响欧盟的 10 个新成员，但不涉及被要求采纳或选择采纳国际财务报告准则的领域。

有一些与欧盟密切相关的国家根据《第四号指令》及《第七号指令》制定了相应的法律，比如瑞士在 1991 年制定的相关法律以《第七号指令》为基础（虽然不是十分严格地遵照该指令）（Zünd，1993）。欧洲经济区的非欧盟成员国（如挪威）也被要求执行相关的法律。

当然，随着国际财务报告准则对合并报表规定的逐渐完善，基于这些指令（Directives）的各国法规的大部分内容都将变得无关紧要。

17.5　集团公司的定义

在第 17.3 部分中我们已经讨论过集团的概念。在这部分我们将讨论子公司、联营企业和合营企业的定义。

17.5.1　国际财务报告准则

国际准则使用了所有三种集团的概念（见第 17.3 部分）。对子公司的定义建立在"控制"的基础上，在《国际会计准则第 27 号》中，控制被定义为统驭一个主体的财务和经营政策，并借此从主体的活动中获取利益的权力，这个主体可能不是一个公司。母公司拥有一个主体的超过半数以上的表决权时就假设存在控制关系。若母公司拥有一个公司半数或少于半数的表决权，但是拥有下述权力，也认为存在控制关系：

- 通过与其他投资者的协议，拥有半数以上的表决权；
- 根据章程或协议，有权统驭主体的财务和经营决策；
- 有权任免董事会或类似机构的多数成员，并且主体由该董事会或机构控制；
- 在董事会或类似权力机构上拥有多数表决权，并且主体由该董事会或机构控制。

国际财务报告准则的一个解释（第 12 号解释公告）提醒我们应当考察与其他主体所签订协议的实质，除了上述《国际会计准则第 27 号》中描述的情形之外，在其他情况下也可能获得控制权。

自从 2003 年修订《国际会计准则第 27 号》，并且在 2004 年发布《国际财务报告准则第 5 号》以来，公司集团就不再有任何理由可以排除那些本应纳入到合并范围的子公司了。《国际财务报告准则第 5 号》要求将打算出售的子公司的净资产按照"持有待售"资产列示在资产负债表中。如果子公司的规模较大，达到了非持续经营的程度，则还需要披露更多的内容。

2009 年，国际会计准则理事会（联合财务会计准则委员会）发布了一份征求意见稿，旨在用单一的模式代替《国际会计准则第 27 号》和《诠释委员会第 12 号》中的相关规定。其中心概念仍旧是"控制"，但并未说明到底是指有控制力，还是实际行使控制权。

《国际会计准则第 31 号》（2003 年修订）将合营定义为两方或两方以上从事某项共同控制的经济活动的合同约定。共同控制指合同约定的对某项经济活动所共有的控制，仅在与该项经济活动相关的战略财务和经营决策要求分享控制权的全体（合营者）一致同意时才存在。该准则区分了共同控制经营、共同控制资产和共同控制主体三种情况。《国际会计准则第 31 号》和国际会计准则理事会的概念框架对合营主体是否应当作为"集团"的一个部分都不能进行清楚的定义，因为这两个准则都没有考察报告主体的定义。这种模糊性使得主体可以选择采用比例合并法或权益法进行会计处理（见第 17.7 部分）。

《国际会计准则第 28 号》将联营定义为投资者对其有重大影响的主体，但该主体既不是投资者的子公司也不是投资者在合营中的权益。重大影响指参与决定被投资者的财务和经营政策的权力，但不是控制或共同控制这些政策。如果投资者直接或间接地持有被投资者 20% 或 20% 以上的表决权，即认为投资者对被投资者具有重大影响。同样的，如果投资者拥有不足 20% 的表决权，就认为其没有重大影响。但是这些假设是可以推翻的。对于联营企业是否可以作为集团的一个组成部分，仍然是不清楚的。对联营投资的某些处理（见第 17.7 部分）说明它应该作为集团的组成部分。

17.5.2　美国

美国的惯例是以母公司概念为基础的，并对具有法人地位的联营企业及合营企业采用权益法。2001 年以前权益集合法的使用也很普及，在第 17.7 部分我们将会进一步讨论该种方法。权益集合法似乎是以实体概念为基础的，它与母公司概念很难协调。在美国，权益集合法的使用更多的是出于管理上对提高每股收益（EPS）的需要而非出于理论上的考虑。

美国对子公司的定义类似于国际财务报告准则中的定义，即以"控制"概念为基础。《会计研究公告第 51 号》认为合并报表主要从公司的股东及债权人的利益出发，其目的在于提供一个母公司及其子公司的经营成果及其财务状况，使其等同于一个有若干个分支机构或部门的单一公司的报表。一个拥有其他公司 50% 以上表决权的公司的财务报告必须进行合并，这和国际财务报告准则及欧洲宽松的实质控制的概念不同。这使许多特殊目的实体（SPVs）的建立成为可能，它们被实质控制，但没有被多数拥有。这些特殊目的实体可以用来掩盖负债，安然公司就是这样做的。1998 年以前对财务关系子公司（finance-related subsidiaries）也免于合并，但是《财务会计概念公告第 94 号》规定除非是短期控股或是没有控制权的情况，否则必须对所有的子公司进行合并。2003 年财务会计准则委员会发布了一个解释（第 46 号解释公告）要求将部分被称为变化利益主体的特殊目的主体纳入到合并范围中。国际会计准则理事会/财务会计准则委员会在 2009 年发布的征求意见稿将取代《会计研究公告第 51 号》与第 46 号解释公告的规定。

对于联营和合营并不是"集团"的组成部分这一点，似乎美国公认会计原则比国际财务报告准则稍微清楚一些，但是也没有在哪个文件中作过这样的解释，甚至在概念框架中也没有对此进行定义。

17.5.3 有关差异的例子

上文提及的安然案例体现了美国和国际财务报告准则在"合并范围"规定上的差异。然而，这一差异在会计丑闻发生之后才变得明显。一些在证券交易委员会注册的非美企业案例也能说明该差异。

例如，中国石化集团（China Petroleum and Chemical）在年报中写道①：

根据国际财务报告准则，如果集团能直接或间接主导一会计主体的财务或经营政策从而获取利益，尽管没有对其达到 50% 以上的控股，这一会计主体同样在集团合并的范围之内。比例合并法则是针对集团和其他公司联合控制的会计主体。美国公认会计原则则要求，如果集团没有对某一会计主体经济利益的控制力，那么不能将其财务报表合并，而只是采用权益法核算。同样，对于集团控股比例在 40.27% 到 50% 的子公司，与集团联合控制该子公司的其他会计主体也不能对该子公司合并，而是采用权益法在长期股权投资中列示。

英国国有企业（UK-based company）国际电力公司（International Power）在年报中写道：

根据国际财务报告准则，集团对实施控制力的会计主体合并 100% 的资产和负债，但合并所有者权益时扣除少数股东权益的部分。

当集团能直接或间接主导一会计主体的财务或经营政策从而获取利益时，我们就说集团拥有了控制力。

2003 年 12 月，美国财务会计准则委员会（US FASB）发布了第 46 号解释公告（关于企业合并），这一公文是对《会计研究公告第 51 号》和合并财务报表的解释，并解决了可变利益实体（variable interest entities，VIE）合并的有关问题。第 46 号解释公告规定：如果主要受益人（the primary beneficiary）承担了实体发生的大多数预期损失、享有实体发生的大多数预期剩余收益或两者兼而有之时，应该合并该 VIE。

会计主体（如果满足以下两个条件）可被认定为可变利益实体（VIE）：如果没有额外的附属财务支持，承担风险的权益投资不足以满足其经营活动的需要，或者作为一个整体，承担风险的权益投资人缺少以下三个控制财务利益的本质特征，比如通过表决权或类似权利直接或间接做出有关实体经营活动的决策，承担实体预期损失的义务，以及收取实体预期剩余收益的权利。

---

① 类似与本部分中的年报节选内容的段落仅能在 2006 年之前的年报中获得。从那之后，公司不再被要求提供美国公认会计原则和国际财务会计准则比较的信息。

根据第 46 号解释公告的要求，集团应将以下三家会计主体从合并报表中拆分出来：

子公司	所有权百分比（%）	地区
Al Kamil Power Company SAOG	65	中东
Perth Power Partnership	70	澳大利亚
Thai National Power Company Limited	100	亚洲

以上三家子公司均有配备发电设备并签订了长期销售合同。对销售合同的内容进行研究后发现，集团没有承担各子公司发生的大多数预期损失，也不曾享有各子公司发生的大多数预期剩余收益，不满足第 46 号解释公告规定的主要受益人的概念。

17.6 公布报表的要求与实务中的做法

在第 5 章我们已经解释过，欧盟上市公司必须根据国际财务报告准则来编制合并报表，欧盟成员国可以允许非上市的母公司也按照国际财务报告准则编制合并报表，事实上这也是普遍的做法。对于母公司的非合并报表，有些国家坚持要求上市的母公司也按照国际财务报告准则编制（例如捷克共和国），另外一些国家允许母公司选择采用国际财务报告准则编制非合并报表（例如英国），还有一些国家禁止非合并报表遵守国际财务报告准则（例如法国）。第 14 章详细介绍了有关情况。所以在欧盟成员国和美国之间，公布的规则和实务各不相同。例如：

• 美国公司公布合并资产负债表、合并利润表、合并所有者权益变动表、合并现金流量表，但是不公布任何母公司的单独报表。

• 英国公司仍然按照本国规则公布与美国公司相同的合并报表（还包括一个全面已确认利得和损失表），此外还公布母公司的非合并资产负债表，但不公布其非合并的利润表。

• 英国非上市公司以及仍然采用国内规则（domestic rules）的企业，发布与美国企业相同的合并财务报表（包括发布已完全确认的利得和损失报表，以取代所有者权益变动表）。另外还发布母公司非合并资产负债表，而不是其他的财务报表。

• 在法国和德国，公司被要求公布按照本国规则编制的整套母公司报表，此外还要编制一套合并报表（可以按照国际财务报告准则编制）。

在欧盟，成员国法律（根据《第七号指令》）豁免了一些小型公司集团编制合并报表的义务。豁免编制合并报表所采用的规模标准一直在发生变化，而且在欧盟成员国之间也各不相同。然而所有这些标准都是以销售额、资产负债表总金额以及雇员人数来确定的。前两个标准可以是"总额"（是指未经过合并调整的总值）或"净额"（是指经过适当的合并调整之后的数额）。某些成员国使用总额衡量，某些使用净额衡量，还有一些则将两种方法结合使用。

美国的合并实务是根据证券交易委员会制定的法规及相关的会计准则确定的。证券交易委员会管理范围内的所有公司（见第 8 章）每年都要提交合并财务报表。不在合并范围之内的子公司的财务报表也必须提交。规程 S-X 的第 4 条发表了证券交易委员会对有关合并财务报表和联合财务报表的格式及内容的要求。它要求合并报表必须能提供集团的财务状况及注册公司及其子公司的经营成果，而且它只要求对拥有多数股权的子公司进行合并，但要说明合并或不合并该子公司的理由。规程 S-X 的第 4 条还要求在当年的资本、留存收益以及合并收益中对少数股东权益进行单独披露，同时消除公司间往来业务和项目。

17.7　合并技术

17.7.1　引言

欧盟和美国所采用的合并方法存在着相当大的差异。概括来说，主要的差异在于：

（1）权益集合法仅是美国（2001 年以前）和英国过去常见的会计方法，但目前国际财务报告准则和美国公认会计原则都不再允许使用该方法。因此，所有企业合并行为都被看做是一方对另一（几）方的购买。

（2）比例合并法在法国和其他一些欧洲大陆国家很普及，但是在英国和美国则相对罕见。

（3）权益法以不同的方式得到应用。

（4）各个国家对合并价差的处理都有所不同。

下面我们将逐一讨论这些差异。

17.7.2　购买法

购买法假设一方（通常是集团的母公司）购买了另外一个主体的控制权。这是企业合并中经常见到的情况。

根据企业合并的购买法，将这一业务看作是集团购买了一个新子公司的全部资产和负债。因此从集团的角度来看，有必要确定这些资产和负债的"成本"。该成本不太可能是子公司财务报表上所列示的资产和负债的账面价值。收购者的成本是通过评估个别企业从集团取得的各资产、负债的公允价值（当前市场价）来衡量的。

通常对这些资产，购买方有比被购买方更好的用途，购买方支付的价格往往会高于净资产的公允价值。超出的这部分就形成了商誉（见第 17.7.7 部分）。

美国公认会计原则和国际财务报告准则都要求集团尽可能去辨认无形资产，剩余尽可能少的部分作为商誉。因此出现外购品牌这样的无形资产是很正常的。此外，集团还需要对或有负债进行定价，但是对或有资产则无需这样做。

对于收购过程中不同时间发生的不同费用的处理方法也是不同的。这些费用（包括给商业银行、律师和会计师的酬金）有可能是巨额的。直到最近，这些发生的费用才被看做是收购过程的一部分，并且因此增加了商誉值。收购企业的管理层一直不想在利润表中列示这些费用。但在 2008 年，《国际财务报告准则》和美国公认会计原则对相关准则做出修订（分别是《国际财务报告准则第 3 号》和《国际财务会计准则第 141 号》），要求该费用必须放在利润表中。

17.7.3　权益集合法

正如第 8 章所述，当美国公司通过交换股份而取得子公司的股份时，在某些情况下必须（2001 年以前）采用权益集合法进行合并。在这种方法下，无须在股权取得日用公允价值重估资产（而在其他方法下则必须重估），也不发生合并商誉。在收购公司的账册上，对子公司的投资按所取得的股份的名义价值计价。合并留存收益仅仅是相关公司的留存收益之和。当然在这种方法下，因为没有股份的收购，所以不区分取得日前和取得日后的利润。同样的，从收购当年的第一天开始，子公司取得当年的全部利润都要纳入合并利润表中。

显然权益集合法可能导致较低的报告费用（因为按照历史成本价值而非重估价值对折旧进行计价，而且不存在商誉的摊销），从而得到较高的每股年报收益。相应的，留存收益和集团的可分配公积金也会较高。

在美国，第 16 号意见书（1970）对购买法（在英国称为"acquisition method"）和与之相区别的权益集合法（在英国称为"merger accounting"）规定了详尽的标准（2001 年之前适用）。以现金换取股权时不得使用权益集合法，它只适用于不是通过现金取得股份的特定情况。《会计发展趋势和方法》（*Accounting Trends and Techniques*）（AICPA，2000）对 600 家公司进行了调查，其中只有 54 家新近的企业合并采用了权益集合法，而有 343 家则采用购买法。前三年的数据显示，使用这两种方法的公司都相对较少。

权益集合法会带来比较乐观的财务报表，因此大型公司集团都愿意使用它。结果，准则制定机构和管制机构决定取消该方法。2001 年美国财务会计准则委员会发布了《财务会计概念公告第 141 号》，禁止使用权益集合法，从此所有的企业合并都必须使用购买法进行会计处理。同时，它还确定了在购买行为不明显时的辨认购买的标准。

在欧盟成员国中，权益集合法仅在英国显得比较重要。1981 年，这种方法在英国通过追溯被合法化，1985 年被列入会计准则（SSAP 23）中。1994 年，《标准会计实务公告第 23 号》被《财务报告准则第 6 号》所代替，后者的制定旨在使权益集合法的运用受到更多的限制，使其仅在不可能区分收购方和被收购方的情况下才能使用。

国际会计准则理事会在该领域的要求包含在《国际会计准则第 22 号》中，这一准则类似于英国的《财务报告准则第 6 号》。2004 年，《国际财务报告准则第 3 号》取消了权益集合法。

但是，国际财务报告准则（和美国公认会计原则）仅对准则颁布之后的公司联营（pooling/uniting）废除了权益合并法。也就是说，以前年度联营的公司，其集团财务报表仍旧不需改变。有时候我们都忍不住猜想，看看一个公司的复杂名字即可认为联营已经发生。例如，"GlaxoSmithKline"是"GlaxoWellcome"和"SmithKlineBeechan"合并后的公司名，而"GlaxoWellcome"和"SmithKlineBeechan"本身就是企业联营的结果。所有那些联营之前的会计并未发生实际变化（比如，不存在商誉）。

17.7.4　非控股股东权益

非控股股东权益（也译为非控制性股东权益，以前被称作少数股东权益）在第17.3部分中介绍过了。正如第17.3部分所说，曾经，关于非控股股东权益会计处理是各式各样的，包括根据美国公认会计原则（2010年之前）的要求将其作为一种负债列示。但是现在，对于非控股股东权益的会计处理达成了全球性的统一：它应当作为股东权益列示，而不是母公司权益（比如《国际会计准则第27号》，第27段）。

然而，就非控股股东权益如何计算仍没有达成一致。传统操作方法认为，非控股股东权益是收购日归属于非控股股东的子公司净资产的公允价值。一些国家的规则对该方法十分认同（例如，英国《国际会计准则第6号》）。另一种方法认为，非控股股东权益应当是这部分权益的公允价值（非控股股东持股的公允价值，而不是按比例分配到非控股股东的净资产公允价值）。这是美国公认会计准则（修订后的《财务会计准则声明第141号》）从2009年起采用的方法。因此，国际财务报告准则与美国公认会计准则又有了不同。控股股东权益的计算还将影响商誉的计算（见第17.7.7部分）。

17.7.5　比例合并法

《国际会计准则第31号》要求对共同控制的经营活动和资产采用比例合并法，并将其作为合营主体的基准处理方法。然而，对于合营主体（也即合营本身是单独的主体）来说，比例合并法可能并不合适，因为投资者虽然对其所使用的资产有重大影响，但并没有控制该公司的任何资产（Milburn and Chant, 1999）。《国际会计准则第31号》正在被修订以删除选择性的做法。与权益法相比，比例合并法的采用存在一个很明显的不利因素：它增加了合并后集团的负债额，同时增加了合并后的现金及销售额数值。

在2005年采纳国际财务报告准则编制合并报表以前，欧盟成员国各公司所使用的合并方法多种多样。法国的规则要求合营企业采用比例合并法。在执行《第七号指令》之前，德国禁止使用比例合并法。现在会计指令法律允许但不要求对合营企业采用比例合并法，因此某些公司集团选择采用这种方法。在英国，《财务报告准则第9号》不允许合营主体采用比例合并法。

根据美国公认会计原则，比例合并法在像合资经营这样的会计主体中是不被允许的。但在特定的行业有例外，如石油天然气行业。

17.7.6　权益法

《国际会计准则第28号》要求在合并报表中对联营企业采用权益法。在资产负债表中按照成本加上投资后享有的被投资者净资产的份额计量。利润表不包括详细的收入和费用（对于子公司或比例合并法是要求的），只列示联营利润中的份额。《国际会计准则第31号》允许但不要求对合营主体采用权益法。

美国第18号意见书规定在披露对以下公司的投资时必须采用权益法：未合并子公司，具有法人地位的联营企业，以及拥有对方公司至少20%但不超过50%的表决权且能够对该公司的经营政策、财务政策施加重大的影响的公司。美国还允许权益法在母公司财务报表（不是那些经常需要公布的报表）中使用，也可以用于编制合并财务报表。

诺比斯（2002）考察了随着时间推移，权益法在国际间的传播情况。他指出大多数权益法的使用是不恰当的，而且重大影响的 20% 临界点是偶然达到的（见第 17.5.1 部分）。特别是，假设集团由母公司和被其控制的主体构成，集团在联营中的利润份额没有在集团中实现（可能集团也没能力要求实现）。那么为什么要将其纳入到集团的利润中呢？用公允价值计量股权投资也许可以成为权益法的替代方法，也就是说，按照《国际会计准则第 39 号》（见第 9.4 部分）的要求，将股权投资作为一种可供出售金融资产。

17.7.7　商誉

商誉（也称"合并差异"（consolidation difference））是企业合并成本与合并中取得的被投资企业净资产公允价值份额的差额。（美国会计与《国际财务报告准则第 3 号》）在商誉计算方面最大的不同是：美国会计（直到 2009 年）要求在计算商誉时考虑收购方的收购目的，而《国际财务报告准则》没有要求。比如，假设一家公司花费 1 亿欧元购买了子公司的全部股份。在并购日，并购方估计子公司的净资产公允价值为 8 000 万欧元。收购方打算在收购后再投入 1 500 万欧元对子公司进行重整。根据《国际财务报告准则第 3 号》，合并过程产生的商誉为 2 000 万欧元（1 亿欧元减去 8 000 万欧元），而根据美国公认会计原则计算出的结果是 3 500 万欧元（1 亿欧元-（8 000 万欧元-1 500 万欧元））。《国际财务报告准则》的处理方法更为得当，因为商誉本应该是合并成本与子公司净资产的差额。在收购日，那 1 500 万欧元并不构成子公司的负债。

非控股股东权益（见第 17.7.4 部分）的计算同样会影响商誉的计算。例如，假设：

- P 公司购买了 S 公司 80% 股权
- P 公司支付了 100（为简化起见，此例省去货币单位，译者注）
- 剩下的 20% 股票价值 22（少于 P 公司购买时的每股价格，因为 P 公司为取得控制权溢价购买）
- S 公司净资产的账面价值为 70，公允价值为 90

根据传统的非美国会计方法（traditional non-US method）（《国际财务报告准则第 3 号》中仍可选择采用此法），商誉计算公式为：

100-80%×90=28

根据美国会计方法，从总体的角度考虑，商誉计算公式为：

100+22-90=32

商誉计算出来后，美国会计的做法是（持续到 2001 年）将它在 40 年以内的时间摊销（《会计原则委员会意见第 17 号》），证券交易委员会对某些特定行业则要求采用更短的摊销年限。现在，根据《财务会计准则声明第 142 号》的规定，商誉不必进行摊销，但必须每年进行减值测试。国际财务报告准则对商誉的规定近年来也有所改变。1998 年以前，《国际会计准则第 22 号》允许集团确认的商誉减值损失直接冲减公积金。比如，当时这一做法在英国和德国十分普遍。1998 年，修订后的《国际会计准则第 22 号》对资本化、摊销以及可予驳回的推定（rebuttable presumption）方面作出了要求，并且规定商誉的使用年限不得超过 20 年，超过 20 年使用年限的商誉必须每年进行资产减值测试。2004 年，国际会计准则理事会用《国际财务报告准则第 3 号》取代了《国际会计准则第 22 号》的规定。《国际财务报告准则第 3 号》要求商誉无需摊销，而是每年进行减值测试，这与美国公认会计原则的规定是一致的。

美国会计和国际财务报告准则对负商誉的处理方法也有不同。《国际会计准则第 22 号》规定，负商誉首先冲抵正商誉，余下的部分记为收益在所购得固定资产的寿命期内冲抵预期损失。《国际财务报告准则第 3 号》要求将负商誉全部列作收益。在美国（直到 2009 年）负商誉通常是零，因为任何超出净资产的溢价都被按比例分摊至固定资产而非投资以减少其公允价值。但是，这还不算完。法国和德国的会计规则将负商誉作为一项公积金（reserve）。英国《财务报告准则第 10 号》则将负商誉认定为一种负资产。

联合经营和合资经营一般采用权益法或比例合并法核算，其商誉也是需要确定的，并且也要进行年度减值测试。按照《国际会计准则第 28 号》，商誉是投资的一部分，但在附注中与投资分开披露。而根据美国公认会计原则，它包含在其他商誉中。

起初，欧盟各成员国对商誉的处理方式有着很大的分歧，大多数用的是盎格鲁—撒克逊模式，而不是较早的欧洲大陆模式。《第七条指令》的发布对用法的统一有着显著的效果，如今国际财务报告准则在欧盟各国的采用在延续这种效果。Nobes 和 Norton（1996）从 20 世纪 90 年代的多个国家广泛取样，对商誉的会计实务操作进行了研究。Choi 和 Lee（1991）针对商誉规则的国际性差异是否会影响公司行为这一问题进行了研究，他们发现，英国公司，相较于美国公司来说，愿意为收购子公司付出更大的成本，因为在英国，商誉是可以摊销的，但在美国不可以。

小结

- 合并财务报表首先在美国使用，后来其他英美国家以及荷兰、德国和法国也开始使用。
- "集团"的主要概念包括建立在法律控制基础上的母公司概念，建立在经济实体基础上的实体概念，以及建立在所有权基础上的所有权概念。
- 对合并资产负债表在国际范围内（《国际会计准则第 22 号》、《国际会计准则27 号》、《国际会计准则第 28 号》和《国际会计准则 31 号》）和欧盟范围内（第七号指令）的协调都取得了成功。欧盟内上市公司从 2005 年开始遵守国际准则。
- 国际财务报告准则和美国公认会计原则仍然存在差异。这些差异包括在以下方面：集团的构成、公开要求及合并方法（即权益法、比例合并法和商誉）。

参考文献

American Institute of Certified Public Accountants (2000) *Accounting Trends and Techniques*, New York, p. 94.

Bircher, P. (1988) 'The adoption of consolidated accounting in Great Britain', *Accounting and Business Research*, Winter, pp. 3–13.

Bores, W. (1934) 'Geschichtliche Entwicklung der konsolidierten Bilanz (Konzernbilaz)', *Zeitschrift für handelswissenschaftliche Forschung*, Vol. 28.

Choi, F. D. S. and Lee, C. (1991) 'Merger premia and national differences in accounting for goodwill', *Journal of International Financial Management and Accounting*, Vol. 3, No. 3.

Diggle, G. and Nobes, C. W. (1994) 'European rule making in accounting: the Seventh Directive as a case study', *Accounting and Business Research*, Autumn.

Edwards, J. R. and Webb, K. M. (1984) 'The development of group accounting in the United Kingdom', *Accounting Historians Journal*, Spring, pp. 31–61.

FEE (1993) *Seventh Directive Options and Their Implementation*, Routledge, London.

Garnsey, G. (1923) *Holding Companies and Their Published Accounts*, Gee, London.

Hein, L. W. (1978) *The British Companies Acts and the Practice of Accountancy 1844–1962*, Arno Press, New York.

Higson, C. (1990) *The Choice of Accounting Method in UK Mergers and Acquisitions*, ICAEW, London.

Milburn, J. A. and Chant, P. D. (1999) *Reporting Interests in Joint Ventures and Similar Arrangements*, G4+1 Standard Setters, Norwalk.

Mumford, M. (1982) 'The origins of consolidated accounts', University of Lancaster Accounting and Finance Working Party Series, No. 12, September.

Nobes, C. W. (2002) 'An analysis of the international development of the equity method', *Abacus*, Vol. 38, No. 2.

Nobes, C. W. and Norton, J. E. (1996) 'International variations in the accounting and tax treatments of goodwill, and the implications for research', *Journal of International Accounting, Auditing and Taxation*, Vol. 5, No. 2.

Zeff, S. A., van der Wel, F. and Camfferman, K. (1992) *Company Financial Reporting*, North-Holland, Amsterdam, Chapter 2.

Zünd, A. (1993) 'Group accounting in Switzerland', in S. J. Gray, A. G. Coenenberg and R. D. Gordon (1993) *International Group Accounting*, Routledge, London.

后续读物

Walker, R. G. (1978) Consolidated Statements, Arno Press, New York.

课后问题

书末提供带星号问题的参考答案。

17.1* 讨论对集团概念的不同解释，以及各种解释与公司治理、融资的风格有怎样的关联。

17.2* "欧盟的第七号指令在协调化方面比第四号指令发挥的作用更大。"请讨论这种说法。

17.3 为什么合并报告在美国的产生要早于法国？

17.4 试比较以下项目按照国际财务报告准则和美国公认会计原则的处理方法：

（a）对子公司的合并；

（b）对合并商誉的计算和处理。

17.5 第七号指令对合并会计在德国和英国之间起到了多大程度的协调作用？

17.6 第七号指令最初的目标之一是帮助跨国公司总部所在国控制这些跨国公司，考察并讨论对这种控制愿望的支持观点和反对观点。

17.7 解释权益法的各种使用及在美国公认会计原则和国际财务报告准则中的不同应用。

第 18 章　外币折算

约翰·弗劳尔

内容

目标

读完本章后您应当能够

- 概括外币折算问题的性质，以及如何对历史汇率和期末汇率进行选择。
- 解释交易折算与财务报表折算之间的差异。
- 总结交易折算的不同方法。
- 指出 3 种传统的财务报表折算方法以及对每种方法的支持观点与反对观点。
- 理解美国公认会计原则和国际财务报告准则中有关外币折算的主要条文。
- 指出交易利得与损失应当如何入账。
- 简要总结购买力评价理论（PPP）和费雪效应。

18.1　引言

18.1.1　术语

首先，有必要定义"折算"一词。作为会计学术语，"折算"一词拥有其特定的含义，即是指将以一国货币来计价表示的财务数据重新用另一国货币进行表述的过程。在这里，我们可以举一个简单的例子予以说明。有这样一家英国公司，其财务报表以英镑为计量单位，而该公司的资产中却包含着一张 100 美元的银行券。为了能在该公司的资产负债表中列示该项资产，则必须使用英镑对其进行计量。因为如果将美元与英镑直接相加，其结果将变得毫无意义。假设当前汇率为£ 1 = $ 1.78，则 100 美元的银行券的价值为 56.18 英镑（ $ 100×£ 1/ $ 1.78），这样在资产负债表中就能够以 56.18 英镑的价值列示该项"100 美元"的资产。用会计术语来说，该项资产已由美元"折算"才成英镑了。

我们还必须明确区分"折算"与"兑换"这两个概念。事实上，经过"兑换"之后，资产会由一种货币被实际转换成另一种货币，比如将美元在外币兑换处兑换成英镑。而在进行"折算"时，资产却没有发生改变：美元银行券本身仍保持不变，只是使用不同的计价基础来表示而已。使用英语国家的会计师借用语言学家的术语"翻译"一词来表达其这一特有的工作程序，然而这很容易使非会计人员产生误解，以为会计师所指的是语言上的翻译。法国会计师使用"*conversion*"一词，也很容易引起人们的误解，因为在法国财务报告的英文版本中，该法国术语经常被错误地翻译为"兑换"。德国的术语是"*Währungsumrechnung*"（字面上的意思为货币的重新计算），因为该词只在会计领域使用，所以不会导致含混不清。但是在德国财务报告的英文版本中，该词也会经常被错误地翻译为"货币兑换"。因此对会计人员而言非常容易区分的"折算"和"兑换"，对一般人来说却很难以理解。

本章主要讨论财务会计中有关外币折算方面的内容。我们考察了有关各种折算方法的不同观点，然后集中讨论了美国公认会计原则和国际财务报告准则的要求。外汇管理是另外一个问题，第23章将会涉及这一内容；此外，还可以参阅其他书目（如Buckley，2004）。

18.1.2 折算问题

汇率不固定给折算带来了很多问题。例如，如果英镑与美元的汇率被固定为£1＝$1.78，那么将账面价值为$100的资产折算成英镑，其价值就是固定的，也就不会存在不同的观点。然而，事实上，汇率却是浮动的，表18—1列示了30多年来英镑对美元、德国马克以及巴西克鲁塞罗的汇率情况。该表呈报了不同日期外汇交易市场上每英镑可以兑换的外国货币量。从中我们可以看出，汇率存在大幅波动。例如，在1970年，1英镑可以兑换2.39美元；到1984年，却下降到只可以兑换1.15美元；到1990年，却又回升至可以兑换1.93美元；之后在经历了持续几年的汇率下跌之后，2004年又恢复至可以兑换1.93美元。事实上，在20世纪七八十年代这段时期内，汇率非常不稳定。近年来，尤其是在1996年之后，这种不稳定程度有所下降。发生这种变动所导致的结果是，在20世纪七八十年代，外币折算成为非常热门的话题；然而近些年来，对该话题的关注则有所下降。随着汇率的再三波动，以往出现的利益是否会再次呈现还很难下定论。

表18—1　　　　　　　　　　　　三种其他货币对1英镑的汇率

日期	美元	德国马克（1999年之后为欧元）	巴西克鲁塞罗/克鲁扎罗/里亚尔
1970年12月31日	2.39	8.73	11.85
1975年12月31日	2.02	5.29	18.34
1980年12月31日	2.38	4.67	156.22
1984年12月31日	1.15	3.66	3 622.00
1985年12月31日	1.44	3.56	15 152.81
1986年12月31日	1.47	2.86	21 970.05
1987年12月31日	1.87	2.96	135.22[①]
1988年12月31日	1.81	3.22	1 384.81
1989年12月31日	1.62	2.73	18.24[①]
1990年12月31日	1.93	2.88	341.37
1991年12月31日	1.87	2.84	1 999.40
1992年12月31日	1.51	2.44	18 729.90
1993年12月31日	1.49	2.56	471.28[①]
1994年12月31日	1.56	2.42	1 319.76
1995年12月31日	1.55	2.22	1 508.06
1996年12月31日	1.70	2.64	1.76[①]
1997年12月31日	1.65	2.96	1.85
1998年12月31日	1.66	2.78	2.01
1999年12月31日	1.62	1.61	2.89
2000年12月31日	1.49	1.60	2.91
2001年12月31日	1.46	1.64	3.50
2002年12月31日	1.61	1.54	5.70
2003年12月31日	1.78	1.42	5.11
2004年12月31日	1.93	1.41	5.13
2005年12月31日	1.72	1.46	4.02
2006年12月31日	1.96	1.49	4.18

注：①使用新货币：1单位等于1 000单位旧货币。

资料来源：国际货币基金组织。

1999 年，欧盟 12 个成员国达成共识建立一个货币联盟，将欧元作为其共同的货币。实行欧元区的国家包括奥地利、比利时、法国、芬兰、德国、希腊、意大利、爱尔兰、卢森堡、荷兰、葡萄牙和西班牙。欧元区的建立，使得诸多欧洲大陆国家的公司在欧元区内所开展的贸易不再存在外币折算问题。

汇率不固定给会计人员带来如下两个问题：

（1）在折算一项以外币表示的资产（或负债）时，使用什么汇率合适？

（2）当汇率发生变动时，对于由此所产生的损益应如何进行会计处理？

为说明上述两个问题，仍以前述 100 美元的银行券为例，并进一步假设英国公司于 2003 年 12 月 31 日汇率为 £ 1 = $ 1.78 时取得该票据，到 2004 年 12 月 31 日汇率为 £ 1 = $ 1.93 时仍持有该项资产。为了于 2004 年 12 月 31 日将该项资产列入资产负债表，要对该 100 美元的银行券进行折算。有如下两种可能的汇率以供选择：

• 资产取得日的即期汇率：按 £ 1 = $ 1.78 的汇率，则该 100 美元可折算为 56.18 英镑，这实际上也就是以英镑表示的该项资产的历史成本，因此资产取得日的即期汇率也被称为"历史汇率"。

• 资产负债表日的即期汇率：按 £ 1 = $ 1.14 的汇率，则该 100 美元可折算为 51.81 英镑，这实际上也就是该项资产于 2004 年 12 月 31 日的现行价值，因此资产负债表日的即期汇率也被称为"期末汇率"。

使用历史汇率进行折算时，以英镑来表示的资产价值在取得日当天即被固定下来。在上例中，美元银行券于 2003 年 12 月 31 日取得时的价值为 56.18 英镑，随后其价值不再发生变动；但是如果使用期末汇率的话，其折算价值将会随时产生波动。2003 年 12 月 31 日，该美元银行券的价值为 56.18 英镑；而到了 2004 年 12 月 31 日，其价值则变为 51.81 英镑。事实上，4.37 英镑的减少正源于折算过程，资产的美元价值并未发生变动，因此习惯上将这种"价值变动"称为"折算利得或损失"，或者有时更中性地将其称为"折算差异"。另外，在财务报表中必须对这类损益进行确认。

总之，有关折算有如下两个主要问题：

（1）应该使用哪一种汇率对以外币来计价的资产和负债进行折算：历史汇率还是期末汇率？

（2）若使用期末汇率，资产折算价值的变动（折算损益）应如何在财务报表中进行反映？

我们认为第一个问题更为重要，因为它关系到公司资产与负债价值的确认，而这不仅会影响到资产负债表，而且最终还会影响到利润的计算；之所以这么说，是因为从原则上来说，公司利润是指一段时期内资本净值的增加额。有鉴于此，本章将更多地关注这一问题。

第二个问题则主要涉及财务报表的编制问题——怎样披露利得或损失，以及在财务报表中应将其放在哪个位置上比较合适？这一问题将主要集中在 18.9 部分进行讨论。另外，财务报表对利得或损失的会计处理将会影响到诸如净利润、每股盈余等许多重要的会计变量。

18.1.3　交易折算与财务报表折算

会计人员主要面临着如下两大领域中的折算问题：

• 交易折算，指的是在单个公司的会计账簿中对以外币计价的交易所做的记录，以及随后根据会计账簿编制公司的财务报表。

• 财务报表折算，指的是编制集团公司的合并财务报表，其中，控股母公司及其下属子公司的财务报表分别用不同的币种来计价。

在交易折算中，只存在一套账簿体系（和一套财务报表体系），它以公司的报告货币来计价，以下将其称为"记账本位币"。会计人员在会计账簿中记录以某一外币计价的交易时，必须进行相关的折算，随后还要定期检查资产和负债的折算价值，以确保其符合基本的计价原则。有关"交易折算"的问题将在下一部分讨论。

"财务报表折算"问题源于母公司拥有某一主体（分公司或子公司）的股份，且该主体日常会计账簿的记录以及财务报表的编制均以外币为计量单位。最常见的情况是该主体位于国外且在该国开展基本业务，折算问题出现在期末，这时需要对以外币计价的财务报表进行折算，使其能够纳入以记账本位币计价的合并财务报表之中。

本章主要探讨财务报表折算问题，或将其称为跨国集团合并财务报表的折算，之所以强调这一问题是基于以下几个原因。首先，依据重要性原则，这是一个十分重要的问题，涉及的金额往往可达数百万美元或欧元；其次，这一领域长期受到关注，本章的后续部分将讨论其历史发展脉络；最后（或许是出于作者的真正目的），有关财务报表折算存在着截然不同的处理方法，正是缘于这一事实，使其成为一个对于进行实证与理论研究来说极富吸引力的领域。从这个意义上来说，本章至多只是一个引言。

18.2　交易折算

18.2.1　观点

正如前一部分所述，交易折算主要涉及单个公司的会计账簿以及财务报表中对以外币进行计价的交易的处理。毫无疑问，会计账簿以公司所在国的记账本位币进行计价。因此，在会计账簿中列示某一以外币进行计价的交易时，必须先对其进行折算。出于对会计账簿中交易进行记录的实际需要，人们通常遵循这样一条简单的法则：以确认并记录交易日当天的即期汇率来对该项以外币计价的交易进行折算。

用现行汇率进行折算符合历史成本会计的一般计价原则。以一项通过外币支付而取得的资产为例，公司所付出的成本为其将要放弃的记账本位币的价值，因为公司不可能继续行使对该外币的处分权。也就是说，这种成本为将外币进行兑换从而可以获得的记账本位币金额（当其持有外币时），或者为获得外币所需支付的记账本位币金额。在这两种情况下该金额都可以看作资产取得日当天该资产的机会成本——也就是按照记账本位币进行计价的历史成本。至于应付款项和应收款项以及其他货币性资产和负债，应在其交易发生时按照假如当时就收或支的记账本位币金额来计价。

非货币性资产在会计账簿中按照记账本位币以历史成本列示，此后对该数据所作的全部调整都遵循通常的会计原则。例如，固定资产的系统性折旧以及存货的市场性贬值（以记账本位币计量）。事实上，一旦某资产在会计账簿中以记账本位币列示，则该资产是否为通过支付外币而取得的就显得无关紧要了。

在某些情况下，非货币性资产也可能按照历史成本以外的计价基础列示，例如重置成本或可实现价值。当该资产按照外币进行计量时，按照确定该价值时所使用的汇率进行折算最为恰当。

对货币性资产和负债来说，情况则截然不同，因为在期末编制资产负债表时，按照记账本位币计价的历史成本有可能不再确切地反映这些项目的实际价值。原则上来说，我们可以运用以下3种不同的方法对以外币计价的货币性资产和负债进行折算：

（1）历史汇率法。在该法下，资产和负债等项目的记账本位币金额自始至终不发生变动，也不会产生折算利得或损失。

（2）期末汇率法。根据资产负债表编制日的汇率进行折算可以得到资产和负债等项目的现行记账本位币价值，也就是假设在资产负债表编制日，将货币性资产转换成记账本位币时所能够取得的货币金额（对负债而言则是当时需要支付的货币金额）。如果期末汇率与历史汇率不同，则会产生折算差异，通常将其视为利润表中的利得或损失。

（3）资产（负债）历史汇率与期末汇率孰低（高）法。采用该法时，资产以两种可能价值中的较低者来记录，负债则以其中的较高者来记录。只有产生折算损失时，才使用期末汇率，同时还要在利润表中记录该折算损失。

3种方法中，第1种方法很少被使用。一些会计人员认为在汇率波动期间，历史汇率同期末汇率一样，都可以作为支付应付款项或收取应收款项的指导汇率。尤其当涉及长期货币性资产和负债时，记录由于汇率波动而产生的利得或损失经常被看成轻率的举动，因为这些利得或损失在未来时点很可能会被抵消。因此，人们认为采用历史汇率也是可行的。然而，在笔者看来，这种观点并不正确。将货币性资产以高于现行价值的价值进行报告，却将负债以低于现行价值的价值进行报告，将违背基本的会计原则。

有关后两种方法，虽然存在着诸多争议，但其均有着坚实的理论基础。期末汇率法以"权责发生制原则"为依据；而资产（负债）历史汇率与期末汇率孰低（高）法则以"谨慎性原则"为依据。因此，在两种方法之间进行抉择时，必须对上述两个会计基本原则的优劣、利弊进行权衡并作出判断。

18.2.2　权责发生制原则与谨慎性原则之间的争论

1. "权责发生制原则"

国际会计准则理事会的概念框架将"权责发生制"界定为：在其基础之上，当交易和事项发生时（不论现金及其等价物是否已收支），确认交易和事项的结果，在会计账簿中进行记录并在其所对应的会计期间的财务报告中列报。

如果遵循权责发生制原则，会计人员就必须在其位于国外的货币性资产或负债变现（以记账本位币计价）之前，确认其价值的变动。假定有现行价值的确凿资料（根据市场上的汇率报价），则会计人员必须马上确认其价值的变动。在确认现行价值的过程中所产生的利得或损失通常与当期相关，因为该损益是由当期的汇率变动所引起的，其与货币性资产或负债未来的偿付期并不相关。

2. "谨慎性原则"

然而，财务报告编制者必须面对这样一个现实：其无法百分之百地确定资产和负债的价值。因此，财务报告需要谨慎性。国际会计准则理事会框架对"谨慎性"（prudence）的定义如下：

谨慎性要求审计人员在确定审计范围和审计方法、报告审计结果时，即使在不确定的条件下，都应该运用专业判断，保持应有的专业谨慎，不应高估资产或者收益，也不应低估负债或者费用。

按照这一原则，许多会计人员对于其公司位于国外的货币性资产的增值（因外币升值所导致的）或货币性负债的减值（因外币贬值所导致的）而产生的利得并不予以确认。他们认为，将这类资产或负债折算为记账本位币时并不能以合理的确定性对其进行估计。未来汇率所发生的变动很可能使当期的收益化为虚有，因此将这类收益在报表中反映是不谨慎的，因为它并未真正实现，很可能在将来某一时点消失。正如所预料的那样，有关这种方法的应用多出现在那些以谨慎性原则为先的国家，尤其是德国。

3. 结论

鉴于这两种方法均十分合理且理性地以人们所公认的（不同的）会计原则作为自身的理论基础，因此不可能单凭逻辑或理论在这两者之间进行选择。事实上，笔者认为这两种方法均有其可取之处。总的来说，基于权责发生制原则的方法提供了更多的相关信息，我们通过以下的例子来说明（具体计算过程见表18—2）。1990年12月31日，一家英国公司借入100万巴西克鲁塞罗，至2000年12月31日仍未偿付该款项，因此需将其作为一项负债记入公司的资产负债表之中。若以历史汇率进行折算，则其价值为2 929英镑；而若以期末汇率进行折算的话，则仅为0.34英镑，也就是若在2000年12月31日偿付贷款所需要付出的全部金额。毫无疑问，在2000年记录0.34英镑该项负债是较好的方法。因为克鲁塞罗逐年在贬值，所以其将来会恢复到1990年时价值的机会将变得非常渺茫。

表18—2　　　　　　　　　基于"权责发生制原则"的例子

1990年12月31日：	英国公司借入100万巴西克鲁塞罗
	根据当日汇率所得的折算价值为：
	$1\ 000\ 000\ 巴西克鲁塞罗 \times \dfrac{1\ 英镑}{341.37\ 巴西克鲁塞罗} = 2\ 929\ 英镑$
2000年12月31日：	根据期末汇率所得的折算价值为：
	$1\ 000\ 000\ 巴西克鲁塞罗 \times \dfrac{1\ 英镑}{2.91\ 巴西克鲁塞罗 \times 1\ 000 \times 1\ 000} = 0.34\ 英镑$

然而，鉴于管理层往往更倾向于依据最好的方面来公布其经营成果，而谨慎性原

则恰好可以约束这种乐观主义倾向。这可以用以下的例子来说明，具体计算过程见表18—3。1995 年 12 月 31 日，一家英国公司借入 1 000 美元，并定于 2000 年 12 月 31 日偿还。该项负债在会计账簿中最初以 1995 年 12 月 31 日的汇率计价为 645 英镑，一年后，也就是 1996 年 12 月 31 日，该项负债以期末汇率计价且其价值为 588 英镑。此时，公司是否要将由汇率变动所引起的 57 英镑的负债减少，并贷记利得？如果考虑到随后英镑对美元的汇率将发生的波动，那么此时对利得进行记录还为时尚早。在接下来的时间里，英镑对美元的比价下降，使得以英镑计价的负债增加。事实上，在2000 年 12 月 31 日偿还借款时，英镑与 1995 年时相比已有所贬值，因此该项借款总共损失了 26 英镑。许多会计师都认为 1996 年的折算利得不能视为已经实现。假如1996 年的"利得"被分配给了股东，则为维持其资本，公司在之后的两年里将不得不向股东索回这些资金。

表 18—3　　　　　　　　　基于"谨慎性原则"的例子

1 000 美元的折算价值为：

1995 年 12 月 31 日 1 000 美元×£ 1/ $ 1.55 = 645 英镑

1996 年 12 月 31 日 1 000 美元×£ 1/ $ 1.70 = 588 英镑

2000 年 12 月 31 日 1 000 美元×£ 1/ $ 1.49 = 671 英镑

也许最好的解决办法是对这两种方法的折中，这样可以各取所长；通常对货币性资产和负债采用期末汇率计价，但是将利润表例如综合收益部分的利润和损失中折算利得的确认延迟至外币资产/负债实现时。

18.2.3　交易折算：规则与实务

在本书的其他部分（特别是第 5 章和第 14 章）已更为详细地解释过，有 3 个来源的规则主导着世界上所有公司的财务报表编制，它们是：

（1）国际会计准则理事会。国际会计准则理事会的标准为在欧盟和其他一些在国际贸易中占有重要地位的国家（如澳大利亚）注册的大部分公司提供会计准则。

（2）美国公认会计原则为大部分美国公司提供了会计规则。

（3）国家规则：在其他大部分国家，由各国监管机构所制定的规则规范着公司的财务报告编制。其中，欧盟国家的情况有如下两方面特殊之处：

（a）在大部分欧盟国家里，国际会计准则理事会的规则只在上市公司编制合并财务会计报表时才予以强制施行，而这些公司却对资本市场有着举足轻重的影响。其他一些财务报表，如上市公司的单独财务报表（即"个别公司的账户"）和非上市公司（其在数量上占了公司总数的绝大部分）的合并财务报表以及单个财务报表，在大多数情况下仍然按照国家规则的要求进行编制。

（b）由国家监管机构制定的规则必须与欧盟有关公司会计的指令相一致。

有关外币交易折算，人们已对有关其的一些基本原则达成了共识。这与外币报表折算的情况形成了鲜明的对比，后者将在本章的后面部分进行讨论。三大准则（国际会计准则理事会、美国公认会计原则和各国规则）都采用了基本的原则：以外币计价的交易应按交易被确认时的汇率将其折算为记账本位币并记录。而它们的差异之处即在于对货币性资产或负债的后续报告问题，特别是折算汇率的确定以及由汇率变动所带来的折算差异的处理。

1. 货币性资产：汇率

国际会计准则理事会和美国公认会计原则都要求以外币计价的货币性资产在资产负债表日按期末汇率进行折算。相关的标准有《国际会计准则第 21 号——外汇汇率变动的影响》和《财务会计准则公告第 52 号——外币折算》。

就其国家规则而言，欧盟国家并没有颁布什么专门针对外币折算的规定。因此，国家监管机构在制定规则时需要作出许多判断，特别是欧盟的指令既包含了权责发生制又包含了谨慎性原则。鉴于上述两个原则有所冲突（在前面部分已有所论述），欧盟内部各国之间在其国家规则覆盖的领域（特别是个别财务报表）内不论规则上还是实务上都不存在一致性也就不足为奇了。

在大部分欧盟国家里，国家规则要求货币性资产按期末汇率进行折算。然而，德国法规（2009 年）却要求货币性资产按照历史汇率与期末汇率孰低法进行折算，并选择以记账本位币计价时两种价值中的较低者进行报告；负债则按照两种汇率中的较高者进行折算。对上述规则的理论解释为，对资产、负债（资产不可以高估，负债不可以低估）以及任何未实现折算利润的计价要保持谨慎。然而，作者怀疑这种做法的最初动机为德国公司试图将所得税拖延至外币项目已经实现时再进行支付，因为在德国公司所得税是按照财务报表所报告的利润来计算的。也正是由于在德国所得税是在单个公司账户的基础上计算的，同时还要求上市公司的合并财务报表使用国际会计准则理事会的标准来编制，因此许多大型企业集团只在其单个报表中运用谨慎性原则。

与此相关的例子来自于 BASF（德国制药集团母公司）2008 年报节选：

对短期外币应收款和负债采用资产负债表日汇率；对长期外币应收款采用取得日汇率与负债表日汇率二者较低者；对长期外币负债采用取得日汇率与负债表日汇率二者较高者。

2. 有关折算损益的报告

一般说来，折算利得或损失之所以仅仅是由货币性资产所引起的，是因为非货币性资产通常都按历史汇率进行计价。国际会计准则理事会和美国公认会计原则在报告折算差异方面是一致的：折算差异必须作为利得或损失纳入利润表进行报告。英国准则制定者在下面这段话里把这样做的原因解释得很清楚：①

为了真实公允地呈报公司的经营成果，货币性项目中所产生的汇兑利得和损失通常应当作为期间损益的一部分，这是符合会计权责发生制原则的；以简单的现金流动为基础来处理该项目将不符合这一原则。未决交易中的汇兑利得应当和汇兑损失一样客观地在资产负债表日得到确认。如果应递延利得却将其确认为损失，则这种做法不

---

① 摘自英国准则英国标准会计实务公告第 20 号（SSAP 20）中的第 10 段，该准则于 2005 年由于英国采纳《国际会计准则第 21 号》而终止了其在某些公司的使用。

仅不合逻辑地否认汇率已向好的方向变动，同时还妨碍对该公司当年业绩的公允计量。

这段话很清楚地表明英国准则的制定者对权责发生制的关注要超过对谨慎性原则的关注。

在欧盟，这条原则被那些采用英美模式会计的国家应用到财务报告方面的国家规则之中，比如爱尔兰（非英国部分）、荷兰和北欧等国家。而在其他国家（例如，法国和德国），实务中通常将负的折算差异（损失）作为费用计入利润表。但是在正的折算差异方面（利得），却情况各异。在德国不会产生折算利得（至少对于单个账户而言），因为如果按照期末汇率折算货币性项目将会产生折算利得，因此人们总是按照历史汇率进行折算。在其他一些欧洲国家，很普遍的做法是递延折算利得，并在相关货币性项目的使用期内将该利得转移到收入之中。埃贝斯（Ebbers, 1997）报告了一项对欧洲公司所展开的调查，并指出在大多数欧盟国家，均有一些公司递延折算利得；而且在法国、西班牙、意大利和比利时，大部分公司也都这样做。另外，必须加以强调的是，上述做法目前只允许在非上市公司财务报表和上市公司的单个财务报表中使用。

与此相关的例子来自于欧莱雅（法国化妆品公司母公司）2008年报节选：

经营资产和负债以及相关的对冲金融工具在汇率换算上的差异额在资产负债表中反映为"未实现汇兑收益"或"未实现汇兑损失"。但如果在综合考虑所有涉及的货币汇率市场状况之后，未实现汇兑损益额表明有潜在的汇兑损失，那么则确认为一项预计负债（provision）。

外币会计报表折算差额产生的延期利得（the postponed gain）不是一项义务，也不会预期导致企业经济利益的流出，不符合国际财务报告准则关于负债的定义，但它仍作为一种负债在资产负债表列示。

3. 一般规则的例外情况

针对上面所讲的一般规则而言，还存在着大量的例外情况，其中最重要的两个例外情况为：套期交易或通过外币贷款购买固定资产。

（a）套期交易。当对一项外币应收款或应付款通过远期合同进行套期保值时，通常采用合同中所规定的汇率而非期末汇率进行折算。但是，美国公认会计原则和《国际会计准则第39号》指定了一种不同的处理方法：外币货币性项目应当按照期末汇率折算，远期合同按照公允价值进行报告，所有的价值变动都在当期利润表中予以反映。两种处理方法的影响结果都一样：不报告通过远期合同进行保值的外币应收款和应付款所产生的重要利得和损失。

（b）通过外币贷款融资购买固定资产。当一项固定资产通过外币贷款进行融资时，一些国家的做法是将该项贷款的所有折算损失资本化，以作为固定资产取得成本的一部分。使用该法，在利润表中将不再列报折算损失。然而，美国和英国的会计准则则不允许使用该种方法。2003年国际会计准则理事会修订了《国际会计准则第21号》，以便在这方面与美国取得一致。因此，将折算损失资本化的做法仅仅在少数国家允许使用，尤其是西班牙和意大利等国。

上述对折算差异的简要介绍并不包括所有可能发生的复杂情况。要想获得有关该领域的进一步信息，读者可以参阅章末推荐的"后续读物"。本章的后续部分将介绍财务报表的折算。

18.3 财务报表折算简介

18.3.1 问题

正如18.1.3部分所述，一家公司如果拥有某一主体（分公司或子公司）的股份，且该主体以外国货币记录其会计账簿并编制财务报表，在这种情况下就会发生外币财务报表折算问题。最常见的情形为该主体位于国外。

如今跨国集团早已屡见不鲜，实际上几乎所有美国和欧洲的主要公司都拥有其外国子公司。然而，这些跨国集团的合并财务报表面临着这样一个特殊的问题，那就是其子公司的财务报表是按不同货币进行计价的。例如，一家由英国母公司和其美国子公司所组成的企业集团在编制合并资产负债表时，其母公司和子公司的报表必须以同种货币计价，而不能将以英镑计价的母公司的资产和以美元计价的子公司的资产简单相加——必须将其中的一种货币折算为另一种货币。考虑到合并财务报表的主要使用者是母公司的股东及其债权人，因此通常采用母公司所在国的货币来统一编制合并财务报表。因此，以美元计价的子公司的财务报表必须进行折算以英镑来计价。下面，我们将要介绍会计人员对这项操作所采用的方法。

18.3.2 3种传统的折算方法

在实务中，国外子公司的资产和负债可以采用历史汇率或期末汇率进行折算。但是在20世纪70年代初，在世界范围内对用哪一种汇率折算哪一类资产并无定论。当时有3种不同的折算方法被人们广泛应用：

（1）期末汇率法。即对所有的资产和负债进行折算时均采用期末汇率。

（2）流动/非流动法。即对流动资产和负债采用期末汇率进行折算，而对其他资产和负债则采用历史汇率进行折算。

（3）货币/非货币法。即对货币性项目（即货币和将以货币进行收支的项目，如应收、应付账款、贷款等）采用期末汇率进行折算，而对非货币性项目（即多数固定资产及存货）采用历史汇率进行折算。

18.3.3 实例

下面，我们可以用一个简单的例子来说明上述3种方法的具体应用（本例使用的是20世纪70年代的汇率）。1976年12月31日，一家美国公司位于德国的子公司已取得的资产和发生的负债如表18—4的第一栏所示。为了便于说明，假定1977年未发生交易，因此在1977年12月31日，子公司以其所在国货币（马克DM）进行计价（根据历史成本原则）并编制子公司资产负债表，与1年前的报表几乎完全相同。表18—4列示了如何应用上述3种方法将子公司的资产负债表折算为以美元计价。

表 18—4		3 种不同的折算方法					
1976 年 12 月 31 日及 1977 年 12 月 31 日 国外子公司资产负债表（注：1977 年未 发生交易）		折算后 1977 年 12 月 31 日国外子公司资产负债表					
		期末汇率法		流动/非流动法		货币/非货币法	
		汇率	折算价值	汇率	折算价值	汇率	折算价值
固定资产（厂房）	DM100 000	CR0.50	$ 50 000	HR0.42	$ 42 000	HR0.42	$ 42 000
流动资产							
存货	DM30 000	CR0.50	$ 15 000	CR0.50	$ 15 000	HR0.42	$ 12 600
应收账款	DM20 000	CR0.50	$ 10 000	CR0.50	$ 10 000	CR0.50	$ 10 000
资产总额	DM150 000		$ 75 000		$ 67 000		$ 64 000
长期负债	DM130 000	CR0.50	$ 65 000	HR0.42	$ 54 600	CR0.50	$ 65 000
1977 年 12 月 31 日资本净值（资产总额减负债总额） 注：1976 年 12 月 31 日资本净值	DM20 000		$ 10 000		$ 12 400		（$ 400）
折算利得（损失）	DM20 000	0.42	$ 8 400	0.42	$ 8 400	0.42	$ 8 400
			$ 1 600		$ 4 000		（$ 8 800）

注：1976 年 12 月 31 日汇率（历史汇率，用 HR 表示），HR $ 1 = DM 0.42；

1977 年 12 月 31 日汇率（期末汇率，用 CR 表示），CR $ 1 = DM 0.50。

以美元计价的子公司资本净值，可以用折算后的资产减去折算后的负债得到。可以看出，使用 3 种不同的方法所得出的 1977 年 12 月 31 日的子公司的资本净值截然不同：期末汇率法下为 10 000 美元；流动/非流动法下为 12 400 美元；货币/非货币法下为-400 美元。而 1976 年 12 月 31 日子公司的资本净值为 8 400 美元，对这一数字并不存在争议，因为所有的资产和负债均在这一天里取得或发生，所以期末汇率和历史汇率是一样的。而 1977 年子公司资本净值的变动则表现为利得（在期末汇率法和流动/非流动法下）或损失（在货币/非货币法下）。很显然，利得（损失）产生于折算过程，因为在子公司以马克计价的财务报表中并未显示任何利得或损失。因此，在表 18—4 中，将其表述为"折算利得（损失）"。

18.3.4　对折算利得的检验

折算过程所产生的利得或损失的差距之大，着实令人惊讶：在货币/非货币法下的损失为 8 800 美元；而在期末汇率法下的利得为 1 600 美元；在流动/非流动法下的利得则高达 4 000 美元。仔细考查这些损益，我们可以发现一些问题。在 1977 年初，1 马克可折合 0.42 美元，而在年末则可折合 0.50 美元。因此，对于 1977 年所持有的以每 1 马克计价的资产，控股公司可以确认 0.08 美元的利得。如果所涉及的资产为现金（例如，1 马克硬币），情况便会很显然。然而，根据会计惯例，例如厂房或存货等资产，其以马克计价的账面价值在当年应保持不变，这样汇率的变动将导致对这些资产利得的记录。同样的，对应付的每 1 美元，将会发生 0.08 美元的损失。

表 18—5 解释了如何记录 3 种方法下产生的损益：

折算 方法	受折算利得（损失） 影响的资产/负债	相关的资产减去 负债之后的净额	每1马克净资产上的 利得（损失）	净利得 （损失）
期末汇率法	所有资产/负债	+DM20 000	$ 0.08	$ 1 600
流动/非流动法	流动资产/负债	+DM50 000	$ 0.08	$ 4 000
货币/非货币法	货币资产/负债	−DM110 000	$ 0.08	（$ 8 800）

表 18—5　　　　　　　　　　　　折算净利得和净损失

（1）在期末汇率法下，所有的资产和负债在 1977 年 12 月 31 日，都要用新的期末汇率进行重新计价。因此，要按照控股公司对子公司的全部净投资来计算利得。

（2）在流动/非流动法下，非流动资产和负债采用历史汇率计价，保持其最初以美元进行计价的价值。因此，这些资产和负债并未产生折算利得。因此，只对流动资产和负债确认利得。

（3）在货币/非货币法下，遵循类似的原则：只对货币性项目确认利得。在本例中，由于货币资产为负值（即负债大于货币资产），因此需要确认损失。

使用这 3 种方法之所以会得到截然不同的折算损益数字，是因为对于哪类资产和负债将会受汇率变动的影响的假设不尽相同。

18.4　美国的首创

18.4.1　时态法

上述 3 种方法的存在，导致外国资产的计价以及折算利得/损失方面的极大差异，确实令人困惑。很显然，就同一个目标而言，这 3 种方法并非都是正确的。

美国率先着手解决这一问题。美国注册会计师协会第一个系统地处理了这一问题。首先，该机构授权其研究小组一名叫做伦纳德·洛伦森（Leonard Lorensen）的成员，进行一项详细的研究工作（Lorensen，1972）。可以毫不夸张地说，就会计领域中对某项主要的实务问题的学术研究而言，这份报告是最好的成果之一；当然，也是最具影响力的成果之一。这一报告确立并明确阐述了普遍适用的"时态原则"，在历史成本会计下，这一原则同货币/非货币法非常相近。

时态法的实质是，在子公司已进行折算的报表中，应保留子公司对其资产负债表中资产和负债所使用的计价方法。在资产负债表中，可以用如下几种方法对资产进行计价：

（1）历史成本：过去为取得某项资产所支付的款项（或等价物）的数额。

（2）现行重置成本（CRC）：在资产负债表编制日，公司为取得类似资产而需支付的款项数额。

（3）可变现净值（NRV）：在资产负债表编制日，公司出售该项资产可获得（扣除费用后）的款项数额。

（4）未来收入价值：应收账款和应收票据，应以公司预计未来可收入的款项数额来确认。同样的，应付账款及其他负债将以公司为偿还债务而预计未来需支付的款项数额来确认。

对于上述 4 种计价方法而言，可分别确认一个与子公司资产计价数额相关的日期，并在折算中使用该日的汇率。因此有：

（1）历史成本：其所对应的日期为资产取得日，因而适用相应的历史汇率。

（2）现行重置成本和可变现净值：其所对应的日期为资产负债表编制日，因而适用期末汇率。

（3）未来收入价值：其对应的是未来资产和负债将被兑换为现金的日期，因而适用相应的未来汇率。然而，洛伦森所得出的结论是：对按未来收入（支出）的金额计价的资产（负债）进行折算时，应采用期末汇率，而非未来汇率。得出这一结论是出于几方面的原因，有的是出于实用方面的考虑，有的则更多地出于理论方面的考虑。在编制资产负债表时，相应的未来汇率是未知的，对其而言最好的（或至少是最客观的）估计即为期末汇率。此外，在外币交易市场上报价的未来汇率（或远期汇率），一般不同于当前汇率（或即期汇率），而二者之间的差异通常会被利率之间的差异所抵消；也就是说，在远期汇率低于即期汇率的国家，其利率将会更高（见 18.10.2 部分有关"费雪效应"的讨论）。为了使利息费用得以在恰当的期间内分配，应以期末汇率对借款进行折算。如果使用未来汇率，则必须对利息进行估计。否则一个公司只要投资于以其远期汇率对比即期汇率升水的货币计价的债券，就可以立即确认利润。

最后，如果资产负债表编制日的汇率与债务或负债偿还日的汇率不同，则可以认为利得（或损失）是由以后期间（即汇率发生变动时）所发生的事项引起的，应将其计入该期间。基于上述原因，应用时态原则时应采用期末汇率而非未来汇率。

18.4.2　时态法的普遍性

一般来说，时态法与历史成本会计下的货币/非货币法是一致的。在时态法下，基于当前或未来成本进行计价的资产（包括货币性资产）应以期末汇率折算；而以历史成本计价的资产（多数情况下为非货币性资产）则应以历史汇率折算。它与货币/非货币法的主要差异在于，在货币/非货币法下，以可变现净值计价的存货采用历史汇率折算；而时态法的优势即在于它不拘泥于历史成本惯例，它为其他计价惯例下编制的财务报表提供折算规则。因此，如果子公司的某些资产在资产负债表编制日以现行重置成本计价，则显然应采用期末汇率。在资产负债表编制日以可变现净值计价的资产，同样适用这一原则。而当子公司的固定资产不是在资产负债表编制日被重估时，则会出现更为复杂的情形，显然这时应采用重估日的历史汇率。

使用时态法的另一个原因即在于它可以确保一家公司对相同的资产或负债所报告的金额一致，而不管公司使用什么样的财务方案（直接购买或通过子公司持有）来安排其国外业务。下面举一个英国公司的例子，该公司打算购买位于美国的一个仓库。它可以将资金兑换后汇入美国以直接购买该建筑。按照在 7.2 部分所介绍的外币交易折算规则，该英国公司将会在其资产负债表中把仓库作为一项资产来报告，且金额为以美元计价的购买成本按购买日当天的汇率折算为英镑的数额。另一种购买方法是，英国公司可以通过其在美国注册的子公司来购买该仓库。美国子公司将会按美元计价以将其记录到会计账簿并纳入财务报表之中；到年底，这些财务报表将会按时态法折算为以英镑计价。在该英国公司的财务报表[①]中该项建筑的报告金额不会因购买

---

① 若英国公司直接购买该仓库，则上述报表为独立财务报表；若其通过子公司来购买，则为合并财务报表。

仓库所使用方法的不同而有所差异。因此，时态法遵循了如下一条基本的财务报告原则：对于实质相似的交易，应按照相似的方式来报告。

正是因为时态原则的普遍适用性，使得这种方法对许多会计学家而言有着很强的吸引力，同时也使他们完全先验性地相信，这个原则正确地解决了折算问题。

18.4.3 美国《财务会计准则第 8 号》

美国财务会计准则委员会（FASB）几乎毫无保留地接受了洛伦森研究成果中所提出的意见。1975 年 10 月，该委员会颁布了《财务会计准则公告第 8 号》（1975），规定自 1976 年 7 月 1 日起各会计年度的财务报表必须采用时态法（即对时态原则的应用），而不允许采用其他方法。

《财务会计准则第 8 号》的颁布引发了一场轩然大波，尤其是那些发现在合并财务报表时不得不披露巨额折算损失的公司。根据《财务会计准则第 8 号》的要求，这些损失应当抵减合并利润，从而减少了每股收益。20 世纪 70 年代中期，美元对许多主要货币疲软，例如日元、德国马克和英镑。如果采用时态法，美国的跨国公司将不得不报告外币借款（甚至长期借款）上的折算损失，却无法反映用上述借款购入的外国固定资产的折算利得。而在其他折算法下，则不会有这样的损失：在流动/非流动法下，无论是固定资产还是长期负债都不会发生折算利得或损失；在期末汇率法下，负债所引起的损失会被资产所带来的利得抵消。这一点在表 18—4 中可以得到说明，1977 年美元对马克贬值，结果使用货币/非货币法时需要报告大量的折算损失，在该例中这和使用时态法是一致的。

因此，许多美国公司不喜欢这一强制进行的变动，在 1975 年之后，公众对这一始于美国并在世界范围内其他国家也很流行的时态法展开了激烈的讨论。这也是诺比斯（1980）一篇精彩论文的主题。在这场争论中，多数团体一致认为应摒弃流动/非流动法，因此这场争论只剩下时态法与期末汇率法之间的直接对立了。

18.5 有关时态法与期末汇率法的争论

在会计界，有关时态法与期末汇率法之间的争论可能是有关折算问题的一个最为重要的方面。然而，需要我们注意的是，在现行价值会计下，不会出现这种对立，两种方法会得到一致的结论。笔者认为，正如 18.4.2 给出的那些原因，在历史成本会计下，只有采用时态法才是正确的。我们可以将会计学家反对在历史成本会计中使用期末汇率法的意见概括如下：对于外国子公司资产负债表上以历史成本计价的资产，采用期末汇率法得到的折算数字毫无意义，因为这个数字既不是以母公司所在国的货币来表示的历史成本，也不是以子公司所在国的货币来表示的历史成本；其既非现行重置成本，也非可变现净值。"实际上，这个数字仅仅是两个互不相关的数字的乘积而已"（Lorensen，1972，第 107 页）。德国著名会计学家布塞·冯·科伯（Büsse von Colbe）更加委婉地指出了这一点："用现行汇率对以外币计价的历史成本进行折算，所得的数字将没有任何意义"（Gray 等人，1993，第 327 页）。在许多会计学家看来，期末汇率法这一根本性的缺陷使得人们难以接受它。

而采用期末汇率的原因在英国会计准则委员会（ASC）第 21 号征求意见稿

（1977 年颁布）中有所提及，其中的第 9 段和第 10 段尤其值得我们注意：

9. 期末汇率法是基于以下概念，即报告公司在某一位于国外的子公司的经营活动中有净投资，且正是该净投资经受着货币波动的风险……

10. 期末汇率法有着如下优点：

（a）它能有效地处理通过外币借款筹集资金购买海外固定资产的情况，汇率变动使得利得与损失相互抵消。

（b）以外币计价编制的财务报表上的余额之间的相互关系在折算后仍保持不变，而采用历史汇率对某些资产进行折算时，情况却并非如此。

18.5.1 子公司财务报表中各种关系的保留

上面所引述的第 10 段（b）中指出了时态法（即在历史成本会计下采用时态原则）的一个值得我们注意同时又有点让人觉得困扰的方面，即在折算过程中可能会改变原财务报表中各项目之间的关系。之所以会产生上述情况，是因为采用不同的汇率对不同的项目进行折算：对固定资产采用历史汇率；而对绝大多数其他项目则采用期末汇率。因而子公司以外币计价的资产负债表中固定资产所占的比重，与折算后资产负债表中固定资产所占的比重不同。这会对很多比率产生影响，例如债务/权益比率。更为重要的是，在折算后的利润表中，折旧比重（产生于以历史汇率折算的固定资产）也不同于原先在外币报表中所占的比重。若在取得固定资产之后，外币发生贬值（相对于本国货币），则折算后利润表中折旧费用的相对比重将会增加。这很可能使得子公司外币报表上原本报告的利润，在折算后的财务报表上反而变为损失。表 18—6 所举的例子可以详细地说明这一问题。

表 18—6 　　　　　时态法如何将盈利折算为亏损的示例

	外币金额（美元）	折算系数	折算金额（英镑）
1996 年利润表			
营业利润	105 000	£ 1/ $ 1.68	62 500
减：折旧	100 000	£ 1/ $ 1.55	64 516
利润（亏损）净额	5 000		（2 016）
1996 年 12 月 31 日			
资产负债表			
固定资产：成本	1 000 000	£ 1/ $ 1.55	645 161
减：折旧	100 000	£ 1/ $ 1.55	64 516
	900 000		580 645
流动资产（现金）	200 000	£ 1/ $ 1.68	119 048
资产总额	1 100 000		699 693
减：长期负债	500 000	£ 1/ $ 1.68	297 619
资本净值（权益）	600 000		402 074

注：权益负债比率＝　　　　　　　　1：1.20　　　　　　　　　　　1：1.35

资料：外国公司于 1995 年 12 月 31 日购入其全部固定资产。

假定所有的交易均在年末发生。

汇率：1995 年 12 月 31 日，£ 1 = $ 1.55；1996 年 12 月 31 日，£ 1 = $ 1.68。

在其他情况下，利润也可能会在折算时变为亏损，特别是当汇率和利润每年都发生非常大的变化时。例如，子公司在前半年记录的是损失，在后半年却记录了很多的利润，结果全年的经营成果表现为获利。在折算后的财务报表中，假设对损失的折算采用比较有利的汇率，对利润的折算采用比较不利的汇率，结果折算后财务报表中的损失超过了利润，导致全年的经营成果表现为亏损。

对于时态法的支持者而言，这是一个相当尴尬的结果，他们必须绞尽脑汁来解释为什么某种币值的利润在折算为另一种货币后却变为亏损的事实是合理的。不过还是有一些理由可以解释这一点的。首先，需要强调的是，折算的目的在于编制合并财务报表。作为一般原则，子公司资产、负债、收入和费用的折算数据，在合并财务报表中，要和母公司的相应数据相加；外国子公司的独立主体在合并财务报表中也将不复存在。因此，从合并财务报表的角度来看，作为独立公司其有着某个负债/权益比率这一事实本身是无关紧要的。相反，如果有人（例如，子公司的少数股东或债权人）希望将外国子公司作为独立主体来考察其财务状况，那么他应该考察子公司以所在地货币计价的单独财务报表；集团报表与此并不相关。子公司的债权人一般不可能要求母公司来偿还债务，同样的，子公司的少数股东也不可能从集团利润中分配到股利。

尽管上述论证已解释了子公司财务报表之间的关系与合并财务报表不相关的缘由，但对于子公司利润表（当地货币）中的利润被折算为合并利润表后却很可能变成损失的具体原因，仍没有给出令人满意的解释。人们自然会提出这样的疑问：哪一类财务报表代表着公允的观点——是子公司的外币财务报表还是纳入合并财务报表后的折算金额？如果时态法是正确的，那么对这一问题的回答肯定是两者都是公允的。就子公司的债权人和股东而言，子公司自己的财务报表代表了公允的观点；就母公司的股东而言，合并财务报表（已合并子公司折算后的财务报表）也代表了公允的观点。但是，这怎么可能呢？

回想一下，只有当某些资产（即固定资产和存货）在财务报表中以历史成本计价时，利润才可能在折算后变为亏损。采用这种做法时，财务报表的编制对象（即股东）会将该资产的账面价值理解为占用这些资产的资金金额。而占用这些固定资产的资金金额，是以提供资金的那种货币来计价的。以通过子公司从而拥有海外资产的控股公司为例，这些资产最终是由母公司的股东来提供资金的。当取得资产时，股东们即付出了提供资金的代价。这种代价的付出是否是出于自愿，抑或资产的取得是由母公司汇出现金还是通过减少发放给子公司的股利来实现的，事实上，这样的争论毫无意义。重要的是，在过去的一年里，母公司的股东付出了资金代价，且这一代价是以投资当年所放弃的本国货币来计价的。因此，在合并财务报表中，必须以记账本位币的历史成本来记录子公司的这些资产。对于外国子公司的少数股东而言，情况则截然不同，他们所付出的代价是以其当地货币计价的。所以，当当地货币相对母公司货币发生贬值时，母公司股东所付出的代价会远高于子公司少数股东所付出的代价，于是就会出现利润被折算为损失的怪事。

总之，对于英国会计准则委员会第 10 段（b）部分的答复，首先是外国子公司财务报表间的关系在很大程度上与合并财务报表并不相关。其次，如果相关，从母公司股东的角度出发，应用时态法所得出的关系是正确的。

最后，"致命的"（*Coup de grâce*）：期末汇率法存在同样的问题，亦即使用期末汇率法同样会使得利润被折算为损失。当然，如果我们使用期末汇率来折算收入和费用，那么折算后的利润表应当是原始财务报表的线性转换（正如该法的名称所暗示的），而不会存在利润被折算为损失的可能性。但实际上，正如我们在18.8部分曾详细讨论过的，在期末汇率法下，我们通常不会使用期末汇率来折算利润表。《国际会计准则第21号》规定应当使用交易日汇率来折算收入和费用。因此前述例子中的子公司，前半年报告损失，后半年却报告利润，采用期末汇率法的话同样也会将利润折算为亏损。

18.5.2 有关"净投资"的概念

最后，必须对英国会计准则委员会第10段（a）部分加以考虑。这一部分与其第9段的内容是紧密相关的，即期末汇率法是基于这样一个概念：报告公司在某一国外子公司的经营活动中有净投资，正是该净投资承受着货币波动的风险。这一陈述相当简要，其完整的推导过程可表述如下：

（1）实务中，在许多情况下位于国外的子公司都享有自主权；当地的董事会有权决定取得或持有某项资产，或进行经营决策。

（2）此外，这些位于国外的子公司多数情况下自筹资金，使用当地的贷款或留存收益。

（3）在这样的情况下，母公司所享有的子公司的利益主要表现为每年的股利。如果每年的股利令人满意，则母公司不会过分干预子公司的财务状况或经营情况。

（4）因此母公司并不关注子公司的资产、负债、收入及费用的详尽信息；其所关注的是对子公司的净投资，因为它是唯一的有形利益——每年股利的来源。

（5）这一净投资的价值在以期末汇率折算为资本净值时，得到最好的体现。

（6）由于采用期末汇率来折算资本净值，因此，为保持折算后资产负债表的平衡，在对资产负债表其他项目进行折算时，也必须采用同种汇率。

考虑到记账本位币会发生贬值的情形（如上述表18—4中的例子），上述推导过程看来似乎无懈可击。在常见的位于国外的子公司具有净货币性负债（即负债总额超过货币性资产）的情况下，采用时态法会导致子公司折算后的资本净值价值的减少；既然固定资产的折算价值不会发生变化，然而折算后的负债净额却会增加，这显然不符合逻辑。因为本国货币发生贬值之后，外国货币相对于记账本位币的价值变得更高了；因而以外币计价的净投资的价值也应该随之增加。另一种观点则认为，随着记账本位币的贬值，以记账本位币计价的子公司每年的股利也可能增值。如果人们合理地进行保守的假定，即以外币计价的每年股利不会发生变动，那么情况当然如此。基于一项投资是以未来收入的净现值计价这一原则，对位于国外的子公司的净投资，即这些股利的来源来说，其价值将会增加。这基本上就是第10段（a）部分所阐述的情况。

这一观点看起来既合乎逻辑又能自圆其说。时态法的支持者们的回答却很简单。当母公司对位于国外的子公司的投资在母公司的资产负债表中作为单列项目反映，即采用列示联营公司中的权益的方法时，则上述程序可能是适当的。但是，如果子公司的资产、负债、收入及费用都被纳入集团合并财务报表相应的部分中时，这种程序就不再适当了。从根本上讲，上述推导过程中有两个地方不太恰当。首先，适用于资本净值的计价法，并不一定适用于某项单独的资产和负债，因此上述推导直接导致以期末汇率折算的某项资产的历史成本毫无意义。其次，如果子公司在很大程度上是一个独立的主体，那么将其完全纳入集团的合并财务报表之中则显得不大恰当。

美国财务会计准则委员会将合并财务报表定义为：把企业集团当作一个单一的经济主体进行报告。[①] 欧盟《第七号指令》（第 26 条）则规定"合并财务报表必须表述企业在合并日当天的财务状况，并视合并后的企业为一个单一的企业"。使用"单一主体"及"单一企业"十分重要，很显然，单一主体的存在是编制合并财务报表的前提。因此，在编制合并财务报表时不能采用期末汇率法，因为这种方法是建立在母公司拥有对半自主的位于国外的子公司净投资这一概念的基础之上的。所以我们可以得到以下结论：

- 如果位于国外的子公司享有很大的自主权，则不应编制合并财务报表（这时控股公司对子公司的投资在其资产负债表中通常被作为一个单独项目来列示——可能使用权益法）。

- 或如果把母公司和其位于国外的子公司视为一个主体，则应采用的比较恰当的折算方法为时态法，正如 18.4.3 部分所述，这时所报告的子公司的经营活动，仿佛该经营活动只是母公司活动的延伸一样（也就是说，和企业集团中的其他成员没有任何区别，整个集团被当作一个主体）。

然而，尽管笔者赞同上述观点，但有关这一争论的真正解决办法却倾向于使用期末汇率法。1981 年 12 月，美国财务会计准则委员会最终向其所承受的巨大压力让步，颁布了《财务会计准则第 52 号》（1981），这一准则事实上推翻了《财务会计准则第 8 号》，并规定在多数情况下必须采用期末汇率法。

《财务会计准则第 8 号》的作废是会计准则制定史上一个十分重要的事件。事实上，该准则是纯粹的逻辑推理的产物。伦纳德·洛伦森坐在他自己的象牙塔里，仅仅通过逻辑推理的办法创造出该项适用于外币折算的原则。但是，美国财务界中很多有影响力的主体（主要是财务报表编制者，也有审计师和报表使用者）之所以反对《财务会计准则第 8 号》，不是因为它有什么逻辑上的错误，而是因为这些人不喜欢由该项原则的应用导致新报表数字的产生。他们向财务会计准则委员会施加压力要求改变准则，并最终导致财务会计准则委员会被迫作出让步。上述事件生动地说明准则制定是一个政治过程，在这个过程中理论推理仅仅起了很小的作用（还可以参阅第11 章）。

18.6　美国《财务会计准则第 52 号》

即使是最反对《财务会计准则第 8 号》的人，也不得不承认《财务会计准则第52 号》的表述并不是很清晰。多数条款的理论基础模糊不清，且反映了这样一个事实，即该准则偏重于报表编制者和使用者的意见，并不重视研究和推理的结果。《财

---

① IAS 27，第 4 段。

务会计准则第 52 号》在美国财务会计准则委员会中以极其微弱的优势通过：4 票对 3 票，其中投反对票的包括该理事会的主席。事实上，该公告最为感人的部分是由 3 位反对者所撰写的反对意见。然而，不管怎么说，《财务会计准则第 52 号》是目前美国通行的有效准则。

财务会计准则委员会在《财务会计准则第 52 号》的引言（第 3 页）中指出，折算的目标包括如下两个层面：

（1）汇率变动会对企业的现金流量和权益产生一些可以预见的经济影响，而折算通常应当能够提供与这种经济影响相一致的信息。

（2）被合并的每个主体按照其功能货币计价，同时按照美国公认会计原则计算财务结果和财务关系，在折算以后能够反映在合并财务报表之中。

在设定上述目标时，财务会计准则委员会显然考虑到了在 18.5 部分进行讨论的对时态法的两点主要批评：第一个目标涉及外币升值将会导致折算损失的怪事；第二个目标则涉及利润在折算后变为亏损的怪事。因此，即便在设定目标之初，财务会计准则委员会似乎就已下定决心要反对时态法。

第一个目标由于财务报表应反映预期的经济影响这一前提而著称。在笔者看来，这是对当时人们所普遍接受的有关时间的公认会计原则的革命性背离，事实上，该时间原则认为进行会计计量的依据必须是在过去（采用历史成本时）或现在（采用重置成本或可变现净值时）已被证明了的现实。如果更为详细地分析第二个目标，则很显然该目标无异于直接推行期末汇率法。原因是为了在合并财务报表中保持子公司各自财务报表的成果及各报表间的相互关系，每个项目必须乘以同一个系数（即折算后的财务报表与折算前以记账本位币计价的财务报表是线性关系）。如果对所有项目使用同一个系数，则很显然要使用期末汇率。

考虑到上述目标，《财务会计准则第 52 号》不可避免地得到如下结论：位于国外的主体以其功能货币计价的财务报表，必须使用期末汇率进行折算。另外，还对"功能货币"这一全新的概念作出了如下的定义："一个主体的功能货币是指，该主体经营活动所处的主要经济环境中的货币（美国财务会计准则委员会，1981，第 3 页）。"看来很显然，对多数位于国外的主体而言，其功能货币即是当地货币；而对于这样的情况，《财务会计准则第 52 号》直截了当地规定应采用期末汇率法。

对于上述通用法规，主要有如下两种例外情况：

（1）如果境外子公司的经营活动是母公司经营活动的有机组成部分或延伸——在这样的情况下，其主要经济环境是母公司所处的经济环境，因此功能货币为母公司所使用的货币。

（2）如果位于国外的主体在"高通货膨胀"（定义为 3 年内物价翻两番）经济中经营——在这种情况下，《财务会计准则第 52 号》规定其功能货币为母公司所使用的货币，从某种程度上来说，这一规定纯粹是主观臆断的结果。

在这些例外情况中，位于国外主体的财务报表不以其所使用的功能货币计价，而应采用时态法将其折算为功能货币来计价。《财务会计准则第 52 号》将该过程称为"重新计量"，这一术语有些令人感到困惑，因为它同其他形式的折算并无区别。

虽然将美元作为境外子公司的功能货币是一种例外，但在实务中确实会碰到。例如，一家名为 Caterpillar 的公司在其年报中有着如下表述：

我们从事机械和发动机行业的合并公司大部分以美元为功能货币，而从事金融产品和权益交易的合并公司的大部分功能货币则为其各自所在地的当地货币。

类似地，德国公司——巴斯夫，在其按照美国公认会计原则进行编制的财务报表（2004 年，即转换为国际财务报告准则的前 1 年）中说：

当地货币或美元是巴斯夫在北美、日本、韩国、中国、巴西、马来西亚和新加坡的子公司和联营公司的功能货币，因此我们使用现行汇率折算……剩下的公司其功能货币为欧元，所以我们使用时态法折算。

"剩下的公司"包括处于非欧元区的欧洲子公司，例如，位于英国的子公司。

因此，《财务会计准则第 52 号》允许继续使用时态法，但从这个意义上来看，它并未解决几种折算方法并存所产生的问题。财务会计准则委员会宣称，其已经规定了一种单一的折算方法，即基于功能货币概念上的方法；然而，这一宣称可以说是一种诡辩，因为功能货币这一概念是由财务会计准则委员会所提出的，其目的似乎旨在混淆允许使用两种不同的折算方法这样一个事实。

财务会计准则委员会保留时态法，以供那些与母公司构成有机整体的子公司进行折算时使用，以确保这些子公司的资产在合并资产负债表中所报告的金额与母公司直接购买这些资产所报告的金额相同，也就是说，实质上相同的交易应按照相同的方式处理（在 18.4.2 部分已有论述）。如果子公司与母公司是一个有机的整体，那么由母公司直接购买该项资产很可能将会是另外一个很容易实现的方式。如果子公司是一个相对独立的主体，则上述情况将很少发生。

事实上，《财务会计准则第 52 号》是基于这样一个原则，即应该将母公司与其位于境外的子公司视为不同的独立主体。合并资产负债表不过是这些独立主体的资产负债表的算术加总，只是必须对集团内部的项目进行调整。虽然为进行该算术加总，必须首先使用期末汇率来折算位于境外的子公司的资产负债表，但是母公司所用货币绝对不会比子公司所用货币更居主导地位。从本质上来说，所有这些货币都是平等的。这一命题可以通过如下方法证明：编制合并财务报表时并不按照常规手法来编制，而是以子公司所使用的货币为基础进行编制，将母公司的资产等项目运用期末汇率法进行折算；这样所编制出来的合并财务报表中各项目之间的关系与传统的合并财务报表（按母公司货币进行编制的）一样。如果运用期末汇率将该合并财务报表再次折算为母公司所用货币的报表，则它将和传统的合并财务报表一模一样。运用期末汇率法的话，位于境外的子公司资产的计价基础仍为外国货币。事实上，合并资产负债表是基于多重的功能货币，《财务会计准则第 52 号》拒绝接受笔者在 18.5 部分为支持时态法所使用的概念：合并财务报表是基于母公司股东的利益而编制的，因此应按这些股东所提供的货币来反映其相应的投资回报。财务会计准则委员会中持不同意见的 3 位成员认为，只有从记账本位币的角度而不是从多重功能货币的角度，来计量成本、成本补偿和外汇风险，才能得到更有意义的合并结果。

财务会计准则委员会通过改变跨国公司合并财务报表性质的方式，成功解决了有关期末汇率法与时态法之间的争论。尽管它是为解决 20 世纪 70 年代末在相当特殊的外汇环境下美国公司所面临的问题而出现的，然而这一准则迄今仍为人们所使用。

18.7 《国际会计准则第 21 号》

考虑到世界范围内会计实务的多样性，国际会计准则委员会难以就折算问题颁布相应的准则，这丝毫不让人感到奇怪。直到 1983 年 7 月，国际会计准则委员会才颁布了《国际会计准则第 21 号——外币汇率变动的影响》。事实上，该准则出现于《财务会计准则第 52 号》之后绝非偶然，显然国际会计准则委员会要等美国财务会计准则委员会先作出决定。《国际会计准则第 21 号》很明显是以《财务会计准则第 52 号》为基础，并在所有重大方面紧跟《财务会计准则第 52 号》的后尘。2003 年，国际会计准则理事会（IASC，国际会计准则委员会的后身），修订了《国际会计准则第 21 号》，其所作出的一些内容上的调整和所用术语方面的变化似乎并不小。在这里，我们所要分析的是最近的版本。

如果你了解过去 30 年中外币折算领域的发展历史，你就会觉得这个准则有些令人困惑和难以理解。例如，该准则并未提到"时态法"的字眼，只规定了一种折算方法——期末汇率法。然而，事实上，时态法是存在的（只不过范围有所局限）；理解上的困难来自于其所采用的术语。其中有 3 个名词术语特别重要：

（1）功能货币，是指企业经营所处的主要经济环境中的货币。

（2）外币，是指主体所用功能货币之外的其他货币。

（3）报告货币，是指公司编制财务报表所用的货币。

准则的大部分内容与这里所定义的功能货币相关。很明显，对于绝大部分公司而言，功能货币是其位于并从事经营活动的所在地的货币。这些公司使用该货币来记录会计账簿和编制财务报表。如果公司拥有以另一国家货币来计价（即用外币计价）的业务，那么这些交易就必须按照外币交易折算准则进行折算，这些准则实际上在18.2 部分讨论过，要求货币性资产按期末汇率进行折算且所有的折算利得和损失都要在利润表中报告。

但是，《国际会计准则第 21 号》为公司功能货币而非其所在地的当地货币留下了可能的选择空间。这种情况就是公司的收入和成本主要受外国和外国货币影响的情形。例如，假设美国的母公司在中国拥有一家子公司，该子公司的主要业务是销售由母公司货船所运过来的货物，货物以美元计价且价格由母公司来确定，销售收入也被汇回母公司。在这种情况下，子公司的功能货币即为美元。《国际会计准则第 21 号》要求公司必须使用功能货币记录交易并编制财务报告。因此，这家中国子公司必须使用美元来编制财务报表。请注意，按照《国际会计准则第 21 号》的标准，对于这家中国子公司来说，中国货币即为外国货币，这种观点看起来着实有些奇怪。《国际会计准则第 21 号》（21 段）要求公司使用功能货币来记录外币业务账户金额，其折算汇率为交易日当天的即期汇率。通常来说，国际会计准则理事会只为财务报表制定准则，而不管作为财务报表来源的账簿记录。事实上，期望这家中国子公司以美元记账也是不合理的，因为这极有可能违反中国的法律。因此，国际会计准则理事会有关业务记录的准则常常被人们所忽略。然而，要求中国子公司折算以中国货币表示的报表并使用美元来编制财务报表也是合理合法的。这一点在《国际会计准则第 21 号》（34 段）中有所提及，且其已对折算过程有所规定，实质是使用时态法进行折算。因此，可以这样总结：在把财务报表折算为以功能货币进行表示（通常是把公司记账所使用的货币折算为功能货币）时使用了时态法。当然，也有极少数外国子公司其基本财务报表并没有以功能货币来表示。因此，人们很少使用时态法。

我们可以作出这样的总结：时态法将财务报表折算成以功能货币（通常是会计主体用于会计账簿记录的货币单位）为单位的表现形式。然而，极少数外国子公司会不以功能货币为单位来编制财务报表，所以时态法几乎很少运用。顺便提一句，《国际会计准则第 21 号》允许上述中国企业以人民币为单位呈报（present）财务报表，即使人民币并不是其功能货币。所以，这里所说的"编制"不一定表示呈报报表（公开披露）要采用相同的货币单位。

不管怎样，我们能够找到实例。例如，一家名叫拜尔的德国制药公司，在其按照国际财务报告准则编制的 2008 年财务报告中提到：

欧元区以外的参与合并的外国公司大部分都被认为在财务、经营和组织上是独立的。按照《国际会计准则第 21 号——外汇汇率变动的影响》的要求，这些公司的功能货币为各自的当地货币。

所谓"大部分"欧元区以外的公司将外国货币作为其功能货币，也就是说，还有一些公司将欧元作为功能货币，即采用了时态法。

另外一个名叫巴斯夫的德国医药公司，在其 2008 年按照国际财务报告准则进行编制的财务报表中更为清晰地指出：

对于在欧元区和美元区以外的某些公司，欧元或美元是其功能货币。

因此使用时态法进行折算：长期资产按照历史汇率折算，贷款和投资资本不包含在内。其他资产、负债和准备按照年末汇率折算。权益则根据折算后的差额计算。除那些由按照历史汇率折算的资产负债表项目衍生而来的项目之外，所有费用和收入按照月平均汇率转换，并累积成年末数据。转换过程中所产生的资产和外币折算利得或损失，将作为其他经营费用或其他经营收入来报告。

对于绝大部分位于境外的子公司来说，功能货币即为其所在国的当地货币。为编制合并财务报表，它们的财务报表（以它们的功能货币表示）必须被折算为以另外一种报告货币（也就是合并财务报表货币，通常为母公司的货币）来表示。对于上述折算程序，《国际会计准则第 21 号》规定使用期末汇率法。因此，我们可以这样总结：将以功能货币表示的财务报表折算为以另外一种不同的报告货币表示的财务报表时所使用的折算方法为期末汇率法。

18.8　综合收益表的折算

为了提供一套完整的合并财务报表，有必要对外国子公司的综合收益表进行折算。事实上，其所遵循的程序随资产负债表所使用折算方法的不同而不同。

18.8.1　时态法

我们可以很容易地看出时态法所遵循的原则：对于收入和费用中各项目而言，其所采用的汇率为其在会计账簿中进行确认的交易发生日当天的即期汇率。对于销售而言，则为其发货的当天；对于支付现金所取得的商品和劳务，为进行付款的当天；对于赊购的商品和劳务，为收到商品或接受劳务的当天，因为如果假定在这一天编制资产负债表，那么所欠的金额应按这一天的汇率来折算。从理论上来说，每一笔交易都应按其所适用的汇率来折算；而在具体的实务中，却往往倾向于更多地采用期间的平均汇率，或较为频繁地发生季节性波动时采用加权平均汇率，从而得到较为合理的近似值。

尤其要注意如下两个费用项目：

（1）折旧。用于折算折旧费用的汇率显然与用于折算相应资产的汇率相同——对以历史成本计价的资产采用历史汇率进行折价，而对以现行价值计价的资产则采用期末汇率来折算。确定折算汇率的交易日为资产的最初购买日：折旧并不是交易。该程序是 18.5.1 部分所述的"利润折算为损失"这一怪事的主要原因之一。

（2）销售成本。销售成本一般包括存货项目，因而一般应按相应的存货资产所适用的汇率来折算。

此外，必须反映货币性资产和负债在财务报表首次记录日至资产负债表日期间的折算利得或损失。该折算利得或损失只在合并利润表中报告，它不属于子公司利润表的一部分，因为若不按通货膨胀会计来提供财务报表的话，子公司将不会报告有关货币性项目的任何利得或损失。

18.8.2 期末汇率法

在采用期末汇率法折算资产负债表时，就应如何对利润表进行折算的问题并未达成一致意见。2003 年国际会计准则理事会在修订《国际会计准则第 21 号》时，考虑过如下两个可供选择的方法：

方法一：使用期末汇率来折算。这种方法的优点是简单易行、便于理解，折算后的财务报表能够与原始报表保持线性关系，也就是说，所有的利润表和资产负债表项目都采用一种汇率进行折算，因此包含利润表和资产负债表项目的财务比率（比如资产报酬率）能够得到恰当的折算。

方法二：使用交易日的汇率来折算，并且认为在大多数情况下，期间平均汇率可以提供一个很好的近似值。这种方法的优点是可以更好地以记账本位币来重新表述外币现金流量的价值，此外年末财务报表也能够和中期报表相一致。

但是，它有两个很明显的劣势：利润表（采用平均汇率）和资产负债表（采用期末汇率）采用了不同的汇率进行折算，因此涉及比较两张报表数据的那些财务比率（如资产回报率），用折算报表的计算结果与用外币报表计算出来的结果不同。

对于收益与费用项来说，当汇率有明显的季节性波动时，平均汇率将不再适用，而应采用交易发生当天的汇率。在这种情况下，利润表中的不同科目采用了不同的汇率，折算后的利润表不再是外币利润表的"线性转换"（linear transformation），甚至最终可能导致利润折算后"莫名其妙"地变成了损失（原因已经在第 18.5.1 部分中给出）。

笔者更加青睐于方法一。使用方法一折算后的财务报表始终是外币报表的线性转换，这确保了财务比率在折算前后的真实可信，同时也不可能发生利润变成损失的情况。

然而，与笔者观点相反的是，国际会计准则理事会决定否定方法一而采用方法二。《国际会计准则第 21 号》要求：对于收益和费用，应按照交易日的汇率折算，但除非有明显的非常情况（如汇率出现大幅度波动），否则按照当期的平均汇率折算也是允许的。国际会计准则理事会对此做法给出了相应的理由：

这种方法【指方法二】导致按列报货币【即折算后】表示的同一项目的金额相同，无论境外经营的子公司的财务报表是（1）先折算成另一集团主体（例如母公司）的功能货币【采用时态法】，然后再算成列报货币【采用期末汇率法】，还是（2）直接折算成列报货币【采用期末汇率法】。

（《国际会计准则第 21 号》，结论依据，第 BC18 段；文中方括号中的解释是后添加的）

实际上，这条陈述起到了一定的误导作用，甚至是不正确的，在如下 3 个方面：

（1）只有当外汇市场在某种意义上是完美的（也就是说，外汇市场上不同货币之间的交叉汇率必须是一致的），才能说使用这种方法能得到相同的金额。举个例子，如果英镑兑欧元的汇率为 £ 1 = € 1.60，而英镑兑美元的汇率为 £ 1 = $ 2.08，那么欧元兑美元的汇率就应为 € 1.60 = $ 2.08，也就是 € 1 = $ 1.30（2.08/1.60）。事实上，尽管大的差异很快会被商人通过套利交易消除，交叉汇率仍是很少能 100% 一致。

（2）国际会计准则理事会的陈述提到了两种不同的程序：第一种需要两次连续的折算，而第二种只需要折算一次。如果折算所采用的汇率都是同一天的，那么这两个程序将会得出相同的金额（以上面指出的第 1 点为条件）。例如，考虑用两种方法将 100 英镑折算为美元：一种方法是直接折算；另一种方法是先折算为欧元，再由欧元账户折算为美元。使用上段中所引用的汇率，直接折算的结果为 208 美元（£ 100 × $ 2.08/£ 1）；采用后一种方法，则先折算为 160 欧元（£ 100 × € 1.60/£ 1），然后再折算为 208 美元（£ 100 × € 1.60/£ 1 × $ 2.08/€ 1.60），这在算术上与直接将英镑折算为美元的账户金额一样。但是，如果使用平均数的话（方法二的应用），只有当这个平均数是几何平均数而不是算术平均数（在表达平均数时更为常用的概念）时，才能保持两种折算程序得出一致的结果。

（3）国际会计准则理事会有关两种程序都能得出相同账户金额的说法是正确的，只要收入和费用的折算汇率（应用时态法和方法二的期末汇率法）是一样的。例如，两种方法（应用时态法和方法二中的期末汇率法）都可以使用平均汇率来折算销售额、工资和其他现金费用。但是，折旧费用的折算在时态法下应采用以前年度的历史汇率，在方法二的期末汇率法下则应采用当年的平均汇率。这样的话，对于该费用项目，折算后的账户金额通常不能保持一致。

因此，国际会计准则理事会所给出的之所以选择方法二而不选择方法一的理由是经不起推敲的。方法二的另一个问题是它并没有明确折算"折旧"费用项目的汇率，因为折旧"业务"的日期就在当期这一点并不是显而易见的。

无论是有关收入和费用的折算，还是有关资产和负债的折算，国际会计准则理事会都是紧跟美国财务会计准则委员会后尘的。《财务会计准则第 52 号》规定采用确认收入和费用时的当日汇率，但由于这一做法并不切实可行，所以也允许采用适当的加权平均汇率。笔者怀疑，国际会计准则理事会之所以选择方法二是为了与美国保持一致，而不是因为上述虚假的原因。

在笔者看来，之所以不能就利润表所采用的汇率达成一致意见，是因为期末汇率法缺乏理论基础。也就是说，期末汇率法的支持者们缺乏使他们得以从中找到解决这一问题的办法的基本原则。

18.9　折算利得和损失的会计处理

18.9.1　问题

外币交易折算和外币财务报表折算都可能导致折算利得或损失。在第一种情况下，利得和损失应该在利润表中报告已成为普遍共识。这也是国际会计准则理事会和美国公认会计原则的共同立场。在18.2.3部分曾解释过，在少数国家的准则里，利得的报告有时会被递延。但是，最终它还是会被纳入利润表。

外币财务报表折算所带来的折算差异该如何报告已引发了诸多争论。人们可能觉得这并没有什么问题：因为利润可定义为净资产价值的增加，那么如果某项资产或负债的折算价值与原先的折算价值不同，则自然会产生利得（或损失），并应将其作为当年利润的组成部分反映在利润表之中。时态法根据上述推理，要求在利润表中反映所有的折算利得和损失。然而，这一简单的规则并不为人们所青睐。这也正是美国《财务会计准则第8号》受到批评最多的方面。

尽管引入期末汇率法是为了减轻人们认为是由时态法所带来的负面效应，可是这并没有消除折算差异。当汇率发生巨大波动时，正如过去数十年间所经历的那样，对一个在国外有大量股份的集团而言，折算利得和损失对其有着很大的影响。它们完全有可能是利润表上金额最大的一个单独项目，有可能将损失变为利润，或反之将利润变为损失。因此，要注意怎样减轻折算利得和损失所带来的影响。

18.9.2　期末汇率法下的折算差异

处理折算利得和损失的一种可能办法是将其单独列示于利润表之中，比如作为非常项目来列示，但是这种方法尚未被任何地方采用。

相反，现在的方法是将这些利得和损失排除在利润表之外。《财务会计准则第52号》和《国际会计准则第21号》都规定，在期末汇率法下折算所产生的损益，应当被看做其他综合收益。

《财务会计准则第52号》和《国际会计准则第21号》都将折算利得和损失排除在利润表之外的主要原因之一即在于，准则制定者认为这些金额并非"真正的"利得或损失，而只是在折算过程中形成的差异。因此，《财务会计准则第52号》称之为"折算调整额"，而《国际会计准则第21号》将其称为"汇兑差异"。

英国准则的制定者就其对汇兑差异的处理方法作出如下说明：①

在集团的利润表中对一家位于境外的子公司经营成果的最好的反映方式，即为对

---

① SSAP 20，第19段。

以当地货币计价的财务报表中的净利润或净损失不加调整地予以合并……如果将汇兑差异……纳入利润表中，则以当地货币计价的财务报表中的经营成果就会被歪曲。这些差异可能是由与位于境外子公司的经营业绩不相关的多种因素所引起的，尤其是它们并不代表或计量实际的或预期的现金流量的变化，因此将其视为利得或损失是不合理的，而应将其作为对准备金的调整来处理。

笔者接受这一观点，即在评价位于境外的子公司的业绩时把"汇兑差异"排除在外很可能是恰当的，但是并不同意这一"汇兑差异"不能代表控股公司真正的利得或损失的意见。只要控股公司决定对其海外资产和负债投入一定的价值（它会毫不犹豫地将其正确价值纳入合并资产负债表中），我们就不能否认由于这一决定而自然形成的利得或损失也是真实的。

《财务会计准则第52号》中的推理更加令人难以理解，因为财务会计准则委员会4名持赞同意见的委员也无法就折算调整额的本质达成一致看法。这种不同的看法具体表现在《财务会计准则第52号》第112段至第115段的内容中，并提出了两种不同的观点。第一种观点认为，"折算调整额反映汇率变动所带来的经济影响……这是综合收益的一个未实现的部分……应该与净收益分开报告……"第二种观点则认为，折算调整额"仅仅是折算过程的机械副产品"。笔者更倾向于第一种观点，不同意第二种观点，因为第二种观点似乎暗示着列入资产负债表的项目并没有实际意义。

《财务会计准则第52号》和《国际会计准则第21号》都指出，折算利得和损失的金额应在对位于境外主体的投资进行完全或几乎完全清算时，由"股东权益的单独组成项目"转入利润表，并作为清算利得或清算损失的一部分予以报告。这也被称为"利得的重新分类"。无独有偶，英国准则（《标准会计实务公告第20号》）①却不允许这一条款，原因是折算利得和损失已经被确认（Whittington，2005）。

18.9.3 交易产生的折算利得和损失

如果一家公司持有以外币计价的货币性资产或负债，那么当外汇汇率发生变动时公司必须在自己的个别财务报表中报告折算利得或损失。如果是家子公司，则其折算利得或损失将被纳入合并利润表之中。这可能会导致报告一些奇怪的利得或损失，下面这个例子可以对其加以说明，具体计算过程见表18—7。

美国母公司的一家荷兰子公司持有如下两项资产：100美元的银行存款和100英镑的银行存款。公司在其以欧元表示的个别财务报表中要报告所持有的100美元与100英镑在折算成欧元之后的利得。其与18.2部分所讨论的有关货币性资产报告准则的要求完全一致。当按照期末汇率法对荷兰子公司的利润表进行折算以纳入合并财务报表中时，这些折算利得又被以年平均汇率从欧元折算为美元，折算结果为美元存款折算利得16.70美元，英镑存款利得23.88美元。在合并利润表中所报告的这些折算利得将会显得很奇怪。由于集团成员持有100美元的资产，美国母公司就要在其合并利润表中报告16.70美元的利得。在笔者看来，这些折算利得完全是"虚幻的"；

---

① 除被要求遵循《财务报告准则第23号》（基于《国际会计准则第21号》）的公司外，该准则截至2007年仍旧有效。

不可能由于持有美元资产而获得以美元来表示的利得。然而，100 英镑所产生的 23.88 美元利得则更令人感到困惑，因为当年英镑兑美元的汇率下降了，所以从美国股东的角度来看，当年末 100 英镑存款的价值应该比其年初价值减少 10 美元。在其所持有的一项资产的美元价值于当年下跌了之后，集团还在财务报表中报告该项资产获得了 23.88 美元的利得，这似乎是很难让人接受的。

表 18—7　　　　　　　　　一个有关货币性账户折算利得和损失的实例

> 美国公司拥有一家位于荷兰的子公司，该子公司仅仅持有两项资产：100 美元的银行存款和 100 英镑的银行存款。假设 200×年公司未发生任何交易，外汇市场汇率为：
>
> 年初：　1 英镑＝1.60 欧元＝2.08 美元
> 年末：　1 英镑＝1.80 欧元＝1.98 美元
> 年平均：1 英镑＝1.70 欧元＝2.03 美元
>
> 年末，荷兰子公司在其个别财务报表中报告下列折算利得：
>
> 对于 100 美元的银行存款来说
>
> 年初价值：100 美元×1.60 欧元/2.08 美元 ＝ 76.92 欧元
> 年末价值：100 美元×1.80 欧元/1.98 美元 ＝ 90.91 欧元
>
> 折算利得：　　　　　　　　　　　　　13.99 欧元
>
> 对于 100 英镑的银行存款来说
>
> 年初价值：100 英镑×1.60 欧元/1 英镑 ＝ 160 欧元
> 年末价值：100 英镑×1.80 欧元/1 英镑 ＝ 180 欧元
>
> 折算利得：　　　　　　　　　　　　　20 欧元
>
> 以年平均汇率将这些折算利得折算成美元，并在美国公司的合并利润表中进行报告，具体金额如下：
>
> 100 美元银行存款的利得：13.99 欧元×2.03 美元/1.70 欧元 ＝ 16.70 美元
> 100 英镑银行存款的利得：20 欧元×2.03 美元/1.70 欧元 ＝ 23.88 美元
>
> 如果美国公司直接持有这 100 英镑的存款，那么它将会在财务报表中报告折算损失，具体金额如下：
>
> 年初价值：100 英镑×2.08 美元/1 英镑 ＝ 208 美元
> 年末价值：100 英镑×1.98 美元/1 英镑 ＝ 198 美元
>
> 折算损失：　　　　　　　　　　　　　10 美元

需要指出的是，只有在期末汇率法下才会出现这些怪事。在时态法下，合并利润表中不会出现 100 美元存款的利得或损失，而 100 英镑存款的损失则是 10 美元。

这个例子说明运用作为期末汇率法基础的多重功能货币进行计算将产生的后果。当使用其功能货币——欧元来计量时，这家荷兰子公司所持有的美元和英镑资产就产生了利得。这些利得从欧元折算为美元时并没有改变其计算基础，仍保持以功能货币进行计量（欧元）。发生改变的仅仅是对这些利得所做的报告（从欧元形式变为美元形式）：即《国际会计准则第 21 号》中的术语"报告货币"。这也就是在上面的例子中，之所以报告美元资产的利得，还被美国公司集团认为是完全可以接受的原因——这些利得是由荷兰子公司以欧元进行计量从而产生的，且计算后也不会发生改变。

实际上，在由诸多位于境外的子公司所组成的跨国集团的合并财务报表中，每个子公司的利润都是按其功能货币来计算的。为了编制合并财务报表，这些利润必须按更为通用的报告货币来重新表述。但是，这并没有改变其原来的利润计算基础。在笔者看来，使用更为通用的货币来编制报告使其看起来更像一出闹剧。事实上，这样做并没有改变这样一个基本的事实：不同子公司的利润都是按不同的方式计算的，把这些利润合并起来并没有任何意义。依笔者的观点来看，把这些利润折算为以一种更为通用的报告货币来表示并将其合并起来就好像把苹果和橘子直接加到一起一样。

18.9.4　集团内部贷款产生的折算差异

《国际会计准则第 21 号》虽然没有完全解决上一部分中所提到的那些怪事，但解决了集团内部成员之间相互借贷的特殊情况。举一个例子来说，假设母公司提供一笔贷款给位于境外的子公司。如果贷款是按子公司的功能货币进行计价的，则当外汇汇率发生变动时母公司就要报告该项贷款的折算利得或损失。在合并财务报表中并不报告该项贷款（母公司的资产和子公司的负债相互抵消）。但是，母公司个别财务报表中所报告的折算利得或损失该如何处理呢？《国际会计准则第 21 号》第 45 段涉及此问题，其具体内容如下：

……集团内部一项货币性资产（或负债）……不能与相应的集团内部的货币性负债（或资产）相互抵消。这是因为货币性项目代表着将一种货币转换成另一种货币的承诺，并且它使报告主体面临因汇率波动而产生利得或损失的风险。因此在报告主体的合并财务报表中，这种汇兑差额将继续被确认为收益或费用……

在笔者看来，上面所引述的原因并不正确。国际会计准则理事会提出集团应报告由集团内部交易所产生的利得或损失。而这和一条基本原则相抵触，即集团内部的利润和亏损在合并财务报表中应该相互抵消。在存在集团内部销售的情况下，销售利润（在个别财务报表中已被恰当记录）在合并财务报表中会被抵消。这一原则对于记录在母公司个别财务报表中的集团内部贷款所产生的利得或损失来说同样适用。

我们举一个例子来帮助说明国际会计准则理事会上述推理中存在的错误，详细计算过程见表 18—8。某德国母公司拥有一家位于美国的子公司。该子公司总资产为100 000 美元，其中所有者权益 20 000 美元，负债 80 000 美元，权益和负债均由母公司提供。假设集团没有其他资产，2004 年也未发生交易。2004 年间，汇率由年初的1 美元＝0.80 欧元下跌到 1 美元＝0.73 欧元，即每 1 美元下跌 0.07 欧元。因此德国母公司在其个别财务报表中报告该项贷款折算损失为 5 600 欧元（80 000 美元×0.07欧元/1 美元）。表 18—8 提供了美国子公司 2004 年初和年末的资产负债表，分别以子公司的功能货币（美元）和报告货币（欧元）来表示。美国子公司所有者权益的折算价值从年初的 16 000 欧元下降到年末的 14 600 欧元，折算损失为 1 400 欧元。2004 年集团的总损失可以通过比较年初集团资产价值（80 000 欧元）和年末价值（73 000欧元）来得出，其总损失为 7 000 欧元。按照国际会计准则理事会的推理，这个损失的组成部分为：

子公司所有者权益的折算损失	1 400 欧元
贷款折算损失	5 600 欧元
总损失	7 000 欧元

为了正确报告所有账户所发生的损失，应把该项贷款的折算损失纳入合并利润表

之中。

表 18—8　　　　　　　　　　　　一个有关集团内部贷款的实例

美国子公司资产负债表

2004 年 1 月 1 日	美元	汇率	欧元
资产	100 000	0.80 欧元/1 美元	80 000
负债	80 000	0.80 欧元/1 美元	64 000
所有者权益	20 000	0.80 欧元/1 美元	16 000
2004 年 12 月 31 日	美元		欧元
资产	100 000	0.73 欧元/1 美元	73 000
负债	80 000	0.73 欧元/1 美元	58 400
所有者权益	20 000	0.73 欧元/1 美元	14 600

然而，笔者认为子公司所有者权益的折算损失应被分解为各组成部分，具体计算过程如下：

子公司资产的折算损失	100 000 美元×0.07 欧元/1 美元	7 000 欧元
−贷款折算利得	80 000 美元×0.07 欧元/1 美元	5 600 欧元
= 子公司所有者权益的折算损失		1 400 欧元
+ 贷款折算损失		5 600 欧元
= 总折算损失		7 000 欧元

笔者认为，国际会计准则理事会对总损失的表述是错误的，因为它会令人觉得集团正是由于其内部成员间的交易而遭受损失。此外，按照《国际会计准则第 21 号》的要求将贷款折算损失作为合并利润表中的一个费用项目，而与此同时，其他折算损失将被直接纳入公积金之中，国际会计准则理事会作出这样规定的目的即在于减少报告利润。国际会计准则理事会认为其做法是有依据的：货币性项目代表着将一种货币转换成另一种货币的承诺，并且它使报告主体面临因汇率波动产生利得或损失的风险。在笔者看来，这是错误的。事实上，集团中任一成员由于货币性项目所引起的损失将会被其他成员的利得所抵消。报告主体（集团）不会因成员之间的内部交易而产生任何利润或损失。

学习会计的同学毫无疑问要大跌眼镜，因为像国际会计准则理事会这样著名的权威机构，竟然也会作出存在错误的表述。不管怎么说，每个人都应对所谓"专家"的结论有所警惕，有些时候，权威并不意味着绝对可靠。

18.10　研究成果

18.10.1　沃克的研究

经济学家和一些会计学家对之前所讨论的折算方法提出批评，他们认为采用这些方法计算的资产价值及折算利得和损失与经济实际并不相符。沃克（1978）认为位于境外的子公司的价值可视为其未来现金流量的净现值，他提出"经济学家分析认为，位于境外的子公司所在地的货币发生贬值的话，并不能像会计处理方法所显示的那样，自动减少以母公司所用货币计价的位于境外子公司的净资产价值"。然而，尽管他详细分析了货币贬值对位于境外子公司现金流量的影响，但他还是不能得到任何一般性的原则。为此所做的估计会有实际上的困难，但是"尽管存在这些困难，所做的有关汇率风险方面的经济学分析显然是正确的方法"。

事实上，多数会计学家可能都会反对沃克如下两个主要结论：根据公认会计原则所确定的资产在资产负债表上的价值，并不能很好地反映其经济价值；同时很难估计其未来的现金流量。多数会计学家可能还会说，并不指望常规的资产负债表能够反映经济价值。

18.10.2 阿利伯和斯蒂克尼的研究

阿利伯和斯蒂克尼（1975）提出了令人感到惊讶的观点，他们应用两种经济理论，证明了汇率变动并不会影响位于境外子公司的价值。这两个理论是：

（1）购买力平价定理。该定理认为，两个国家间的汇率变动与其相应的物价水平成正比。

（2）"费雪效应"。该理论认为，在两个国家之间，对同类财务资产所得到的利率差异与预期的汇率变动相等。

我们可以用一个简单的例子来说明购买力平价定理的含义。在某年初，一家英国公司创建了两个完全相同的工厂：一个在英国，造价为 100 000 英镑；另一个在罗利塔尼亚，造价为 100 000 美元。当时的汇率为 1 英镑＝1 美元，预计年投资报酬率为 20%，并假定每年在扣除重置损耗的厂房成本之后，英国和罗利塔尼亚公司的年现金流量分别为 20 000 英镑和 20 000 美元。在下一年度，罗利塔尼亚的物价上涨了 50%，罗利塔尼亚工厂预计的年现金流量为 30 000 美元；而英国的物价上涨了 10%，英国工厂预计的年现金流量为 22 000 英镑。根据购买力平价定理进行预测的新的汇率应为 1.10 英镑＝1.50 美元，以这一汇率进行折算的两个工厂的未来现金流量完全相同，因此两个工厂的价值也完全相同。所以，汇率的变动并没有影响罗利塔尼亚工厂的价值。

上述折算的含义最令人感兴趣。如果资产基于历史成本来计价，那么英国工厂在资产负债表上的价值应为 100 000 英镑。而对于罗利塔尼亚工厂来说，如果按同样的价值列示在合并资产负债表上，则必须采用历史汇率来折算以当地货币计价的历史成本（100 000 美元）。如果资产按未来现金流量的净现值来表示，则情况要稍为复杂一些：英国工厂的价值为 110 000 英镑（22 000×100÷20），而罗利塔尼亚工厂的价值为 150 000 美元（30 000×100÷20）。为了得到完全相同的价值，罗利塔尼亚工厂的现值必须按现行汇率来折算。如果购买力平价定理是正确的，那么这一分析恰恰证明了时态法（即历史成本按历史汇率折算，现值则按现行汇率折算）的正确性。

用同一个例子来说明"费雪效应"。这两个工厂，一个在英国，另一个在罗利塔尼亚，都通过当地贷款筹资。考虑到前述预期的通货膨胀率，贷款人要求 5% 的实际报酬。也就是说，实际上，英国的名义利率为 15.5%，而罗利塔尼亚的名义利率为 57.5%。一年后，汇率从 1£＝1 $ 变为 1.10£＝1.50 $，以下是根据"费雪效应"

进行预计的全部内容：利率的差异（1.575÷1.155＝1.36）与汇率变动（1.50÷1.10＝1.36）完全相同。换言之，一位投资者在年初将其拥有的 100 000 英镑投资于英国与其投资于罗利塔尼亚结果是完全一样的。投资于英国的话，他在年末将会获得 115 500 英镑；而投资于后者将会获得 157 500 美元，若以现行汇率 1 英镑＝1.36 美元折算，仍为 115 500 英镑。如果情况并非如此——比如，在英国的报酬率更高的话——则在两个市场之间进行套汇即可以减小这一差异；投资者会减少对罗利塔尼亚的投资，更多的贷款便会流向英国。这样随着两个市场对相对短缺和相对过剩的资金的调整，英国的利率将会下跌，而罗利塔尼亚的利率将会上升。

就会计处理而言，这些含义是令人感兴趣的。既然两笔贷款的实际利率是相同的，那么可以预计两者在合并利润表上报告的筹资成本也是相同的。然而由于罗利塔尼亚的利息费用远高于英国的利息费用，因此只有通过从罗利塔尼亚贷款的利息费用中扣减贷款以英镑计价的减少额，即按期末汇率折算该项贷款，才能使两者的筹资成本完全相同。如果进行上述处理，则应该这样计算以英镑计价的罗利塔尼亚贷款的筹资成本：

利息：100 000 美元的 57.5%＝57 500 美元×1 英镑÷1.36 美元＝42 167 英镑

减贷款价值的减少：

年初数：

100 000 美元×1 英镑÷1 美元＝100 000 英镑

年末数：

100 000 美元×1 英镑÷1.36 美元＝73 333 英镑   <u>26 667 英镑</u>

总融资成本   15 500 英镑

罗利塔尼亚贷款的净成本（15 500 英镑）当然等于英国贷款的利息成本。

时态原则的正确性再次得到了验证。这个例子还证明，有些过时的流动/非流动法是不正确的，而且将折算利得和损益排除在收益之外的做法也是错误的，因为一项外国贷款的实际筹资成本，只有在同时考虑利息支出以及与贷款的资本价值相关的汇兑利得或损失时才能确定。

值得注意的是，阿利伯和斯蒂克尼（1975）认为他们应用"费雪效应"进行的分析表明折算的时态原则是错误的，然而这一看法并不正确。他们的另一看法是正确的，即认为金融负债与汇率风险无关，因为不论负债发生于何处，其总的筹资成本都是一样的；然而，他们由此推断对外国贷款的资本价值不应根据汇率变动进行调整，却是不正确的。事实上，只有考虑贷款的损失（或利得），才能反映真正的筹资成本。

于 1990 年突然宣布破产的英国公司波利佩克（Polly Peck）的例子，很好地说明了用贷款的折算损失冲减准备的误导性（Gwilliam 和 Russell，1991）。该公司在土耳其有一笔巨额的银行存款，其年利率为 30%；而其借款主要来自美元和英镑，年利率为 10%。事实上，这一利率差异完全可以用"费雪效应"来解释。预计土耳其里拉对美元的汇率将像过去一样以每年约为 20% 的比率贬值。在利润表中报告收入的利息和需要支付的利息，并将土耳其银行存款的折算损失用以冲减准备。结果 1989 年，该公司在其利润表中报告其收入的利息超过其所支付的利息 1 200 万英镑，尽管在 1989 年末，其货币性负债超过货币性资产 7 亿英镑。尽管波利佩克在表面上遵循了相关准则（《标准会计实务公告第 20 号》）的规定，将国外存款的折算损失用来冲减准备，但是毫无疑问，这种做法所提供的筹资成本信息会使人产生误解。

18.10.3 比弗和沃尔夫森的研究

也许对折算问题所进行的最为严密的分析是由比弗和沃尔夫森（1982）所进行的研究。他们分析了三种不同的折算方法对折算后合并财务报表如下两种性质的影响：

- 经济可解释性，发生于：

——在资产负债表中报告的账面价值，等于公司资产、负债及资本净值的未来现金流量的现行价值时；以及

——报告的投资报酬率（年初资产分配的净收益）等于以本国货币表示的名义投资报酬率时。

- 对称性，发生于：

——两项经济上相等的投资（一项在外国，一项在本国）被折算为同一货币，得到相同的财务报表数据时。

其所分析的三种折算方法分别是：

- H/H：用历史汇率折算的基于历史成本的报表，即对时态法的一种应用。
- H/C：用现行汇率折算的基于历史成本的报表，即对期末汇率法的一种应用。
- C/C：用现行汇率折算的"全面市场价值会计"，即对时态法的另一种应用。

他们利用一个严密定义的数学模型，对这三种方法进行分析。得出的结论并不令人惊奇：

（1）第一种方法 H/H 具有对称性，但不具有经济可解释性。这是因为在时态法下，构筑外币财务报表基础的会计原则在折算过程中保持不变，所以其具有对称性。而之所以缺乏经济可解释性，是因为在外币财务报表中经济可解释性并不存在；在历史成本会计下，资产的账面价值通常不等于其现行价值。通过折算，也不能将外币财务报表中所缺乏的性质赋予折算后的财务报表。

（2）第二种方法 H/C 既不具有对称性也不具有经济可解释性。

（3）第三种方法 C/C 同时具有对称性和经济可解释性。

这些结论代表着对时态法的强有力的支持，以及对期末汇率法的比较彻底的批判。同时，也为笔者 18.5 部分的观点提供了严密的论证，即在期末汇率法下，某项资产基于历史成本的折算价值是毫无意义的。

18.10.4 路易斯的研究

路易斯（2003）通过实证检验分析了公司价值变化与其披露的外币折算金额的大小和变动方向之间的关系。他研究了美国的部分制造公司，并且发现，遵循会计准则所产生的结果通常与外汇汇率变动所产生的经济结果相反。积累起来的证据再一次表明现行会计实务的不恰当性。

18.11　对汇率的取舍

在本部分的以上内容中，我们假定在折算中采用汇率作为换算因子的可以是历史汇率或现行汇率。但是，有一个学派并不使用汇率；而是建议使用购买力平价指数（PPPI），并将这一指数定义为：

$$购买力平价指数 = \frac{本国货币购买力}{外国货币购买力}$$

购买力的计量与物价水平的计量相同，对具有代表性的一揽子商品及劳务的计价，首先应以本国货币来计价，其次再以外国货币计价。两者之间的比率即为购买力平价指数。

对这一方法最主要的支持者是帕兹（Patz，1977），他认为折算报表的目的在于：

……表述位于境外的子公司的经济能力及经营成果，并将其视为在当前设备下在可预见的未来得以持续经营的可行性的衡量标准。公司的目标旨在尽可能多地控制当地的商品及劳务，而非当地的货币。相应地，报告的重点在于其所控制的当地商品及劳务。

考虑到这些假定，使用购买力平价指数显然是很合理的。在理论上，用购买力平价指数代替汇率很简单。可以将这一整章的内容进行重新表达，只要将所有的"汇率"用"购买力平价指数"代替即可，例如历史购买力平价指数与现行购买力平价指数之间将有着很大的不同。

然而迄今为止，在折算中对购买力平价指数的应用仍停留在纯理论的阶段。没有一项会计准则允许采用这一方法，而且，就笔者的调查发现，尚没有一家公司在其财务报表中采用该方法。当然，如果这一方法为人们所接受，则必须关注如何构建客观而精确的指数这一实际问题。很显然，人们就得去比较伦敦的炸鱼和炸薯条的成本以及柏林的泡菜的成本或里约热内卢红辣椒的成本。

小结

• 折算是将以一种货币计价的财务数据，重新表述为以另一种货币计价的财务数据的过程。在如下两种情况，必须对其进行折算：

——交易折算。当在某独立公司的会计账簿和财务报表中记录以外币表述的交易时，需要对其交易进行折算。

——财务报表折算。母公司拥有一家位于境外的子公司，则必须将其子公司以外币计价的财务报表纳入母公司的合并财务报表中，这时要对财务报表进行折算。

• 人们就交易折算达成一致的看法，即认为对于非货币性项目应采用历史汇率折算。对于货币性资产和负债，除了一些喜欢谨慎原则胜于权责发生制原则的国家所制定的准则另有规定外，一般使用期末汇率折算。

• 美国公认会计原则和国际财务报告准则都要求，有关折算损益或货币性余额的处理所带来的损益都应当被视为当期利润或亏损。

• 在财务报表的折算领域有3种传统的折算方法：（1）期末汇率法，这种方法仅采用现行汇率；（2）流动/非流动法，这种方法对非流动项目采用历史汇率；

（3）货币/非货币法，这种方法对非货币性项目采用历史汇率。随着汇率的变动，不同的方法自然会导致不同的结果，这其中包括折算利得/损失数额大小的不同。

- 美国注册会计师协会在20世纪70年代初，提出了一种新的方法。其所进行的一项研究项目导致了《财务会计准则第8号》的问世，在该准则中介绍了有关折算的时态原则。时态原则要求按价值基础确定日的汇率折算某一项目。在历史成本会计下，这一做法的结果类似于货币/非货币法。然而，时态原则同样适用于现行成本会计体系或其他会计体系。

- 按照时态法，折算利得和损失被记录为当期利润或亏损。按照期末汇率法则被列示为其他综合收益。

- 在美国，人们对推行时态法提出了相当多的反对意见，尤其是那些更倾向于期末汇率法的公司。1981年，美国的财务会计准则委员会颁布了《财务会计准则第52号》，将期末汇率法作为一般准则；并规定时态法仅适用于某些明确定义的特殊情况。随后国际会计准则委员会（在《国际会计准则第21号》中）也遵循了同样的方针。

- 《财务会计准则第52号》和《国际会计准则第21号》都指出了主体的"功能货币"。如果子公司的功能货币与集团财务报表中所使用的货币不一致，就应当使用期末汇率法进行折算。若子公司的功能货币与集团公司财务报表的货币一致，且子公司报表是按照外国货币来记录的，则应当使用时态法来折算。

- 有关折算问题的学术研究证明，从理论上来看，时态法优于期末汇率法。

参考文献

Aliber, R. Z. and Stickney, C. P.（1975）'Measures of foreign exchange exposure', *Accounting Review*, January.

ASC（1977）'Exposure Draft 21, Accounting for Foreign Currency Transactions', Accounting Standards Committee, *Accountancy*, October.

ASC（1983）SSAP 20, *Foreign Currency Translation*, CCAB, London.（Printed in Accountancy, May 1983）.

Beaver, W. H. and Wolfson, M. A.（1982）'Foreign currency translation and changing prices in perfect and complete markets', *Journal of Accounting Research*, Autumn.

Buckley, A.（2004）*Multinational Finance*, Prentice Hall, Harlow.

Ebbers, G.（1977）'Foreign currency reporting in Europe: consensus and conflict', in Flower（1997）.

FASB（1975）*Statement of Financial Accounting Standards No. 8: Accounting for the Translation of Foreign Currency Transactions and Foreign Currency Financial Statements*, Financial Accounting Standards Board, Stamford.

FASB（1981）*Statement of Financial Accounting Standards No. 52: Foreign Currency Translation*, Financial Accounting Standards Board, Stamford.

Flower, J. and Ebbers, G.（2002）*Global Financial Reporting*, Palgrave, Basingstoke.

Gray, S. J., Coenenberg, A. G. and Gordon, P. D.（1993）*International Group*

Accounting, Routledge, London.

Gwilliam, D. and Russell, T. (1991) 'Polly Peck: where were the analysts?', *Accountancy*, January.

LASB(2003) *LAS 21, The Effects of Changes in Foreign Exchange Rates*, International Accounting Standards Board, London.

Lorensen, L. (1972) *Accounting Research Study No. 12: Reporting Foreign Operations of US Companies in US Dollars*, AICPA, New York.

Louis, H. (2003) 'The value relevance of the foreign translation adjustment', *Accounting Review*, Vol. 78, No. 4.

Nobes, C. W. (1980) 'A review of the translation debate', *Accounting and Business Research*, Autumn.

Parkinson, R. M. (1972) *Translation of foreign currencies*, a Research Study, CICA, Toronto.

Patz, D. (1977) 'A price parity theory of translation', *Accounting and Business Research*, Winter.

Radebaugh, L. H. and Gray, S. J. (2002) *International Accounting and Multinational Enterprises*, Wiley, New York.

Walker, D. P. (1978) 'An Economic Analysis of Foreign Exchange Risk', Research Committee Occasional Paper No. 14, ICAEW, London.

Whittington, G. (2005) 'The adoption of international accounting standards in the European Union', *European Accounting Review*, Vol. 14, No. 1.

后续读物

折算的简介，可参考《国际会计准则第 21 号》（2003）。

对时态法和其他方法的分析，可参考 Lorensen（1972）。

维护期末汇率法的观点可从 Parkinson（1972）中找到。

对美国和国际会计准则理事会的监管体系的分析，可参考 Flower 和 Ebbers（2002）。

折算的经济问题，可参考 Walker（1978）和 Aliber 和 Stickney（1975）。

折算争议的综述可参考 Nobes（1980）。

支持购买力平价的观点可参考 Patz（1977）。

交易折算问题可参考 Radebaugh 和 Gray（2002，第 9 章）。

对欧洲大陆的规则和实务的分析，可参考 Ebbers（1997）。

课后问题

书末提供带星号问题的参考答案。

18.1* 为什么有关集团会计的货币折算方法存在如此大的争议？你更倾向于使用哪一种方法？

18.2* 为什么对于外币折算尚难以制定一项令人满意的会计准则，尤其是在美国？

18.3 未决外币余额中的利得是否实现了？何时应将其确认为收入？

18.4 是否存在一种最好的货币折算方法？

18.5 披露会计折算是否重要？说明你的理由。

18.6 对谨慎性原则的不同态度将如何影响外币折算政策？

18.7 时态法对比率分析有哪些影响？

第 19 章 分部报告

克莱尔·B. 罗伯茨①

内容

目标

读完本章后您应当能够

- 解释分部报告的性质和目的。
- 概括分部报告自 20 世纪 60 年代以来的发展历程。
- 描述国际会计准则理事会和美国对分部披露的要求。
- 概述在试图确认分部以及试图在该方面确立规则时所遇到的主要困难。
- 解释学术研究在帮助理解分部报告的收益和成本方面所做的贡献。

19.1 什么是分部报告

长期以来，人们一直认为财务报表使用者需要的是合并财务报表。然而，事实上，合并财务报表无法提供使用者其所需要的所有信息，而大型企业集团的年报却往往包含着更多的信息。例如，它们一般会披露一些非财务或描述性信息，以描述公司各部门或其主要部门各自的经营活动。这些信息可能会按产业类型、经营地点、产业类型与经营地点混合以及其他公司认为对信息使用者有用的分类标准进行分类。此外，一般情况下财务报表附注也会包含分类的财务信息，通常将其称为分部报告。

---

① 本章是对以前版本（由克莱尔·B. 罗伯茨和悉尼·格雷所著）相应章节进行修订而得。

分部报告是指通过将公司分成各组成部分来报告每个部分的财务信息。公司可采用很多不同的方法来划分企业分部的经营状况。公司可运用经营结构作为划分分部的基础，从而报告每个主要分部的经营状况（该方法常被称为管理方法）。或者，不考虑公司经营结构，公司可以以行业或业务种类（常被称为"业务线"，LoB）为基础，或以地理区域为基础（可根据经营所在地或客户所在地）划分分部。

由于提供的信息数量和种类不同，因此不仅分部的划分方法不同，而且所披露的分部的数量也有很大程度的不同。在某种极端的情况下，分部信息可能只与一些关键数据有关，比如销售额或盈利；与此同时，在另一种极端的情况下，大多数合并数据会以分部的或非汇总的形式披露。与之相似，会计政策的应用可能并不相同，该政策与上市集团账目处理的会计政策可能一致也可能不一致；同时分部数据的披露与集团账户可能清晰地挂钩（articulate），也可能不清晰，并且分部数据和集团数据之间的对账（reconciliation）可能被披露，也可能未被披露。

表 19—1 列示了一个非常简单的区域分部信息披露的例子，该表格重现了 20 世纪 90 年代早期的年报中信息披露的方式。与此相反，表 19—2 展示了同样的公司在 2008 年的信息披露状况。现阶段，分部报表应提供企业对照或合并调整后的扩展的损益表和资产负债表信息（包括按地理区域和业务线两个标准划分的所有信息），而并非仅仅提供经营利润和收入（销售额）的信息。

表 19—1　　　　　　　　　　1990 年 BP 公司利润表的分部信息　　　　　　单位：百万英镑

	基于重置成本的经营利润		销售额	
按业务划分	1990	1989	1990	1989
勘探与生产	2 086	1 574	7 837	6 855
精炼与营销	853	732	24 025	20 598
化工	129	548	3 164	3 164
营养	48	35	2 682	2 620
其他业务	(154)	48	390	884
	2 962	2 937	38 098	34 121
减：分部间销售			5 059	4 480
合计	2 962	2 937	33 039	29 641
按地理区域划分				
英国	406	787	12 209	9 428
其他欧洲地区	571	525	10 093	9 265
美国	1 470	1 334	10 402	9 938
世界其他地区	515	291	3 664	3 398
	2 962	2 937	36 368	32 029
减：地区间销售			3 329	2 388
合计	2 962	2 937	33 039	29 641

资料来源：摘自 BP 公司 1990 年年报。

表 19—2　　　　　　　　　　　　　**2008 年 BP 公司分部分析**　　　　　　　　　　单位：百万美元

按业务划分	勘探与生产	精炼与营销	其他业务与项目	合并调整与删除	集团整体
销售和其他经营收入					
分部销售和其他经营收入	86 170	320 039	4 634	(49 700)	361 143
减：业务分部间的销售	(45 931)	(1 918)	(1 851)	49 700	—
第三方销售额	40 239	318 121	2 783	—	361 143
权益性投资收益	3 565	131	125	—	3 821
利息和其他收入	167	288	281	—	736
总收入	43 971	318 540	3 189	—	365 700
分部经营结果					
息税前利润（亏损）	37 915	(1 884)	(1 258)	466	35 239
与养老金和退休后福利有关的财务成本和净财务收益	—	—	—	(956)	(956)
税前利润（亏损）	37 915	(1 884)	(1 258)	(490)	34 283
税费				(12 617)	(12 617)
本年利润（亏损）	37 915	(1 884)	(1 258)	(13 107)	21 666
资产与负债					
分部资产	136 665	75 329	19 079	(3 212)	227 861
当前应收税费	—	—	—	377	377
总资产	136 665	75 329	19 079	(2 835)	228 238
包含：					
权益性投资	20 131	6 622	1 073	—	27 826
分部负债					
当前应付税费	(39 611)	(28 668)	(18 218)	2 914	(83 583)
金融负债	—	—	—	(3 144)	(3 144)
递延税负债	—	—	—	(33 204)	(33 204)
	—	—	—	(16 198)	(16 198)
总负债	(39 611)	(28 668)	(18 218)	(49 632)	(136 129)
其他分部信息					
资本支出与购置成本					
商誉和其他无形资产	4 940	145	89	—	5 174
财产、厂房和设备	14 117	4 417	959	—	19 493
其他	3 170	2 072	791	—	6 033
合计	22 227	6 634	1 839	—	30 700
折旧、折耗与摊销	8 440	2 208	337	—	10 985
减值损失	1 186	159	227	—	1 572
减值转回	155	—	—	—	155
出售分部和固定资产损失	18	297	1	—	316
出售分部和固定资产收益	34	1 258	61	—	1 353

资料来源：BP 公司 2008 年年报。

表 19—3 展示了十大欧洲非金融公司报告分部的信息。[①] 正如表格所示，除了两个公司（都在电信行业），其他的公司都披露了多于一个行业（LoB）的分部状况，其中最多的有 9 个行业分部，平均为 3.7 个。对于这些公司的报告分部，最大的业务线分部的销售额占公司总销售额的比例最高可达 87%，最低可至 26%。相反地，这些公司均报告了地理分部，所披露的（地理分部的）数量范围从 2 到 10（平均为 5.6 个分部），而最大地理分部的销售额占公司总销售额比例各不相同，可高达 53%，也可低至 13%。有时候，公司所在的母国不是最大的地理分部，甚至欧洲也不是。例如，对瑞士公司 Roche 而言，母国的销售额仅占公司总销售额的 1%，然而 4 家企业没有披露国内销售额的状况，这暗示着它们占公司总销售额的比例不大。事实上，只有一家公司（EDF，一家法国发电公司）的国内销售额占总销售额比例超过 50%。

表 19—3　　　　　　　　　　　欧洲公司的分部销售情况

公司	LoB 分部的数量	最大的分部销售额占总销售额的比例	地理分部的数量	最大分部的区域所在地	最大的分部销售额占总销售额的比例	国内销售额占总销售额的比重
皇家荷兰壳牌（英国）	5	80	4	欧洲	43	无
雀巢（瑞士）*	5	30	3	美国	30	无
英国石油（BP，英国）	2	87	4	美国	34	23
道达尔（法国）	3	75	5	欧洲不含法国	46	24
必和必拓（BHP Billiton，英国/澳大利亚）	9	26	10	欧洲	24	无
罗氏（瑞士）	2	80	9	美国	36	1
沃达丰（英国）	1	100	9	英国	13	13
法国电力（EDF，法国）	4	69	2	法国	53	53
里奥廷托锌（RTZ，英国/澳大利亚）	5	42	7	欧洲	24	不详
西班牙电信（西班牙）	1	100	3	西班牙	36	36

　＊雀巢通过运用行业和地区分部的联合报表来提供一束非汇总信息。

　以上数据均为 2008 年的数据。

很多财务报告的使用者对公司某个分部的经营状况和发展前景，而不是对整个公司，更感兴趣。比如，与公司集团这一整体相比，雇佣的安全性、薪金和雇员的条件一般更依赖于雇员所工作的某个分部。相似地，东道国的政府部门（host governments）将对坐落在该城市的这部分公司集团的经营状况感兴趣。而令客户、供应商和债权人最感兴趣的是与他们签订合约的子公司。因此，所有的报表信息使用者均需要分部和合并的会计信息。比如，雇员可能需要整个企业集团的信息，因为公司可能卖掉虽盈利的但次要的子公司，以此获得现金来保护盈利较少的国内的或是核心的经营。可是，他们也需要个别分部的信息。而东道国政府部门需要国家层次上的公司信息；债权人需要法律主体层次上的公司信息。虽然明显地，分部信息在洞察公司

---

① 由市场的资本化程度衡量，摘自 FT Europe 500，2007。

集团及集团经营状况方面有些作用，但是分部信息并不能充分细致地划分以满足各信息使用者的需求。

相反，股东投资于整个集团公司，因此他们感兴趣的是整个集团的经营状况和发展前景，而并不是任何个别分部的经营状况。正因如此，人们可能认为分部报告与股东不太相关，或者股东对分部报告不太感兴趣。然而，这样就误解了分部报告的目标。集团公司由各分部组成，为了充分认识集团的经营状况和发展前景（进行一些预测），考虑各部门的经营状况和发展前景是有必要的。尤其是如果公司是多元化经营，即公司经营覆盖了不同的行业或地域，就更能满足如上所述的情况。这能通过表19—3 所报告的一些公司来表示。比如，BP 公司报告了 2007 年各分部的税前利润与分部销售额之比，勘探与生产部门为 49.4%，但是精炼与营销部门仅为 2.4%（类似的数据如对于集团内的上游和下游分部，分别为 47.7% 和 2.92%）。类似的（分部之间的）跨国差异情况，在其他大型欧洲公司的分部经营结果中也能找到。比如，Vodafone 公司在 2007 年分部报告中，减值调整后的经营利润与销售额的比值，英国分部为 10.1%，德国分部却为令人震惊的﹣100.6%。相比之下，如果经营利润中剔除减值的调整因素，英国分部的比值仍为 10.1%，而德国分部上升到 25.5%。

以上这些数据均说明了这样的观点，即不同的分部可能存在不同的销售潜力、成长机会、资金需求以及不同程度和不同种类的风险。如果信息使用者也掌握了企业的分部信息，那么他们就能更好地理解企业过去的经营绩效和未来的发展前景。所以，比如，《国际财务报告准则第 8 号》制定了以下分部报告的核心原则：

会计主体应充分披露各方面的信息，使得财务报表的使用者能评估会计主体从事的商业活动以及主体所处的经济环境的性质和财务影响。（第 1 段）

19.2　分部报告规范

19.2.1　引言

正如第 5 章所述，国际会计准则理事会和美国于 2006 年 2 月开始着手于一个短期趋同项目，旨在缩小国际财务报告准则和美国会计准则中相对次要的会计准则之间的差异。作为这个项目的一部分，国际会计准则理事会同意重新检查其分部准则，即《国际会计准则第 14 号》。人们认为修订后的准则《国际财务报告准则第 8 号》并不会引起争论，因为该准则仅仅是将国际惯例与美国惯例趋同，以达到"除了细微的差别，与《财务会计准则声明第 131 号》相趋同"的目的（《国际财务报告准则第 8号》，第 3 段）。

可是，新修订的《国际财务报告准则第 8 号》引发了阵阵争议，尽管该美国会计准则自 1997 年推行以来并未引起争议，并且似乎已经得到应用。然而，欧洲财务报告咨询小组（EFRAG）要求欧盟委员会（European Commission）采纳其一向支持的《国际财务报告准则第 8 号》，并且该议案在欧盟以及英国议会（见第 11 章）上均有提出。[①] 紧随其后，欧盟委员会推迟了其公开赞同该项准则的决定，并要求更进

---

① 规范草案 1725/2003 中的 b60157/2007 提案可视为 IFRS 8，英国议会 EDM1369，2007 年 4 月 27 日。

一步商讨，包括对会计准则影响力的评价。

为了更好地理解该项争议，我们有必要学习这项新准则以及它们与之前的会计准则的区别。该问题在下文进行阐述（第19.2.2部分、19.2.3部分），之后我们将详细介绍该项新国际财务报告准则带来的争议（第19.2.4部分）。该部分以这项新会计准则对公司财务报告惯例的潜在影响的评价结束。

19.2.2 《国际财务报告准则第8号》

国际会计准则理事会与美国共同发起的趋同项目导致了国际会计准则理事会在2006年1月发布了ED 8和经营分部准则，之后于2006年11月份发布了《国际财务报告准则第8号》。该项准则适用于从2009年1月（含2009年1月）开始的会计年度，2009年1月之前的会计年度可自主选择是否适用该准则。

明显地，为了识别报告分部以及选择报告信息，国际会计准则理事会在决定与美国会计准则相趋同并采纳"管理方法"之前，重新考虑了那些支持和反对该美国会计准则，即《财务会计准则声明第131号》的争论。在管理方法下，划分分部的主要基础不是由外部环境的特点决定，而是仅仅由公司内部经营结构决定。因此，这项准则所指的是"经营分部"，其定义为：

会计主体的一部分：

a. 能从事商业活动，并可能从中获得收入并且发生相关费用（包括同一会计主体中不同分部间发生的交易，从而产生相关收入和费用），

b. 其经营结果定期由该会计主体经营决策制定者审查，该经营决策的制定者要决定各分部的资源配置情况并且评价各分部的绩效，

c. 能提供独立的财务信息。（第5段）

主要的经营决策制定者（CODM）是指定期审查会计主体经营单元的绩效以及为各经营单元配置资源的个人或团体。这可能是执行总裁，也可能是一组常务董事或类似组织。

因此，一个公司的内部结构和财务报告可能基于行业或者地理区域（来决定）。但是，也可能是以这二者的组合为基础或者其他。由于之前的会计准则，《国际会计准则第14号》要求企业不考虑内部结构，而以业务线或地理区域为基础进行分部报告，因此该项准则在国际财务报告准则中关于分部报告部分发生了很大的变化。另外，不像《国际会计准则第14号》所要求的那样，管理方法的逻辑思想是，报告分部没有必要产生大量的外部收入，反而，那些主要或甚至专门从事内部销售的分部以及还未产生任何收入的新设分部，如果它们要向CODM报告，那么它们就应该披露。

一旦识别出经营分部，公司就要决定它们是否是可报告的。分部可能被汇总成更大的单元，如果这种做法不会导致有用信息的丧失，比如，只要该汇总：

与IFRS的核心原则相一致，即这些分部有相似的经济特征，并且这些分部在以下几方面相似：

a. 产品和服务的种类；

b. 生产流程的特性；

c. 产品和服务的顾客群的类型；

d. 销售货物或提供服务的方法；

e. 如果可行，监管环境的特点，如银行、保险或公共设施。（第 12 段）

如果个别分部在收入方面（含外部收入和企业内部收入），或利润或亏损[1]或资产方面，是不重要的（少于总数的 10%），并且如果这些个别经营分部的收入加总起来至少占总收入的 75%，那么这些分部也可能被划分为"其他分部"类别中。

这种需经 CODM 审查的分部信息方可报告的思想，甚至可延伸到披露某些特殊业务的规则方面。因此，所有公司都应披露分部的利润或亏损。另外，如果以下信息包含在这两个项目的计算中，或者该信息定期向 CODM 报告，那么就应该披露：

- 外部和内部收入；
- 利息收入和费用；
- 折旧和摊销；
- 影响收入和费用的重要事项；
- 从联合企业或合资企业损益中获得的利益；
- 所得税；
- 除折旧和摊销外，重要的非现金项目；
- 对联合企业和合资企业的投资；
- 非流动资产的增加量，不包括金融工具等；
- 资产；
- 负债。

虽然以前的准则已经对以上大部分项目有所要求，但是在以上述列示中包含有四个新的项目，即利息收入和费用，影响收入和费用的重要事项，所得税，以及对联合企业和合资企业的投资。表 19—4 是对以上信息披露要求的举例。

表 19—4　　　　　　2009 年 Lakeside 公司（美国）分部信息披露*　　　单位：千美元

	美国批发商	美国零售商	国际销售商	未分配的公司	合并数据
收入	$795 240	$290 434	$605 224	$ -	$1 690 898
折旧和摊销	764	2 680	4 506	14 553	22 503
经营利润/（亏损）	277 957	27 213	63 257	(129 602)	238 825
利息费用	—	—	—	884	884
其他，净额	—	—	—	(828)	(828)
税前利润/（亏损）	277 957	27 213	63 257	(129 658)	238 769
总资产	157 089	28 064	152 691	300 827	638 671
商誉	6 804	794	6 565	—	14 163
资本化费用	3 190	2 339	5 555	9 848	20 932

注：*这是一家虚构的公司。省略了 2007 年和 2008 年的可比数据。

---

[1]　分部利润应与创造利润的分部的总利润相比，而分部亏损应与带来亏损的分部的总亏损相比。

虽然依据《国际财务报告准则第 8 号》披露的信息意味着信息使用者能获得构成企业内部决策基础的信息，但是这也可能以同一公司不同分部和不同公司丧失会计信息的一致性和可比性为代价。不同的公司甚至同一公司的不同分部可能使用不同的会计政策并且对利润或资产有不同的定义。在任何一家公司内缺乏可比性的问题，可以通过额外要求公司充分披露相关信息以解释分部数据和合并数据之间的差额，来部分地解决。

为了更进一步地理解集团以及集团之间的可比性，会计主体应披露更少量的主体范围内的信息，该信息是指尚未披露过的行业、地理区域分部和主要客户的信息。这需要披露来自于以下的收入：

- 每个产品和服务或每种产品和服务；
- 公司所在国的外部顾客；
- 外国的外部客户总和；
- 来自个别国家的重要的外部顾客；
- 占收入 10% 以上（含 10%）的个别顾客。

位于公司所在国、所有外国（分部）以及所有个别重要国家的非流动资产，除金融工具和类似资产外，也要披露。在任何情况下，该信息仅仅当其可以获取或者生成该信息所消耗的成本较小时，才被要求披露。

《国际财务报告准则第 8 号》和《财务会计准则声明第 131 号》在三个相对次要的问题上有所区别。首先，虽然两个准则均要求披露非流动资产，如果这些信息向 CODM 报告的话，《财务会计准则声明第 131 号》仅要求披露有形资产；而《国际财务报告准则第 8 号》要求披露有形资产的同时，也要披露无形资产。其次，《国际财务报告准则第 8 号》还额外要求，如果这些信息定期提供给 CODM 审查，那么企业应披露分部的债务状况。最后，如果主体采用矩阵式组织形式经营时，该主体应报告它以什么基础报告以满足《国际财务报告准则第 8 号》的核心原则，或者并不满足该原则，而是遵循《财务会计准则声明第 131 号》，自动地以产品或服务为基础报告的。

19.2.3 一些历史背景

只有清楚地认识《国际财务报告准则第 8 号》和之前的会计准则之间的区别，才能真正理解关于《国际财务报告准则第 8 号》的争论。因此，关于一些历史背景的介绍是很有必要的。信息披露的要求于 1969 年首次引入美国，当时证券交易委员会要求各公司在其注册文件中披露公司 LoB 的信息。从 1970 年开始，公司要在其年度 10-K 表格做相似的信息披露；而从 1974 年开始，公司则被要求出具年度报表。《财务会计准则声明第 14 号》，"企业分部财务报告"（财务会计准则委员会，1976），是这一领域中第一部重要的会计准则。

国际会计准则委员会在 1981 年首次发行了关于分部报告的会计准则（《国际会计准则第 14 号》，分部财务信息报告）。它导致了《财务会计准则声明第 14 号》在随后很快出台。对于 LoB 和地理区域分部，《国际会计准则第 14 号》要求披露的信息有：营业额，分别显示内部和外部收入；经营结果；可确认的资产（以绝对数或相对数的形式）；并且，如果有必要，对照报表（reconciliation statement），以解释披露的分部的销售额、利润或资产之和与合并后数据之间的差额。另外，公司应描述每个业务线的活动，每个地理区域分部的组成以及集团内部转移的产品价值的确定基础。

虽然《国际会计准则第 14 号》并没有产生很多争议，但是基于《国际会计准则第 14 号》产生的《财务会计准则声明第 14 号》却受到了来自各方的批评。《财务会计准则声明第 14 号》要求地理区域和 LoB 分部能确保将不同环境中的经营活动划分为各分部。那些极可能带来程度不同的风险和收益的活动应该放在不同的分部中，而那些带来相似风险或收益的活动应放在相同的分部中。这种做法有一些优点。它能确保公司之间的可比性，不论是以行业还是以国家为基础，该方法意味着分部数据能与外部数据相联系，为了使信息使用者理解公司的经营环境并更好地评估企业的发展前景。可是，它忽略了公司的内部结构。分部的设置仅仅为了外部财务报告的需要，并且该分部也与公司的经营分部或以内部信息决策为目的的分部划分完全不同。在这种情况下，获得所要求的信息将是非常昂贵的，因为可能要重新设置公司的信息系统。如果该信息对投资者而言是有用的，这种信息的提供可能不是问题，但是我们不清楚人为划分的 LoB 和地理区域分部的信息是否总是有用的。很明显，公司决策制定的关键取决于公司拥有的信息；如果不同分部的划分显示了公司不同的组织构造，那么公司决策的制定也会有很大的不同。仅仅拥有公司分部信息的信息使用者很难理解或预见公司主要的经营或投资决策，或者很难理解公司的政策或计划。

这些问题是很复杂的，因为各信息使用者的利益与公司的利益有很大的不同。管理者可能不仅要关注信息披露的直接成本，而且要考虑分部数据的披露可能凸显了企业坏的或好的业绩情况。管理者采取谨慎地选择分部来避免敏感信息披露的方法的可能性越来越大，因为该准则对很多领域的问题都缺乏具体的指引，比如分部的识别以及如何计量分部报告中的项目。

美国的财务会计准则委员会面对着要求撤销《财务会计准则声明第 14 号》的巨大压力。代表投资管理研究协会（AIMR）的财务分析师的观点尤其重要。AIMR 在 1993 年出台的意见书中认为，虽然分部信息对于分析师来说极为重要，但是《财务会计准则声明第 14 号》仍然不适当。特别是，《财务会计准则声明第 14 号》导致了大量公司对分部的界定过于宽泛，并且要求企业在年报，尤其是季报中披露更多的信息。第二年，美国注册会计师协会的财务报告特别委员会（the Jenkins Committee）发布了建议报告书，这是第一份提出要报告更多分部信息的建议书。它呼吁针对以下方面的重大改进：

a. 中期财务报告的信息；

b. 一般报告的分部数量的增加；

c. 提供更多项目的分部信息；

d. 分部报告与内部管理报告一致；

e. 分部报告与财务报告的其他信息一致。

与此同时，加拿大和美国财务准则制定机构设立了一个联合项目，重新审查它们的分部报告准则，进而修订了新的分部报告准则：分别为 CICA 手册的第 1700 部分和《财务会计准则声明第 131 号》（财务会计准则委员会，1997）。

国际会计准则委员会与财务会计准则委员会在此进程上合作，并于 1997 年 8 月发布了修改后的准则（《国际会计准则第 14 号》，分部报告）。虽然修改后的《国际会计准则第 14 号》并没有改进到《财务会计准则声明第 131 号》的地步，但是修订后的《国际会计准则第 14 号》涉及分部识别的方法和信息披露要求方面的重大改变。具体地说，修订后的《国际会计准则第 14 号》不要求 LoB 和地理区域分部均提供相同金额的信息，但它要求企业选择一个分部基础作为主要的分部依据，另一个作为次要的分部依据。虽然这项要求是以企业内部经营与报告结构为出发点的，但是不像《财务会计准则声则第 131 号》，它要求即使当企业内部结构与分部的划分基础不同时，公司仍需报告分部划分的两个基础。因此，即便公司的管理结构既不是地理区域分部，也不是行业分部，其主要分部的基础仍然应是地理分部或行业分部。在这种情况下，若地理区域分部和行业分部的差异对公司的风险和收益有巨大的影响，那么这两种类型的分部都应视为主要分部。如果地理区域分部是主要分部，那么 LoB 分部则成为次要分部，反之也一样。

修订后的《国际会计准则第 14 号》将业务分部定义为：

主体中可辨别的分部，它能提供独立的产品或服务或一系列相关的产品或服务，并且其面对的风险和收益与其他业务分部不同。

为确定企业的业务分部是否满足以上定义，企业应考虑：

- 产品或服务的特点；
- 生产流程的特点；
- 产品或服务所面对的顾客类型；
- 产品的销售渠道；
- 任何与业务部分相关的特殊的法律框架，比如，银行或保险公司。（第 9 段）

《国际会计准则第 14 号》同样陈述地理区域分部是：

企业可辨别的部分，它是在某个经济环境下提供产品和服务，并且其面对的风险和收益不同于在其他经济环境下经营的分部。

识别地理区域分部时应考虑的因素包括：

(a) 经济和政治环境的相似性；

(b) 不同地理区域经营的联系；

(c) 经营的接近性；

(d) 在该区域与经营活动有关的特殊风险；

(e) 外汇控制规章；

(f) 隐含的货币风险。（第 9 段）

《国际会计准则第 14 号》不仅对如何判定报告分部和分部结果出具了更详细的指引，而且要求首要分部披露更多项目的信息。相反，次要分部基础的信息披露要求很少，即：

- 外部收入；
- 资产账面价值；
- 资本化费用。

《国际会计准则第 14 号》定义了分部收入和资产（应包括所有直接或合理分配

的项目）。并不像《财务会计准则声明第 131 号》，《国际会计准则第 14 号》要求企业内所有分部采用的会计政策一致，并且与外部报告的会计政策一致。

虽然分部报告准则相对而言比较清楚，但是没有详细的规章来弥补由于不适当或不正确的分部定义产生的问题。虽然准则为分部的识别提供了指导，但很明显企业仍能自行决定分部的划分。这意味着，不可避免地，企业为了达到提供最小的分部信息披露或"好消息"的目的，可自行掌握分部信息的披露状况。要求在分部报告中披露分部的变化，能缩小此问题的发生范围。因此，如果公司变更了原已采纳的政策，公司应披露该变更的性质、原因及其影响。如果企业变更了披露的分部，那么就要重新修改比较报表来反映这项变更。要使《国际财务报告准则第 8 号》的最新要求能够促进报告的设计更便于相关主体进行报告，这是一个深层次的领域。因此，它被那个重述以前年度财务状况的要求所替代，或者如果花费过高，可只报告在新旧分部基础上的本年度的会计数据，除非这样做的成本也极度高昂。

正如人们所期待的，修订后的《国际会计准则第 14 号》似乎导致了披露项目数量的增长。也有证据表明，《国际会计准则第 14 号》导致分部信息披露与年报中的其他信息一致性程度提高，虽然大量的公司仍报告似乎与企业其他信息相矛盾的分部信息，并且准则的遵守程度也比较低。比如，在 1997—1999 年的年报研究中，Prather-Kinsey 和 Meek（2004）发现有超过 1/3 的样本企业并没有披露准则要求的大部分项目。另外，地理分部的概念仍然定义得很模糊（Street and Nichols，2002）。这种情况是否表明那时普遍缺乏对国际准则的遵守，还是仅仅表明分部报告准则的遵守程度特别低，这些都是值得关注的问题。

19.2.4 信息使用者和报表编制者对《国际财务报告准则第 8 号》的观点

《国际会计准则理事会》的征求意见稿，"ED 8 分部报告"，收到了 182 封（反馈）意见函，或者不包括关于单个国家的信息披露要求的 102 封意见函。正如人们所预见的，回应者各持己见，有些坚决支持这项提案，有些则强烈反对。有很多人认为虽然可能有必要替代《国际会计准则第 14 号》，但是没有必要把这个问题作为可比性项目（comparability project）中的一部分。这项准则实质上是一项信息披露准则，它不会影响主体财务报表信息的报告，因此没有必要加强它们的可比性。该准则也不会影响在美国上市的外国公司是否应出具对照调节表（reconciliation）的问题。该观点被两个《国际会计准则理事会》的成员采纳，它们对于该提案提出了反对意见。

在 102 封意见函中，《财务会计准则声明第 131 号》采纳的方法（管理分部并且信息向 CODM 陈述）获得了最多的支持率，占回应者的 51%，支持该方法的人主要是报表编制者。《国际会计准则第 14 号》的方法，与此相反，仅得到了 18% 的支持率，且支持者多为信息使用者。正如人们所期望的，回应者认为，使用风险与收益的原则来识别分部，并且使用持续性会计规则意味着信息的披露更具有可比性，也更不易被人为操纵。当然，基于《国际财务报告准则》规则将更易于理解，不易对信息使用者造成误导。其他回应者（19%）偏好采用管理方法来识别分部，Gilbert Gelard 和 James Leisenring 坚决支持该观点，他们认为"合理的分部信息对外报告不应该允许使用非公认会计原则的方法，因为它们可能误导信息使用者"（《国际财务报告准则第 8 号》，第 D04 段）。

作为这些观点的回应，该准则得出结论，"管理方法"是最好的选择，它能提供更多的有用信息，因为它意味着：

(a) 主体将对应内部管理报告来报告分部；

(b) 主体将报告的分部信息，与年报的其他部分更为一致；

(c) 一些主体将报告更多的分部；

(d) 主体将在中报里报告更多的分部信息。

（《国际财务报告准则第 8 号》，第 BC 9 段）

国际会计准则理事会也认为新的分部识别规则对报告主体而言存在着一些优点：

该项提议的《国际财务报告准则》将减少很多关于主体提供分部信息的成本，因为它使用的分部信息是由管理者使用的信息所产生的。

（《国际财务报告准则第 8 号》，第 BC 9 段）

国际会计准则理事会也在原则上支持持续使用基于公认会计准则的规则，但是也认为这将对中期报告产生特殊的问题，因为此时，会计信息的整理和报告有关于最后期限的严格限制。他们认为，对于信息使用者而言，在中期报告中报告分部信息的优点盖过了允许企业采用不同的非公认会计准则规则报告分部信息的任何缺点。他们认为，当企业采用不同的规则时，提供对照调整信息的要求足够确保信息使用者不会被误导。回应者也提出了很多其他问题。比如，回应者在几个方面表达了他们的担忧：数量门槛的使用，准则的设定更基于规则而非原则，以及允许由于成本过高而非信息不可操作的原因去减免信息披露等。回应者建议改变信息披露的方面包括：只有当向 CODM 报告后才能披露分部资产（该项变动已在 2009 年实施了）；需要在个别分部层次编制对照调整表；披露地理区域分部以及最重要的国家，而非企业所在国和其他重要国家。

上市公司联盟（Quoted Companies Alliance）（QCA）、一个英国小型上市公司协会（非 FTSE 350）和它的 10 个支持者，认为分部信息对于较小的企业而言，是具有商业敏感性的。这些公司的观点以相同或类似的形式总结在所有的意见函中，其引文如下：

我们非常担心这些提案不能排除商业敏感信息。作为一个小的上市公司，有一点有时很重要，那就是，只有当新业务流程（business stream）被很好地搭建之后，其经营效果才能被直接地展示给我们的竞争者来看。

我们希望建立一种基于"遵守或解释"的信息发送机制（opt-out），以使较小的上市公司能避免（外界）对成长型业务的损害作用。

然而，国际会计准则理事会认为，任何针对竞争性损害的普遍性豁免权都将扩大不遵守会计准则的范围，尽管很少有证据表明，如果大多数竞争者能接触到其他人，那么更多详细的信息来源就将会带来竞争性损害。

80 封意见函来自"公布你所支付的"运动（PWYP）的支持者。该项运动由 George Soros 于 2002 年发起，其目的在于帮助资源丰富的发展中国家的公民认识到他们的政府要对来自于石油、天然气和采掘行业收入的管理负责任。它要求每个国家都披露这些行业中的企业支付给政府的金额。这 80 个支持者组织发表了相同的或相似的意见函，其主要观点如以下引文所示：

作为"公布你所支付的"（Publish What You Pay）的支持者，即一个得到来自全世界50多个国家的300多个民间社会团体组成的同盟支持的国际运动，我们的组织倡导资源丰富的发展中国家或者处于转型阶段的国家，提高石油、天然气和采掘业企业支付给政府收入的管理方面的信息透明度。提高信息透明度是打击腐败、提高政府监管以及促进这些国家持续发展的关键一步，这一点越来越得到国际化共识。

我们提倡每个国家信息披露的要求也应被纳入到国际会计准则中，以便于企业支付给政府的信息能在公司年度财务报表中反映出来。因为我们相信这个问题对于采掘业（extractive industries）来说是至关重要的，我们认为披露每个国家的支付状况对其他部门的财务报表使用者来说是有利的，他们需要的决策相关信息与财务报告主体的国际活动的范围和区域等密切相关。

我们的观点——由很多股东所共享的观点——公开每个国家的采掘业经营者和其他公司支付给政府的收入的信息，合乎所有财务报表使用者和公众的利益。发达国家和发展中国家的投资者和社团组织都是公司财务报表的信息使用者。支付给政府的信息对比较不同国家的生产或经营成本至关重要。对于社会团体而言，更进一步的信息披露有助于增强对与收入有关的费用和预算进程的把握。

作为这些评论的回应，国际会计准则理事会表示，这些评论强调决策有用的重要性而不是会计责任。因此，他们认为《国际财务报告准则第8号》不需要讨论采掘业的信息披露更透明的问题，并且该问题在一些机构组织如欧盟、国际货币基金组织、世界银行或地区发展银行已经得到了更好的讨论（《国际财务报告准则第8号》，BC 50；Gallhofer & Haslam，2007）。

他们反对《国际财务报告准则第8号》的影响显示在他们对欧盟的反应中。正如第5章和第11章所讨论的，欧盟支持个别《国际财务报告准则》，并且如果某项准则与欧盟的公司或使用者的利益相冲突，欧盟有权利不采纳该项准则。欧洲议会讨论一项提议：

1. 它考虑到欧盟委员会提议支持《国际财务报告准则第8号》，由此将美国《财务会计准则声明第131号》融入欧洲法律中，因而强制欧洲的上市公司使用该准则；

2. 它指出如此支持《国际财务报告准则第8号》将使得原来清楚地定义了EU公司应如何定义和报告分部的管理体制转变为一种新的方式，即它允许管理层认为合适的情况下，自主定义经营分部，这将进一步导致更低程度的信息披露以及缺乏财务报告中的一致性；

3. 它坚信，如《国际会计准则第14号》的做法，采纳的准则中应包括一项已定义的衡量分部利润或亏损的方法；

4. 它强调《国际财务报告准则第8号》准则不要求企业运用《国际财务报告准则》方法来披露经营分部，这可能在财务信息的可比性方面产生负面影响，从而造成信息使用者的困境（如投资者）；

5. 与更好的管制原则相反，欧盟委员会在未做影响力评估的前提下提议将外国的准则引入欧洲法律中，这是很令人担心的；

6. 它认为，这样的改变将对EU的财务报表编制者和使用者产生影响，并且强调要求进行影响力的评估（impact assessment），它对此表示担忧；

7. 它强烈要求委员会在支持此项准则之前深入实行影响力评估；

8. 它强调，一旦委员会不能成功进行影响力评估，议会将实行它们自己的影响力评估；

9. 它要求欧盟主席将这份决议转交给欧盟议会和欧盟委员会，以及各成员国的议会和政府。

欧盟议会，会议记录 B6-0157/2007

英国议会在早期提案中也表达了类似的担忧，虽然该提案对其做了进一步的阐述，明显地，它是对 PWYP 运动所表达的担忧的反应。早期的提案是由 MP 指定的正式提案，其他的 MP 可在上面签名来表示支持该提案。虽然很少有提案真正受到争议，但是他们提供了一种公开问题的并且表示他们对此问题的支持程度的方式。以下有 37 个签名的提案似乎是受到广泛支持的：

议会（House）认为《国际财务报告准则第 8 号》，即有关跨国公司经营分部信息披露的准则，完全不能接受。因为它使得公司的管理层有权力决定他们应披露什么，如何披露，并且不要求遵循各期之间或与公司之前信息披露方式之间的一致性。从而，它不能创造出更清晰的信息披露准则以帮助投资者，它摒弃了之前对地理区域分部的信息披露的要求，并且它允许将运用于公司其他财务报表的会计规则应用于分部信息披露中。所以，议会强烈要求英国政府和欧盟委员会各自实行深入的关于《国际财务报告准则第 8 号》影响力的评估，并要求跨国公司采纳，除了披露每个分部数据，还应充分披露公司经营所在地的各分部的经营活动，包括营业额、利润和税收的详细情况。

EDM 1369

在欧盟，欧盟委员会达成实行影响力评估的一致意见后，委员会发布了调查问卷，获得了 207 份回复。在此基础上，综合考虑国际会计准则理事会意见函、学术研究成果和一系列调查结果，欧盟委员会于 2007 年 11 月公开支持《国际财务报告准则第 8 号》，这是在该准则发布一年之后，但是在该准则强制实施之前。毫无疑问，由于国际准则制定机构并不支持该准则，欧盟委员会对可能产生的结果表示担忧，并且这也是他们讨论中要考虑的重要因素。但是，他们也强调，总的来说，回复者是支持这项新准则的：

征求意见稿的大部分回复者认为，以管理层看待公司的方式来展示公司绩效的信息……提高了管理层决策制定程序的透明度和可理解性。它有助于评估管理层的职责和绩效。投资者会以拥有与管理层一样的信息而感到宽慰，这些信息都关注于企业的关键因素，具有很高的信息价值。

欧盟委员会（2007，第 11 页）

19.2.5 新分部报告准则的影响

《国际财务报告准则第 8 号》对信息披露的影响仍然有待观察。有人认为，通过观察《财务会计准则声明第 131 号》在美国的影响就能了解该项新准则可能产生的影响，虽然明显地，由于当地市场的差异，非美国公司对新准则的反应与美国公司不同，从而报告的动机和企业文化也不同。

正如以上所讨论的，《财务会计准则声明第 131 号》是之前会计准则的重要改进，由于分部准则不再基于"风险与收益"的方法来决定 LoB 分部和地理分部，而是采用"管理"方法。关于《财务会计准则声明第 131 号》影响的实证研究表明，虽然该准则改进了信息披露方式，但是仍然有很多关于信息披露的价值问题的重要领域值得关注。因此人们发现，每个分部信息披露的数量以及披露的分部的数量（Herrmann & Thomas，2000；Street et al.，2000）都已经增加了。分析师也对他们的预期更有信心（Maines et al.，1997）并且分部利润的跨分部的可变性也有所提高（Ettredge et al.，2006）。可是，问题仍然存在。虽然更多国别的数据得以提供（Nichols et al.，2000），并且很多公司采用重要性原则，极大地减少了 10% 以下分部披露的数量（Doupnik 和 Seese，2001），但是地理分部披露的数量已经下降了，尤其是披露了地理分部利润的公司数量（Herrmann & Thomas，2000）。另外，少数企业仍然披露经营分部的信息，这与管理讨论和分析中提供的分部信息不一致，或与年报其他部分信息不一致（Street et al.，2000）。

另一个相关问题是，人们广泛认同"专有的成本"（proprietary cost）是信息披露的重要决定性因素。也就是说，公司会考虑信息披露对其竞争者的影响以及对资本市场的影响。比如，Edwards 和 Smith（1996）发现惧怕披露竞争性的敏感信息是在英国不披露信息的三个重要的原因之一。然而，这个关系是很复杂的。潜在的竞争性损害取决于其他信息的披露（Nagarajan & Sridhar，1996）以及特定信息的披露。比如，它不仅取决于披露的是好消息还是坏消息，也取决于潜在的分部之间的相同点或不同点。比如，Hayes 和 Lundholm（1996）认为，如果存在高度竞争的市场，且所有的分部有相似的经营结果，公司更愿意报告分部信息，该观点也得到了 Harris（1998）的支持。竞争的重要性也可能取决于它所采取的形式。现有的竞争者可能已经充分了解了该公司及其绩效，所以披露它的分部信息相对而言损害更小，因为没有新的信息可供披露。相反地，如果市场门槛比较低，潜在的市场进入者对于企业来说更为重要，并且这些竞争者可能对企业和它的活动了解较少。因此，向潜在的竞争者披露信息将对公司产生更大的竞争性损害。

由于赋予公司太多的权力来选择它们所要披露的分部，所以早期的分部准则尤其受到批判，并且正如以上所讨论的，这也是引入《财务会计准则声明第 131 号》和《国际财务报告准则第 8 号》的主要原因之一。Chen 和 Zhang（2007）在理论上对该问题进行了探究，并且由 Botosan 和 Stanford（2005）以及 Berger 和 Hann（2007）进行了实证分析，他们认为如果《财务会计准则声明第 14 号》赋予公司更多分部选择的灵活性，那么你将会看到在《财务会计准则声明第 131 号》下报告时持续的改变（比如，更多分部）。Botosan 和 Stanford 认为在无竞争的行业中，有分部的企业存在不披露分部信息的动机，因为它们的非正常利润可能很高，并且披露的政治成本也很高。以一个公司为例，该公司在《财务会计准则声明第 14 号》下没有披露分部，但在《财务会计准则声明第 131 号》下要披露分部，他们研究了两个重要的变量：与被隐藏的或《财务会计准则声明第 131 号》之后新披露的分部相比，首要的或单一的《财务会计准则声明第 131 号》之前的分部的行业集中度比例；与行业平均水平相比，新分部的利润绩效。它们总结认为《财务会计准则声明第 14 号》，正如人们所预见的，被用来隐藏相对获利的分部，这些分部都集中在比集团公司主要经营的行业竞争力更弱的行业中。

Berger 和 Hann（2007）讨论了竞争劣势（或称专有的成本理论），提出基于《财务会计准则声明第 14 号》下企业会运用其灵活性，避免报告反常的高利润（反常的利润被定义成报告的分部利润与平均行业利润之差额）。他们还主张代理理论提出公司会避免报告反常的过低利润的分部。各公司在最初的一套《财务会计准则声明第 131 号》10-K 报告中重述以前《财务会计准则声明第 14 号》对新规则的披露。这让他们发现反而是这些公司改变了报告的分部数量，运用逻辑分析，他们发现明显支持代理理论的预测。然而仍有理论支持专有成本的影响，结果更混杂了。

Nichols 和 Street（2007）审查了《国际会计准则第 14 号》（于 1997 年修订）下的状况。当他们探究只在一个准则下的信息披露情况时，他们使用的因变量是一个 0/1 变量，该变量取决于公司是否披露它所经营的每个行业分部。利益（interest）的因变量，则与 Berger 和 Hann（2007）的研究相似，是与行业平均值相比较的资产收益率（ROA）。该研究包含了相当少的公司和行业控制变量，但是作为国际性问题的研究，取而代之的是国别控制变量。通过分析 1999 年到 2002 年这四年的数据，他们得出结论认为，有证据支持"专有的成本"理论，即如果公司获得超额利润，那么他们倾向于隐藏公司的分部信息。虽然这个结论支持了 Harris（1998）早期的研究工作，该研究发现在缺乏竞争的行业中，企业更小可能报告其财务信息，但是关于"专有的成本"具体如何影响信息披露的问题仍然不够清楚。

19.3 有关分部报告有用性的证据

19.3.1 引言

虽然分部信息对财务分析师和信息使用者来说非常有用，它能帮助他们了解公司过去的绩效并预测未来可能的现金流，但是因为各种原因这些好处可能并不能够实现。

至少有四个原因能解释为什么《国际会计准则第 14 号》或《财务会计准则声明第 14 号》要求的信息披露可能不是那么有帮助。第一，缺乏明确的规则来识别分部，这意味着公司可能故意报告一些大的分部，通过自行决定分部信息的披露故意隐瞒特别敏感的信息，所以这使得所披露的信息没有准则制定者所期待的那么有用。第二，如果公司人为地设置分部，而该分部的设置不能反映公司制定决策的信息，那么信息使用者可能被误导，他们预计公司所做的决策与公司实际做出的决策之间差别很大。第三，如果公司是高度完整的，即公司的各分部相互依赖，任何一个分部的成败都极大地依赖公司的其他分部，那么独立地考虑公司分部就没有意义了。在这种情况下，将分部信息与外部信息联合起来考虑并没有实际用途，而这种公司只需要全面考虑。相似地，如果公司分配大量的一般成本，那么报告的每个分部的收益将与采纳的成本分配政策高度相关。第四，公司可能非常深入地实行行业多样化经营，所以考虑每个独立行业的潜在经营风险和收益是没有益处的，因为当汇总问题时，它们反映了国家的整个经济所面对的风险和收益。类似地，企业可能实施地理多元化经营，以至于它被视为能折射出世界经济的国际化公司。

正如以上所讨论的，之所以引进《财务会计准则声明第 131 号》和《国际财务报告准则第 8 号》，是因为早期的准则给企业留有过多自主识别报告分部的灵活性以及未向信息使用者提供公司内部决策制定的信息而受到广泛的批判。可是，分部报告可能涉及许多的国家和行业，更多地受到历史的偶然事件而非近期经营的理性组织结构的影响。这意味着它可能不能与行业和国家的外部信息相联系，即分析师不能成功地使用这些信息来预测公司未来的绩效（Hussain 和 Skerratt，1992）。另外，本公司的分部不可能与其他公司的报告分部可比。

最后，撇开报告的制度来说，如果所披露的信息缺乏某些"惊喜因素"（element of surprise）的话，那么它们对使用者来说也没什么太大的价值，因为通常来说，在年报公开披露之前，所有的信息都已经被信息使用者知晓。因此，关于分部信息的有用性，仅仅做些理论分析是远远不够的。这个问题也应从实践的角度来探究，并且找到有关公司分部的实际信息披露之有用性的证据。

分部披露的好处已通过一系列不同的方法得到了检验。早期的诸多研究只是简单地询问使用者是否想要分部信息，这可能提供了一些有用的知识。但如果潜在的投资者对分部数据并不熟悉，他们就无法对其有用性作出准确的评估。即使已熟悉分部披露，鉴于其并不直接承担披露成本，因此依旧很可能导致使用者高估分部信息的有用性。所以，要求对有用性进行更多直接的检验，主要包括以下 3 类：使用者决策分析；不同类型预测者的预测能力比较以及证券市场反应测试。

使用者决策分析是有关不同类型的信息是如何影响使用者所做的决策的。这些检测可能是人为的、实验类型的检测，从而为人们提供各种不同的信息并要求其作出各种类型的决策。另外，这种检测着眼于使用者所做的实际决策，包括分析家预测的准确性。预测能力测试则比较了基于合并信息和分部信息对销售、盈利或其他会计变量所做的机械预测的准确性。最后一种方法，即检测证券市场的反应，其在信息含量方面，可产生最小模糊性的结果。他们进行上述检测以发现分部披露是否对每股价格或市场风险计量产生影响。如果存在影响，则信息必然会通过某种方式得以运用并因此具有有用性；反之，如果分部披露对证券市场没有影响，则说明证券市场参与者并未利用这些信息或已通过其他渠道获取信息。然而，这并非暗示着分部信息没有价值，因为它或许仍为阅读报告的其他团体所使用，例如政府、工会或企业雇员。

19.3.2　基于使用者决策的研究

关于是否使用分部信息以及如何使用该信息的问题，人们已经采取了各种方法去探究。可能最有趣的方法是关注信息使用者的决策制定程序，他们使用信息的种类以及不同信息种类的价值。不幸的是，收集关于任何问题的准确数据是很困难的，并且很少有符合要求的直接方法。最简单的方法，就是去问信息使用者他们做什么以及他们认为什么信息有价值。可是，这些方法很难实行，因为很难找到愿意接受采访的人，也因为对于他们来说很难准确描述他们要做些什么，或者个别项目的信息如何才有价值。不过，这项研究的例子还是有一个，Mande 和 Ortman（2002a），他们研究了日本的财务分析师，得出结论是他们认为分部信息是有用的，尽管关于分部披露的定义和一致性问题还存在一些疑虑（也可见 Ashbaugh，2002，讨论这种调查问卷的局限性）。

因此，更受欢迎的方法是考虑不同种类的信息使用者制定的实际决策。一个重要的信息使用者团体是财务分析师，他们公布关于企业未来绩效的预测。虽然这是唯一的使用者团体，但是没有任何理由认为，在分部信息披露有用性的认识方面，该团体会一直与其他人不同。因此，如果要评价预测在哪些时期或者对哪些可以获取分部信息的企业而言更为准确的话，那么就可以将没有使用分部数据做出的预测与使用分部数据做出的预测，进行比较。

用这种方法进行早期的研究之一是 Baldwin（1984），他在美国公司开始披露 LoB 分部数据之后，研究了分析师预测的美国公司的每股净收益。他认为这些信息披露似乎能帮助分析师进行更准确的预测。类似的研究结果也随后出现在 Lobo et al.（1998）和 Nichols et al.（1995）的研究中，Lobo et al.（1998）研究了 LoB 分部的信息披露。Nichols et al.（1995）也得出了相似的研究结果，但他研究的是地理分部的信息披露对分析师预测收益的影响。

如果研究者人为地限制分析师可用的数据，那么更多关于什么种类的分部信息是最有用的结论便可知晓了，而很多研究正是通过案例分析来这么做的，其案例分析中包括分部信息披露的特殊方式。比如，Emmanuel et al.（1989）研究了英国分析师在仅能获取特别制定的案例数据时所做的预测。当分析师获得更多的分部信息时，研究表明，大部分的分析师会在点估计和区间估计方面改变他们的预测，这个结果被更多美国研究的结论支持。Doupnik 和 Rolfe（1990）做了一个实验，在实验中给美国分析师各种各样的地理分部数据。在分部的个数方面以及各分部之间相似或不同的程度方面，分部信息各不相同。他们发现，披露的分部数量越多，所提议的投资的所谓风险就越小。更重要的是，只有当人们能够感觉到披露的分部与其他分部相比其风险存在（显著）差异时，披露分部信息才真正有意义。

各种关于分析师实际预测结果的研究支持了以下结论：分部信息披露的有用性取决于分部报告规则和分部信息披露的特性，以及利润预测的难点。比如，Hussain（1997）复原了对公司规模、利润绝对改变量和分部信息披露的质量的预测准确性。考察英国分析师所做的预测，他发现对于一些小公司，或者经历了利润下降的公司以及预测倾向于特别不准确的集团公司，使用分部数据会使预测更为准确。但是，也许令人惊讶的是，披露分部的数量似乎不影响预测的准确性。在之后的关于英国情况的研究中，Kou 和 Hussain（2007）探讨了更多的公司特性以及理论上更好的、更显著的分部信息披露质量之衡量指标（对预测准确性）的影响。他们发现，如果公司以矩阵为基础披露分部信息、披露区域市场间的不同、披露更好的区域分部或者披露能更好地反映行业绩效的行业分部，那么这些因素将会提升预测的准确性。与此相反，他们发现随着分部披露数量的增加，信息披露的准确性会下降，这可能与分析多分部企业的成本有关。Mande 和 Ortman（2002b）考察了在引进一项特别不受欢迎的日本分部报告准则后，所制定的预测（的准确性）。他们得出结论认为，虽然仅仅对大多数的多元化经营的公司而言，分部信息的披露并不能使得利润的预测更准确，却能增强销售预测的准确性。

19.3.3　基于研究者预测能力的研究

有关预测能力，人们已做过大量的研究。在这些研究中，研究人员创立了其对公司业绩的预测。虽然基于这些研究我们得到了一些有趣的结论，但应认识到这种方法是建立在有关内含的假设基础之上，即至少一些市场参与者不但可以以这种方式利用而且实际上正在利用分部数据。事实是否如此并不明确，因此当从上述类型的研究中推导结论时应当谨慎。

首次尝试利用行业分部数据进行预测的是金尼（Kinney，1971）。他对 24 家公司的盈利进行了预测。金尼使用了 4 种模型，其中两个是建立在合计数据的基础之上，一个利用了分部的销售信息，另一个则利用了分部的销售额和分部的利润数据。他还推断，最准确的预测模型是利用行业分部的销售额和利润的模型。虽然这种模型比任何一种合并模型更为显著地成功，但与合并分部的销售额和合并毛利的模型相比，其比较优势则非常微弱。尽管这些结论令人信服，但它们可能在很大程度上依赖于所选择的特定样本（本例中是小规模且进行自我选择的公司，其中所有的公司都自愿披露其分部数据）以及所采用的模型（在之后的研究中，利用特定模型的方法备受批评）。因此，在断定行业分部披露是否有用之前，应通过不同样本和不同模型来获取进一步证据。

在这一领域，另一个重要的研究是由柯林斯（Collins，1976）所进行的。在披露行业数据在美国已成为强制要求之后，他增加了抽样总体，并从中随机抽取了 96 家公司样本。另外，他利用建立在合并信息基础上的 7 个模型，对 1968—1970 年的实际销售额、利润和最初的差异（一个期间到另一个期间的变动）作出预测。他还利用相关行业的销售额数据对行业分部的销售额进行调整，从而来预测销售额。对于销售额，其实际和最初的差异来说，分部模型显然优于 7 种中其他 6 种合并模型；而基于利润的分部预测甚至更为成功，因为对于盈利水平和最初差异来说，分部模型显著优于上述所有合并模型。此外，正如金尼得出的结论，分部毛利的使用导致在预测能力方面有了微弱的改进，使用分部销售额和合并毛利则没有相应的改进。当把季度数据用于预测盈利时，也会得出相似的结论（Silhan，1983）。

在利用英国而非美国公司数据的一个相似的研究中，伊曼钮尔和匹克（Pick，1980）预测了 39 家公司 1973—1977 年间的销售额和盈利。当他们发现以分部为基础的营业额和盈利预测比合并随机游走模型（该模型假定下一年度的销售额或盈利与当年相同）更为准确的时候，他们得到了相似的结论。然而，他们的结论与美国的研究稍微有些不同，因为他们发现，分部利润的相加不会导致基于分部销售预测的即使是很微弱的改善。

虽然这些研究明确支持这样一个结论，即如果利用分部数据的话，销售和盈利预测将会发生变动。但他们都忽略了许多公司本身的特定因素。尤其是，他们忽视了所报告分部的数量和公司规模的大小。有证据表明，当分部数量增加时，预测的准确性也会随之增加（Silhan，1982）。此外，由于增加分部数据而获得的预测能力对于规模较小的公司来说更为普遍（Silhan，1984）。的确，对于规模较小的公司，人们发现以分部为基础的预测往往更为准确，不论所披露的分部的数量是多少。而基于行业分部进行预测的相对优势也可能取决于公司所经营的特定行业，如果公司所经营行业的增长率可反映整个公司的成长模式，则使用特定行业的预测将不会有额外的收获。相似地，如果公司高度地实施行业多元化，则公司的整体增长率将可能反映出其作为整体的经济增长率。利用这些类型的研究结论，加罗德（Garrod）和伊曼钮尔（1987）发现，基于行业预测的相对成功的确取决于公司的多元化经营模式。

地理分部数据的有用性很少令人感兴趣。这可能是由多种原因导致的。正如以上讨论的，在《财务会计准则声明第 131 号》和《国际会计准则第 14 号》的要求下，分部的主要依据，行业分部（LoB）多于地理分部。较之将地理分部的数据与外部数据相联系，企业更容易将 LoB 分部数据与外部信息联系起来进行预测。比如，在美国就很容易得到关于大量行业的成长率的预测数据；而在英国或其他国家，取值的范围就相对小一些。之后这些预测数据可被用来与 LoB 分部数据相联系以预测分部的成长率。这就假设所有的销售额都是在国内产生的；或者，如果有国外产生的，那么相关的成长比率与应用于国内经营的比率是相同的。

如果对地理分部采用相似的方法，那么就必须生成对地理分部信息披露的预测数据。这会产生很多问题。仅仅对于个别国家而言，关于 GNP 或 GDP 增长的外部经济预测数据一般来说是可以获取的。但是，如果公司没有披露单个国家分部，那么我们就不清楚该公司在哪个国家经营，以及个别国家生产的产品或产出的比例是多少。比如，表 19—5 重现了 1979 年由美国的集团公司披露的地理分部的例子，而表 19—6 报告了 1998 年的信息披露情况。从中我们能看出，虽然《财务会计准则声明第 131 号》可能减少了分部定义模糊的问题，但是它并不能消除该问题。

表 19—5　　　　　　1979 年美国《财富》500 强跨国公司的地理分部举例

- 美国/欧洲/太平洋地区

- 美国/西半球其他地区/欧洲和中东/非洲/太平洋地区

- 美国/欧洲和非洲/美洲和太平洋地区

- 美国/西半球地区/东半球地区

- 美国/拉丁美洲/欧洲/加拿大

- 美国/欧洲/西半球地区/非洲、亚洲和太平洋地区

- 美国/西半球其他地区/欧洲/东半球其他地区

- 美国/南美洲和北美洲其他地区/欧洲和亚洲

- 美国/欧洲、非洲和中东/美洲和远东

资料来源：Gray & Radebaugh（1984，p. 358）。

表 19—6　　1998 年美国《财富》500 强跨国公司范围的地理分部之披露信息

国别	公司数量	国家区域	公司数量
加拿大	53	欧洲	56
英国	43	拉丁美洲	28
日本	24	亚洲/太平洋地区	25
德国	22	亚洲	11
法国	19	太平洋地区	11
巴西	10	欧洲/中东/非洲	10
墨西哥	8	其他欧洲地区	9
意大利	6	西半球地区	7
中国	5	其他北美地区	4
西班牙	5	其他亚洲地区	4
澳大利亚	5	大西洋地区	3
韩国	4	西欧	3
荷兰	4	其他地区	<u>22</u>
其他国家	<u>34</u>		
合计	242	合计	193

115 家公司提供了至少一个国家的详细信息。

92 家公司提供了至少一个国家区域的详细信息。

资料来源：Doupnik & Seese（2001，p. 127）。

当分部披露覆盖了一系列国家时，考虑到公司经营的特定国家，我们需要做一些假设。另外，外国子公司经营时采用当地的货币，并且之后其经营结果要转变为集团的货币形式（常指母公司货币）。因此，即使披露了单一国家的经营结果，预测者仍然需要，不仅与特定国家预期经济增长率有关，而且与未来汇率变动有关的信息。尽管存在这些问题，仍然已经有研究探讨了在美国和英国披露地理分部信息的有用性。这些研究采用了稍有不同的几个方法来设置它们的预测数据，虽然这些数据有些相似之处。首先，他们需要选择一套方法预测特定国家未来销售额或利润的增长情况。与基于业务线数据的预测相似，最初的最简单的预测是随机游走模型（random walk models），该模型假设国内 GDP 和汇率保持不变，所以以母公司货币报告的预计销售额或利润与去年的销售额或利润相同。更复杂的模型是假设销售额或利润的增长能反映出预计的每个国家真实 GDP 的变化，而其他模型则引入了预计的未来汇率的变化。对个别国家经济数据的预测通常会被合并起来以生成对分部的预测数据，其方式是以该分部所在国家的 GDP 相对规模比例为权数，对每个国家（的预测数据）进行加权平均。但是不同的研究者同样采用了非常不同的方法将基于国家的预测数据合并起来，以生成对分部的预测数据。

比如，Behn et al.（2002）从地理分部信息的预测能力方面，考察了从《财务会计准则声明第 14 号》到《财务会计准则声明第 131 号》变化的影响。他使用了三种模型：随机游走模型（random walk model）即假设美元为基础的数据没有改变，完美预测模型（perfect foresight model）即假设分部的改变能准确地反映出汇率的改变和GDP 的改变，以及基于预测 GDP 和汇率变化的模型。在每种模型下，通过使用《财务会计准则声明第 14 号》和《财务会计准则声明第 131 号》要求的数据，比较由此产生的利润和销售额的预测偏差。正如他们预计的，他们发现基于《财务会计准则声明第 131 号》的预测更为准确。正如他们所想，这些结果受美国或其他国家以及国别信息披露准确性改变的影响。相反，对于那些持续披露地区分部信息的公司而言，准则的改变并不能带来更准确的预测。

假如《财务会计准则声明第 131 号》旨在提供更多有用的信息，虽然这些结果是所料想的，但是令人惊讶的是，（在精确性方面）基于分部的预测并不强于基于合并信息的预测。更令人惊讶的不仅是因为它产生了对分部信息有用性的怀疑，而且是因为它与早期美国的证据相矛盾。Behn et al. 使用的模型是在美国早期研究中使用的以地理分部为基础的预测模型（Balakrishnan et al.，1990），该模型认为地理分部数据对于预测利润似乎是有用的。人们发现，可以得到的经济预测结果似乎并没有人们想象的那么完美。因此，将地理区域利润数据和实际的或过去的经济数据相结合进行的预测，要比将区域利润数据与预期 GNP 和预期汇率变化率相结合进行的预测更为准确。

来自英国的研究得出了相似的结论，即基于地理分部的预测优于合并模型。Roberts（1989）引用了一个披露了分部销售额和分部利润的跨国公司的例子。他得出的结论与基于 LoB 分部的研究结论相似。一般来说，基于分部的模型极大地优于合并模型。另外，虽然基于分部利润的模型要比基于分部销售额的模型准确，但是这些预测准确性的差别度在很多案例中并不明显。

一系列的研究都提供了有关经济预测有用性的进一步的证据。比如，Herrmann（1996）发现对汇率变化、GNP 变化和通货膨胀率的预测对于预测销售额和毛利润都是有用的，但是在预测净利润方面没有什么用处。但是，Johnson（1996）的研究表明，不考虑实际报告的分部而讨论地理分部披露的有用性是不够充分的。这是因为，当 Johnson 研究汇率改变对于预测的有用性时，发现研究的结果依赖于公司经营的行业和公司经营所在的国家。这一点不足为奇。经济因素的改变，如通货膨胀率和汇率的改变，其影响程度因公司的不同特性而不同。企业经营的行业和内部组织结构是影响公司"调整程度"的关键因素，通过一定程度的调整，公司能改变它的经营计划来降低不可预见的某些负面影响，或利用企业所处的经济环境中不可预见的某些正面影响。

19.3.4　股票市场对分部披露的反应

正如人们所预料的那样，大多数探讨分部披露有效性的研究都曾考察过信息披露对股票市场的影响。这些研究有若干个类型。市场反应型（market reaction）研究探讨信息披露对多个市场指标（market measures）的影响，尤其是市场贝塔值或累计非正常收益。其他类型的研究则研究市场如何给不同种类的信息定价的问题，而第三类研究探讨分部披露对可能的投资策略的影响。同样，早期的研究主要关注 LoB 分部披露，而之后的研究才探讨地区分部披露，并且最近的研究倾向于探讨《财务会计准则声明第 131 号》的影响。

审视关于市场反应的研究，首先（可以发现），其研究结果一般都支持一项结论，即分部数据对市场有用。早期的研究倾向于探讨分部信息对市场风险或公司贝塔系数的影响。比如，由 Simonds 和 Collins（1978）以及 Collins 和 Simonds（1979）做了两项最早的研究，他们发现 LoB 数据的披露能够显著地降低风险。Prodhan（1986）考察了英国公司而非美国公司及其地理分部信息的披露情况。他运用中断时间序列分析（interrupted time-series analysis），发现贝塔系数的变化与分部信息披露有很大的相关性。从 1973—1977 年期间，披露了分部数据的公司（研究样本，the treatment companies）比没有披露分部数据的公司（控制样本，the control group）的贝塔值要高得多。1977 年后，当这两种企业都披露分部信息时，它们的贝塔值之间没有什么差别。在之后的一项研究中，研究者考察了更多的美国公司，也得出了相似的研究结果（Prodhan 和 Harris，1989）。

另一种可供选择的方法是检验贝塔系数和由分部信息披露产生的会计贝塔系数（accounting beta）之间的关系。在 Kinney（1972）的研究工作之后，Mohr（1983，1985）运用 LoB 数据做了类似研究，他发现这两个风险衡量指标之间存在正向线性关系，即市场贝塔系数和基于 LoB 资产数据而非 LoB 销售额或收入的会计贝塔系数之间存在着很强的相关性。

Senteney 和 Bazaz（1992）进行了另一类相当不同的分析，也支持了上述结论。他们没有研究贝塔系数，而是研究不可预计的股票价格的变化（或累计非正常收入）与年度合并利润的变化之间的关系。他们发现公司遵循美国准则《财务会计准则声明第 14 号》，而披露地理区域分部数据后，这种关系减弱了。他们得出结论认为，之所以造成这种现象，是因为一旦披露地理分部数据之后，市场就能更好地预测其收入。如果分部信息的披露能使预测更为准确，那么年报披露的非正常收益（the surprise value）就将越少，因此股价对这些信息披露的反应也将越少。

不同于（许多研究关注于）比较两种公司（一种公司披露了地区数据，另一种则没有披露）的累计非正常收入，还有各种研究关注于市场风险指标与地理分部数据的类型或者地理分部定义的类型之间的关系（Boatsman et al.，1993；Prather-Stewart，1995；Pointer 和 Doupnik，1996）。比如，Prather-Stewart（1995）探究 i 和不可预计的（在亚洲、欧洲、南美洲、北美洲和美国的）销售额以及披露的分部数量之间的关系。在一份类似的研究中，Boatsman 等人（1993）发现除了南美洲之外的所有分部都很重要，而 Prather-Stewart 发现除了南美洲和亚洲之外，其他地区都很重要。这些发现都表明，不仅是外国分部信息在为市场所用，而且与美国或国内的销售或利润相比，外国的销售额或利润在以更低的倍数进行资本化。唯一例外的似乎是英国，Boatsman 等人（1993）的研究发现，英国的利润比美国的利润更有价值。然而，有意思的是，与此相反，Garrod 和 Rees（1998）发现，当研究英国公司样本时，美国经营分部比其他的经营分部包括英国本土的经营分部更有价值。Thomas（2000）从分析方法和研究期间两个方面发展了 Boatsman 等人的研究工作，他发现地理分部信息似乎能为市场参与者所用，影响了他们三年或三年以上的投资回报。同样，对分部利润的价值评估也表现出与该分部的风险和成长特性大致相符。后来，Hope 等人（2008）的研究工作侧重于《财务会计准则声明第 131 号》的影响。他们对不可预计的股票收益与国内及国外利润的变化（之间的关系）进行了回归分析，得出结论认为，分部披露的质量有助于解释早期研究的结果，即当披露的分部及其绩效评估的信息数量增加时，对外国经营分部的错误定价情况会减少。

Ettredge 等人（2002，2005）发现了关于《财务会计准则声明第 131 号》影响的进一步证据。早期的研究是事件研究，观察市场对引入《财务会计准则声明第 131 号》的反应，然而最近的研究关注于市场参与者能否运用分部披露信息以便更准确地预测企业的未来利润。最初，研究者发现《财务会计准则声明第 14 号》鼓励那些大型企业和密集型行业中经营的企业，披露更少的分部信息，因此划分的分部规模更大或者汇总更少。之后他们发现市场也能够预计到《财务会计准则声明第 131 号》会将大量的成本强加给这些受影响的企业。这种成本极有可能会增加，因为未来这些公司将不得不披露更多的信息，并有可能遭受竞争性损害。后来的研究基于以下观点，即如果分部信息对市场参与者来说是有用的，那么市场的参与者能很好地预测公司未来的绩效进而做出更好的投资决策。因此，当年的市场回报应与下年的合并利润密切相关，也就是他们所说的远期盈余反应系数（forward earnings response co-efficient，FERC）。正如他们所料，他们发现当多分部公司以及首次依据《财务会计准则声明第 131 号》进行报告的公司（正式）采纳《财务会计准则声明第 131 号》时，FERC 增长很快。但是，相反，无论是遵循《财务会计准则声明第 14 号》还是遵循《财务会计准则声明第 131 号》，单一分部公司的 FERC 没有改变。

不同于（上述研究关注于）考察分部披露对风险和收益指标的影响，一种可选择的方法是比较两种投资策略的回报，一种仅基于合并数据，而另一种基于分部数据。第一个进行这项研究的是 Collins（1975）。他的样本中有 92 家公司遵循的是美国 10-K 表信息披露的要求，即要求企业披露前期 LoB 的数据。这项投资策略包括两点：如果基于分部预测的利润超过合并模型下预测的利润，那么就购入股票；反之则出售股票。对于没有自愿披露分部信息的企业，在 1968 年和 1969 年基于分部的策略获得了每月 1.44% 到 1.51% 的显著收益率。相反，先前自愿披露 LoB 销售数据的公司并没有取得显著的收益，这暗示着当分部信息被首次披露时，市场就使用了该信息。

最后，有很多研究探讨了季报中分部数据的有用性。这是个有趣的问题，作为反对使用关于分部披露的美国或国际财务报告准则新规则的主要争论之一，是担心在季报中报告分部会过于费时或成本太高。似乎有证据支持在季报中报告分部的重要性或有用性，这些证据来自（分部报告）对信息内容的影响（Hossain 和 Marks，2005）以及对依据该信息的分析师的影响（Botosan 和 Harris，2000）。但是，很显然，关于允许公司使用非美国国际财务报告准则的会计方法或者与之不一致的方法进行报告的优缺点问题，上述研究并没有给出任何答案。

小结

- 增加大量多元化经营公司给报表使用者带来了诸多问题，特别是有关某公司的未来现金流量及其风险或与这些现金流相关的不确定性的估计。分部报告在一定程

438

度上满足了投资者以及其他使用者的信息需求。

- 不是所有的公司都愿意披露恰当的分部信息。许多公司认为披露分部信息的成本大于收益，这一成本具体包括搜集资料的成本、加工资料的成本以及公布信息的成本；同时，对许多公司来说，竞争劣势也是一个问题。

- 考虑到公司不会自愿进行恰当的披露，会计法规的制定者开始着手要求公司披露其分部信息。英国和美国在几年的时间内逐步形成了这些要求，并最终以会计准则的形式来要求相当广泛的披露。

- 人们认为法规给予高级管理层太多的自由来选择适当的分部，特别是在美国，而这些选择很可能减少其所提供的信息量，甚至导致有些公司提供潜在的误导信息。考虑到这些情况，北美和国际会计准则理事会的准则制定者对其分部准则作出了相应的变动。目前，其都将企业的经营结构作为确定划分分部的主要基础。

- 分部报告是进行学术研究的重要领域。该研究包括分析人员如何使用分部数据，研究者是否可以利用这些数据作出更好的预测以及股价是否发生变动等。

- 对预测能力的研究结果表明，行业分部和地区分部数据在盈利预测方面比合并数据更有用。然而，似乎所有的研究都认同分部的销售额数据是有用的，而于分部盈余数据的披露是否会有更多的好处问题，研究者尚未达成完全一致的意见。在大多数研究中，即使发现使用分部盈余数据进行的预测比使用分部销售额数据得出的结论更准确，但准确程度的差异相对较小，常常是不显著的。

- 还有证据表明，预测的准确性有赖于公司经营所处的特定行业，对较小公司和披露较多分部的公司的预测准确性往往更高。

- 对分部数据的市场反应进行考察的结果也很清楚地说明，行业分部数据和地区分部数据对市场来说都是有用的。而且分部信息披露与累积异常回报显著相关，通常会导致市场风险系数的降低，至少在美国和英国的权益市场上是这样的。

参考文献

Balakrishnan, R., Harris, T. S. and Sen, P. K. (1990) 'The predictive ability of geographic segment disclosures', *Journal of Accounting Research*, Autumn.

Baldwin, B. A. (1984) 'Segment earnings disclosure and the ability of security analysts to forecast earnings per share', *Accounting Review*, July.

Behn, B. K., Nichols, N. B. and Street, D. L. (2002) 'The predictive ability of geographic segment disclosures by US companies: SFAS No 131 vs SFAS No 14', *Journal of International Accounting Research*, Vol. 1.

Boatsman, J. R., Behn, B. K. and Patz, D. H. (1993) 'A test of the use of geographical segment disclosures', *Journal of Accounting Research*, Supplement.

Collins, D. W. (1975) 'SEC product line reporting and market efficiency', *Journal of Financial Economics*, June.

Collins, D. W. (1976) 'Predicting earnings with sub-entity data: Some further evidence', *Journal of Accounting Research*, Spring.

Collins, D. W. and Simonds, R. (1979) 'SEC line of business disclosure and market risk *adjustments*', *Journal of Accounting Research*, Autumn.

Doupnik, T. S. and Rolfe, R. J. (1990) 'Geographic area disclosures and the assessment of foreign investment risk for disclosure in accounting statement notes', *International Journal of Accounting*, No. 4.

Doupnik, T. S. and Seese, C. P. (2001) 'Geographic area disclosures under SFAS 131: materiality and fineness', *Journal of International Accounting, Auditing and Taxation*, No. 2.

Edwards, P. and Smith, R. A. (1996) 'Competitive disadvantage and voluntary disclosures: case of segmental reporting', *British Accounting Review*, June.

Emmanuel, C. R. and Pick, R. (1980) 'The predictive ability of UK segment reports', *Journal of Business Finance and Accounting*, Summer.

Emmanuel, C. R., Garrod, N. W. and Frost, C. (1989) 'An experimental test of analysts' forecasting behaviour', *British Accounting Review*, June.

Financial Accounting Standards Board (1976) *SFAS* 14; *Financial Reporting for Segments of a Business Enterprise*, December.

Garrod, N. W. and Emmanuel, C. R. (1987) 'An empirical analysis of the usefulness of disaggregated accounting data for forecasts of corporate performance', *Omega*, No. 5.

Garrod, N. W. and Rees, W. (1998) 'International diversification and firm value', *Journal of Business Finance and Accounting*, November/December.

Harris, M. S. (1998) 'The association between competition and managers' business segment reporting decisions', *Journal of Accounting Research*, Spring.

Hayes, R. M. and Lundholm, R. (1996) 'Segment reporting to the capital markets in the presence of a competitor,' *Journal of Accounting Research*, Vol. 34, No. 2.

Herrmann, D. (1996) 'The predictive ability of geographic segment information at the country, continent and consolidated levels', *Journal of International Financial Management and Accounting*, Spring.

Herrmann, D. and Thomas, W. T. (2000) 'An analysis of segment disclosures under SFAS 131 and SFAS 14', *Accounting Horizons*, September.

Hope, O-K, Kang, T., Thomas, W. B. and Vasvari, F. (2004) 'The effect of SFAS 131 geographic segment disclosure on the valuation of foreign earnings', Working paper, December.

Johnson, C. B. (1996) 'The effect of exchange rate changes on geographic segment earnings of US-based multinationals', *Journal of International Financial Management and Accounting*, Spring.

Kinney, W. R. (1971) 'Predicting earnings: Entity versus subentity data', *Journal of Accounting Research*, Spring.

Kinney, W. R. (1972) 'Covariability of segment earnings and multisegment company returns', *Accounting Review*, April.

Lobo, G. L., Kwon, S. S. and Ndubizu, G. A. (1998) 'The impact of SFAS 14 segment information on price variability and earnings forecast accuarcy', *Journal of Business Finance* and Accounting, September/October.

Maines, L. A. , McDaniel, L. S. and Harris, M. S. (1997) ' Implications of proposed segment reporting standards for financial analysts' investment judgements ' , *Journal of Accounting Research*, Special issue.

Mohr, R. M. (1983) ' The segment reporting issue: A review of empirical research ' , *Journal of Accounting Research*, 1983.

Mohr, R. M. (1985) ' The operating beta of a US multi-activity firm: An empirical investigation ' , *Journal of Business Finance and Accounting*, Winter.

Nichols, D. , Tunnell, L. and Seipal, C. (1995) ' Earnings forecasts accuracy and geographical segment disclosures ' , *Journal of International Accounting*, *Auditing and Taxation*, No. 2.

Nichols, N. B. , Street, D. L. and Gray, S. J. (2000) ' Geographic segment disclosures in the United States: Reporting practices enter a new era ' , *Journal of International Accounting*, *Auditing and Taxation*, No. 1.

Pointer, M. M. and Doupnik, T. S. (1996) ' The relationship between geographic segment information and firm risk ' , *Advances in International Accounting*, Vol. 9.

Prather-Stewart, J. (1995) ' The information content of geographical segment disclosures ' , *Advances in International Accounting*, Vol. 8.

Prodhan, B. K. (1986) ' Geographical segment disclosures and multinational risk profile ' , *Journal of Business Finance and Accounting*, Spring.

Prodhan, B. K. and Harris, M. C. (1989) ' Systematic risk and the discretionary disclosure of geographical segments: An empirical investigation of US multinationals ' , *Journal of Business Finance and Accounting*, Autumn.

Roberts, C. B. (1989) ' Forecasting earnings using geographic segment data: Some UK evidence ' , *Journal of International Financial Management and Accounting*, June.

Senteney, D. L. and Bazaz, M. S. (1992) ' The impact of SFAS 14 geographic segment disclosures on the information content of US-based MNEs' earnings releases ' , *International Journal of Accounting*, Vol. 27, No. 4.

Silhan, P. A. (1982) ' Simulated mergers of existent autonomous firms: A new approach to segmentation research ' , *Journal of Accounting Research*, Spring.

Silhan, P. A. (1983) ' The effects of segmenting quarterly sales and margins on extrapolative forecasts of conglomerate earnings: Extension and replication ' , *Journal of Accounting Research*, Spring.

Silhan, P. A. (1984) ' Company size and the issue of quarterly segment reporting ' , *Journal of Accounting and Public Policy*, Fall.

Simonds, R. and Collins, D. (1978) ' Line of business reporting and security prices: An analysis of a SEC disclosure rule: a comment ' , *Bell Journal of Economics*, Autumn.

Street, D. L. , Nichols, N. B. and Gray, S. J. (2000) ' Segment disclosures under SFAS 131: Has business segment reporting improved? ' *Accounting Horizons*, September.

Street, D. L. and Nichols, N. B. (2002) 'LoB and geographic segment disclosures: an analysis of the impact of IAS 14 revised', *Journal of International Accounting, Auditing and Taxation*, No. 2.

Thomas, W. T. (2000) 'The value-relevance of geographic segment earnings disclosures under SFAS 14', *Journal of International Financial Management and Accounting*, Autumn.

课后问题

书末提供带星号问题的参考答案。

19.1* 试解释会计准则制定者难以起草有关分部报告准则的原因。

19.2* 如何证明分部报告的收益大于其成本?

19.3 请讨论"研究表明,行业报告比地区分部报告有用得多"这种说法。

19.4 以分部报告为例,解释会计准则制定者在计划增加额外披露要求时是如何利用调查研究的。

19.5 大量公司自愿披露其分部报告,超出了法规的要求。管制者在建立分部报告准则时面临很多困难,管制法规是否真的有必要存在?

19.6 试讨论分部报告在多大程度上对不同的使用者和利益相关团体是有益的。

19.7 请讨论"《国际财务报告准则第8号》忽视了许多利益相关者的需求"这种观点。

第六部分 分析与管理专题

第 20 章　国际财务分析

斯图尔特·麦克利[1]

内容

目标

读完本章后您应当能够

- 讨论不同的社会制度、金融制度、税收制度和法律制度对会计的影响。
- 解释为什么在国际资本市场上市的跨国公司和只在国内上市的跨国公司之间会存在财务报告行为上的差异。
- 描述跨国公司为了向外国读者提供财务报告以外的附加信息可采用的各种方法。
- 解释为什么公司不报告按照标准定义计算的系列标准比率。
- 解释基准比率的使用。
- 讨论影响分析师对跨国公司未来盈余预测的因素。

---

[1]　本章中作者所使用的数据来自 Thomson、Worldscope 和 IBES。

20.1 引言

本章将讨论在国际环境中如何进行财务报表分析，其主要涉及以下几个方面：

• 对跨国公司经营状况的分析。事实上，这些公司在许多国家进行交易，并按照不同的货币分别来计量，因此跨国公司的财务报表是这些交易的综合结果。

• 对位于不同国家但不一定存在跨国交易的公司之间进行国别比较。

• 不仅是公司，公司财务报告的用户也在不断地跨地域拓展，而这正意味着财务分析者来自不同的国家，如来自意大利的投资者、来自美国的银行家或来自日本的基金管理者，他们会根据各自对公司经营活动的不同预期来分析公司财务报告。

上述 3 种应用"国际"视角进行的财务报表分析各有特色，但其交流财务信息的基本程序几近相同。事实上，我们关注的根本问题是上述 3 种视角的分析对象——在不同阶段跨越国界的财务信息。为此，需要我们重述财务数据并翻译术语。例如，跨国公司披露的某些信息，在合并财务报表的过程中已经用另外一种体系的会计方法重新计算，语言也被翻译，外币也已经折算。在对两个及两个以上的公司进行跨国比较时，财务分析师们经常会面临重新表述财务数据和翻译财务术语的问题。事实上，国际财务报告分析的核心问题就是对财务报告的重新表述和翻译。也就是说，这些财务报告反映的是某一个环境下的经营活动，而对这些财务报告的阅读和分析却是在另一个环境下进行的。

因此，本章将分析公司财务信息的披露是如何受公司经营环境的影响的，公司如何报告这些问题以及分析师们又是如何应对这些问题的。

本书前面所提及的许多材料都与本章内容有关，例如：

• 第 1 章到第 3 章讲述了不同国家（或者说不同会计"体系"）关于财务报告的差异性比较。

• 第 5 章和第 9 章重点关注国际财务报告准则与美国公认会计原则的不同。第 5 章讲述了公开披露报表中对二者的对照调整（published reconciliations），同时也阐述了关于报告的价值和相关性的研究。第 10 章关注会计规则的强制性，它是保证高质量财务报告的重要方面之一。

• 第 19 章研究分部报告（segment reporting），它是财务分析中重要的披露信息来源。

20.2 理解会计差异

站在国际性视野的角度，重要的是，要理解各国会计制度差异一直存在的原因，以及这些差异是反映会计政策某一方面的意见分歧，还是进一步揭示了由于法律、社会体系及金融环境造成的结构性的差异。第 2 章对此有所阐述。以下是一些例子。

20.2.1 不同的社会制度

表 20—1，说明了长期员工授权（long-term employee entitlement）在会计趋同但实际商业操作仍然相差甚远的环境下（一家英国公司、一家法国公司和一家意大利公司），是如何影响企业经营资金（现金流）计算的。我们从第一列的英国公司看

起，它可能是把递延员工福利都转入养老金计划，那么在这种情况下，我们讨论的"资金"也会很快地从公司流失。在法国，员工规模超过 50 人的公司有义务为员工提供财务参与计划，无论是基于强制性还是自愿性的利益分享，公司的部分收益可能会作为福利分配给各员工，但其实质仍是外部资产的再投资。短期来看，我们可以认为，构成公司"经营活动产生的资金"的某一要素与当期利益分配有关（本例中是800 欧元），而唯一的现金流出量（比如，600 欧元）由当期的外部投资产生，它与以前年度的利润分配有关。

我们将上述两种处理方式与意大利的处理方式进行了对比。在意大利，雇员在最终离开公司时会获得相当于该雇员在职期间一个月工资数额的离职津贴。尽管并不要求公司进行投资来建立一个专门的基金，但却要求对此计提相应的准备。因而"经营活动产生的资金"包括为此计提的准备（+800 欧元），同时还要扣减支付给退休雇员的津贴（−300 欧元）。

表 20—1　　　　　　　　不同的员工报酬计划对经营活动中产生的资金的影响

	英国（英镑）	法国（欧元）	意大利（欧元）
收益	1 000	1 000	1 000
加：			
固定资产折旧	2 500	2 500	2 500
计提的雇员养老准备	800	—	—
减：当年使用的资金	(800)	—	—
按比例可分配给雇员的利润	—	800	—
减：当年使用的资金	—	(700)	—
递延的雇员报酬	—	—	800
减：当年使用的资金	—	—	(300)
从经营活动中产生的资金	3 500	3 600	4 000

当然，编制资金或现金流量表的方法有许多；另外，上述例子中的处理方式也不是完全没有争议的。然而，上述例子证明了会计问题与社会结构之间是相互联系的。事实上，这难免涉及有关主体性质的争论——这些都是什么类型的资金？从利润中按比例提取雇员福利和递延雇员报酬所代表的含义是什么？我们可以很容易地看到，一家意大利公司的净资产不仅取决于其股东权益和其所需支付利息的负债，而且还取决于其既不能取得利息，也不能分享利润，而仅仅是基于工资通胀所引起的一个积累额。这使得原本对"杠杆"的简单认识变得复杂起来。事实上，产生上述困惑的原因是基于公司所采用的负债和权益融资的简单模式似乎已不再适用于当前的社会环境。

以上例子表明，当我们比较各国公司所创造的资金时，其内部融资水平的差异可着重用公司经营所处的社会制度来解释。当然，会计政策对递延雇员权益的确认和计量也是存在差异的（见本书第 9 章和第 16 章）。

20.2.2　不同的金融制度

尽管欧盟致力于建立一个统一的金融体制（见本书第 1 章），但其各国的公司在融资方面仍然存在着个性差异。例如，在欧洲许多国家，公司通过可贴现票据的方式提供商业信用是很流行的做法，公司既可将商业票据持有至到期日，也可对应收票据办理提前贴现。在后一种情况下，公司在增加流动资金的同时，还产生了一项对贴现银行的或有负债，这项或有负债将持续至债务得以清偿之时为止。这样，一项 1 000 欧元的商业债权在资产负债表上可能表现为以下几种情况：

应收账款　　　　　　　　1 000 欧元

或：

应收票据　　　　　　　　1 000 欧元

或：

银行存款　　　　　　　　975 欧元

其中，最后一种情况假定贴现费用为 25 欧元。有关贴现的一种解释认为，贴现可以有效地将商业债权按当前价值进行重新列示，而不是按将来某一时点可收回的价值来列示（尽管两者的差异对于短期项目而言，是微不足道的）。票据贴现着重对速动资金计算的影响，由于应收票据可以立即变现，因此应将其包括在企业的速动资金中。

很显然，公司资产的流动性状况在某种程度上取决于金融制度所能提供的具有变现能力的金融工具，贴现票据只是其中的一种工具。这类工具在欧洲的某些国家很常见，但在另外一些国家却不是很普遍。由此我们可以得出结论，企业速动资金存在差异的部分原因，可归结于公司经营所处的金融体制。

20.2.3　不同的税收制度

税收是各国政府渴望保留其自治权的一个领域，因此而导致的各国税收制度的差异对公司融资产生了重要的影响。在这种环境下，试图厘清有效税率面临着很大的困难。首先，各国的基本税率不同，而且实际的征收税率可能还要更高；其次，各国对税收计算的要求不同，对税损和税收抵免的规定也不同；再次，在税收的会计处理方面存在着大量的方法，尤其是在处理递延所得税问题时，如收入实现的确定性以及由于会计收益和应纳税所得不同而产生的暂时性差异和永久性差异的会计处理。这些问题在本书第 16 章已进行了较深入的讨论。表 20—2 通过一家法国食品公司——埃里达尼亚公司（Eridania Béghin-Say）的数据列示了上述部分因素所产生的影响。事实上，这些影响说明了从国内（法国）法定税率调整为其国际经营产生的有效税率时所存在的税制差异。

在某些情况下，当地特定的税收制度会对公司财务报表产生非常重要的影响，以至于要想进行任何有意义的财务分析，就必须恰当地理解公司所在国家的税收制度。下面我们来了解一下瑞典的情况。瑞典会计的一个独特之处即在于对未纳税公积金的使用。瑞典公司可以在税前提取部分收益来形成这种公积金；而在之前的年度里，政府有时会强制性地要求计提这种公积金。过去，瑞士政府有时要求公司对这些盈余公

表 20—2	不同税制的影响：埃里达尼亚公司公布的有效税率分析
法国的法定税率	33.3
法国的临时性附加税	4.5
外国低税率的影响	(5.5)
利用税收损失结转	(1.0)
投资税收抵免和其他税收抵免	(4.7)
永久性差异	(2.6)
有效税率	24.0

积（reserves）进行分配。例如，公司曾被要求将税前利润的 20% 单独作为特殊投资盈余公积金（special investment reserve），并将一定比例的资金存入瑞士中央银行，只有当企业被批准投资于房地产、建筑和设备时才可取出。这些被冻结的银行账户仍然会出现在瑞士资产负债表上，对财务结构产生实质影响。这些不用交税的盈余公积可能被看作是所有者权益和递延税的结合，而递延税类似于无限期的无息债务。实际上，现在这也是瑞士的合并财务报表中常用的处理方式。同样，传统的单纯的"杠杆"概念因为这种选择性做法而变得混乱，此时政府扮演的不仅是税务局的角色，同时也是重要的财务合作伙伴，即通过财政手段进行融资。

20.2.4　不同的法律制度

财务报告的信息是否可靠，是国际财务分析中的一个关键问题。我们认为，好的监管和有效的会计准则能增加财务报告的准确性。为达到此目的，监管者和准则制定者缩小了会计政策的选择空间，较少地使用需要会计判断的规则；对于那些必须进行会计判断的情形，则引入了更多的详细规则进行指导。但是，当法律和准则较松懈时，就给予了经理掩饰公司经济业绩的机会，他们通过高估盈利和资产来隐藏不利的情况，或通过低估盈利和资产来为冲减后期的成本计提准备。第 10 章讨论了会计规则强制性。

从这个角度来看，保护投资者的法律非常重要。这些法律使得投资者有权要求经理为其自身行为负责，至少能强制经理将公司的不利业绩在当期完全披露出来。在高度竞争的环境下，经理可能会更倾向于将损失的确认推迟到以后期间，因为长期如此，就可以将损失转移到继任经理的任职期间才予以确认。因此，较强的投资者保护会导致盈余金额较低，其原因是亏损必须立即确认，而利得只有在实现的时候才能确认。

保护小股东也会对财务报告的质量产生重大影响。在股权持有较集中的公司，经理和大股东的利益趋于一致，大股东无需通过财务报告来监管经理人，因为他们具有多种获取企业内部信息的渠道。同样的，如果经理或者控股股东能够控制公司，他们就有动机隐藏自身的利益，尤其是当可能会损害小股东以及其他利益相关者的利益时。这些经理人可能会运用盈余管理以达到向外部隐蔽公司业绩的目的，尤其是通过高估利润来隐藏不利损失，因为这些损失会导致外界的干预。所以，在那些对外部股东保护较弱的国家，盈余管理会更为普遍。

　　勒兹（Leuz，2003）等最近发表的一项有关国际会计的研究对该问题进行了阐述。图20—1列示了他们的一个研究结论。在此我们对比了欧洲国家和美国，并将德国和意大利作为一类加以突出显示，而将英国和美国作为另一类加以突出显示。通过对比，我们发现，当法律对股东的保护较弱，而且所有权集中度较高的时候，盈余管理通常较为普遍。例如，德国和意大利在投资者保护上的得分较低，而在股权集中度上的得分则相比较高；另外，勒兹等所测度出的盈余管理分值在这类环境中通常也较高。然而，我们应该区分以下两者：一是通过寻机性会计进行的会计操纵；二是通过实际交易导致的真实盈余变化。有趣的是，随着更为严格的监管和准则所导致的会计判断的减少，"真实"盈余管理的水平会相应增加。如果法律制度限制寻机性会计的使用范围，就会增加实际盈余管理的边际收益（见 Ewert 和 Wagenhofer，2005）。

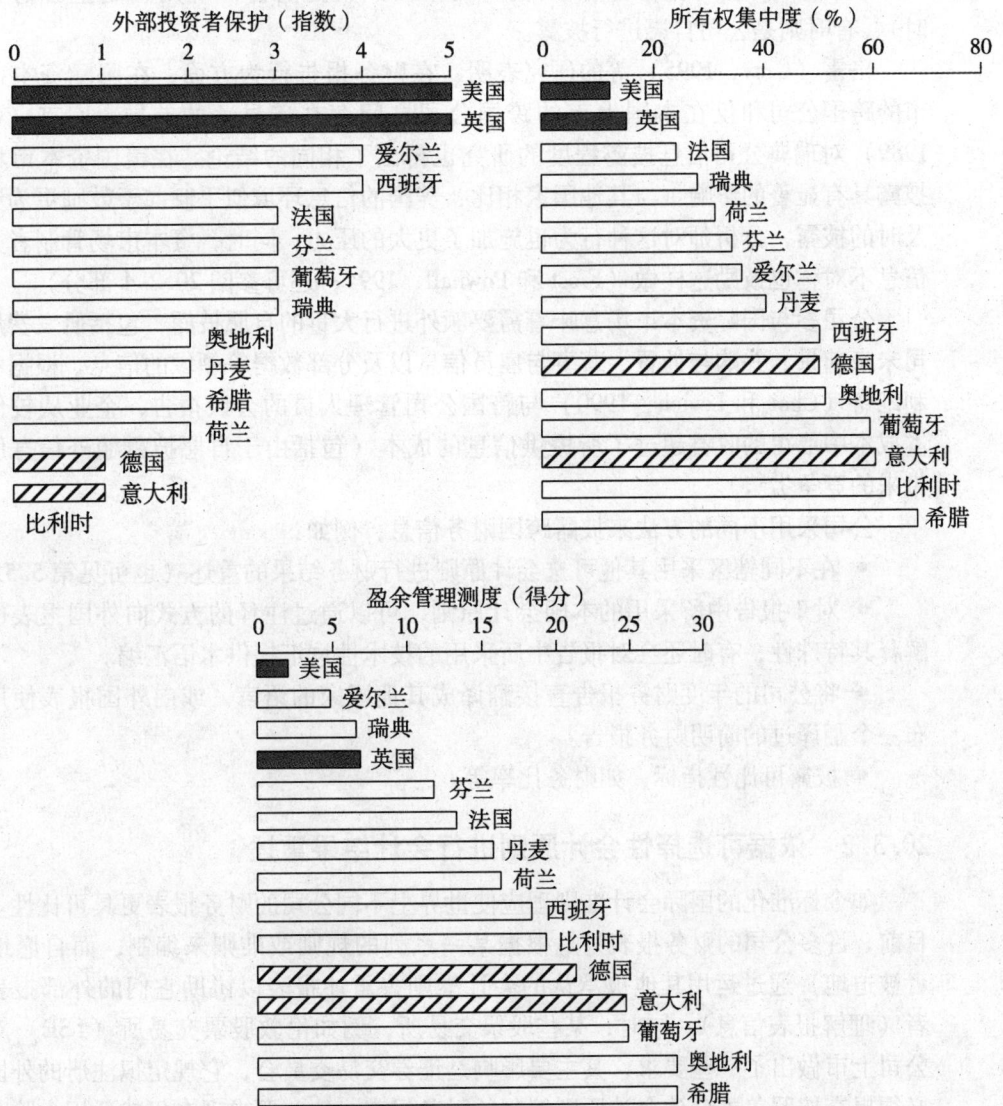

图20—1　投资者保护、所有权集中度和盈余管理

20.3 国际财务报告披露实务

20.3.1 法定披露和自愿披露

以上论述的例子清楚地说明了在国际环境中对公司财务报表进行分析需要了解以下信息：

- 公司的国内经营环境，这将影响公司的结构和公司的业绩。
- 所讨论国家所采用的特定会计方法。

遇到这种需求的公司可能会作出相应的反应，提供这种信息，有时是监管机构强制要求披露（例如，在美国，当公司尚未按照美国的会计规则编制全套财务报表时），有时则是公司自愿进行披露。

格雷（Gray, 1995）等的研究表明，在财务报告行为方面，在国际资本市场上市的跨国公司和仅在本国上市的跨国公司之间存在着显著的差异，库克（Cooke, 1989）对瑞典公司信息披露程度的研究也得出了相同的结论。在美国资本市场进行披露具有显著的影响。与其他国家相比，美国的信息环境似乎倾向于鼓励更为频繁和及时的披露，分析师对这种行为也施加了更大的压力；同时，资本市场管制者为消除信息不对称也鼓励这样做（Frost 和 Pownall, 1994；还可参阅20.2.4部分）。

公司参与国际资本市场意味着需要额外进行大量的自愿披露，包括研发费用、公司未来前景、并购与处置、董事与雇员信息以及分部数据等领域的信息。根据乔伊和利维奇（Choi 和 Levich, 1990）与跨国公司管理人员的会谈报告，企业从较低的资本成本中取得的收益超过了所提供信息的成本（包括由于自愿披露额外信息所可能带来的竞争劣势）。

公司采用不同的方法来披露跨国财务信息，例如：

- 在不同辖区采用其他可选会计原则进行财务结果的重述（也可见第5.5部分）
- 对于报告中所采用的本国会计原则，可以通过注释的方式向外国报表使用者解释其特殊性，有时还会对报告中所采用的技术性词汇提供术语汇编。
- 将公司的年度财务报告直接翻译成其他国家的语言，或向外国报表使用者发布一个翻译过的简明财务报告。
- 披露可比性指标，如财务比率等。

20.3.2 依据可选择性会计原则进行会计结果重述

如今标准化的国际会计准则理应使世界上不同公司的财务报表更具可比性。然而目前，许多公司的财务报表只是根据某一系列的规则或准则来编制，而自愿地（或者被迫地）通过运用其他被承认的会计准则去重述报表以协助它们的外部报表使用者（理解报表信息）。同时，某些股票交易所，例如伦敦股票交易所（LSE）对外国公司上市做出了一些要求，其主要影响是证券交易委员会，它规定拟注册的外国公司必须提交按照美国公认会计原则编制的财务报表。这些要求现在仍然适用，除非拟注册公司采用国际财务报告准则（见第5.5部分）。在第5.4、5.6部分中，讨论了几个这种对照调整（reconciliations）的例子。

有一点要说明的是，并不是所有的跨国公司都把补充的重述数据披露在年度财务报表中，即使该年度报表是为美国投资者编制的。这当然是一个特定领域，在此财务分析师可以通过咨询一整套公司的报表文件，包括证券交易委员会的文件，以获得更丰富的信息。

20.3.3 向外国报表使用者提供的注释和术语汇编

一些较大规模的国际集团常常使用相当大的篇幅向外国财务报告使用者介绍公司经营环境的特殊性。有些公司甚至还在其财务报告中附加了一个小辞典，以用于解释其所采用的特殊的会计计量方法。许多年来，沃尔沃公司英文版和法文版的财务报告中一直包括一个单独的报表阅读指南，另外该公司的财务报告还对瑞典会计中复杂难解的地方单独予以举例说明。其他公司也在其年度财务报告的外文版本中增加了对财务报表的补充注释，主要用于说明本国的税收制度和会计制度，以及公司经营所处的社会、法律和金融体制环境的特点。

20.3.4 语言问题

当公司财务报告面向一个国际用户时，我们倾向于将其翻译成外文。但是由于其中有些问题，涉及我们前面所提及的社会结构和其他文化障碍，因此财务报告的翻译工作也并不是那么轻松容易的。毕竟，在翻译中要做到完全、真正的表意相同是很难的。问题是：在对财务报告进行翻译的过程中丢失了哪些信息，又增加了哪些信息？一些公司已经意识到将财务报告由原来的语言翻译成另一种语言时，国际财务交流中可能会出现错误。例如，一家世界领先的荷兰公司在其英文版财务报告中就指出：“如果翻译存在冲突，那么应以荷语版的年度财务报告作为参照”。一家德国的跨国公司在其英文版财务报告中甚至发表了一项更加清晰的声明，否认其应对翻译的准确性负责，其声明称“审计师出具的审计报告是针对德语版的财务报表和经营报告作出的”。

对翻译准确性予以关注的原因之一是会计的专业术语具有特别的专用性。例如，术语“净营运资本”或“流动资金”就具有特定的意义，这是被与财务报告相关的会计职业界所认同的惯用含义，但对于其他人而言却很可能成为其阅读财务报告的障碍。甚至对于职业分析师来说，语言障碍也会成为其进行国际财务分析所面临的一大问题。例如，“真实和公允的观点”这个词汇，法文会将其翻译为“真实状况”（*une image fidèle*），对英国分析师来说这种翻译倒也还不算很难理解；但对于德文财务报表审计报告中相对不精确的表述“*ein den tatsächlichen Verhältnissen entsprechendes Bild*”，英国分析师则需要花费更大的精力去理解。

事实上，在有关财务比率等专业术语上我们也遇到了同样的问题。德语中的*lnnenfinanzierungsspielraum*一词兼有“内部融资”和“能力”的含义，而事实上它只是经营现金流量与新投资额的比值。在法语中，也存在这种有语言习惯的专业术语，如“*taux d'autofinancement*”（自我融资率），然而“自我融资”这一提法在英语中却并不常用。在某些情况下，一些专业术语只在翻译中使用，例如法语中的存货周转率（*rotation des stocks*）。另外，还有一些使用隐喻的情况，如德语中

Anspannungskoeffizient 与牛顿定律中杠杆的含义相同，同时还隐喻财务杠杆（即指总负债与总资本之比）。说法语的人都了解法兰西学院（Académie Française）的影响，因此即使在官方期刊《共和国杂志》（Official Journal of the Republic）中指出 *le software*（软件）一词用 *le logiciel* 来描述更为恰当，他们也不会感到惊讶。所以，*le PE ratio*（每股收益）更倾向于使用 *le coefficient de capitalisation des résultats* 来表达。如果需要的话，我们还可以举出更多的例子来证明国外的财务专业术语确实就像有着自身社会结构和文化内涵烙印的特洛伊木马，其出现并不仅仅是法语纯洁性的保护者们的反应。

20.3.5 财务比率

进行财务比率分析或利用财务比率进行更为复杂的统计分析，通常是理解财务报表的基础。在公开披露的年报上一般附有财务比率；在一些国家，披露一系列财务比率指标也是很常见的。表20—3摘自芬兰诺基亚公司所披露的年报，通过该表我们可以了解公司披露财务比率信息的情况。

外部压力要求公司披露按照标准方法计算的财务比率，其原因之一是年报中可能没有提供按照统一方法计算这些比率所需的信息；另一个原因为相同的比率常常可以用不同的公式进行计算。例如，在美国，在由罗伯特·莫里斯协会（Robert Morris Associates）发表的《年报分析》中，有关存货周转率的计算是将销售成本除以存货余额；而在《邓氏报告》（*Dun's Review*）中发布的"制造业公司的财务比率"中，有关存货周转率的计算则是用销售收入净额除以存货余额（Gibson，1980）。但是，公司披露财务比率时，也会采用多种不同的计算方法。例如，吉布森在对100家样本公司所做的分析中，就介绍了比较边际利润的8种计算方法。

表20—3 诺基亚披露的财务比率（摘自2004—2008年的5年总结）

重要财务比率	2004	2005	2006	2007	2008
每股收益（EPS），EUR	0.69	0.83	1.06	1.85	1.07
市盈率	16.84	18.61	14.6	14.34	10.37
股利支付率	0.48	0.45	0.41	0.29	0.37
股利获利率,%	2.8	2.4	2.8	2	3.6
每股股东权益，EUR	3.21	2.95	3.02	3.84	3.84
资本回报率,%	31.5	36.5	46.1	54.8	27.2
权益回报率,%	21.5	27.1	35.5	53.9	27.5
权益比率（Equity ratio)%	64.6	56.4	52.6	45.5	41.2
净债务与权益比例（Net debt to equity)%	−78	−77	−69	−62	−14

重要财务比率的计算公式：
每股收益（基本）
归属于母公司股东的利润
报告期调整后平均股数

市盈率

年末调整后每股市价
－－－－－－－－－－－
每股收益

股利支付率

每股股利
－－－－－－
每股收益

股利收益率，%

每股名义股利
－－－－－－－－
股价

每股股东权益

归属于公司股东的资本及公积金
－－－－－－－－－－－－－－－
年末调整后股数

资本回报率，%

税前利润+利息及其他财务费用净值
－－
归属于公司股东的资本及公积金的平均数+短期借款+长期有息负债（包括本期部分）+少数股东权益

权益回报率，%

归属于母公司股东的利润
－－－－－－－－－－－－－－－－－－－
归属于公司股东的资本及公积金的本期平均数

权益比率，%

归属于公司股东资本及公积金+少数股东权益
－－－－－－－－－－－－－－－－－－－－－－－－－－
总资产-预收账款（advanced payment received）

净债务与权益比例（杠杆，%）

长期有息负债（包括本期部分）+短期借款-现金及其他流动资产
－－－－－－－－－－－－－－－－－－－－－－－－－－－－－－－－－－－－－－
归属于母公司股东的资本及公积金+少数股东权益

　　资料来源：改编自《诺基亚集团2008年报》，60页。

　　　另外，还有其他证据证明公司是有选择地进行财务比率披露的。在这里，我们要强调的观点是，公司管理者的"自利"原则将影响公司对外发布的财务指标的范围和计算方法，而分析师则很可能因此而忽视公司的整体实际状况。

20.4　理解财务报表

20.4.1　业绩的驱动因素

　　　到这里为止，本章重点强调了企业在国际范围内经营的特殊性，因为其决定了企业的盈利性和组织结构，说明财务报表应当结合公司的经营环境来理解，并解释了一些国际公司实际上是如何报告这些问题的。

为了理解企业创造经营业绩的原动力，财务分析师发明了区分不同价值驱动因素的财务报表分析方法，包括企业以资产为基础获得销售收入的能力、可获得的销售利润边际以及在为这些经营活动提供资金时可以有效组合各种来源的资本等方法。按照上述方法，股东权益报酬率（ROE）可以按照下列财务比率进行分解（这些符号将在表20—4中的简要资产负债表和利润表中进行解释）：

股东权益报酬率=资产报酬率×（1-收入杠杆比率）/（1-资本杠杆比率）

其中，资产报酬率=销售报酬率×资产周转率

$$\frac{E}{SE}=\frac{OI}{NA}\times\left[\left(1-\frac{IC}{OI}\right)\Big/\left(1-\frac{TD}{NA}\right)\right]，其中\frac{OI}{NA}=\frac{OI}{S}\times\frac{S}{NA}$$

从上式中可以看出，股东权益报酬率（E/SE）是由下列因素所驱动的：

表20—4 简化资产负债表和财务比率

资产负债表		比率	
股东权益	SE	盈利能力	
+负债	TD	权益报酬率	E/SE
=总资产	NA	总资产报酬率	OI/NA
利润表		销售报酬率	OI/S
销售收入	S	效率性	
-经营成本	OC	资产周转率	S/NA
=经营收入	OI	杠杆	
-利息	IC	资本杠杆比率	TD/NA
=盈余	E	收入杠杆比率	IC/OI

注：为简便起见，表和例子中不考虑税盾问题。经营收入是指扣除优先股股利和利息开支前的净收入。收入杠杆比率是利息与经营收入的比率，因此IC/OI+E/OI=1。资产负债表中与收入杠杆比率对应的是资本杠杆比率，是指短期和长期债务与总资本的比率，即TD/NA。总资本也就是总资产，TD/NA+SE/NA=1。由此，E/SE=OI/NA×E/OI×NA/SE。

• 经营活动，从总经营性资产（NA）中产生经营性收入（OI）——可总结为资产报酬率（OI/NA）；

• 产生利息费用的筹资活动——这些杠杆效应来自于"资本杠杆（capital leverage）"（净经营资产占用的总资本与所有者权益之比，NA/SE）和"收益杠杆（income leverage）"（息前利润与息后利润之比，OI/E）的联合效应。

• 利润边际，以销售报酬比率（OI/S）来说明；

• 为创造收入而对资本的使用效率，以资产周转率（S/NA）来说明。

表20—5是对三家欧洲汽车制造商（菲亚特、大众和沃尔沃）的财务比率分析。趋势比较图见图20—2。菲亚特在2005年之前遭受了重大的损失，但从图中可以看出，其ROE正在逐渐恢复。大众的权益回报率一开始相当低，但在之后的年份里稳

步上升。菲亚特对债务的依赖可以从较高的初始杠杆比率看出，但也可以明显看出债务产生的财务费用对大众的影响在逐渐减小（息前利润下降到 1.21×2008 年股东收益）

有趣的是，菲亚特 4 年来的资产周转率上升了，而沃尔沃的在下降。基于上述分析，可知各家公司的资产利用水平明显不同，但这也许是账面价值和市场价值存在差异的一种反映。注意，年末的时候，各家公司营业毛利率（operating margins）都集中在 4%～5% 之间。

表 20—5　　　　　　　　　　　　　比率分析：菲亚特，大众和沃尔沃

公司	年份	所有者权益	总负债	净资产	销售额	营业利润	收益
菲亚特	2005	8 960	25 761	34 721	46 544	2 442	1 331
（百万欧元）	2006	10 689	20 188	30 877	51 832	1 943	1 065
	2007	13 181	17 951	31 132	58 529	2 852	1 953
	2008	12 279	21 379	33 658	59 380	2 790	1 612
大众	2005	44 851	62 006	106 857	95 268	1 946	1 120
（百万欧元）	2006	50 453	58 757	109 210	104 875	2 826	1 954
	2007	59 041	57 992	117 033	108 897	5 161	4 120
	2008	66 533	69 380	135 913	113 808	5 761	4 753
沃尔沃	2005	151 538	74 885	226 423	240 559	14 024	13 052
（百万瑞典克朗）	2006	169 590	66 956	236 546	258 835	16 853	16 286
	2007	159 704	108 245	267 949	285 405	16 054	14 932
	2008	160 388	145 530	305 918	330 667	11 877	9 942

公司	年份	权益回报率	资本杠杆	收益杠杆	净资产收益率	营业毛利率	净资产周转率
		%	×	×	%	%	×
菲亚特	2005	14.85	3.88	1.83	7.03	5.25	1.34
（百万欧元）	2006	9.96	2.89	1.82	6.29	3.75	1.68
	2007	14.82	2.36	1.46	9.16	4.87	1.88
	2008	13.13	2.74	1.73	8.29	4.70	1.76
大众	2005	2.50	2.38	1.74	1.82	2.04	0.89
（百万欧元）	2006	3.87	2.16	1.45	2.59	2.69	0.96
	2007	6.98	1.98	1.25	4.41	4.74	0.93
	2008	7.14	2.04	1.21	4.24	5.06	0.84
沃尔沃	2005	8.61	1.49	1.07	6.19	5.83	1.06
（百万瑞典克朗）	2006	9.59	1.39	1.04	7.12	6.51	1.09
	2007	9.35	1.68	1.08	5.99	5.62	1.07
	2008	6.20	1.91	1.19	3.88	3.88	0.99

资料来源：Thomson One Banker.

简化起见，资产负债表中的少数权益包含于股东权益中，并且在集团公司的损益中，利润列报于少数权益利润之前。

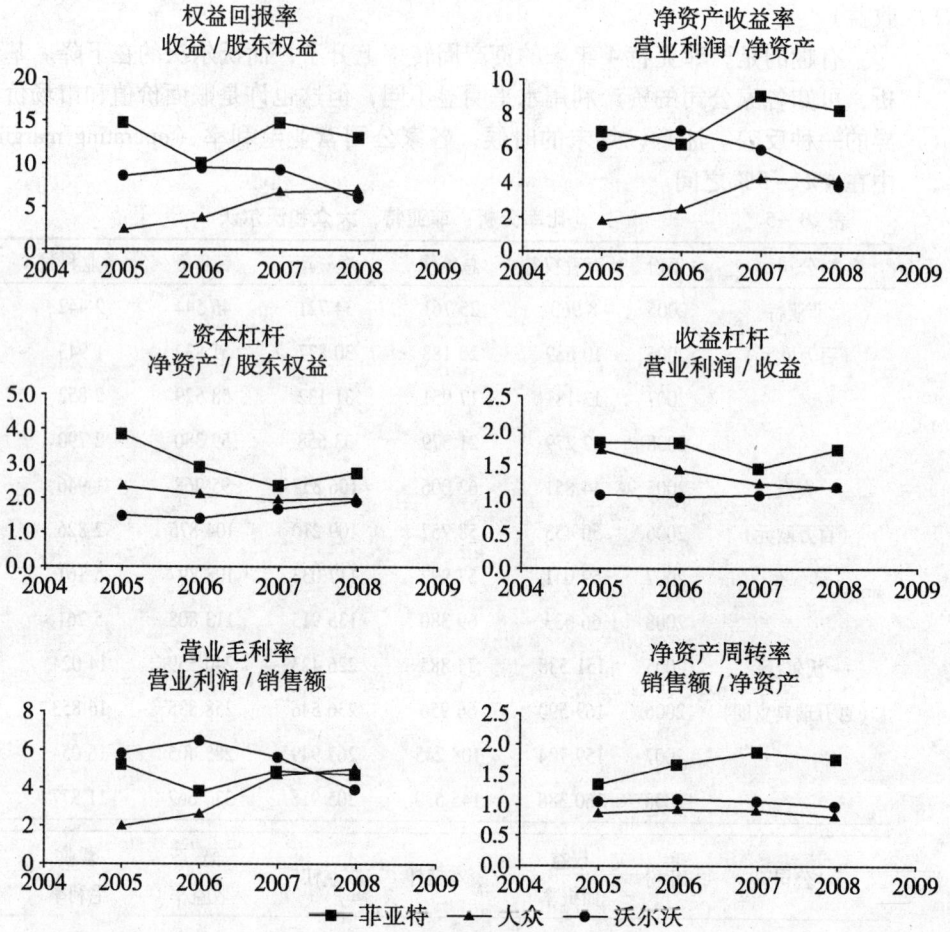

图20—2　股东权益回报率驱动因素

20.4.2　基准

若想将公司和其经营环境联系起来，一种方法即是比较该公司的财务比率和宏观经济或行业的综合指数。可以将这些基准比率看作代表性指标，从而来评价对国家或行业的影响，也就是对所有参考公司产生的大致影响。分析师们在其分析报告中引用了诸多此类基准比率。另外，由于电子财务信息网络的迅速发展，有关部门和整体经济的统计资料如今已经可以轻松获得。诸如像汤姆森（Thomson）这样的信息中介和像世景（Worldscope）这样的产品，提供了定期更新的指数以作为同行评论的基准。

但是，当我们利用商业性财务信息服务机构所提供的信息来对某个特定国家（或一个国家的某个特定行业）的"平均影响"下结论时千万要谨慎。因为建立这些基准指标的子样本通常并不是专门为此目的而采集的。此外，这里还有一个很重要的理论问题，根据行业总体值计算的比率（例如，用该行业总的经营活动现金流量除以总销售额）很可能不同于根据该行业各个公司的平均值计算的比率，而且该值还依赖于公司的规模分布、成长性和其他行业结构因素（Mcleay 和 Fieldsend，1987；Mcleay 和 Trigueiros，2001）。乔伊（Choi，1983）等人对国际财务分析中比率的误用问题进行了更为详细的分析。

将公司业绩与中位数进行比较是一种简单而又有效的方法。在上述三家公司的案例分析中，相关的同行比较组由意大利（菲亚特）、德国（大众）和瑞典（沃尔沃）三个国家的主要行业及其消费者公司组成，作为基准目标以比较三家公司在各自国家同行中的绩效水平。基准的上线和下线也同样在图中标出（在显示结果的图 20—3 中分别以 Q3 和 Q1 来表示）。从图中可以看出，这 4 年间，有相当数量的瑞典企业报告了显著的损失。实际上，在 2008 年，瑞典有 44% 的上市公司报告了亏损，而意大利为 31%，德国为 30%。撇开这一基本情况不说，我们还可以看到大众的 ROE 变化趋势并类似于它的德国同行，因为在一开始，大众的 ROE 处于德国公司的下等水平，4 年后逐渐攀升到德国公司的中等水平。但是，菲亚特一直表现得与其他的获利的意大利公司水平相当，而沃尔沃则在考察区间内很接近瑞典公司的平均水平。

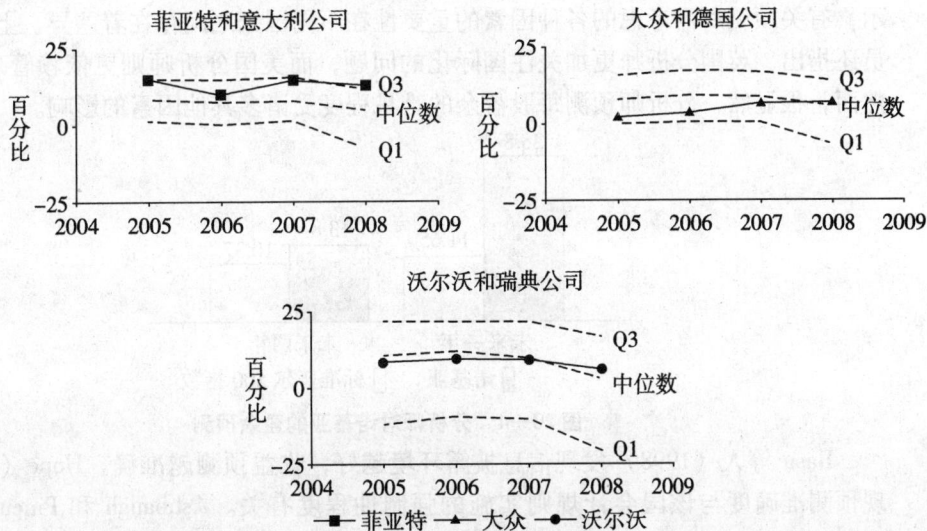

图 20—3　权益报酬率基准

20.5　财务分析与资本市场

财务信息的价值相关性在每个资本市场上都有所不同，特别是在公司盈余方面（Alford 等，1993；Saudagaran 和 Meek，1997）。欧洲于 20 世纪 80 年代所做的协调努力并没有将这些差异完全消除。乔斯和朗（Joos 和 Lang，1994）所做的研究考察了欧盟会计指令对盈余和股票价格之间关系的影响，同时也调查了诸如权益报酬率、市盈率和账面价值对公平市价的比率等其他指标。当时会计环境的变化似乎对资本市场的影响很小，因此上述作者得出结论，会计指令在融入各国法律之后，并没有发现盈余和其他会计数字的价值相关性有趋同的迹象。

在德国企业的例子中，投资分析师联合会（DVFA）试图建立一个方程，计算出调整后的利润供市场分析使用，从而消除这一缺陷。Pope 和 Rees（1992）与 Harries 等人（1994）调查发现，DVFA 的调整方法大大提高了德国会计法改变之后期间的收益的解释力。在基于伦敦样本的研究中，Miles 和 Nobes（1998）报告了该方法在国际会计差异背景下的运用。他们发现这种方法并不是针对特定的差异制定的。Clatworthy 和 Jones（2008）在一个相似的研究中也发现，基于英国样本的分析师通过各种途径而不仅仅是年报来获取信息，尤其喜欢从来自资本市场较弱的国家的企业那里挖掘信息。

财务分析师的一个重要任务即是在财务报告数据质量不高时，为投资者提供"更优质"的每股盈余数据，并对未来的每股盈余进行预测。例如，图 20—4 总结了许多分析师对诺基亚盈余的预测，这显示了机构经纪人预测系统（IBES）对诺基亚未来一年（FY1）和未来两年（FY2）盈余情况的平均估计，并将其与对 S&P 500 公司所做的平均未来盈余估计进行了对比。有时分析师的预测误差（即预测盈余和其后所报告的实际盈余之间的差距）也会过大，以至于投资者不能依赖这种预测。然而证据表明，分析师提供的未来每股盈余预测有助于进行市场估价。进行这样的预测需要理解企业及其竞争者的发展方向，莫耶斯（Moyes，2001）等人的调查结果显示，有关预测所需考虑的各种因素的重要性在不同国家之间存在着差异。上述调查人员还指出，英国分析师更加关注国际化的问题，而美国分析师则更依赖管理者指南。然而，很显然，分析师预测每股盈余的难易程度受诸多其他因素的影响。

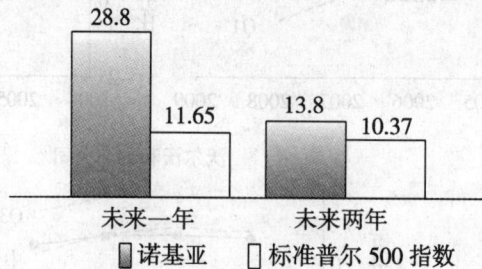

28.8　11.65　　13.8　10.37

未来一年　　未来两年
诺基亚　标准普尔 500 指数

图 20—4　分析师对诺基亚的盈余预测

Basu 等人（1998）发现信息披露环境越好，收益预测越准确。Hope（2003）发现预测准确度与该国会计规则实施的强制性程度有关。Ashbaugh 和 Pincus（2001）发现某国的会计准则与国际财务报告准则相差越大，其（收益）预测越不准。Guan等人（2006）也发现，（某国的会计准则）与美国公认会计原则的差异越大，（其收益预测）越不准。Bae 等人（2008）发现，（某国的会计准则）与国际财务报告准则的会计差异程度影响着分析师分析的准确性和分析该公司数据的分析师数量。（某国的会计准则）与国际财务报告准则的差得越远，（分析该公司数据的）分析师越少，其分析的准确性也越差。在盈余不稳定时进行预测将变得更加困难，如果会计实务中存在平滑收益或夸大收益的行为，则对每股盈余的报告行为也将受到影响。图 20—5展示了欧洲公司的盈余情况，其中意大利公司的盈余情况最不稳定，而荷兰最稳定。卡普斯塔夫（Capstaff，2001）等人的研究也证明，分析师的盈余预测通常胜过无知的预测，但这种预测一般都比较乐观，并且预测期间越长越不准确。这些研究人员还发现，分析师所做的预测在荷兰的公司中运用得最好，在意大利的公司中则最不成功。这和图 20—5 中的不稳定性排序是一致的。

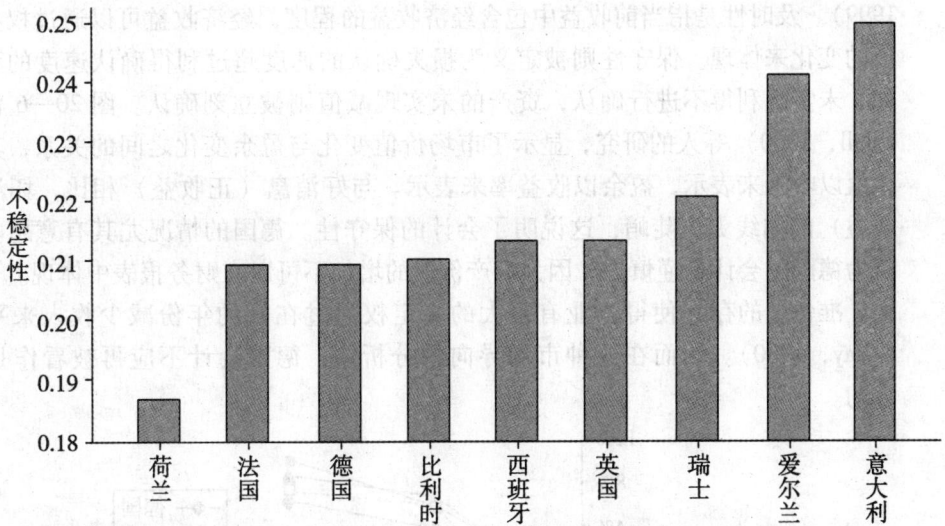

图 20—5　欧洲盈余的不稳定性

财务披露的频率和时间也会影响分析师的预测。披露的形式各异，不仅有法律要求的年度财务报告，还有资本市场的额外披露规定，以及为投资者提供的中期报告和其他公告，如初步盈余报告等。如前所述，来自分析师的压力促使公司更频繁和及时地披露报告。例如，在对大型国际公司的研究中，弗罗斯特和波纳尔（Frost 和 Pownall，1994）指出美国年末和报告发布日中间的报告延迟期平均为 39 天，在英国则为 48 天。一些公司的报告日期一直延迟到所准许的最后期限。对年报来说，有时这种准许的期限很长，在德国竟长达 9 个月。

预测的准确度还与任务的复杂性相关（Hope，2003）。尤其是在那些会计准则得到强有力执行的国家，经理人会遵守指定的规则，这似乎减少了分析师的不确定性，并由此导致更准确的预测。最后，本地和国际会计准则的差异也与分析师的盈余预测准确性相关。阿什鲍夫和品克斯（Ashbaugh 和 Pincus，2001）的研究表明，采用国际会计准则和预测错误的减少具有相关性。

重要的是，要认识到价值相关性可能取决于所讨论国家/地区的制度背景。在这方面，阿里和黄（Ali 和 Hwang，2000）提出了一些问题。例如，一般的犯罪是否会导致财务报表失去对投资者而言的相关性？金融体制是否以银行为导向？政府是否是会计法规和规则的制定者？会计制度和税收制度是否相关联？事实上，有关上述问题的一般处理方法是，考虑与制度因素相关的动机，并预计其将如何影响会计盈余。例如，当政府构建并实施国家会计准则时，一般会有来自企业协会、银行和雇员组织的代表参加。在企业层次，往往采用利益相关者治理。鲍尔（Ball，2000）等比较了利益相关者治理和股东治理。在前一种治理模式下，对利益相关者的支付更多地和会计收入相联系，管理者也会有更多的判断能力来决策什么时候将利润和损失纳入会计收入。另外，与内部人的直接沟通应当解决管理者和利益相关者之间的信息不对称问题。相对而言，股东治理模式更多地依赖资本市场的外部监管，对及时公开信息披露也有更多的要求，其保守的盈余计算也会使得管理者看上去更值得信赖。

及时性和保守性是导致不同国家间会计数字差异的关键因素（Pope 和 Walker，

1999）。及时性是指当前收益中包含经济收益的程度，经济收益可以通过权益市场价值的变化来体现。保守性则被定义为损失确认的速度超过利得确认速度的程度。例如，未实现利得不进行确认，资产的未实现减值则被立刻确认。图 20—6 根据鲍尔（Ball，2000）等人的研究，显示了市场价值变化与盈余变化之间的关系，其中市场价值以收入来表示，盈余以收益率来表示。与好消息（正收益）相比，坏消息（负收益）的曲线更为陡峭，这说明了会计的保守性。德国的情况尤其有意思。一般都认为德国的会计是谨慎的，因为资产价值的增加不可以在财务报表中体现。而且在过去，准备金的存在使得企业有很大的决定权通过在好的年份减少收入来平滑收益（Gray，1980）。然而在这种市场导向的分析中，德国会计不应再被看作是极端保守的。

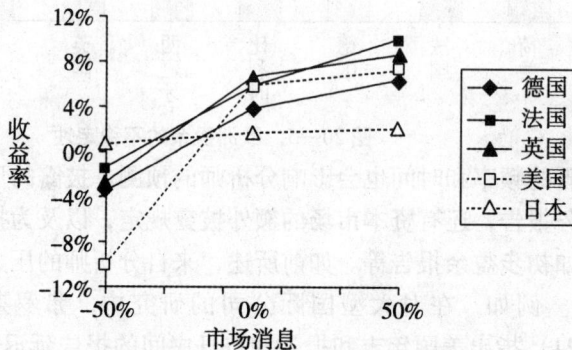

图 20—6　会计的保守性和及时性

日本是另外一种类型的内部人体系，其会计既不及时也不保守。盈余中根本不包括经济收入，负的和正的斜率都接近于零。另一个极端是美国（一种典型的外部人体系），美国的会计被认为是更加及时和最为保守的。

总而言之，想对财务报告信息进行国际间的比较，需要较好地理解司法体系、证券法和所有权结构等如何影响企业经理人出具财务报表的方式，以及导致对可靠会计信息进行缔约和监督的需求。在这种背景下，布什曼和皮奥托斯基（Bushman 和 Piotroski，2005）的研究表明，相对于司法体系质量较低的国家，在司法体系质量较高的国家中，企业对报告中坏消息的反应往往更快；如果证券法能够得到强有力地公开执行，则能够通过减缓对盈余利好消息的识别从而来减少乐观主义；在资本所有权已从经营权中被分离出来情况下，若股份被分散持有，则盈余通常是保守的。由于企业不断加强对全球市场的开发，因此国家间的会计差异所起的影响作用将越来越小（Raonic 等，2004）。但是差异仍然存在：在美国上市的外国企业，和其他企业相比，仍然有更多的盈余管理以及更少的及时确认损失等迹象（Lang 等，2003）。

小结

- 国际财务分析师需要考虑公司所处的经营环境对其所报告的经营成果将产生哪些影响。由于某种原因，分析师们在评价公司业绩差异或公司本身的结构时，应当考虑到由于公司经营所处国家的不同而产生的影响。
- 同时还需要考虑会计方法的差异，事实上，会计方法在某种程度上取决于公司经营所在国的社会制度和金融制度，甚至会与其发生互动作用。

● 一些公司提供了那些能够帮助外国使用者更好地理解本国会计制度、税务制度等的财务信息以及与当地融资约束相关的其他信息。

● 考虑到上述问题的存在，财务分析师可参考恰当的同行业对照组来评价公司的业绩和结构，并意识到预测的准确性和市场价值将会受到国际会计差异的严重影响。

参考文献

Alford, A., Jones, J., Leftwich, R. and Zmijewski, M. (1993) 'The relative informativeness of accounting disclosures in different countries', *Journal of Accounting Research*, Vol. 31 (Supplement), pp. 183–223.

Ali, A. and Hwang, L. S. (2000) 'Country-specific factors related to financial reporting and the value relevance of accounting data', *Journal of Accounting Research*, Vol. 38, No. 1, pp. 1–22.

Amir, E., Harris, T. and Venuti, E. K. (1993) 'A comparison of the value-relevance of US versus non-US GAAP accounting measures using Form 20–F reconciliations', *Journal of Accounting Research*, Supplement.

Ashbaugh, H. (2001) 'Non-US firms' accounting standard choices', *Journal of Accounting and Public Policy*, Vol. 20, No. 2, pp. 129–53.

Ashbaugh, H. and Pincus, M. (2001), 'Domestic accounting standards, international accounting standards and the predictability of earnings', *Journal of Accounting Research*, Vol. 39, No. 3, pp. 417–34.

Ball, R., Kothari, S. P. and Robin, A. (2000) 'The effect of international institutional factors on properties of accounting earnings', *Journal of Accounting and Economics*, Vol. 29, No. 1, pp. 1–51.

Barth, M. and Clinch, G. (1996) 'International accounting differences and their relation to share prices', *Contemporary Accounting Research*, No. 1.

Bushman, R. and Piotroski, J. (2005), 'Financial reporting incentives for conservative accounting: the influence of legal and political institutions', *Journal of Accounting and Economics*, forthcoming.

Capstaff, J., Paudyal, K. and Rees, W. (2001) 'A comparative analysis of earnings forecasts in Europe', *Journal of Business Finance and Accounting*, Vol. 28, No. 5–6, pp. 531 –62.

Chang, L. S., Most, K. S. and Brain, C. W. (1983) 'The utility of annual reports: an international study', *Journal of International Business Studies*, Spring/Summer, pp. 63–84.

Choi, F. D. S. and Levich, R. M. (1990) *The Capital Market Effects of International Accounting Diversity*, Dow Jones Irwin, IL.

Choi, F. D. S., Hino, H., Sang, K. M., Sang, O. N., Ujiie, J. and Stonehill, A. I. (1983) 'Analyzing foreign financial statements: the use and misuse of international ratio analysis',

Journal of International Business Studies, Spring/Summer, pp. 113–31.

Cooke, T. E. (1989) 'Voluntary corporate disclosure by Swedish companies', *Journal of International Financial Management*, Summer, pp. 171–95.

Ewert, R., and Wagenhofer, A. (2005), 'Economic effects of tightening accounting standards to restrict earnings management'. *Accounting Review*, October.

Frost, C. and Pownall, G. (1994) 'Accounting disclosure practices in the United States and the United Kingdom', *Journal of Accounting Research*, Vol. 32, No. 1, pp. 75–102.

Gibson, C. H. (1980) 'The need for disclosure of uniform financial ratios', *Journal of Accountancy*, May, pp. 78–84.

Gray, S. J. (1980) 'The impact of international accounting differences from a security-analysis perspective', *Journal of Accounting Research*, Spring, pp. 64–76.

Gray, S. J., Meek, G. K. and Roberts, C. B. (1995) 'International capital market pressures and voluntary annual report disclosures by US and UK multinationals', *Journal of International Financial Management and Accounting*, Vol. 6, No. 1.

Harris, T. S., Lang, M. and Möller, H. P. (1994) 'The value relevance of German accounting measures—an empirical analysis', *Journal of Accounting Research*, Vol. 32, No. 2, pp. 187–209.

Harris, M. S. and Muller, K. A. (1999) 'The market valuation of IAS versus US-GAAP accounting measures using Form 20-F reconciliations', *Journal of Accounting and Economics*, Vol. 26, No. 1–3, pp. 285–312.

Hope, O. (2004) 'Variations in the financial reporting environment and earnings forecasting', *Journal of International Financial Management and Accounting*, Vol. 15, No. 1, pp. 22.

Joos, P. and Lang, M. (1994) 'The effects of accounting diversity: evidence from the European Union', *Journal of Accounting Research*, Vol. 32, Supplement, pp. 141–75.

Lang, M., Raedy, J. and M. Yetman (2003), 'How representative are firms that are cross-listed in the United States? An analysis of accounting quality', *Journal of Accounting Research*, Vol. 41, No. 2, pp. 363–86.

Leuz, C., Nanda, D. and Wysocki, P. D. (2003), 'Earnings management and investor protection: an international comparison', *Journal of Financial Economics*, Vol. 69, pp. 505–27.

McLeay, S. J. (1986) 'The ratio of means, the mean of ratios and other benchmarks: an examination of characteristic financial ratios in the French corporate sector', *Finance – the Journal of the French Finance Association*, Vol. 7, No. 1, pp. 75–93.

McLeay, S. J. and Fieldsend, S. (1987) 'Sector and size effects in ratio analysis – an indirect test of ratio proportionality', *Accounting and Business Research*, Spring, pp. 133–40.

McLeay, S. J. and Trigueiros, D. (2002) 'Proportionate growth and the theoretical foundations of financial ratios', *Abacus*, Vol. 38, No. 3, pp. 297–316.

Miles, S. and Nobes, C. W. (1998) 'The use of foreign accounting data in UK financial institutions', *Journal of Business Finance and Accounting*, April/May, pp. 309–28.

Moyes G. D., Saadouni B., Simon J. and Williams, P. A. (2001) 'A comparison of factors affecting UK and US analyst forecast revisions', *International Journal of Accounting*, Vol. 36, No. 1, pp. 47–63.

Norton, J. (1995) 'The impact of financial accounting practices on the measurement of profit and equity: Australia versus the United States', *Abacus*, September.

Pinto, J. A. (2001) 'Foreign currency translation adjustments as predictors of earning changes', *Journal of International Accounting, Auditing and Taxation*, Vol. 10, No. 1, pp. 51–69.

Pope, P. F. and Rees, W. (1992) 'International differences in GAAP and the pricing of earnings', *Journal of International Financial Management and Accounting*, No. 3.

Pope, P. and Walker, M. (1999) 'International differences in the timeliness, conservatism, and classification of earnings', *Journal of Accounting Research*, Vol. 37, Supplement, pp. 53–88.

Saudagaran, S. M. and Meek, G. K. (1997) 'A review of research on the relationship between international capital markets and financial reporting in multinational firms', *Journal of Accounting Literature*, Vol. 16, pp. 127–59.

Raonic, I., McLeay, S. and Asimakopoulos, I. (2004), 'The timeliness of income recognition by European companies: An analysis of institutional and market complexity'. *Journal of Business, Finance and Accounting*, Vol. 31, Nos. 1 & 2, pp. 115–48.

Street, D. L. and Bryant, S. M. (2000) 'Disclosure level and compliance with IASs: A comparison of companies with and without US listings and filings', *International Journal of Accounting*, Vol. 35, No. 3, pp. 305–29.

Street, D. L., Nichols, N. B. and Gray, S. J. (2000) 'Assessing the acceptability of international accounting standards in the US: an empirical study of the materiality of US GAAP reconciliations by non-US companies complying with IASC standards', *International Journal of Accounting*, Vol. 35, No. 1, pp. 27–63.

Weetman, P. and Gray, S. J. (1991) 'A comparative international analysis of the impact of accounting principles on profits: the USA versus the UK, Sweden and the Netherlands', *Accounting and Business Research*, Autumn, pp. 363–79.

Weetman, P., Jones, E. A. E., Adams, C. A. and Gray, S. J. (1998) 'Profit measurement and UK accounting standards: a case of increasing disharmony in relation to US GAAP and IASs', *Accounting and Business Research*, Summer.

Whittington, M. (2000) 'Problems in comparing financial performance across international boundaries: a case study approach', *International Journal of Accounting*, Vol. 35, No. 3, pp. 399–413.

实用网址

http: //money. cnn. com/magazines/fortune/global500

http: //finance. yahoo. com

www. irin. com/cgi-bin/main. cgi

www. tdd. lt/slnew/Stock−Exchanges/Stock. Exchanges. html

www. oanda. com/convert/classic

课后问题

书末提供带星号问题的参考答案。

20.1* 在一个尚未实现充分协调的世界中，上市公司年度财务报表的编制者和使用者是如何应对国际会计差异的？

20.2* 在对各国公司的年度财务报告进行分析比较时，财务分析师遇到的主要困难是什么？财务报告中的哪一部分最有助于他们进行这类比较分析？

20.3 请讨论"对年度财务报表使用者而言，最好的办法是避开外国公司"这种说法。

20.4 跨国公司通常会将其年度财务报告译成哪些国家的语言？为什么？

20.5 本章讨论了两种衡量保守性的方法：比较不同公认会计原则下的利润数据以及对好消息和坏消息进行对称确认。上述方法都有哪些优点和缺点？

20.6 辨认并讨论分析师在区分和考察与公司政策和特征相关的特殊行为之前所必须考虑的文化与制度因素。

20.7 国际会计准则在世界范围内的应用是否会解决国际财务分析师的问题？

第 21 章　国际审计

内容

目标

读完本章后您应当能够

- 解释审计为什么会国际化以及它是如何国际化的，尤其要考虑跨国公司的作用、国际资本市场、国际会计师事务所和协调化等问题。
- 解释国际会计师联合会为什么以及如何成为国际审计准则的主要制定者。
- 讨论道德、技术标准和质量控制在国际审计中的作用。
- 讨论国际审计程序的各个步骤。
- 讨论在国际环境下的审计期望差距。

21.1　引言

　　本章的标题"国际审计"看起来是个新名词，但本章将向您说明当今的审计实际上早已国际化了。美国会计学会（AAA）的"基础审计概念委员会"（Committee

---

[1]　在早期版本中，本章第一版本的合作者有阿姆斯特丹自由大学的简·克拉森（Jan Klaassen）。

on Basic Auditing Concepts）曾在其 1973 年发布的"基础审计概念说明书"　（A Statement of Basic Auditing Concepts）中对"审计"一词做过如下定义：

审计是一个客观地获取和评价与经济活动和经济事项的认定有关的证据，以确认这些认定与既定标准之间的符合程度，并把审计结果传达给有利害关系的用户的系统过程。

这些有关经济活动和经济事项的认定通常会被具体化为会计数据，储存于会计信息系统之中，并最终形成财务报告。这些数据表现了诸如市场价格变动等交易活动或事项。

审计是一个系统过程，具体包括如下步骤：

- 接受委托并签订业务委托书。
- 编制审计计划和进行风险评估。
- 收集审计证据。
- 审计报告。

上述程序适用于相当广泛的业务委托类型，例如对非财务信息的报告。目前世界上有许多项目都是审查公司对各种非财务信息的报告，而且也有许多审计师可以对这些信息提供鉴证或保证服务。然而，在本章，我们仅仅讨论财务报表审计。

公共会计师或外部审计师是指那些能够就某组织的财务报表是否真实、公允，以及是否遵循了会计原则等发表意见，从而对该组织的财务报表实施独立审计的人员。外部审计师通常是为了财务信息的外部利益关系人，如投资者和债权人等而对财务报表进行评价，但他们所起的作用通常会因国而异。如前所述，在美国和大多数盎格鲁—撒克逊国家中，外部独立审计师的审计意见被包含在企业对外发布的财务报告之中，用以增强财务报表对于投资者和债权人的可信度。事实上，在德国，对企业财务报告合法性的要求与企业的税务申报紧密相关，结果导致德国的审计历来更注重财务报告的合法性以及报表是否符合纳税的要求，而并不关注外部利益关系人对财务报表披露的真实性和公允性的要求。但威尔腾（Vieten，1995）所做的研究则指出，盎格鲁—撒克逊国家和德国之间的差异并不像我们通常所认为的那样泾渭分明。

审计国际化是指各国审计准则和规则的协调，以及建立在一个或多个审计规则基础上、对跨国公司财务信息所做的审计。

若公司的经营活动被局限在其所在国家的疆界范围内，且公司股东大多居住在公司经营所在国，则该公司用于审计的原则和技术取决于该国的审计师，以及制定本国惯例的国家会计机构。结果是，审计师的作用和审计师对诸如股东、投资人、管理层和其他利益关系主体等公司各利益关系人的责任，均在特定国家的社会环境中得到了发展。这些影响还反映在审计师接受教育的过程中。在一些国家，未来的审计师们主要在大学的经济系或商学院接受教育；而在另一些国家，大多数审计师的教育则是通过专门的教育机构所提供的正式培训或通过在职培训来获得的。

此外，由于从传统意义上来说各国进行财务报告的目的各不相同，因此各国的审计职业对公司的管理层、银行、投资者以及税务部门所发挥的作用也不尽相同。在这里，本章只讨论独立审计人员出于股东的利益对公司所公布的财务报表发表审计意见的活动。而其他的审计活动，如税务审计、内部审计和政府部门审计等则均不在本章讨论的范围之内。

审计的国际化始于跨国公司编制合并财务报表。这些报表的编制通常建立在一系列会计原则的基础之上，为此公司总部需将其所采用的会计原则告知子公司；同时，母公司的审计师还应积极建立规则以确保其对子公司进行审计的质量。一段时间后，对国际审计职业界协调各国审计师的工作方法并建立国际审计规则的需求越发显著。

导致审计国际化的因素包括：

- 跨国公司的出现。
- 资本市场的日益国际化。
- 国际会计师事务所的成长，且这些事务所在审计方法、培训和质量审核方面运用相同的方法。
- 围绕会计和审计共同的国际性框架所进行的协调。

下一部分我们将讨论这些因素。第 21.3 部分讨论包括会计师国际联合会在内的国际机构在颁布国际审计准则方面所发挥的作用；第 21.4 部分则详细描述了国际审计程序。

21.2 审计国际化的原因

21.2.1 跨国公司的作用

跨国公司的产生在很大程度上促进了审计的国际化。首先，跨国公司开展境外业务，而这些业务正需要审计。当跨国公司编制合并财务报表时，通常需要审计师按照跨国公司母公司所在国的规则来对这些财务报表进行审计。

因此，跨国公司总部通常会要求审计师制定一些标准以保证其在外国子公司的审计质量。这促使母公司的审计师向分公司所在国的审计师提供有关审计要求的指南，以便向公司最高管理层报告公司的全球经营状况，报告真实公允的合并财务报表并承担审计责任。事实上，不仅审计师们关注跨国公司分公司所在地的报表审计质量，跨国公司总部的管理层同样也需要确定当地的审计能保证分公司管理层所提供信息的可信度。这就要求在分公司当地实施审计的审计师按照跨国公司总部的管理层和母公司审计师所要求的审计方式来实施审计。这些发展使新的审计技术被引入某些国家，并使各地分公司与跨国公司总部的管理层之间有了新的交流方式。

跨国公司的发展还促进了会计师事务所职能的发展，并促进了会计师事务所之间的合并。合并的原因之一是为了保持会计师事务所的独立性。一般而言，审计职业界认为，其客户的规模不应当成为会计师事务所保持独立性的威胁。进一步来说，由于大的会计师事务所通常拥有一定的技术和地域能力，因此能为其大客户提供恰当的服务。

需要强调的一点是，随着客户逐渐成长并将其业务拓展到国外，会计师事务所希望能继续为这些跨国客户提供服务。一些会计师事务所为此在其主要客户的所在地成立国外办事处，朴斯特（Post，1998）等人对荷兰的大型会计师事务所在国外成立办事处的过程进行了考察。另一些会计师事务所则通过与国外的会计师事务所合并，来保持其为客户提供全球服务的能力。通过以上两种努力，会计师事务所可以让其跨国客户相信，由一个会计师事务所来完成跨国公司子公司和分公司于各所在国的业务的审计工作是可能的。这就需要会计师事务所对在全球范围内进行审计的广度、深度以及审计的优先次序等问题进行集中决策（例如，会计师事务所所使用的重要性水平，可能导致其对小规模的分公司实施有限的审核）。当然，当在全球范围内使用同一个会计师事务所所提供服务的同时，也出现了有关全球审计费用问题的讨论。

除了由于合并财务报表目的而产生的审计需求外，还有对各地子公司实施法定审计的需求。当然在这种情况下，法定审计的审计程序通常会与因合并财务报表目的而实施审计的程序相结合。由于会计协调尚未达到使跨国公司经营所及的所有国家均可按照统一的会计原则编制法定报表的阶段，因此各国的国家会计制度仍是进行法定审计的依据。正因为如此，在许多审计程序已经国际化的情况下，位于各地的子公司仍然遵循所在国财务报告制度的要求来编制法定财务报表。

21.2.2　国际资本市场对国际审计的需求

某些公司在国际资本市场上融资，其对国际审计的需求在相当程度上也可以从报表使用者的角度来解释。对于国际资本市场的投资者而言，审计报告和审计工作的质量对其判断财务报表和其他财务信息的可信度是至关重要的，他们将根据审计后的财务报表和财务信息来做投资和信贷决策。

在国际资本市场中，投资者和债权人面对着外国公司的资本需求，而这些外国公司所公布的财务报表则是按照国外的法律和制度编制的。从某种程度上来说，财务报告上所附加的信息披露可以满足使用者对信息比较的需求，因此在一些资本市场中，市场的规范者要求所出具的财务报告需披露大量的附加信息。为了能够依据外国公司所公布的财务信息作出正确的决策，加强信息披露很重要，提高审计的质量也同样重要。因此，不论对资本市场的监管者来说，还是对投资者（对外国的权益工具和债权工具进行投资）来说，让审计报告所能发挥的作用、实施审计的质量与资本市场的预期保持一致都是十分重要的。为了达到这样的质量水平，国外的审计师们必须十分熟悉资本市场所在国对财务报告和审计的要求，并按照这些要求对财务报表实施审计。同时，为了有效表达审计师的观点，审计报告的措辞也是很重要的。各国审计师在强调"真实与公允的观点"（Nobes，1993）以及财务报表遵循法律规范的重要性等问题上所持的观点不尽相同，因此各国审计师对审计报告发表所持的意见也有着很大的差别。为了在国际资本市场上恰当地表达审计师的观点，有必要基本统一审计报告的国际通用措辞以准确表达审计师的审计意见。

国际证监会组织（IOSCO）希望能够消除国际资本市场的壁垒（见第 4 章）。为了实现统一的审计质量水平，增强通过审计报告进行国际交流的有效性，该组织已经就国际审计准则问题与国际会计师联合会（IFAC）进行了密切磋商。正如 21.3 部分所述，国际证监会组织已经开始着手对国际审计准则进行研究，以确定这些准则是否适用于跨国上市的公司。

21.2.3　国际会计师事务所的作用

审计的国际化在很大程度上是在国际会计师事务所内部进行的。如表 21—1 所示，在过去的几十年里，许多本地的会计师事务所均被并入国际审计集团之中。从20世纪80年代到90年代，国际化的会计师事务所之间曾经有过4次大的并购浪潮，结果导致五大（现在是四大）国际会计师事务所的出现（由于最近一些公司出售了咨询分部，导致表中的收入数据并没有显示出统一的增长趋势）。

表21—1　　大型国际会计师事务所的发展和并购（收入以百万美元来表示）

名称	1992年		2000年		2008年	
	世界	美国	世界	美国	世界	美国
普华永道国际会计师事务所			19 566	8 299	28 185	7 578
（前身为永道会计师事务所和	5 350	1 557				
普华会计师事务所）	3 761	1 370				
安达信会计师事务所	5 577	2 680	8 400	3 600	—	—
安永会计师事务所	5 701	2 281	9 200	4 271	24 500	8 074
毕马威会计师事务所	6 153	1 820	13 500	4 724	22 690	5 679
德勤会计师事务所	4 800	1 955	12 508	5 838	27 400	10 980

资料来源：摘自《国际会计公告》，1992（12）、2000（12）和2008（12）；《会计师》，2009（6）（其中一些数据是估计的）。安达信和安永2000年的收入数据不包括已经分拆出去的咨询分部，否则上述数据的数值将会更高。2002年，由于安达信中止经营，因此没有其这一年度的收入数据。普华永道2008年的数据不包括事务所咨询业务被处置之后的咨询收入。

这些最重要的国际会计师事务所是从它们的母国——美国或英国发展起来的，但其相互之间却有着很大的个体差异，这种差异既表现在它们的活动方式上，也表现在它们的组织结构上。另外，从历史上来看，其经营模式各异，既有采用高度集权式经营模式的（安达信会计师事务所），也有采用分权式经营模式的（毕马威会计师事务所）。然而，它们在国际业务方面却越来越多地倾向于采用统一的方法。集权管理的会计师事务所的许多职能均是由中央层次来行使的，而分权管理的会计师事务所主要对营销战略和一些技术职能采用中央决策。

至于这些会计师事务所的组织结构，大多数大型国际会计师事务所都采取成员公司国际网络的形式，它们有着共同的技术和经营标准以及方法、培训和流程。然而每个国家的成员公司同时还是各自独立的法律实体。

大型会计师事务所的国际化特征可从以下方面得以证实：

- 审计采用国际化的方法。
- 国际化的质量控制系统。
- 审计产品开发。
- 国际化的营销和沟通战略。

审计的国际化方法通常是指采用统一的审计程序，且程序中的每一个步骤都有明确的定义和对审计方法的详细描述。例如，对审计计划程序的描述，对风险评估程序的描述，对测试方法的描述（如实质性测试——检查凭证的真实性或检查内控制度）等。另外，对审计报告和审计结果交流程序的描述也是这种国际审计程序的组成部分。

建立国际通用审计程序的目的主要包括如下两个方面：

（1）让跨国公司客户确信会计师事务所在全球范围内的所有成员均采用统一的标准以确保审计质量。

（2）在国际范围内实施统一审计的主要程序可以在全球范围内提高会计师事务所的审计效率和效果。采用全球统一的审计方法还便于各国或各组织间审计技术问题的交流，例如在实施审计的过程中对重要性水平的选择等。

通过国际化审计方法的运用，使会计师事务所在国际范围内制定审计程序成为可能，会计师事务所的部分成本也因此得以降低，同时这也防止了运用于跨国公司某一子公司的具体审计方法与国际通用方法不一致的情况发生。然而，就当地法定审计的强制性和被审计公司各主要经营或者融资所在地的管制差异而言，这样的成本节约额是非常有限的。与各国所采用的不同的审计方法相比，采用国际化审计方法的另一个好处是使会计师事务所可以更方便地在各国间进行人事调动，这也提高了管理效率。此外，采用国际化的审计方法还可以帮助审计师洞察在全球范围内应优先关注哪些风险。

尽管会计师事务所对跨国公司客户进行审计时所运用的审计方法是国际通用的，但是编制报表所采用的会计方法却并未实现完全的国际化。当然，跨国公司客户应当采用其母公司所在国的会计制度。同时，为了编制合并财务报表，所有子公司不得不采用母公司制定的有关会计计量和财务信息披露的规则。然而，大部分子公司还必须根据所在地的会计准则编制当地的财务报表。

为了开展国际审计业务，国际会计师事务所位于各地的事务所必须有足够多的审计人员熟悉当地所采用的会计制度。因此，大型会计师事务所都有特定的培训计划以对其合伙人和员工进行国际会计培训。例如，在对美国跨国公司位于国外的子公司所进行的审计中，大型会计师事务所在各国的大多数事务所所采用的都是美国公认会计原则。越来越多的跨国公司开始采用国际财务报告准则，这是因为自2005年起所有欧洲上市公司开始采用国际财务报告准则。因此，大型会计师事务所也开始着手在这种国际通用的会计框架中开发培训项目并对其员工进行培训。

国际化业务的拓展对国际会计师事务所来说也是十分重要的。除了审计程序之外，会计师事务所还开发了开展国际业务所使用的软件，并建立了国际网络和工作方法。例如，能够为上市公司客户提供有关国际股票交易的建议，为国际并购提供咨询等。

审计国际化的一个重要特征是，在大型国际会计师事务所内部建立国际审计质量控制标准。审计质量控制主要在下列3个层面上实施：客户业务约定、各家事务所和各个国家。国际会计师事务所通过建立质量控制系统，可以使其位于每个国家的成员都能采用恰当的审计程序，从而确保审计工作的质量。正如21.4.4部分所讨论的，大型会计师事务所实施的质量控制方法已被正式列入国际质量控制标准（ISCQ）。除了对部分已完成的审计工作进行复查外，在一些国家还采用了其他的手段来提高审计质量。质量控制手段之一是安置好移居某些国家的员工，以保证跨国公司的母公司与其审计师之间在有关各地子公司的审计问题上能进行充分、有效的交流。

国际审计质量控制的另一个重要方面，是对会计师事务所的专业人员进行国际培训。为了更好地引进新技术和新的支持系统，并对跨国客户所采用的重要会计制度有足够的了解，会计师事务所必须进行大量的内部教育和培训。鉴于会计师事务所能从上述举措中获取重大收益，多数举措已在国际范围内逐步实施。

2001 年，作为国际会计师联合会和大型会计师事务所的一项重要举措，一家名为公司论坛的新团体成立了，其成立的目的即在于敦促公司增加其在职业准则发展方面所做的贡献，以及进一步强调审计的质量问题。许多公司需要遵守该论坛的质量准则，事实上，该准则要求公司做到：

- 除了遵守相关的国家质量控制标准外，还必须遵守由国际审计与鉴证准则理事会所发布的质量控制国际标准。同时，不得违反国家立法，并定期实施全球统一的内部质量控制审查。
- 具有基于实用国际审计准则来执行审计的政策和方法。
- 具有与国际会计师联合会所发布的职业会计师道德守则以及国家道德守则相一致的政策和方法。

以上讨论已清楚地反映了，在通常情况下跨国企业聘请国际会计师事务所为其审计是大有好处的。表 21—2 以"四大"会计师事务所 2008 年的审计业务量来反映其各自所占的市场份额。"四大"在各国相应的实力状况见表 21—3，其中各国最大的会计师事务所以星号标出。

表 21—2　　　2008 年"四大"在一些国家的审计业务量所反映
其各自所占的市场份额（单位:%）

	美国	日本	英国	德国	法国
普华永道会计师事务所	33	8	42	30	16
毕马威会计师事务所	19	31	24	51	15
德勤会计师事务所	24	23	21	6	21
安永会计师事务所	24	33	13	11	27
其他会计师事务所	0	5	0	2	21

资料来源："财富全球 500 强"、"财富欧洲 500 强"和"财富英国 500 强"。

表 21—3　　　2008 年根据收入排行在特定国家的两家最大的会计师事务所

	美国	法国	德国	澳大利亚	日本	加拿大
普华永道会计师事务所		★	★	★		
毕马威会计师事务所		★	★	★	★	★
德勤会计师事务所	★				★	★
安永会计师事务所	★					

资料来源：摘自《国际会计公告》。

21.3　国际审计准则的颁布

21.3.1　引言

对国际审计的一个共同要求是对集团公司实施审计的审计师应对公司的合并财务报表或集团的财务报表发表审计意见，并对财务报表中所有重要事项承担相应的审计责任。

为了能够承担上述审计责任，集团公司的审计师必须确保其所有的审计工作都是按同一水平的质量要求来实施的，以保证对各部分所实施的审计都按照对整个集团实施审计所持的统一要求来进行。一般而言，上述要求可通过以下3种方法来实现：

（1）对集团公司实施审计的审计师为参与审计过程的其他审计师提供详细的审计操作指南。

（2）对集团公司实施审计的审计师应要求其他审计师按照他们所采用的审计准则实施审计（例如，要求所有参与审计的审计师遵循国际审计准则进行审计）。

（3）对集团公司实施审计的审计师应要求所有的审计工作均按照适用于所有审计师的一系列审计原则和程序（例如，按所有审计师所属的国际会计师事务所的审计手册的要求）来实施。

由于国际集团是由不同国家的法人实体所组成的，因此对集团所属的各子公司的财务报表的审计既要遵循其注册所在地通行的制度，又要按照集团审计师的要求。不言而喻，如果在审计要求上不存在差异，那么对相关各方都将是受益匪浅的。这也是在全球范围内进行各种努力，力图推出协调的国际审计准则的原因所在。

21.3.2　国际审计准则的制定者

制定适用于国际水平的审计标准，通常是由一家具有权威性的机构来担任。这种超越国家层级的机构是由政府或区域性、国际性组织通过会计职业界进行组建的。目前在国际审计准则制定方面，最重要的一家权威机构是国际会计师联合会。

1. 国际会计师联合会

国际会计师联合会成立于1977年，它是一个非营利、非政府、非政治性且由会计职业团体建立起来的组织。该组织所吸纳的会员是被各国法律或舆论所承认的、在会计职业界有着良好声誉的国家级会计职业组织。目前，已有来自100多个国家的、超过150个会计职业团体成为国际会计师联合会的成员。国际会计师联合会的基本目标是"通过建立和促进高质量职业准则的使用，来推进准则的国际协调，并通过反映与专业技术最相关的利益问题，来增强全球会计职业界为世界经济体的发展作出的贡献"。

国际会计师联合会的会员代表大会是由各成员团体所指派的一名代表所组成。会员代表大会每年召开一次，并负责选举理事会。理事会包括来自15个国家的代表，其共同负责贯彻国际会计师联合会的工作计划；但工作计划的具体实施则是由更小的工作组或委员会来进行的。国际会计师联合会有大量包括教育、道德、国际审计和保证标准以及公共部门等在内的标准委员会。

国际审计与鉴证准则理事会（International Auditing and Assurance Standards Board，IAASB）由国际审计实务委员会（International Auditing Practices Committee，IAPC）于2002年改组而来，是最重要的委员会。它负责发布有关审计和审计报告实务的公告。与其他委员会不同的是，国际审计实务委员会拥有不经理事会同意自行发布公告的权力。制定审计实务公告的恰当程序中包括发布征求意见稿，并要求公众尤其是各成员国的国家会计职业团体在一段时期内对征求意见稿发表意见。无论是征求意见稿还是最后正式的审计公告，都要求至少有2/3的代表赞成，才能通过。表21—4中列示了截至 2007 年 6 月该委员会已发布的审计准则。国际审计与鉴证准则理事会还发布了复核业务标准（ISREs）、除历史财务信息审阅或审计之外的保证业务标准（ISAEs）及其他相关服务标准（ISRSs）等。

表 21—4   国际审计准则

200–299	**总则和责任**
200	规范财务报表审计的目标和一般原则
210	审计业务约定书的条款
220	审计工作的质量控制
230	形成书面文件
240	审计师在财务报表审计中认定舞弊的责任
250	在财务报表审计中对法律和规章的考虑
260	就与治理相关的审计问题进行沟通
265	与负责治理和管理的人员交流内部控制缺陷问题
300–499	**风险评估及对所评估风险的反应**
300	财务报表审计计划
315	了解主体及其经营环境并评估发生重大错报的风险
320	审计重要性
330	审计师回应审计风险的程序
402	与利用服务机构的主体有关的审计考虑
450	评估审计过程中发现的错报
500–599	**审计证据**
500	审计证据
501	审计证据——对特殊项目的追加考虑
505	外部证据
510	初次执行审计约定——期初余额
520	分析性程序
530	审计抽样和其他选择性测试程序
540	对会计估计的审计
550	关联方
560	期后事项
570	持续经营
580	管理当局的声明
600–699	**利用他人的工作**
600	特殊考虑——集团财务报表的审计（包括考虑事务所内成员审计师的工作）
610	考虑内部审计的工作
620	利用专家的工作
700–799	**审计结论和报告**
700	形成对财务报告的审计意见和报告
705	审计报告中意见的修订
706	独立审计报告中的强调事项段及其他重要事项段
710	可比信息——对应的数据及可比财务报表
720	审计师对于包括审计后财务报告的各种文件中提供的其他信息的责任
800	特殊考虑——按照特殊目的框架编制的财务报表的审计
805	特殊考虑——对单一财务报表及财务报表中特定要素、科目以及项目的审计
810	参与总结性财务报表的报告

　　根据 2001 年对前国际审计实务委员会结构、责任及程序的评论，国际审计与鉴证准则理事会的成员吸取了更为广泛的经验。理事会的 18 名成员包括由国际会计师联合会的成员职业团体提名的 10 人、大型公司通过企业论坛提名的 5 人以及来自公共利益集团的 3 个代表。该评论还为准则制定带来更多可以使用的资源——这是国际审计准则（ISAs）被国际证监会组织和欧盟于短期内接受的一个关键条件。

　　除了准则以外，国际审计与鉴证准则理事会还针对特定行业和特定审计问题颁布了权威性指南——国际审计实务公告（International Audit Practice Statements，IAPSs）。这也包括对银行及小型企业的审计指导。在全球金融危机的大环境下，国际审计和鉴证准则理事会同样就时下重要话题发布了《审计实务警示》（Audit Practice Alerts），如"公允价值会计估计的审计风险"（2008 年 10 月）以及"出于可持续经营角度的审计思考"（2009 年 1 月）。这些"警示"并不是要建立新的准则或要求，而是强调现有公告中重要的、相关的因素。因此，这些"警示"的发布并不受制于"广泛的常规法律流程"（subject to the normal extensive due process steps）。

　　如果审计准则按照最低的共同标准来制定，那么有关准则的国际协调将很容易实现，但这并不是国际会计师联合会的政策。国际会计师联合会要求按照有经验的会计师所认可的会计职业界应当做到的最好标准来制定准则和指南。国际会计师联合会下属的审计实务委员会的代表都由其国家会计团体提名，但代表们不允许按照其所属团体的授意进行投票，他们被要求为制定最有益于世界会计职业界的标准而工作和行使投票权。

　　历史上的国际审计准则，在结构和详细程度上都非常类似于英国或荷兰的一般公认审计准则，而美国一般公认审计准则通常要更加详细。2004 年后期，国际审计与鉴证准则理事会开始重新审视其准则的结构（常被称为"明晰项目"）。除了结构之外，其考虑的重要内容还包括准则应该有多少解释指南和要求，以及用于描述预期执行步骤的语言等。这个项目咨询了广泛的利益相关者，因为最终的决策将会是决定国际审计准则未来发展方向的关键——此时，欧盟正在考虑采纳该准则，且人们也正在评价加强准则（尤其是美国公众公司会计监督委员会的准则）趋同的可能性。在写作本书时，国际审计与鉴证准则理事会以其"停用"的前明晰格式或重新起草的明晰格式前后发布了 12 个修订准则。然而，国际审计与鉴证准则理事会至少不会在 2009 年以前实施"明晰准则"，这样的话，世界各国就有足够的时间来吸收整套准则的内容了。

　　由于国际会计师联合会尚未持有对会计师的管辖权，因此其也没有权力要求会计师必须遵循审计实务公告。然而，作为国际会计师联合会成员的各个国家的会计职业团体却拥有这种权力。正因为如此，若成员团体注册成为国际会计师联合会的一分子，则其需遵守成员义务声明（SMO），包括尽最大努力来实施国际审计准则（要认识到在有些国家，全国审计准则的制定是独立于审计职业界的）。在许多国家，国际审计准则已被视为本国的审计准则，其还被译成多种语言流通于世。

　　在 2007 年的工作计划中，IOSCO 指出，它正在密切监管国际审计准则的演进，尤其是关注国际审计和鉴证准则理事会的明细计划，以考虑未来是否有必要支持制定用于跨境上市目的的准则。IOSCO 的支持计划对于资本市场的全球化十分重要，因为这意味着股票交易可以接受其他国家提供的按照国际审计准则进行审计的财务报告资料以及其他文件的审计意见。欧洲委员会（见下文）同样在考虑如何就欧盟法定审计程序引进国际审计准则，以及该种引进的程度。

2. 国际会计师联合会的区域性组织

区域性的会计职业组织存在于世界的许多地方，其中最重要的包括：

● 亚太地区会计师联合会（Confederation of Asian and Pacific Accountants，CAPA）。

● 欧洲会计师联合会（Fédération des Experts Comptables Européens，FEE）。

● 泛美会计协会（Interamerican Accounting Association，IAA）。

● 东非、中非和南非会计师联合会（Eastern，Central and Southern Africa Federation of Accountants，ECSAFA）。

由于大部分上述组织均已采用国际会计师联合会所制定的国际审计准则，因此它们本身并不是准则的制定者。然而，它们在促进将国际审计准则翻译成其他语言（如阿拉伯语、西班牙语等）并加以采用，以及通过教育、研讨会和协调等措施促进本地区会计职业的发展等方面发挥着重要的作用。另外，欧洲会计师联合会在将欧洲职业界对公共政策事务方面的观点传达给欧盟一事上起到了重要的作用。

3. 欧盟

在欧盟内，欧洲共同体议会为了协调联盟内各国的会计制度，已针对会计年报的编制、公告和审计先后颁布了《第四号指令》和《第七号指令》。其所颁布的《第八号指令》是有关审计师的资格和教育的标准的。但所有这些标准均未涉及对实施审计的方法所做的要求。若要了解更详细的情况，请参阅第 12 章的内容。

欧洲委员会于 2003 年 5 月发表了一份名为"加强欧盟内法定审计"的通讯，并提出了将在未来几年内部署有关审计方面的战略，具体包括更新《第八号指令》、加强对职业界的公共监管和在欧盟范围内建立合理的管制结构。《第八号指令》的修改草案于 2004 年 5 月公布，在经过广泛的磋商和欧洲议会的审核后，在 2006 年 4 月最终获得通过。修改的指令要求欧盟在法定审计中使用国际审计准则———一旦该准则在欧盟经过了认可程序。因此，成员国政府只能就特定情况提出额外的要求。

欧盟尚未决定使用何种认可机制来认可国际审计准则在欧洲的使用——该认可机制很可能会不同于国际财务报告准则所采用的认可机制。同时，欧盟还成立了一个名为欧洲审计监督机构（European Group of Audit Oversight Bodies，EGAOB）的组织。随着国际审计与鉴证准则理事会的明晰准则的建立，该组织的委员会已开始着手对其进行审阅和评议。

伊万斯（Evans）和诺比斯（1998a，1998b）研究了欧盟最初的《第八号指令》对德国和英国会计师事务所的组织结构以及独立性所产生的有限的作用。

4. 美国公众公司会计监督委员会（PCAOB）

本章通常不会特别讲述某个特定国家的准则制定者，但是美国公众公司会计监督委员会是个特例，该委员会依据《萨班斯—奥克斯利法案》于 2002 年成立（见第 8 章），其独特之处在于对世界其他地方的审计准则和实务所具有的潜在影响力。公众公司会计监督委员会成立的目的即在于为在美国资本市场上市的公司所实施的审计制定准则并监管其审计质量。尽管其主要关注美国国内的公司及其审计师，但监管范围有时也会延伸到对注册的外国公司的审计。

除美国注册会计师协会（AICPA）已发布美国公认会计准则之外，公众公司会计监督委员会也已经开始着手发布自己的审计准则，尤其是已就与内部控制相关的审计责任（《萨班斯—奥克斯利法案》第404条）发布了第2号审计准则。2007年11月，在经过激烈的公众辩论之后，美国公众公司会计监督委员会发布了取代第2号准则的第5号审计准则。在美国市场上市的外国公司的审计师也将受到美国公众公司会计监督委员会所发布准则的影响。

目前还很难说美国公众公司会计监督委员会所发布的准则在多大程度上会影响国际准则的制定以及国际审计实务工作。在美国上市的外国公司的审计师，已被要求在公众公司会计监督委员会注册。公众公司会计监督委员会是否会直接监督外国审计师的工作，以及是否依赖某些国家先前使用的外部审计程序等问题，还有待观望。然而，已经很明显的是，公众公司会计监督委员会对国际审计环境所产生的影响正日益增加。

5. 其他组织

诸多其他国际组织，例如经济合作与发展组织、联合国贸易发展大会（UNCTAD）以及世界银行等都先后发表了有关财务报告问题的宣言，然而他们并没有在技术层面上直接参与审计准则的制定。

其他一些国际组织，例如国际证监会组织和欧盟都参与了咨询小组（Consultative Advisory Group，CAG），为国际审计与鉴证准则理事会的准则制定献计献策。

2003年末，国际会计师联合会得到成员团体和国际监管机构的支持，通过了一系列改革方案，以确保国际会计师联合会的准则制定活动能合理地反映公众利益。上述改革方案包括：准则制定的"应循程序"应更加透明；吸收更多的公众和监管者到各个程序之中；对管制实行监督以及公众利益监督等。国际会计师联合会的公众利益监督委员会（Public Interest Oversight Board，PIOB）于2005年2月正式成立。

公众利益监督委员会由管理机构推荐的10名成员组成，负责监督审计和鉴证，道德和独立性，并为教育领域制定准则。它还监督成员团体对有关计划的遵循情况。欧洲委员会任命两名观察员参与该委员会，但同时还表明在应循程序中，其观察员将被任命为公众利益监督委员会的正式成员。公众利益监督委员会还应对其监督活动提供年度公开报告。

受全球金融危机的影响，2009年4月，在G20峰会上，各发达及发展中国家就加强"金融稳定委员会"（Financial Stability Board，FSB）的地位、资源及权责的意见达成了一致。FSB将成为更加重要的组织机构，并将协调那些制定影响金融稳定性准则的各国际组织的工作意见。国际审计准则是FSB认定的12个重要国际准则和法规之一。因此，FSB很可能进一步关注国际审计和鉴证准则理事会未来的准则制定及管理活动。

21.4 国际审计程序

21.4.1 引言

以下对国际审计程序的描述可以帮助我们大致了解国际审计的含义。事实上，该程序是按照国际会计师联合会所颁布的国际审计准则来制定的。每个国际会计师事务所的审计手册中所描述的程序基本与此类似，但也仅仅是类似而并非完全一致，因为有时会对其中的基本原则和核心程序做一些相应的调整，使之与会计师事务所自身的审计方法相适应。例如，某个会计师事务所可能倾向于更多地采用制度基础审计方法，或倾向于更多地采用分析性复核或抽样方法。在进入具体的审计程序之前，审计师应当判断其实施审计所处的具体环境，如图 21—1 所示。

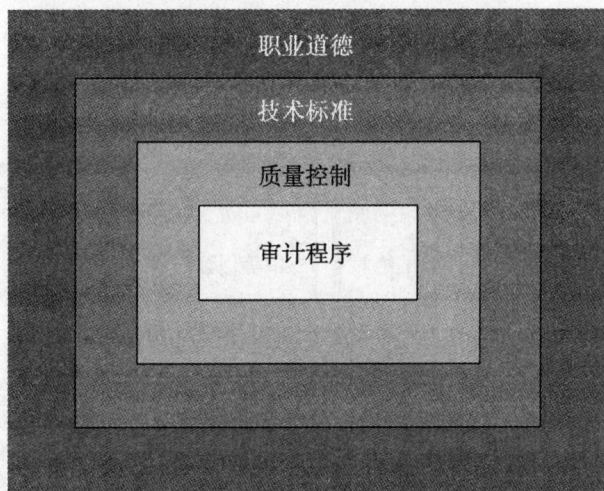

图 21—1　审计的环境

审计的目的是让审计师就财务报表是否真实公允或是否按照"适用的财务报告框架"（正在使用的一套准则，如国际财务报告准则）进行公允报告而发表审计意见（合理保证）。由于对财务信息的可靠性负责的人与使用这些财务信息的人并不是同样一个群体，因此审计师必须实施经过设计的审计程序来获取足够的、恰当的证据，以形成相应的审计意见。审计师所出具的审计意见通过提供一个合理但不是绝对水平的保证，来保证其所审计的财务报表并不存在重要的错报漏报，从而有助于建立财务报表的可信度。绝对的保证既不可能达到，同时它也不是财务报表使用者真正的要求。审计之所以无法提供绝对保证的原因有很多，如审计中需要进行专业判断，需要进行测试，任何一个内部控制系统都存在固有的局限，以及大部分审计证据仅具有说服力而非结论性的，等等。而财务报表的使用者们不要求绝对保证的原因则在于，对他们的决策而言，对企业的财务状况、经营成果及未来前景趋势的公允评价要比精确的数额更为相关。另外，财务报表编制中存在的会计政策选择、会计估计和判断等，也不可能并也不必要全是精确的。

审计师还可提供其他的保证服务，这些服务如图 21—2 所示，这些业务与国际会计师联合会框架中的审计业务不同。其中，"审阅"业务要求审计师实施相应的程序，并为财务信息提供中等程度的保证，它所提供的保证水平要低于审计业务所提供的保证水平。该业务所实施的程序主要包括查询和分析性复核，其目的在于为审计师提供合理的依据，以便他们可以声明在审核中是否有什么事项引起了他们的注意，致使他们相信财务报表并没有根据适用的会计报告框架进行客观、公允地报告。审计师经常对中期财务信息（如半年或季度信息）进行审核。"商定程序业务"是指审计师受聘就财务数据、一张财务报表或一套财务报表中的个别项目，实施与客户约定的程序。审计师只需向使用者出具其所收集的证据；另外，其所具的实际报告的结果并不能对认定提供保证。使用者必须根据审计师发现的情况自己下结论。这类服务的例子包括在并购过程中对合同履行情况的符合性审查。"编制报表"包括收集、分类和汇总财务信息。在这种情况下，审计师是作为会计专家的身份接受聘任，不要求其对认定进行测试或提供任何保证。

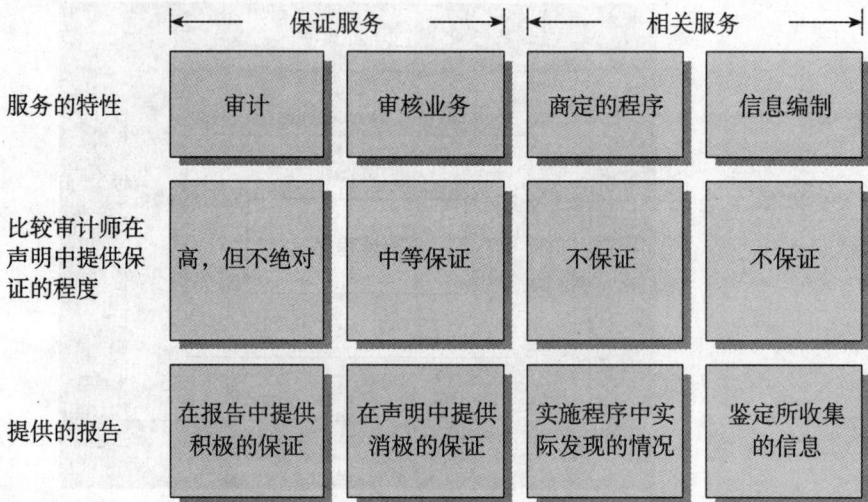

保证服务		相关服务	
服务的特性			
审计	审核业务	商定的程序	信息编制
比较审计师在声明中提供保证的程度			
高，但不绝对	中等保证	不保证	不保证
提供的报告			
在报告中提供积极的保证	在声明中提供消极的保证	实施程序中实际发现的情况	鉴定所收集的信息

图 21—2　审计师的业务

21.4.2　职业道德

国际会计师联合会发布的职业会计师道德守则为指导和明确审计师所必须遵守的基本原则确定了标准。国际会计师联合会要求审计师在遵循国际审计准则实施审计时还必须遵守职业道德守则。会计职业界的一个显著特点即在于要对全体公众承担审计责任，因为社会公众依赖会计职业界的客观和公正以进行有序的商业运作。因此，这种依赖性要求会计职业界承担维护公众利益的责任。

职业道德守则指出会计职业界的目标是按照会计职业的最高标准来开展工作，以取得最高水平的工作业绩，并最大限度地满足前面所提出的公众利益要求。

职业道德守则提出了所有职业会计师都必须具备的基本特征，具体包括：

- 公正
- 客观
- 专业胜任能力和应有的职业谨慎
- 保密性

- 职业行为

下面我们将对前面所列示的这些特征加以阐释。"公正"是要求审计师必须正直和诚实。"客观"要求审计师公正，没有偏见和倾向，不受他人的影响。"专业胜任能力和应有的职业谨慎"是指审计师提供专业性服务必须具备一定水平的专业能力，并保持应有的职业谨慎，勤勉地工作，合理地运用知识、技术和经验，同时还要求审计师不断地更新已有的知识。"保密性"要求审计师在未经合理授权的情况下不得使用和披露信息，但保密性可能会因履行法律义务或职业责任（或权力）的需要而无法得以坚持。保密性是会计师事务所最严格的规定之一，尤其是大型会计师事务所，因为他们很难避免同时为相互竞争的客户提供服务的情况。但是，这些事务所都有着非常良好的制度以防止其为某一客户提供服务的业务小组同时获得其他客户的信息。"职业行为"是指审计师的行为举止应当与其职业声誉相符，应避免任何有损其职业信誉的行为。大多数会计师事务所为了保护公司的声誉，在其实务指南中均对这一要求进行了详尽描述。

职业道德守则中有关职业会计师提供公共服务的部分不仅强调了职业会计师的独立性，还对有关收费和佣金、不相容行为、客户的财富、广告和争取业务以及在公共业务中与其他会计师的关系等内容做了相应的规范。对于与其他会计师的关系，职业道德守则强调了审计师之间的工作关系，以及在更换审计师时审计师之间应进行的交流。

职业道德守则中有关独立性的规定认为，独立性应当被解释为实质上的独立（这种思想状态会使一个人的观点不会受到侵害职业判断的因素的影响，从而使其可以公正、客观地以职业怀疑态度去工作）和形式上的独立（避免可能会引起合理可预知的第三方作出公正、客观或职业的怀疑态度已受到损害的结论的所有事实和情况）。

为了应对最近的公司丑闻和相关各方（包括董事会、审计师、分析师、投资银行和监管者等）之间的利益冲突，国际会计师联合会于2004年发布了新版本的道德守则。新守则不仅适用于审计业务，还适用于保证业务。新守则在独立性问题上使用了概念的方法，目的是帮助审计师：（1）分辨可能会威胁独立性的因素；（2）评估这种威胁是否重要；（3）寻找和使用恰当的保护方法来消除或减少这种威胁，并使其达到一个可接受的水平上。保护方法包括诸如采用第二"复核"合伙人，以及在一定的年限以后轮换签订业务约定书的合伙人等类似的措施。如果没有什么保护方法能够减少威胁，则唯一可能采取的行动就是消除导致这种威胁的行为或影响，或者拒绝接受或继续该项业务。进一步的指南包括独立性受到损害的情况，例如和客户发生了财务关系，接受客户的管理层任命（在审计前或审计后），为客户提供非保证服务（如咨询或记账服务），存在私人关系，等等。

在实践中，国际会计师事务所可能会有更多、更详细的规定，如在对公众持股的上市公司进行审计时，不允许全部或部分合伙人及事务所的员工对该上市公司有投资行为，同时还对如何遵循这些规定提出了具体的审计程序指南。

2007年初，会计师国际道德委员会对职业会计师道德守则的进一步修订进行了咨询。这将导致法规在众多方面的进一步完善，包括合伙人轮换制度，对提供非鉴证服务的准备金的相关要求，以及公众利益主体对审计师独立性的要求。修改后的法规有望在 2011 年起正式生效。

21.4.3　技术标准

国际会计师联合会的职业道德守则要求，审计师提供专业服务时应当遵守由国际会计师联合会、审计师职业团体以及其他的监管机构和相关立法机构颁布的技术和职业准则（如国际会计师联合会所属委员会发布的国际审计准则等公告）。

多数大型国际会计师事务所的审计方法是基于国际审计准则的。但是基本的方法由各个国家的准则补充，这些国家的准则在不同程度上有别于或超越国际审计准则。会计师事务所的实务手册中的技术标准通常比国际审计准则的标准更加具体。例如，某一会计师事务所的实务手册中会明确指出应当填制哪些表格，或者哪些文件应保留在工作底稿中存档等。这些详细的要求确保了在全世界的审计都是按照相同的方式实施的，同时也使以质量控制为目的的国际性业务检查能得以进行。

21.4.4　质量控制

国际会计师事务所用同一个名称在全球开展业务，相应地，其国际客户也期望能享受到相同质量的服务。国际审计准则已发布了有关审计质量公告的草案，该草案不仅针对公司层次，也针对业务约定层次。《国际质量控制准则第 1 号——审计、保证服务和其他相关业务的质量控制》（ISQC 1）已具体指出在公司层次应采取的措施，其将目前许多大公司已经采用的各种审计实务作为条文规定下来。例如，大多数大型会计师事务所实施的全球统一的质量控制审核计划的目的在于，确定其在各国的所有会计师事务所均遵守国际公司的标准。通常这类检查都采用轮流进行的办法。上述审核着重对各国会计师事务所的质量检查，同时也可能包括在测试的基础上对工作底稿的检查。检查中发现的不良表现，会被要求予以更正。在最糟的情况下，还可能出现将该会计师事务所或合伙人从国际会计师事务所开除的结果。

公司层次的质量控制制度的目标是合理保证公司及其员工遵守职业准则和相应的法律规定，以及公司所发表的报告在当时的情况下是恰当的。《国际质量控制准则第 1 号》还具体指出，公司的质量控制制度应当包括下列文件政策和程序：

● 公司内部领导的审计质量责任：公司领导有责任促进保证审计质量的企业文化并传播质量控制政策和程序。

● 道德要求：对国际会计师联合会道德守则的遵守应被纳入公司的质量控制制度中。

● 对客户关系以及具体业务约定的接受和续约：在这方面应当建立详细的政策和程序。

● 人力资源：公司应当建立程序，来分配具有相关技术和其他必要能力的人手，从而保证其按照职业准则来执行业务。

● 合约的执行：需要建立程序以保证合约的执行符合职业准则（包括对员工的监督、对有争议问题的咨询以及不同意见的解决等）。

● 合约质量控制审核：上市公司的合约执行应当由第二复核合伙人进行复核。

• 监督：公司应当有内部检查程序，以保证各事务所和合伙人的工作能得到定期的审核。

除了《国际质量控制准则第 1 号》中对公司层次所做的要求外，修改后的《国际审计准则第 220 号——审计工作的质量控制》草稿对业务约定层次的要求也进行了具体的描述。这些要求是从审计业务的角度对《国际质量控制准则第 1 号》的反映（例如，要求签订业务约定的合伙人对下列事项的实施持满意的态度：对独立性的潜在威胁已经进行了评估，遵守了恰当的业务约定接受程序，业务执行小组的工作已经被充分地监督和审核）。

因为在许多国家，会计职业界尚处于存在较多诉讼的环境下，因此大多数会计师事务所进一步强化了其质量控制程序，增加了风险管理计划（这种计划包括接受客户约定和更换客户时所需遵循的更为严格的规则），并放弃了一些被认为带有不可接受的高风险的服务和客户。监管者和其他利益相关者有兴趣更多地了解会计师事务所的质量控制程序。例如，欧盟《第八号指令》草案包括这样一个条款——要求会计师事务所公开披露有关审计质量更详尽程序的信息。最近，许多大型会计师事务所开始自愿发布全球"透明"报告，以解释其于全球采用的部分质量控制政策和程序。

21.4.5　审计程序

审计程序的 4 个主要阶段是：

• 接受委托并签订审计业务约定书。
• 编制审计计划，包括评估审计风险和审计重要性水平。
• 收集审计证据。
• 出具审计报告。

国际会计师事务所对以上各阶段所使用的标题可能不同，但原则上所有的审计程序都是按这些步骤执行下来的，下面我们将按照这些标题的顺序展开讨论。

1. 接受委托并签订审计业务约定书

作为质量控制的一部分，会计师事务所在接受每一项审计业务前应当实施一些特定的程序。这些程序通常包括：必须有一个以上合伙人同意，同时还应确保接受该业务不会损害会计师事务所的独立性和为客户提供适当服务的能力，这其中一个主要的考虑因素是客户的管理层、董事和主要的所有者是否正直。

审计业务约定的条款应在审计业务约定书中予以列示。通常审计业务约定书由审计师起草，并经客户同意、签名。审计业务约定书被设计成规范性文件，用以使客户明确了解审计师接受的业务、工作范围、责任和报告的形式。《国际审计准则第 210 号》描述了业务约定书的主要内容，而且在其附录中包括了一个审计业务约定书的范本。国际审计准则还讨论了在什么情况下审计师才可以接受对审计业务约定书中条款的修改。

2. 计划和风险评估

编制审计计划是建立整体工作战略和根据预期的审计工作性质、时间和范围确定具体审计方法的一个程序。编制审计计划的目的在于通过及时有序的时间安排，保证审计的效率和效果。

整体工作战略或称总体审计计划规范了审计的预期范围和实施方式。在编制总体审计计划时通常应与客户（如企业的审计委员会）进行讨论并达成一致意见。但是，由于审计师最终应决定必须完成哪些工作程序才能为他发表审计意见提供足够的依据，因此他应当具有最终的决策权。

在编制审计计划的阶段，必须充分考虑以下因素：

• 了解企业（包括影响客户经营状况的宏观经济形势及其所在行业的情况，客户的重要特征，客户的业务经营状况和财务状况及其对报告的要求，管理层的能力和水平）。

• 会计和内部控制制度（客户采用的会计政策，新的会计公告或审计公告的影响；审计师积累的对其会计核算和内部控制制度的了解）。

• 审计风险和审计的重要性水平（见下一部分）。

• 审计程序的性质、时间和范围（包括审计重点的改变，信息技术对审计的影响以及对内部审计人员工作的认可度）。

• 协调、指导、监督和检查（对工作人员的要求，专家的参与，与审计小组中其他审计师的协调和指导）。

对企业的了解在审计的所有阶段都是非常重要的，因为对企业的规范大多是针对行业进行的。在特定行业内还对会计和报告建立了相关的要求，例如银行业和保险业。即使在"主流"行业（如能源和通讯业），当今的法规也越来越严格，现代审计通常必须拥有对特定行业的知识和专长。

在审计计划阶段还应考虑的其他因素包括公司持续经营的能力，法律或规章的变化对客户及审计业务的影响。

当对一个在许多国家都有子公司的跨国公司进行审计时，审计的计划程序，尤其对这些国家审计师的及时指导和交流都是十分重要的。国际会计师事务所在审计计划程序中明确了各方应承担的责任，并将工作进行了适当布置，从而使这些复杂的事务处理起来容易多了。

审计计划阶段编制的总体审计计划，必须足够详细以便成为编制具体审计方案的基础。总体审计计划被认为是分析被审公司的财务报表及相应制度，提出审计中应注意事项的基础。实施审计的第一步可能是就审计程序做一个初步的选择，如是否对会计估计事项或非常规性业务进行实质性测试，是否依靠内部控制制度和信息处理系统对常规业务（一般为日常业务如销售、采购和薪酬等）进行审计，以及在审计小组中是否需要专家等。在对跨国公司的审计中，对审计重点进行转换也是通常的做法，例如对不那么重要的子公司，采取上一年实施全面审计而下一年只进行小范围审计的策略。

3. 审计风险和审计重要性的确定

审计的重要性和审计风险的概念，它们之间的相互关系以及对这两个概念的合理运用对审计师成功完成一项审计业务十分重要。在编制审计计划，实施具体审计以及对完成审计程序的结果进行评价时，都要用到这两个概念。

如果信息的漏报和错报会影响使用者依赖财务报表作出经济决策，那么该信息就达到了重要性水平的要求，对重要性的评估主要依靠审计师的职业判断，包括在整个财务报表层次和个别账户层次。审计风险是指审计师对出现重大错误呈报的财务信息发表不恰当的审计意见的风险。

从对审计风险的定义中可见，审计风险和审计重要性二者是相互联系的。将审计重要性的标准定得越高，审计风险就越低。审计师不能凭自己的主观意愿任意提高重要性水平，对财务报表使用者的信息需要进行专业判断，是重要性水平的确定基础。诸如国际会计准则这样的财务报告框架中所包含的信息披露指南将有助于审计师形成专业判断。遵循公认审计原则进行审计要求审计师将审计风险维持在一个可被接受的低水平上。

审计风险由3部分构成：固有风险（指存在错误的风险），控制风险（指内部控制程序不能发现错误的风险），检查风险（指审计师不能检查出错误的风险）。固有风险和控制风险通常被合在一起评估，因为当企业管理层觉得固有风险很高时，通常会采用严格的内部控制制度。

审计师要合理保证企业的会计制度是健全的，所有应当记录的会计信息均已入账。通常内部控制制度有助于这种保证，但是任何内部控制制度都存在固有风险。因此，审计师的工作包括：了解企业识别商业风险与财务报告是否相关的程序、企业信息系统和企业内部与财务报告有关的程序（包括控制程序）。审计师有责任向被审企业管理层报告其所发现的企业内部控制制度在执行和设计上存在的重大缺陷。审计师对企业控制风险的评估可用于决定审计程序（可能包括实质性测试）的性质、时间和范围，从而将检查风险限制在一个可以接受的水平上。实质性测试程序中蕴含的固有风险和控制风险的关系在审计准则中有相关论述。审计准则还指出某些实质性测试是必须实施的，如果审计风险的构成状况发生变化，审计师应当对审计风险进行重新评估。

4. 收集审计证据

在对审计风险构成状况的评估程序产生出具体审计方案的审计计划阶段。具体审计方案是就审计小组应实施哪些具体审计程序给予的一系列指导。应当实施的具体审计程序，包括对内部控制制度的符合性测试和实质性测试，可视为收集审计证据的过程。对内部控制制度的符合性测试是为了取得对有关企业会计制度和内部控制制度的设计和运行情况的审计证据。实质性测试则是为了取得审计证据，发现财务报表中存在的重大错误呈报。实质性测试通常分为两类：（1）分析性程序；（2）对具体交易和余额的测试。在这一过程中可以采用审计抽样技术。

审计证据是审计师为了对财务信息形成审计意见而收集的信息。通常情况下，审计师必须依据审计证据才能形成审计意见，但这些证据只是说服性的而不是结论性的。因此，审计人员必须从不同性质的不同渠道中去寻找证据以支持其判断。获取审计证据的方法有：

- 检查（包括对会计记录，其他书面文件和资产的检查）。
- 观察（对内部控制程序的观察）。
- 查询和函证（询问和发函询证）。
- 计算（进行预算或验算）。
- 分析性复核。

上述最后一种方法，即分析性复核由对被审单位财务报告中重要的比率和趋势进行的分析所构成，包括对与预期数额和相关信息不一致的指标之间的关系和波动进行调查。指标之间的关系可能是十分稳定的（如销售成本与销售收入之间的差额可能是一个相对固定的毛利额），这种关系对审计人员而言，是一个十分有效的分析工具。

会计估计和公允价值。会计估计是指对某一无法精确计量的事项进行估计入账。企业的管理层应当对会计估计负责，这些估计是建立在对已经发生或即将发生的会计事项的不确定结果进行判断的基础上作出的。这可能是一个非常困难和高度敏感的领域。审计师必须评估会计估计的合理性，并承担相应的责任。但是，会计估计本身内在的不准确性，决定了审计师所做的相应评估不可能像对其他领域的审计一样准确。由于在财务会计中对公允价值的使用日益增加（在国际财务报告准则的概念框架下），这意味着审计师必须理解和评价管理当局在确定公允价值计量时所采用的程序。

管理层的声明。审计准则明确指出被审单位管理层的声明不能替代其他预期可获取的审计证据。但是，审计人员还应当取得书面的管理层声明，用以证明被审单位的管理层了解自己对财务报表所承担的责任，以及当其他充足的审计证据预期不能合理存在的时候，提供与财务报表相关的重要事项。可能需要特别声明的事项包括：企业关联方信息的完整性、或有债务和担保、期后事项以及未估权益等。

内部审计。内部审计是内部控制制度的一项单独的构成内容，它是由被审单位中的一些经过特别指派的人员来开展的。内部审计师的目标是确定单位内部控制制度的设计是否合理，运用是否恰当。被审单位内部审计部门的大部分工作均有助于独立审计师对被审单位财务信息进行检查。

5. 审计报告

审计的报告阶段由两个部分构成：（1）检查和评估根据审计证据得出的审计结论，以及所收集的审计证据是否足以将审计风险降低到一个可以接受的水平：（2）检查财务报表以确定这些报表都遵循了相关的财务报告框架。

针对财务报表出具的审计报告往往是公众唯一能见到的报告，然而它却不一定是审计师出具的唯一报告。根据法律的有关规定或是审计业务约定书中有关条款的规定，审计师必须将他/她在审计中发现的有关情况更为详细地报告给被审单位的管理层和职责管理部门，例如审计委员会或者是任何监督董事。

有趣的是，全部或部分由独立非执行董事构成的审计委员会逐渐成为公司与外部审计关系的核心。该委员会的责任是代表董事会监督管理当局在实施财务报告控制和程序时是否公正，以及监督公开财务信息本身。2003 年普华永道公司进行的一项研究发现，目前世界上 41 个主要经济体中的 16 个已经强制要求建立审计委员会，另外还有 14 个允许自愿建立审计委员会。

国际审计与鉴证准则理事会意识到外部审计和客户关系的这种转变，因此发布了《国际审计准则第 260 号——就和治理相关的审计问题进行沟通》。该准则列举了审计师平时应当向审计委员会报告的问题，包括：

- 审计师在财务报表审计过程中的职责

- 计划的审计范围及审计时点
- 与审计师独立性相关的重要因素
- 审计的重大发现，包括：

◇ 对会计政策的质量性方面给予评价

◇ 审计过程中遇到的重大阻碍（如果有的话）

◇ 审计过程中与管理者讨论过的重大事项

◇ 审计师要求撰写的书面声明

◇ 审计师认为有利于财务报表审计过程的其他重要事项

另一个审计准则，《国际审计准则第 265 号》，就审计师如何与审计委员会及管理者讨论审计过程中发现的内部控制缺陷做出了规定。

在对多元化集团进行的一项国际审计业务中，审计师还可以收集一些对集团的高级管理层有用的信息，例如有关各子公司财务控制方面的信息。这些通常被称为办公室内部备忘录，它是指子公司所在地的审计师在与子公司管理人员进行充分讨论后报告给母公司的审计师信息，母公司的审计师将这些信息并入母公司高级管理层的综合报告中。因此，除了正式的审计报告外，在许多情况下审计师还要向公司管理层出具特制的报告，这些报告中包括了与财务分析相关以及与公司经营控制相关的信息。

国际审计准则为财务报表独立审计所应出具的审计报告的格式和内容提供了指南。"无保留意见"是最常见的一种，它是当审计师认为被审单位的财务报表遵循了特定的财务报告框架，真实而公允地反映了公司的财务状况时所发表的审计意见。无保留意见的审计报告也暗示着被审单位所采用的会计政策和会计方法发生的变化，以及因这些变化而产生的影响都已恰当地进行了确认并在财务报表中进行了披露。

图 21—3 根据《国际审计准则第 700 号》列示了一份无保留意见审计报告，以上所述的报告的基本要素均列示其中。当审计师对审计证据或财务报表符合既定规则的状况不满意时，会出具保留意见、否定意见或拒绝发表意见的审计报告。

独立审计师的报告

致 ABC 公司的股东和董事会：

对财务报表的审计

我们已经对 ABC 公司 200×年 12 月 31 日的资产负债表和截至该年度的相应的利润表、权益变动表、现金流量表以及重要会计政策小结和其他解释性说明进行了审计。

管理层对财务报表的责任

公司管理者有责任按照国际财务报告准则及《X 国家公司法》编制财务报表，并设计、实施和维护与财务报表编制相关的内部控制，以使财务报表不存在由于舞弊或错误而导致的重大错报。

审计师的责任

我们的责任是在审计的基础上对这些财务报表发表审计意见。我们是按照国际审计准则进行审计的。这些准则要求我们遵守职业道德的要求进行计划并实施审计，以便对这些财务报表是否存在严重的错报进行准确判断。

审计包括执行相应程序，获得财务报表中所披露的内容和金额的审计证据。所选择的程序取决于审计师的判断，包括评价财务报表重大错报的风险是源自舞弊还是错误。在进行这些风险评估时，审计师要考虑与主体编制和公允呈报财务报表相关的内部控制制度，以便设计适合当时环境的审计程序，但其目的并不是为了对主体内部控制的有效性发表意见。审计还包括对公司所采用的会计政策和公司管理层做出的重大估计的合理性进行评估，同时还包括对财务报表整体呈报进行评价。

我们相信我们的审计为我们的审计意见提够了充分合理的依据。

意见

我们认为，该套财务报表真实而公允地反映了（或者说在所有重大方面公允呈报了）公司在200×年12月31日的财务状况，以及公司当年的经营成果和现金流量，并符合国际财务报告准则和×国家《公司法》的要求。

对其他法律和监管要求的报告（需要时使用）

（审计师报告中这部分的格式和内容因审计师对其他报告承担责任的不同而不同）

（例如）

董事还负责按照适用法律编制公司治理报告和董事薪酬报告。

根据（某适用法律）的要求，我们审计了董事薪酬报告，该报告声称经过了审计，见第XX页到第YY页。

我们也按照（某适用法律）的要求评价了公司治理报告是否反映了公司对（例如×国家公司治理准则）的遵守情况，并在未遵守的情况下提出报告。我们并没有被要求考虑董事会的内部控制报告是否包含了所有的风险和控制因素，也没有被要求对集团公司的治理程序或其风险和控制程序的有效性发表意见。

审计师的签名

日期

地址

图21—3　审计师出具的无保留审计意见审计报告的范例

6. 对审计师责任的其他评述

在特定领域，审计责任的范围经常被经理和财务报表使用者误解，这导致了"审计期望差距"的产生，也就是使用者对审计信息的期望超过了审计师实际能够提供或能够合理提供信息的能力。在一个动态的社会里，这一差异总是存在的，因为利益关系人可能会改变信息需求（过去只有股东被视为法定利益关系人）或其需求的信息没有（或尚未）被管理者所重视（如企业在控制制度或环境保护等方面的信息），因而目前还未纳入财务报表和审计中。本部分讨论有关审计过程中的舞弊和错误、相关人员遵守法律、后续事项以及与持续经营相关的期望差距等问题。

阻止发生舞弊和错误的责任在企业的管理者。审计师在制订审计计划时应当合理期望自己能够检查出因舞弊和错误产生的重大错报。当审计师发现可能存在舞弊和错误的迹象时，还将实施附加审计程序。同时审计师负有向董事会（在某些国家是向外部监管者）单独报告的义务，如果被审单位管理层选择让舞弊继续，甚至有可能是管理层串通舞弊，那么审计师将别无选择地考虑退出该审计业务。

在审计计划、审计实施以及随后在评估并审计结果的过程中，审计师应认识到如果被审单位没有遵循有关的法律、法规将严重影响其财务报表信息的真实性。审计师没有相应的技能同时也没有被要求对所有的法律、法规加以考虑。但是他/她对被审单位经营业务的了解，以及向被审单位管理层查询其对法律、法规的遵守情况等行为，都将有助于审计计划的制订。审计师对未遵守法律、法规的行为不负有检查责任，但是如果他/她发现了企业存在违反法律的迹象，那么就有责任向董事会单独报告（在一些国家，审计师还可能负有向监管和执行机构报告的责任）。如果被审单位管理层选择继续不遵循有关法律、法规，那么审计师将别无选择地考虑退出审计业务。

审计报告的出具日期决定了审计师对后续事项，如资产负债表编制日后发生的重大事项和财务报表公布后出现的情况承担审计责任的时间边界。审计师通常需要实施特别步骤以确定审计报告出具前发生的后续事项。

近期的全球金融危机和经济形势下滑，引起了各界针对可持续经营（要求下）管理者和审计人员应负责任的高度重视。为履行职责，审计人员应当充分考虑管理者采取的系列措施，以评价企业可持续经营假设是否成立。因为这一假设的成立是编制财务报表的基础。管理者和审计人员通常考虑的是"可预见未来"————一般指资产负债表日后的一年或者更短的时间。"可持续经营"这一概念是指没有信息表明企业的经营活动会终止或大规模缩减。如果发现有重大嫌疑，审计人员应执行相应程序以证实或消除该嫌疑，并且尤其要确保报告主体符合财务报告框架要求。

近期不利的经济状况使得多国监管机构（authorities and regulators）（如英国财务报告理事会）（UK Financial Reporting Council）发布了或更新了针对"可持续经营"公司董事的指导意见。同时，审计准则制定者和一些专业机构（如本章提到的IAASB）也发布了针对审计人员的附加指导意见。

小结

- 审计是一个收集和评估证据的系统化程序，这些证据是有关经济行为和事项的声明，以保证声明与已有标准之间的一致程度，并向利益相关者报告。
- 国际审计可视为对各国审计准则和规则的协调，也可视为在一系列审计原则的基础上对跨国公司编制的财务信息的审计。
- "二战"以后审计的国际化进程加速。这一过程源自跨国公司的发展，跨国公司需要有效率和有效果的审计以支持其信息系统和控制系统的正常运转。直到20世纪中叶，大部分会计师事务所只在本国开展业务。然而为了服务于不断发展的客户，会计师事务所之间开始了相互合并以及结成战略同盟的运动，以便能够服务于遍布全球的大客户。审计实践活动过去是一个主要受地域传统影响并在当地发挥作用的活动，现在改变为进行国际调查和报告的活动。
- 资本市场的全球化已表明我们需要对审计的作用进行清晰的界定，因为对那些在国际资本市场上寻求融资的公司而言，审计是增强其所呈报财务信息的可信度的有效手段。为了清晰界定审计的作用，国际会计师联合会制定了国际审计准则。这一准则已逐渐被商业界、使用者和监管机构视为评判审计业务的标杆。

参考文献

American Accounting Association, Committee on Basic Auditing Concepts (1973) *A Statement on Basic Auditing Concepts*, Sarasota.

Evans, L. and Nobes, C. W. (1998a) 'Harmonization of the structure of audit firms: incorporation in the UK and Germany', *European Accounting Review*,

Vol. 7, No. 1.

Evans, L. and Nobes, C. W. (1998b) 'Harmonization relating to auditor independence: The Eighth Directive, the UK and Germany', *European Accounting Review*, Vol. 7, No. 3.

Nobes, C. W. (1993) 'The true and fair view requirement: impact on and of the Fourth Directive', *Accounting and Business Research*, Winter.

Post, H., Wilderom, C. and Douma, S. (1998) 'Internationalization of Dutch accounting firms', *European Accounting Review*, Vol. 7, No. 4.

PricewaterhouseCoopers (2003) *Audit Committees-Good Practices for Meeting Market Expectations*, PricewaterhouseCoopers, London.

Vieten, H. (1995) 'Auditing in Britain and Germany compared: professions, knowledge and the state', *European Accounting Review*, Vol. 4, No. 3.

后续读物

Arens, A. A. and Loebbecke, J. K. (2000) *Auditing: An Integrated Approach*, Prentice Hall, Englewood Cliffs, NJ.

Barrett, M., Cooper, D. J. and Jamal, K. (2005) 'Globalization and the coordinating of work in multinational audits', *Accounting, Organizations and Society*, Vol. 30, No. 1.

Center for International Financial Analysis and Research (1993) International Accounting and Auditing Trends, 1995, 4th edn, Princeton.

Davidson, S. and Anderson, G. D. (1987) 'The development of accounting and auditing standards', *Journal of Accountancy*, March.

Dunn, L. J., III (2002) 'Harmonization of financial reporting and auditing across cultural boundaries: An examination of 201 company financial reports', *International Journal of Auditing*, Vol. 6, No. 3.

Gangolly, J. S., Hussein, M. E., Seow, G. S. and Tam, K. (2002) 'Harmonization of the auditor's report', *International Journal of Accounting*, Vol. 37, No. 3.

IFAC News.

International Accounting Bulletin.

Margerson, J. and Moizer, P. (1996) 'Auditor licensing in the European Union: a comparative study based on cultural differences', *European Accounting Review*, Vol. 5, No. 1.

Needles, B. E., Ramamoorti, S. and Shelton, S. W. (2002) 'The role of international auditing in the improvement of international financial reporting', *Advances in International Accounting*, Vol. 15.

Richard, C. (2006) 'Why an auditor can't be competent and independent: a French case study', *European Accounting Review*, Vol. 15, No. 2.

Schilder, A. (1996) 'Research opportunities in auditing in the European Union',

Accounting Horizons, December.

实用网址

www. deloitte. com

www. ey. com

www. ifac. org/forum_ of_ firms

www. ifac. org/IAASB

www. kpmg. com

www. pwc. com

www. ipiob. org

课后问题

书末提供带星号问题的参考答案。

21. 1* 为什么需要建立国际审计准则？

21. 2* 由联合国制定国际审计准则是否比由当前的机构来制定更好？

21. 3 为什么各国的审计准则存在差异？

21. 4 从哪些方面我们可以明确地将审计描述为国际化的审计？

21. 5 人们对国际审计准则是否比对国际会计准则更易达成一致？如果是这样，为什么？

21. 6 讨论跨国公司的成长对会计师事务所产生的影响。

第 22 章 公司所得税的国际问题

克里斯托弗·诺比斯

内容

目标

读完本章后您应当能够

- 概括主要的公司所得税国际差异。
- 通过各种会计专题的举例，说明在德国税基和会计基础非常接近，在法国二者接近程度较低，在美国和英国接近程度更低。

- 解释公司和税务机关在国际税务策划，包括转移定价方面的目标。
- 比较公司所得税的古典制和归属制的目的和方法。
- 概括欧盟公司所得税协调的目标和进程。

22.1 引言

22.1.1 本章的相关性

本章与其他章节的内容是紧密联系的，但讲述的主题却在其他章节的范围之外。首先，即使是在英美国家，公司的税收显而易见对公司的净利润金额和其他财务报告事项有着显著的影响。更重要的是，有研究显示在一些欧洲大陆国家以及中国和日本，公司所得税的相关法规对按当地会计准则编制的财务报告在诸多方面起着决定性的影响作用。其次，了解不同国家公司所得税的差异是研究国际商业融资和管理会计的必要基础。然而在许多书中，对这一专题通常只是简略提及，甚至是忽略此专题的。因此，本书决定对此作一个相当详细的介绍。最后，公司所得税的分类和协调是对本书第 3 章和第 4 章所讨论问题的进一步深化。

出于某些纳税目的，集团中的部分公司可以合并为整体看待（见下面的第 22.1.2 部分），但总的来说，税收是建立在独立公司的基础上，而不是在集团的基础上的。因此，虽然欧盟及世界其他地方决定采用国际财务报告准则编制合并报表，除非国际财务报告准则的普及要求范围延伸到非合并报表，否则这一举动不会影响纳税计算。例如在法国和德国，单个公司的会计和税收计算仍然紧密联系，虽然因为其他目的而采纳了国际财务报告准则，但这种紧密关系基本上没有受到影响。

22.1.2 税收的差异

在不同国家或不同时期，公司所得税的两个基本差异是税基的差异和税收制度的差异。公司所得税税基（或称为应纳税所得额）的国际差异是巨大的。尽管在所有国家，会计利润和应纳税所得额之间都存在一定关系，但在法国和德国，二者之间的关系就比在英国和美国要紧密得多。此外，正如本书自始至终所指出的，不同的国家对会计收益计量本身就存在显著不同。这两个因素加在一起，使相似的公司在不同的国家存在差异巨大的应纳税所得额（见第 22.2 部分）。

因为税收存在国际差异，使用某些方法会使跨国公司受益，有些则会使之受损。在这种环境下最小化税款的行为称为国际税收筹划（international tax planning）。该主题将在第 22.3 节中讨论。其中一方面，跨国公司努力将从经营中产生的应纳税收益由高税收的国家转移到低税收的国家。这样做的办法之一是在集团公司的内部交易中对在低税率国家出售的商品制定高的转移价格。关于转移价格的问题我们将在本章第 22.4 部分中介绍。

第二个基本差异是税收制度的差异。一旦应纳税所得额确定后，结果会因不同的税收制度而不同，尤其是在对股利的处理方面。公司制企业与合伙制企业不同，在大多数国家，对合伙制企业的收益征税是基于假定它的企业收益在每个纳税年度的期末全部都进行了分配的基础上进行的。对于公司制企业，其留存收益和已分配收益都应纳税。如果仅针对公司，并仅当收益获得时才对所得进行征税，那么不同的股东就不必按不同的税率计缴个人所得税。如果收益只在分配时才征税，那么所得税税款肯定会被递延。另一方面，如果收益在取得和分配时均需纳税，则将产生"经济性双重征税"（economic double taxation），这通常被认为是不公平的，而且是无效率的（见第 22.5 部分）。

这些税基和税收制度方面的差异将产生一系列重要的经济影响，例如对股利政策的影响、对投资计划的影响和对资本筹集方式的影响。这些问题在这里将不展开论述，它们也不是国际双重征税中的重要问题。国际双重征税有助于确定公司实际应付税金（不过在第 22.3 部分中会有所提及）。

第 22.2 部分和第 22.5 部分会分别考察税基和税收制度的问题。当然，还有许多其他重要的国际性差异，例如税率的国际差异巨大，同时又经常变动。另一个差异是税务机关对集团公司的征税方法的差异。在所有国家，税收是对各个公司征收的，而不是对集团征收的，因为公司才是应税的法人主体，而集团则包括了使用不同的会计制度和税收制度的海外子公司。然而，大多数国家允许某种形式的集团内部亏损抵免或股利调剂（要了解更多细节，请参见 James 和 Nobes，2009 年，以及本章的第 22.2.6 部分）。

在不同的国家里，出于不同的目的对应纳税集团下的定义可能是不同的。最通常的例子如：在英国应税集团由持股超过 75% 的国内子公司构成，在美国则是由持股超过 80% 的国内子公司构成。换言之，应税集团与会计集团之间没有什么联系，而且应税集团经常小于会计集团。在所有相关的复杂规定中，最典型的是法国的有关规定，其主要做法如下：

- 母/子公司制度（régime des sociétés mères et filiales）。根据这一制度，集团内的各个公司需分别纳税。但是，若公司的股利收益是从持股 5% 以上的公司中分配取得的，则仅对其中 4% 的股利征税。
- 合并征税制度（régime de l'intégration fiscale）。根据这一制度，集团里的所有法国公司将被视为一个单独的应税主体。然而在这一情况下，集团是由母公司和持股 95% 以上的子公司构成的。在这样的集团内部，各个公司的损益可以相互抵消，同时彼此分配股利也不纳税。
- 以全球范围的合并公司为基础（在财政部门的同意下）。根据这一基础，所有持股 50% 以上的子公司的损益均应加入到母公司的损益中，并按法国的标准纳税，同时对国外的已纳税收给予税收抵免。这一方法已被一些法国大型集团公司采用。
- 以有限制的全球范围的公司为基础（经财政部门批准）。根据这一基础，将采用一个更狭义的子公司概念进行全球范围的公司合并。

应当指出的是，所有的税基都没有真正使用合并财务报表中的数据。这是因为出于纳税目的对子公司下的所有定义与会计中对子公司所下的定义是不同的。同样，在合并中对商誉的摊销将体现在集团的利润表中，但并不影响应纳税所得额。

要了解更多有关应税集团（tax group）的情况，请参见兰姆（1995）的有关论述。

22.2 税基

22.2.1 引言

对公司所得税税基最简单的分类标准是会计收益与应纳税所得额之间的差异程度。正如我们在第2章至第15章的论述中可以清晰地看到的，税收对会计的直接影响程度是有巨大差异的，在英国表现得最小，而在德国则表现得很大。这一差异对会计是如此重要，以至于当我们对税基进行简单的分类时看起来就像是在对会计制度进行简单的分类一样。例如，无论是对税基还是对会计制度进行分类，如果分为两组，那么通常会将英国、美国和荷兰归为一组，而将法国、德国和日本归为另一组。

在第一组国家中，财务会计对向股东呈现公允观点的要求优先于财务报告对税收制度的使用。结果是，为了计算出税基（即应纳税所得额），必须对会计利润数字进行大量的调整。在另一组国家中，符合税收制度的要求对这些国家的会计和审计的发展起着主导作用，结果是其税基与会计利润数趋于一致。

胡吉恩多恩（Hoogendoorn，1996）总结了欧洲13国的税收和会计之间的关系。兰姆等人（1998）研究了美国、英国、法国和德国纳税申报与财务报告之间的联系。他们的研究特别注重个别公司的情况，考察了许多会计专题的制度规定和实践操作。研究发现，几乎在所有国家，对于诸如薪金和销售收入等许多项目的计量，税收制度以会计制度为基础。但是在英国和美国，税收制度和财务报告制度存在着差异，而在德国，税收制度和会计制度在制度规定和实务操作上都是相同的。相对应的是，德国税收制度的规定在许多方面都凌驾于合理进行财务报告的要求之上，这在英国和美国是很少见的。由此可见，我们可将英美与德国区别开来。

随着时间的推移，世界各国的情况逐渐发生变化。诺比斯和施文克（2006）指出，如果一个国家的财务报告目标从税务相关转换为投资者相关，那么财务报告将会逐渐地与税收制度相分离。他们通过考察挪威一个世纪以来的情况发现了这一现象。

在兰姆等人（1998）的研究之后，德国的税收和财务报告之间也开始出现差异。例如，按照税收制度的要求，资产的减值只有在预计该减值将会长期持续下去时才可以确认。长期准备也不应该按照折现金额计提。这两种做法在德国的非合并报表中都不常见。

第16章提到过，自2010年以来德国会计进一步作出的一些变动，弱化了税法和财务报告规定的相近程度。

在合并报表方面，财务报告可以比较容易地避免税收的影响。兰姆等人（1998）发现法国的情况就是这样的。在合并报表中使用国际财务报告准则通常可以显著地减少甚至消除税收的影响。然而只要非合并报表因为税收目的而选择了某种会计方法，这些方法就会延伸到合并报表中，从而使得税收仍然会对合并报表产生影响。

许多国家在非合并财务报告方面已经采用了国际财务报告准则或者已经与之趋同（参见第14章），这意味着有必要尽可能地将税收从财务报告中分离开来。否则，每次国际会计准则理事会修改一个会计准则，应纳税所得额就可能改变。在一些国家（例如英国或丹麦），公司可以选择运用国际财务报告准则或本国会计准则，由此会导致不同的利润数字。在这种情况下，税收和财务报告的分离就尤其重要了。否则，公司就能选择其应纳税所得额。公司税基和其财务报告之间的差异在会计中产生了有关递延所得税问题。这在第 9 章中已经讨论过了。

对各个国家的税基问题的讨论在其他地方也曾进行过（James and Nobes，2009，Chapter 12 and Chapter 14；IBFD，yearly；Picciotto，yearly；PricewaterhouseCoopers，2000；Commerce Clearing House，yearly）。这里，我们将按专题讨论各国之间存在的某些差异。一般情况下我们将以法国、德国、日本、英国和美国为例。

22.2.2 折旧

在本书曾详细研究过的所有国家中，税务机关均对应纳税所得额计算中所扣除的折旧金额感兴趣，这是很自然的。这涉及在税收制度中具体规定折旧所采用的方法和折旧率（大多数国家均如此），但有的国家只有当折旧费用不合理时才进行干涉（如荷兰）。正如我们在以前章节中所指出的，财务报告中最关键的差异是，在法国和德国会计的折旧额通常与税收确定的折旧额保持一致，而英美国家的会计准则则无此要求。

出于纳税目的对固定资产计提折旧所采用的折旧方法和折旧率的具体规定如下：

在 2009/2010 年的英国，机器设备采用余额递减法以 20% 的折旧率进行折旧，而工业建筑（industrial buildings）的折旧率是 4%。"资本减免额"（capital allowances，指税法允许的资本性资产的折旧或摊销额）方案与公司自己（按会计准则）计提的、扣减会计利润的折旧费用，完全是两码事。不像其他国家，英国针对大多数商用建筑物（commercial buildings）计提的折旧并不提供任何税收抵减（优惠）。

- 在美国，不同的资产有不同的折旧范围。通常为了纳税目的，固定资产采用"修正的成本加速回收制度"（modified accelerated cost recovery system）进行摊销。最常用的形式包括 3 年制、5 年制或 7 年制。固定资产均按余额递减法计提折旧，折旧率为直线法的两倍。从 1993 年税法改革开始，商业建筑物按其使用年限 39 年采用直线法计提折旧。企业被允许采用不同的年限和方法进行财务报告。

- 在法国，税法允许几乎所有资产采用直线折旧法计提折旧，典型的折旧率为：工业用和商业用建筑物的折旧率为 2% ~5%，办公楼和住宅楼的折旧率为 4%，厂房和店面装置的折旧率为 10% ~20%，交通工具的折旧率为 20% ~25%。厂房可以按余额递减法计提折旧，使用的折旧率为按资产寿命分摊的直线法折旧率的倍数。在法国，公司使用的折旧方法也允许改变。加速折旧法被允许用于某些地区的资产以及用于研发费用、反污染和节能的资产。

- 在德国和日本，折旧率由税法规定。但例外的是，日本要求所有房屋（buildings）采用直线折旧法折旧，而德国对 2008 年及其之后购买的所有资产也都要求采用此法。在德国，直线折旧法采用的典型折旧率为：2003 年以后建造的建筑物，折旧率为 2%，厂房的折旧率为 6% ~10%，交通工具的折旧率为 11% ~16%。折旧方法允许改变，但只允许从余额递减法改为直线法。加速折旧法只允许对柏林地区、德国东部边界和现在的德国东部地区的资产以及反污染的资产使用。在日本，对某些资产还允许计提额外折旧。

22.2.3　存货通货膨胀收益的税收抵扣

1978 年至 1984 年，英国在计算公司应纳所得税时的第二大调整事项为"存货升值税额减免"（stock appreciation relief）（Jame and Nobes，1992，Chapter 13）。允许进行这一调整的部分原因是基于这样一个事实，即在通货膨胀时期，公司会计利润和应纳税所得额的一个重要构成要素是因公司持有可出售存货而产生的未实现利得。这一利得不是"当期经营利润"的构成部分，因此如果对它计算公司所得税，可能导致公司的流动性产生问题。

在美国和日本，财务会计和税务会计均允许采用后进先出法计量存货成本。在通货膨胀时期，这将减少期末库存的价值，提高销货成本，从而降低会计利润和应纳税所得额。1990 年至 2002 年间，德国允许本国公司自由地采用后进先出法。现在，在德国和荷兰，后进先出法只有在具有商业上的合理性的情况下才允许使用。在法国，只有对集团公司财务报表才允许使用后进先出法（因此，它不是因为纳税目的而采用的）。然而在法国，如果存货价格当期上涨超过 10%，则允许公司计提"物价上涨准备"（*Provision pour hausses des prix*）。这会减少利润（以及应纳税利润），并且产生未税准备（*Provision réglementée*）。

22.2.4　坏账

在某些国家，如果能说明具体原因，应收账款减值损失是可以税前扣除的，但笼统做法（general）除外（比如，公司要按应收账款的 5% 计提减值损失，但却没有对债务人进行情况考察。在美国和英国，甚至在法国，这种做法都是不能进行税收抵减的）。然而，在德国，即使是笼统计提的坏账减值准备也是可以税前扣除的，所以税收系统必须制定规则以限制这种减值规模。在意大利和西班牙，税法明确规定了那些意欲调节财务报表的抵税项目的最大限额。

22.2.5　资本利得

对公司资本利得的征税在各国差异巨大，但总是建立在利得实现的基础之上的。在德国、日本、英国和美国，资本利得通常都计入应纳税所得额中。在德国，对其他公司的非交易性投资所获得的资本利得自 2001 年可免除纳税。在法国，短期资本利得（不超过两年）及多数长期利得要全额纳税，但某些类型的长期资本利得按一个降低的税率纳税。资金转滚税收减免准备金（rollover relief provisions）（即利得的纳税可以通过再投资而延缓）的计提在各国也不相同。在某些国家（例如马来西亚）通常不对资本利得征税。

22.2.6　损失

对损失的不同处理也会对应纳税所得额产生重要的影响，具体如表 22—1 所示。从该表可以看到，每个国家的规定都不同。当然通常一个表格不能包含所有复杂信息。例如，德国的规则限定了结转或亏损补报的最大金额。更多的国家规定结转到下期的时限（例如，法国在 2004 年之前限定为 5 年）。

表 22—1 经营损失税收减免 单位：年

	亏损补报	结转到下期
英国	1	无限制
美国	2	20
法国	3	无限制
德国	1	无限制
日本	1	5

22.2.7　已收到的股利

公司收到的股利应在多大程度上包含在应纳税所得额中，这对公司的应纳税所得额有着重要影响。在英国、日本以及德国（从 2001 年开始），通常对于收受一方公司取得的国内的股利不予征税。在美国，对从关联集团中的公司（例如持股 80% 以上）所得的股利不征税，但是从其他公司分得股利的 30% 需要征税。在法国，除非持股在 5% 以上，否则要全额纳税（见第 22.1.2 部分）。

22.2.8　长期合同

在大多数国家，税务机关要求或者接受按照完成合同法来计算应纳税所得额。该方法倾向于将收益的确认递延，并且无需作太多的估计。在法国、德国和日本，税收制度的要求与所采用的会计方法一致，因此公司通常选择完成合同法以同时满足会计和税务的需要。相反在英国和美国，在适当的情况下会计采用的是完工百分比法。这会使会计收益和应纳税所得额之间产生差额，这一差额随后应予以转回。

22.2.9　费用

在英国和美国，许多在计算利润中予以扣减的费用项目在计算应纳税所得额时却不允许抵减。在法国和德国，财务会计依据税法要求列支费用项目。在允许费用项目抵扣税收方面，大多数国家的规定均比英国的更宽容，如大多数国家允许娱乐费用税前列支抵税。但是，大多数国家都不允许罚金支出或非营业性费用（non-business expense）在税前列支抵税。

多数情况下，增加准备金的费用允许在税前列支，但该项准备金必须是具体的，如果是一般准备金则不允许抵税（例如，英国或美国，甚至法国都不允许等于应收账款 5% 的坏账准备在税前列支）。然而，德国一般的坏账准备都可以扣税，所以税收制度必须监督这些准备金的规模。在意大利和西班牙，税法规定了财务报告中使用的最高抵扣额水平。

22.2.10　其他税收

在确定公司的整体税收负担时，一个很重要的，同时也是很复杂的因素是，公司负担的其他税负，以及在计算国家公司所得税时的可抵扣程度。在大多数国家，存在某种形式的工薪税或社会福利税。英国对当地财产征收经营税（business rate），德国还征收地区所得税、资本税和工薪税，在法国有营业执照税，在意大利有地区公司所得税。通常这些税项在公司计算应交国家公司所得税时均可作为抵扣项目。然而，由于这些税项的存在，这些国家公司的税收负担比人们乍一眼所见的要高得多。例如德国的地区税就是很重要的税项。

22.3　国际税收筹划

国际税收筹划是极为复杂的，但也是涉及跨国公司可以从低税收中获得巨大利益的一个问题（同时涉及所支付的税务律师和税务会计的费用）。

跨国公司会努力：

- 将利润从高税收国家转移到低税收国家；
- 避免同一份收入在两个国家纳税；
- 对同一项费用试图获得两次税收抵扣；
- 试图使某些收入在任何地方都不必交税。

其中第一个是转移价格的问题，将在下一节讨论。国际双重征税部分地通过国家间的双边税收协定来解决。一般来说，对于在一个国家已经交过税的同一笔收入可能在另外一个国家获得税收豁免。

上述第三个问题（获得两次课税抵扣）有时被称为"双重优惠"（double dipping）。例如，假设一个英国公司从一个法国的金融机构通过融资租赁方式购买了一台机器（见第6章），在英国这方面的税收制度和会计制度大致相同，允许承租人的折旧免税。但是在法国，租赁在单独的资产负债表上或为税收目的都是不可以资本化的。因此，法国的出租人可以对该项资产计提折旧并在税前扣除。结果，出租人会因此而收取相对较低的租赁费用以便能吸引客户，这样承租人就获得了两次好处。一般来说还有其他复杂的因素，例如英国租赁的租金支付方式等。然而还是有一些税收优势的空间的。

上述第四个问题（未纳税收入）有时被称为"白色收入"。例如，假设有一种复合金融工具（见第9章）在发行公司所在的国家被作为负债处理，但在工具持有人所在的国家基本上被看作是一种股权。发行者支付的利息将是可以在税前抵扣的，但持有人收到的利息被看作是不必纳税的股利。

22.4　转移价格

当公司内部各单位之间发生交易时，有必要为其设定一个"转移价格"（至少在管理会计中这样要求）。如果这些单位是一个集团内各个独立的公司，那么转移价格的制定对财务报告和计算应纳税所得额都是必要的。如果这些公司或单位地处不同的税收管辖区域，那么这一问题就会因为各地采用不同的会计制度、税率等因素而显得显著。联合国贸易和发展会议指出，现在跨国公司内部商品和服务转移的价值，超过了国家之间的其他出口价值（UNCTAD，1997）。下面将主要针对跨国公司的情况进行讨论。

转移价格的制定方法取决于跨国公司的政策，但是最通常的方法是以公平价格（arm's length market price）的约当值作为转移价格。这一方法确实有利于客观评价集团内各单位的业绩，尤其有利于保障少数股东的利益。然而，为了在集团内部转移利润或为了将利润从高税收的国家转出，跨国公司也会选择人为价格作为转移价格。此外，特许使用费、利息费用和管理费用也是导致利润转移的一个动因。

从理论的角度来考虑，麦考利和汤姆斯金（McAulay and Tomkins，1992）以及利奇和巴雷特（Leitch and Barrett，1992）考察了可能影响转移定价行为的因素，其中包括金融市场、政府干预和行政管理程序。埃利奥特和伊曼纽尔（Elliott and Emmanuel，2000）谈论了国际背景下的组织问题。林等人（Lin et al.，1993）检验了所得税和关税之间的关系。他们指出了在亚洲太平洋国家预扣税（withholding taxes）的重要性。伊曼纽尔（Emmanuel，1999）使用美国、中国台湾地区和希腊的制度安排建立了一个模型，证明了不同税率是促使集团税后收入最小化的最重要变量。

Johnson（2006）考察了无形资产的三种转移定价模型。Gresik and Osmundsen（2008）讨论了税务官员如何使交易价更好地接近公平交易价格，总结出某些形式的"成本加成法"的定价其实是一个较好的替代价格。

对跨国公司在实践中是如何进行操作的研究各有不同。普拉斯查尔特（Plasschaert，1985）的研究声称在发展中国家中，使用多种转移价格的现象是很常见的，因为这些国家的政府对跨国公司的监管措施很薄弱。阿尔·俄亚尼等人（AL-Eryani，1990）的研究发现美国的跨国公司守法性很强，同时较大的公司更倾向于使用以市场价格为基础的方法。哈里斯（Harris，1993）、克拉森等人（Klassen et al.，1993）和雅各布（Jacob，1996）的研究则发现，美国跨国公司根据税率的变化在全球范围内转移收益。奥耶勒和伊曼纽尔（Oyelere and Emmanuel，1998）研究了受海外公司控制的英国跨国公司的实际情况，发现同样存在严重的转移收益的事实。Hung Chan 和 Lo（2004）发现，当公司管理层认为必须与当地合作伙伴和地方政府保持良好关系时，公司往往会使用以市场为基础的方法。

当然，税务机关对转移价格问题是十分敏感的，而且随着全球化进程的推进，这一问题的重要性日益增加。结果是，政府授权税务机关对公司应纳税所得额进行调整，并赋予其对未按正常价格运作的转移行为予以纠正的权力。对应纳税所得额进行调整的结果是可能对跨国公司的某些收益进行双重课税。在该领域中，美国的管制处于领先地位，美国国内税收法典的第482款是对转移价格的基本规范条款，由该条款已衍生出许多具体的规范和有关税收的判例。1992年，美国大范围引进了法令要求和处罚条款（US Treasury，1992）。英国1999年/2000年在法定要求中引入了关于转移价格的详细条款（Rust and Graham，2000）。在某些情况下，政府采用了其他方法来解决这一问题，即要求跨国公司对其全球利润进行分配（即"单元法"或"全球法"），然而这种粗线条的方法在国际上尚未达成共识。

因此，为了规范这一领域，政府间在转移价格问题上已经达成了税收协定。这些条款通常以一些组织（例如经济合作和发展组织（OECD，1979 and 1995/6）和联合国）制定的税收协定范本为基础。德勤公司（2002）还总结了几个国家的转移定价制度。

在许多国家，公司被要求从股利发放额中拿出一定比例金额交给税务局。这部分金额被称作"预提税"（withholding tax），旨在确保公司至少上缴了部分股利税。该做法对于那些并不是所有股票都是记名股票的国家来说十分重要（如法国或德国）。欧洲国家实行的是 15% 的预提税税率；日本一般为 20%；但英国没有预提税这一说法。由于在计算应交税费时已经包括了预提税的部分，所以预提税并不影响本部分所说的税务系统的实质。它仅仅是对税单金额的部分支付。

22.5 税收制度

22.5.1 引言

本章第 22.2 部分已说明了各国对应纳税所得额的定义差异极大。对应纳税所得额征税的方法由税收制度决定，它也同样因国而异。本书所研究的主要国家目前正在使用或近期一直在使用的税收制度，可以归为三类：

（1）古典税收制度（classical system）；

（2）税收归属制度（imputation system）；

（3）税率分割制度（split-rate system）。

以上税收制度以及其他减轻对股利双重征税的方法，我们将在下面进一步讨论。

22.5.2 古典税收制度

古典税收制度也许是最简单和最容易解释的，这种简单导致了它的明显缺陷，这在制定其他税收制度时要明确地加以修正。像其他大多数税收制度一样，按古典税收制度的要求，已付股利在公司计算应纳税所得额时不能予以扣减，更有甚者，股东在取得这些股利时也应全额纳税。至于利息支出，像其他大多数税收制度一样，在古典税制下通常可以抵免税收，尽管它在古典税制中不是一个重要因素。美国、荷兰和瑞典曾经采用过古典税收制度多年，英国也曾在 1965 年至 1973 年期间采用过这一制度。一些其他欧盟国家也已改为（或回到）古典税收制度（具体信息请见表22—2，表中涵盖了 2004 年欧盟扩张之前的所有欧盟成员国）。

对古典税收制度的批评主要集中在两个方面，这两个方面最终都可归咎于该制度下对股利的"经济性双重征税"，即对分配的收益先征收了公司所得税（本章后面也简称为公司税），而后又征收个人所得税。第一个批评意见是，与对非公司制企业分配的收益所采用的征税办法相比，这种对公司制企业双重征税的方式具有不公平性。非公司制企业的收益无论分配与否，均无需缴纳公司所得税，而只有企业的所有者实际分得的货币收益需要征税。对公司制企业难以作此单重征税的安排。因为无论在现实操作中还是为了纳税的目的，公司的留存收益都是客观存在的，因此如果不单独征收公司所得税，那么当公司推迟利润分配时，税收也将被无限期地递延。只在公司层面上对收益征税，意味着所有的收入个体都承担了相同的税率。但是作为累进所得税制度的一个构成部分，这种做法是不能被接受的。因此，对已分配收益的双重征税归根到底是源于政府为了确保对留存收益进行恰当征税愿望的实现。

表 22—2　　　　　　　　　　2007 年/2008 年欧盟的公司所得税制度

国家	制度	公司税率（%）[1]
奥地利	古典制（1988 年之前是税率分割制度）	25
比利时	古典制（1963—1989 年是归属制）	34[2]
丹麦	古典制[3]（1977—1991 年是归属制）	25
芬兰	古典制（1990—2005 年是归属制）	26
法国	古典制（1965—2004 年是归属制）[4]	33.33
德国	股利部分豁免（1977—2000 年是归属制）[4]	15.83[5]
希腊	股利豁免（1992 年之前是股利可抵扣）	25
爱尔兰	古典制（1976—1999 年是归属制）	12.5
意大利	古典制（1977—2003 年是归属制）	27.5[6]
卢森堡	古典制[7]	27.5[8]
荷兰	古典制	22.88
葡萄牙	股利部分豁免（1989—2001 年是归属制）	25.5
西班牙	古典制（1986—2007 年是归属制）	30
瑞典	古典制	26.3
英国	归属制（1973 年以后采纳）	28

注释：①全部忽略了预扣税。

②包括紧缩附加费（austerity surcharge）。

③对居民股东的所得税税率较低。

④从 2009 年起 60% 的股利是需要纳税的。

⑤包括社会附加费。

⑥包括地区税。

⑦居民股东的 50% 的股利不纳税。

⑧包括营业税。

资料来源：根据不同来源的信息编写，其中包括国际财政文献局（International Bureau of Fiscal Documentation）的《欧洲公司税收》（*Europe-corporate Taxation*）。

第二个批评意见是经济性双重征税将导致对股利分配的偏差。由于古典税收制度对公司的全部收益，而后又对已分配的收益均要全额征税，因此股利分配得越多，由公司及其股东负担的全部税款就越多。也许有人认为这样会鼓励公司留存利润，从而会促进公司增加投资。然而，经过更敏锐的经济思考我们会得出以下结论，即只有公司分配利润，而后股东通过新的发行市场将所取得的资金分配给更具有盈利性的公司，这样才能产生具有盈利性和效率性的投资。遗憾的是，没有资料能证实具有较好盈利记录的公司会一直保持其最大的盈利性。

关于第二个说法还应指出的是，即使对已分配的收益不征收公司所得税（即不存在双重征税），而是只在股利分配时才缴纳一项所得税，反对股利分配的错误观念仍会存在。反对股利双重征税的两个理由导致了其他税收制度的产生，这些税收制度的目的在于改进古典税收制度的这些不足。

22.5.3　税收归属制度

缓解经济性双重征税缺陷的常用办法是由公司将公司缴纳的所得税的一部分归集

给股东，以抵免股东缴纳的股利所得税。公司缴纳的所得税以公司收益为基础，股东也是从公司的收益分配中获得股利的。欧洲的许多国家（见表22—2）以及澳大利亚和加拿大都采用税收归属制度。表22—3 和表22—4 比较了古典税收制度和税收归属制度的不同。表中所列示的税率并不重要，但它们恰好分别是1973 年以前和1979 年至1983 年期间英国税收制度所采用的税率。假定存在一个所得税的"基础税率"，这一税率是绝大多数纳税人的边际税率，同时我们假设它为30%，古典税制下公司的所得税税率为40%，而税收归属制度下公司所得税税率为52%。另外为简便起见，假定公司的会计收益和应纳税所得额相等（这在德国是很普遍的，但在英国通常不是这样）。为了便于管理，英国的税收抵免（tax credit）与所得税的基础税率相挂钩。从1979 年/1980 年到1985 年/1986 年，当基础税率为30% 时，税收抵免率为30/70 或3/7。根据1973 年以前的税收制度，存在一个扣缴所得税的标准比率。

比较表22—3 和表22—4 可以发现，对股东而言，其仅仅按基本税率支付了所得税，英国的税收归属制度完全转移了对股利的双重征税。在税收归属制度下的税收总额（表中为5 200 英镑）并没有随股利分配的增加而发生变化。但是，如果股东需支付高税率的个人所得税，那么情况就不同了。在这一情况下，双重征税将仍然存在，进而反对股利分配的错误观念仍将被坚持。表22—5 通过重新计算表22—3 和表22—4 后半部支付高税率的个人所得税的股东说明了这一点。这个时候，在古典税收制度和税收归属制度下，随着支出的扩大，税收总额都会增加。

表22—3　　　　**古典税收制度和税收归属制度区别（低股利支付）**　　　　单位：英镑

	古典税收制度	税收归属制度
公司		
公司收益（估计）	10 000	10 000
公司所得税（40%）	4 000	（52%） 5 200
可供分配收益	6 000	4 800
收益分配总额（估计）	2 000	
减：已在税源中扣除的所得税（30%）	600	
收益分配净额	1 400	现金 1 400
留存收益	4 000	3 400
股东（基础税率）		
股利：已收取现金	1 400	1 400
已在税源中扣除所得税	600	0
已获税收抵免（3/7）	0	600
股利总额	2 000	还原股利 2 000
应交所得税（30%）	600	600
减：已扣缴所得税	600	0
减：税收抵免	0	600
应交税款	0	0
税收合计	（4 000+600）4 600	5 200

表 22—4　　　　　古典税收制度和税收归属制度区别（高股利支付）　　　单位：英镑

	古典税收制度	税收归属制度
公司		
公司收益（估计）	10 000	10 000
公司所得税（40%）	4 000	（52%）　5 200
可供分配收益	6 000	4 800
收益分配总额（估计）	5 000	
减：已在税源中扣除的所得税（30%）	1 500	
收益分配净额	3 500	现金　3 500
留存收益	1 000	1 300
股东（基础税率）		
股利：已收取现金	3 500	3 500
已在税源中扣除所得税	1 500	0
已获税收抵免（3/7）	0	1 500
股利总额	5 000	还原股利　5 000
应交所得税（30%）	1 500	1 500
减：已扣缴所得税	1 500	0
减：税收抵免	0	1 500
应交税款	0	0
税收合计	（4 000+1 500）5 500	5 200

表 22—5　　　　　古典税收制度和税收归属制度（高税率纳税人）　　　单位：英镑

	古典税收制度	税收归属制度
低股利支付		
公司（同表22—3）		
股东（边际税率为50%）		
股利：已收取现金	1 400	1 400
所得税扣缴	600	0
已获得税收抵免（3/7）	0	600
股利总额	2 000	还原股利　2 000
应交所得税（50%）	1 000	1 000
减：已扣缴所得税	600	0
减：税收抵免	0	600
应交税款	400	400
税收总额	（4 000+600+400）5 000	（5 200+400）5 600
高股利支付		
公司（同表22—4）		
股东（边际税率为50%）		
股利：已收取现金	3 500	3 500
所得税扣缴	1 500	0
已获税收抵免（3/7）	0	1 500
股利总额	5 000	还原股利　5 000
应缴所得税（50%）	2 500	2 500
减：已扣缴所得税	1 500	0
减：税收抵免	0	1 500
应交税款	1 000	1 000
税收总额	（4 000+1 500+1 000）6 500	（5 200+1 000）6 200

像其他大多数现存的税收归属制度一样，英国目前的制度为部分税收归属制度。也就是说，只将由公司支付的公司所得税的一部分归集抵免给股东，如表22—6所示，2009年/2010年为26%。

表22—6　　　　　英国的部分税负转移制度（2005年和2006年）

	英镑
公司	
收益	1 000
公司所得税	300
	700
股利	700
	0
股东	
现金股利	700
税收抵免（10/90）	78
还原股利	778
部分税负归集抵免率（78/300）	26%

法国的部分税收归属制度很大程度上与英国的类似。但是，只有英国是以公司的所得税税率为基础来确定税收抵免的规模。有关税率的汇总见表22—2。

大部分欧洲大陆国家的税收制度还采用"预扣税"的办法，即将股利的一部分在其来源处予以扣减。这样的税收征缴办法并不是划分税收制度的要素。由于预扣税可以抵扣应交所得税税金或是应大部分股利获得者的要求予以归还，因而实际的税负水平并未受到影响。预扣税款的主要目的在于减少偷漏税，特别是无记名股票股东和海外股东的偷漏税。

22.5.4　税率分割制度

减少双重征税影响的第二种方法是，对已分配的收益按照比留存收益更低的税率进行征税。前联邦德国直到1976年年底以前一直采用这种税率分割制度，对留存收益采用51%的税率，而对已分配收益则采用15%的税率。从1977年到2000年，德国采用两种税率的税收归属制度。奥地利在1989年以前也采用该税收制度。

部分税收归属制度有可能被改造为税率分割制度，它们具有相等的税负，并产生类似的经济效果（Nobes，1980），正因为如此，在进行分类时，税率分割制度和税收归属制度被视为同一类制度。

22.5.5　其他减轻对股利双重征税的方法

还有许多其他方法可用以减轻双重征税。例如，美国的古典税收制度经过调整后，对个人每年取得的投资收益中部分数额免收个人所得税。德国从2001年开始，法国从 2005 年开始，只有一半的股利收入要纳税。在葡萄牙，部分股利也是享受纳税豁免的。在希腊，取得的股利收益可以免税。曾经在瑞典和冰岛实行过的"初级股利制度"（primary dividend system）允许公司在计算应纳税所得额时扣减部分股利。

22.5.6　有关税率的提示

表 22—2 列示了某年的税率，但是各国的税率每年都在发生变化。税率变化呈下降趋势。例如，美国的里根政府在 20 世纪 80 年代末降低了税率，布什政府继续这种降低税率的政策。德国在 1998 年留存收益的复合税率超过了 50%，但 2001 年已经降低到大约 26%。爱尔兰的税率在 2002 年降为 16%，2003 年又降为 12.5%。

22.6　协调

各国实际税负存在的差异给税收征管当局对跨国公司的征税工作增加了很大的难度，而跨国公司自身也通过在全球转移资本和利润来努力降低税款总额（见第 22.3 部分和第 22.4 部分）。这也是国际企业财务管理和管理会计要研究的课题。这些差异的存在并未像会计制度上存在的差异那样导致过多的国际协调计划和协调委员会的产生。然而，欧盟正在进行税收制度的协调，并且已经通过了有关增值税和其他形式间接税的许多协调指令，同时对本章我们所关注的直接公司税收（公司所得税）也已经提出了相应的协调建议。这一领域的协调进程之所以比公司法和会计的协调进程缓慢，原因在于政府不愿放弃对征收直接税收的任何控制。

罗马协议呼吁各成员国之间免去关税，对第三国采用统一关税，消除影响人力、资本、商品和服务自由流动的壁垒。作为罗马协议的监护人，欧洲委员会对协调税收制度的兴趣起源于促进自由流动的目标。商品和服务的自由流动特别要求间接税的协调，而人力和资本的自由流动则要求直接税的协调。如果税收无法协调，而同时自由流动的障碍已被消除，那么在欧盟内部的一些国家就会仅仅出于财政上的原因而促进或阻碍人力和资本等资源的流动。

协调之目的（Burke，1979）在于使竞争的状态和资本利得不会由于其实际税收负担的差异而受到显著的影响。只要简要地浏览一下欧盟一些国家的公司所得税制度，就可以清楚了解需要协调的范围是相当大的。欧洲委员会的建议中就已涵盖了对税制和税基的协调。欧洲委员会在直接公司税领域所作的努力现在已经有了大致的轮廓，而针对增值税所作的努力则更为显著。

在 1962 年，诺依马克委员会（Neumark Committee，1963）向欧洲委员会建议采用税率分割制度。后来范·登·滕伯报告（van den Tempel Report，1970）描述了三种类型的公司所得税制度，并建议采用古典税收制度。然而欧洲委员会发布的关于协调公司所得税制度的指令征求意见稿（EC Commission，1975；Nobes，1979）则建议采用税收归属制度。提出这一建议的部分原因主要基于这样一个事实，即欧盟的大多数国家已经采用或正计划采用这一制度。在 1975 年，比利时、法国和英国就已采用了税收归属制度。从那以后，德国、丹麦、爱尔兰和意大利也采用了税收归属制度，然而大多数国家还是已经转回到了采用古典税收制度（见表 22—2 中的第 2 栏）。

选择税收归属制度的部分原因我们已经讨论过了，这些原因包括税收抵免减轻了股利分配的偏差，并且有利于小投资者（低税率纳税人）。同时这一税收制度还能减少通过降低股利的实际边际税率来逃税的企图。此外，由于在税收归属制度下对公司所得税采用了较高的税率，因此在公司留存收益承担的税率与合伙制企业承担的税率之间可以作一个更为公正的比较（*European Taxation*，1976；OECD，1974）。

1975 年指令征求意见稿第 3 款建议采用税收归属制度并结合采用 45% ~ 55% 的单一税率。同时第 8 款建议税收归属制度中的税收抵免率应为公司按可用于支付股利的应纳税所得额计缴的公司所得税的 45% ~ 55%（即根据公司税而增加的股利，见表 22—6）。欧盟国家 2007 年/2008 年采用的税率列示在表 22—2 中，从表中可见，即使是采用税收归属制度，这些建议都几乎没有引起关注。在指令征求意见稿中的其他建议还有：应设置一项类似"预缴公司税"（ACT）或"预计应扣款项"（法国）的补偿税项（第 9 款）；应当像英国一样，若股票是不记名的，则应按 25% 的比率扣缴公司税（第 15 款至第 17 款）；各成员国都应向股东提供税收抵免（第 4 款）。最后这一要求主要是用以促进投资资本的自由流动。这些不同的要求使一些欧盟国家必须进行重要的调整，如表 22—2 所示。

指令征求意见稿也招致了许多方面的批评，其中一个重要方面是认为指令忽略了对资本利得提出建议性的处理方法。除非各国的税收制度均已协调，否则将会有很多浪费性的操纵行为，以便在比较有利的国家获得资本利得，而不是在不利的国家中获得任何资本利得的收益。另一个批评是认为其他的公司税，如净值税、流转税和地方税也应纳入协调范围。更一般的观点认为，如果要协调实际的税收负担，那么就应该对有关应纳税所得额计算的不同规定有所重视。一个更深入的批评是欧盟的一些国家由于经济、地理和政治原因，对投资的公司缺乏内在的吸引力，这些国家如果要鼓励投资和扩大就业，就要建立优惠的公司税区域。如果这些因素不改变就进行税收协调，将导致区域性的、消极的副作用。

欧洲议会对指令征求意见稿的"观点"（official journal，1979）强调了应当将税基的问题与税制一起协调。部分由于这一原因，部分由于成员国都不热衷于改变其税收制度或丧失其自身的灵活性，1975 年指令征求意见稿的发布被大大地延后了。直到 1988 年，才拟定了一个未发布的关于税基的草案（kuiper，1988）。结果 1990 年欧共体委员会放弃了进行一般性协调的计划，而更专注于解决那些会影响跨国界行为的具体问题。

1990 年，一个关于母/子公司的指令被欧共体议会（EC Council，1990）采纳。指令要求对公司派发的股利免于预扣税款，而对公司取得的股利收益则免于进一步征收公司所得税。这一规定适用于公司控股达 25% 或以上的情况。1992 年，欧共体委员会发布了一个关于税收协调的重要报告——路丁报告（Ruding Report）（Bovenberg *et al.*，1992；Hamaekers，1992；Kopits，1992；Messere，1993；Vanistendael，1993）。从某种程度上来说，该报告（EC Commssion，1992）是由政治事件促成的，正如马斯特里赫特条约所处的困境。这个报告导致了在中短期内委员会只倾向于采用折中的税收协调计划。

2001 年，欧盟委员会出台了一个政策，决定欧盟将向"统一公司税基"迈进。2003 年，委员会建议以国际财务报告准则的会计数据作为税基调整的基础。然而由于整个项目受到某些公司和国家的坚决反对，其进程缓慢。某些公司反对的原因是担心欧盟的竞争力会受到影响，某些国家（如冰岛）反对的原因是这些国家的税率很低。

小结

• 公司税在一些国家的财务会计实践中起着重要的作用，对于国际公司的理财而言，了解公司税同样也是非常重要的。

• 税基因各国对折旧、存货持有收益、资本利得、亏损、股利收益和某些费用及其他许多事项的处理方法的不同而不同。除了国家征收的公司所得税外，其他税收的重要性也有所不同。

• 税收制度的差异主要在于对股利的处理不同。古典税收制度将公司与其所有者截然分开对待，导致了对股利的"双重征税"。

• 其他税收制度力图缓解这一状况，以实现公平和效率。例如，税收归属制度根据股利状况向股东提供部分或全部的公司税收抵免。这一制度如今已在欧盟占据了主导地位，并得到欧洲委员会的青睐。

• 通过对已分配收益采用比对留存收益更低的税率，分割制度产生了同样的缓解双重征税的效果。

• 协调税收制度的建议曾由欧洲委员会在 1975 年的指令征求意见稿中提出，但其进展十分缓慢。最近，一种分段协调的方法已经被采纳。

参考文献

Al-Eryani, M., Alam, P. and Akhter, S. (1990) 'Transfer pricing determinants of US multinationals', *Journal of International Business Studies*, 3rd Ouarter.

Bovenberg, A. L., Crossen, S., Vanistendael, F. and Westerburgen, J. (1992) *Harmonization of Company Taxation in the European Community: Some Comments on the Ruding Committee Report*, Kluwer, Amsterdam.

Burke, R. (1979) 'Harmonization of corporation tax', *Intertax*, June-July.

Commerce Clearing House (yearly editions) *United States Master Tax Guide*, Commerce Clearing House, Chicago.

Deloitte (2002) *Strategy Matrix for Global Transfer Pricing: Comparison of Methods, Documentation, Penalties, and Other Issues*, Deloitte Touche Tohmatsu, New York.

EC Commission (1975) *Proposal for a Directive Concerning the Harmonization of Systems of Company Taxation and of Withholding Taxes on Dividends*, COM(75)392 final, Brussels.

EC Commission (1992) *Report of the Committee of Independent Experts on Company Taxation*, reprinted in *European Taxation*, Vol. 32, No. 4/5.

EC Council (1990) *Council Directive of 23 July 1990 on the Common System of Taxation Applicable to Parent Companies and Their Subsidiaries of Different Member States*, 90/435/EC.

Elliott, J. (2005) 'International transfer pricing', Ch. 11 in Lamb *et al.* (2005).

Elliott, J. and Emmanuel, C. R. (2000) *International Transfer Pricing: A Study of Cross-*

border Transactions, Chartered Institute of Management Accountants, London.

Emmanuel, C. R. (1999) 'Income shifting and international transfer pricing: a three-country *example*', *Abacus*, Vol. 35, No. 3.

European Taxation (1976) International Bureau of Fiscal Documentation, Amsterdam, Vol. 16, Nos. 2, 3, 4, pp. 41-51.

Hamaekers, H. (1992) 'The EC on the brink of full corporation tax harmonization', *European Taxation*, Vol. 32, No. 4/5.

Harris, D. G. (1993) 'The impact of US tax law revision on multinational corporations' capital location and income shifting decisions', *Journal of Accounting Research*, Vol. 31, Supplement.

Hoogendoorn, M. (1996) 'Accounting and taxation in Europe – a comparative overview', *European Accounting Review*, Vol. 5, Supplement.

Hung Chan, K. and Lo, A. W. Y. (2004) 'The influence of management perception of fundamental variables on the choice of international transfer-pricing methods', *International Journal of Accounting*, Vol. 39, No. 1.

IBFD (yearly) *The Taxation of Companies in Europe*, Guides to European Taxation, International Bureau of Fiscal Documentation, Amsterdam.

Jacob, J. (1996) 'Taxes and transfer pricing: income shifting and the volume of intrafirm transfers', *Journal of Accounting Research*, Vol. 34, No. 2, Fall.

James, S. R. and Nobes, C. W. (1992) *The Economics of Taxation*, Prentice Hall, Hemel Hempstead.

James, S. R. and Nobes, C. W. (2007) *The Economics of Taxation*, Prentice Hall, Harlow.

Klassen, K., Lang, M. and Wolfson, M. (1993) 'Geographic income shifting by multinational corporations in response to tax rate changes', *Journal of Accounting Research*, Vol. 31, Supplement.

Kopits, G. (ed.) (1992) *Tax Harmonization in the European Community: Policy Issues and Analysis*, International Monetary Fund, Occasional Paper No. 94.

Kuiper, W. G. (1988) 'EC Commission proposes a Directive on the harmonisation of rules for the determination of taxable profits of enterprises', *European Taxation*, Vol. 28, No. 10.

Lamb, M. (1995) 'When is a group a group? Convergence of concepts of "group" in European Union corporation tax', *European Accounting Review*, Vol. 4, No. 1.

Lamb, M. (2005) 'Taxation research as accounting research', Ch. 4 in Lamb *et al.* (2005).

Lamb, M., Nobes, C. W. and Roberts, A. D. (1998) 'International variations in the connections between tax and financial reporting', *Accounting and Business Research*, Summer.

Lamb, M., Lymer, A., Freedman, J. and James, S. (2005) *Taxation: An Interdisciplinary*

Approach to Research, Oxford University Press, Oxford.

Leitch, R. A. and Barrett, K. S. (1992) 'Multinational transfer pricing: objectives and constraints', *Journal of Accounting Literature*, Vol. 11, pp. 47–92.

Lin, L., Lefebvre, C. and Kantor, J. (1993) 'Economic determinants of international transfer pricing and the related accounting issues, with particular references to Asian Pacific countries', *International Journal of Accounting*, Vol. 28, No. 1.

McAulay, L. and Tomkins, C. R. (1992) 'A review of the contemporary transfer pricing literature with recommendations for future research', *British Journal of Management*, Vol. 3, pp. 101–2.

Messere, K. (1993) 'A personal view on certain aspects of the Ruding Report and the EC Commission's reaction to it', *European Taxation*, Vol. 33, No. 1.

Neumark Committee (1963) *EEC Reports on Tax Harmonization*, International Bureau of Fiscal Documentation, Amsterdam.

Nobes, C. W. (1979) 'Fiscal harmonisation and European integration: comments', *European Law Review*, August.

Nobes, C. W. (1980) 'Imputation systems of corporation tax in the EEC', *Accounting and Business Research*, Spring.

Nobes, C. W. and Schwencke, H. R. (2006) 'Tax and financial reporting links: a longitudinal examination over 30 years up to IFRS adoption, using Norway as a case study', *European Accounting Review*, Vol. 15, No. 1.

OECD (1974) *Theoretical and Empirical Aspects of Corporate Taxation*, Paris.

OECD (1979) *Transfer Pricing and Multinational Enterprises*, Paris.

OECD (1995/6) *Transfer Pricing Guidelines for Multinational Enterprises and Tax Administrations*, Paris.

Official Journal of the EC (1979) C140; see also report in *Intertax*, October 1979.

Oyelere, P. B. and Emmanuel, C. R. (1998) 'International transfer pricing and income shifting: evidence from the UK', *European Accounting Review*, Vol. 7. No. 4.

Picciotto, S. (1992) *International Business Taxation*, Weidenfeld and Nicolson, London.

Plasschaert, S. R. F. (1985) 'Transfer pricing problems in developing countries', in A. M. Rugman and L. Eden (eds), *Multinationals and Transfer Pricing*, St. Martin's Press, New York.

Pricewaterhouse Coopers (2001) *Corporate Taxes, Worldwide Summaries*, New York.

Rust, M. and Graham, P. (2000) 'Transfer pricing–is your house in order?' *Accounting and Business*, April.

UNCTAD (1997) 'Overview' in *World Investment Report – Transnational Corporations, Market Structure and Competition Policy*, United Nations, Geneva.

US Treasury (1992) *Regulation S. 1. 6662* of the Internal Revenue Code, Washington, DC.

van den Tempel, A. J. (1970) *Corporation Tax and Individual Income Tax in the EEC*,

Commission of the EC, Brussels.

Vanistendael, F. (1993) 'Some basic problems on the road to tax harmonization', *European Taxation*, Vol. 33, No. 1.

后续读物

有关税收体制会计问题的更详细的信息，请参阅普华永道公司的年度国际税务总结，以及詹姆斯和诺比斯 2007 年的著作。

有关不同税收制度效果的讨论，请参见 *European Taxation*（1976）和 OECD（1974）。

有关税务会计研究的调查，请参见兰姆等人（2005）的著作。

实用网址

www. atasection. org

www. ifs. org. uk

www. ibfd. nl

www. ntanet. org

课后问题

书末提供带星号问题的参考答案。

22.1* "公司所得税制度的国际差异比会计制度的国际差异更为显著，因此对它们进行分类是不可能的。"请讨论这种说法。

22.2* "如果没有协调应纳税所得额的计算，那么也就无所谓协调税收制度和税率。"请讨论这种说法。

22.3 哪一个国家的税收制度试图对向外发布的公司财务报表产生巨大影响？讨论这一影响是如何奏效的？在合并报表中对税款的处理是如何反映的？

22.4 哪一种分类方式是在任何研究领域都有效的？回答时请以财务报告和公司税收的国际差异作为例证。

22.5 "公司所得税的古典税收制度是有效的，因为它能促使公司保留更多的利润用于投资。"请讨论这种说法。

22.6 有关公司所得税，请指出以下方面的国际差异：

（1）应纳税所得额的计算；

（2）税收制度（如古典税收制度、税收归属制度）；

（3）税收对会计计价和计量的影响；

（4）财务报表中所列示税收金额的计算。

22.7 解释跨国公司是如何以对自身有利的方式利用税收规则国际差异的。

第 23 章　管理会计

斯蒂芬·索尔特

内容

目标

读完本章后您应当能够

- 讨论公司战略目标的选择。
- 概括跨国公司的预算程序。
- 解释跨国公司如何努力避免外币折算风险、外汇交易风险和经济风险。
- 解释行为控制、结果控制和集团控制之间的区别。
- 解释美国《萨班斯—奥克斯利法案》对全球控制的影响。

23.1　引言

在全球化的经营环境下，管理会计和控制具有一个有趣的特征：它是两个学科的综合产物。第一个是相对柔性的管理艺术。至少在"国际化"所涉及的领域，它试图从人类学和心理学角度，探究控制经营性主体这一独一无二的行为问题。第二个是"会计"，所处理的是和记录及操纵最适宜的信息系统有关的技术问题。本章将试图探讨在不同国家经营的公司所遇到的上述两个领域中的问题。

对管理会计和控制的需要源于公司战略。它不仅要为管理层提供信息，而且管理层还需要将这些信息作为工具来运用，从而保证员工的行为和目标与公司的相一致。一家公司的管理会计所遇到的基本挑战可归纳为以下几个方面：

（1）公司的战略目标是什么？

（2）在短期计划（经营预算）和长期计划（资本预算）中，公司需要哪些资源？拟从何处获取所需资源？

（3）公司是否建立了可借以判断其运行是否偏离了轨道并需要加以纠正的制度？

（4）公司如何才能知道它已经实现了既定目标？

（5）公司如何评价管理层的业绩并激励其提高业绩？

图23—1以图表的形式说明了在一个战略和控制体系中产生的各种关系。

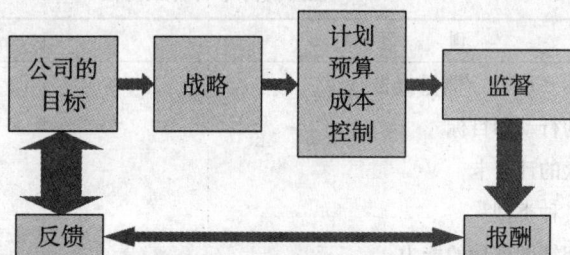

图23—1　战略与控制概览

第23.2部分将探讨一个用于评估公司是否已经实现了既定目标的通用模型。在国际经营环境中，由于存在不同的货币和文化，目标的实现变得更加复杂。因此第23.3部分和第23.4部分主要关注货币问题，第23.5部分讨论文化问题，第23.6部分考察控制和业绩的问题。

23.2　平衡计分卡

为了达到公司的上述多层次目标，首先应该考虑的一个工具就是平衡计分卡（Kaplan and Norton，1992）。这种控制工具的思路是让那些衍生出成功战略且在一致和可控的框架下实施该战略的公司得到发展，并保持相对于其竞争者的优势。

目前组织正面临着日益全球化和竞争性的环境。这一趋势影响到了组织的战略选择，例如应当进入的行业和市场等。利用全球化战略也应当包括有关组织结构的决策。例如，集权化和分散化的程度成为战略实施过程中一个不可或缺的部分。按照这种思想，全球化必然带来管理控制系统的日益复杂化。不幸的是，对于准备实施全球战略的国际公司来说，传统的单一财务衡量方法不能为其管理者提供所需要的足够信息。平衡计分卡可以解决这一问题，它可作为企业现有控制体系的补充，也是加强沟通以完成企业战略的方法之一。罗伯特·卡普兰和大卫·诺顿（1992）在《哈佛商业评论》发表的文章中首次提出了这个技术。

传统的平衡计分卡模型见图23—2。从图中可以看出，平衡计分卡可从公司价值增加活动中的 4 个不同的角度来看待。从 1992 年起，平衡计分卡的运用在美国十分流行。从全球来看，其积极效果也是显著的。Melville（2003）在一项对 34 个国家内部审计人员的调查中发现，平衡计分卡已经被广泛运用，并且成为企业内部控制的重要基础以及企业战略实施的重要保证（包括保证一些并不与会计直接相关的软性目标的实现）。Lawson 等人（2006）代表管理会计师协会（Institute of Management Accountants，IMA ®）以及其他专业机构和咨询机构，如特许管理会计师协会（Chartered Institute of Management Accountants，CIMA），美国注册会计师协会（American Institute of Certified Public Accountants，AICPA）进行了一项研究，范围包括了南美洲、北美洲、欧洲、亚洲、中东及非洲。这也许是关于平衡计分卡运用的最深入的研究了。下文描述的是其研究过程。

　　Lawson 等人（2006）首先报告的情况是计分卡运用的普遍程度。从图 23—3 可以看出，南美洲和非洲（主要是南非）用的普遍程度较高，而欧洲相反。其次它们问到了运用计分卡的主要优势。表 23—1 显示，计分卡的主要优势包括：提供多样化的衡量方法；将衡量的目标与行动力紧密联系在一起；有适用于组织不同层级的计分卡。

表 23—1 使用计分卡有什么好处

测　　量	%
主要绩效指标（KPI）/测量报告	84
测量所支持的行动和目标	83
组织不同层次的计分卡	74
绩效评估的各种类型	74
图解一段时间绩效评估的能力	73
与组织中的员工沟通愿景和战略的能力	72
问责制的行动和措施	72
目标反馈	68
联接战略目标和行动的因果图	68
联接目标和结果的报酬体系	67

　　同时，Lawson 等人（2006）也报告了各地区对计分卡的满意程度。本书作者为了计算出各地区综合满意水平，对其研究报告进行了再运算，结果见图 23—4。从平均水平来说，世界各国对计分卡的运用还算满意。南非是计分卡使用率最高同时也是满意程度最高的地区。北美，作为计分卡的创始地区，居次。欧洲对计分卡的使用率最低，其满意度也最低。Lawson 等人（2006）注意到计分卡的运用越来越有国际化的视角。但各地区运用计分卡体系的原因有着很大的不同。这一点非常重要，因为使用动机直接关系着计分卡体系的设计理念和实施过程。正如其他管理会计工具一样，我们在看到全球化运用的同时，也发现运用上的重大差异仍然存在。

　　既然各国对计分卡的运用有所不同，那么跨国公司又该怎样设立其计分卡制度呢？Lawson 等人（2006）建议，应加入第五方面以调控企业独有的国际化问题，如政治风险、转移定价、汇率风险（exchange rate risk）、地方市场保护（protection and market demographics）等。这也将是对国内标准平衡计分卡制度的补充。图 23—5 及表 23—2 列示了一个可能的"五维平衡计分卡"。

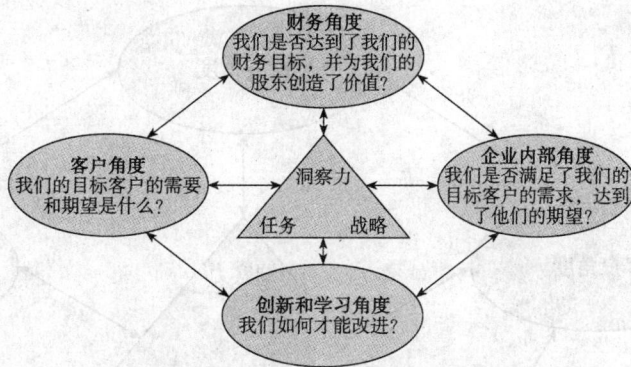

图 23—2　传统的平衡计分卡：四个角度

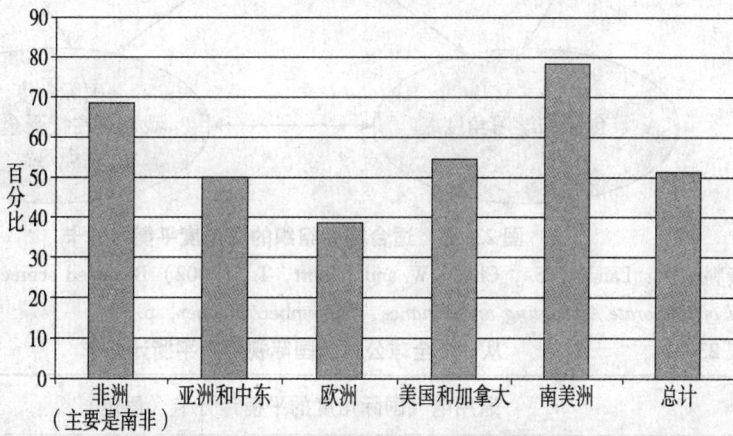

图 23—3　全球计分卡运用的普遍程度

资料来源：Adapted from data in Lawson, R., Stratton, W. and Hatch, T. （2006）'Scorecarding Goes Global', *Strategic Finance*, Vol. 87, No. 9, pp. 35–41。

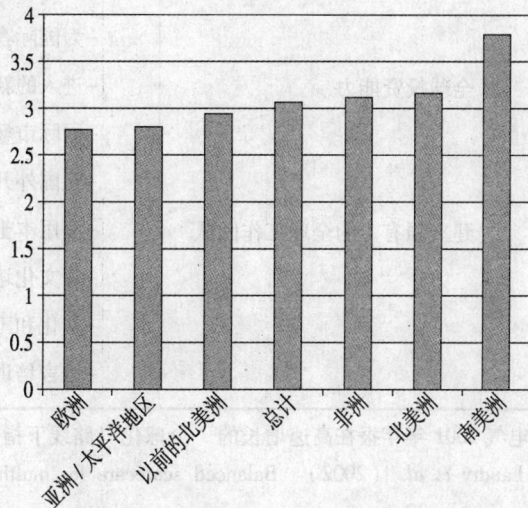

图 23—4　各地区对计分卡运用的满意程度

资料来源：Adapted from data in Lawson, R., Stratton, W. and Hatch, T. （2006）'Scorecarding Goes Global', *Strategic Finance*, Vol. 87, No. 9, pp. 35–41。

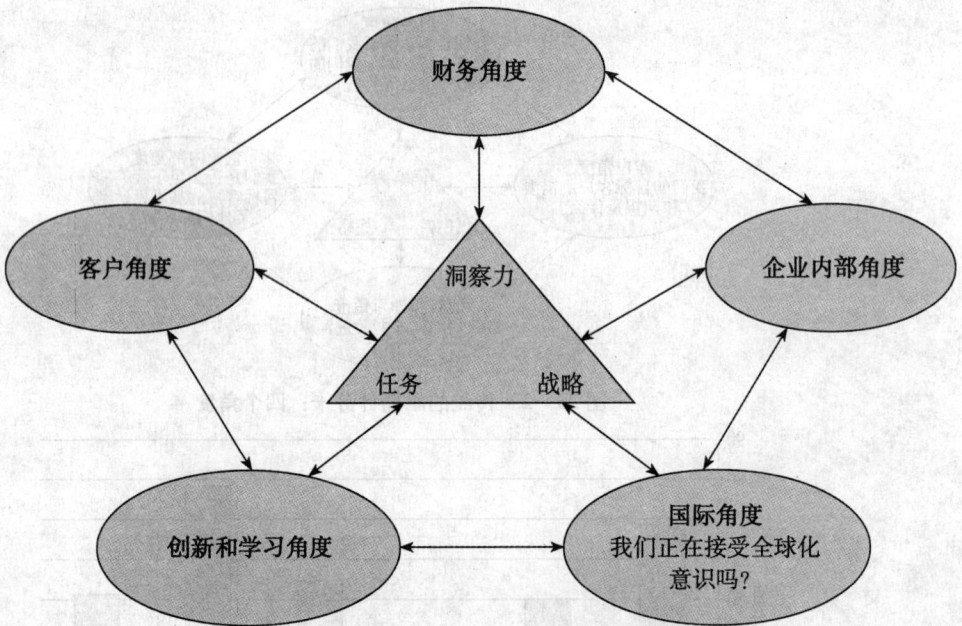

图 23—5　适合国际组织的五角度平衡计分卡

资料来源：Landry，S.，Chan，W. and Jalbert，T.（2002）Balanced scorecard for multinationals，*Journal of Corporate Accounting and Finance*，September/October，p. 38。

表 23—2　　　　　　**从一个全球公司的国际视野看平衡计分卡**

通用电气国际角度的平衡计分卡（假定）

	重要的成功要素①	业绩衡量
	客户支持	–国际客户满意度
		–国际客户保持力
		–为国际客户提供高质量服务
	全球投资能力	–进入的新的国际市场的数量
		–国际市场引进的新产品
国际视野		–在国外开设和/或扩展的生产工厂
	建立强有力的全球工作团队	–雇用本土员工的强度
		–跨文化培训
		–文化和工作轮换
		–语言培训

注：①通用电气 2001 年年报在高速增长的"全球化"路线下指出了这些因素。

资料来源：Landry *et al.*（2002）'Balanced scorecare for multinationals'，*Journal of Corporate Accounting and Finance*，p. 38。

23.3　货币与控制

23.3.1　引言

与财务会计一样，汇率变动对管理会计也有影响，其对预算和业绩评价的影响尤其大。对管理者而言这是非常重要的。尽管从理论上来看，在衡量非国内管理者的经营业绩时应当考虑其所处环境的差异，例如货币波动，但是波克沃斯基（Borkowski，1999）的研究发现，跨国公司在评价国内公司和外国子公司的管理者的业绩时，并没有考虑这些因素。因此对外币兑换和管理控制系统之间的互动关系有良好理解，将有助于管理者应对，或至少有助于其评估非国内公司的风险。

23.3.2　风险的类型

在定义风险以前，首先要了解本国货币与其他货币之间的汇率变动会导致三个方面的风险：外汇折算风险、外汇交易风险和经济风险。

1. 外币折算风险

"外币折算风险"是一个会计问题。它是指在报表合并时，以某一货币表示的资产需要以另一种货币来表示时所产生的风险。资产负债表和利润表的项目以当地货币表示时，其价值稳定不变，但若折算成其母公司所在国的货币，其价值就会发生变化。这一折算的结果也会影响到预算。首先，在编制预算时，必须选择一个初始汇率用以编制预计报表。这一初始汇率可以选择采用编制预算表时的即期汇率，或是预算开始执行时或结束时的远期汇率，或是混合使用多种汇率。在预算覆盖的期间，汇率会发生变动，这会导致实际收入和支出与预算收入、支出数额之间发生差异。如果采用时态法（见第 18 章）进行折算，则诸如折旧和摊销等与以历史成本计价的资产紧密联系的项目在预算中应采用历史汇率，对其实际成本进行折算时也应采用相同的汇率。如果采用现行汇率法进行折算，若公司持有直至年末经营所需的全部资产，则公司会产生因为汇率变动的额外影响。同样的，从年初开始就持有的资产全年都会受到汇率变动的影响。对所有者权益产生的相应影响即为累计外币折算调整。

在某种程度上，这些不同方法的差异取决于对初始汇率的选择。如果是为了衡量业绩，当管理者个人无需对汇率变动负责时，汇率变动产生的某些影响应予以剔除。但是要注意，汇率变动有时会产生间接的影响，如：

- 需要调整销售价格和海外投入计划；
- 汇率变动对国内市场和出口的销售量产生的积极影响和消极影响；
- 选择了那些因汇率变动而变得更具有价格竞争力的国内和国际供应商，从而使实际情况偏离预算的标准投入效率。

要消除汇率波动的所有影响，应当对预算中的每一个收入项目和费用项目均采用一个单独的汇率，但是这会使计划变得更为复杂。

2. 外汇交易风险

"外汇交易风险"产生于那些未作套期保值的合同现金流量（参见第 9.4 部分）。通常对国际交易中的现金流量应编制一个单独的预算，用以估定未作套期保值的现金流量的数额是否巨大。这一单独预算将有利于对套期保值行为和政策进行计划、控制和评估。这一预算可以基于本地公司进行编制，但在绝大部分公司中都是由全球性或区域性的财务部门来完成的，这些部门还会制订套期保值战略计划。然而，套期保值的费用应当包括在为公司整体和为各个部门编制的收入和支出预算中。

    3. 经济风险

"经济风险"是汇率变动对公司及公司预算所产生的第三方面的冲击。它是指由于汇率变动导致的、由经营和海外投资而产生的未来现金流量发生了未包括进合同的和未预计到的变化。应对这类风险的决策主要是长期决策，其中包括选择市场和生产设备的供应地等。其他的决策包括定价策略、销售品种结构、营运资金管理和员工报酬。每一方面的决策产生的影响都是利润计划和控制结构的构成部分。在编制预算时，如果要求预算全部都符合实际，那么因汇率变动而产生的经济风险影响将决定这些基本决策，而这些基本决策又反过来生成了预算中的大部分基础数据。

23.3.3　外币折算的需要

    既然每一种类型的外汇风险都影响了跨国公司的预算编制，那么有人可能会问："为什么要这么麻烦地进行折算呢？为什么不像当地公司那样，简单地以当地货币编制经营预算呢？"事实上，如果一个公司具有长期形成的传统，并已成为相对独立的经营主体，同时也从当地资本市场上融通资金，那么它确实可能只需要用当地货币编制预算。

    然而还有许多理由促使我们选择一个基准外币汇率，并将预算及经营目标按这一汇率进行折算，使它们都用一种相同的货币来表示。提高各分支机构经营状况的可比性是将预算及其控制所需信息折算为单一货币表示的主要原因。由于在许多国家外汇管制已经取消，因此公司经营计划就如同选择外资股构成投资组合一样。其中每一支外资股最终都要与投资组合中的其他股票进行比较，以使股东能获得最大的回报。采用这一战略的公司发现，如果它们要评估一支外国股票是否适合其投资组合，就必须具有共同的基础才便于比较决策。尽管这可能对经营外国子公司的管理者个人极不公平，但对于在全球范围内计算投资报酬率（ROI）的偏离情况仍是十分必要的，毕竟公司必须对股东负责。按母公司所在国货币计算的全球的投资报酬率对股利及最终的股票价格都有重要的影响。

    利用折算后的信息编制预算的另一个原因是，有观点认为管理者应负责恰当处理汇率变动的问题。在那些币值相对于母国货币正在贬值的国家，外国子公司的管理层可能负有将收益产生的现金送返母公司的责任，至少在当地法律允许的范围内会被要求这么做。这样，这些管理者就要负责在法律允许的范围内将现金返回母公司，以尽可能减少外汇汇兑损失。用折算后的信息进行预算编制及控制将有助于说明这一政策的执行是成功了还是失败了。最后，许多国家的会计制度要求公司编制合并报表，采用单一币种有利于年末合并报表的编制，同时也有利于管理层对内部和外部财务数据的调整。

23.3.4 外币汇率波动时的经营预算

让我们回到前面的问题，即什么汇率适用于预算编制及预算控制呢？预算的编制程序始于预算年度之前，这就使汇率有了三种选择：预算编制结束时的汇率、预算年度起始日的汇率和预算年度的预计平均汇率（远期汇率）。具体选择哪一种汇率应取决于预算编制期间的有关信息及由谁负责管理外汇。

让我们通过一个简单的例子进行说明。假定一个南非的公司为其澳大利亚的子公司编制 2009 日历年度的预算。预算编制起始日是 2008 年 9 月 1 日，1 欧元兑 750.9 智利比索，这一汇率当然可以作为整个预算的汇率。然而，在这 12 个月中，南非兰特的币值可能持续下跌，那么公司就要通过编制几个预算脚本来预计持续贬值将产生的影响。同时，如果贬值持续下去，那么无论是在预算中还是在实际中，公司都应采取相应措施以稳定利润，如在财务年度伊始，就要考虑作一个长期的、延续到 2007 年 12 月 31 日的套期保值，以保证以初始汇率为基础的预期澳元利润可以实现。这同时也要求对预算进行调整。

如果南非的公司管理人员要求澳大利亚子公司的管理人员承担汇率变动的责任，那么选择 2009 年年初的汇率作为初始汇率可能就比较合适了。在这种情况下，澳大利亚子公司的管理者只需要负责 2009 年 1 月 1 日之后的汇率变动损益。或者，公司总部也可以使用 2008 年 9 月的汇率进行预算，同时作一个 2008 年 10 月 1 日至 2008 年 12 月 31 日为期 90 天的套期保值，以保证预算到起始日之前不会受到汇率变动的影响。从 2007 年 1 月 1 日开始，澳大利亚子公司的管理人员可能也要作一个套期保值以防止在预算年度中汇率发生变动。

最后一个选择预算汇率的战略更多的只是理论上的分析，而不是在预算过程中采取实际行动。因此，由于没有采取外币兑换行为，南非总部决定用预计的年度平均汇率或远期汇率作为预算编制的初始汇率。这样当实际汇率偏离这一汇率时，汇率的预测部门单独承担责任或者和子公司的管理者一起承担责任，处理未预测到的汇率变化。

23.3.5 资本预算

资本预算是前面所讨论的经营预算的长期预算版本。然而，其中许多我们已讨论过的因素，尤其是与经济风险相关的因素在这里仍需加以考虑。与短期计划或短期预算相似，长期计划或资本预算同样必须考虑预计的汇率变动对折现现金流量的影响。它与其他环境的不确定因素一起形成对未来现金流量折现时应考虑的风险系数。环境的不确定性可能是微弱的（如非预期的税负加重风险），但也可能是严重的（如公司被征收的风险）。总体而言，不发达国家的风险影响程度要比其富裕的贸易伙伴大得多。但即便是在富裕的发达国家，同样可能发生许多不可预见的不利事件。对这一问题的讨论，可以参阅科布林（Kobrin, 1979）以及埃德蒙兹和埃利斯（Edmunds and Ellis, 1999）的文章。

无论跨国公司是否采用标准化的财务报告模式，总是需要考虑这样一个问题，即对其外国的经营状况以及管理者的业绩是以一个全球化的标准进行评估，还是仅仅以所在国家的标准来进行评估。比较投资报酬率或净利润是评价每个公司的经营状况及管理者个人业绩情况的主要方法，这种评价按标准的或全球化的基准进行。但是，采用这种方式是否就能作出有效决策呢？有时，当我们在长期战略决策中考虑环境因素时，就会和追求每年高投资报酬率指标形成冲突。因此，资本预算可能比经营预算更需要良好的判断。在任何情况下，对预算责任的分配都必须非常认真，这事实上已将我们带入了下一个关于管理控制领域的重要问题，即关于控制和业绩评价以及相应的报酬体系结构的问题。

23.4 差异和外汇

在有关预算的那一节中我们已经讨论了当地货币币值的变动是如何影响预算和决策的。同样的，货币币值变动也会影响业绩评估。与业绩评估相联系的关键是一个正式的差异分析系统，它是一个很有效的分析工具，能告诉管理层问题的症结所在。下面我们以一家非洲公司 Zambezi Boards 公司为例进行分析，该公司试图在南非和澳大利亚之间进行冲浪板的套利交易。Zambezi Boards 公司在澳大利亚建立一个子公司（Ozboards 公司）来销售其产品。正如我们将从表 23—2 所看到的，Zambezi Boards 公司在澳大利亚的子公司运气不太好。由于很多澳大利亚人直接从南非贸易商购买冲浪板，导致 Ozboards 公司的经营状况没有想象中的那么好。首先销售量（按件计）下降了，即使产品价格维持在以澳元预算的价格水平上，销售收入也因此而减少了872 500 元（见 M 栏）。然而每件产品的销售单价已从每件 349 元下降至 275 元，从而导致收入进一步下降 555 000 元（见 L 栏）。无论 Ozboards 公司是一个本国公司还是一个跨国公司的子公司，都会产生相同的差异。幸运的是，这一年南非兰特兑澳元的汇率下降了。和最初预算时相比，每一澳元可以多兑换 6% 的南非兰特。结果，当南非的管理人员考查其经营状况时，发现这些不利差异被外汇汇率差异抵消了。然而外汇汇率差异还不足以抵消由价格下降和销售量下降所带来的负面影响。因此澳大利亚市场仍然存在问题，Zambezi Boards 公司需要决定明年如何来为其冲浪板定价。类似的差异计算还可以用于对直接费用和间接费用的分析。

我们在上一部分已经讨论过当地货币价值是如何影响预算安排和决策制定的，它同样也可以影响业绩评价。两者之间的联系用差异分析（variance analysis）便可看出。差异分析是一种极为有效的分析工具，它能告诉管理者问题所在。设想有一家智利公司，Talca Fruta，打算从利润丰厚的欧洲与智利的水果交易中大赚一笔。Talca Fruta 在德国设立了一个子公司——Talca Früchte（TF），往欧洲销售商品。从表 23—3 可以看出，2009 年对 Talca Früchte 来说有好有坏。每千克产品的价格（欧元）下降了，但是销量（千克）有所提升。总销售额（欧元）微量下滑（比较 F 项与 M 项）。售价（L 项）和销量（M 项）变动的影响相互抵消了。不管 Talca Früchte 是国内企业还是跨国公司的子公司，这一结果都不会改变。幸运的是，智利比索的贬值，使得公司每一欧元的预算都相当于比原来多了 6.3%。所以当 Talca Fruta 审查公司经营状况的时候会发现，售价（欧元）的影响已经被外币汇率的影响消除了。这一汇率的差异足以消除售价下降的负面影响。因此，问题的根本在于德国市场，Talca Früchte 应该好好考虑下年的产品定价问题。对直接和间接费用的分析也可采用该方法。

表23—3　　　　　　　　Talca Früchte（2009）销售预算差异分析

Talca Früchte				
基本数据	价值	计算公式	计算结果 欧元 （€）	计算结果 智利比索 （CLP）
制定预算时运用的汇率 CLP/€　　A	CLP 714			A
预算年度年末汇率 CLP/€　　B	CLP 804			B
平均汇率 CLP/€　　C	CLP 759			C
预计欧洲市场每千克销售价格　　D	€1.10			D
预计销售量（千克）　　E	1 000 000			E
预计销售额（€）　　F		D×E	1 100 000	F
预计销售额（CLP）　　G		D×E×A		785 400 000　　G
结果				
实际销售量（千克）　　H	1 150 000			H
实际销售价格（€）　　I	€0.95			I
欧洲市场情况				
实际销售额（€）　　J		H×I	1 092 500	J
实际销售量×预计销售价　　K		H×D	1 265 000	K
销售价格差异（括号表示情况不利）　　L		J−K	（172 500）	L
销售量差异（括号表示情况不利）　　M		K−F	165 000	M
货币价值变化的影响				
CLP/€平均汇率下的销售额(CLP)　　N		H×I×C		829 149 051　　N
实际销售量×实际销售价格（€）×制定预算时运用的汇率 CLP/€　　O		H×I×A		780 045 000　　O
汇率差异（括号表示情况不利）　　Q		N−O		49 104 051　　Q
同样可以计算出以下差异				
实际销售量×预计销售价格（€）×制定预算时运用的汇率 CLP/€　　P		H×D×A		903 210 000　　P
CLP 销售价格差异（括号表示情况不利）　　R		O−P		（122 165 000）　R
CLP 销售量差异＝实际销售量×预计销售价格（€）×制定预算时运用的汇率 CLP/€−预计销售额(CLP)　　S		P−G		117 810 000　　S
汇率差异（括号表示情况不利）		N−O		49 104 051

23.5 不同国家的管理会计

23.5.1 什么话题很重要

在上文讨论过的 Lawson 等人（2006）研究报告中，与 BCS 无关但最有意思的一个问题是：哪种管理会计工具最有效？表 23—4 是各地区对 4 种不同管理会计工具的中位数排序情况（median rank）。从平均水平来说，业绩考核（performance measurements）和战略计划（strategy planning）是最为重要的工具，但是亚洲地区却将战略计划放在了倒数的位置，表明评价标准存在着严重的地区差异。与调查结果相反，拉丁美洲的财务经理更加看重计分卡的运用而对预算控制评价不高。导致这一现象的原因也许是拉丁美洲长期的经济形势的不确定，也可能是因为排序结果本来就是带有文化色彩的。

表 23—4　　　　　　　　　　　　　　**成本管理工具的地区排名**

	非洲	亚洲/太平洋地区	欧洲	北美	南美	中位数
业绩考核	3	1	2	1	3	2
战略计划	2	4	1	2	2	2
计分卡	5	3	3	3	1	3
预算控制	5	2	3	4	5	4

资料来源：根据 Lawson 等人（2006）研究报告第 37 页表 2 整理数据。

23.5.2 文化和控制概述

对于在各国之间存在的管理会计和管理控制系统（MCS）差异，人们可以找出许多原因，例如来自历史或经济方面的因素。然而可以将所有这些因素宽泛地归纳为信仰系统，即为"文化"。曾有许多作者试图给文化下定义，并试图按文化差异对国家进行分类，但鲜有像霍夫斯蒂德（Hofstede，1980，1984，1991）那样获得成功并被接受的，他的研究成果我们已经在第 2 章作了探讨。想要了解关于文化视野的更多内容，可以参考《全球研究》（*Globe Study*）（House 等人，2006）。

文化的影响可以是根深蒂固的。Krumwiede 和 Suessmair（2007）发现，管理会计在公司中扮演的角色在各个国家是不同的。他们总结道：德国企业比较注重管理会计，而美国企业更加重视财务报告。此外，德国企业对成本管理的满意度普遍高于美国企业。

有大量的证据表明，公司员工对管理控制系统（Management Control System，MCS）做出的反应以及公司信息传递的方式能够反映不同国家的文化态度。Lere 和 Portz（2005）以实践者的眼光对相关文献进行了总结并提出了几点建议：

1. 跨国公司对于文化差异的态度是不同的。例如，在选择子公司经理时，跨国公司更倾向于聘用那些符合母国文化的人，而不是"本土化"的应聘者（这类公司经理常被称为"边缘人"，或者更加口语化一点——"跨洋人"）。而在另一极端，公司调整母国体制以反映不同子公司国家的文化。

2. 具体建议包括：

（a）为美国、英国和澳洲分权化公司设计的体系，也许并不适用于处在强权和操纵文化背景下的子公司。

（b）"权力下放"在像美国这样的强调个人主义的国家非常普遍，但在集体主义国家则不然。相对美国而言，在集体主义社会建立外部激励措施的必要性相对较小。

（c）在女权文化较强的国家的子公司，发放能够提高生活质量的奖励要比提供奖金（美国公司常用的做法）更有效。

（d）能够反映长期发展方向的业绩考核，如销售增长额及市场占有率，对长期发展方向文化的形成是有重大意义的。提供奖金之外的奖励，如升职，在这样的国家同样可以起到很好的效果。

23.5.3　选择战略目标

有关跨国公司的战略问题，现有的文献已经很多（Gupta and Govindarajan，1991；Edmunds and Ellis，1999）。大多数公司在建立战略目标时会关注如何选择一个恰当的量化目标，即某一特定的预算数额或财务比率。各国和各公司对这一量化的战略目标的选择表现出相当大的差异。可能被选择的目标包括：

- 销售额；
- 成本降低额；
- 质量目标；
- 市场占有率；
- 盈利能力；
- 实际完成预算的情况。

以上这些目标都具有各自的价值，在基础的管理会计理论中，跨国公司确定目标的最佳方法是根据要设定目标的单位自身所关注的焦点来确定。销售额和市场占有率目标特别适用于那些对成本投入没有控制，而且其主要目的是为了销售其他单位生产的商品的经营单位。以财务比率或其他一些计量指标表示的盈利能力目标特别适用于那些受过训练并富有经验的战略经营单位（即集团公司内部的单位，它在各方面的经营决策上都具有自主权，如集团公司的一个主要部门或分公司）。此外，一个单位的目标不仅与它的经营目的紧密相关，而且与它所控制的那部分经营活动紧密相关。

如果我们不再将跨国公司作为一个整体来研究，而转向以国家为基础来对跨国公司进行分析，就会发现很多事实证明，各国公司的最优目标是不同的。波克沃斯基（1999）对1999年以前的研究进行了一个小结（见表23—5）。表23—5中所列的一些研究是非常经典的。在一项以200家美国跨国公司为样本的早期研究中，罗宾斯和斯托鲍夫（Robbins and Stobaugh，1973）指出投资报酬率是美国跨国公司采用的主要目标。然而由于投资报酬率在计算上存在的问题，通常在将实际完成情况与预算情况进行的比较分析中，还会用一些其他的辅助指标。在另外一项以美国70家化学跨国公司为样本的研究中，莫尔斯卡拓（Morsicato，1980）发现有多个指标被用作公司的目标，这些指标按使用的情况从多到少的顺序依次为：利润、投资报酬率以及利润和销售额的实际完成情况与预算情况的对比。阿伯达莱和科勒（Abdallah and Keller，1985）的研究也得出了类似结论。

表23—5　　　　选出的一些关于公司目标和管理绩效评估的实证研究

作者	年份	样本		研究发现
		国家	样本量	
Robbins and Stobaugh	1973	美国 MNEs 和国内公司	150	两者目标一致。附带预算与实际之比较的 ROI
Morsicato	1980	美国 MNEs 和国内公司	70	两者目标一致。附带预算与实际之比较的 ROI
Abdallah and Keller	1985	美国 MNEs 和国内公司	66	两者目标一致。附带利润指标的 ROI
Demirag	1987	在英国的日本 MNEs 和英国本土的 MNEs	105	两者目标一致。附带预算与实际之比较的 ROI
Borkowski	1993	美国 MNEs	247	就公司总体而言，国内外子公司有着相同的目标，但国外子公司更加注重增长销售额及削减成本
Kopp	1994	欧洲 MNEs，日本 MNEs 和美国 MNEs	22	由母国 MNE 指挥的跨国经营的绩效考核标准各不相同
Keating	1997	美国 MNEs	34	最重要的目标是分区的会计标准，而不是形成统一的会计核算

资料来源：数据改编自《国际管理绩效评估报告：一份基于 5 国比较的研究》，*Journal of International Business Study*，Vol. 30，No. 3，p . 539（Borkowski, S. , 1999），经麦克米伦出版公司允许重印，并由帕尔格雷夫—麦克米伦公司出版。

还值得一提的研究是由贝利斯和阿萨达（Bailes and Assada，1991）以及丹米格（Demirag，1994）所作的研究。通过对美国和日本主要上市公司（256 家日本公司和80 家美国公司）的比较分析，贝利斯和阿萨达（1991）发现大多数日本公司（86.3%）倾向于采用销售量指标作为其整体目标，而扣减完公司管理费用后的净利润指标只位列第二（44.7%）。与之相反，美国公司倾向于将投资报酬率指标作为部门预算目标的常用指标（68.4%），随后是可控利润指标（51.8%）。丹米格（1994）同样发现在英国的日本公司长期以来倾向于采用销售额和市场占有率作为其目标。

波克沃斯基（1999）不仅回顾了相关的研究，而且还考察了 261 家跨国公司的业绩目标，这些跨国公司是从加拿大、德国、日本、美国和英国的跨国公司中抽取的样本。他发现来自加拿大、德国、日本、美国和英国的跨国公司在本国都有不同的目标（见表23—6）。在日本，净收益是衡量业绩的最重要指标。日本和德国的公司还非常看重销售增长率。加拿大公司关注成长，但它们的首要目标是利润边际。英国公司成功的首要衡量标准是成本减少和边际利润。对美国公司而言，成本减少、销售额增长和边际利润是首要目标。

表23—6 国家的首要目标

预算目标	加拿大	德国	日本	英国	美国
净收益	4	3	1	>5	5
资产回报率	>5	>5	>5	>5	5
市场份额	>5	4	>5	>5	>5
成本减少	2	5	>5	1	1
边际利润	1	2	4	1	3
销售额增长	2	1	2	>5	2
预算完成情况	>5	>5	5	3	5
目标完成情况	5	>5	3	3	4

资料来源：总结于 Borkowski, S. (1999) "International managerial performance evaluation: a five country comparison", Journal of International Business Studies, Vol. 30, No. 3, p. 545。

这些结果中，日本和美国的情况大大不同于贝利斯和阿萨达（1991）研究中的情况。根据波克沃斯基（1999）的研究，美国公司最关注的重心似乎已经从投资报酬率转向边际利润（毛利），第二位重心则从可控利润转向为销售额成长。日本公司的关注重心转向了净收益，而不是市场份额。

总的来说，这些对公司目标的研究告诉我们，公司目标在不同国家是不同的，而且公司需要了解它们竞争对手的目标可能和它们的目标不同。会计主管也需要修正公司目标和每个国家子公司的管理控制系统，从而努力通过社会化或选择来建立一种共同的公司文化以取代国家文化。其中一些独特性问题将会反映在预算程序中，下面我们就来考察这一问题。

23.5.4 跨国预算程序和其他的管理控制系统问题

预算程序包括确定公司目标，并根据目标制订出一系列正式的短期计划和长期计划。关于预算，通常需要解决的问题有：

- 应当建立一个正式的预算制定流程吗？
- 谁参与预算程序，如何参与？
- 采用何种沟通方式（正式的还是非正式的）？
- 如何制定预算目标？

其他应关注的更具一般性的问题包括：

- 预算应包括哪些期间（短期还是长期）？
- 预算中是确定一个特定的以货币表示的目标，还是以非量化的指标作为目标更为适宜？

因为亚洲国家文化中的"长期导向"（long-term orientation, LTO）分值较高，因此其本质上更可能采取长期观点和制定覆盖长期的预算。因此，人们会期望一个亚洲的公司进行长期计划，并且采用那些长期性的、对利润的即时影响并不明显，但对长期经营却具有潜在价值的目标指标来衡量预算的完成情况。这类长期目标包括质量标准的提高、市场占有率的上升以及销售额的增长等。

这些理论似乎都是有证据支持的。例如，尤诺和瑟卡兰（Ueno and Sekaran，1992）的报告指出，日本公司确实比美国公司更偏爱长期预算期间。尤诺和瑟卡兰的一些研究结果与贝利斯和阿萨达（1991）以及霍金斯（Hawkins，1993）的观点相反。他们认为，尽管日本管理者采用了一个更长的业绩评价和激励的周期，但他们并没有比美国的管理者制定更长的可评估预算期间。应当记住的是，过于长期的计划并不在正式预算编制数字涉及范围之内。哈里森等人（1994）比较了澳大利亚、美国、新加坡和中国香港的 400 多位管理者的观点，并得出结论认为英美的管理者更偏爱短期的和更数量化的预算目标。

尤诺和吴（Ueno and Wu，1993）从稍微不同的角度进行了分析，他们发现集体主义社会倾向于以团体为对象制订计划并进行奖励，而在个人主义的文化环境下则会建立一系列的预算指标，同时这些预算指标相互结合，与每个雇员的业绩和奖励挂钩。这有两层直接的含义。首先，从时间角度看，团体的业绩及相应的报酬奖励，通常需较长的时间才能表现出来，因此在一个集体主义社会中，团体计划相应也会是长期的。其次，在集体主义社会里没什么必要在预算程序中通过书面记录对个人进行跟踪管理。在集体主义社会中，雇员之间更多使用预算方式中较为不正式的交流渠道和交流方式。这使得雇员之间彼此感觉更为舒服，并会共同寻求最佳的方法去对付共同的外部敌人。当然这并不意味着不会产生一系列非常详细的预算文件资料，但它确实减少了协商过程中文件的编制工作。最后，既然在一个团体或公司内部已经没什么必要对某一个特定的个人进行责罚或奖励，那么界定哪一部分的预算计划是由哪一个部门或部门领导控制的也就不那么必要了。

关于参与度与预算管理相互影响程度的测试结果并不明朗。Frucot 和 Shearon（1991）针对墨西哥管理人员进行了一项研究，Douglas 等人（2007）也做过一次。在 Hofstede 等级中，墨西哥和埃及都拥有较高的"不确定性回避（UAI）"（82，68）和"权距（PDI）"（81，80）。这种社会形态是典型的规则导向型社会，遵从法律、法规、规范、管理，以减少不确定性的发生，但同时允许一部分人先富起来。

对参与和预算之间的互动关系的实验结果是不清楚的。弗卢科特和希尔森（Frucot and Shearon，1991）以墨西哥的经理们为对象进行了一项研究以检验这一理论。墨西哥的文化特征表现为有较大的权力距离和较低的个人主义倾向。按照这一文化轮廓，弗卢科特和希尔森推测墨西哥的经理们将并不热衷于参与预算（即使这么做会带给他们内部人的身份），相反他们宁愿选择遵循指令行事。弗卢科特和希尔森的研究似乎没有发现任何文化影响。被研究的所有成员不论地位高低都因为参与预算而受到了激励。但是当将墨西哥经理样本按其在公司的级别进行分组，并进一步进行研究时，研究发现只有高级经理人员表现出美国的行为模式，而较低级别的经理则似乎更倾向于较低的参与风格。这一表现正如我们所预期的，符合墨西哥文化。

类似的，周等人（Chow, et al.，1999）以及索尔特和舒尔茨（Salter and Schulz，2005）比较了高权力距离的亚洲社会和低权力距离的澳大利亚，他们发现参与和信息分享与文化相关，但影响却比预期要小得多。总的来说，低权力距离社会的经理会分享更多的信息，但是也会和次级文化因素（例如保存颜面等）相混合（在拉丁美洲和刚性相混合）。

23.5.5　美国管理控制方法在该领域占主导地位吗

博亚斯基勒和阿德勒（Boyacigiller and Adler，1991）认为，包括管理控制在内的组织科学基本依赖于美国的理论家，这反映了组织学在美国经济统治全球经济活动时期的发展。美国跨国公司的实践和理论建立在预先设立好的文化假设基础上。在管理控制及其结构和信息流的基本思想中，令学术界困惑的一个问题是，美国的控制体系是否可以输出到其他国家，尤其是，它是否适用于中国或其他新兴国家市场。

坦白说，对此没有明确的答案，这在四份研究中均得到了体现。哈里森（1994）利用国家文化层面中的权力距离、个人主义价值观和孔子儒家思想，预测并解释了澳大利亚、美国、新加坡和中国香港在公司组织结构设计、管理计划和控制制度上的理念与方法的差异。他们对 800 家机构的高级会计和财务主管发出问卷调查。研究结果证明了国家文化在影响组织结构设计、管理计划和控制制度方面的重要性。尤其是英美的社会文化价值，在公司组织结构设计上更注重于分权和责任中心的设置，在计划和控制上则更注重于量化的分析技术。与之相反，东亚社会的文化价值观则更注重于长期计划和以集团为中心的决策。

维克拉马辛格和霍珀（Wickramasinghe and Hopper，2005）运用纵向研究，检验了类似的观点，即组织控制只在本国和类似国家中才能发挥作用。他们描述了对一家斯里兰卡黄麻工厂尝试实施传统管理会计的过程，这家工厂的控制权开始从政府转换到外国私人所有者手中，然后又转回到政府手中。在各种情况下，控制体系都因工人的抵制而失败。然而，在私有化和实施商业预算的初始时期，结果是有所改善的，但由于工会和当地管理者对外国所有者的抵制，文化差异问题被扩大，外国所有者在发现财务不正常的时候逃跑了。政府重新获得所有权，又开始以前的预算措施。这个例子的教训就是，一些"更加复杂"的方法在某些文化中能起作用，但在其他文化中却会失败。

两篇最近的研究否定了"文化就是一切"的观点，提供了一份经济现实驱动管理控制方法全球化的构图。瓦魏如等人（Waweru et al.，2004）考察了南非的零售公司，发现南非管理会计体系的较大变化是增加了对英美当前管理会计方法的使用，较引人注意的是作业成本分配法和平衡计分卡。这些变化是政府改革/解除管制和全球竞争不断加剧的直接结果。欧·考诺尔等人（O'Connor et al.，2004）研究了中国国有企业对西方管理会计/控制的采纳。他们采用了采访（集中在 1995—1997 年）和调查（集中在 1996—1999 年）的方法进行调查。调查发现：

（1）中国国有企业增加了对管理会计/控制的使用。

（2）这个变化反映了国有企业向更加正式和透明的管理会计控制的有目的改变。

（3）变化的主要目的是改善决策和增加业绩责任。

（4）对西方管理技术运用的增加是对以下情况的反应：

（a）日益激烈的竞争环境；

（b）制度因素，例如合资经历和股票交易上市；

（c）签订有限期雇用合同的雇员比例及其参与培训的可能性。

（5）变化的障碍包括：

（a）政府或持股公司的干预；

（b）决策权的保留；

（c）管理者才能的缺乏；

（d）雇员个人对工作安全性降低的抵制；

（e）运用非正式商业关系的能力。

上述所有这些研究结果对在全球性机构中工作的管理者都是很重要的，他们需要认识到，尽管英美的某些控制技术可以发挥作用，但是在控制体系设计中，不能完全忽视文化因素，在亚洲和拉丁美洲国家尤其如此。对扩展商业、贸易和外国直接投资而言，这些国家是有巨大潜力的。

另外，由于日本和中国在欧洲和北美进行投资，许多西方人正体验着由应对建立在完全不同的价值体系基础上的控制制度而产生的喜悦感和挫败感。

23.5.6 文化和控制：小结

以上文献似乎说明了管理控制的许多方面都受到组织文化的影响。然而哈里森和麦克金农（1999）曾严厉地批评了这些研究所采用的方法。他们特别指出，该研究没有考虑到文化的许多方面是同时运行的，也没有考虑到在任何一个国家，文化的某个维度可能是决定人们如何对信息和管理控制系统作出反应的核心。这可能会使其他文化构造和某个决策非常不相关。管理控制研究的重心正在从相对具体的报告领域转向更加主观的信息共享，以便从员工那里获得最大的价值，在信息共享领域的研究将逐渐变得更有意义。

23.6 控制和业绩评价

23.6.1 国际方面

一个跨国公司必须采取相应的措施确保所采用的控制制度不会比公司的经营本身更为复杂。一个过于复杂的控制制度会引起高级管理人员的疑虑，导致中层管理人员情绪受挫并浪费他们的管理时间。母公司不能因为提供信息的成本是由子公司承担的就去索取信息。给子公司的反馈必须与从子公司获取的信息水平相对称。

我们来看一个销售计划的例子，该例中，公司通过实施生产预算对制造过程进行管理和监督。这一生产预算包括了一系列不同的决策，如为了降低存货成本和避免缺货成本而作出的最佳存货水平决策等。跨国公司进行存货计划决策时必须考虑并考察运输、海关程序、进口限制、供应问题（如港口罢工、禁止贸易）、关税和汇率变动等因素。

一个可行的办法是在对提供的重要信息进行集中监控的同时，建立一个简单的分权控制系统。当在一个存在大量不确定性因素的外国环境中进行预算控制时，弹性预算是很实用的。另外，许多国际环境中的不可控影响因素也可以剥离出来，以便更好地反映管理层的实际业绩状况。弹性预算让管理层可以预测一系列不同的情况，这样就可以制定相应的战略并在必要情况下运用这些战略。

在有关控制和业绩的文献中提出的一个主要问题是，应如何制定部门之间的内部转移价格。乍一看，这似乎是一个不寻常的问题。如果将每个部门都作为一个成本中心，那么一个部门就会简单地将所有的成本转移到下一个部门，而后续的每一个部门也都会这样做。当最终产品被销售时，产生的收入归入公司，而不是特定的部门，因此控制是通过成本控制来实现的。然而，这不是英美国家的公司的通常做法。通常的做法是将每个部门都作为利润中心，同时还记录内部销售。这种做法具有一系列的根源，具体如文化模式、以往的实践及会计主管的经历（大多数的会计主管都有具有从事财务或注册会计师业务的背景）等。为了恰当地报告部门的业绩，公司必须决定是以市场价格作为内部价格，还是采用其他的含相应利润的价格形式作为内部价格。

除了经济问题，还存在公司或者国家内部的政治问题。例如，陈和罗（Chan and Lo，2004）研究了中国的外商投资公司，这些公司的投资者来自美国、日本和欧洲。他们发现，当管理层越重视当地（中国）合作者的利益以及维持与东道国（中国）的良好关系时，外国投资公司就越可能使用市场为基础的转移定价方式。另一方面，管理者越重视转移定价决策中的外汇控制，外国投资公司就越可能使用成本为基础的转移定价方式。此外，美国和非美国的外商投资公司对这些环境变量的重视度具有一定程度的一致性。因此，转移定价是一个控制、文化和税收问题。有关转移定价的更多讨论请见本书第 21 章。

23.6.2 《萨班斯—奥克斯利法案》和全球控制

美国 2002 年 7 月开始执行《萨班斯—奥克斯利法案》，对公司责任设立了新的标准，对错误行为设立了新的严厉惩罚。《萨班斯—奥克斯利法案》要求公司实施新的数据保存政策，并宣布修改和毁坏财务记录是不合法的。这不仅适用于全球各地的美国公司，而且也适用于在美国资本市场上市的非美国公司，例如英国石油公司（见第 5 章）。

尽管《萨班斯—奥克斯利法案》关注的主要是审计师，管理会计人员还是需要知道，在《萨班斯—奥克斯利法案》404 条款的要求下，证券交易委员会制定规则，要求每家公司的年报中包括一份管理层负责建立和维持适当的内部控制结构的声明，以及管理层对内部控制结构和程序的有效性评估。

404 条款还要求公司的审计师就管理层对公司内部控制的有效性评估出具证明和报告。《萨班斯—奥克斯利法案》的设立是为了规范后安然时代的美国财务报告环境，但在那些不受美国法律和商业环境问题影响的国家中，《萨班斯—奥克斯利法案》已经开始影响管理控制了。因此，对一家恰巧要到美国融资的完全本土化公司来说，其审计师可能需要证明其控制体系是恰当的。毕马威加拿大公司的《萨班斯—奥克斯利法案》网站[1]就是可以说明《萨班斯—奥克斯利法案》如何影响另一个国家报告的好例子。

---

[1] http://kpmg.ca/en/services/audit/sarbanes.html

23.7 展望

2008 年中期，美国股票市场开始崩盘（其他地区也是如此）。世界最大的保险公司之一，AIG 以及很多银行要求政府注资支援。危机的爆发暴露出许多公司高层都为自己准备了"黄金降落伞"（golden parachutes）。尽管他们把公司业绩经营得一塌糊涂，但他们仍可以在离开或者退休时享受巨额财富。当政客还在讨论补救问题的时候，管理会计师应该关心的问题是我们的内部控制到底发生了什么，以及为什么曾经信誓旦旦的《萨班斯—奥克斯利法案》不能阻止滥用职权的发生。答案是，没有控制系统可以阻止人们的贪念，同时，在经济泡沫时代，大部分内控系统都被改写或者被忽略了。

一个与此相交叉的观点来自北卡罗来纳大学 Flagler 商学院的 Michael Jacobs 在 2009 年 4 月 24 日《华尔街日报》上发表的看法。Jacobs 问道：为什么学商科的人最终会让经济崩溃？为什么对于公司董事会没有更多的关于责任的教育？他的观点是：商学院从来不教最基本的代理理论。

代理理论，通过放宽"管理者利益与企业利益一致"这一假设，而得以建立在古典期望效用理论和经济模型（classical expected utility and economics models）之上。在古典期望效用理论假设中，管理者始终会做出能使公司利润最大化的决策。与之相反，代理理论认为，在某些特定情况下，管理者利益与所有者利益可能产生分歧。那么，管理者，身为所有者的代理人，就会做出使得自身利益最大化的决策，而不是出于公司利益的角度考虑（Jensen & Meckling，1976）。分歧的主要情形如下：首先，代理人（管理者）比委托人（所有者）掌控更多的信息，使得委托人不知道项目的进行程度。其次，管理者一定会有偷懒的企图，比如，他们从继续或加速项目运转中得到的报酬要比终止项目所得到的报酬多（意即所有者要不时激励管理者，译者注）。

这个概念解释了这样一个问题，即当资本的提供者与使用者之间的鸿沟进一步拉大时，选择和监管那些组合的参与者的风险便会增加。那么，说金融机构积蓄的证券都是由各种坏账组成的分散化投资组合也就不足为奇了。

Jacobs 指出，连基本的公司治理原则都不教授，美国商学院的教育是失败的。由于没有将重要的治理和责任原则牢记在心，商科毕业生们变成了（糟糕的）公司总裁和投资银行家，（他们）损害了整个美国的工作者和退休人员，使之眼睁睁地看着自己的工作和积蓄烟消云散。

Jacobs 提出了一个有些文化色彩的观点，认为理解公司文化如何影响公司治理的基本原理，从许多方面来讲都是建立公司内部控制的重中之重。有人会说，比如乌奇（Ouchi，1979），最强的控制就是组织的文化，或许再加进一些国家文化和组织的期望因素。

第二个重要的方面是管理控制，应使之成为珍惜稀缺资源和倡导环境保护（green initiatives）的贡献者。Cullen 和 Whalen（2006）质疑，管理会计是否应当在环境管理方面发挥作用，或者环境成本是否应该外部化以交由政府处理。与之相反，Burritt（2004）、Burritt 和 Saka（2007）认为环境管理是非常重要的。Burritt 和 Saka

对日本企业将生态效益（eco-efficiency）考核和环境管理相互联系的做法进行了研究。通过分析，他们发现将生态效益考核与管理会计信息联系起来的做法是低效的，分散的，并且需要进一步提升，如果企业想增加其生产工艺及产品消费之可持续性的话。Dunk（2007）在澳大利亚的研究发现，环境管理会计在公司扮演着重要的角色。特别是，研究表明当企业对环境管理会计依赖性较高时，产品质量有助于提升企业的竞争优势。而当企业对环境管理会计依赖性较低时，产品质量则无助于增强企业的竞争优势。这一发现，将环境管理会计推上了管理会计的主流。

读者有兴趣的话，可以对国际管理会计和内部控制方面进行进一步的研究，可以运用本章后列出的参考文献，或者利用谷歌学术搜索功能找到相关的内容。

小结

- 管理会计和控制领域所面临的挑战受到在国际化环境中经营所面临的两个基本问题的影响，即各国不同的货币和文化的差异。

- 在为位于另一个国家的子公司编制预算时，一个主要的问题就是选择预算适用的货币及其汇率。一些观点认为由于子公司当地的管理人员对于汇率管理几乎无法控制，因此他们应当按当地的货币编制预算。

- 由于大多数公司都按其母公司的货币编制预算，因此主要的问题是在预算编制及控制中，到底应采用哪一个汇率。最不容易发生抵触的是采用预算编制日的汇率，但是由于通常预算编制的时候距离实际预算年度还比较遥远，这就导致了实际结果与预算结果之间将产生巨大差异。如果管理人员要为以母公司货币表示的利润承担责任，那么就要面临不公平的薪酬分配。

- 一些公司采用远期汇率或者连续更新的汇率。采用一种特别形式的传统国内销售价格和销售量的差异分析，公司可以得知货币币值变动给公司带来了什么问题。

- 对第一个问题的考察主要结合对公司战略目标差异的研究。英美国家的公司总体上倾向于使用短期的和以利润为基础的目标，但是这些公司的投资收益正在下降。相反，亚洲的公司倾向于使用长期目标，并且似乎更满足于使用间接性的目标。

- 文化也在预算及其控制领域发挥着重要的作用。与西方国家相比，亚洲国家的预算过程更具长期性，且较不正式。在英美国家之外，还存在对正式参与预算的抵触，尤其是在墨西哥这样崇尚权力主义文化的国家中尤其如此。但是，文化的研究存在许多的缺点，经济需要或者国外主体的经历将可能导致通用的全球控制标准。

- 美国颁布《萨班斯—奥克斯利法案》，这为美国及其他国家的管理会计创造了新的法律环境。

- 2008年的金融危机及其影响强化了对内部控制的诉求，也加强了对如何更正错误判断的（方法的）再评估的需求。

参考文献

Abdallah, W. and Keller, D. (1985) 'Measuring the multinational's performance', *Management Accounting*, October, pp. 26-31.

Abernethy, M. and Brownell, P. (1994) 'Accounting, behavior and clan controls: The design of effective management and control systems', presented at the American Accounting Association Annual Meeting, New York, NY.

Bailes, J. and Assada, T. (1991) 'Empirical differences between Japanese and American budget and performance evaluation systems', *International Journal of Accounting*, Vol. 26, pp. 131-42.

Borkowski, S. (1999) 'International managerial performance evaluation: A five country comparison', *Journal of International Business Studies*, Vol. 30, No. 3, pp. 533-55.

Boyacigiller, N. and Adler, N. (1991) 'The parochial dinosaur: Organizational science in a global context', *Academy of Management Review*, Vol. 16, pp. 262-90.

Brownell, P. (1982) 'A field study examination of budgetary participation and locus of control', *Accounting Review*, Vol. 57, pp. 766-77.

Chan, K. and Lo, A. (2004) 'The influence of management perception of environmental variables on the choice of international transfer-pricing methods', *International Journal of Accounting*, Vol. 39, No. 1, pp. 93-110.

Chenhall, R. (2003) 'Management control systems design within its organizational context: findings from contingency-based research and directions for the future', *Accounting, Organizations and Society*, Vol. 28, pp. 127-68.

Chow, C., Harrison, G., McKinnon, J. and Wu, A. (1999) 'Cultural influences on information sharing in Chinese and Anglo-American organizations: An exploratory study', *Accounting, Organizations and Society*, Vol. 24, pp. 561-82.

Chow, C. W., Kato, Y. and Merchant, K. A. (1996) 'The use of organizational controls and their effects on data manipulation and management myopia: a Japan vs. US comparison', *Accounting, Organizations and Society*, Vol. 21, pp. 175-92.

Chow, C. W., Kato, Y. and Shields, M. D. (1994) 'National culture and the preference for management controls: an exploratory study of the firm-labor market interface', *Accounting, Organizations and Society*, Vol. 19, pp. 381-400.

Chow, C., Lindquist, T. and Wu, A. (1996) 'National culture and the implementation of continuous improvement performance standards: An empirical investigation', paper presented at the American Accounting Association Annual Conference, Chicago, IL.

Chow, C. W., Shields, M. D. and Chan, Y. K. (1991) 'The effects of management controls and national culture on manufacturing performance', *Accounting, Organizations and Society*, Vol. 16, pp. 209-26.

Chow, C. W., Shields, M. D. and Wu, A. (1996) 'The importance of national culture in the design of and preference for management controls for multinational operations', paper presented at the Accounting, Organizations and Society Comparative Management Accounting Conference, University of Siena, Italy, November.

Chow, C., Shields, D. and Wu, A. (1999) 'The importance of national culture in the design and preferences for management controls for multinational operations', *Accounting*,

Organizations and Society, Vol. 24, pp. 441–61.

Crawford, D. and Scaletta, T. (2005) 'The balanced scorecard and corporate social responsibility: aligning values for profit', *CMA Management*, October.

Demirag, I. (1994) 'Management control systems and performance evaluations in Japanese companies: A British perspective', *Management Accounting*, Vol. 72, No. 7, pp. 18–20.

Edmunds, J. and Ellis, D. (1999) 'A stock market driven reformulation of multinational capital budgeting', *European Management Journal*, Vol. 17, No. 3, pp. 310–17.

Friedman, T. L. (2007), *The World Is Flat Updated and Expanded: A Brief History of the Twentyfirst Century*, Farrar, Straus and Giroux.

Franco, M., Bourne, M. and Huntington, R. (2004) *Strategic Performance Measurement Reward Systems Survey-Result 2004*, Cranfield School of Management/Watson Wyatt, Cranfield.

Frucot, V. and Shearon, W. (1991) 'Budgetary participation, locus of control, and Mexican managerial performance and job satisfaction', *Accounting Review*, Vol. 66, No. 1, pp. 80–99.

Furnald, G. (2001) 'On balance almost 10 years after developing the balanced scorecard, Robert Kaplan and David Norton share what they've learned', *CFO Magazine*, Vol. 17, No. 2, February 1, pp. 72–7.

Granlund, M. and Lukka, K. (1998) 'It's a small world of management accounting practices', *Journal of Management Accounting and Research*, Vol. 10, pp. 153–79.

Gupta, A. and Govindarajan, V. (1991) 'Knowledge flows and the structure of control within multinational corporations', *Academy of Management Review*, Vol. 16, No. 4, pp. 770–86.

Harrison, G. (1992) 'The cross-cultural generalizability of the relation between participation, budget emphasis and job related attitudes', *Accounting, Organizations and Society*, Vol. 17, No. 1, pp. 1–15.

Harrison, G. L. (1993) 'Reliance on accounting performance measures in superior evaluative style: the influence of national culture and personality', *Accounting, Organizations and Society*, 18, pp. 319–39.

Harrison, G. and McKinnon, J. (1999) 'Cross-cultural research in management control systems design: A review of the current state', *Accounting, Organizations and Society*, Vol. 24, pp. 483–509.

Harrison, G., McKinnon, J., Panchapakesan, S. and Leung, M. (1994) 'The influence of culture on organizational design and planning and control in Australia and the United States compared with Singapore and Hong Kong', *Journal of International Financial Management and Accounting*, Vol. 5, No. 3, pp. 242–61.

Hawkins, C. (1983) *A Comparative Study of the Management Accounting Practices of Individual Companies in the United States and Japan*, UMI International, Ann Arbor, MI.

Hofstede, G. (1980) *Culture's Consequences: International Differences in Work-related Values*, Sage Publications, Beverly Hills, CA.

Hofstede, G. (1984) 'Cultural dimensions in management and planning', *Asia Pacific Journal of Management*, January, pp. 81–99.

Hofstede, G. (1991) *Culture and Organizations: Software of the Mind*, McGraw-Hill, Maidenhead, UK.

Kaplan, R. S. and Norton, D. P. (1992) 'The balanced scorecard measures that drive performance', *Harvard Business Review*, January/February, pp. 71–9.

Kobrin, S. J. (1979) 'Political risk: a review and reconsideration', *Journal of International Business Studies*, Vol. 10, No. 1, pp. 67–80.

Landry S., Chan W. and Jalbert, T. (2002) 'Balanced scorecard for multinationals', *Journal of Corporate Accounting & Finance*, September/October, pp. 31–40.

Lau, C. M., Low, L. C. and Eggleton, I. R. C. (1995) 'The impact of reliance on accounting performance measures on job-related tension and managerial performance: additional evidence', *Accounting, Organizations and Society*, 20, pp. 359–81.

Marr, B. (2004) *Business Performance Management – the State of the Art*, Hyperion Solutions, Cranfield School of Management, Cranfield.

Melville, R. (2003) 'The contribution internal auditors make to strategic management', *International Journal of Auditing*, Vol. 7, No. 3, pp. 209–22.

Merchant, K., Chow, C. and Wu, A. (1995) 'Measurement evaluation and reward of profit centre managers: A cross-cultural field study', *Accounting, Organizations and Society*, Vol. 20, No. 7/8, pp. 619–38.

Morsicato, H. (1980) *Currency Translation and Performance Evaluation in Multinationals*, UMI Research Press, Ann Arbor, MI.

O'Connor, N. G. (1995) 'The influence of organizational culture on the usefulness of budget participation by Singaporean-Chinese managers', *Accounting, Organizations and Society*, Vol. 20, pp. 383–403.

O'Connor, N., Chow, C. and Wu, A. (2004) 'The adoption of "Western" management accounting/controls in China's state-owned enterprises during economic transition', *Accounting, Organizations and Society*, Vol. 29, pp. 349–75.

Ouchi, W. (1979) 'A conceptual framework for the design of organizational control mechanisms', *Management Science*, September, pp. 833–48.

Ouchi, W. (1980) 'Markets, bureaucracies and clans', *Administrative Science Quarterly*, March, pp. 129–41.

Quattrone, P. and Hopper, T. (2005) 'A "time-space odyssey": management control systems in two multinational organizations' *Accounting, Organizations and Society*, Vol. 30, No. 7–8, pp. 735–64.

Robbins, S. and Stobaugh, R. (1973) 'The bent measuring stick for foreign subsidiaries', *Harvard Business Review*, September/October.

Salter, S. and Schulz, A. (2005) 'Examining the role of culture and acculturation in information sharing', *Advances in Accounting Behavioral Research*, Vol. 8 (forthcoming).

Ueno, S. and Sekaran, U. (1992) 'The influence of culture on budget control practices in the USA and Japan: An empirical study', *Journal of International Business Studies*, 4th Quarter, pp. 659–74.

Ueno, S. and Wu, A. (1993) 'The importance of national culture in the design of and preference for management controls for multi-national operations', *Accounting, Organizations and Society*, Vol. 24, pp. 441–61.

Vance, C. M., McClaine, S. R., Boje, D. M. and Stage, D. (1992) 'An examination of the transferability of traditional performance appraisal principles across cultural boundaries', *Management International Review*, Vol. 32, pp. 313–26.

Waweru, N., Hoque, Z. and Uliana, E. (2004) 'Management accounting change in South Africa: case studies from retail services', *Accounting, Auditing & Accountability Journal*, Vol. 17, No. 5, pp. 675–704.

Wickramasinghe, D. and Hopper, T. (2005) 'Cultural political economy of management accounting controls: A case study of a textile mill in a traditional Sinhalese village', *Critical Perspectives on Accounting*, Vol. 16, No. 4, pp. 473–503.

课后问题

书末提供带星号问题的参考答案。

23.1* 请阐释跨国公司的目标是如何因其母国的不同而各异的，并解释其原因。

23.2* 为 HSBC 银行建立平衡计分卡。(http://www.hsbc.com)

23.3 为 Médecins Sans Frontières 建立平衡计分卡。(http://doctorswithoutborders.org)

23.4 管理会计在增加了国际维度后发生了哪些方面的变化?

23.5 外汇汇率的变动会使跨国公司的业绩评价产生哪些问题?

23.6 以表 23—3 为模版，编制 Talca Fruta 公司 2010 年的销售预算和差异分析报告。假设 Talca Fruta 公司认为其 2010 年的经营状况（以欧元计价的价格和销售量）会与 2009 年实际达到的情况相同。然而，事实是，公司又一次估计错误了。欧洲经济的下滑意味着水果低价销售，同时货源充足而需求下降。最终，公司仅以每千克 0.8 欧元价格销售了 900 000 千克。同时，智利比索进一步贬值，平均汇率为 1 欧元=850 智利比索。

23.7 请说明跨国公司的预算过程是怎样因其母公司所在国的不同而不同的。

23.8 文化如何以及在多大程度上为管理会计提供了比财务会计更为有用的工具来分析相关的国际差异的?

部分课后问题的参考答案

第 1 章

1.1 第二次世界大战以后，世界主要的政治事件对会计和财务报告产生了哪些影响？

答：美国对战后非社会主义国家的主宰意味着资本主义国家的会计受到美国公认会计原则的强烈影响，特别是受到了国际会计师事务所的大力传播。加拿大和澳大利亚等国家的会计尤其受到美国的影响。尽管印度和尼日利亚已经脱离了大英帝国的统治，但是英式会计实务仍然在这些国家继续存在。同样的，法国和其他欧洲国家的前殖民地国家的会计实务也仍然追随着前殖民国家的会计模式。

从 1958 年开始欧共体（之后为欧盟）的建立和扩张，以及其以后的发展帮助欧洲大陆保留了自身的会计概念和实务，但是 1973 年以后，随着英国的加入这些观念在逐渐淡化。同样在 1973 年国际会计准则委员会（现在是国际会计准则理事会）的成立，可以看作是政治上抵抗美国影响的产物，也可以看作是英美概念和实务的渗透。在这方面英国处于美国和欧洲之间两难的地带，这和英国在许多其他事情上的立场是一样的。

前苏联是战后的另外一个超级政治力量，中欧和东欧国家受前苏联的影响，在 1989 年前苏联社会主义政权解体之前使用的是社会主义会计。所有这些国家都经历了剧烈的会计变革，其中许多国家在 2004 年或 2007 年加入了欧盟。它们的会计模式都转换为欧洲大陆会计模式，并且在上市公司中开始采用国际财务报告准则。民主德国和联邦德国的政治合并削弱了德国的经济，结果使得德国的上市公司需要到世界资本市场寻找资本，并且德国的跨国公司开始采用美国公认会计原则或国际财务报告准则。

在东亚，第二次世界大战以后，日本开始引进美国式机构并使之占据主导地位，但是在日本重新获取政治且经济独立之后，这些机构发生了很大的变化。改革开放以后，中国的会计制度也发生了相应的变化。

在 21 世纪初，安然和安达信的崩塌损害了美国会计的声誉。源自该崩塌事件的《萨班斯—奥克斯利法案》使得纽约变为一个有较少吸引力的资本市场。这一点有助于美国接受，以减轻外国申请上市公司（foreign registrants）的负担（burdens）。然而，2008 年的经济危机帮助了奥巴马总统和新政府的当选。新政府指派的 SEC 已经表明，它对要求美国公司采用"外来"（foreign）会计（标准）缺乏热情。

1.2 为什么主要的会计师事务所已经成为国际性的会计师事务所？它们主要发源于哪些国家？它们为什么发源于这些国家？

答：世界上主要的会计师事务所日趋"国际化"，为了保持在同行业中的领先地位，他们或者在国外设立当地办事机构，或者兼并、收购当地原有的事务所，以满足世界范围内的跨国客户的需要。这些事务所主要发源于跨国公司的发起国，尤其是英国和美国，这些国家的会计职业相当发达。跨国公司和一些国际会计师事务所的其他发源国分布在加拿大、荷兰、德国和日本（见正文表 1—11）。德国和日本的会计职业并不发达，加拿大、荷兰会计师事务所的商业化程度远低于英美的会计师事务所。

学习完第21章（国际审计）以后可能可以得出更成熟的答案。

第2章

2.1 "在财务报告实务中，造成国际差异的基本原因是政府对会计不同程度的干预。"请讨论这种说法。

答：在任何给定的国家中，会计和财务报告实务都会因使用者对会计信息需求的不同而有所差异。例如，税务机关强调客观性，有担保贷款的银行强调稳健性，股东们则强调对未来现金流量的可预见性。与债权人和股东不同，税务机关拥有政府权力以确保对信息的需求得到满足，而且如果未招致反对，这种要求就会在财务报告中居主导地位。在英美等国家，资本市场的需求对财务报告影响更大，然而当市场失灵时（如1929年2001年和2008年的美国和20世纪60年代的英国）政府就会代表股东们进行"干预"。但是即便如此，在政府主体影响下建立起来的财务报告体系也或多或少地反映了资本市场的力量。

进一步来说，发达的资本市场会形成基本脱离于政府控制的商业会计。例如1998年德国对有关法律进行修改，允许上市公司的合并报表偏离一般的德国会计原则。

有些人认为职业会计师们同政府一样会对财务报告实务产生影响，法国前财政部长（后成为总理）曾在1986年国际经济与合作发展组织会议的报告《会计准则的协调化》（Harmonization of Accounting Standards）（1986，第9页至第10页）中提及：

准则的标准化程度在各国都不尽相同。有时候应用于每一主要问题的特定准则是由会计职业界制定出来的，虽然这有可能咨询了有关利益集团的意见，但是会计职业界仍对准则的制定负完全的责任。与此相反，在政府管制之下，会计准则可能变得愈加单薄和简单。最近，包括法国在内的一些国家采用了一种折中的办法，即在制定准则时咨询所有利害关系主体的意见。在很多情况下这些主体是可以达成共识的，在不可能达成统一意见时，政府的干预将会保护公众利益。我们有充分的理由认为政府应当对准则标准化的主要内容保有最后的决定权，并确保没有任何利益集团可以对其发号施令。

2.2 评价下述观点：历史的偶然性应对公司财务报告的国际差异负主要责任。

答：某些国际差异可能的确只能用与会计无关的"偶然性"或"外生性"的历史因素来解释。例如：

● 迫于殖民势力而接受的明显不合时宜的财务报告体系（比如非洲的前英属和法属殖民地）；

● 欧盟成员国作为政治集团一份子而接受的外来会计思想；

● 占领国的影响（如德国对法国，美国对日本）。

对深受他国影响（例如由于以前的殖民关系）的国家而言，"偶然性"可能是一国会计体系建立的主要影响因素。然而在其他国家，会计体系的建立则可能取决于资本市场的类型及管制的性质（可参考问题2.1的答案）。

第3章

3.1 分类可能以哪些方式作用于任一学科？试通过财务报告的国际差异来阐述你的答案。

答：如正文中所述，分类有助于：

（1）使描述和分析更为深入；

（2）揭示内在结构；

（3）由某一项目所处的类别可以判断其特性；

（4）发现隐藏或丢失的项目；

（5）追踪项目的演进轨迹。

在国际会计中，这意味着分类有助于：

（1）对大量差异数据进行概括；

（2）通过与其他国家类比对一国的会计概况有初步了解；

（3）估量协调化的困难；

（4）描绘协调化的进程；

（5）通过对相似国家的分析揭示问题；

（6）找到与本国相似且已经解决了相同难题的国家作为借鉴。

3.2　试图对世界范围内各种财务报告实务进行归类的本质问题在于基于某一种分类的数据是否适当。请对这种说法进行评论。

答：许多分类所依据的数据并非是为了分类而编制的。例如在普华永道会计师事务所所进行的调查中，由于对所有问题赋予同等权重，因此对数据的依赖可能导致重要的问题被次要问题掩盖，造成本末倒置。另外，人们会提出这样的疑问，即这些数据是关于所有公司的还是主要是关于普华永道的客户的。进一步来说，一个德国的数据收集者和一个美国的数据收集者很可能会对不同的问题提出质疑。在此类数据库中这种问题不胜枚举。最终的结果可能仅仅是对一堆奇怪的数据进行分类，而不是对一个国家的会计体系进行分析。

当然，并非所有的分类都使用这种数据。其他领域的科学家进行了大量的研究来决定选择哪些衡量特征来进行分类。一些会计上的研究也做了这项工作，基于一定标准的正确数据会更有助于分类。

此题问的是"本质问题"。除数据之外当然还有其他问题。比如，分类的目的至关重要，分类的精确度也绝不可忽视，这些问题甚至是更为"本质的"。

第4章

4.1　国际会计准则委员会是成功的吗？请给出你的理由。

答：成功与否要从几个方面来看。本章中对这个问题给了相当好的答案。这个问题暗示我们应当研究在国际会计准则理事会2001年取代国际会计准则委员会之前的情况。

这个问题的答案可能取决于衡量成功的标准，即是国际会计准则委员会所陈述的目标还是我们自己创造的标准。成功的标志表现在以下几个方面：

（1）发布了会计准则；

（2）改进了会计准则；

（3）受到其他国际机构的支持（例如2000年被证券委员会国际组织所接受）；

（4）受到国家机构的支持（例如伦敦证券交易所、意大利全国证券交易委员会和美国证券交易委员会）；

（5）某些国家和地区的准则制定机构以国际会计准则作为制定规则的基础（例如中国香港、新加坡、尼日利亚）；

（6）在缺少国家规则的地方某些大型公司直接采用国际会计准则（例如瑞士和意大利，前者全面采用国际会计准则而后者则部分采用国际会计准则）；

（7）某些大型公司遵循国际会计准则而不是国内规则编制合并报表（例如德国）；

（8）认可公司采用国际会计准则（例如加拿大）；

（9）国际会计准则委员会在其他有争论的领域中产生影响（例如欧盟第七号指令）；

（10）欧盟上市公司合并报表强制遵循国际会计准则进行编制（2000年时欧洲委员会已经宣布了这个建议）。

4.2 哪些当事方坚持增进会计的国际协调？为了完成协调化它们正在做什么？

在课文中强调了这个问题。受益方可以分为两方：报表使用者和报表编制者。从纳税的角度来看，政府可以算作是报表使用者，但是政府也可能希望帮助报表使用者和编制者。国际政府组织（如欧盟）也同样如此。

报表使用者包括跨境经营的投资者和贷款人，也包括机构（如银行）。作为其他公司股票的购买方和客户或供应商的分析师，公司也会从协调化中受益。

跨国公司的财务报表编制者可以从简化中获益，他们自己也会因使用来自集团内部其他部分的会计信息而受益。会计师事务所有时候可以被看作是受益者，但目前这些事务所还在为现有的国际差异提供审计和咨询工作。

关于谁在做哪些事情促进了会计的协调化，整个画面初看是模糊不清的。因为越大的受益者似乎所做的越有限，也就是说使用者对解决这一问题并没有足够的意识，也没有被充分地组织起来解决这个问题。报表编制者忙于应对或利用国际差异，一些资深企业家将来自公众和民间的压力都推给了会计师，让他们来减少差异。这在壳牌等公司尤其明显，这样的公司在好几个交易所上市，它们希望公布一套能满足所有目的的会计准则。

政府在行动。例如欧共体（后改为欧盟）在20世纪70年代和80年代积极推动会计的协调化。证券委员会国际组织是政府机构之间的一个委员会，该组织从20世纪80年代后期开始为国际会计准则委员会提供了强大的支持。

20世纪90年代最值得称道的可能应该是国际会计准则委员会，该组织是会计师团体的一个委员会，主要受到审计职业界的控制。当然，国际差异使得某些审计师的工作过分复杂。审计师成为消除国际差异的最积极的力量，但其实这些差异的存在对他们来说是有好处的。然而国际会计准则委员会成立了，而且由世界上一些资深的会计师来运作，这些人似乎成为无国界人士，他们代表公众利益和职业界的长期利益。2001年，职业界将国际准则制定的责任移交给了国际会计准则理事会，该理事会是一个独立机构。

IASB受到大型公司、审计公司以及投资者的捐赠支持。它在欧盟身上撤回了政治倾向。然后，它促使了证券交易委员会广泛使用国际财务报告准则。

第 5 章

5.1 区分下列词汇：协调化、标准化、趋同、采纳和欧盟认可。

答："协调化"和"标准化"经常可以互换使用。标准化意味着要求对所有会计主题都采用一个政策；协调化允许保留差异，只要财务报表的使用者能够从不同的报表中获得相似的信息即可。

在两种情况下，后缀"化"说明这二者都还是向某种状态演进的过程，而不见得已经达到那种状态。协调化和标准化都可以既指规则（形式）又指实务（实质）。第 4 章讨论了这些问题。

"趋同"是最近才出现的新术语，与标准化的意思接近。然而现在说"与国际财务报告准则协调"比说"两个准则标准化"要更贴切一点。"与国际财务报告准则协调"通常指国内的一套准则逐渐朝着国际财务报告准则改进。然而对于美国公认会计原则与国际财务报告准则趋同来说，这意味着两套准则都需改变，直到差异逐渐消失。

采纳国际财务报告准则意味着放弃本国规则，而不是改变这些规则。欧盟对国际财务报告的采纳只是一个程序，不见得是对其全部采纳。

5.2 运用本章给出的调整数据和第 2 章的信息，对 2004—2005 年从德国会计或者英国会计向国际财务报告准则或美国公认会计原则调整所必需的调整步骤进行评价。

答：调整项目说明了最重要的实务差异。这些取决于考察的年份，而且也取决于最初采纳的是哪个会计准则。

从英国和德国的案例来看，一个重要的调整项目是商誉。根据美国和国际财务报告准则的规则，商誉不能进行摊销。少数股权的调整也是巨大的，但令人困惑的是，德国和国际财务报告准则的对少数股权的规则是相同的（都作为所有者权益的一个部分），而美国和英国对少数股权的规则也是相同的（都在所有者权益之外列示）。

在从英国或德国的规则向美国公认会计原则（以及 2009 年以后向国际财务报告准则）调整时，建造项目中的利息需要资本化而不可以作为费用处理，因此所有者权益会增加。而且，根据英国和德国的规则，金融资产的账面价值通常按照成本计量或以比成本低的价格计量，但是根据美国公认会计原则或国际财务报告准则，其中许多资产都需要按照市场价值来计量（利得或损失要记入利润表）。

公司会将这些调整和其他差异都记录在调整表后的附注中（参见公司公布在其网站上的年报）。

第 6 章

6.1 解释"概念框架"的目标和用途。

答：概念框架的主要目标是在制定会计准则时用以指导准则制定者。由于其限定了分歧以及政治干预的范围，因此可能是有用的。这一目标通过对术语（例如"资产"）进行定义以及确立财务报告目标而达到。如果所有准则都符合概念框架，那么这些准则就很可能是相互协调的。然而，因为现有框架的某些特征是模糊的，所以在遵守这些准则时也会继续存在分歧。很自然，有时准则制定者会对他们自己的概念框架的某些项目提出疑问，有时会由于政治或其他原因而超越框架。

概念框架的另外一个目标是使得财务报表的编制者能够理解准则，从准则的各种可选方案中作出选择，并在尚不存在准则的领域制定会计政策。报表的审计者和分析者也可以从这方面获得帮助。

6.2 "中立性指的是没有偏见。审慎性却是一种偏见。在同一个'概念框架'中很难同时遵守两个原则。"请讨论这一观点。

答：如果审慎性是一种高于一切的原则，就像在欧盟第四号指令中的那样，则对于中立性来说这确实是个问题。但是，在国际会计准则理事会的概念框架中，审慎性指的是当会计师为了会计估计而作出判断时所具有的一种思想状态。应当承认这看上去的确是一种偏见。但是根据概念框架，只有在"为了达到预先确定的结果"而使用的审慎性才会违背关于中立性的要求（第36段）。审慎性在约束管理当局的乐观预言方面仍然是一个合理的惯例。

第7章

7.1 导致欧洲会计制度存在差异的原因在多大程度上会继续影响欧洲采用国际财务报告准则后的会计实务，并成为这些实务差异的原因？

答：第2章认为存在差异的主要原因是金融制度的不同，此外还有税收制度、法律制度以及诸如殖民等外部因素的作用。其中一些原因可以归结为文化差异。这些原因可能仍然存在，只是强度有所减弱，这些是导致存在不同的国际财务报告准则实务的原因。如果我们仅仅关注上市公司的合并报表，则整个欧洲财务报告的主要目的差异很小。然而德国或意大利的上市公司仍然由内部股东（例如政府、银行或家族）所控制，这些会减弱股东选择采纳公允价值或对外披露的兴趣。

如果仍然允许非合并报表采用与税收相关的方式编制，也允许其采用国际财务报告准则编制，则税收的影响仍然存在。这包括隐蔽的备选方案，例如减值的辨认和计量。在这种情况下，税收导向的非合并报表选择会延伸到按国际财务报告准则编制的合并报表中。

不同的法律制度下的执行机制也有所不同，因此对国际财务报告准则的遵守程度也会存在差异。

7.2 举例说明国际财务报告准则中所允许的备选方法，并解释不同国家会如何选择这些方法。

答：假设这个问题和隐蔽的备选方案相关，则回答这个问题的最简便方法是参考表7—1。然而还需要注意的是也有一些隐蔽的备选方案和计量标准可以参考表7—2和表7—3。

作出不同选择的动因已经在问题7.1中得到了回答。除了上述答案之外，继续执行以前国内实务做法的惯性也是导致作出不同选择的原因。所以我们认为，这个问题指的是选择的例子，而不是对选择方法的举例。

一个简单的例子是资产负债表中所列示资产的顺序：从惯性的角度来看欧盟会选择流动性递增的顺序来列示，但是澳大利亚则选择流动性递减的顺序列示。同样的惯性可以说明，与欧洲大陆相比，英国更有可能使用全面已确认收入和费用表。与英国或者澳大利亚（已经禁止）相比，法国更多地使用比例合并法。惯性和不同的权益市场压力可以解释为什么英国会选择将精算利得和损失记入全面已确认收入和费用表，而德国就不会这样做。英国会比比利时、德国、意大利或西班牙更可能选择重估投资性房地产方法。法国会比英国更多地使用宏观套期选择。

第 8 章

8.1 "美国会计是世界上最好的。"请讨论这种说法。

答：如果良好的会计主要是指披露，并且多披露胜过少披露的话，那么也许你很容易就会赞同这句话。一项对所有的美国年报（包括 10-K 表格和其他文件）的检验表明，年报中纯粹的信息量比任何其他裁定权中的信息量都大得多。分析师和支持有效市场假说的专业人士经常认为披露比特殊会计规则更重要。

然而，我们应该注意到，虽然许多其他的美国公司采用了其中一项或全部程序，但是这些全面的规则仅仅强制性地适用于 12 000 家左右在证券交易所注册的公司。就公布经过审计的年报的公司比例而言，直到 1993 年，美国要求所有现有公司遵守的制度仍比其他国家广泛得多。

"最佳"的另一个隐含意思是"领先"。在此，又一次难以否认会计发展首先开始于美国，然后推广到其他地方。这些发展包括合并报告、租赁会计、分部报告和许多详细的会计实务。

对美国会计法规的一个潜在的批评是它们如此繁多并且具体，以至于会计人员和审计师无从判断，因此导致会计有时会发生错误。

美国会计法规的另一个引人关注之处是它反对现值信息和某些无形资产（例如开发费用）的资本化。这样可能使报表用户无法获得有用的信息。然而，美国准则最近的修订（例如《SFAS 第 15 号》）要求某些投资采用现值计价，这可能是一种趋势的开始。

我们应注意到美国会计的某些特征可能会受到批评（例如允许使用后进先出法）。

8.2 如果美国会计受其他国家会计的影响，那么其受影响的程度如何？

答：很明显，正如美国的语言和法律体系源自英国一样，美国的会计体系也是如此。这是一股巨大的影响力。然而在 20 世纪的绝大部分时间里，美国本身是作为领导者而非追随者，因此所受到的外国的影响可能很小。此外，美国一般拥有比其他国家庞大得多的专业会计师团体。它提供了意见和批评。

在最近几年里，证券交易委员会和美国财务会计准则委员会已经认识到会计国际差异的重要性。美国财务会计准则委员会和国际会计准则委员会以及其他国家的准则制定机构之间的联系大大加强。美国证券交易委员会已经对跨国公司产生兴趣，并加入了证券交易委员会国际组织，为国际会计准则委员会提供了一定的支持。

在 1997 年，国际会计准则委员会和美国财务会计准则委员会之间的主要联系，导致双方的每股收益准则和分部报告准则都作出了改变。从 2001 年开始，美国财务会计准则委员会和国际会计准则委员会两者就某些项目的合作意图就已经十分明了。两个委员会在 2002 年签署了正式的协议。美国财务会计准则委员会发布了几个意在采用国际财务报告准则某些方面的征求意见稿。第一个征求意见稿在 2005 年形成了会计准则。从那以后，国际会计准则理事会对美国财务会计准则委员会的影响变得重要起来。如果证券交易委员会在 2008 年提出的关于采用国际财务报告准则的提议付诸实施，那么"外来"会计准则就将取代美国公认会计准则。

第 9 章

9.1 "秘密储备可使企业更为强大，所以该行为应予鼓励。"试评述之。

答：秘密储备的形成有多种途径，比如故意不计资产，或者少计资产，或者提取不必要的准备金。所有这些行为都使得资产负债表看上去更糟，因此储备得以隐藏。当然，就准备金而言，哪些项目存在必要性是个有争议的问题。根据《国际会计准则第 37 号》的规定，只有存在一项义务（即负债）时，才可以提取准备金。创造隐藏的准备金可以通过因为减少利润而减少股利支付来使企业更为强壮。以银行为例，为秘密储备而建立的一种声誉可以在经济困难时期保护自己免遭投机的压力（speculative pressures）。然而，银行也许可以通过披露自身的强大实力（假如这家银行确实很强大的话）而得到更好的保护。从财务报告的角度看，秘密储备的主要问题是，它们的存在会降低财务报表公允陈述的机会。那些隐藏的东西怎么会有公允性呢？

9.2 在《国际会计准则第 32 号》下，一些股票被处理为负债，同时一些明显的负债又被处理为部分权益。这是个好主意吗？

答：这个问题涉及陈述的公允性。一旦负债的定义已经被公布，那么会计实务就应该适合这个定义。不过，财务报表的阅读者会发现负债中的一些项目是适合所公布的定义的，而有些项目则不适合。

以某些特定类型的股票为例，它们适合国际会计准则委员会关于负债的定义，因为它们涉及一项由发行者支付给股票持有者一定金额的义务。发行公司故意选择这种股票而不是普通股，是因为它们具有不同的法律特征。因此，它们的会计处理也应有所不同。混合证券的处理更为复杂。有争议的地方是，发行者必须判定一种证券是否包含某些义务，并且，如何包含某些义务，则应将其确认为负债。然而，《国际会计准则第 32 号》要求发行者将该种证券确认为一部分股票和一部分负债。一家投资银行能够将一份可转换债券分解为两个部分，并且能够轻易地分别赋值。因此，《国际会计准则第 32 号》的处理是可操作的，并且或许可以提供更充分的信息。

第 10 章

10.1 在美国，规则的制定在多大程度上与国际财务报告准则是分离的？造成现状的历史背景是什么？

答：美国公开交易证券的公司，其财务报告规则的制定和执行都是证券交易委员会的职责。证券交易委员会是在 20 世纪 30 年代由于股票市场崩溃而成立的一个联邦机构。从一开始证券交易委员会就行使严格的执行权力，但授权于一个民间团体（目前是财务会计准则委员会）制定准则，自己仅仅保留监督的权利而不是亲自去制定准则。这一战略的好处是将技术细节交由专家来完成，并避免证券交易委员会受到直接的批评。由于将执行准则，准则制定机构往往会受到游说，但受到游说的不是证券交易委员会而是财务会计准则委员会。如果美国采纳了国际财务报告准则，证券交易委员会可能会比其他国家更严格地执行这套准则。

10.2 支持和反对实施机构采取主动监管措施的论点各是什么？

答：主动监管措施需要建立一个机构，并且需要足够的预算，这些对一个实施机构来说可能一开始都是不存在的。此外，花费资源对之进行调查的公司，未必就一定是违规公司。另一方面，如果将调查所有的上市公司，这种威胁会使得公司减少违规行为，也可能促使审计师更严格地把关。所有的实施机构都至少是被动反应的，但是完全的反应性监管可能会导致亡羊补牢的后果。

第 11 章

11.1 解释对准则制定者进行政治游说的各种动机。

答：答案取决于我们讨论的是哪个国家的情况。在税收导向的环境里（例如德国非合并账户所采纳的规则），游说可能主要是和减少盈余，从而减少纳税相关的。每个国家的管制行业可能都希望减少盈余。然而第 10 章的大部分内容都在考察主要资本市场合并报表环境下出现的游说问题。这里游说主要关注的是如何增加盈余或者使盈余更加平稳。这是因为管理者发现这些会影响股票价格、薪酬以及公司的声誉。

11.2 举例说明对美国准则制定者进行的政治游说，解释为什么这些游说与是否采纳了正确的技术解决方案无关。

答：本章在第 11.3.1 部分、第 11.4 部分、第 11.6.1 部分和第 11.7 部分分别举例进行了说明。我们需要讨论什么是"正确的技术解决方案"。可能它指的是该会计准则与概念框架相一致，在成本效益的限制下会产生相关和可靠的信息。

游说超越技术问题的一个线索是，它参考的往往是一个准则或建议准则的预期经济后果。这里，对投资所得税法案和雇员股票期权的几个阶段的争论是很有趣的。

另外一个线索是，基于自身受影响的方式，不同的公司游说集团会采用不同的游说方式。通货膨胀会计和石油天然气成本会计就是其中的例子。

第 12 章

12.1 协调欧盟内部的公司财务报告是既必要又可能的吗？

答：协调化的必要性是与其受益者相联系的，这些受益者包括股东、债权人、公司及其他。欧盟关于资本自由流动的目标也是相关的。然而，协调化也带来了昂贵的费用。人们经常争论的是，协调化仅仅对跨国公司而言是有意义的，而且还经常存在这样一个疑问，即基于各个国家不同的因素，是否有可能在不同的国家保持不同的会计制度。

讨论协调化的可能性必须从以下两个方面入手：（1）指令的进程等；（2）这一进程实质上的协调化。第一个方面在正文中已有所论述，而第二个方面可以参照上述第 5.1 部分问题的答案。

值得一提的是，不仅仅是欧盟的机构在致力于欧盟的协调化，国际会计准则委员会对欧盟也起到了一定的影响作用。此外，资本市场的压力也使得许多欧洲公司脱离传统的实务。

12.2 社会主义之前和社会主义时期的会计以哪些方式影响了中东欧国家社会主义之后的会计？

答：中东欧社会主义之后的会计之所以受到社会主义之前会计的影响，是因为战前以德国为基础的公司法律和商法被广泛地重新引入，这些被看作是和欧盟指令相一致的。

社会主义时期会计的影响是，在计划经济体制下会计的地位很低，这意味着会计师就是处理日常交易的记账员，所以高级会计实务（例如合并报表）和复杂的会计师和审计职业都是在社会主义时期结束后才建立起来的。因此，职业界很难成为改变实务和法规的领导力量，这意味着财政部必须发挥主导作用。

第 13 章

13.1 "与美国会计不同，日本会计不是自身环境的产物而是外部影响的产物。"请讨论这种说法。

答：这个问题需要说明美国会计是否仅仅是其环境的产物而日本会计是否仅仅是外部影响的产物。当然，这句话夸大其辞，但其中是否也包含着一定的道理呢？

美国的问题可以从对 8.2 问题的回答来得到帮助。

至于日本，很明显，其会计实务受到许多外部影响。《商业法令》中的监管框架基本上以 19 世纪西欧的模式为基础。它同样具有税法条款占据主导地位和传统以来不关注披露或合并报表的特点。

在披露或合并报表问题上，日本受到的是第二次世界大战后美国为日本制定《证券与交易法》（与公开交易股票的公司尤其相关）的过程的影响。

本书的章节描述了日本会计实务所具有的许多德国和美国会计实务的特点。然而，日本准则这一特殊混合物是日本独有的，它在商誉摊销、外币折算和退休福利方面具有令人感兴趣的变化。20 世纪 90 年代，日本似乎对其会计报告的国际接受程度产生了更大的兴趣，而且国际会计准则委员会对其的影响力也加强了。到 2001 年为止，日本会计与美国和国际财务报告准则中的许多差异都已经被消除。从那以后，国际会计准则理事会和日本会计准则理事会的趋同程序就进入了日程，2011 年之后几乎没有重大改变得到保留。

13.2 根据 20 世纪 90 年代初的哪些因素可以预测中国会计在未来 10 年的发展方向？

答：在 20 世纪 90 年代初期，中国的经济改革已经步入正轨。一个容易预测的变化是香港在 1997 年回归中国。

此外，很明显在全世界的任何地方，只要允许中国人经营业务，他们就很善于把握市场。所有的这些因素都已表明一个强大的、包含重要证券市场的社会主义市场经济体制已经诞生，它反映了适合这种经济体制的会计类型，即英美会计。

自 20 世纪 70 年代尼克松总统时期美国与中国恢复外交关系以来，来自美国的影响开始加深，英国的影响也通过中国香港变得强大。可以预计，中国政府在对会计进行改革时会接受五大会计师事务所的帮助。中国香港于 1993 年采用国际会计准则（代替英国准则）就是一个典型的良好转向，这一点应该也能预料得到。这一切为中国 1997 年加入国际会计准则理事会铺平了道路，并在 2007 年实现了更加完整的趋同。

第 14 章

14.1 根据本章和以前各章（第 2 章、第 3 章和第 5 章）所提供的信息，举例说明两个国家会计制度或某个国家会计制度与国际财务报告准则之间在某些主题上存在的主要差异。

答：特别重要的主题包括养老金、商誉以及递延所得税。在许多情况下，大多数递延所得税差异是由对其他问题的调整所带来的。例如，如果养老金负债增加，那么伴随而来的就是递延所得税资产的增加。

养老金问题是很复杂的。第6章已经考察过这个问题，并且在第16章将进一步考察。通常从德国会计向美国或国际财务报告准则的调整会使得养老金费用增加，同时也增加负债。巴斯夫公司（见表5—3）很特殊，它的情况正好相反，因为它有一个养老金基金没有显示在其按照商法编制的合并报表上。该基金是盈余的，因此在合并的时候改善了财务报表的状况（在其年报调节表附注中进行了解释）。

对商誉调整的解释相对简单。在德国或英国的规则中，商誉一般需要进行摊销。然而根据美国或国际财务报告准则的要求，商誉不可以摊销，而是要进行年度减值测试。这将减少一大笔费用，但是在状况差的年度，可能会带来更大一笔减值费用。

14.2 存在差别报告的理由有说服力吗？这种差别化处理应该根据公司规模还是根据其他特征进行？

答：关键问题是不同类型的公司其财务报告的目的是否有差异，以及不同目的的报告是否需要不同的会计处理。公司的规模本身似乎并不是决定因素，尽管这可能和其他问题（例如是否上市）相关。

上市和非上市可能是导致差异的一个明显原因。相对来说这也比较容易定义。尽管对"上市"这个词的确切定义也是有争议的。上市公司有更多的"外部"所有者（见第2章），因此更需要公开信息。如果公司没有上市，可能信息使用者（如银行）可以去索取其所需要的信息，因此公开报表或审计规则对这类公司就不是那么必要（例如在美国就是这样）。而且，非上市公司通常规模较小，因此可能会减免公开的成本，或者至少减免一部分。

对于非上市公司是否应当被允许采用简化的确认计量规则还没有达成一致意见。而且诸如贷款人需要的信息是否真的与股东不同这样的问题的答案还不是很清楚。

第15章

15.1 对于什么样的公司适用会计法规，美国、英国、法国和德国的答案各不相同，你认为哪个国家的规定是"正确的"？

答：不太可能找到一个适合政治、经济环境各不相同的所有国家的"正确"答案。要求所有公司遵守会计法规（例如德国和法国）说明了为了税收、破产以及保护所有利益相关者，国家干预者寻求对会计记录的控制。然而实务中要做到这一点需要足够的资源。另外一个极端（例如在美国）是国家非干预者可能仅仅希望保护公开交易证券的公司的股东。这忽视了其他的利益相关者的利益，但是可以在可利用的资源范围内获得有成效的效果。英国走的是中间路线，试图保护所有公司的所有利益相关者（主要是股东和债权人，但不包括合伙企业和个人独资企业）。在实务中，对非上市公司的执行并不强硬，主要原因是缺少资源。

15.2 为什么英国单个公司的会计规则并不仅仅按照开放式公司和封闭式公司进行区分？

答：开放式公司和封闭式公司的区分从 20 世纪早期开始出现，当时的目的是为了促使那些有权向公众发行股份的公司执行更加严格的披露规则，而无需对所有公司提出这样的要求。大多数封闭式公司的规模都较小，也不是集团公司的组成部分，但也有一些公司并不是这样。1948 年开始豁免的封闭式公司，用以区分家族公司和公众公司的子公司。对第四号指令的执行引入了德国的创举，即按照根据销售额、资产负债表总额以及雇员人数衡量的规模区分公司。这些衡量方式对所有利益相关者都有帮助，而不仅仅对股东有帮助。现在英国规则通常假设所有的公众公司都是大型公司，并对规模以下的小型公司给予豁免，具体情况因特定规则而不同。给股东寄送摘要而非全部财务报表的可能性不适用于上市公司，因为复核小组需要执行会计准则。看上去英国的监管者很实际，但凡存在且对某个特定目的有用的方式就加以采用。

欧盟关于国际财务报告准则的规范与上市公司有关，但是只是针对合并报表，却遗留了关于"个别报表"的问题。然而，国际会计准则理事会关于 SME 的准则（该准则可能供英国的个别即非合并公司选择使用或强制使用）同样广泛适用上市/非上市的区别标准。会计准则委员会的 FRSSE 采用规模标准：与公司法采用的相关标准一样（比如，仅适用于私人企业）。这里面考虑的主要是成本效益问题。全套的准则实施起来代价高昂，并且特别对那些只有极少数利益相关者的小规模公司而言，可能是个较大的负担。

第 16 章

16.1 "美国会计优于德国会计。"请讨论这种说法。

答：回答这个问题前先需要说明，所谓"更优的"是针对达到什么样的目标而言的。的确，从希望进行财务决策的投资者所需的信息来看，美国会计似乎是更优的，这不仅仅是因为它披露的信息更多。当然，美国会计的运行成本十分高昂，它需要监管者、准则制定者、审计师、大量的年度报告和季度报告等。对德国这样一个拥有有限资本市场的国家，这些可能是不必要的奢侈品。因此，对德国来说，美国会计实务可能比较糟糕。尤其是，德国财务报告的主要目标是要谨慎地计算可供分配的利润和应税利润，所以将会计和税法条例联系在一起是明智的做法。在美国，纳税计算与财务报告的编制是分离的，从而增加了额外的费用。

美国财务报告比德国财务报告提供更多不稳定的盈利数据。它可能适合参与活跃证券市场的用户，但可能不能反映长期趋势，而后者正是传统上德国财务人员和经理一直关注的。

从 20 世纪 90 年代开始，德国的大型上市公司普遍采用美国准则或国际财务报告准则编制其合并报表。从 2005 年开始，要求德国公司采用国际财务报告准则，而已经采用美国公认会计原则的公司集团可以延迟到 2007 年采用。因此，在德国采用国际财务报告准则编制合并报表，采用商法规定编制其他报表。

16.2 讨论类似德国这样的国家要求或允许公司在单个财务报表中使用国际财务报告准则为基础的会计原则，各有哪些优势和劣势。

答：不支持向国际财务报告准则转换的人认为，单个财务报表主要是为了确定所得税负债和可分配利润而编制的，而并不是为了给资本市场提供信息。现有德国规则被认为比国际财务报告准则更适合税收和分配目的，规则的改变将带来更高的纳税账单。对这种说法的回应是，可以像英国那样，在税收计算时使用商业数据作为起点，并在会计记录之外进行调整。尽管有时候公司税可能会发生一些变化，但是没有理由使整个税收额都上升。

进一步反对向国际财务报告准则转换的理由是德国会失去制定会计准则的控制权，且并非将其交给欧盟机构，而是交给一个非选举而来的民间机构，该机构是被来自英美国家的会计师把持的。对于那些希望到国际资本市场融资的德国跨国公司来说，付出这个代价可能是值得的，但对于大部分德国公司而言却是没有必要的。

两套不同的规则并存是很困难的，对其进行协调的压力会日渐增加。假设德国认为很难影响国际财务报告准则，当地规则可能逐渐会向国际财务报告准则转换（可能比英国和法国要缓慢），而不是国际财务报告准则向德国规则转变。

第 17 章

17.1　讨论对集团概念的不同解释，以及各种解释与公司治理、融资的风格有怎样的关联。

答：集团的母公司理论建立在法律控制的基础上，因此依赖多数投票权和股票份额。在一些国家控制权是可以通过合同获取的。主体观的优势在于它对待少数股东权益的方式与大股东没有差异。该观点将集团内的所有公司看作是一个相同的经济主体的组成部分。它的优势似乎还在于其使用者不仅仅是股东，还包括雇员。所有权观点比上述两种观点更容易理解一些，适用于那些公司集团的成员关系不是非常清晰的情况，例如一个公司仅仅是部分地属于一个集团或属于多个集团（很难找到母公司或者一个占法律主导地位的公司）。这里所有权和行使"重大影响"的权力是决定因素。

之所以存在不同的集团概念，并且似乎有些概念更适合某些国家，其原因可能与历史经济发展和公司融资模式相关。例如，美国在 20 世纪初的经济气候鼓励商业活动和扩张，结果形成了大量的公司，这些公司以集团的方式开展活动。在美国，控股公司比其他国家发展得更早。随着集团或公司网络在日本或德国等欧洲大陆国家的出现，公司融资的不同形式和公司治理（包括监事会）的不同方式鼓励了公司非正式网络的增长，同时也鼓励了如银行等的交叉持股（以及在相互监事会中交叉任董事）融资方式。

17.2　"欧盟的《第七号指令》在协调化方面比《第四号指令》发挥的作用更大。"请讨论这种说法。

答：从英美的观点来看，可以断言，许多以前没有编制合并报表的欧洲公司编制合并报表这一行为改变了财务报告实务。我们可以注意到，如果《第四号指令》不被取代，那么《第七号指令》也不会被采用，同时资本市场的压力也使得大型的欧洲跨国公司趋于合并。我们可以认为，作为法令《第四号指令》有一些不是很有用的格式及不灵活的计价规则，而这些都有待于会计准则制定者去解决。

与《第四号指令》相比，《第七号指令》在概念和方法的协调化方面也许表现得更为出色。在《第四号指令》中，一些主要条款或者未被涉及（如租赁和长期合同）或者被允许有多种选择（如资产的计价）。《第七号指令》则对一些条款（如权益会计、商誉计算的一些元素以及对"附属"的定义）作了明确的规定。当然，在某些问题的处理方法方面仍然存在多种选择，如对商誉的处理和比例合并法的使用。

第 18 章

18.1　为什么对有关集团会计的货币折算方法存在如此大的争议？你更倾向于使用哪一种方法？

答：会计准则的争议似乎通常存在于管理层及准则制定者之间，只有在个别情况下会涉及政府、公众及使用者，学术界通常只是提出观点，但这样的观点至少都具两面性。管理层的争议涉及额外披露、额外成本、价值或利润计量的变化。在这种情况下，多数的争论似乎与利润计量有关，尤其是在美国，这一争论特别激烈，这是因为多数的其他国家可分为两类：一类国家不重视对国外子公司的合并，同时税法对会计的影响很大，以致集团报表的作用不大（如日本、德国）；另一类国家通常遵循美国的惯例（如加拿大，以及许多程度较轻的其他国家）。在美国，问题似乎是准则制定者已试图建立理论上一致的惯例。相反，英国的准则制定者一直回避这个问题，直到 20 世纪 80 年代才允许现行的惯例，并允许有多种选择。

美国编制外币折算报表的历史很长，这一点已经在本书中提及。1975 年的《财务会计准则公告第 8 号》基于理论上的时态原则的巧妙模型建立，当这一模型应用于历史成本会计下可被称为时态方法。该方法将任意项目折算汇率的选择与对计价基础的时间度量联系起来，这就导致资产不论在折算前还是折算后都以历史成本计价（即子公司与母公司均采用历史成本）。与此相反，期末汇率法会使子公司的资产在折算后由于货币贬值而逐渐减少。

时态法的缺陷在于当母公司所在国的货币疲软时会产生损失（体现在集团利润表中）。20 世纪 70 年代末，由于美元疲软，时态法随即给利润带来了更大的易于流失的不确定性，甚至造成了损失。即使子公司已经将海外贷款与海外资产相挂钩还是不能避免这种损失。这一困境引发了公司管理层的抱怨，随之而来的是出现了采用《财务会计准则公告第 52 号》中期末汇率法的倾向。然而，当汇率波动非常大时，采用期末汇率法很显然会带来十分荒唐的结果，因此在高通货膨胀国家（三年达到 100% 或更高的通货膨胀率）中，子公司仍然采用时态法。

更为根本的问题是，汇率波动是同物价的变动相联系的。假如会计忽视了后者，任何对前者的认知都会产生不可逾越的计量困难。

在英国和美国的各种草案和准则中可以发现对期末汇率法的进一步的支持性证据。这些在本章中进行了阐述，其中大多数似乎都只不过是"借口"。

在考虑到为财务报表使用者提供的信息质量时，不将损益纳入利润表的时态法可能是最佳的方法。例如，一些德国跨国公司就采用这一方法。否则，问题就在于哪种缺陷是最不重要的。显而易见，如果采用现行汇率法，货币折算的大多数问题都将消失。

顺便要说明的是，本答案内容是以问题基于国外子公司财务报表折算为假设而作出的。还存在另一个问题，即某一个别公司财务报表中交易或外币余额的折算是在集团报表中完成的。在这一点上有一些争论，特别是关于未实现利得能否计入收益中。

18.2　为什么对于外币折算尚难以制定一项令人满意的会计准则，尤其是在美国？

答：对此问题的回答可部分参考上述问题18.1的答案。

美国曾经试图探寻历史成本会计与其他方法在理论上的连续性，但这是一项毫无希望的工作。假如人们忽略物价变动而试图根据汇率波动进行调整，仅仅是数学上的计算是没有任何作用的，因为前者会自然而然引发后者。

英国似乎已经接受了简单而务实的方法。

法国和德国对这一问题的做法会比较轻松，因为很少有公司会为此担忧，而且在这两个国家也没有计税影响。由于这一问题存在许多争议（而且德国人更倾向于时态法），一些国家（包括英国在内）也乐于对这一问题缄口不言，所以第七号指令绕开了这一问题。

第19章

19.1　试解释会计准则制定者难以起草有关分部报告准则的原因。

答：英国的准则制定者遇到的责难包括对内部事务的干预以及对公司竞争力的损害（见19.2题的回答）。换句话来说，存在是否需要给予豁免的问题。但是，如果"小"公司可以被豁免，应当如何定义什么是小公司呢？在美国，这不是问题，因为财务会计准则委员会的规则仅仅在证券交易委员会注册的公司范围内执行。

更一般的情况是，对如何定义分部也存在困难。分部太多会使得数据冗余，分部太少可能会有丢失数据的风险。再则，如何迫使公司提供有用的分部信息，而不仅仅是表面看上去合理的数据呢？例如，从风险和成长性角度来看，将德国和日本合并在一起可能更有用，但公司很可能会将德国与阿尔巴尼亚（欧洲）放在一起，将日本与柬埔寨（亚洲）放在一起。

另外的困难还包括，销售额应当按照产品还是按照客户来划分，利润是否按照扣除例外项目之后的净值报告，应当包括总资产还是净资产等。

19.2　如何证明分部报告的收益大于其成本？

答："收益"与"成本"这两个词人们经常提及，可是要计量其中的某些项目却是十分困难的。

我们在19.2节中已经讨论了分部报告的好处。当然，即使最首要的作用是方便了报告分析师，提供良好的分部数据同样会为公司带来收益，因为这将有助于提高市场对这些公司的信任度。对分部报告收益的研究者们考虑的是使用者们是否需要，是否可用，是否能改进预测的准确度，以及股价是否会作出反应。

成本可能产生于以下两个部分：

（1）编制、审计和披露。不过多数准则允许各公司根据公司的结构决定如何划分分部。这样，编制成本在管理层所考虑的数据中不可能占很大比例，而且还会发生审计和披露费用，但是这部分不会比其他类似项目的注释所发生的费用更多。这些成本都有可能被计量。

（2）商业机密侵害，竞争劣势。这似乎不太重要。较小的公司可能只有一个分部，而较大的公司则不太可能通过收集分部报告来获得商业机密。不管怎样，分部可能非常庞杂而且致使分部报告不足以提供令人惊奇的信息从而警告竞争对手。在英国的准则中充分考虑了这些问题：较小的公司可免予提供分部报告，董事会可以"严重损害"为由不提供分部报告。美国和国际会计准则委员会的法规适用于公开交易证券的公司。

第20章

20.1 在一个尚未实现充分协调的世界中，上市公司年度财务报表的编制者和使用者是如何应对国际会计差异的？

答：这将取决于那些从事海外经营的，尤其是那些从海外融资的会计报表编制者的利益取向。他们会将报表编制得便于他们希望交流的用户们使用，包括便于他们的融资对象使用。可以通过许多办法来达到这一目的，例如通过将会计报表翻译成英文或其他适当的语言；通过解释报表编制所采用的会计政策与其他会计规范的差异（如与美国公认会计原则或国际会计准则的差异）；直接采用国际接受的会计惯例来编制会计报表（当然这应在法律许可的前提下）。

会计报表的使用者可做的选择有：放弃在某些国家或公司的投资；学习外国的会计制度；在可能的情况下坚持要求按他们熟悉的会计制度重新编制会计报表或补充编制会计报表。长期而言，会计报表的使用者应当努力促进会计的国际协调。

对于不同起点的会计报表编制者和使用者来说，以上所有解决方式所需花费的成本和所能取得的收益是不同的。例如，美国公司除了按美国公认会计原则编制英文的财务报告外，几乎无需再编制其他的财务报告；英国公司可能需要为美国投资者提供有关英国公认会计原则与美国公认会计原则之间差异的量化说明；大多数德国公司则认为无须迎合美国的公认会计原则来编制它们的会计报表（尽管它们可能会将财务报表译成英语），因为它们无须吸引其他国家的投资者；许多日本公司则倾向于在相对没有过多要求的海外证券交易所上市。

在实践中，许多财务报表的使用者没有对报表进行充分调整，因为这实在是太复杂、太费时了。

20.2 在对各国公司的年度财务报告进行比较分析时，财务分析师遇到的主要困难是什么？财务报告中的哪一部分将最有助于他们进行这类比较分析？

答：分析家在对各国公司的财务报告进行比较时所遇到的主要困难有：

（1）各国要求披露的程度不同；

（2）各国采用的会计计量方法不同；

（3）缺乏对当地情况的了解（在课文中被麦克里称为"国家影响"）。

其中第一个困难有时可以因为那些需要从国际资本市场上融资的公司所进行的自愿性披露而得以缓解。第二个困难较难解决，因为并非所有的会计计量方法在那些公司的所在国都合法，而提供两套会计报表的成本却十分高昂。第三个困难只能通过对分析家的培训加以解决。

可能会影响分析的主要会计差异有：

- 为了均衡会计收益而计提准备金；
- 对养老金支出的不同会计计量处理；
- 对商誉的处理；
- 对租赁资产的资本化处理（或不进行资本化处理）；
- 有一些国家采用后进先出法。

目前最富有成果的改进在于有更多的公司开始披露它们编制的财务报表与美国和国际公认会计原则的不同。另一个对于"改进"的答案是大集团的分析家通常对那些更大、更好的分部信息的披露较为感兴趣。

第 21 章

21.1 为什么需要建立国际审计准则？

答：这一问题可以从两个层面来回答：（1）为什么审计成为国际性活动？（2）为什么制定国际审计准则成为必要？正如课文中所阐释的，审计之所以成为国际性的活动，原因在于跨国公司的出现，同时也因为国际资本市场对国际审计的需求。国际审计准则建立的原因在于要使跨国公司，尤其是使国际审计公司在各国从事审计业务时有统一的审计要求。同时它也是为了阐释跨国集团财务报告的需要。

21.2 由联合国来制定国际审计准则是否比由当前的机构来制定更好？

答：目前，国际审计准则由国际审计与鉴证准则理事会发布。该理事会是一个由专业的执业会计师们组成的民间机构。这保证了国际审计准则的技术质量，因为它们都是由专家拟定的。但另一方面，国际审计与鉴证准则理事会也可能从国际审计公司的自身利益出发来开展工作，而不是从大众利益出发来制定准则。同时，它也没有措施来确保准则的贯彻实施，使之得以遵循。由联合国来制定的国际审计准则主要基于认为它能更好地代表公众的利益。然而，谁代表公众目前尚未得以明晰界定，它可能包括部分跨国公司的母公司，但其"主要利益关系人"是跨国公司的股东，而股东们则更倾向于由目前的国际审计与鉴证准则理事会来制定准则。联合国虽然可能没有足够的有关国际审计的专家，但却可以加以聘请。此外，与各国政府不同，联合国也没有权力要求强制实施审计准则。

第 22 章

22.1 "公司所得税制度的国际差异比会计制度的国际差异更为显著，因此对它们进行分类是不可能的。"请讨论这种说法。

答：也许比较两个截然不同的制度（如公司所得税制度和会计制度）的国际差异程度是没什么意义和作用的。此外，大量或多方面的差异并不会导致不能进行分类。存在差异的公司所得税层面的确很多，具体包括：

（1）税基差异（如薪酬、收入、资本等方面）。

（2）国家或地区差异（如美国、德国或意大利的地区公司所得税税制以及联邦税制的差异）。

（3）对应纳税所得额所下的定义与会计所得额定义的差异。

（4）税率的差异。

（5）对股利收益处理的制度性差异（如古典税制或税负转嫁制度）。

尽管存在以上方面的差异，公司所得税制度的主要特征仍比会计制度的主要特征要更容易定义和计量，因此对其进行分类也比对会计制度进行分类更容易。由于任何一个国家都可以存在不止一种的公司所得税，因此按税收制度本身进行分类可能要比按国家进行分类更好些。

其中一种分类方式如图 A.1 所示。

在两个维度上都难以将其他因素（如税率的高低，或是税额的计算与会计核算的关联程度等因素）涵盖在上述分类中。这可能就要靠其他的分类来解决了。

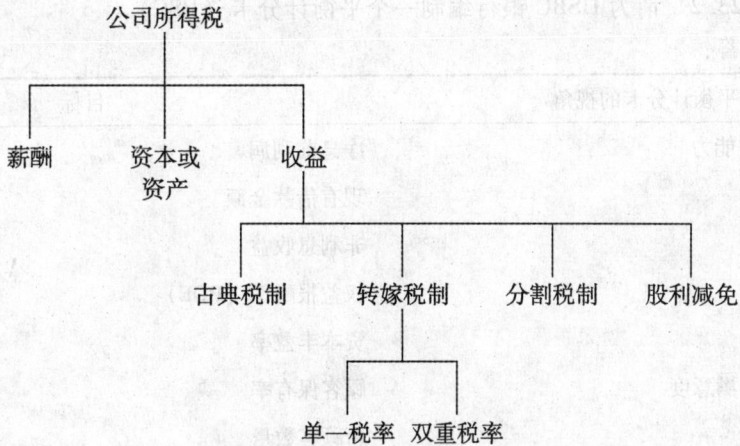

图 A.1 税收制度分类的范例

22.2 "如果没有协调应纳税所得额的计算，那么也就无所谓协调税收制度和税率。"请讨论这种说法。

答：欧盟对直接税的协调计划可以追溯到 20 世纪 60 年代，正如课文中所论述的。对于公司税，最初的建议主要涉及税制和税率，这样的做法是有一定道理的。如果所有欧盟国家都采用税负转嫁制度，并且提供相似的税收抵免，同时税收抵免是向所有欧盟的股东们提供，那么这将有助于消除资本流动的障碍。

然而，公司支付的税收金额直接与应纳税所得额的计算方法相联系。一个国家可以通过对应纳税所得额的不同界定来避免对税负协调作出努力。一个显而易见的例子就是对折旧费用应税规模的规定（如英国允许的折旧免税额）。许多国家都存在大量的不能税前抵扣的费用支出项目和无须应税的收入项目。除非对税制和税率的协调是作为一个更为宽泛的协调计划中的一个构成部分，否则对二者进行协调的价值是令人怀疑的。欧盟最初的建议已经为解决这一困难打下了基础。

第 23 章

23.1 请阐释跨国公司的目标是如何因其母国的不同而各异的，并解释其原因。

答：各跨国公司的目标在许多方面存在差异，包括所采用的时间范围不同、对量化目标的强调程度不同，以及目标的特性不同（如以销售额作为目标而不是以利润作为目标）。

研究发现，与日本和德国的公司相比，英美国家的公司采用的是更为短期的目标。这可能是因为英美国家的公司及其经理人员更经常、更具体地受股票市场投资者的监督。也许因为相同的原因，英美国家公司的目标更倾向于高度量化，它们对利润指标更感兴趣，而日本公司则更注重销售额或市场占有率指标。这也表明了日本公司更注重长期战略目标的特点。

如果从跨国公司内部各经营部门（单位）的角度来看待这一问题，各部门的目标也各不相同。例如，销售部门可能采用销售额目标，而独立的外国子公司则可能采用利润目标。同时，公司的目标甚至会因其母公司所在国的不同而不同，正如前面所证述的。

23.2　请为 HSBC 银行编制一个平衡计分卡（BSC）。

答：

平衡计分卡的视角	目标
财务能力	净息前利润
	现有借款金额
	非利息收益
	权益报酬率（ROE）
	资本丰盈率
顾客满意度	顾客保有率
	新顾客数量
	产品/顾客比
内部经营效率	打给潜在顾客的销售电话量
	每个顾客的交叉销售统计
	产品的加工时间
学习与提高	关于产品提供、销售和服务目标等知识培训的测试结果
	员工满意度调查
	来自员工的新点子的数量